荣成年鉴

RONGCHENG YEARBOOK

2017

荣成市人民政府主办
荣成年鉴编纂委员会编

方志出版社
Publishing House of Local Records

图书在版编目（CIP）数据

荣成年鉴. 2017 / 荣成年鉴编纂委员会编. --北京：方志出版社，2017. 12
ISBN 978-7-5144-2841-4

Ⅰ. ①荣… Ⅱ. ①荣… Ⅲ. ①荣成—2017—年鉴 Ⅳ. ①Z525. 23

中国版本图书馆CIP数据核字（2017）第322610号

荣成年鉴（2017）

编　　者：荣成年鉴编纂委员会
责任编辑：刘　珊

出 版 人：冀祥德
出 版 者：方志出版社
地址　北京市朝阳区潘家园东里9号（国家方志馆4层）
邮编　100021
网址　http://www.fzph.org
发　　行：方志出版社图书经销中心
电话（010）67110500
经　　销：各地新华书店
印　　刷：济南黄氏印务有限公司

开　　本：889×1194　1/16
印　　张：34
字　　数：1249千字
版　　次：2017年12月第1版　2017年12月第1次印刷
印　　数：0001～2500册

ISBN 978-7-5144-2841-4　定　价：200.00元

数字荣成

◎ 总面积：1526 平方千米

◎ 海岸线：491.9 千米

◎ 镇街总数：22 个

◎ 行政村总数：826 个

◎ 社区总数：118 个

◎ 户籍人口数：66.71 万人，常住人口数：71.31 万人

◎ 常住人口城镇化率：58.52%

◎ 全年降水量：540.6 毫米

◎ 地区生产总值：1078.0 亿元

◎ 固定资产投资：828.3 亿元

◎ 社会消费品零售总额：363.0 亿元

◎ 一般公共预算收入：68.8 亿元

◎ 城乡居民储蓄存款余额：419.9 亿元

◎ 城镇居民人均可支配收入：38084 元

◎ 农村居民人均可支配收入：19231 元

◎ 粮食总产量：22.2 万吨

◎ 渔业经济总收入：770.2 亿元

◎ 城市建成区绿化覆盖率：46.5%

◎ 旅游接待总人数：1148 万人次

◎ 旅游及相关产业总收入：86.1 亿元

◎ 全社会用电总量：25.8 亿千瓦时

◎ 城市供水总量：2608 万立方米

◎ 固定电话用户：8.9 万户

◎ 移动电话用户：96.8 万户

◎ 互联网用户：19.5 万户

2017 荣成年鉴

图片专辑

PICTURE EDITION

（市摄影家协会提供）

2016 年 10 月 11 日，中共威海市委书记、市人大常委会主任孙述涛（中）到荣成康派斯新能源车辆有限公司调研，中共荣成市委书记江山（左）等陪同

2016 年 5 月 5 日，中共威海市委副书记、市长张惠（左三）到荣成市港湾街道调研，中共荣成市委书记江山(左四)，市委副书记、市长刘昌松（右三）等陪同

2016 年 9 月 12 日，中共荣成市委理论学习中心组成员到龙山革命纪念馆接受红色教育，重温入党誓词

2016 年 4 月 14 日，中共荣成市委书记江山（左二）调研上庄镇精准扶贫工作

2016 年 6 月 1 日，中共荣成市委副书记、市长刘昌松（中）到市世纪小学走访看望师生

2016 年 6 月 7 日，荣成市人大常委会主任王秉伟（中）为埠柳镇东姚家山村党员上党课

2016年8月2日，荣成市政协主席战大海（右三）带领部分政协委员调研民宿经济工作

2016年9月27日，中共荣成市委副书记吕劭伟（前排左一）调研创城工作

（市新闻中心提供）

荣成市第十七届人民代表大会第五次会议

① ② ③

① 2016 年 2 月 17 日—19 日，荣成市第十七届人民代表大会第五次会议在石岛国际会议中心召开

② 荣成市第十七届人民代表大会第五次会议主席台

③ 新当选的荣成市政府市长、市人大常务委员会委员进行宪法宣誓

（市新闻中心提供）

中国人民政治协商会议第九届荣成市委员会第五次会议

① 2016 年 2 月 17 日—19 日，中国人民政治协商会议第九届荣成市委员会第五次会议在石岛国际会议中心召开

② 中共荣成市委书记江山（右二）在政协第九届五次会议上参加分组讨论

③ 荣成市政协主席战大海（左二）在政协第九届五次会议上参加分组讨论

（市新闻中心提供）

党性教育基地建设

2016年，荣成市着力加强党性教育基地建设，新建改建郭永怀事迹陈列馆、龙山革命纪念馆、荣成县抗日民主政府旧址、青安屯英烈纪念馆和张晶麟故居4处党性教学点。全年共有3万多名党员干部、普通群众、青少年参观学习，接受爱国主义教育、党性教育、国防教育。

郭永怀事迹陈列馆

龙山革命纪念馆

青安屯英烈纪念馆

荣成县抗日民主政府旧址

（市委组织部提供）

2016 年，围绕创建全国文明城市，荣成市抓重点、解难题、提标杆、固成果，深入推进“四德”工程、志愿服务、群众性精神文明创建等重点工作，创城工作全面上档升级。

2016 年 6 月 8 日，全市创建全国文明城市工作推进会议召开

组织“道德模范”“身边好人”事迹展

① ②
③
④

① 引航爱心志愿者协会组织志愿者捡拾海边垃圾

② 石岛芬芳青少年社工中心开展关爱孤儿行动

③ 青年志愿者春运期间到城铁站提供站口指引、自助购票机使用等志愿服务

④ 2016 年 8 月 15 日，省内第一支义务交警队——荣成市引航义务交警队成立

（市委宣传部提供）

社会信用体系建设

2016年，荣成市围绕创建全国社会信用体系建设示范城市，对照标准完善提升，编制《荣成市社会信用体建设规划2016—2020年》，修订《荣成市自然人征信管理办法等4个征信管理规范性文件》，组织40个部门在13个领域签订联合惩戒备忘录，在建设、交通、卫计、教育等10个领域开展示范创建，并在“个人荣誉贷”、公共自行车等方面的应用上实现突破。

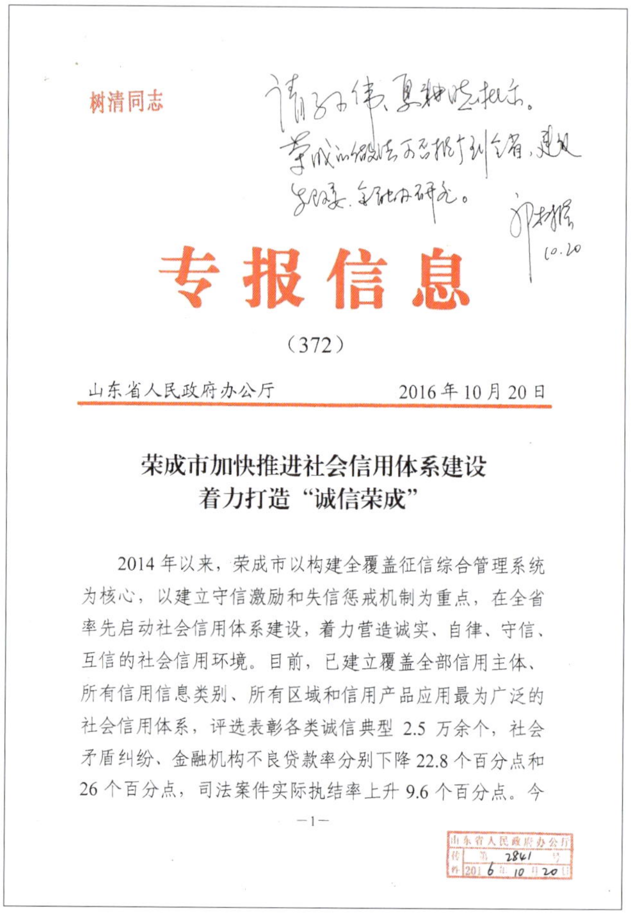

树清同志

专报信息

（372）

山东省人民政府办公厅　　2016年10月20日

荣成市加快推进社会信用体系建设
着力打造“诚信荣成”

2014年以来，荣成市以构建全覆盖征信综合管理系统为核心，以建立守信激励和失信惩戒机制为重点，在全省率先启动社会信用体系建设，着力营造诚实、自律、守信、互信的社会信用环境。目前，已建立覆盖全部信用主体、所有信用信息类别、所有区域和信用产品应用最为广泛的社会信用体系，评选表彰各类诚信典型2.5万余个，社会矛盾纠纷、金融机构不良贷款率分别下降22.8个百分点和26个百分点，司法案件实际执结率上升9.6个百分点。今

—1—

2016年8月16日，中共荣成市委书记江山主持召开部门联合奖惩工作调度会

2016 年 11 月 25 日，以北京大学为代表的第三方创城评估组对荣成市创建社会信用体系建设示范市工作进行评估

诚信示范车

政务服务大厅设置征信窗口，为信用查询提供便捷服务

（市社会信用管理办提供）

智慧城市建设

2016年，荣成市组建智慧城市专家委员会及智慧城市投资管理有限公司，完成智慧荣成顶层设计编制，重点开展平安荣成、健康荣成两个模块建设，规划实施平安总控、智慧医疗、智慧食安、智慧安全等一批重点项目，社会治理信息化一期、重点污染源监控等项目启动实施。

2016年9月18日，创新型城市暨智慧城市建设专题会议召开

通过安装视频监控系统，即时掌控全市125家重点污染源企业开工情况

2016年8月，荣成市应急指挥中心投入使用

围绕社会治理信息化项目建设，在全市主要道路卡口安装高清监控视频系统

公交电子站牌普及应用

荣成“掌上公交”

（市智慧城市建设管理办提供）

精准扶贫

2016年，荣成市以增加贫困人口收入为重点、以实施脱贫项目为抓手、以创新组织推进机制为保证，切实抓好“六个精准”“五个一批”“暖心工程”等扶贫措施落实，深入实施产业扶贫、行业扶贫、社会扶贫、金融扶贫和就业创业扶贫。

2016年1月27日，全市农村暨扶贫开发工作会议召开

2016年10月17日，全市“扶贫日”活动启动暨精准扶贫“暖心工程”签约仪式举行

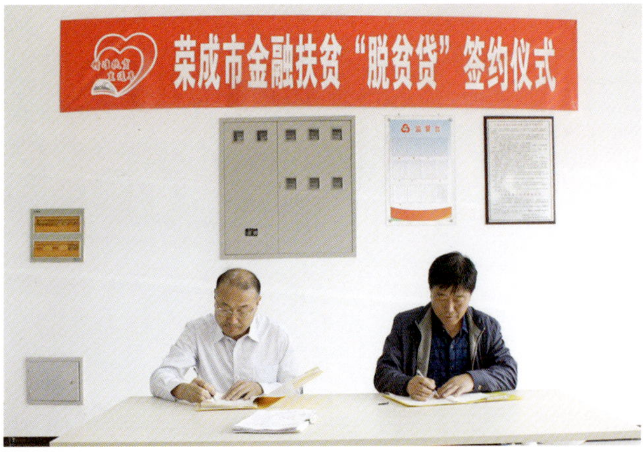

2016年10月24日，全省第一笔“脱贫贷”在荣成签约

利用集体房屋建设光伏项目

发展林业育苗等特色产业

为贫困群众改造危房

为贫困群众免费查体

（市扶贫办提供）

城市基础设施建设

2016年，荣成市组织实施总投资6.3亿元的41项城建重点工程以及85项创城工程。其中，青山路、明珠路土方道路等市政工程13项，荣乌高速主线引线绿化、海湾路喷淋等绿化工程17项，城区污水及公益设施工程11项，创城工程85项。启动实施城区公共自行车建设，新建站点14处，购置车辆234台。

新世纪广场改造工程

青山路综合改造工程

新建崖头中心停保场

2016 年 7 月 22 日，崖头城市公共自行车租赁系统正式启用

▼ 荣乌高速主线引线绿化工程

（市城乡建设局、交通运输局提供）

生态治理和环境保护

2016年，荣成市启动《环境空气质量全面优化行动计划》，实施一系列环境修复和重点领域、重点行业环境污染整治行动，完成八河水库增容工程、埠柳河中上游治理工程和小落河二期治理工程，对全市22个镇街、455个村庄的污水进行治理，建设24处污水处理设施，生态环境质量显著提升。

八河水库增容工程

俚岛镇烟墩角村污水处理器

市环境保护局工作人员对鱼粉企业进行夜查和环保宣传

鱼粉企业尾气治理设施

（市城乡建设局、水利局、环境保护局提供）

全域旅游

2016 年 2 月，荣成市入选首批创建国家全域旅游示范区名单。荣成把全市作为一个大景区，规划以沿海岸线和内陆生态走廊为轴线，以特色小镇为节点，重点打造市中心、石岛、好运角三大板块和滨海旅游、乡村旅游两条廊道，启动赤山、槎山、那香海景区创建，打造全市旅游发展新亮点、新平台。

2016 年 10 月 28 日，全市全域旅游发展大会召开

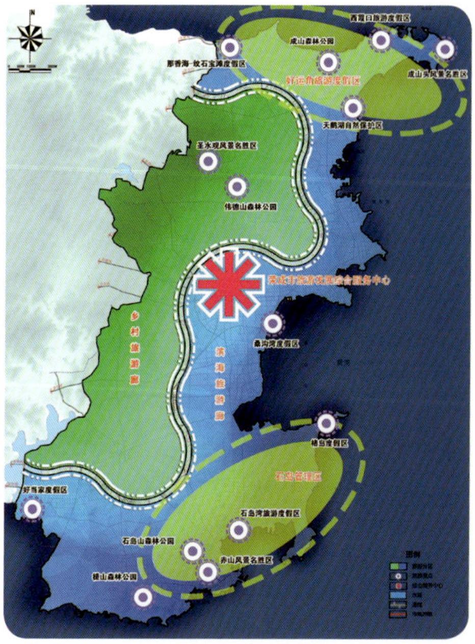

荣成市全域旅游资源图

体育赛事及全民健身活动

2016 年，荣成市以承接影响力大的赛事活动为契机，组织举办了一系列品牌赛事，如乒乓球比赛、环湖自行车赛和国际帆板精英邀请赛等多项大型体育活动，直接参与人数 1.5 万人。

2016 中国 · 荣成全民健身城市帆板邀请赛暨国际风帆精英联盟赛开幕式

2016 中国 · 荣成互联网 + 海洋产业发展峰会

◀ 中国电子商务协会理事长张会生出席峰会并作主旨演讲

◀ 威海国际海洋产品交易中心产品上线仪式

▶ 在 2016 中国海带产业论坛上，荣成市被授予“中国海带之都”称号

（市商务局、海洋食品市场管理委员会提供）

民宿海草房

长青海洋牧场海上休闲平台游客采摘体验

（市旅游局提供）

2016中国·荣成国际海洋食品博览会暨互联网＋海洋产业发展峰会

2016年8月13日—15日，荣成市举办以“携手合作、创新发展”为主题的2016中国·荣成国际海洋食品博览会暨互联网＋海洋产业发展峰会，展会期间达成贸易合作意向180项，意向金额8.6亿元，进一步推动荣成海洋食品产业转型升级，扩大荣成海洋食品市场影响力，叫响荣成“中国海洋食品名城”品牌。

2016中国·荣成国际海洋食品博览会展厅一角

①	②
	③
④	⑤

① 李宁 · 红双喜杯 2016 年中国乒乓球协会会员联赛第六站（山东荣成站）

② 美利达杯荣成城市自行车公开赛

③ 农商行 · 家庭银行杯 2016 年荣成市市民运动会

④ 滨海绿道健步走活动

⑤ 全民健身登山节活动

（市体育局提供）

荣成海参

西霞口刺参

荣成鲍鱼

荣成魁蚶

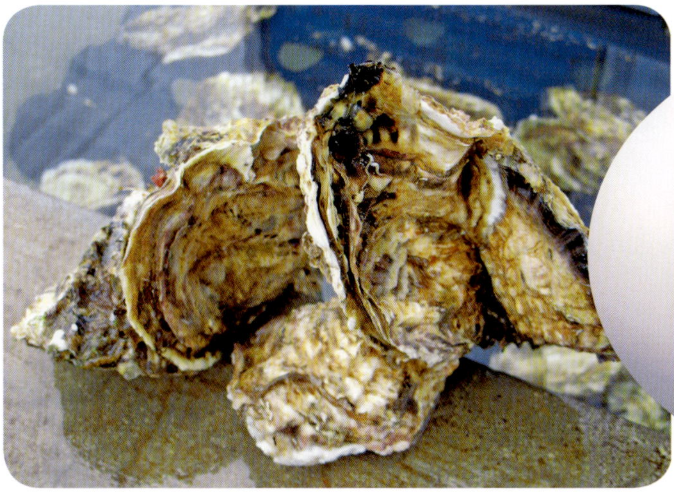

荣成牡蛎

荣成海胆

荣成裙带菜

（市海洋与渔业局提供）

地理标志产品

荣成苹果

荣成蜜桃

荣成无花果

荣成草莓

荣成砂梨

荣成大樱桃

伟德山板栗

地理标志产品

荣成西洋参

荣成大花生

荣成甘薯

荣成绿茶

（市农业局提供）

2012—2016年荣成市国民经济和社会发展主要指标

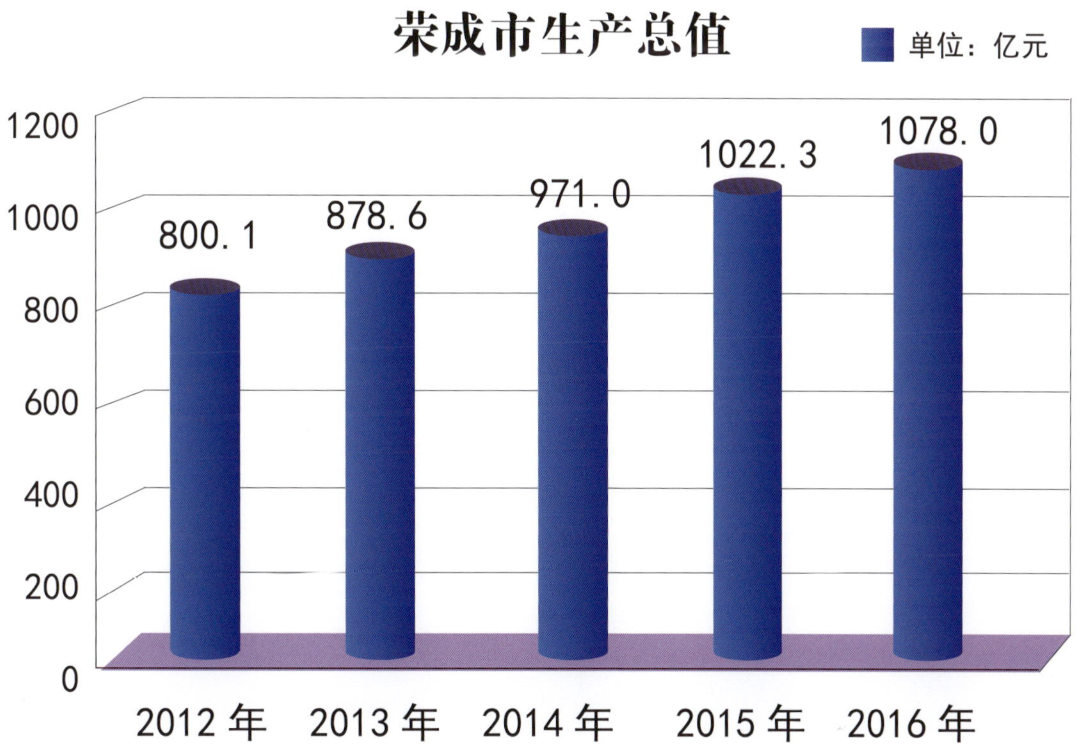

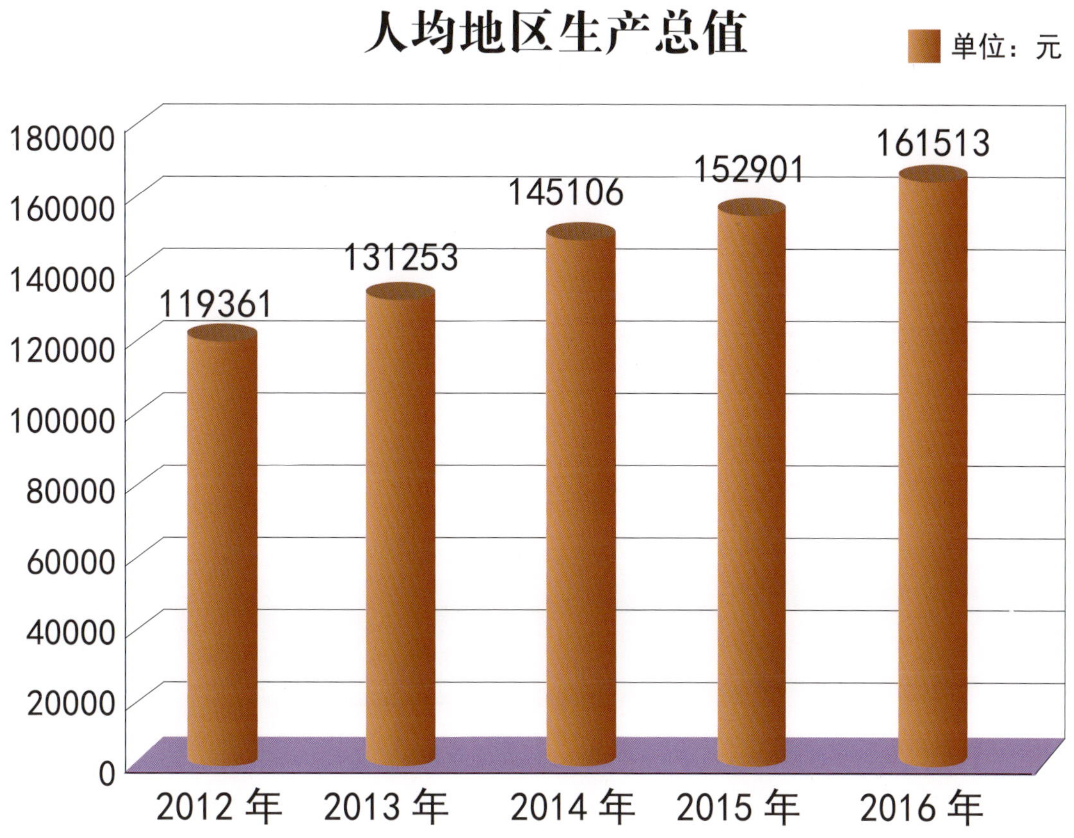

固定资产投资

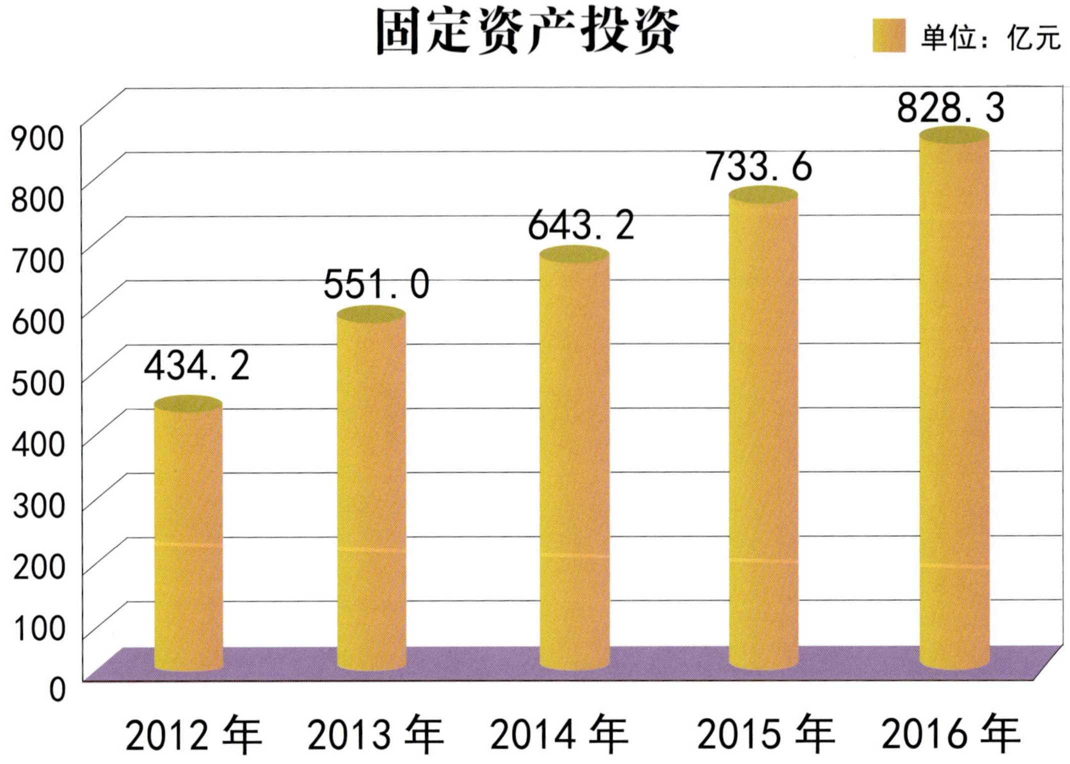

社会消费品零售总额

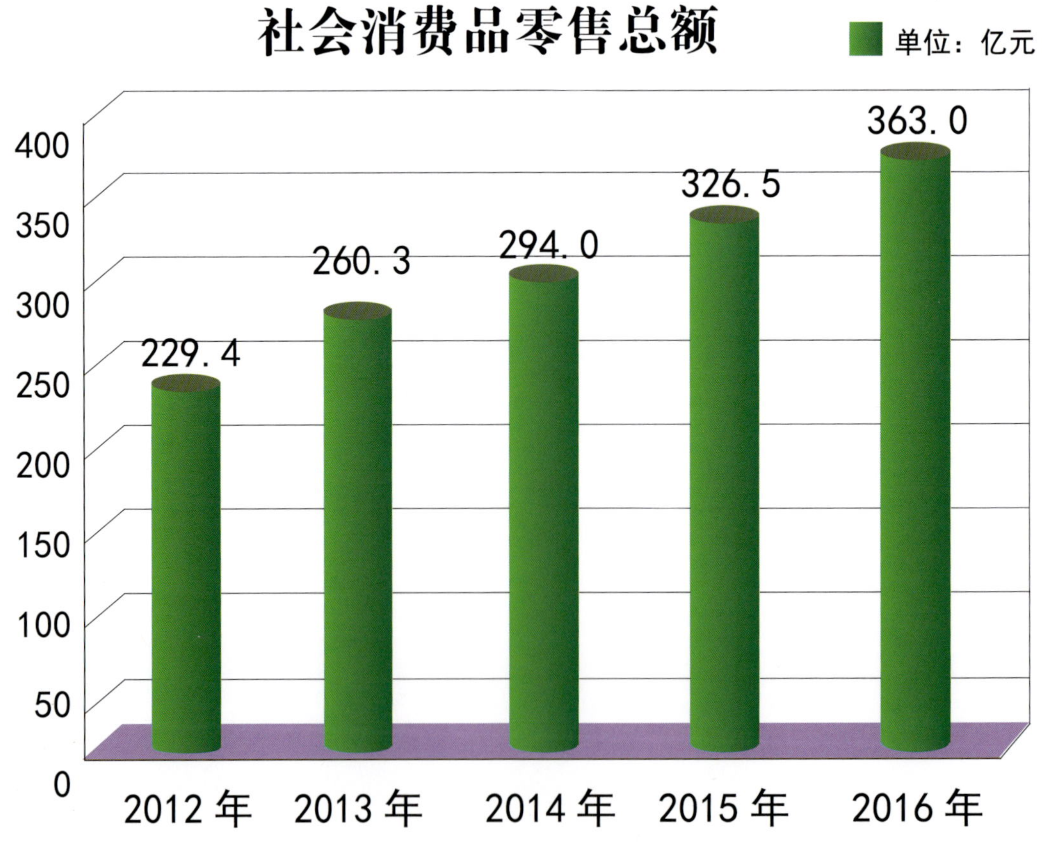

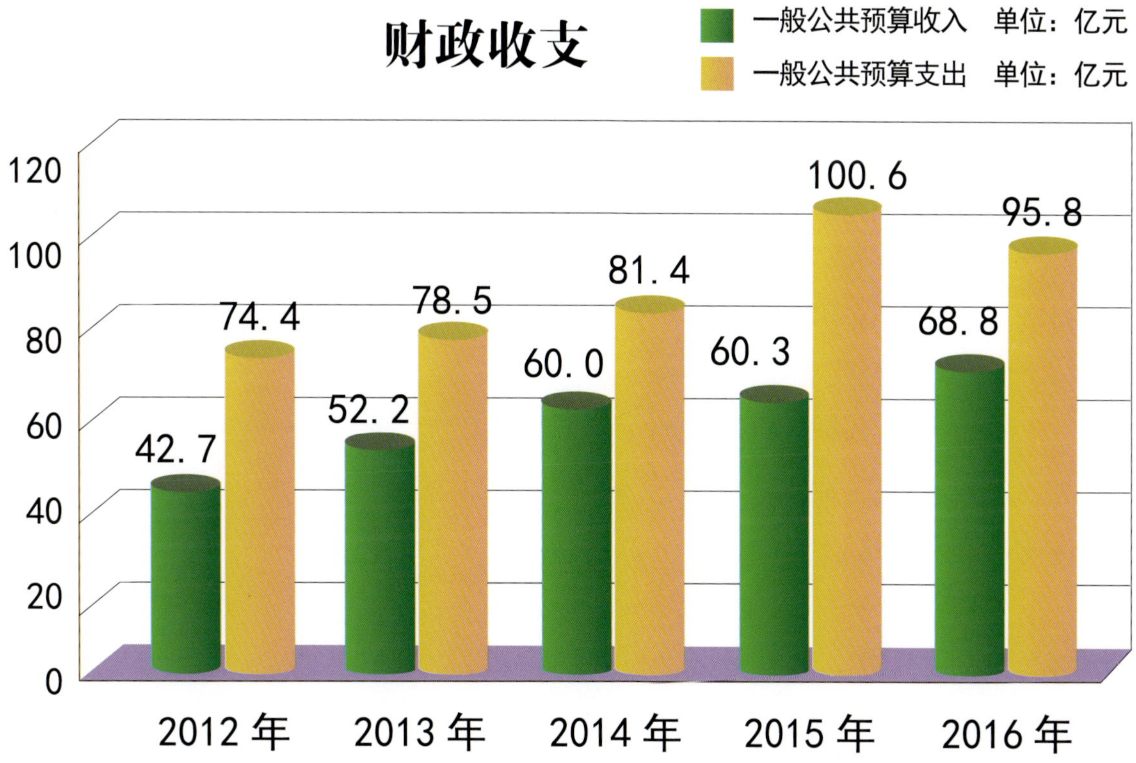
财政收支
一般公共预算收入 单位：亿元
一般公共预算支出 单位：亿元
120
100
80
60
40
20
0
42.7
74.4
52.2
78.5
60.0
81.4
60.3
100.6
68.8
95.8
2012年
2013年
2014年
2015年
2016年

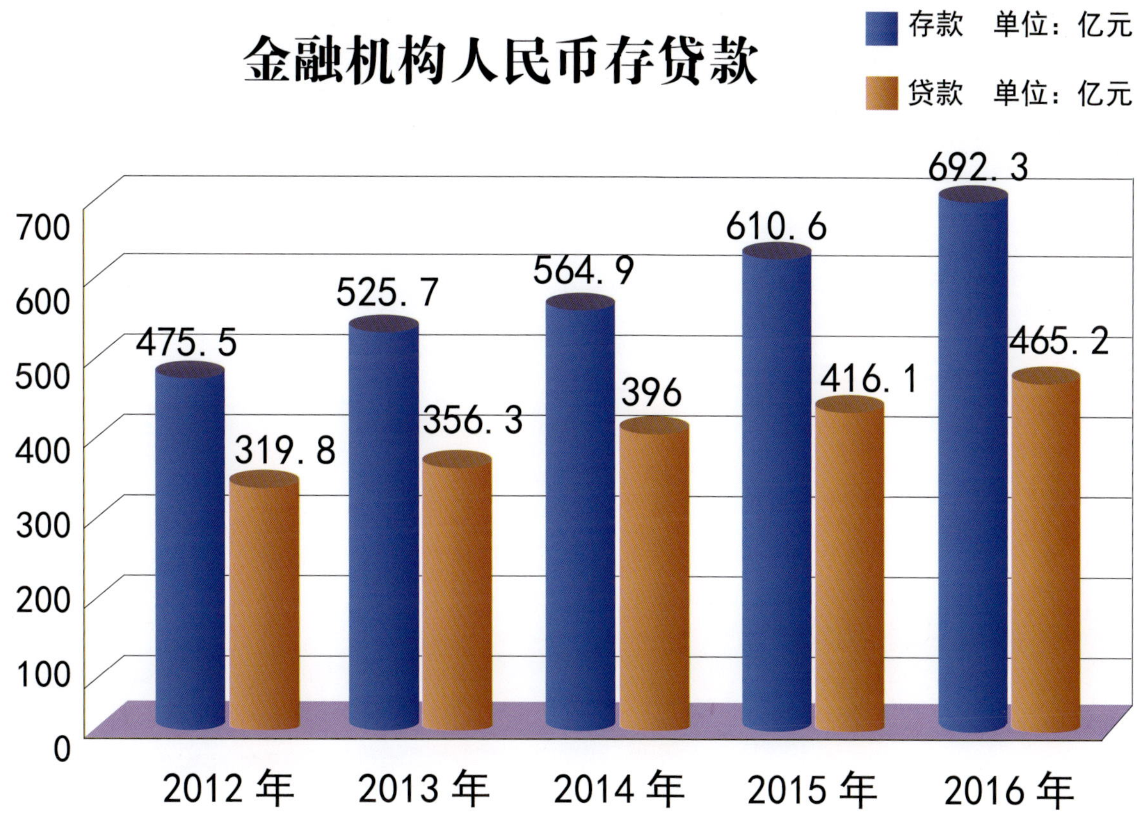
金融机构人民币存贷款
存款 单位：亿元
贷款 单位：亿元
700
600
500
400
300
200
100
0
475.5
319.8
525.7
356.3
564.9
396
610.6
416.1
692.3
465.2
2012年
2013年
2014年
2015年
2016年

（市统计局提供）

编辑说明

一、《荣成年鉴（2017）》坚持以马克思列宁主义、毛泽东思想、邓小平理论、“三个代表”重要思想、科学发展观、习近平新时代中国特色社会主义思想为指导，坚持辩证唯物主义和历史唯物主义的立场、观点和方法，实事求是记载荣成市自然、政治、经济、文化、社会等方面的基本面貌和发展情况，为各级领导科学决策提供市情依据，为各行各业提供信息服务，为各界人士了解、研究荣成提供窗口和媒介，为编修地方综合志书积累资料。

二、《荣成年鉴（2017）》承载 2016 年度全市各项事业发展的基本情况，重点反映社会主义现代化建设进程中的新成就、新经验、新举措。为增强信息的时效性，保证资料的连续性和完整性，部分资料适当上溯下延。

三、《荣成年鉴（2017）》设 29 个类目：特载、大事记、荣成概况、政党·政权·政务·政协、人民团体、法治、军事、经济管理与监督、农业、海洋与渔业、工业、信息产业、交通·邮政、城乡建设与环境保护、商务、口岸、旅游、财政·税务、金融、科学技术、教育、文化、卫生·计划生育、体育、社会生活、功能区建设、镇街概况、人物、附录。

四、《荣成年鉴（2017）》主要分类目、分目、条目三个层次，部分分目下设子目。条目为主要信息载体和基本撰写形式，条目标题用黑体，外加【】。各类目、分目间交叉重复的资料，或区别视角、各有侧重分别记述，或设置参见，引导查找。

五、《荣成年鉴（2017）》检索方法有目录和索引，分设在卷首和卷尾。目录中类目、分目附有英文翻译；索引主要采用主题分析法制作，并按主题词首字汉语拼音字母顺序排列。

六、年鉴资料由市直各部门（单位）、各镇（街道）、上级驻荣单位负责提供，且均经撰稿单位领导审签。反映全市国民经济和社会发展总体情况的数据，以荣成市统计局公布的为准；各项事业中具体数字由各部门（单位）提供，使用时请注意出处。

目　录
Contents

特　载
Features

大事记
Chronicle of Events

荣成概况
General Situation of Rongcheng

政党・政权・政府・政协
Political Party・Political Power・Government・CPPCC

人民团体
Mass Organizations

法 治
Rule of Law

军　事
Military Affairs

经济管理与监督
Economic Management and Supervision

农 业
Agriculture

海洋与渔业
Ocean and Aquatic Products Industry

工　业
Industry

信息产业
Information Industry

交通 · 邮政
Transportation · Post

城乡建设与环境保护
Urban and Rural Construction and Environmental Protection

商　务
Commercial Affairs

口 岸
Port

旅 游
Tourism

财政·税务
Public finance · Tax

金 融
Finance

科学技术
Science and Technology

体　育
Sports

社会生活
Social life

功能区建设
Function area construction

镇街概况
Towns and Subdistricts

人 物
Figures

附 录
Appendices

索 引
Index

特　载

Features

◎ 在中国共产党荣成市第十四次代表大会上的报告（摘要）

◎ 政府工作报告（摘要）

在中国共产党荣成市第十四次代表大会上的报告(摘要)

(2017年1月20日)

中共荣成市委书记　江　山

实干五年,赢得稳中向好新局面

十三届市委是从新常态下起步的,2012年以来的这五年,我们深切体会到了经济下行的严峻挑战,也开创了稳中向好的全新局面。在中央和山东省委、威海市委的正确领导下,全市各级紧密团结在以习近平同志为核心的党中央周围,坚定信心、知难而进,统筹推进经济、政治、文化、社会、生态文明建设和党的建设,圆满完成了市十三次党代会确定的目标任务。

过去五年,我们坚持创新驱动、加快产业转型,综合实力不断增强。积极转变发展理念,坚持从长远着眼、向中高端发力,把旧动力积累的优势转化成为新动力成长的条件。*具有比较优势的海洋经济实现了新提升。*争创了36处国家和省级休闲渔业及海钓基地,传统养殖逐步从卖产品向卖风景、卖体验转变;专业远洋渔船从120艘增加到300多艘,海外渔业基地达到6处,获批北方唯一、全国第二家国家远洋渔业基地,传统捕捞从近海走向远洋的能力不断增强;海洋食品高端产品开发、终端市场拓展分别提高8个、10个百分点,越来越多的产品进入连锁超市和专卖店;重点突破的海洋生物科技产业迈出新步伐,海洋高新园获批国家级农业高新技术产业示范区;建成国际海洋大宗商品交易中心、全国唯一的日韩食品"同线同标同质"平台、全省第一家省级食品外贸综合服务平台,全面提升了"中国海洋食品名城"的竞争力。*具有规模优势的装备制造业孕育着新突破。*造船行业依靠军民融合和高技术船舶闯出了新的路子,电机行业引进转化了国家重大科技成果,房车打入了澳洲、欧美市场,轮胎、玻璃、农机等行业借助靠大联强、上市融资迈入行业前沿,作为国家重大科技专项的核电项目加快建设,拉动了投资、增加了税源,未来将形成衍生产业发展的裂变效应。*具有资源优势的现代服务业爆发出新能量。*滨海旅游、影视文化、体育赛事、休闲农业、健康养生等业态深度融合,电子商务等互联网经济与传统工业有效嫁接,我市先后获批国家全域旅游示范区、全国休闲农业与乡村旅游示范县。预计三次产业比重由9.5∶52.9∶37.6调整为8∶45.1∶46.9,服务业超越二产,成为引领增长的新动力。产业转型带动区域综合实力持续提升,初步核算,全市生产总值年均增长10.3%,达到1070亿元,一般公共预算收入五年翻了一番,达到68.8亿元;城乡居民人均可支配收入分别增长60%和70%;高新技术企业由6家增加到27家,上市公司和挂牌企业由1家增加到36家,主营收入过亿元企业由61家增加到80家。在全省蓝区考核中,我市始终保持领先,被确定为全省县域经济科学发展试点市。

过去五年,我们注重统筹协调、优化发展布局,城乡面貌焕然一新。坚持以人的城市化为核心,策划了"自由呼吸·自在荣成"的城市形象,推动中心城区优先发展、产城融合发展,基础设施投入力度、城乡面貌变化程度、人民群众满意度都实现了新提升。*中心城区建设更加注重丰富内涵。*近几年,我们在加快高端产业园、城铁物流园开发的同时,以创建全国文明城市为契机,从体现城市风貌的主干道路入手,投入3.7亿元改造了成山大道、青山路、观海路,地下配套管网一次到位,地上建设了现代化的自行车慢道系统和电子公交站亭,沿路绿化达到了公园化标准,让城市更有城市样;从影响市民生活的环境问题入手,争取60亿元政策资金启动了12个城中村改造,投资6.4亿元完成了70多个老旧小区的外墙保温、综合配套改造,投资6000万元实现了城市社区物业管理全覆盖;从决定城市竞争力的顶层设计入手,启动建设智慧城市,城市管理手段和居住体验走向智能化。*城乡设施建设更加注重互联互通。*近几年,我们按照全域城市化标准,加快设施配套扩面延伸,为沿海城市带建设夯实了基础。重点区域开发稳步推进,石岛管理区创业十年,城区建设、园区开发、社区改造齐头并进,环山路、滨海生态路打通了区域瓶颈;好运角旅游度假区高点起步,对接威海东部滨海新城,加快设施升级和路网配套,在北部沿海打造出一片新区;海洋高新园坚持产业规划与城市规划同步推进,项目建设与环境打造一体实施,拉开了南部环海发展的新框架。镇街驻地改造全面升级,五年时间拆旧50万平方米、新建200万平方米,沿街商贸设施基本完成改造,通暖、通天然气、通水、垃圾和污水处理设施基本实现全覆盖。重大基础设施建设实现重大突破,八河水库通过实施抬田增容工程,库容扩大三倍,为长远发展解决了后顾之忧;青荣城铁、荣文高速建成通车,使我市成为集高铁起点、高速起点、国道起点于一体的县级城市。*生态环境建设更加注重以人为本。*近几年,荣成抓环境治理的力度空前,我们认为这是对长远发展负责、对人民群众负责,再难也要抓。通过行业集中整治、区域重点整治、农村全面整治,完成了180多家鱼粉企业、100多家石材企业、400多台燃煤锅炉、3100多家畜禽养殖场、500多公里河道、近万辆黄标车治理任务，825个村实现环境整治全覆盖，扬尘腥水等问题得到有效治理，环卫一体化满意度调查、城市环境综合定量考核始终位居全省前列，获全省生态文明乡村建设工作先进市等称号。正在推进的农村改厕三年规划、污水处理五年规划，将从根本上解决农村环境问题，只要坚定不移抓下去，荣成将天更蓝、山更绿、海更清、空气更清新。

过去五年，我们深化改革开放、创优营商环境，发展活力加速释放。坚持以改革精神推进机制创新和职能转变，以共赢理念推动开放经济发展，以领先标准优化区域发展软环境，全方位激发大众创业、万众创新活力。*深化改革向更多领域延伸。*基础教育、国企薪酬、农村产权等规定动作的改革扎实推进，承担的投融资体制、公立医院等5个国家级改革试点取得预期效果；信用体系建设、镇级综合执法等率先探索的改革走在前列，被确定为国家社会信用体系建设示范城市；"三安"联动、以港管船、三区行政体制等关键领域的改革成效明显，有力破解了制约发展的体制机制障碍。*对外开放向更高水平提升。*抢抓中韩自贸区、半岛蓝色经济区建设等战略机遇，加快推动传统招商向专业招商转变、传统贸易向服务贸易新业态转变，全市实际利用内外资年均分别增长16%、11%。石岛港口岸扩大开放，历时10年正式获批，全市开放水域岸线比例达到70%、泊位达到66个，成为全国开放港口最多、开放岸线最长、开放密度最大的县级市；争创了进境澳牛屠宰、进口肉类、冰鲜水产品、食用水生动物等指定口岸，在全省县级率先开通中韩海运跨境电商一般出口及直购进口业务，港口年均运送旅客稳居全省开放口岸前列。*营商环境向更深层次优化。*制定出台了系列扶持发展政策，建设完善了孵化器、加速器、产业园等创新发展载体，高标准搭建了海博会、科技周等常态化节会平台，全面优化政务服务环境，审批事项压缩50%，办理时限缩短90%，打造了创新创业、公平公正的投资环境。

过去五年，我们致力改善民生、推动共建共享，社会事业全面进步。坚持民生保障与经济建设相协调、照顾大多数与救助极少数相协调、提升群众幸福感与安全感相协调，大力推动公共财政向民生领域倾斜，民生投入年均增长近20%，发展成果更多更公平地惠及全体群众。*社会保障水平始终保持领先，*在全省率先推行城乡医保、基础养老等制度并轨，持续推进城乡低保、养老、"五保"供养等提标扩面，各项保障标准平均提高60%以上。*民生基础设施全面上档升级，*城乡学校、医疗机构实现标准化改造，新建了海洋职业学院、新一中、新二中等教育设施，石岛人民医院、新妇幼、市人民医院综合大楼等医疗设施，公交一体化、社会福利中心等便民设施，海洋食品博览中心、新世纪广场、妇女儿童活动中心等文体设施，进一步完善了公共服务体系，更好满足了群众生活需要。*精准扶贫开发坚持更高标准，*统筹实施产业扶贫、教育扶贫、健康扶贫、金融扶贫等帮扶措施，务实开展心理疏导、大病救助等"暖心工程"，集中力量打好脱贫攻坚战，所有贫困群众率先达到省定脱贫标准。*社会治理工作创出了荣成经验，*针对群众诉求，搭建了民心网、民生110、"两个全覆盖"大走访、社会管理信息研判等服务平台，每年解决诉求3万多件；针对安全隐患，在海上生产、涉氨制冷、食品安全等领域，狠抓零容忍执法监管和常态化应急演练，从源头上解决问题；针对公共治安，大力实施平安建设，组织开展打击两抢一盗、涉毒犯罪、网络诈骗和大巡防大清查等专项行动，全面启动公安设施装备和纪律作风建设三年规划，有力提升了维护公共秩序、保障群众利益的能力。

过去五年，我们加强党的领导、统揽工作全局，党风政风持续转变。自觉强化政治意识、大局意识、核心意识、看齐意识，严格履行全面从严治党责任，扎实开展群众路线教育实践活动、"三严三实"专题教育、"两学一做"学习教育，以改革创新精神，全面提升党的建设科学化水平。*我们大力加强干部队伍建设，*大兴学习之风，实施差异化考核，建立台账管理、例会调度、督导考核"三位一体"工作机制，构建机关规范化管理体系，坚持"以发展论英雄"的选人用人导向，有效激发了想事干事、担当奉献的精气神。*我们大力加强党风廉政建设，*强化党委主体责任和纪委监督责任，出台《国家工作人员不作为慢作为乱作为问责办法》《履职尽责负面清单》等文件，建立市委巡察制度，深入开展违反中央八项规定精神、"庸懒散"等专项整治，严肃查处、公开曝光违纪违法案例，努力营造风清气正的政治生态。*我们大力加强基层组织建设，*以打造服务型党组织为目标，建立农村党员冬训和夏训机制，集中整治软弱涣散班子，选派优秀大学生村官和"第一书记"到村任职，顺利完成"两委"换届，通过财政保障使"四职"干部基本报酬翻了一番，提高了农村党员干部"讲政治、履职责、守规矩"意识，增强了基层组织凝聚力和战斗力。*我们大力加强民主法治建设，*充分发挥市委总揽全局、协调各方的作用，积极支持人大、政府、政协依法履行职责，推动统战、群团、武装等各项工作取得新进展，深入实施"六五"普法、企业普法教育、公共法律服务阵地建设、执行积案清理等依法治市工程，巩固了民主和谐、安定团结的政治局面。*我们大力加强意识形态建设，*深化社会主义核心价值观宣传教育，广泛开展"诚信荣成建设""树典型、扬正气、传递正能量""创文明城市、做文明市民"等主题活动，牢牢把握政治方向和舆论导向，促进了社会风气持续优化，凝聚起全市上下的思想共识和工作合力。

回顾过去五年的历程，变化令人振奋，发展令人鼓舞。成绩的取得，是中央和山东省委、威海市委正确领导的结果，是荣成历届班子接续奋斗的结果，是全市各级党组织和党员干部拼搏奉献的结果，是社会各界和广大群众支持参与的结果。

五年的实践，使我们深刻认识到：*保持定力是推动发展的基本遵循，*必须坚持既定目标思路不动摇，扎扎实实做好打基础、利长远、惠民生的工作，不浮躁、不懈怠、不折腾，一步一个脚印把发展蓝图变成现实。*解放思想是推动发展的重要动力，*必须主动适应经济新常态,善于发现制约发展的难点问题,勇于直面社会关注的热点问题,敢于触及改革稳定的矛盾问题,以担当精神和创新思维,破解发展瓶颈,增创领先优势。改善民生是推动发展的根本目的,必须始终把民生需求作为第一导向,持之以恒地解决好群众关心的教育、医疗、生态等现实问题,用实际行动汇聚民意、凝聚民心、汲取民智,营造共建共享的浓厚氛围。党的领导是推动发展的坚强保证,必须充分发挥党的领导核心作用,不断加强和改进党的建设,注重调动方方面面的积极性、主动性和创造性,形成各级班子同心合力、党员干部齐心协力、全市上下凝心聚力的工作格局,共同把荣成发展推向前进。

在看到成绩的同时,我们也要清醒看到发展中存在的困难和问题:对比创新发展要求,传统产业结构依然偏重,以新业态新经济为主导的新动力尚未形成;对比协调发展要求,中心城区首位度还没有充分显现,镇村经济薄弱、城乡差距较大等问题仍然突出;对比绿色发展要求,重点领域污染问题没有得到根治,补“欠账”、做“减法”的力度需要进一步加大;对比开放发展要求,合作共赢和开放包容的观念仍有欠缺,区位开放优势还没有充分发挥出来;对比共享发展要求,全民共建的氛围还不够浓厚,社会事业和公共服务仍然存在短板;对比从严治党要求,主体责任落实还不到位,干部作风和能力水平与新形势新任务还不相适应。对此,我们必须高度重视,采取有力措施,切实加以解决。

前进的道路不会一帆风顺,发展的事业不可能一蹴而就。我们要在总结成绩中坚定信心,在正视问题中迎难而上,在保持定力中开拓进取,不断开创荣成发展新局面!

展望五年,突出“自由呼吸·自在荣成”新引领

做好今后五年的工作,首先要准确把握今后五年所处的历史方位。十八大之后,以习近平同志为核心的党中央提出了“两个一百年”的奋斗目标和中国梦的引领旗帜,到建党一百年时,生产总值和城乡居民人均收入较2010年翻一番,全面建成小康社会;到本世纪中叶建国一百年时,建成富强民主文明和谐的社会主义现代化国家,实现中华民族伟大复兴的中国梦。这是全党全国共同的任务、共同的目标。具体到荣成来说,按照“十三五”规划和目前的发展情况,到2018年左右就能实现“两个翻番”目标,提前进入现代化建设的新阶段。未来五年,我们正值“两个一百年”目标的接续奋斗期,既要冲刺第一个百年梦想,又要谋划第二个百年开局,责任重大、使命光荣。全市各级必须统一思想、振奋精神,准确把握未来发展的阶段特征和主攻方向,奋力谱写好中国梦的荣成篇章。

今后五年工作的指导思想是:高举中国特色社会主义伟大旗帜,以邓小平理论、“三个代表”重要思想和科学发展观为指导,深入贯彻习近平总书记系列重要讲话精神,统筹推进“五位一体”总体布局和协调推进“四个全面”战略布局,坚持稳中求进工作总基调,牢固树立和贯彻落实新发展理念,把“自由呼吸·自在荣成”作为中国梦荣成篇章的引领,扎实推进创新型城市建设,推动经济、政治、文化、社会、生态文明建设和党的建设各项事业创新突破,提前全面建成小康社会,率先开启现代化建设新征程,争当全省科学发展排头兵。

我们把“自由呼吸·自在荣成”,作为中国梦荣成篇章的引领,主要基于三个方面的考虑:

第一,这是中国梦精神内涵在荣成的体现。中国梦本质是“国家富强、民族振兴、人民幸福”,是国家梦、民族梦,归根到底是人民的梦。习近平总书记指出,“人民对美好生活的向往,就是我们的奋斗目标。实现中华民族伟大复兴,就是要让人民过上更加富裕、更有尊严的生活,实现每个人自由而全面的发展。”就荣成实际看,自由而全面的发展就体现在“自由呼吸·自在荣成”上。随着经济社会的快速发展,全市人民的生活水平不断提升,对美好生活也有了更多新期待和新要求,不仅期盼物质生活富足殷实,更向往生态环境清新秀美;不仅期盼公共秩序安定和谐,更向往社会风气文明向上;不仅期盼民生事业上档升级,更向往各项权益充分保障。我们提出“自由呼吸·自在荣成”,就是坚持“以人民为中心”的发展思想,突出群众需求导向,把群众幸福感和获得感作为根本目的,从群众角度审视和评价发展,与时俱进改进工作,不断为人民群众造福,努力实现每个人自由而全面的发展。

第二,这是中国梦实现路径在荣成的体现。习近平总书记强调,实现中国梦关键要做到“三个必须”:必须走中国道路,坚持中国特色社会主义,践行五大发展理念,统筹推进“五位一体”总体布局,协调推进“四个全面”战略布局;必须弘扬中国精神,大力培育以爱国主义为核心的民族精神、以改革创新为核心的时代精神,不断增强精神动力;必须凝聚中国力量,组织和发动人民群众心往一处想、劲往一处使,为实现自身梦想、共同梦想而团结奋斗。我们提出“自由呼吸·自在荣成”,最初的切入点是生态领域,经过这几年的扎实推进,不断拓展深化,延伸到了经济、政治、文化、社会、生态文明建设和党的建设各个方面,融入了创新、协调、绿色、开放、共享的内在要求;最初的着眼点是从客观物质层面提供更好的生活品质,经过这几年的统揽齐抓,逐步提升到主观精神层面,既要有好空气,又要有好风气,最终目的是聚人气;最初的推动力是政府主导,经过这几年的宣传发动,逐步成为广大群众的共识,形成了共建共享的氛围。现在,我们把“自由呼吸·自在荣成”提升到引领层面,就是要更加深入地激发全体市民的自豪感和使命感,更加广泛地凝聚思想共识和智慧力量,更加具体地把“五位一体”和“四个全面”落到实处,使荣成发展更有特色、更有动力、更有成效。

第三,这是中国梦发展历程在荣成的体现。经过建党90多年的艰苦奋斗、建国60多年的持续探索和改革开放30多年的伟大实践,民族复兴征程历经了艰辛也交织着奋斗,伴随着苦难也孕育着辉煌,正如习近平总书记所讲,“现在我们比历史上任何时期都更接近中华民族伟大复兴的目标,比历史上任何时期都更有信心、有能力实现这个目标。”回首荣成的发展历程,每一步也都是在挑战中前行,在压力下奋起,是几代人用艰辛努力换来的。在经济

新常态下,区域竞争加剧、分化加快的严峻态势,已经直接而现实地摆在荣成面前,我们在发展,别人也没有停步甚至步子更快;我们实现"两个翻番",别人也同样翻番甚至是基数更大、起点更高的翻番。更重要的是,当今时代,区域竞争已经从过去拼产值规模大小、拼增长速度快慢、拼总量排名高低,升级为综合实力、创新能力、环境品质、城市内涵、文明程度等的全面较量,认不清形势、跟不上节奏,就会在新一轮竞争中落伍。我们提出"自由呼吸·自在荣成",就是紧扣形势要求,紧贴荣成实际,从争当全省科学发展排头兵的目标着眼,从创新型城市建设切入,全面提升荣成的综合竞争力,为在新一轮发展中争先进位、谱写好中国梦荣成篇章奠定坚实基础。

"自由呼吸·自在荣成"是一幅美好蓝图,目的是让在荣成的每个人都能自由自在地享受生活,自由自在地创新创业,自由自在地成长进步。在今后五年,我们要努力做到:

——打造更加强劲的增长动力。产业发展动力更强,传统主导产业迈向中高端,新业态新经济蓬勃发展,海洋经济优势持续放大,实体经济基础更加坚实;改革开放动力更强,供给侧结构性改革成效显现,"三去一降一补"取得实质性进展,重要领域和关键环节改革的牵引作用有效发挥,全方位对内对外开放新格局加速形成;科技创新动力更强,"大众创业、万众创新"根植各行各业,高新技术产业产值占比稳步提高,创新驱动成为发展主力引擎,生产总值年均增长8%左右,一般公共预算收入年均增长9%左右,区域综合实力和经济质量效益显著提升。

——建造更具内涵的特色城市。城市建设取得更大进展,软硬件元素不断丰富,中心城区首位度明显提升,辐射带动力切实增强,具备现代化沿海开放城市气息;镇村建设取得更大进展,发展布局和特色更加鲜明,以人为核心的城市化水平显著提升,户籍人口城镇化率达到60%以上;生态建设取得更大进展,重点领域污染得到有效治理,优质自然资源得到有效保护,看得见青山绿水,呼吸到清新空气,让美丽生态全景展现在荣成大地。

——营造更为文明的社会风气。文明创建成效全面提升,中国梦和社会主义核心价值观深入人心,实现创建全国文明城市和国家社会信用体系建设示范城市目标;社会治理成效全面提升,公共安全体系更加完善,依法治市与以德治市相得益彰,社会安定有序、文明和谐;共建共享成效全面提升,社会活力持续迸发,人民民主不断健全,一切有利于发展的积极因素得到充分调动,一切有利于发展的智慧力量得到充分汇聚。

——创造更有品质的幸福生活。城乡居民收入实现较快增长,城镇居民、农村居民人均可支配收入年均分别增长8%、8.5%左右,低收入和特殊群体生活明显改善,建成更高水平、更有质量的全面小康;基本公共服务水平稳步提高,人民群众享有更可靠的社会保障、更好的教育条件、更优质的医疗卫生服务、更舒适的居住环境、更丰富的文化体育生活;民生诉求得到及时回应和解决,党群干群关系进一步密切,群众满意度和幸福感持续提升。

蓝图指引方向,实干成就梦想。根据总的指导思想和目标任务,做好今后五年的工作,必须坚持以下原则:

一是必须坚持"创新型城市建设"这条主线不动摇。创新是第一动力,是解决一切问题的关键所在。在新的发展起点上,我们只有解放思想、求新求变,从工作推不开的地方入手,从常规方法不管用的地方入手,从工作差距大的地方入手,全面推进科技创新、机制创新、工作创新、方法创新,才能补齐短板、放大优势,激发动力、拓展空间,推动各项事业实现新突破,让荣成的发展每天都不一样。

二是必须坚持"三个意识"这个根本不动摇。发展是第一要务,是一切工作的基础,发展跟不上去,其他都无从谈起。面对动力转换的现实需要,面对人民群众的更高期盼,只有坚定不移强化经济主业意识、工业主体意识、税源主责意识,更加自觉地把精力聚焦到项目建设、产业招商和税源培植上,做大经济总量,提高发展层次,才能更有底气、更有自信去实现各项目标任务。

三是必须坚持"四个提升"这个保障不动摇。推动新发展,实现新突破,关键要有作风硬朗的党员干部队伍。只有持之以恒、弛而不息地改进作风,不断提升精气神、提升执行力、提升责任感、提升纪律性,用更大的付出换发展的提速,用更多的辛苦换群众的幸福,用"红灯"的约束换"绿灯"的自由,才能赢得信任和支持,切实担负起组织和人民赋予的岗位职责。

四是必须坚持"五个更加注重"这个理念不动摇。理念决定路径,没有正确的理念,再美好的愿景也难以实现。只有牢固树立正确发展理念,对每个目标、每项工作,都在思路上更加注重创新突破,在态度上更加注重务实奋进,在方式上更加注重开放合作,在推进上更加注重共建共享,在保障上更加注重法纪思维,才能确保各项工作始终沿着正确方向,不断迈向新水平,取得新成效。

我们坚信,只要全市上下万众一心、众志成城,撸起袖子加油干,一张蓝图绘到底,"自由呼吸·自在荣成"的愿景就一定能够实现,一个经济发展、政治清明、文化繁荣、社会进步、生态优美、党的建设全面加强的崭新荣成,必将展现在我们面前!

奋战五年,厚植创新发展新优势

今后五年,全市各级党组织和广大党员干部要围绕目标任务,进一步突出发展重点,加大推进力度,狠抓执行落实,全力以赴奋斗,推动荣成经济社会发展迈上新的更高台阶。

(一)突出动力转换,走出产业支撑、创新驱动的新路径。转方式、调结构是新常态下绕不过去的历史关口,闯过这个关口,必须适应新常态、把握新方位,抓住供给侧结构性改革的机遇,强化创新驱动,加快三次产业跨界融合、转型升级,推动荣成发展实现凤凰涅槃、破茧重生。

海洋经济是荣成的最大优势,要着力抓好优质资源、前沿技术、市场话语权"三个掌控",打造海洋经济的全新升级版。围绕掌控资源,逐步淘汰低端近海养殖和小型捕捞,同步推进海洋生态牧场、远洋渔业基地、海外渔业基地、休闲渔业基地建设,拓展名优养殖、远洋捕捞和休闲旅游规模,把全市的海域资源集中起来深度开发,把全球的渔业资源集中回来为我所用,打造经济效益和生态效益相统一的“海上粮仓”。围绕掌控技术,以海洋高新园为主战场,以海洋生物科技为主攻方向,积极对接产业前沿、对接行业高端、对接先进地区,吸引海洋生物医药、功能性保健食品、生物制品等技术成果在荣成交易和转化,高新项目在荣成落户和发展,打造海洋经济转型发展的增长点。围绕掌控市场,坚持线上与线下相结合,发挥资源集散、食品加工、冷链物流、外贸合作等优势,开发地区化、分众化的高端海洋食品,努力把国际海洋大宗商品交易中心、“同线同标同质”平台、外贸综合服务平台等打造成有影响力的专业平台,形成“买世界、卖世界”的集散交易基地,争取掌握行业话语权。

*装备制造是实体经济的重要支撑,要着力走好错位竞争、靠大联强、链条延伸“三条路子”,提高装备制造业的核心竞争力。*错位竞争,就是以高技术船舶和高端制造领域为方向,认真研究行业细分市场,从最有比较优势的环节攻关突破,在远洋渔轮、特种船舶、军工装备、全钢轮胎、高效电机、精密机床、高端玻璃器皿等特色领域,打造一批专精特新产品,培育一批细分行业的“单打冠军”。靠大联强,就是强化开放合作意识,对接国内外行业龙头、高校院所、战略资本等,开展技术、产权、市场合作,借力做大规模、提升层次,实现本土企业扩张与外来资本引进的“双轮驱动”发展。链条延伸,就是针对核电等重大项目的配套和衍生领域,针对产业链上下游的缺失环节,针对我市企业的发展需要,引导市内企业配套对接,引进更多关联企业,提高产业密集度和资源利用率,形成大企业做大做强、小企业分工协作、新项目加速落户的产业格局。

*消费型新兴产业是服务业的发展方向,要着力做好产业融合、特色发展、惠民利民“三篇文章”,抢占现代服务业的未来制高点。*做好产业融合的文章,就是聚焦国家最新提出的旅游、体育、文化、健康、养老“五大幸福产业”,以创建国家全域旅游示范区为契机,推动产业深度融合,逐步形成以全域旅游为核心,以休闲度假、体育健身、影视文化、健康养老、医疗美容等为外延的新消费产业生态。做好特色发展的文章,就是突出我市的生态环境特色、对韩区位特色、滨海民俗特色,策划推出一批精品消费产品和服务,积极承办重大体育赛事、影视峰会、健康论坛、商务会展等活动,发展基于互联网的消费新模式新业态,打造具有荣成特色的消费热点,稳定传统消费、拓展新兴消费、挖掘潜在消费。做好惠民利民的文章,就是坚持产业发展与民生改善相结合,积极对接健康中国、全民健身、人口老龄化等新形势新要求,因地制宜采取政府购买服务等方式,广泛开展体育惠民、文化惠民、健康惠民等工程,释放大众消费潜力,既拉动消费增长,也推动消费升级,努力把消费型新兴产业打造成让人幸福的产业。

推动产业转型升级,需要政企共同用力,搭建更高平台。各级要始终把搭平台、保企业、促发展作为重中之重,在加大政策扶持力度的同时,运用创新性思维和专业化理念,不断提升平台服务功能。*一是提升园区平台。*坚持把业态策划和专业规划作为重点区域开发的先导,把特色小镇理念融入镇域发展,统筹推进精准招商和资产盘活,打造项目集中、土地集约、产业集聚的经济板块。*二是提升创新平台。*整合各类服务资源,吸引人才、资本等要素集聚,构建企业研发平台、孵化器、科创园一体化的科技创新体系,领军人才、青年人才、专业团队齐头并进的人才创新体系,财政引导、股权投资、上市融资互为补充的金融创新体系,为“大众创业、万众创新”营造良好环境。*三是提升开放平台。*抢抓中韩自贸区等战略机遇,完善口岸进出口资质、通关服务等新型开放功能,举办海博会、科技周等开放活动,积极发展服务贸易、跨境电商等新业态,拓展对外交流合作和贸易空间,激发更强动力,实现更大发展。

(二)突出内涵提升,建设宜居宜业、充满魅力的新城市。城市是经济建设的载体,是群众生活的依托。要围绕打造“产城融合的休闲旅游城市”,尊重发展规律,统筹资源配置,多做打基础、利长远、惠民生的实事,增强荣成综合竞争力和人居舒适度。

*一是要优化城市发展的长远布局。*坚持中心提升、两翼突破、生态连接、产城融合,构筑以中心城区为龙头、以石岛管理区和好运角旅游度假区为两翼、以特色小镇为节点、以生态廊道为连接的沿海城市带。中心提升,就是充分发挥中心城区在沿海城市带中的核心作用,推动高端产业项目更多向中心城区汇聚,教育卫生资源更多向中心城区倾斜,优质公共服务更多向中心城区集中,人口更多向中心城区转移,不断丰富现代城市元素,全面提升中心城区首位度,增强经济开发区的辐射带动能力。两翼突破,就是通过海洋高新园开发,使石岛联结人和、辐射虎山、带动上庄;通过北环海路沿线开发,使好运角对内融合三镇、向外对接滨海新城,形成沿海城市带的两端增长极。生态连接,就是坚持生态优先、绿色发展,以环海路为轴线,依托山脉、河流、海湾,构筑重点区域之间的生态廊道,优化沿海城市带的空间布局。产城融合,就是统筹规划城市发展与产业布局,坚持园区建设与基础设施配套、周边村庄改造同步,推动产业培植与资源、生态、文化特色融合,实现以产促城、以城带产。

*二是要明确城市发展的突破重点。*以智慧城市、文明城市、信用城市、生态城市和旅游城市建设为抓手,系统推进各项重点工作。智慧城市,坚持顶层设计与任务落实并重,按照领先标准谋划推进,在顶层设计的框架下不断丰富服务项目,在模块应用的过程中不断完善顶层设计,打造城市管理服务的“超级大脑”,让政府管理和市民生活都感受到实实在在的便利。文明城市,坚持硬环境建设与软环境提升并重,持续推动主干道路、棚户区等改造工程向更大范围延伸,基础设施配套向更高标准迈进,“礼让斑马线”等主题文明活动向更多领域覆盖,志愿服务向全社会拓展,促进城市建设档次和市民文明素养同步提升。信用城市,坚持守信激励与失信惩戒并重,健全社会信用体系,完善联动奖惩机制,将信用结果应用到经济社会各个领域,努力使诚实守信成为荣

成人的鲜明品质,让公平公正在荣成蔚然成风。生态城市,坚持治理与保护并重,通过从严执法监管,解决好鱼粉石材、扬尘腥水、干晒加工、小锅炉、大气污染等突出问题,保护好自然岸线、生态湿地、山体林地等宝贵资源;通过改厕、污水处理、美丽乡村等工程,推动农村环境上档升级,使绿色成为荣成产业发展的底线和城市建设的底色。旅游城市,坚持设施配套与服务配套并重,完善慢行车道、景观通道等旅游设施,跟进信息咨询、市场监管等旅游服务,把全市旅游资源串联起来,将荣成打造成没有围墙、主客共享、居旅相宜的“大景区”。

三是要强化城市发展的保障措施。坚持以科学规划为前提,加强城市设计,推进多规合一,统筹考虑城市空间立体性、平面协调性、风貌整体性,注重多留公共空间、多建公园绿地,不搞零打碎敲、见缝插针,保证规划的整体性、特色感和高档次。坚持以多元投入为支撑,理顺政府与市场关系,对公共停车场、市政设施等政府责无旁贷的领域,加大财政投入力度;对棚户区改造、海绵城市、地下管廊等上级鼓励扶持的领域,争取更多政策和项目支持;对固废处理、热电联产等可以市场化运作的领域,用好 PPP 模式,抓紧把工作干起来,推动城市建设实现大的提升。坚持以工程质量为根本,严抓全过程监管,把每个项目都打造成精品工程、放心工程,把政府投资项目打造成地标性建筑,拉动周边环境和建设档次全面提升。

(三)突出共建共享,塑造安居乐业、和谐有序的新气象。带领群众创造幸福生活,是我们始终不渝的奋斗目标。要坚持人人参与、人人尽力、人人享有,办好群众得益受惠的好事实事,一件接着一件办,一年接着一年干,让全体市民过上好日子,拥有更多幸福感和获得感。

一是要提高群众生活水平。坚持富民为先、政策兜底,实施更加积极的就业政策,不断完善就业服务体系和收入分配制度,拓宽城乡居民工资性、经营性、财产性、转移性等增收渠道,促进居民收入增长与经济增长同步。发展更有活力的农村经济,稳妥推进农村产权、“三权分置”等农业供给侧结构性改革,促进土地流转、规模经营,培植现代农业,培育新型农民,推动农业增效、农民增收、农村增绿。构建更加完善的保障体系,持续推进医疗、住房、低保等基本保障提标扩面,落实养老保险制度改革要求,扎实开展“暖心工程”,高度重视对困难特殊群体的物质帮扶和心理疏导,切实增强社会救助、社会福利和公益慈善事业的实际功能,织密织牢社会保障安全网。推进更高水平的扶贫脱贫,加大产业开发、就业帮扶、政策保障等工作力度,完善精准帮扶救助机制,逐步提高最低收入标准,动态消除贫困,巩固脱贫成效,让政府有形之手、市场无形之手、群众勤劳之手同向发力,共创幸福生活。

二是要提高公共服务水平。聚焦事关群众切身利益的突出问题,以群众满意为导向,繁荣发展社会事业,扩大公共服务供给。坚持健康优先发展,深化医药卫生体制改革,健全分级诊疗、现代医院管理、家庭医生等制度,完善智慧健康服务网络,实施好 H 型高血压等防控模式,提高群众健康保障水平。办好人民满意教育,坚持学前教育、义务教育、高中教育、职业教育、高等教育和终身教育并重,加快推进教育布局调整规划,抓好少年宫等场馆建设,支持高等院校引进和发展,优化师资队伍,促进教育公平,不断提升教育设施水平、提升教师队伍素质水平、提升学校管理水平。优化人口素质结构,切实保障妇女儿童合法权益,构建以居家为基础、社区为依托、机构为支撑的社会化养老服务体系,促进医养融合发展,让老年人老有所养、安享晚年。

三是要提高社会治理水平。顺应社会转型的新变化,坚持党委领导、政府主导、社会协同、公众参与、法治保障,创新社会治理模式,健全社会治理格局。着力深化平安建设,加快实施公安设施装备和纪律作风建设、大数据推广应用等重点工作,加强食安、农安、公安“三安”联动监管,坚持不懈抓好重点领域安全生产和应急演练,构建海陆一体、全域覆盖的社会治安防控体系。着力深化法治建设,深入推进“七五”普法,健全重大决策社会稳定风险评估制度,完善社会矛盾纠纷有效预防和协调化解机制,稳妥推进司法体制改革,加强基层维稳网络建设,引导群众合理表达诉求,从源头上预防和减少不稳定、不和谐因素。着力深化意识形态建设,健全社会舆情引导和应急处置机制,加强新闻舆论、网络宣传、文化文艺、广播电视、协会组织等阵地管理,依托为民服务平台及时疏导群众情绪、发出正面声音,开展好“树典型、扬正气、传递正能量”活动,在全社会理直气壮地唱响主旋律,为经济社会发展提供强大精神支撑。

天上不会掉馅饼,努力奋斗才能梦想成真。我们要树立必胜信念,继续苦干实干,凝聚方方面面的智慧和力量,激发上上下下的热情和干劲,坚定不移朝着既定目标扎实前行,以实实在在的工作成效,让荣成发展再上新的高度,让全市人民过上更加美好的生活!

决胜五年,开创从严治党新境界

实现今后五年的奋斗目标,关键在党,关键在党要管党、从严治党。要深刻认识全面从严治党的极端重要性,认真履行管党治党责任,坚决落实全面从严治党的部署和任务,深入推进党的建设新的伟大工程,更好地肩负起提前全面建成小康社会、率先开启现代化建设新征程的时代重任。

第一,要从严加强思想政治建设,铸就绝对忠诚的政治品格。对马克思主义的信仰,对社会主义和共产主义的信念,是共产党人的政治灵魂,是共产党人经受住任何考验的精神支柱。我们任何时候都要坚守理想信念,坚持思想建党,把深入学习贯彻习近平总书记系列重要讲话精神作为长期的重大政治任务,把理想信念建立在对科学理论的理性认同上,建立在对历史规律的正确认识上,建立在对基本国情的准确把握上,不断增强道路自信、理论自信、制度自信、文化自信。我们任何时候都要坚定政治立场,严守政治纪律和政治规矩,严肃党内政治生活,自觉加强党性锤炼,时刻保持政治敏锐性和政治鉴别力,在大是大非面前旗帜鲜明,在各种诱惑面前态度坚定,坚决维护以习近平同志为核心的党中央权威。我们任何时候都要坚持正确方向，切实增强政治意识、大局意识、核心意识、看齐意识，经常、主动向党中央看齐，向党的理论和路线方针政策看齐，向党中央决策部署看齐，做到党中央提倡的坚决响应、党中央决定的坚决执行、党中央禁止的坚决不做，始终与上级保持高度一致。

第二，要从严加强干部作风建设，锻造作风硬朗的干部队伍。突出“关键少数”，抓好“最大多数”，培养适应时代要求、适合本地特点、满足发展需要的高素质干部队伍。以正确的选人用人导向激发干事热情。抓住想干事、敢干事这两个关键点，健全正向激励机制，严格执行干部任用条例，推进干部能上能下，大力选拔任用政治强、懂专业、善治理、敢担当、作风正的干部，调动各级干部的工作积极性和主动性。以务实的大兴学习之风提高能力水平。充分发挥党委理论中心组学习、机关集体学习、月月大讲堂、高校培训班等载体作用，组织各级干部深入研究学习新形势新知识新要求，促进干部更新理念、开拓眼界，做好与荣成实际相结合的文章，创造性开展工作。以完善的容错纠错机制倡树担当精神。严格落实习近平总书记“三个区分开来”的要求，探索建立容错纠错机制，为敢于担当的干部担当，为敢于负责的干部负责，营造鼓励创新、宽容失败的良好氛围，让各级干部在推进改革发展稳定中轻装上阵、大展身手。

第三，要从严加强基层组织建设，筑牢固本强基的战斗堡垒。坚持把抓基层打基础作为重中之重，推动人往基层走、钱往基层投、政策往基层倾斜，促进基层组织全面进步、全面过硬。在组织管理上抓规范，严格落实村级权力公开、财务审计、会议纪实、坐班服务等规范化制度，进一步完善城市社区和“两新”组织党建管理机制，不断提升基层组织的政治功能和服务功能，更好地发挥推动发展、凝聚人心、促进和谐的作用。在力量配备上抓强化，高度重视基层带头人队伍建设，加大农村软弱涣散班子整治力度，做好优秀大学生村官和“第一书记”选派工作，扎实开展农村党员冬训和夏训，动真碰硬处置不合格党员，保持基层党员队伍先进性和纯洁性。在工作重心上抓下沉，各级领导干部要带头践行一线工作法，多到重点工程、项目建设现场去，多到矛盾多、问题多的地方去，多到经济薄弱村、困难家庭去，做到矛盾问题在一线解决、真实情况在一线掌握、工作任务在一线落实，树立重视基层、支持基层的工作导向。

第四，要从严加强党风廉政建设，营造风清气正的政治生态。防腐倡廉必须常抓不懈、警钟长鸣。我们要始终做到铁肩担责决不懈怠，各级党组织要切实担负起主体责任，党组织书记要认真履行“第一责任人”职责，把党风廉政建设纳入经济社会发展和党的建设总体布局，统一部署实施；纪检监察机关要切实担负起监督责任，敢于坚持原则、较真碰硬，营造不敢腐、不能腐、不想腐的氛围。我们要始终做到铁腕执纪决不动摇，坚持把纪律和规矩挺在前面，认真落实中央八项规定精神，严格执行《廉洁自律准则》《纪律处分条例》《问责条例》等党规党纪以及我市相关制度，进一步加强党内监督和制度建设，把握运用好监督执纪“四种形态”，坚持纪严于法、纪在法前，坚持抓早抓小、动辄则咎，切实使纪律成为管党治党的尺子。我们要始终做到铁拳惩腐决不手软，坚持对腐败零容忍的态度不变、严惩处的尺度不松，坚持惩防并举、标本兼治，更好地发挥巡察和派驻的“利剑”作用，始终保持惩治腐败的高压态势，惩前毖后、治病救人，树立道德“高线”，严守纪律“底线”，把清正廉洁更加鲜明地写在荣成干部队伍的旗帜上。

我们党是中国特色社会主义事业的领导核心。推进各项事业发展，必须充分发挥党委总揽全局、协调各方的核心作用，加强社会主义民主政治建设，推动领导方式与时俱进，巩固和发展民主团结、生动活泼、安定和谐的政治局面。继续加强和改进党对人大、政协工作的领导，支持人大代表、政协委员依法履行职权、开展活动。巩固和壮大爱国统一战线，扎实做好民族、宗教、外事、侨务和对台工作。重视和加强老干部工作，用心服务老干部、学习老干部，引导老干部为荣成发展贡献力量。稳妥推进群团改革，充分发挥工会、共青团、妇联等人民团体的桥梁纽带作用。坚持党管武装，积极支持深化国防和军队改革，全面加强后备力量建设和国防动员工作，广泛开展国防教育和双拥活动，深入推进军民融合发展，不断巩固军政军民团结的大好局面。

“不忘初心、继续前进”，是最好的座右铭。回望过去，我们创造了来之不易的业绩；面向未来，我们肩负着新的历史使命和伟大目标。让我们紧密团结在以习近平同志为核心的党中央周围，在中央和山东省委、威海市委的正确领导下，以“自由呼吸·自在荣成”为引领，以“创新型城市建设”为主线，强化“三个意识”，力促“四个提升”，坚持“五个更加注重”，提前全面建成小康社会、率先开启现代化建设新征程，争当全省科学发展排头兵，奋力谱写好中国梦荣成篇章，以优异成绩迎接党的十九大胜利召开，为实现中华民族伟大复兴的中国梦而努力奋斗！

（市委办公室提供）

政府工作报告(摘要)

——在荣成市第十八届人民代表大会第一次会议上

(2017年1月24日)

荣成市人民政府市长　刘昌松

一、2016年工作回顾和过去五年的主要成就

2016年,是我们积极应对复杂经济形势,加快创新发展的重要一年,年来,在中共荣成市委的坚强领导下,市政府团结带领全市人民,认真贯彻落实新发展理念,以争当全省科学发展排头兵为目标,以创新型城市建设为主线,务实奋进、攻坚克难、开拓进取,经济社会平稳健康发展,实现了“十三五”良好开局。预计全市生产总值1070亿元,增长8.5%;一般公共预算收入68.8亿元,增长10%;固定资产投资829亿元,增长13%;社会消费品零售总额361.8亿元,增长10.8%;城镇和农村居民人均可支配收入分别达到38118元、19374元,增长8.4%和8.5%。

(一)创新突破、加快转型,产业层次明显提升。坚持以“三个意识”引领经济发展新常态,着力推进产业跨界融合、高端发展。海洋经济,新增4个国家级休闲渔业示范基地、2个海洋牧场示范区,远洋渔船达到316艘,获批第二个国家级远洋渔业基地,成为“中国海带之都”;实施海都食品产业园、中食生物科技等27个海洋食品和生物科技项目,举办了国际海洋食品博览会,国际海洋商品交易中心正式运营,“百合康”获中国驰名商标,新增15个商标名牌,海洋食品和生物科技产业集群规模增长10%和28%。装备制造业,实施了华鹏高端玻璃器皿、新研海山大型农机等20个骨干膨胀项目,成立专业船舶设计研发平台,黄海造船开工建设4艘军辅船,“两化融合指数”提高11.3。华能、国核两个国家重大专项进展顺利,实施达因制药儿童制剂、宏秀山磁业等新医药、新材料项目,新兴产业占GDP比重达到15%。现代服务业,实施了好当家红星美凯龙家居广场等27个商贸物流项目,赤山集团入选国家级冷链流通标准化企业,建设3处电商产业园,电商交易额增长50.7%,获批山东省电子商务示范县;建成开放郭永怀事迹陈列馆等4个红色教育基地,9部影视剧在我市拍摄,旅游收入增长13.2%,服务业增加值增长10%,成为国家全域旅游示范区创建单位。现代农业,完成农村土地确权颁证,策划了“荣成苹果”区域品牌,发展节水灌溉4.4万亩,补贴农机具4000台,流转土地2.1万亩,新增特色种植基地3.2万亩、标准化示范场4家、农民合作社95个,“三品一标”面积比重达到75.5%,成为国家农产品质量安全市。

(二)锐意改革、开放合作,区域发展优势显著增强。抢抓“一带一路”、中韩自贸区等机遇,从破解瓶颈制约、推进双向开放入手,挖掘释放更大活力。围绕改善投资环境,实行“五证合一”、市场主体登记“全域通办”,开展建设项目联审联批,简化手续28项、取消免征收费15项,为企业减负2500多万元,新登记企业增长33%。围绕破解融资难,设立产业引导基金,开展科技支行和农民合作社互助试点,新增金融机构11家、贷款62.1亿元,完成规范改制163家,华鹏玻璃再融资6.3亿元,12家企业挂牌交易,直接融资翻了两番;争取国家专项基金3.2亿元、PPP示范项目两个,成为全国PPP创新工作试点市。围绕引导企业创新,举办海洋科技论坛,启动建设海藻生物研究中心,打造科技企业孵化器,新增省级创新平台6个,慧谷创客和哈理工获批国家级众创空间;实施“百千万英才计划”,与山东大学合作建设海洋医用食品平台,新增高层次人才6名、高技能人才2500多名,争取省以上科技项目11个,发明专利申请量增长37%,新增高新技术企业6家、产业比重达到35.3%。围绕推进对外开放,改革“三区”机构设置,集中精力抓招商,实施过亿元项目16个,完工投产重点项目115个,盘活闲置设施47万平方米,实际利用内外资增长15%和2.8%;以业态创新拉动外贸增长,启动建设跨境电商产业园,“皇朝马汉”进出口增长13倍,“同线同标同质”平台通过国家认定,新增9处公共海外仓和保税库,8家企业取得旅游购物贸易资质,外贸进出口增长9.9%;抢抓服务贸易试点机遇,突破发展海运、旅游等领域,贸易额增长20%;石岛港口岸扩大开放正式获批,开放岸线350公里、泊位66个,取得进口肉类资质,是全国第一个进境澳牛海运口岸。

(三)高点定位、科学布局,城乡功能更加完善。按照“全域城市化、市域一体化”部署,强化共建共享理念,优化要素资源配置,以丰富城市内涵,集聚“人”气、提振“生”气。着眼提升载体功能,实行“多规合一”,启动惠及1.5万户的26个城中村改造,完成青山路、石岛环山路等149项城区基础设施、39项老旧小区改造,103个老旧小区落实了基础物业管理;启动美丽乡村建设,实施155项“六个一体化”工程,完成电网投资3.6亿元,获批省以上传统村落6个;八河水库增容4000多万方,为长远发展提供了水源保障。着眼提升交通功能,新增青岛、西安等11列次始发动车,输送旅客180万人次;升级改造石烟线、北环海路和58条县乡路,开通

南线公交,增加新能源公交车179辆,实现城乡公交一体化,电子公交站亭、城市充电站、停车场和公共自行车租赁系统也都同步配套。着眼提升管理功能,加快推进智慧城市建设,启动重点污染源监控等12个项目,平安荣成指挥中心、社会治理云计算中心正式投用。着眼提升生态功能,加强环境保护,八河水库、西王门河流域和扬尘腥水、鱼粉石材、畜禽养殖等污染得到有效治理,空气质量优良率达到95.6%;启动桑沟湾北岸、石岛湾西岸、成山北岸和大天鹅栖息地修复工程,成片造林2.2万亩,治理河道22条,农村改厕7.2万户;严厉打击"双违"行为,盘活闲置低效土地2100多亩,成为国家土地集约节约模范县,全省城铁沿线环境综合治理、农村改厕和污水处理现场会在我市召开,荣成生态文明建设经验全省推广。

(四)倾注民生、加大投入,群众幸福指数大幅提高。恪守为民负责、为民尽责执政理念,聚焦群众期盼,不断增加人民群众获得感。民生投入持续加大,38项民生实事按期推进。开展精准扶贫,实施医疗教育等"暖心工程",1.43万贫困人口在全省率先脱贫。农村低保、居民医保等基本保障提标扩面,大病救助实现职工、居民医保全覆盖,救助困难群体2.1万人,发放抚恤金5300多万元。启动校长职级制和"县管校聘"改革,实施新一中、二中等24个校园新建改造、9栋校舍抗震加固、20个塑胶跑道项目。探索建立分级诊疗新模式,H型高血压与脑卒中防控"荣成模式"全国推广。文明城市创建县级评议位居第一。加强文体惠民、文体事业和文化产业建设,送戏送电影下乡1.1万场,举办赛事1600场,改建体育场地12处。开展企业法人学法守法教育,获批国家社会信用体系建设示范城市,成为全省唯一、全国3个县级创建城市之一。开展安全生产"两个体系"建设,着力解决渔船管理、海上生产、社会治安等突出问题,社会安全稳定、人民安居乐业。国防动员、人民防空、民族宗教、妇女儿童、市志档案、外侨、对台、气象、慈善等事业,都取得了新进步。

(五)提高效能、规范管理,政府自身建设不断加强。着眼服务型政府建设,坚持用法纪思维推动工作,在深化"放、管、服"中推行规范化、便利化、契约化、清单式管理。强化政府法治建设,被评为全省依法行政先进集体。推进互联网+政务服务,269项审批服务事项纳入政务服务云平台。建立行政机关首问负责制,推行机关规范化管理和履职尽责负面清单,各级干部的精气神、执行力、责任感和纪律性显著提升。完成党政机关公车改革和办公用房腾退,125件代表建议和委员提案全部办结,解决民生诉求5.5万件。深入开展"两学一做"学习教育,严格落实中央八项规定和党风廉政建设责任,对8个部门开展巡察、46个部门开展离任审计,查处党员干部违纪案件71起。

过去一年取得的成绩,得益于市委总揽全局、科学决策,得益于市人大、市政协和社会各界的有效监督、大力支持,得益于全市人民拼搏进取、无私奉献。

在肯定成绩的同时,我们清醒认识到,经济社会发展还存在一些困难和问题:经济运行质量效益不高,新动能不足;城市功能尚不完善,发展不平衡问题依然突出;生态保护尚不到位,社会事业和公共服务存在短板;有的干部担当意识不强,有些工作人员不作为、不会为、乱作为问题依然存在。我们要进一步增强忧患意识、担当意识,把民心所望作为施政所向,尽心竭力做好政府工作,决不辜负人民重托。

2016年是十七届人民政府收官之年。过去五年,在荣成市委坚强领导下,我们坚持既定思路不动摇,与全市人民一起,开拓创新、顽强拼搏,攻坚克难、砥砺前行,圆满完成了十七届人大历次会议确定的目标任务。五年来,我们着力实施产业强市、工业带动战略,综合实力大幅提升。生产总值年均增长10.3%,一般公共预算收入翻了一番,蓝区考核始终保持领先,被确定为全省县域经济科学发展试点市。五年来,我们坚持创新驱动、加快转型发展,结构调整成效明显。海洋生物科技产业强势崛起,远洋渔船增了1.6倍,高新技术企业增了3.5倍,上市公司和挂牌企业由1家增加到36家,主营业务收入过亿元企业由61家增加到80家,三次产业比由9.5∶52.9∶37.6调整到8∶45.1∶46.9。五年来,我们不断创优营商环境、深化改革开放,创新创业活力加快释放。青荣城铁、荣文高速相继通车,迈入青烟威"同城时代";率先建立社会信用体系,审批事项压缩50%,办理时限缩短90%,被评为全省投资环境最佳县市,市场主体增长76%,实际利用内外资年均增长16.2%和11.1%。五年来,我们注重统筹协调、优化发展布局,城乡面貌焕然一新。沿海城市带框架全面拉开,中心城区面积增了一倍,城市品位明显提升;镇街驻地拆旧50万平方米、新建200万平方米,农村环境综合整治、"六个一体化"基本实现全覆盖;以高度的历史担当,重拳整治环境污染,空气质量全省最佳,"自由呼吸·自在荣成"城市形象深入人心。五年来,我们致力改善民生、推动共建共享,人民群众创造力充分激发。率先实现城乡医保、基础养老制度并轨,民生投入年均增长18.4%,各项保障标准平均提高60%,文化软实力显著提升,城乡居民人均可支配收入增长60%和70%。经过五年努力,全市经济和社会各项事业,都上了一个大台阶。

过去五年的辉煌成就,集中展现了荣成人民顽强拼搏、勇争一流的精神风貌,极大增强了干部群众的自信心和凝聚力,必将激励全市人民在推进创新型城市建设、率先全面建成小康社会的征程上奋力前行!

二、今后五年的指导思想和奋斗目标

未来五年,横跨两个五年规划,是我市率先建成小康社会的决胜阶段,既要奋力冲刺"第一个一百年"目标,又要科学谋划"第二个一百年"布局。市第十四次党代会,为我们描绘了宏伟蓝图。我们要按照会议确定的目标思路,统一思想、振奋精神,勇于担当、务实奋进,努力使各项工作干在更实处、走在最前列，实现全市人民过上高水平小康生活的美好愿望。

今后五年，经济社会发展的指导思想是：高举中国特色社会主义伟大旗帜，以邓小平理论、“三个代表”重要思想和科学发展观为指导，深入贯彻习近平总书记系列重要讲话精神，统筹推进“五位一体”总体布局和协调推进“四个全面”战略布局，坚持稳中求进工作总基调，牢固树立和贯彻落实新发展理念，把“自由呼吸·自在荣成”作为中国梦荣成篇章的引领，扎实推进创新型城市建设，推动经济、政治、文化、社会、生态文明建设各项事业创新突破，提前全面建成小康社会，率先开启现代化建设新征程，争当全省科学发展排头兵。主要奋斗目标是：

——增长动力更加强劲。传统产业迈向中高端，新业态新经济蓬勃发展，海洋经济优势持续放大，实体经济基础更加坚实；供给侧结构性改革成效显现，“三去一降一补”取得实质性进展，重要领域和关键环节改革有序推进，全方位对内对外开放新格局加速形成；创新成为驱动发展的主要动力，高新技术产业产值占比突破40%，生产总值年均增长8%左右，一般公共预算收入年均增长9%左右，固定资产投资年均增长12%左右。

——特色城市更具内涵。中心城区首位度明显提高，城市建设取得更大进展，城市元素不断丰富；以人为核心的城镇化水平显著提升，户籍人口城镇化率达到60%以上；生态环境进一步改善，重点领域污染有效治理，能源和水资源消耗、建设用地、碳排放总量得到有效控制，让居民“看得见青山绿水、记得住乡愁”。

——社会环境更为文明。中国梦和社会主义核心价值观深入人心，完成全国文明城市、社会信用体系建设示范城市创建；公共安全体系更加完善，公平正义有力保障，依法治市与以德治市相得益彰，社会安定有序、文明和谐；社会活力持续迸发，人民民主不断健全，人民群众积极性充分调动。

——群众生活更有品质。城乡居民收入年均增长8%和8.5%左右，低收入和特殊群众生活明显改善，建成更高水平、更有质量的全面小康；基本公共服务水平稳步提高，人民群众享有更可靠的社会保障、更好的教育条件、更优质的医疗卫生服务、更舒适的居住环境、更丰富的文体生活；党群干群关系进一步密切，群众满意度和获得感、幸福感持续提升。

提前全面建成小康社会、争当全省科学发展排头兵，是现阶段中国梦荣成篇章的奋斗目标。只要全市上下万众一心、众志成城，咬定青山不放松，一张蓝图绘到底，“自由呼吸·自在荣成”的愿景一定会实现，建设一个经济发展、政治清明、文化繁荣、社会进步、生态优美新荣成的目标一定能够实现！

三、2017年政府工作安排

今年是实施“十三五”规划的重要一年，也是新一届市政府开局之年。做好今年各项工作，保持经济社会发展良好势头，具有重要意义。我们要认真贯彻上级决策部署，以提高发展质量和效益为中心，深化供给侧结构性改革，全面做好稳增长、促改革、调结构、惠民生、防风险各项工作，促进经济平稳健康发展和社会和谐稳定，以优异成绩迎接党的十九大胜利召开。主要预期目标是：生产总值增长8%左右，一般公共预算收入增长9%左右，固定资产投资、社会消费品零售总额增长12%和11%左右，实际利用内外资增长15%和10%左右，外贸进出口保持稳定。城镇和农村居民人均可支配收入增长8.2%和8.5%左右，完成节能减排、安全生产等约束性指标。重点做好七方面工作：

（一）以供给侧改革为主线，打造转型发展的独特势能。把握新常态、新方位的大逻辑，用新理念、新思维加快推动产业强市，重塑传统产业的个性优势，培植新兴产业的特色优势，集纳跨界产业的叠加优势。

推动海洋经济融合发展。着眼建设海洋经济强市，加强对优质资源、前沿技术、市场话语权的掌控，积极拓展新领域、发展新业态、激发新动能，促进传统渔业脱胎换骨是打造全国休闲渔业基地。以规范海域使用管理为抓手，加快发展生态名优养殖，融合发展休闲渔业，重点打造寻山集团等8个海上综合平台，省级以上休闲渔业和海钓基地超过38家。二是打造全国远洋渔业基地。推动近海捕捞渔船去产能，鼓励发展超低温远洋运输船，加快建设沙窝岛国家远洋渔业基地和乌拉圭等6个海外基地，积极开拓阿根廷和南极渔场，形成“捕捞、回运、加工、销售”全产业链发展，远洋捕捞产量30万吨，回运率75%以上。三是打造中国海洋食品名城。按照“买世界、卖世界”的思路，以国际海洋商品交易中心为龙头，以大型冷链物流为支撑，积极开发休闲即食、药食同源等高端产品，支持开展连锁经营、展会推介和在线营销，推广“荣成海鲜”区域品牌，重点实施海都食品产业园二期、泰斗医用保健食品等项目，大型冷链物流库容达到220万吨，集群规模增长8%，高端产品、终端市场比重各提高两个百分点。四是打造全国海洋生物科技产业高地。以海洋高新园为主战场，密切与高校院所和华夏幸福空间家的合作，抓好科技研发、创业孵化和招商平台建设，积极引导企业向海洋生物医药、生物制品、生物新材料领域转型，重点实施好当家海参活性物质提取、百合生物不饱和脂肪酸制备、鸿德医用蛋白等项目，确保新增海洋生物科技企业10家，主营业务收入增长30%以上。

推动装备制造业智能化发展。坚持错位竞争、靠大联强、链条延伸，着力突破关键工序、核心产品、重点领域，以智能化、柔性化、个性化提升竞争优势。机械制造业，加快机器换人、智能仓储、定制设计步伐，实施新研海山大型农机、华鹏玻璃自动化物流库、康派斯自驾式房车、华力电机智能化改造等项目，数字化设计率达到90%，集群规模增长7%以上。修造船业，抢抓军民融合、远洋渔业发展机遇，重点推进黄海船舶设计公司南极磷虾加工船研发，带动发展客滚船、重吊船、远洋渔船等优势船型，黄海造船争取在军辅船生产、豪华游轮订单上取得突破，中船线缆、泓远化工争取“民参军”，壮发泵业、波通达等配套企业在国内大型船企订单上保持优势，确保造船完工量25万载重吨，承修千吨级船舶600艘以上。新兴产业，主攻新医药、新材料、新能源，重点实施奥萨产业园、达因综合制剂、维赛新材料、青木新材料和宏秀山磁业二期等项目，启动核电配套园规划建设，争取两年时间拉开起步区框架，打造国家新型能源装备制造基地。

推动现代服务业专业化发展。以发展大健康产业为方向，加快突破旅游、体育、文化、健康、养老五大幸福产业。推进好运角旅游度假区和重点景区上档升级，跟踪落实与首旅集团、明月集团、北部湾旅等行业龙头的战略合作，做好全域旅游策划，做足“旅游+”的文章，积极创建国家全域旅游示范区。坚持体旅结合，抓好体育公园、城市步道建设，举办国际马拉松、环湖自行车、无人飞行器大赛等项目，带动发展体育旅游和赛事经济。加强海草房文化遗产保护，抓好中韩影视文化创意园建设，打响大天鹅、海草房特色品牌。推进中食健康产业城、虎头角医疗健康产业城开发，跟踪与天士力集团、首都医科大学的合作，开展专家网上诊疗服务，推动功能性健康食品、医疗器械、智慧健康产业发展。探索医养结合、分时度假、以房养老新模式，打造连锁式居家养老服务中心。服务业增加值增长9%以上。

深入推进农业供给侧结构性改革。把提高农产品质量放在突出位置，以创建国家农业可持续发展示范区为目标，全面推行食用农产品合格证制度，开展种养结合循环农业发展试点，“三品一标”面积比重达到76%。大力发展现代苹果等特色产业，推广高产创建、大型农机、节水灌溉等新技术，改良酸化土壤30万亩，粮食产量稳定在20万吨以上。开展永久基本农田划定，细化落实承包土地“三权分置”办法，积极发展农民合作社、家庭农场等经营服务主体，加快培育新型职业农民。

供给侧改革是一项长期任务，我们要按照“产业强市、工业带动、突破发展服务业”的战略部署，进一步强化经济主业、工业主体、税源主责意识，推动三次产业向中高端转型。

（二）以创新驱动为抓手，提升竞争发展的核心动能。围绕创建全国自主创新示范县，加快培植主体，着力搭建平台，全面匹配要素，激发创业创新活力，厚植核心竞争优势。

着力推进企业创新。实施高新技术企业梯次培育计划，市财政今年安排1.5亿元支持企业转型创新，建立创新服务联盟，重点抓好98个产业项目、440个技术开发项目，确保高新技术产业比重提高1个百分点。推进政产学研金合作，抓好海洋高新园生物技术创新中心、海藻生物研究中心建设，争取实施产学研合作项目15项，发明专利申请量增长20%以上。抓好房车零部件电商平台建设，成立保税库、海外仓，打造中国最大的房车零部件生产基地。坚持以创新促质量、以质量创品牌，新增商标名牌和市长质量奖7个，争创国家冷冻调理食品知名品牌示范区。

着力促进大众创业。认真落实减税、降费、降低企业成本政策，纵深推进“放、管、服”改革，推行电子营业执照、“双随机一公开”监管和“一窗式受理、一门式服务”试点，降低显性门槛、减少隐性障碍。推进科技企业孵化器、慧谷孵化器与知名孵化器合作，争创国家、省级孵化器。实施大学生聚荣创业计划，支持大众创业万众创新，重点打造哈理工荣成学院和威海海洋职业学院、技师学院孵化平台，确保新增市场主体7000户以上。

着力强化要素保障。强化人才保障，着眼打造创新高地、人才洼地，5年安排两亿元实施“百千万英才计划”，建设科技智库、科技服务团，年内引进省级以上人才项目5个，培养高技能人才1000人以上。强化资金保障，充分利用股权投资引导基金，通过直投、跟投、债转股等形式，加大对种子期、初创期和成长期科技型企业支持力度；鼓励民间资本成立新型金融组织，支持金融机构创新融资产品，新增贷款50亿元以上；引导企业利用资本市场融资，新完成规范化改制70家，上市挂牌后备企业达到50家，争取10家企业在新三板和区域市场挂牌，融资12亿元以上。强化政策服务保障，建立联系服务企业和专职驻企员制度，积极帮助企业争政策、跑资金，争取更多优质项目挤进上级计划。

创新是引领发展的第一动力，必须摆在发展全局的核心位置，我们将认真研究谋划各行业的创新点，以政府部门的工作创新，带动全社会的科技创新、机制创新、方法创新。

（三）以改革开放为动力，扩张突破发展的外延功能。把握改革开放走向深水区的大趋势，以体制机制创新、优化整合要素，以生产要素优化、开辟发展空间。

深化重点领域改革。扎实做好农村产业融合发展、县域金融创新等试点工作，加强区域改革探索实践。推进投融资改革，开展产业引导基金、创投基金等无抵押融资业务，采取PPP模式实施蚰江港区域开发、科创园建设，争取获批2个国家专项建设基金项目，发行停车场三期企业债券。推进基础教育改革，开展联盟办学、网络课堂教学和城乡教师轮岗交流，促进教育均衡发展。推进公立医院综合改革，探索建立按病种付费的支付机制，提升医疗服务水平。推进国有企业改革，提升城投公司承接市级重点项目和市场化运作的能力，完善国有企业负责人绩效考核、风险防范及决策监督制度，促进国有资产保值增值。开展第三次全国农业普查，规范农村“三资”管理，稳步推进农村集体产权、国有林场、小型水利和供销合作社改革，充分释放农村发展活力。

深化对外开放。实施优进优出战略，通过精准专业招商、培育外贸新业态、深化对外合作，扩大对外经济新优势。精准专业招商，坚持以项目建设论英雄，以差异化考核为抓手，引资与引智、引技并重，紧紧围绕海洋生物科技、高端装备、全域旅游等产业，加强与领军企业、领军人物、领军团队的对接招商，促进产业转型升级。培育外贸新业态，按照“传统贸易+跨境电商”模式，加快建设跨境电商产业园，做大做强“皇朝马汉”“同线同标同质”等服务平台，推进好运渔乡等交易市场建设，扩大鲜活水产品、肉类及澳洲肉牛进口；用足用好服务贸易试点政策，巩固海运、旅游等优势领域，拓展文化娱乐、医疗养生等新兴领域，跟踪推进华信数据、医疗美容整形医院等项目，服务贸易额增长30%以上。深化对外合作，抢抓“一带一路”和中韩自贸区地方经济合作机遇，加强对韩保健品、化妆品、医用材料招商，支持企业“走出去”开拓国际市场，重点抓好韩国荣成城市展厅和成山轮胎、蓝海海洋海外工厂建设，在对外合作上取得新进展。

当前市场竞争格局发生深刻变化，我们要放眼世界、着眼未来，全力打造开放诚信的市场环境，加强与域外资本的合作，实现互惠互利、合作共赢。

（四）以城市建设为载体，开发协调发展的内涵潜能。按照收缩战线、梯次推进、深度开发、滚动发展的思路，加快推进以人为核心的新型城市化，用城市内涵提升，促进要素资源集聚。

科学规划城市建设。把科学规划作为城市发展的重要前提，完成新一轮城市总规修编，启动编制区镇控制性详规，以及城市风貌、地下空间等专项规划，实行多规合一。加强城市设计，把智慧城市、海绵城市、旅游城市等理念融入规划，注重保留地域环境、文化特色和建筑风格等特色基因，多留公共空间，多建公园绿地，保证规划的高档次、特色化、严肃性。

优化城市发展布局。坚持“中心提升、两翼突破、生态连接、产城融合”，构筑以中心城区为龙头，石岛、好运角为两翼，特色小镇为节点，生态廊道为连接的沿海城市带。经济开发区，着力提升中心城区首位度，吸纳高端产业项目、教育卫生资源、优质公共服务和居住人口集聚，推进科创园、高端产业园和城铁物流板块开发，实施观海路改造、半岛环海路东拓、少年宫和樱花湖体育公园等29项城建重点工程，丰富停车场、地下管网、街心公园等城市元素，增强对周边镇街的辐射带动作用。石岛管理区，围绕“一城一带、四大组团”和“一湖、三廊、五片区”，突出产业引领、内涵提升，抓好歌尔小镇、龙湖路改造等41项城建重点工程，使城市功能、形象和内涵同步提高。好运角旅游度假区，对接东部滨海新城，推进基础设施上档升级，抓好汉龙路东拓、生物质热电联产等49项城建重点工程，打造北部发展新区。海洋高新园，坚持“专业园区、专业打造”，推进核心区建设，推进孵化、中试、产业化、企业服务等公共平台和基础设施配套，打造沿海城市带新节点。各镇，以特色小镇和美丽乡村为切入点，强化特色开发、风貌管护和新型农村社区建设，盘活闲置资源招商，推动美丽乡村建设向全域拓展。

切实加强城市管理。深化全国文明城市创建，推进城市精细化管理由主城区向全域拓展、由主次干道向背街小巷延伸。推动智慧城市发展，开展平安荣成、健康荣成建设，完成智慧安全、智慧健康等7个重点项目。完善城区物业服务功能，加强城市停车、占道经营、露天烧烤、非法小广告等专项整治，推进公共卫生、园林绿化、环卫和无障碍设施提档升级。开展违法建设治理行动，年内完成60%以上。

城市是经济建设的载体，是群众生活的依托，我们要按照以人民为中心的发展思想，着力提升城市的内涵和品质，让更多的父老乡亲过上城市化的生活。

（五）以生态环保为导向，增创全面发展的绿色量能。牢固树立绿色发展理念，坚持海陆一体、城乡同治、水源空气土壤统管，全面提高发展的质量与层次。

加强城乡环境整治。巩固农村环境综合整治成效，基本实现生态文明乡村B级以上标准全覆盖。抓好农村改厕、污水处理设施建设和后期管理服务，实现应改尽改。强化镇街驻地环境综合管理，抓好“三线三边”、城铁沿线环境综合整治，建立国省道网格化保洁机制，按照星级标准实施公共厕所改造。

加强大气、水和土壤环境污染防治。抓好燃煤锅炉治理，完成鱼粉企业尾气治理和热电企业超低排放改造。推动干海产品加工进区入园，持续做好石材、海带加工规范治理。深入推进畜禽养殖污染治理，划定禁养区、限养区。强化渔港码头环境卫生管理。全面建立“河长”制，以水源地上游、西王门河、车道河为重点，集中治理食品加工、畜禽养殖和农村生活污水等污染。

加强生态安全屏障建设。抓好沿海防护林、荒山绿化和生态墓地建设，实施土地整理和增减挂钩项目，严厉打击乱采滥挖、乱砍滥伐、非法围填海等行为，义务植树300万株以上。实施沽河、小落河三期和农村河道治理，推进桑沟湾北海岸带综合整治、天鹅湖湿地修复和蚧口防潮堤工程，整理岸线13公里。开展全民节能、节水行动，建设节水型社会。

优美的生态环境，是荣成最大的财富。我们要秉承“绿水青山就是金山银山”的理念，毫不动摇推进污染治理和生态建设，下决心走出一条经济发展与环境改善的双赢之路，叫响“自由呼吸·自在荣成”城市品牌。

（六）以改善民生为目标，调动和谐发展的主体职能。把保障改善民生放在首位，坚持普惠性、保基本、均等化、可持续，从群众最关心最直接最现实的问题入手，增强人民主人翁意识。

巩固农村精准扶贫成果。坚持“扶上马、送一程”，对达到省定脱贫标准的贫困户进行跟踪帮扶。实行贫困线与低保线“两线合一”，把“危急难”低保边缘群体和集体经济薄弱村纳入扶贫范围，对病残贫困户实行“一户一策”，提升自我发展能力。

健全社会保障体系。继续推进提标扩面，居民医保政府补贴标准由每人每年420元提高到480元，城乡居民基础养老金从每人每月110元提高到120元，农村低保标准由每人每年3700元提高到3850元，农村“五保”集中供养标准由每人每年6500元提高到7000元、分散供养标准由4000元提高到4600元，困难残疾人生活补贴标准由每人每月80元提高到100元。继续扩大慈善助学、大病救助范围，开展中小学生、残疾人心理健康疏导，实现城乡适龄妇女“两癌”免费检查全覆盖，规范管理H型高血压患者4万人以上。

完善公共服务设施。投资5.4亿

元，实施新一中、海洋职业学院等22所校园新建续建、18栋校舍抗震加固和智慧课堂建设，有效解决大班额问题。投资8000万元，实施人民医院综合病房楼和医疗机构标准化建设，实现中医服务全覆盖。投资37.7亿元，实施13个城中村改造、9个老旧小区改造、104项“六个一体化”工程。投资5.7亿元，建设镆铘输变电工程，实施公交总站搬迁和两条省道、49条县乡路改造，试行“市区至石岛40分钟公交直达”模式。投资2亿元，实施逍遥水库增容、4个城市供水保障、70个村饮水安全提升工程，让群众都能喝上放心水。

发展各项社会事业。深化“四德工程”建设，着力完善公共文化服务体系和城乡健身设施，扩大“三馆一站”免费开放范围，举办群体性赛事和文化演出3100场以上。挖掘特色文化资源，扶持发展文化产业，争创文化强省建设先进县。开展医疗服务改善、教育环境提升行动，加强医德医风、师德师风教育，提高学校安保专业化水平。创建全国残疾预防综合试验区，降低残障发生率。

提升社会治理水平。坚持制度建设与信用应用并举、守信激励与失信惩戒联动、示范创建与文化引领同步，构建以信用为核心的监管体系，争创国家社会信用体系建设示范市。开展安全生产“企业主体责任深化年”行动，强化海上生产管理，抓好森林防火能力建设，全面推行“明厨亮灶”，确保顺利通过国家食品安全市验收。加强海陆一体平安建设，营造和谐稳定的社会环境。

为政之道，民生为本。我们要铭记在心，多办民生之事、多谋民生之利，让人民有更多归属感、获得感和幸福感。财政收入增长虽然放缓，但该给群众办的实事一件也不能少。

（七）以加强自身建设为切点，蓄足服务发展的牵引效能。面对艰巨复杂的改革发展任务，我们要强化“四个意识”特别是核心意识、看齐意识，时刻把群众冷暖挂在心上，建设人民满意的法治政府、创新政府、廉洁政府和服务型政府。一是坚持依法履职。把依法治市、以德治市作为政府工作的基本遵循，全面落实七五普法规划，突出抓好领导干部和企业经营管理人员法治教育，自觉用法纪思维、法治方式深化改革、推动发展，涵养市场主体的法德素质。坚持重大行政决策集体讨论决定，健全公众参与、专家论证、风险评估、合法性审查制度。推进行政行为、政务服务全程公开，保障群众的知情权、表达权、监督权。健全政府法律顾问制度，进一步改进和加强行政应诉工作，把政府工作置于法律监督之下。二是坚持创新履职。深入贯彻中央深化供给侧结构性改革的决策部署，保持战略定力，坚持问题导向，一步一个脚印向前迈进。破除因循守旧、安于现状的思想，以敢试敢闯敢干的拼劲和韧劲，积极稳妥推进重大领域、关键环节改革，唤起人民群众的创业激情。三是坚持廉洁履职。认真落实党风廉政建设责任制，立“明规矩”、破“潜规则”，用制度管权、管人、管事，自觉接受人大的法律监督、政协的民主监督、审计的依法监督、媒体的舆论监督、群众的社会监督。弘扬艰苦奋斗优良传统，厉行节约，抵制“四风”，以清正廉洁取信于民，以良好政风净化社会风气。四是坚持勤勉履职。倡树求真务实、真抓实干的作风，自觉把政府工作置于市委总体决策之中，对上负责与对下负责相统一，一门心思抓落实，引领全市上下的担当精神。以不怵难、不怕硬、敢担当的精神，把全部精力用在破解瓶颈制约上，用在补齐发展短板上，通过严格落实“三位一体”机制，每项工作都抓到关键处、每件实事都办到群众心坎上。

天上不会掉馅饼，努力奋斗才会梦想成真。让我们紧密团结在以习近平同志为核心的党中央周围，在上级党委、政府和中共荣成市委的坚强领导下，以“自由呼吸·自在荣成”为引领，以创新型城市建设为主线，强化“三个意识”，力促“四个提升”，坚持“五个更加注重”，努力完成各项既定目标任务，奋力谱写好中国梦荣成篇章，为提前全面建成小康社会、实现中华民族伟大复兴的中国梦作出新的贡献！

（市政府办公室提供）

荣成 RONG CHENG 自由呼吸 自在荣成

大事记

Chronicle of Events

◎ 2016 年大事记

◎ 2016 年民生实事完成情况

◎ 2017 年民生实事计划

1月

7日

“中国H型高血压控制与心脑肾保护系列研究”专家考察交流会在荣成市妇幼保健院举行。

7日—8日

省委副书记龚正，省委副秘书长、省信访局局长明春德，到荣成市调研经济社会发展情况，并召开党风廉政建设工作座谈会。威海市、荣成市领导孙述涛、张惠、赵熙殿、江山、刘昌松分别陪同活动。

9日

国家住建部村镇司司长张学勤、省住建厅副巡视员卢晓栋，到荣成市调研重点镇、特色小城镇规划建设管理工作。市领导刘昌松、张宗涛陪同调研。

14日

市委书记江山在市华星宾馆主持召开中共荣成市第十三届委员会第113次常委会议（“三严三实”专题民主生活会）。

威海市委书记、市人大常委会主任孙述涛到荣成市走访慰问优抚对象、老党员和敬老院老人。威海市、荣成市领导王学文、江山陪同走访。

21日

荣成市被国家卫生和计划生育委员会授予“国家级妇幼健康优质服务示范市”称号，是威海市唯一获此殊荣的市。

25日

市委副书记吕劭伟赴大连参加猎扫雷舰“荣成舰”入列命名授旗仪式。

27日

全市农村暨扶贫开发工作会议在市机关礼堂召开。市领导刘昌松、吕劭伟、徐志兵、张宗涛出席会议。

2月

1日

市委书记江山走访慰问91329部队及威海军分区官兵。市委常委、武装部政委谭刚参加活动。

3日

中共荣成市十三届八次全委会议暨全市经济工作会议在市机关礼堂召开。

市纪委十三届七次全体会议在市机关礼堂召开。

省地税局党组书记、局长张洪军到荣成市调研地方税务工作。副市长王刚陪同活动。

13日

“荣成无花果”“东山三吉梨”中国地理标志商标获得国家工商总局商标局核准注册。

15日

全市2015年度工作总结表彰大会在市民文化中心三楼礼堂召开。

17日—19日

荣成市第十七届人民代表大会第五次会议在石岛国际会议中心举行。大会应到代表251名，实到代表249名，会议完成各项议程。

政协第九届荣成市委员会第五次会议在石岛国际会议中心举行。大会应出席委员249名，实到委员238名，会议完成各项议程。

24日

龙口市委常委、副市长姜开带领考察团到荣成市考察。市领导吕劭伟、张宗涛陪同活动。

26日

省委宣传部副部长、省文明办主任刘宝莅带领调研组到荣成市调研乡村文明行动。市委常委、宣传部部长张瑞英陪同活动。

3月

2日

市妇联第十四次代表大会在市民文化中心召开。市委书记江山、威海市妇联主席张春晓出席会议并讲话。市领导吕劭伟、张瑞英、田永霞、于澎田、张新颖出席会议。

省海洋与渔业厅厅长王守信到荣成市调研渔港经济、海洋牧场、休闲渔业等发展情况。威海市、荣成市领导傅广照、刘昌松陪同活动。

8日

海阳市委常委、宣传部部长程存东带领考察团，到荣成市考察生态文明乡村建设和文明城市创建工作。市委常委、宣传部部长张瑞英陪同活动。

10日

省检察院党组副书记、常务副检察长王成波到荣成市调研检察工作。市委常委、政法委书记周承凯陪同活动。

10日—11日

吉林省委考察团到荣成市考察县域经济发展、农业产业结构调整和农村改革工作。市委副书记吕劭伟陪同活动。

11日

枣庄市副市长霍媛媛带领考察团到荣成市考察旅游工作。副市长徐志兵陪同活动。

16日

全省丘陵山区机械化推进会在荣

成市召开。省农业机械管理局局长高明飞出席会议并讲话，威海市、荣成市领导傅广照、刘昌松、徐志兵分别参加活动。

荣成市南部48条公交线路全线开通。至此，全市提前实现城乡公交一体化运营。

18日

德州市宁津县委常委、副县长李玉升带领考察团，到荣成市考察智慧城市建设工作。副市长于澎田陪同活动。

20日

“百合康”被国家工商行政管理总局商标局认定为“中国驰名商标”。

21日

中国第三支赴利比里亚维和警察防暴队回国，荣成市边防大队民警娄奇、李斌臣作为其中的优秀代表，被公安部边防管理局记个人一等功。

22日

全市首家试点新型农村合作金融组织——虎山金融信用互助合作社正式营业。

26日

作为威海首批试点单位，在全市推行市场主体登记注册“全域通办”制度，将县级政务服务中心窗口登记职能延伸至各市场监管所，打破登记注册地域限制，构建“多网点、全时空、零距离”登记服务平台。

4月

6日

市委副书记、市长刘昌松带领考察团，赴青岛市即墨市考察学习大项目建设情况。副市长王刚参加活动。

12日

江阴市副市长唐仲贤带领考察团，到荣成市考察国家食品安全城市、农产品质量安全示范市创建工作。

13日—14日

淄博市周村区委常委、宣传部部长、统战部部长耿玉河带领考察团，到荣成市考察学习文明城市创建和古村落保护开发工作。市委常委、宣传部部长张瑞英陪同活动。

14日

市委书记江山到联系点上庄镇尹家村调研精准扶贫工作。

省发改委邀请联合国世界旅游组织相关规划专家到荣成市调研旅游产业发展情况。市领导郑跃文、于澎田分别陪同活动。

18日

市委副书记、市长刘昌松到联系点荫子镇耩上姚家村调研精准扶贫工作。

21日

中航工业幸福航空控股有限公司党组书记罗雪平带领考察团，到荣成市就水上飞机项目开发进行环境考察。市领导刘昌松、王洪晓会见客人。

22日

国家海洋局局长王宏在省海洋与渔业厅厅长王守信的陪同下，到荣成市调研海洋经济发展和海洋生态文明建设工作。威海市、荣成市领导张惠、傅广照、江山、郑跃文、徐志兵陪同调研。

23日

“自由呼吸·自在荣成”2016荣成滨海健步行活动在市文体中心开幕。市委常委、宣传部部长张瑞英出席开幕式。

25日

全市阿里巴巴农村淘宝市级服务中心暨网商节启动仪式在市科创中心举行。市委常委、副市长王洪晓出席活动。

26日

全省农机维修服务能力建设推进会在荣成市召开。省农业机械管理局副局长刘娜、副市长徐志兵出席活动。

29日

全市“两学一做”学习教育工作座谈会在市华星宾馆召开。

5月

1日

中韩边贸城AAAA国家级旅游景区揭牌仪式在中韩边贸城举行。市委常委、副市长王洪晓出席仪式。

5日

威海市委副书记、市长张惠到荣成市走访调研企业发展和项目建设工作。市领导江山、刘昌松陪同调研。

10日

泰祥食品有限公司承建的国家认监委出口日韩食品“同线同标同质”公共信息服务平台上线暨北京体验中心启动仪式在北京举行。国家认监委副主任王大宁，国家质检总局办公厅巡视员黄杰，山东省商务厅副厅长吕伟，威海市、荣成市领导张惠、刘广华、刘昌松、王洪晓参加平台上线启动仪式。

11日

2016中国·荣成互联网+产业转型升级高峰论坛在市民文化中心举行。

13日

中国食品工业协会常务副会长兼秘书长沈篪在省食品工业协会会长王世敏的陪同下，到荣成市调研海洋食品产业发展情况。市委常委、副市长王洪晓陪同活动。

18日

威海市委书记、市人大常委会主任孙述涛到荣成市调研全域旅游工作。威海市、荣成市领导侯世超、刘昌松、王洪晓、郑跃文陪同调研。

24 日

安徽省霍山县人大常委会主任孙瑞荣带领考察团一行 16 人到荣成市学习借鉴农产品质量安全监管工作的经验与做法。

26 日

韩国井邑市市长金生基带领考察团到荣成市考察。市委常委、副市长王洪晓陪同活动。

乳山市委副书记徐明、副市长孙军带领考察团，到荣成市考察现代农业、农村改厕和美丽乡村建设工作。市委副书记吕劭伟陪同活动。

27 日

“李宁·红双喜杯”2016 年中国乒乓球协会会员联赛（荣成站）开幕仪式在市文体中心体育馆举行。国家体育总局乒乓球羽毛球运动管理中心乒乓二部部长戴启军，威海市、荣成市领导张剑、吕劭伟、王继静出席开幕式。

31 日

荣成口岸出口活章鱼输韩第一单。2 吨活章鱼在市好运渔乡国际商业中心完成装箱，当晚 8 时从石岛港出发，次日上午抵达韩国仁川港。

6 月

2 日—6 日

市领导分别到所在党支部参加“两学一做”学习教育，并带头上“两学一做”学习教育专题党课。

4 日

中国首部农村消防题材实景京剧电影《咱村的女消防官》在宁津街道东墩村开机。威海市、荣成市领导王亮、张瑞英出席开机仪式。

7 日

全省铁路沿线环境综合治理工作电视会议召开。市委副书记、市长刘昌松在威海市分会场代表荣成市作典型经验交流。

13 日

郭永怀事迹陈列馆建设推进会在北京中国科学院力学研究所召开。

14 日

中国地震局副局长修济刚在省地震局局长晁洪太的陪同下，到荣成市调研防震减灾工作。威海市、荣成市领导张波、吕劭伟、于澎田陪同活动。

威海市环翠区委常委、副区长张宗浩带领考察团，到荣成市崂山街道东庄村、崖头街道双泊社区、寻山街道夼子河村，考察学习农村无害化厕所改造及生活污水处理等经验做法。市委副书记吕劭伟陪同活动。

15 日

中国园林行业协会表彰大会在北京召开，荣成市成山大道绿化改造工程获“全国园林绿化优质金奖工程”。

21 日

威海市委副书记、市长张惠到荣成市检查伏季休渔和渔船管理工作。威海市、荣成市领导叶立耘、傅广照、刘昌松、徐志兵陪同活动。

22 日

海南省政协副主席、民进海南省委主委、海南省科技厅厅长史贻云带领考察团，到荣成市调研农业高新区及海洋科技等发展情况。市领导战大海、于澎田、张积聚陪同活动。

23 日—30 日

市级领导班子成员分别深入各镇街，走访看望荣成市部分中华人民共和国成立前入党的老党员和生活困难党员，并结合中国共产党成立 95 周年，为基层党员上“两学一做”学习教育专题党课。

24 日

全市庆祝中国共产党成立 95 周年大会在市民文化中心举行。

25 日

省社科联党组书记、副主席林建宁到荣成市调研齐鲁大讲坛筹备、《渔民号子》创作等工作。市委常委、宣传部部长张瑞英陪同活动。

27 日

北京市房山区副区长刘胜国带领考察团观察到荣成市考察学习“四位一体”的抓落制度、城市管理、城市环境综合整治、生态文明建设等方面经验做法。副市长张宗涛陪同活动。

中国关工委常委副主任武韬、省关工委常务副主任崔日臣一行 7 人到荣成市关工委指导中心调研。市领导战大海、吕劭伟陪同活动。

30 日

市委副书记、市长刘昌松带队到环翠区考察学习工业和服务业项目建设工作。市领导王洪晓、王刚及各区镇、街道和相关部门主要负责人参加活动。

7 月

1 日

荣成市各级组织收看庆祝中国共产党成立 95 周年大会。

全国首批进口韩国参鸡汤开箱仪式在市泰祥食品有限公司泰广保税库举行。国家质检总局相关部门负责人、韩国食药参赞李润东，市委常委、副市长王洪晓出席仪式。

5 日—6 日

韩国瑞山市市长李完燮率代表团访问荣成市。市长刘昌松、副市长于澎田会见客人一行。

10日—11日

副省长赵润田到荣成市调研伏季休渔和渔船管控工作。威海市、荣成市领导张惠、傅广照、刘昌松、徐志兵陪同活动。

12日—13日

省委常委、常务副省长孙伟到荣成市调研经济发展和解决中小学大班额工作。威海市荣成市领导张惠、高旭光、傅广照、刘昌松、郑跃文、王刚、张宗涛分别陪同活动。

13日

以色列土肥专家尤瑞博士、果品储藏与果品加工专家苏珊劳瑞博士和果业种质资源脱毒专家萨拉·斯皮雅格博士受邀到荣成市进行果树产业技术交流与培训。

15日

全国政协副主席、致公党中央主席、科技部部长万钢,在副省长王书坚的陪同下,到荣成市调研国家科技重大专项实施情况。威海市、荣成市领导张惠、徐连新、刘昌松陪同活动。

18日

威海市委副书记、市长张惠到荣成市调研威海(荣成)海洋高新技术产业园筹建工作。市领导江山、王洪晓、于澎田陪同活动。

20日

青岛市委副书记、市长张新起带领考察团,到荣成市考察小城镇建设工作。威海市、荣成市领导王学文、江山、刘昌松、郑跃文、张宗涛、邹德新陪同活动。

22日

市委书记江山到市蜊江老干部活动中心、市老年大学、市第一干休所、市关心下一代工作指导中心,调研指导老干部工作。

荣成市公共自行车租赁系统启动试运行,该系统与荣成市36千米城市绿道共同组成城区公共自行车慢行系统,为"自由呼吸·自在荣成"再添靓丽一笔。

24日

"齐鲁大讲坛——齐鲁文化视角看'四个全面'"系列讲座之"'一带一路'与全面深化改革"讲座在滨海公园举行。市委常委、宣传部部长张瑞英出席讲座。

28日

新泰市委副书记梁久军带领考察团,到荣成市考察学习文明城市建设工作。市领导吕劭伟、张瑞英陪同活动。

29日

威海市、荣成市领导孙述涛、张惠、董天祥、刘茂德、赵熙殿、傅逊、侯世超、叶立耘、江山、刘昌松到驻荣成部队,与广大官兵同过"军事日"。

8月

3日

全省农村无害化卫生厕所改造推进会议在荣成市召开。省住建厅厅长王玉志,威海市、荣成市领导赵熙殿、张波、江山、吕劭伟、郑跃文、张宗涛出席会议。

7日

省科技厅厅长刘为民带领考察团,到荣成市考察科技创新工作。威海市、荣成市领导徐连新、江山、王洪晓、于澎田陪同活动。

10日

泰安市委常委、政法委书记、市城市环境综合整治指挥部指挥郭德文带领考察团,到荣成市考察城市管理及城市环境综合整治等工作。威海市、荣成市领导刘茂德、周承凯陪同活动。

12日

中国食品工业协会海洋食品专业委员会成立大会在市华星宾馆召开。中国食品工业协会副会长兼秘书长沈篪出席会议。

亚洲食品产业发展专题报告会在市华星宾馆举行。亚洲食品商务协会理事长田中秋人作题为《日本食品产业结构变化与国际合作方向》的专题报告。市委常委、副市长王洪晓出席会议。

13日

2016中国·荣成国际海洋食品博览会暨互联网+海洋产业发展峰会开幕仪式在市海洋食品博览中心举行。

2016中国·荣成互联网+海洋产业发展峰会在市民文化中心举行。中国电子商务协会理事长张会生出席峰会。

15日

荣成市组建省内第一支义务交警队——荣成市引航义务交警队。省文明办副主任王龙飞,市领导张瑞英、王继静、马一东出席仪式。

16日

全市信用联合奖惩工作座谈会在市社会管理服务研判中心召开。市领导江山、姜全文出席会议。

17日

全市志愿服务联合会成立大会在市交通局举行。市委常委、宣传部部长张瑞英出席会议。

18日—19日

省委常委、政法委书记张江汀带领督导组,到荣成市督导检查铁路安保和政法综治工作。威海市、荣成市领导孙述涛、刘茂德、叶立耘、江山、周承凯陪同活动。

20日

副省长、公安厅党委书记、厅长孙立成到荣成市调研公共安全和海陆一体平安建设工作。威海市、荣成市领导叶立耘、江山、周承凯陪同调研。

新华社、《经济日报》、山东广播电视台、齐鲁网等 10 多家媒体组成的“品牌建设齐鲁行”采访团，到荣成市实地采访挖掘知名企业品牌建设经验。市委常委、副市长王洪晓陪同活动。

29 日

市委书记江山赴济南参加全省扶贫协作工作会议。

30 日

省政协副主席许立全带领调研组，到荣成市调研民族宗教工作及民族商品生产企业发展情况。威海市、荣成市领导董天祥、李丹、刘昌松、战大海、毕天夫陪同活动。

30 日—31 日

市委书记江山带领相关部门主要负责人，赴重庆市云阳县对接扶贫协作工作。

9 月

2 日

汇丰山东半岛经济论坛在市华星宾馆召开。汇丰银行(中国)有限公司副行长吴大林、副市长王刚出席论坛。

3 日

中国工程物理研究院“两弹”模型捐赠仪式在市郭永怀事迹陈列馆举行。中物院党委常委、副院长田东风，中物院型号总指挥、科协主席谭志昕，市委副书记吕劭伟出席活动。

4 日

省委组织部副部长、省人力资源和社会保障厅厅长韩金峰，省委组织部巡视员刘永巨带领调研组，到荣成市调研红色教育基地建设情况。威海市、荣成市领导孙述涛、霍高原、江山、刘昌松、郑跃文陪同活动。

10 日

财政部 PPP 中心主任焦小平、省财政厅副厅长文新三带领调研组，到荣成市调研 PPP 工作及固废综合处理与应用产业园项目进展情况。副市长王刚陪同活动。

11 日

国家科技部党组书记、副部长王志刚，在副省长王书坚、省科技厅厅长刘为民的陪同下，到荣成市调研华能石岛湾核电站和国核示范电站建设工程。威海市、荣成市领导张惠、徐连新、江山、刘昌松、于澎田陪同活动。

山东省军区政委尚振贵少将在威海军分区司令员王建政大校、政治委员曹元怀大校、政治部主任常江大校陪同下到荣成市人民武装部检查调研。

12 日—13 日

结合深入开展“两学一做”学习教育，市委理论学习中心组成员到郭永怀事迹陈列馆、龙山革命纪念馆、刘公岛及天福山起义纪念馆等红色教育基地，接受红色教育，现场上党课并重温入党誓词。

13 日

加拿大新斯科舍省省长斯蒂芬·麦克尼尔带领考察团在威海市外侨办主任杨志伟的陪同下考察好当家集团。

14 日

中央电视台《焦点访谈》栏目，以“用标准说话”为题，介绍荣成市盛泉集团在养老服务标准化建设方面的经验做法。

18 日

全市创新型城市暨智慧城市建设专题会议在市民文化中心三楼会堂召开。

19 日

中国农业发展银行山东省分行行长赵富洲带领调研组，到荣成市调研海洋牧场贷款项目。市领导刘昌松、王刚陪同活动。

20 日

文登区委副书记、纪委书记张建亭带领考察团，到荣成市考察美丽乡村建设工作。市领导吕劭伟、于晓东陪同活动。

21 日

全省海陆一体管控体系建设现场推进会在荣成市召开。副省长、公安厅党委书记、厅长孙立成，省公安厅副厅长闫希军，省边防总队总队长王永成出席会议。

22 日

中德水利与海洋工程论坛技术考察与交流团队到荣成市调研。市领导郑跃文、于澎田陪同活动。

24 日

2016 年第 4 次中国民营经济发展双月座谈会在市华星宾馆举行。全国工商联副主席、中国西部研究与发展促进会理事长程路，中国社会科学院民营经济研究中心主任刘迎秋等名经济学家、知名企业家就会议主题展开深入探讨。

27 日

省财政经济建设管理工作培训班在石岛宾馆开班。副市长王刚出席开班仪式。

28 日

农业部办公厅副主任蒋建平、渔业船舶检验局局长李昌健带领调研组，在省海洋与渔业厅厅长王守信的陪同下，到荣成市调研渔业行政审批制度改革和渔业船舶检验体制改革工作。威海市、荣成市领导傅广照、吕劭伟陪同活动。

中国营养餐产业技术创新战略联盟理事长陈伟力带领考察团，到荣成市考察营养餐产业的发展及食育教育工作情况。市委常委、副市长王洪晓陪同活动。

烟台市委常委、组织部部长于涛带

领考察团，到荣成市考察红色教育基地建设工作。

29 日

全省渔业船舶检验工作会议在市石岛宾馆召开。农业部渔业船舶检验局局长李昌健、省海洋与渔业厅厅长王守信、市长刘昌松出席会议。

全市烈士纪念日公祭活动在市烈士陵园举行。市领导江山、刘昌松、王秉伟、战大海、吕劭伟、刘伟等与社会各界代表一起出席公祭活动。

市委理论学习中心组“两学一做”第二次集中学习研讨在市委二楼会议室召开。市委常委、党员副市长参加研讨。

10 月

1 日

全面实行企业“五证合一、一照一码”登记制度，将由三个部门（工商、质检、税务）分别核发不同证照，改为由一个部门核发加载法人和其他组织统一社会信用代码的营业执照。

2 日—3 日

2016 年中国·荣成全民健身帆板邀请赛暨国际风帆精英联盟赛在市滨海公园举行。国家体育总局现代五项部副部长张册、副市长王继静出席开幕式。

3 日

天津天士力控股集团董事局主席阎希军、总裁吴廼峰带领考察团到荣成市考察投资环境。市领导郑跃文、张宗涛陪同活动。

4 日

全市首个跨海饮水工程——鸡鸣岛自来水工程完工通水，彻底结束了岛上居民长期靠雨水生活的历史。

8 日

黄海造船有限公司为华东海运有限公司承建的“华东明珠 8”号客滚船启动首航仪式。市委副书记、市长刘昌松出席活动并登船参观。

10 日

荣成苹果区域公用品牌战略发布会在市华星宾馆举行。

11 日

农业部渔业渔政局局长张显良一行 5 人，在省海洋与渔业厅厅长王守信陪同下，到荣成市调研海水养殖、海洋牧场建设和休闲渔业发展情况、渔业调结构转方式工作。威海市、荣成市领导孙述涛、侯世超、傅广照、江山、刘昌松、徐志兵分别陪同调研。

沙窝岛国家远洋渔业基地揭牌仪式在靖海集团举行。农业部渔业渔政局局长张显良，威海市委书记、市人大常委会主任孙述涛，省海洋与渔业厅厅长王守信，市领导刘昌松、徐志兵出席揭牌仪式。

12 日

石岛港口岸扩大开放通过国家验收正式对外启用首航仪式在三星重工码头举行。

14 日

“星联 1 号”石岛新港至东京首航仪式举行，标志石岛至日本东京货物滚装船航线正式开通。

16 日

郭永怀事迹陈列馆开馆仪式、郭永怀夫人李佩画传首发仪式在荣成市举行。威海市委常委、组织部部长霍高原，市委书记江山等领导，分别为“中国科学院力学研究所党员教育基地”“中国科学技术大学党员教育基地”揭牌。

下午，郭永怀精神研讨会在荣成市举行。中国科学院力学研究所、中国工程物理研究院、中国空气动力研究与发展中心、中国科学技术大学等单位代表，郭永怀部分同事、学生及亲属，威海市、荣成市领导霍高原、江山、吕劭伟等出席研讨会。

17 日

全市“扶贫日”活动启动暨精准扶贫“暖心工程”签约仪式在市机关礼堂举行，市委书记江山讲话并宣布启动全市“扶贫日”活动。市领导刘昌松、王秉伟、战大海、吕劭伟、郑跃文、徐志兵出席仪式。

19 日

威海市委副书记、市长张惠，副市长傅广照等一行 7 人到荣成市调研现代果业基地发展状况。市领导江山、刘昌松、徐志兵陪同调研活动。

20 日

崖头街道女子门球队获 2016 年“德丰利达杯”中国门球冠军赛分区赛（山东站）暨山东省第四届女子门球赛小组第一总决赛第四的成绩。

21 日

荣成市各级组织收看纪念红军长征胜利 80 周年大会。

22 日

由中国营养餐产业技术创新战略联盟和中国食品工业（集团）公司主办的“2016 中国营养餐产业发展大会”在荣成市召开。全国政协副主席韩启德发来贺信；中国营养餐产业技术创新战略联盟理事长陈伟力，中国产学研合作促进会执行副会长兼秘书长王建华，市领导江山、王洪晓参加会议。

27 日

全省政府投资审计工作会议召开，荣成市政府投资审计中心主任刘金阳作为威海市区代表出席会议并在会上发言。

29 日—31 日

由省社会科学界联合会、大众报业集团共同主办的山东社科论坛——“自由呼吸·自在荣成”荣成发展战略研讨会在荣成市举行。

11 月

4 日

国家林业局保护司司长张希武带领督导组，到荣成市督导检查 2016 年秋季候鸟等野生动物保护工作。副市长徐志兵陪同活动。

12 日

2016 荣成市全民健身登山节在市槎山风景区举办。副市长王继静与 1200 多名市民参加登山活动。

16 日

山东省第一条城际高速铁路——青荣城际铁路全线正式开通运营，胶东半岛真正开启“同城时代”。

18 日

全市学习宣传贯彻党的十八届六中全会精神宣讲报告会在市机关礼堂举行。

22 日—23 日

省生态文明乡村建设示范县考核验收组、省美丽乡村建设考核组到荣成市督导考核美丽乡村建设工作。市委副书记吕劭伟陪同活动。

22 日—23 日

中国航空学会秘书长吴松带领考察团，到荣成市考察 2017 年无人飞行器大赛筹备工作。副市长王继静陪同活动。

25 日

北京大学中国信用研究中心主任章政带领评估组，到荣成市开展信用示范城市创建第三方评估工作。市委副书记吕劭伟陪同活动。

26 日

农业部渔业渔政管理局局长张显良在省海洋与渔业厅厅长王守信的陪同下，到荣成市调研海洋牧场建设及休闲渔业发展情况。市领导刘昌松、徐志兵陪同活动。

29 日

中央党校第 41 期中青年干部培训班学员，到荣成市调研新型城镇化建设、农业转移人口市民化等工作情况。市领导刘昌松、张宗涛陪同活动。

12 月

5 日

《家国情怀・大师风范》郭永怀画册首发仪式暨“永远的怀念”征文比赛颁奖仪式在市华星宾馆举行。市委副书记吕劭伟出席仪式。

6 日

全国人大常委会原副委员长陈至立，在省人大常委会原副主任朱正昌陪同下，到荣成市视察核电站建设情况。市领导江山、王秉伟陪同活动。

9 日

威海市委书记、市人大常委会主任孙述涛，威海市委副书记、市长张惠，带领威海市科学发展总体成果集中督导组到荣成市观摩督导。市领导江山、刘昌松、吕劭伟、王洪晓陪同活动。

16 日

市镇两级人大代表投票选举工作全面展开。下午 4 时，全市 140 个市级人大代表选区、442 个镇级人大代表选区投票选举工作圆满结束。

省委农村工作领导小组副组长王军民到荣成市调研“三农”工作。威海市、荣成市领导张惠、赵熙殿、侯世超、江山、王洪晓、张宗涛分别陪同活动。

好运角旅游度假区、西霞口集团与北部湾旅游股份有限公司、新毅控股有限公司深度合作签约仪式在市华星宾馆举行。市领导郑跃文、王刚出席仪式。

20 日

全省铁路沿线环境综合治理工作现场推进会在青岛召开。市委副书记、市长刘昌松代表荣成市作典型经验交流。

21 日

国家发改委调研组到荣成市调研基础设施投融资体制改革试点工作。市领导王刚陪同调研。

24 日

乳山市委书记周兵带领党政考察团到荣成市参观考察城市规划建设、重点产业培育等方面工作。市领导刘昌松、王洪晓、王刚陪同活动。

29 日

枣庄市山亭区委书记毕志伟带领工作组到荣成市考察并签订扶贫协作框架协议。市领导江山、王洪晓出席签字仪式。

是月

全市 22 个镇街先后召开党代会，完成镇级领导班子换届选举。

2016年民生实事完成情况

表1　　　　　　　　　　　　　　　　　　　　　　　　　　　到2016年底14类、38项全部完成

类别	序号	项目内容	受益群众	责任单位
社会保障（3项）	1	将居民基本医疗保险财政补贴标准由每人每年390元提高到420元	43.1万人	人社局
	2	将农村低保标准由每人每年3300元提高到3700元	9300人	民政局
	3	将80—89周岁、90—99周岁老年人高龄补贴标准分别由每人每年100元、480元提高到120元、600元	2.7万人	
社会救助（3项）	4	新增高职助学金、国家励志奖学金两项教育惠民政策	340人	威海海洋职业学院
	5	扩大慈善助学覆盖面，将困难家庭的收入标准由原来的低于低保标准120%放宽到150%	420人	民政局
	6	扩大慈善大病救助覆盖面，实现职工医疗保险和居民医疗保险参保人员全覆盖	1800人	
农村精准扶贫	7	按照每村不低于30万元的标准，重点扶持43个省定贫困村发展扶贫产业项目		农工办 农业局
教育基础保障（4项）	8	实施第一中学、新实验小学等9个校舍新建项目	1.17万人	教育局 城建局 相关区镇
	9	实施第二实验幼儿园等8个幼儿园新建改造项目	4080人	
	10	为第二实验中学等10所学校的11幢校舍进行抗震加固	4750人	
	11	为寻山第十二中学等20所学校实施塑胶运动场新建和维修工程	8540人	
医疗卫生保障（2项）	12	继续实施“H型高血压与脑卒中防控惠民工程”，提高规范管理率，年内建成防控信息管理平台	筛查10万人，规范管理5万人以上	卫生计生局
	13	完成人民医院综合病房楼内部装修和机电设施安装。完成崂山卫生院病房楼扩建工程。建成1处省级、7处威海市级基层医疗机构“国医堂”		
食品农产品安全监管（3项）	14	建立全市肉类蔬菜流通追溯体系，设立追溯子系统74个；建立农产品质量追溯系统，为80家规模化生产基地配备追溯设备；建立农资追溯监管系统市级平台，将240处农资销售店纳入监管范围		食药监局 农业局 商务局
	15	年内定性定量检测农产品样品4100个，速测样品18.6万个。食品生产流通环节年内抽检3000批次		
	16	设立基层农安监管站8处，为全市每个村（居）配备1—2名食品农产品质量协管员		
养老服务	17	新增养老床位1600张。新建城市老年人日间照料中心17个、农村幸福院45个，实现城市社区全覆盖，农村社区覆盖率达到70%，良好运营率年内力争达到40%		民政局
住房保障（2项）	18	为农村五保户、低保户、贫困残疾人家庭、计生特殊扶助家庭改造危房150户	150户	城建局
	19	对新庄、黎明等16个城中村实施改造	7124户	城建局 经济开发区

类别	序号	项目内容	受益群众	责任单位
公共交通（3项）	20	购置新能源公交车179辆，4月底前开通南部市域公交		交通局 相关区镇
	21	实施崖头、成山公交停保场建设		
	22	实施“智慧公交”建设，在成山大道、青山路等城区主要道路增设公交电子站牌		
居民生活环境改善（8项）	23	对高阳等17个老旧小区进行综合改造，对双泊北区等19个老旧小区进行基础设施维修。对崖头城区2012年底前交付使用的101个、577万平方米老旧小区实施物业管理考核，并按考核结果实施补贴	10.3万户	城建局 房管局
	24	在全市17个镇街实施燃气延伸工程，铺设管道35.5千米，新增用户1.23万户	1.23万户	城建局 各区镇
	25	在全市16个镇街实施供热扩面工程，铺设管道73.5千米，新增供热面积186万平方米	2万户	
	26	完成农村无害化卫生厕所改造7万户	7万户	
	27	对崖头城区新世纪广场进行综合改造		城建局
	28	完成小孙家集贸市场整体搬迁		
	29	对110个村、25个居民小区电视线路进行升级改造	5万户	广电网络公司
	30	打造70个美丽乡村精品村，以高速、高铁沿线和景区周边为重点继续开展农村环境连片整治		农工办 各区镇
生态治理和环境保护（2项）	31	实施八河水库增容工程、埠柳河中上游治理工程和小落河二期治理工程		水利局 相关区镇
	32	对全市22个镇街、455个村庄的污水进行治理，建设24处污水处理设施		城建局 各区镇
城乡基础设施建设（2项）	33	实施市区排水系统改造等4项排水排污系统改造工程		城建局
	34	对姚大线等5条县道部分路段、67条乡村公路实施维修改造，绿化3条县道、75条乡村公路，完成农村公路生命安全防护工程		交通局 各区镇
公益体育设施建设和体育活动（2项）	35	新建改造大型体育场地12处，新设健身路径120套，篮球、乒乓球设施各50套，更新老旧器材1000件。市级体育场馆和12所城区中小学体育设施对社会开放		体育局 教育局
	36	举办市级大中型群众健身赛事50项，开展镇级活动110场。举办社会体育指导员培训6次，志愿者总数达到2000人。社会体育组织总数达到47家，注册会员总数达到1.4万人。开展青少年阳光体育活动，建立游泳、OP帆船、足球等特色培训体系，年内培训学生3000名		体育局

类别	序号	项目内容	受益群众	责任单位
群众文化活动和机构建设（2项）	37	组织“三下乡”集中服务活动42场、“一村一年一场戏”1000场、“百日广场文化活动”1200场。组织锣鼓、广场舞、剪纸书画等全市性群众文化培训200场以上，书画摄影等各类展览80场以上		宣传部 文广新局
	38	改造提升22个镇街文体服务中心、110个文化大院和农家书屋，扶持60个优秀庄户剧团，发放价值165万元的图书及数字设备，锣鼓、服装等800套以上。扩大市博物馆、图书馆、群众文化活动中心等文化场馆免费开放范围		

（市政府办公室提供）

2017年民生实事计划

表2　　　　9类、49项

类　别	序号	项目内容	受益群众	责任单位
基本保障提标扩面和特殊群体救助（11项）	1	将居民基本医疗保险财政补贴标准由每人每年420元提高到480元	42.7万人	人社局
	2	将居民基础养老金标准由每人每月110元提高到120元	12.8万人	
	3	将农村低保标准由每人每年3700元提高到3850元，城市低保标准保持每人每月550元不变	7700人	民政局
	4	将农村五保分散供养标准由每人每年4000元提高到4600元，集中供养标准由每人每年6500元提高到7000元	4600人	
	5	为全市50—59周岁低保、五保、优抚对象，60—80周岁老年人，购买老年人意外伤害保险，每人每年10元	16万人	
	6	对全市范围内因暴风雨、台风等造成的人身伤亡和家庭财产损失进行保险，其中人员伤亡救助保险费每人3元，家庭财产保险费每户3元	全体市民	
	7	开展学生心理健康教育，培训心理健康教师，组织教材研发、出版教育成果集等		教育局
	8	扩大慈善助学和大病救助覆盖面，将困难学生家庭收入标准由低于低保标准的150%放宽到200%，将因病、因残致贫家庭全部纳入慈善大病救助范围	1900人	民政局
	9	提高困难残疾人生活补贴标准，开展残疾人心理健康服务，建立残疾预防体系，实施残疾人精准康复，对部分残疾人家庭实施无障碍设施改造	3.5万人	民政局 残联
	10	继续实施“H型高血压与脑卒中防控惠民工程”，提高规范管理率；扩大妇女纳入“两癌”免费检查范围，做到城乡适龄妇女全覆盖	7.9万人	卫生计生局

类别	序号	项目内容	受益群众	责任单位
	11	加强未稳固脱贫人口精准帮扶，年内全部稳定达到省定脱贫标准，60个省定扶贫工作重点村全部达到退出标准，并引导非扶贫工作重点镇、重点村因地制宜发展产业项目		扶贫办
教育基础设施建设（4项）	12	实施第一中学、新实验小学等8处大班额续建工程	1.4万人	教育局 城建局 相关区镇
	13	实施第二实验中学教学楼、实践中心餐厅等12处学校拆建或加固工程	2万人	
	14	实施第二实验幼儿园、实验小学幼儿园等6处幼儿园续建项目及第一实验幼儿园、上庄中心幼儿园等7处新建项目	3900人	
	15	实施20所学校的网络升级、9所试点学校的智慧课堂教学平台搭建项目		
医疗卫生基础设施建设（2项）	16	完成人民医院综合病房楼建设工程		卫生计生局
	17	建成两处省级、7处威海市级基层医疗机构“国医堂”		
养老服务体系建设（2项）	18	抓好建成城市社区日间照料中心及农村幸福院的运营督导，力争年内良好运营率达到60%，新增养老床位2000张，每1000名老人拥有床位数达到48张		民政局
	19	建设好运角福利中心，新增床位316张		好运角旅游度假区
城乡基础设施建设（11项）	20	实施国泰、天和等24个老旧小区综合改造项目	1.2万户	城建局 相关区镇
	21	实施大岳家、河西王家等13个城中村改造项目	5984户	
	22	实施海晏街、悦湖路等老旧道路及石岛明安建筑公司南侧绿地等设施升级改造项目		
	23	实施樱花湖体育公园、东方广场西植物园、府东游园、好运角天鹅湖湿地等城区绿化及公园建设项目		

类　别	序号	项目内容	受益群众	责任单位
城乡基础设施建设（11项）	24	为五保户、低保户、贫困残疾人家庭、计划生育特殊家庭改造危房169户	169户	城建局 相关区镇
	25	实施农村改厕3.7万户	3.7万户	
	26	在全市12个镇街实施供热扩面工程，铺设管道43.6千米，新增供热面积137.2万平方米	4万户	
	27	建设八河水厂和纸坊水厂，铺设管网24千米		
	28	在全市12个镇街实施燃气延伸工程，铺设管网28.9千米，新增用户1万户	1万户	城建局
	29	建设集生物质热电厂、光伏发电、集中供热供汽于一体的好运角生物质热电项目		好运角 旅游度假区
	30	建设集商铺、餐饮等于一体的港西农贸市场，配套建设停车场		
道路与公共交通建设（5项）	31	对马张线、孤大线、港崖线、城俚线4条县道进行部分改造，启动石岛环山路二期建设，实施好运角汉龙路北拓、金惠路等15条道路新建改造项目		交通局 石岛管理区 好运角 旅游度假区
	32	对51条、138千米县乡道、农村公路进行绿化或补栽		
	33	对46条、45.3千米农村公路进行整修改造		
	34	实施农村公路安全生命防护工程，实现全覆盖，对4座桥梁进行加固维修，对11座桥梁进行防护栏改造		
	35	新建公交办公楼、候车室等，安装电子站牌30个，为18个省定贫困村建设一般招呼站		
生态治理工程（9项）	36	在巩固原有整治成果基础上，实施8个片区、65个村的美丽乡村示范创建工程		农工办
	37	实施逍遥水库增容工程		水利局

类 别	序号	项目内容	受益群众	责任单位
	38	实施崖西镇沽河东支上游治理工程		
	39	实施小落河三期治理工程		
	40	实施西王门河治理工程		石岛管理区
	41	实施石岛区域河道综合整治		
	42	实施镇街污水处理设施建设工程，新建改造污水处理设施10处，铺设管网21.3千米		城建局
	43	实施八河污水处理厂及配套工程建设		石岛管理区
	44	实施港西万吨污水处理厂建设工程，改造成山污水处理厂		好运角旅游度假区
智慧城市建设（1项）	45	重点开展平安、健康领域智慧城市建设，做好手机APP终端服务系统开发		智慧办
文化体育惠民（4项）	46	建设集游泳池、科技馆、图书馆、报告厅等于一体的少年宫，配套建设地下停车场		城建局
	47	开展公益电影进村居、进学校等1万场次以上，“一村一戏”等文艺演出1000场次以上，补充60个省定贫困村农家书屋		文广新局
	48	新建改造镇级全民健身中心6处，发放户外健身路径120套，维修更新老旧器材1000件，完善60个省定贫困村健身场地设施，举办市级大中型群众健身赛事活动50场、镇级体育活动110场		体育局
	49	建设成山镇邻里中心和大天鹅科普馆		好运角旅游度假区

（市政府办公室提供）

荣成 RONG CHENG 自由呼吸 自在荣成

荣成概况

General Situation of Rongcheng

建置沿革

【地理位置】　荣成市位于山东半岛最东端，东经122°08′—122°42′，北纬36°45′—37°27′。西临威海市文登区，西北接威海市环翠区，北、东、南三面濒临黄海。越海北达大连，东与韩国隔海相望，南可至青岛、上海，海岸线长491.9千米。南北最大纵距78千米，东西最大横距33千米，陆地面积1526平方千米。

（市委党史委）

【建置隶属】　唐虞夏商之世，县州府志皆云地属青州，其行政权力能否通达，无从考证。西周，地属莱国，莱于境内筑不夜城。春秋时齐宣公七年（前450年）齐国伐莱，尽并莱地属齐。秦代属琅琊郡、胶东郡昌阳县。西汉于境内置不夜县，先后属胶东郡、胶东国、东莱郡。王莽时，置夙夜郡，改不夜县为夙夜亭县。东汉裁不夜县，地属东莱郡昌阳县。三国时属魏国长广郡昌阳县。晋初裁昌阳，地并长广。元康八年（298年）改属牟平。刘宋时仍属牟平。后魏置观阳，境内北部属牟平，南部属观阳。北齐天统四年（568年）【一说为天宝七年（748年）】析牟平、观阳县地置文登县，属光州长广郡文登县。后周至隋，皆属东莱郡文登县。唐武德四年（621年）置登州，属登州文登县。五代沿袭唐制。宋属登州文登县。金属宁海州文登县。元属宁海州文登县。明属登州府宁海州文登县。成山卫、靖海卫及宁津守御千户所、寻山备御千户所设立后，卫所隶属山东都司及五军督都府的左军都督府。清雍正十三年（1735年）置荣成县，属登州府。1914年属胶东道。1925年属东海道。1928年废道制，直隶山东省。1934年属鲁东区。1936年属第七行政区。1940年4月，荣成县抗日民主政府成立，属中共领导的胶东区。1940年9月属胶东区东海专区。1950年6月属文登专区。1956年3月文登、莱阳专区合并，属莱阳专区。1958年11月属烟台专区。1967年2月属烟台地区。1983年11月属烟台市。1987年6月属威海市。1988年12月10日改称荣成市，改为省辖县级市，仍隶属威海市至今。

（市委党史委）

【县名来历】　清雍正十三年（1735年）裁成山卫设县，雍正帝钦赐嘉名荣成，“以始皇尝射大鱼于荣成山，山在邑境内，故命名因之”。

（市委党史委）

【行政区划】　至2016年底，全市辖俚岛镇、成山镇、港西镇、埠柳镇、夏庄镇、崖西镇、荫子镇、大疃镇、上庄镇、虎山镇、人和镇、滕家镇12个镇，崖头街道、寻山街道、崂山街道、城西街道、港湾街道、斥山街道、王连街道、东山街道、桃园街道、宁津街道10个街道，共辖826个村，118个社区。

荣成市行政区划表（2016年12月）

表3

镇　街	村	社　区
俚岛镇 60个村 14个社区	北花园、南花园、颜家屯、大疃林家、小疃林家、杨家山、小埁、刘家圈、小疃李家、大疃李家、凉水泉、宫家山、东庄、张家屯、关沈屯、大苏家、沟陈家、桥子沟、山后王家、初家泊、大顶山、卧龙王家、南郑家、泊西崖、英西庄、北我岛、中我岛、项家寨、金角港、陈冯庄、庄上宋家、关家、北马道河、南马道河、东庙院、西庙院、杏北台、杏南台、杏石硼、杏陈家、杏小桥、杏小泊、王家山、古里高家、香山前、前神堂口、后神堂口、国家、燕泊、金角口、白云东、曲家台、东崮、西林村、东林村、苍耳崖、石山东、西利查埠、东利查埠、凤凰崖	碧海花园、瀛波、大庄许家、瓦屋石、南我岛、东烟墩、东高家、颜家、烟墩角、峨石山、沟崖张家、俚岛、后疃、草岛寨
成山镇 52个村 14个社区	成山一村、成山二村、成山三村、成山四村、成山五村、成山六村、北曲格、南曲格、沙沟、磨山、岳家庄、墩东夼、小岗南头、宫家庄、康村、城东郭家、东张家庄、黄埠、北郑家、黄埠山前、石水河西、吴家疃、石水袁家庄、王家疃、窑上、李家庄、北盐滩、肖水河、车祝沟、马山寨、瓦房姚家、秦格、沟黄家、北泊子、葛家、南盐滩、夏疃、马山大疃、沟刘家、南泊子、埁后、泊南崖、大岗、蒲家泊、大石家泊、小石家泊、马家疃、大西庄、小西庄、瓦房庄、东岗、松埠嘴	天鹅湖、新星、华龙、富龙、成渔、马山、西霞口、东霞口、河口、礼村、落凤岗、卧龙、骏龙、侯家庄

镇　街	村	社　区
港西镇 21个村 1个社区	马格、西星日、东星日、王官庄、黄山口、北港西、大岚头、泊子周家、北城、港山后、墩后、小西、大西、灰树、王家、鸡鸣岛、李家、山后鞠家、龙家、旭口、巍巍	工人新村
埠柳镇 37个村 1个社区	埠柳、南港西、凤头、坎地、营洛、蕁驾山、西豆山、学福、西初家庄、东初家庄、梁南庄、沙楼庄、不夜、河西车家、上疃、车古、杭上、东下庄、汉章泊、东张格、西张格、西姚家山、东姚家山、杜家、汤家、孔家、万家河、北蓝格、南蓝格、上埠头、黄沟、邹家、虎台、大梁家、现都、小梁家、石桥	伟德
夏庄镇 33个村 1个社区	大夏庄、小夏庄、马鞍埠、北山杨家、北山冷家、同家庄、战家、石硼丁家、东藏村、兴隆、前寨、后寨、前苏格、石硼闫家、甲夼王家、甲夼马家、甲夼曲家、青埠岭、江林庄、邹家庵、雷家庄、哈山、大胪、二胪、三胪、圈杨家、河北崖、大河东、楚家、上郭家、下郭家、毛家庵、寨子墕	香山
崖西镇 49个村 1个社区	卧龙戴家、潘家沟、丛家庄、詹家庄、朱家夼、西柳、北柳、南柳、桥南头、东双顶、西双顶、万马庄、五甲、石硼子、戴家庵、庄上王家、松里、西埠前、埠东夼、南崖西、北崖西、龙床、东埠前、北苑庄、朱埠、车家庄、林道沟、林家庄、北新庄、小山口、前庵、上观、后庵、管家、大山口、上庄、崖后、院东、大蒿泊、山河、小刘家、隆峰、山河吕家、于家台、后苏格、西藏村、前高家庄、后高家庄、小蒿泊	圣泉
荫子镇 43个村 1个社区	前荫子夼、后荫子夼、马台丛家、马台柯家、马台王家、马台隋家、梁子埠、南板石、雨夼沟、前青顶、青岘庄、店子泊、东板石、仁村、土城子、墕上岳家、塘子崖、西苑庄、东苑庄、马家岭、陈家埠、南岔河崖、墕上姚家、顶子后、胡家屯、王管松、北流水、南流水、墕后张家、前长湾、杨家沟、韩家地、西板石、三冢泊、于家泊、姜家泊、立驾山、东夏埠、西夏埠、头甲、兰村、小兰家庄、家堂	雨山
大疃镇 45个村 1个社区	大疃、周家庄、迟家店、高家庄、黄庄、后头、邹山庄、大珠玑、窑西墕、东中窑、西中窑、东沟南疃、东沟北疃、孤石吴家、孤石杜家、回里、大卧龙、大泥沟、小泥沟、东塔后、西塔后、新石墕、柳家屯、珠玑店、东徐家、西徐家、下河、双石董家、双石于家、双石周家、双石尹家、双石孙家、姜家屯、户山屯、薄落、诵庄、北旺庄、南旺庄、湾头、四章向阳、贺家庄、岳泊庄、北岭长、东岭长、西岭长	祥和
上庄镇 45个村 1个社区	东上庄、西上庄、庙东武家、蔡官屯、北沙岛、南沙岛、铺里、东古章、西古章、中古章、邢格庄、西桥、东桥、王管庄、陈家庄、帽刘家、梁家庄、西旗杆石、东旗杆石、刁家、二里周家、牛山前、小龙庄、塔山、河南王家、涝村孙家、涝村徐家、小客岭、房家、刘家店、汤家庵、口子后、槐树底下、尹家、院前、大李家、西涝村、东涝村、盛家庵、原家、王皮庄、吕家疃、小李家、北盛家、北也子口	万龙庄

镇　街	村	社　区
虎山镇 46 个村 5 个社区	邱家、长湾、董家屯、正寺、大曲家、光禄寨、梁家、南于家、得胜寨、中村、郎家、伯家、石硼、五龙嘴、大龙嘴、孙家庄、岳家、西塘子、东塘子、黄山、桥头庄、黄山王家、台上、福落山、史家泊、郇家、北寨子后、小店、石墉子、南寨子后、鹊岛、五柳、岛宋家、峰山前、西双庙、东双庙、南隋家、北隋家、胡家、黄山东庄、安子山、罕山、庵里、东峰山后、西峰山后、燕山	永兴、运兴、崮山、盛泉、金曲家
人和镇 85 个村 4 个社区	邢家、昌邑、何家、佛堂、古楼、钓沟、西里山、东河口、西河口、西黄埠岭、东黄埠岭、丁家庄、南元产、北元产、刘家嘴、大疃刘家、千军石、南桲椤、路家庄、柳树赵家、杜家庄、南石硼、北石硼、邢家嘴、南卧龙、北卧龙、墩前、人和村、宋家庄、东老树河、西老树河、响湾沟、蟠龙石、朱口、院夼、码头、柳口、老板石、山西头、顶子前、金沟、赵家庄、泊子、大庄、小庄、晏家庄、老军屯、王家竹村、宋家竹村、张家竹村、秦家竹村、灶户、东邵家山、西邵家山、团栾、孙家卧龙、姜家沟、涨濛、西北海、东刘家疃、西刘家疃、许家屯、连家卧龙、靖海卫、东北河、西北河、中北河、韩家疃、沙北头、窑沟、寨东、炮前、寨前、万家疃、蒋家疃、冯家疃、胡家庄、瓦房疃、石头桥、北齐山、南齐山、孙家夼、南下河、北下河、二道港	向阳岭、新兴、沙窝、康馨
滕家镇 41 个村 1 个社区	滕家、东墉、西墉、大章村、二章村、三章村、东初家、西初家、草埠屯、桑梓、康家、五章村、陈家沟、打铁孙家、沟曹家、西寺、北庄、曲家沟、小落、下回头、马草夼、大落、不落岛、茂柞、东滩郭家、西滩郭家、花园、观前泊、炮东、东仙王家、西仙王家、单家、高落山、套河、孔家庄、西河北、鲍村、南山殷家、于家庄、张家庄、李家屯	东苑
崖头街道 26 个村 26 个社区	台上楚家、台上邹家、岗西、青山后张家、后密文、夼北、碌对岛、大泊子、小泊子、黎明、海崖、杨格庄、南墉、道南于家、道北于家、道北刘家、马安屯、刁家沟、青山后吕家、青山后丁家、前密文、沟东崖、神道沟、乡宦庄、墉上宋家、道南姜家	荣安、荣宁、荣盛、荣兴、新庄、台上刘家、蒲头、西龙家、石桥子、马家庄、亚飞、沽河、河西、玉龙、河东、府新、青山、华侨、蜊江、花园、康平、南山、三环、曙光、双泊、得润
寻山街道 37 个村 4 个社区	墩西张家、褚家、竹村、东龙家、东北山、西北山、亮甲沟、大水河、福台山、黄家庄、小桥、蔡家庄、嘉鱼汪、寻山所、菜园、卢家、清河、北吴家、牛口石、夼子河、石猴子、前虎口、后虎口、东迎驾山、西迎驾山、莱沟庄、青安屯、冷家、小黄家、城后、赵家、西高家、黄家楼、大黄家、金家庄、万石耩、瓦房	青鱼滩、罗庄、逍遥山、天成
崂山街道 29 个村 1 个社区	船坞、地宝圈、鲍家庄、崂山二疃、北埠、南埠、中埠、脉埠、阎家庄、斜口岛、崂山屯、宁家、古塔东庄、古塔、柳家庄、雨夼、毕家屯、神道、西牢、鲁家、罗家庄、烟墩墉、大迟家、小迟家、南沽、台上林家、河南、小河于家、崂山大疃	官邸

镇　街	村	社　区
城西街道 40个村 1个社区	徐家、河北隋家、前龙河、后龙河、水门口、不落埔、小圈、谭家庄、赵家岭、后沟、鸭湾、八甲、杨官屯、福禄山、楚家庄、大岳家、小岳家、河西王家、沽泊姚家、沽阎闫家、向阳埠、郭家庄、河崖、岳家庄、坦埠庄、西兰家庄、东兰家庄、堡子后、山马家、百尺崖、棘子埠、丛家泊、东岭后、西岭后、河西、古格、垛山姜家、垛山周家、刘家屯、后垛山	龙泉
港湾街道 21个社区		西车脚河、北车脚河、南车脚河、北沟、石岛街、西岚、姜家疃、张家村、大鱼岛、牧云庵、炮台东、蚧口、唐家夼、桃树园、玄镇、东王门、西王门、兴隆、映红山、渔港、陀山
斥山街道 22个村 8个社区	郭家、吴家、殷家、西苏家、东泊子、西泊子、岭上唐家、石龙山前、大磨张家、立山、夏家泊、北庙山、南庙山、北窑、南窑、沟姜家、沟李家、志门、李家河、高家齐山、初家齐山、周家齐山	斥山、尹格庄、西火塘寨、东火塘寨、盛家、范家、凤凰湖、富兴
王连街道 32个村 1个社区	王家庄、东慕家、东岛刘家、赵家山、西慕家、刘家庄、汤家庄、常家庄、大汛姜家、隋家庄、连家庄、客岭、河西乔家、马岭洪家、马岭孙家、上夼、松顶后、南也子口、马岭许家、马岭滑家、南桥头、沟曲家、北桥头、乔子头、阴亮、寨前峨石、寨前于家、寨前方家、寨前王家、店子、马岭董家、寨前赛家	南苑
东山街道 31个村 1个社区	东山、南庄、干占、沟王家、东窑、双榜泊、石头河、潭村林家、土山、龙山前、龙山后、潭村曲家、八河毕家、十里夏家、茂山后、青山前、八里王家、八河王家、柳树、吉屯、甲子山、后港头、西夏家、河北、港西崖、万马邢家、楼下、崮山前、八河孔家、八河姚家、北台	新都
桃园街道 14个村 2个社区	桃园、山前、青木寨、上谭家、东南海、西南海、南夏家、苑家、埔前殷家、河东、于家河、河东原家、朋上、邵家	朝阳、下谭家
宁津街道 45个村 6个社区	岛东埔、金庄、刘庄、吕家庄、西道、后海崖、岛西庄、岛西埔、南洼、止马滩、所东王家、所东张家、马栏埔、西钱家、东钱家、尹家庄、大岔河、季家、南港头、南泊、东墩、东苏家、所前王家、北场、渠隔、留村、口子、于家、周庄、鞠家、小河东、所后马家、埔后杨家、洼里、所后卢家、后店子、涝滩子、马家寨、所后王家、龙云、龙泉、小岔河、项家庄、曲家、所前杜家	宁津所、富甲山庄、卢家庄、桥上、东楮岛、林家流

（市民政局）

自然环境

【地质】 荣成市处于华北、扬子两大板块碰撞带的东延部位。分布的地层从古至今是下元古界荆山群，中生界莱阳群、青山群和新生界第四系。岩浆岩的侵入和地质构造活动，经历吕梁期、四堡期、晋宁期、印支期、燕山期及喜马拉雅期等多期构造事件。同时，伴有不同成分的岩浆活动，不同层次的构造变形，不同性质的沉积作用，总体构成一个复杂的地质结构。所在的胶南—荣成构造带，发育有大量的早元古代底层包体。该岩系与胶北地区广泛分布的早元古代荆山群为同一构造层。在吕梁期，胶东地段两大板块趋于闭合，早元古代沉积的底层发生强烈的褶皱及韧性变形，构成境内早元古代发生的第一次变形变质事件——双顶超单元花岗岩体就位。继而发生的强烈韧性剪切变形，是辖区第一次岩浆侵位事件。

中元古代中期，华北、扬子两板块由碰撞转变为裂解，海阳所超单元沿碰撞带就位。之后，两大板块由裂解转化为俯冲型，即扬子板块俯冲于华北板块之下，在两大板块的接合部位，同步形成高压麻粒岩。在先期形成的榴辉岩中形成糜棱面理，在层状岩系中形成一系列复杂的褶皱构造。这期变形大约发生于1000百万年。其后在800—850百万年期间，由于华北、扬子两板块再次聚敛，该构造带再次处于快速隆起阶段，并遭受强烈剥蚀。沿该构造带这一隆起、松弛的薄弱空间，形成大规模的同构造型花岗(闪长)岩系，对构造带进行强烈“焊接”，是该构造带上第一次大规模的岩浆侵位事件。继而发生的强烈的深层次的韧性变形事件，致使荣成超单元被改造成构造片麻岩系。大约700百万年期间，这一构造带由隆起、松弛状态再次转化为聚敛，伴随这期聚敛变形，在华北板块的边缘，产生近东西向拉张应力场，形成巨大的走向近南北的昆嵛山岩基。在构造带内，随着这期变形的继续，使扬子板块仰冲于华北板块之上。对先期形成的花岗岩系进行改造，形成不同类型的中浅层次至浅层次的片麻岩及糜棱岩。结束前寒武纪的演化史。

综合资料表明，域内的构造带在古生带处于宁静期，以期间缺乏岩浆、构造、变质、沉积等地质事件为主要特点。

中生代期间，该构造带有强烈的活动。印支期，华北、扬子两大板块显示以左旋走滑为特征，在应力集中部位，形成线型的浅层次的韧性变形带。进入燕山期，由于太平洋板块和欧亚板块的左旋扭动，在域内形成一系列北东向、北西向和北北东向断裂。燕山中晚期以来，该构造带重又显示隆起状态，在俚岛地区，由于俚岛断裂的差异升降及向深部的切割，在下降盘上沉降少量的莱阳群后，沿俚岛断裂发生大规模的线型火山喷发事件。在宁津街道形成宁津所超单元；在伟德山一带，来自壳幔混合源的岩浆多次以脉冲或涌动形式强力就位，形成同心环状的复式岩体—伟德山超单元。相继又有槎山超单元的侵入。

新生代期间，该构造带仍继承中生代应力场，处于隆起阶段。形成与该构造隆起带垂直的区域性北西—南东向伸展应力场，形成境内一系列劈理化带和节理密集区，继而沿其进一步演化成小规模、以走滑和张扭为主要特点的断裂构造。这一隆起作用自中生代延续至今，在南部沿岸形成10余米高的海蚀岩。

（市国土局）

【地貌】 荣成市地处胶东低山丘陵区的东端，海拔虽不甚高，但地形复杂，群山连绵、丘陵起伏、沟壑纵横。有山地、丘陵、平原(滩)三种地貌类型，其中山地4.67万公顷，占全市土地总面积的30.6%，丘陵7.02万公顷，占46.0%，平原(滩)3.57万公顷，占23.4%。山脉大都呈东西走向，主要山脉有北部的伟德山、正棋山，南部的槎山、龙庙山等。伟德山、槎山，基岩主要由花岗岩类组成，构成境内主要的山区；呈南北走向的山脉有斥山(俗称石岛山)和朝阳洞山。伟德山主峰老阎坟，海拔553.5米，为境内最高峰，槎山主峰清凉顶，海拔539.8米。丘陵广布，经长期剥蚀形成平岗浅谷，海拔多在200米左右；平原(滩)主要分布在河流沿岸和沿海地区，多呈狭窄带状；海岸线曲折，湾岬相连，多为岩岸，曲折多湾，陆上山丘直插入海，形成陡峭的海岬或海蚀阶地；山谷则形成港湾，湾内冲积物大量堆积，沙坝绵亘。境内地势南北高，中间低，呈马鞍形，平均海拔25米。较大河流的发源地以伟德山为主，在市境北部成为分水岭。

（市国土局）

【土壤】 荣成市土壤类型有棕壤、潮土、盐土、风沙土，4个土类。依其各自的发育程度、附加成土过程和土壤属性，又分为棕壤性土、棕壤、白浆化棕壤、潮棕壤、潮土、盐化潮土、滨海潮盐土、流动风沙土、半固定风沙土9个亚类，18个土属，120个土种。

棕壤土类在荣成市分布最广，面积最大。广泛分布于全市各镇区丘陵中下部、近山阶地、山间泊、倾斜平地上，占总可利用面积的86.2%。潮土土类是荣成市面积第二大的土壤类型，也是分布较广的土类之一。主要分布在河流两岸的山间泊及东部沿海地带，占总可利用面积的13.0%。全市耕地土壤主要为棕壤和潮土，分别占耕地总面积的86.2%、13.6%。

全市土壤质量性状的3个明显特点：土层薄、质地粗、构型差。土层厚度以薄层和中层为主，土层厚度不足60厘米的面积占61.5%。表层质地普遍较粗，砾石含量高，可分为：粗砂土、石渣土、砾石土、壤质土、砂壤土、轻壤土、中壤土和重壤土、松沙和紧沙土，其中：质地差及较粗的面积占93.5%。土体构型有12种，对农业生产影响较大的主要归纳为5种类型：均壤和均壤质型、浅位夹粘型、夹白浆型、均沙和夹沙型、均沙质型，其中构型较好的均壤和均壤质型的面积占不到18%。

从土壤的理化性状看，全市耕地土壤有机质含量总体偏低、为中等偏下水平；氮、磷、钾三大元素中，除土壤有效磷含量相对丰富外，氮和钾的含量则偏低，也为中等偏下水平；钙、镁、硼、钼等中微量元素缺乏；耕地土壤 pH 众数 5.4，土壤酸化面积大、程度较重；土壤容重偏大、板结较重、土壤通透性及耕性较差。

（市农业局）

【气候】 **特点**　荣成市属于北温带季风型大陆性气候，四季变化和季风进退都较明显。与同纬度内陆地区相比，具有雨水丰富、气温适中、气候温和的特点。南、北、东三面濒临黄海，受海洋的调节作用，表现出春冷、夏凉、秋暖、冬温，昼夜温差小、无霜期长、大风多和湿度大等海洋性气候特点。全市历年平均气温 12.0℃，历年平均降水量 744.9 毫米，历年平均日照时数 2497.9 小时。

降水　2016 年荣成全市降水量 540.6 毫米，比历年（744.9 毫米）偏少 27.4%。其中 2016 年 1 月—5 月全市降水量 180.1 毫米，较常年（142.9 毫米）偏多 26%，6 月—9 月全市降水量 250.1 毫米，较常年（521.9 毫米）偏少 52.1%，该期间全市大部分地段出现中等程度以上的干旱现象，部分山地丘陵地区出现重度干旱。10 月降水偏多，大大缓解了前期的旱情，对小麦播种尤为有利。11 月—12 月中旬，全市降水量呈明显偏少趋势，但 12 月 21 日至 22 日的降水过程（全市降水量 39.2 毫米）使全市墒情适宜，有利于小麦安全越冬。

气温　2016 年荣成市平均气温 13.2℃，比历年（12.0℃）偏高 1.2℃。日照：2016 年荣成市日照时数为 2593.9 小时，较常年偏多 96.0 小时。

2016 年荣成市气象资料表

表 4

年份	平均气压（毫巴）	气温（℃）			相对湿度（%）	降水量（毫米）	日照（小时）	无霜期（天）	最多风向	最大风速（米/秒）
		最高（℃）	最低（℃）	平均（℃）						
常年	1017.4	35.8	-15.2	12.0	73	744.9	2497.9	216	西北	
2016 年	1009.7	34.7	-13.7	13.2	72	540.6	2581.9	228	西	10.4

2016 年荣成市气温资料表

表 5

单位：℃

月份 / 年份	1 月	2 月	3 月	4 月	5 月	6 月	7 月	8 月	9 月	10 月	11 月	12 月	平均
常年	-1.8	-0.1	4.4	10.7	16.4	21.0	24.2	24.8	20.8	14.8	7.5	1.0	12.0
2016 年	-2.1	0.7	6.3	12.8	17.6	22.0	25.1	26.5	22.3	16.2	7.9	3.0	13.2

2016 年荣成市降水量资料表

表 6

单位：毫米

月份 / 年份	1 月	2 月	3 月	4 月	5 月	6 月	7 月	8 月	9 月	10 月	11 月	12 月	年总量
常年	11.5	12.2	21.4	38.1	59.7	73.1	176.1	182.7	90.0	32.7	27.1	20.3	744.9
2016 年	20.8	39.8	10.1	48.1	61.3	23.7	93.3	113.4	19.7	51.6	14.1	44.7	540.6

2016 年荣成市日照时数资料表

表 7　　　　单位：小时

月份／年份	1月	2月	3月	4月	5月	6月	7月	8月	9月	10月	11月	12月	年总时数
常年	180.2	187.9	229.0	241.4	253.1	221.1	179.0	211.9	228.2	224.2	174.5	167.4	2497.9
2016 年	160.0	206.9	254.1	241.0	249.4	229.7	225.6	260.2	241.3	165.8	170.0	177.9	2581.9

（市气象局）

【水文】 **降雨** 2016 年全市平均降雨量 540.6 毫米，较多年同期平均值（744.9 毫米）偏少 27.4%，较上年（673.9 毫米）偏少 15.6%。2016 年全市径流系数为 0.19。

墒情 2016 年全市持续遭遇干旱少雨天气，旱情较为严重。汛期各月降水量较同期多年平均值大多偏少 50% 以上，农作物生长受到较大不利影响。10 月份的较大降雨对于冬小麦的播种和果树灌溉较为有利，全市旱情得以缓解。

地下水位 根据地下水自动监测系统资料统计，2017 年 1 月 1 日全市地下水位平均埋深为 3.00 米，地下水位较年初下降 0.21 米。

河道流量 2016 年全市布设出境水量监测站 3 处。根据监测结果，小落河、沽河、车道河 3 条河流河道流量较去年均呈现较大幅度的减少，汛期尤为明显。

用水总量 2016 年，全市总用水量为 9316.6 万立方米，其中地表水用水量为 5593.2 万立方米，地下水用水量为 3723.4 万立方米。

水环境 2016 年参与全指标、双指标评价的 7 个水功能区年度达标率均为 100%；4 处供水水源地水质均达到Ⅲ类水质标准；入河排污口的两期 12 次监测所有参与评价的指数均达标。

（市水文局）

【海域】 荣成市坐拥北纬 36°至 37°之间纯净海域，近海海域水体质量达到国家 2 类标准以上，三面临海，海岸线长约 491.9 千米，沿海分布 10 个海湾，海岸沿线分布有龙眼、马栏、荣成、联络、俚岛、桑沟、黑泥、石岛、王家等较大港湾 14 个，以及鸡鸣、海驴、镆铘、苏山等大小岛屿 115 个。拥有滩涂 1 万公顷，临近烟威、石岛、连青石渔场，是多种鱼虾产卵、索饵、洄游的优良场所。

（市海洋与渔业局）

自然资源

【土地资源】 境内土壤有棕壤、潮土、风沙土和盐土 4 个土类，9 个亚类，18 个土属，120 个土种，以棕壤土类为最多。成土母岩包括太古界变质岩、元古界深成中性侵入岩、中生界深成中性或酸性侵入岩和中生界中性喷出岩。成土母质主要有残积物、坡洪积物、洪积冲积物、冲积物、风积物和海相沉积物 6 种。耕地土壤成土母质则全为残积物、坡洪积物、洪积冲积物、冲积物 4 种。

2016 年底，全市土地总面积为 1526.2 平方千米，其中农用地 115744.96 公顷，耕地面积 55880.65 公顷（基本农田 50550.05 公顷）、园地面积 5827.08 公顷、林地面积 21939.6 公顷，建设用地 22620.23 公顷，未利用地面积 14255.10 公顷，荒草地面积 4602.59 公顷。人均耕地面积 0.084 公顷。

（市国土局）

【矿产资源】 辖区地处秦岭——大别山造山带东延部分，威海高压—超高压变质带上。区内基底岩系变质变形强烈，中生代岩浆岩发育广泛。这一特定的地质背景，构成特有的成矿地质条件。至 2016 年末，全市发现矿种 36 种（含亚矿种），其中金属矿产 12 种：锆、铪（锆英石砂矿伴生）、钛（锆英石砂矿伴生钛铁矿、金红石）、铜、铅、锌、铁（铜矿伴生）、金、银、铍、钼、铀等；非金属矿产 19 种：玻璃用石英砂、饰面用花岗岩、磷矿（低品位）、建筑用花岗岩、建筑用砂、硫铁矿、沸石、制灰用大理岩、砖瓦用粘土、绢云母等。水气矿产 2 种：矿泉水和地下水。全市查明或初步查明大、中、小型矿床 131 处，其中大型矿床 1 处、中型矿床 7 处、小型矿床 123 处；开发利用的矿床 83 处，未开发矿床 48 处。

（市国土局）

【水资源】 水资源自成体系，境内既无较大河流，又无外来客水，水资源异常缺乏，全市多年平均降水量 768.9 毫米，多年平均水资源总量 4.07 亿立方米，其中地表水资源量 3.52 亿立方米，地下水资源量 1.31 亿立方米，重复水量 0.76 亿立方米，全市多年平均水资源可利用量 1.57 亿立方米，其中地表水可利用量 1.12 立方米，地下水可利用量 0.45 亿立方米，人均水资源量 544 立方米，为全国人均占有量的 1/4，为世界人均占有量的 1/16，属严重缺水地区。

（市水利局）

【生物资源】 **森林资源** 《荣成市林地林木保护利用规划》确定全市林业用地总面积3.9万公顷。其中公益林2.59万公顷,商品林1.31万公顷。

生物资源 荣成市境内陆生野生哺乳动物有梅花鹿、狐狸、獾、豹猫、黄鼬、刺猬、野兔、蝙蝠、鼢鼠、黄鼠等11种,查到鸟类153种,有留鸟23种,夏候鸟34种,冬候鸟24种,旅鸟72种;其中候鸟、旅鸟占80%以上,留鸟较少。其中属于国家Ⅰ级重点保护野生动物有梅花鹿、东方白鹳、黑鹳、白头鹤、金雕、中华秋沙鸭6种;属国家Ⅱ级重点保护鸟类有大天鹅、角鸊鷉、黄嘴白鹭、黑脸琵鹭、白额雁等17种。有山东省重点保护兽类狐狸、獾、豹猫、黄鼬4种;重点保护鸟类黄颈雉、三宝鸟、董鸡、针尾鸭、白鹭等23种。

(市林业局)

海域生物资源 水产资源十分丰富,发现的浅海和滩涂生物394种,主要经济生物近百种,其中牙鲆鱼、鲈鱼、对虾、鹰爪虾、黄花鱼、带鱼、鲅鱼、鲳鱼、乌鱼、鲍鱼、海参、海胆、魁蚶、扇贝、牡蛎、海带、裙带菜等皆为远近闻名的海珍品。动物中,鱼类主要有大黄鱼、小黄鱼、梭鱼、鲅鱼、鲳鱼、鲻鱼、黑鲷、许氏平鲉、六线鱼、牙鲆、鳀鱼、鮟鱇等100余种;虾蟹类主要有鹰爪虾、中国对虾、日本对虾、毛虾、大蝼蛄虾、脊尾白虾、三疣梭子蟹、日本蟳、寄居蟹等;贝类主要有栉孔扇贝、皱纹盘鲍、贻贝、泥蚶、魁蚶、毛蚶、扁玉螺、红螺、菲律宾蛤仔、文蛤、日本镜蛤、中国蛤蜊、四角蛤、栉江珧、青蛤、竹蛏、长蛸、乌贼、柔鱼等;棘皮类主要有刺参、马粪海胆、紫海胆等,其他类的如海蜇、海葵等。植物中藻类主要有石花菜、羊栖菜、海带、裙带菜、鹿角菜、大叶藻、江蓠、紫菜、鼠尾藻、海萝、海黍子等。荣成市注重种质资源保护,先后建成国家级水产种质资源保护区3个、省级水产种质保护区5个,成为刺参、鲍鱼、海胆及多种经济鱼、虾、贝、藻类的自然生态繁衍区。

(市海洋与渔业局)

【旅游资源】 荣成市旅游资源丰富,自然景观独特,具备国际公认的"阳光、沙滩、海水、空气、绿色"5个旅游资源基本要素。拥有14大海湾、115个岛屿、10大天然海水浴场;拥有伟德山、槎山两个国家级森林公园、成山头国家级海洋公园;石岛湾、好运角两处省级旅游度假区,3处AAAA国家级景区、9处AAA国家级景区、1处AA国家级景区;4星级酒店4家、3星级酒店7家;国家级农业示范点1个、省级休闲农业旅游示范点27个;省级旅游强镇9个,省级旅游特色村20个,省级精品采摘园4个;省级乡村旅游示范点4家,省级乡村旅游品牌示范户5家;省级五星级好客人家农家乐1家、四星级好客人家农家乐36家。

主要景点有被誉为"中国好运角""中国最美的八大海岸之一"的成山头AAAA国家级风景区;一寺连三国、情系中日韩的石岛赤山AAAA国家级风景区;集海洋科普教育、海洋食品展览展示、物流配送和韩国商品集散于一体的中韩边贸城AAAA国家级景区;全国村办最大的放养式野生动物园西霞口野生动物园;大东胜境九顶铁槎山;道教发祥地之一、"五虎圈阳地"圣水观;"中华第一大奇石"花斑彩石;伟德山、槎山两处国家级森林公园;《爸爸去哪儿》实景拍摄地鸡鸣岛。

(市旅游局)

自然灾害

【干旱灾害】 2016年,荣成市受持续高温干旱天气影响,至9月底,旱灾涉及全市22个镇街,受灾人口6.03万人,农作物受灾面积2.5万公顷,其中,成灾面积0.54万公顷,绝收面积0.027万公顷,因干旱造成直接经济损失265万元。

(市民政局)

人口·民族

【人口】 2016年末,全市有243213户、667146人,其中男331629人、女335517人。年内,全市出生5423人,其中男2773人、女2650人,死亡6246人,其中男3472人、女2774人;省内迁入883人,省外迁入1603人;向省内荣成市外迁出1475人,向省外迁出901人。

(市公安局)

【民族】 荣成市有34个民族,分别是汉族、满族、佤族、朝鲜族、蒙古族、回族、彝族、苗族、拉祜族、土家族、傣族、维吾尔族、白族、壮族、达斡尔族、布依族、布朗族、傈僳族、锡伯族、侗族、哈尼族、藏族、瑶族、土族、纳西族、黎族、鄂温克族、畲族、仫佬族、鄂伦春族、俄罗斯族、水族、独龙族、毛南族。2016年末,荣成市汉族人口663949人,少数民族人口3197人。

(市宗教局)

经济概况

【经济总量】 2016年,荣成市实现生产总值(GDP)1078.0亿元,按可比价格计算(下同)增长8.5%,增速高于威海市0.5个百分点。按户籍人口计算人均生产总值为161513元,比上年增长8.7%。按年平均汇率折算,人均生产总值达到24316美元。

(市统计局)

【经济结构】 从生产总值构成看,第一产业实现增加值87.5亿元,增长4.1%;第二产业实现增加值481.0亿元,增长7.6%;第三产业实现增加值509.6亿元,增长10.2%。三次产业比例为8.1∶44.6∶47.3。一、二、三产业分别拉动国民经济增长0.3%、

3.5%和4.7%。

（市统计局）

机构与领导人

【中国共产党荣成市委员会】

书　记　江　山
副书记　刘昌松　吕劭伟
常　委　江　山　刘昌松
　　　　吕劭伟　张瑞英（女）*
　　　　王洪晓　姜全文*
　　　　周承凯　张　勇
　　　　谭　刚*郑跃文
　　　　曲卫伟　于晓东（挂职）*

市委办公室
主　任　刘熙军

市委、市政府信访局
局　长　李宝科

市扶贫工作领导小组办公室
主　任　张　琛

市委组织部
部　　长　曲卫伟
常务副部长　张建华*

市委老干部局
局　长　刘朝阳*

市委宣传部
部　　长　张瑞英（女）*
　　　　　李洪霞（女）
常务副部长　刘少伟

市委统战部
部　　长　曲卫伟*　张宗涛
常务副部长　闫军卫

市委政法委
书　　记　周承凯
常务副书记　孙利良*　姜子恩

市机构编制委员会办公室
主　任　张建华*　李彦伟

市委市直机关工委
书　记　谭　勇

市督查考核办公室
主　任　徐海明*　张永波

【荣成市人民代表大会常务委员会】

主　任　王秉伟
副主任　于志平　刘书国
　　　　王凤阳　慕林辉
　　　　田永霞（女）
副书记　卞庆军

办公室
主　任　李用建

内务司法工作委员会
主　任　梁建华

人事代表工作委员会
主　任　张克伟

农业与农村工作委员会
主　任　李元国*　陈志远

教育科学文化卫生工作委员会
主　任　王瑞华

城乡建设和环境资源保护工作委员会
主　任　秦建明*　王洪军

财经经济工作委员会
主　任　秦建明*　李君钊

预算工作委员会
主　任　梁　明

【荣成市人民政府】

市　长　江　山*　刘昌松
副市长　刘昌松*　王洪晓
　　　　于晓东（挂职）*
　　　　王继静（女）　王　刚
　　　　于澎田（挂职）
　　　　忠格吉（女，挂职）*
　　　　徐志兵　张宗涛
　　　　刘　伟

市政府办公室
主　任　李文海*　林红光

市政府法制办公室（政府办挂牌机构）
主　任　高明丰*　林华芹（女）

市发展和改革局
局　长　王志勇*　秦道战

市粮食局（发改局直属机构）
局　长　项福进

市物价局（发改局直属机构）
局　长　王传俊*　朱俊宝

市统计局（发改局直属机构）
局　长　田春璟*　王　彤

市经济和信息化局
局　长　王洪军*　张　威

市教育局
局　长　姜旭明

市科学技术局
局　长　李君钊*　王春河

市公安局
局　长　杨玉平*　马一东
政　委　毕晓波

市监察局（与纪委机关合署）
局　长　赵洪祥

市民政局
局　长　王立新

市司法局
局　长　杨　军

市财政局
局　长　王云雷

市人力资源和社会保障局
局　长　梁　焱*　张建华

市国土资源局
局　长　周英俊

市城乡建设局
局　长　许　胜

市城市管理行政执法局（城乡建设局挂牌机构）
局　长　王志新*　宋鲁欣

市交通运输局
局　长　陈志远*　王惠全

市水利局
局　长　梁志强

市农业局
局　长　林红光*　王晓辉

市林业局（农业局直属机构）
局　长　秦道战*　刘朝阳

市海洋与渔业局
局　　长　李新安*　洪　超
党委书记　李新安

市商务局
局　长　卢永桓

市文化广电新闻出版局
局　长　王春河*　刘玉杰

市卫生和计划生育局
局　长　王惠全*　连立峰

市审计局
局　长　于　滨

市环境保护局
局　长　陈夕明*　王洪军*
　　　　龙连伟

市市场监督管理局
局　长　连立峰*　徐海明

市安全生产监督管理局
局　长　龙连伟*　王志新

市食品药品监督管理局
局　长　钱栋强*　张建华

市政务服务中心管理办公室
主　任　陈　阳

【中国人民政治协商会议荣成市委员会】

主　席　战大海
副主席　张积聚　刘建忠
　　　　郭光远　孙建明
　　　　毕天夫　张新颖

办公室
主　任　周宇田

经济科技委员会

主　任　汤天强

对外联络联谊委员会

主　任　李尚强＊　汤天波

学习提案法制委员会

主　任　毕振华＊　张　涛

文教卫生文史委员会

主　任　张启军＊　鞠永军

委员活动工作室

主　任　王杰训＊　王　萍

【中国共产党荣成市纪律检查委员会】

书　　记　姜全文＊　张　勇

常务副书记　赵洪祥

副 书 记　龙　涛＊　江洪波

市委巡察工作领导小组办公室

主　　任　李晓军

第一纪检组(监察室)

组长(主任)　岳海涛

第二纪检组(监察室)

组长(主任)　孙　文＊　董　军

第三纪检组(监察室)

组长(主任)　许杭亭

第四纪检组(监察室)

组长(主任)　宋振强

【法院、检察院】

市人民法院

院　　长　宋　光＊

　　　　　赵　欣(代)

副 院 长　张永刚　王惠萍(女)

　　　　　毕远周　李雪莲(女)

纪检组长　陈宝库

市人民检察院

院　　长　刘海波

副 院 长　王云强

　　　　　范继超(挂职)

　　　　　杨洪吉　刘玉甫

　　　　　王玉英(女)

纪检组长　傅　霞(女)

【人民团体】

市总工会

主　席　林永新

共青团荣成市委

书　记　姜　丰

市妇女联合会

主　席　韩　萍(女)

市科学技术协会

主　席　齐军力＊　姜传军

市工商业联合会

党组书记　王国群

市残疾人联合会

理事长　毕大好＊　高明丰

市归国华侨联合会(与外侨办公室合署)

主　席　肖辉军

【市属事业单位】

市委党校

校　　长　江　山

常务副校长　梁　栋

副 校 长　吴高军

　　　　　尹选芹(女)高和进

市委台湾工作办公室

主　任　王国群＊　毕大好

市档案馆

馆　长　李军战

市委党史资料征集研究委员会

主　任　鞠永军＊　宋锡岗

市新闻中心

主　任　邹积军

市文学艺术界联合会

主　席　宋业亭

市社会信用管理办公室

主　任　杨丰钊

市接待处

主　任　王　彤＊

威海技师学院

党委书记　隋永华

院　　长　石曰众

副 书 记　石曰众　吕劭伟＊

副 院 长　姜德志　程学兵

纪委书记　张瑞英(女)＊

威海海洋职业学院

党委书记　李耀华

院　　长　张宗军

副 书 记　张宗军　王秉伟＊

副 院 长　常建忠　王星淘

纪委书记　王洪晓＊　王树春

市旅游局

局　长　张万军

市农业机械管理局(农业局直属机构)

局　长　高　勃

市畜牧兽医局(农业局直属机构)

局　长　张　涛＊　郑建文

市中小企业局

局　长　宋鲁欣＊　宋　军

市规划局

局　长　许　胜

市国有资产监督管理局

局　长　卢志刚

市体育局

局　长　王宏亮＊　张建波

市政府外事侨务办公室

主　任　杨义伟＊　齐军力

市金融工作办公室

主　任　张　威＊　刘　杰

市民族宗教事务局

局　长　梁　静＊　梁海宇

市口岸办公室

主　任　刘玉杰＊　尹进军

市人民防空办公室

主　任　汤新光＊　徐海龙

市工贸管理办公室

主　任　汤天波＊　刘　涛

市供销合作社联合社

主　任　王文杰

市广播电视台

台　长　张　波

市红十字会

会　长　曲长华

市海洋食品管理委员会

主　任　陈士林＊　徐　涛

市民生110指挥中心办公室

主　任　王德财

市机关行政管理局

局　长　郑建文＊　龙　涛

市检验检测中心

主　任　孙胜清

威海市公共资源交易中心荣成分中心

主　任　孙作龙

市广播电视大学

校　长　李永军

【功能区】

经济开发区

书　　记　郑跃文＊　张宗涛

主　　任　张少武

副 书 记　张少武＊　王志勇

　　　　　肖宏勇　谭常柏

纪工委书记　肖宏勇＊　王旭东

副 主 任　王志勇　尹进军＊

　　　　　董　军＊王旭东＊

　　　　　赵民堂　陈士涛

石岛管理区

书　　记　江　山＊　刘昌松

主　　任　邹德新

副 书 记　邹德新　王云峰

　　　　　宋学俊　姜子恩＊

　　　　　卢军建

纪工委书记　卢军建＊　高忠宁

副 主 任　孙海模

好运角旅游度假区

主任/书记　张大庆＊　郑跃文

常务副书记　陈福全

副　书　记　陈福全＊张建波＊
袁玉前
纪工委书记　李　涛
副　主　任　赵民堂＊　李　江

威海（荣成）海洋高新技术产业园
主　　任　王洪晓
主持日常工作　宋伟锋

【市属国有企业】

荣成市热电燃气集团有限公司
总经理　梁保宏

荣成公交集团有限公司
总经理　杨　军

荣成市国有资本运营有限公司
总经理　时英勇

荣成市城建投资开发有限公司
总经理　韩圣军

【镇、街道】

俚岛镇
党委书记　宋伟锋＊　洪加跃
镇　　长　宋培明＊　慕思华

成山镇
党委书记　陈福全＊　袁玉前
镇　　长　王　涛

港西镇
党委书记　袁玉前＊　刘华杰
镇　　长　刘华杰＊　刘华兵

埠柳镇
党委书记　宋豁然
镇　　长　殷　静（女）

夏庄镇
党委书记　王晓辉＊　杨东鹤
镇　　长　杨东鹤＊　姜义强

崖西镇
党委书记　李映华＊隋艳秋（女）
镇　　长　毕见飞

荫子镇
党委书记　王树恒＊　原　涛
镇　　长　原　涛＊　毕　强

大疃镇
党委书记　刘全良
镇　　长　盛本杰

上庄镇
党委书记　林宏健
镇　　长　董昭胜

虎山镇
党委书记　洪　超＊　王树恒
镇　　长　王曙光

人和镇
党委书记　王大治＊　曲晓章
镇　　长　王军强

滕家镇
党委书记　张建华＊　马洪波
镇　　长　隋艳秋（女）＊于丽波

崖头街道
党委书记　李洪霞（女）＊谭常柏
主　　任　汤　杨

寻山街道
党委书记　张华芹（女）
主　　任　张　强

崂山街道
党委书记　陈士波
主　　任　毕　强＊　杜敦义

城西街道
党委书记　曹守波
主　　任　马洪波＊　王洪阳

港湾街道
党委书记　李洪凯
主　　任　周　勇＊　毕文状

斥山街道
党委书记　赵　晖
主　　任　刘　涛＊　殷　波

东山街道
党委书记　曲晓章＊　周　勇
主　　任　于　杰＊　张国华

王连街道
党委书记　刘希杰
主　　任　于丽波＊吴永丽（女）

桃园街道
党委书记　徐海龙＊　刘东波
主　　任　毕志刚

宁津街道
党委书记　洪加跃＊　战军刚
主　　任　战军刚＊　于　杰

（市委组织部提供）

【上级驻荣单位】

荣成市公路管理局
局　长　王金成＊　汤洪波

荣成市气象局
局　长　田咏梅（女）

荣成市盐务局
局　长　苏　宁＊　梁洪斌

荣成市国家税务局
局　长　隗　东

荣成市地方税务局
局　长　武仁德＊　连洪铎

荣成市水文局
局　长　杨黎明

荣成海关
关　长　董　军

荣成出入境检验检疫局
局　长　黄　强

国家统计局荣成调查队
队　长　刘波昌

荣成市烟草专卖局
局　长　任晓东

中国邮政集团公司山东省荣成分公司
总经理　沈永利＊　连小宏（女）

中国联合网络通信有限公司荣成分公司
总经理　倪荣华（女）

山东移动通信有限责任公司荣成分公司
总经理　吕　伟

中国电信股份有限公司荣成分公司
总经理　张锦春

山东新华书店集团有限公司荣成分公司
总经理　刘华军

中国人民银行荣成支行
行　长　张福信

中国农业发展银行荣成支行
行　长　王传胜＊　车艳艳（女）

中国工商银行荣成支行
行　长　宁树章

中国农业银行荣成支行
行　长　宋学峰＊　洪志强

中国银行荣成支行
行　长　李若祥

中国建设银行荣成支行
行　长　葛建文

中国交通银行荣成支行
行　长　张　杰

中国邮政储蓄银行荣成支行
行　长　李巧玉

山东荣成农村商业银行
董事长　卢均平

威海市商业银行荣成支行
行　长　李　明＊　张　伟

荣成市水务集团有限公司
总经理　姜晓先

交通运输部北海救助局荣成基地
主　任　林　文

国网山东省电力公司荣成市供电总公司
总 经 理　刘守彬
党委书记　张启东

山东广电网络荣成分公司
总经理　刘团玉

威海市住房公积金管理中心荣成管理部
主　任　钟俊杰

威海银监分局荣成办事处
主　任　丛明滋

哈尔滨理工大学荣成校区
党委书记　端木永东
院　　长　徐向晨

（各相关单位提供）

说明　＊　表示年内离任

政党·政权·政府·政协

Political Party · Political Power · Government · CPPCC

◎ 中国共产党荣成市委员会

◎ 荣成市人民代表大会

◎ 荣成市人民政府

◎ 中国人民政治协商会议荣成市委员会

◎ 中国共产党荣成市纪律检查委员会

中国共产党荣成市委员会

【概况】 中国共产党荣成市第十三届委员会于2012年1月产生,任期5年。至2016年底,实有委员24人,候补委员5人。市委下设办公室、组织部(非公有制经济组织和社会组织工委)、宣传部、统战部、政法委(综治办)、编办、市直机关工委、督查考核办、信访局、老干部局(市委离退休干部工委)及市纪委机关11个工作机构。

【全市农村暨扶贫开发工作会议】 1月27日,全市农村暨扶贫开发工作会议召开。会议隆重表彰2015年社会主义新农村建设先进集体和个人,部署2016年全市农村暨扶贫开发工作任务。

会议指出,做好扶贫开发工作是全面建成小康社会进入决胜阶段的重要任务,打赢脱贫攻坚战是促进全体人民共享改革发展成果、实现共同富裕的重大举措。各级各部门要认真贯彻中央、省和威海市关于精准扶贫、精准脱贫各项要求,结合荣成市实际,全力打好脱贫攻坚战,高标准高质量完成脱贫任务。

会议要求,各级各部门深刻认识扶贫开发的重要意义,切实增强责任感和紧迫感,以更大的决心和信心打赢脱贫攻坚战,让贫困群众与全市人民一道迈入全面小康社会。坚持精准扶贫精准脱贫方向,层层分解落实脱贫攻坚的目标任务,通过精准对标、精准识贫、精准管理,进一步摸清贫困底数,明确脱贫攻坚总目标和时间表,找准扶贫对象和致贫原因,加强扶贫对象全方位和全过程监测,切实把脱贫攻坚任务落实到村到人。坚持从各村各户实际情况出发,强化问题导向,按照逆向切入的思路,因人因地施策、因贫困原因施策、因贫困类型施策,明确主攻方向,精准实施产业扶贫、就业扶贫、易地搬迁扶贫、医疗救助解困扶贫、教育扶贫、低保政策兜底扶贫、基础设施攻坚扶贫等措施,切实增强脱贫攻坚成效。整合社会各方面力量,动员全市上下广泛参与,全面落实领导责任制,发挥基层党组织战斗堡垒作用,健全社会力量动员机制,严格督查考核问责,汇聚打赢脱贫攻坚战的强大合力。

会议强调,打赢脱贫攻坚战是当前的一项重大政治任务,也是一项重要的民心工程。各级各部门要以对人民群众高度负责的态度,实打实地推进各项工作,坚决打赢脱贫攻坚战,为提前全面建成小康社会奠定坚实基础。

【中共荣成市委十三届八次全委会议暨全市经济工作会议】 2月3日,中共荣成市委十三届八次全委会议暨全市经济工作会议召开。会议深入学习贯彻中共十八届五中全会、中央经济工作会议以及省市全委会、经济工作会议精神,审议通过《荣成市国民经济和社会发展第十三个五年规划纲要(草案)》《中共荣成市委常委会2015年工作情况报告》,印发《市委市政府2016年工作要点》,研究部署当前及今后一个时期的经济社会发展目标任务,动员全市上下牢固树立和落实创新、协调、绿色、开放、共享五大发展理念,坚定信心、创新突破,确保"十三五"开局良好。

会议科学分析当前发展面临的机遇和挑战,强调把建设创新型城市作为今后的发展目标,旗帜鲜明突出以经济发展为核心的导向,更加自觉主动地树立经济主业意识、工业主体意识和税源主责意识,深入推进科技创新、产业创新、机制创新、工作创新,补齐发展短板,转换增长动力,增创经济社会发展新优势。

会议强调,在加快产业转型上创新突破。抓住供给侧结构性改革的机遇,发挥比较优势,突破资源依赖,加快推动产业向中高端转型。以打造国家级产业基地为目标提升海洋经济,拓展生态养殖和远洋捕捞,抓好海洋生物科技和海洋食品加工,打造大宗海产品和海洋商品交易中心,促进海洋三次产业深度融合发展。以智能制造为方向改造装备制造业,突出错位竞争和靠大联强,推动造船产业向高技术船舶领域转型,机械产业向高端制造转型。以新兴业态为引领突破现代服务业,加快发展全域旅游、对韩服务业、跨境电子商务等新兴服务业态,打造产城融合的休闲旅游城市。坚持政企联动,更加注重发挥企业的创新发展主体作用,用更实的举措抓有效投入,用更新的理念抓要素保障,用更宽的视野抓创业创新,提高发展质量效益。

会议指出,在优化发展环境上创新突破。全面改善生态环境,深入开展环保专项检查整治,启动镇村污水处理五年行动计划,加快推进农村改厕工作,健全城乡环卫一体化管护机制,保持生态建设领先优势。持续改善营商环境,以更大力度推进改革开放,集中精力抓好对韩合作、专业招商、口岸开放、审批服务、行政管理体制改革、社会征信体系建设等工作,营造诚信包容、创新创业的人文环境,提升"自由呼吸·自在荣成"的城市形象。

会议要求,在城乡一体发展上创新突破。按照全域城市化、市域一体化的要求,坚持中心城区优先发展、产城融合发展,加快推进重点区域开发、小城镇建设和基础设施配套,增强沿海城市带承载能力,使沿海区域就地城市化。提高城市规划建设管理水平,加快智慧城市建设,增强区镇、街道经济发展活力,积极稳妥推进农村居民市民化,增强城市发展长远竞争力。

会议指出,在保障改善民生上创新突破。顺应改革发展形势,加快补齐教育事业短板,深化医疗卫生改革,及时完善养老服务,优化公共服务供给。强化政策兜底,继续推进城乡养老、医保、低保、五保等基本保障提标扩面,加大精准扶贫工作力度,夯实社会保障。创新社会治理,树立群众满意的评价导向、面向基层的工作导向和公众参与的管理导向,继续开展树典型和创城系列主题活动,营造积极向上、共建共享的浓厚氛围。

会议强调,荣成进入转型发展的关键时期、创新突破的攻坚时期,全市各级必须发扬担当精神,锤炼过硬作风,凝心聚力干事创业。大兴学习之风,提高能力水平,坚持以中国特色社会主义政治经济学重大原则指导工作，做好上级部署与荣成实际相结合的文章。敢于担当负责，狠抓工作落实，大力发扬“是红旗就扛、是第一就争”的精神，确保各项工作干在实处、走在前列。严明纪律规矩，主动适应全面从严治党、全面依法治国的新常态，学会运用法治思维和法治方式开展工作，凝聚干事创业的合力。

【全市2015年度工作总结表彰大会】2月15日，全市2015年度工作总结表彰大会召开。会议隆重表彰2015年度先进单位和先进个人，动员全市各级以建设创新型城市为主线，主动适应和引领新常态，进一步解放思想、转变作风，真抓实干、创新突破，努力争当走在前列排头兵，确保实现“十三五”良好开局。

会议回顾总结全市2015年工作情况时指出，2015年，各级各部门认真贯彻中共十八大和十八届三中、四中、五中全会以及习近平总书记系列重要讲话精神，坚持以解放思想为引领、以经济发展为核心、以作风建设为保障，统筹推进稳增长、调结构、促改革、惠民生各项工作，经济社会发展取得新成绩。全市各级积极应对经济下行压力，坚定信心、主动作为，深入推进产业转型升级和新兴业态培植，保持经济平稳较快发展的良好态势；准确把握统筹发展导向，科学务实、协调推进，统筹抓好城市建设、生态建设和社会建设，让群众更多享受到发展成果，开创社会和谐稳定发展的崭新局面；深入践行“三严三实”要求，转变作风、创新创业，优化服务、提升素质，积极主动投身发展，营造凝心聚力共谋发展的浓厚氛围。

会议指出，2016年是“十三五”的开局之年，把建设创新型城市作为贯穿“十三五”的主线，树起“创新”这面旗帜，让创新成为城市的基因，使创新融入人的灵魂，把创新锻造成为荣成发展的新引擎。各级坚持问题导向，从思想层面入手，着力解决不想发展、不敢担当、不抓落实、不会服务、不讲规矩的问题，深入推动工作创新、方法创新，将创新覆盖到经济社会发展的各个领域。

转变工作指导，把创新的要求引导到干事创业上。各级牢固树立经济主业意识、工业主体意识、税源主责意识，旗帜鲜明地把工作重心转移到经济发展上来，把工作重点转移到项目招商上来，把工作指向转移到税源培植上来，以背水一战的决心打好翻身仗，切实担起加快发展的责任。广大企业坚定信心、突出主业，坚定不移地抓有效投入，抓产业转型，抓市场培育，增强核心竞争力。

提升发展理念，把创新的重点聚焦到补齐短板上。十八届五中全会提出“创新、协调、绿色、开放、共享”五大发展理念，就是“指挥棒”“红绿灯”。荣成的工作导向与中央要求是合拍的，但不能满足懈怠，必须立足优势、找准短板，持续用力、久久为功，着力提升落实新发展理念的能力和水平。以大兴学习之风来提升、以差异化考核来提升、以高点定位目标来提升，研究新常态、学习新业态，推动重点工作创新突破，使荣成发展更加符合新发展理念的要求，争当走在前列排头兵。

完善方法举措，把创新的关键定位到狠抓落实上。2016年是“十三五”规划实施的第一年，各级要强化执行力、全面抓落实，确保各项工作干在实处。通过制度建设推动落实，以“讲认真”的精神坚持台账管理、例会调度、督导考核“三位一体”抓落实机制，进一步抓细化、抓延伸，推行“日调度、周点评、月考核”机制，把抓落实的功夫下在平时。通过严明责任倒逼落实，把责任作为抓落实的“牛鼻子”，对不作为、慢作为、乱作为的，坚决追究责任。通过典型示范带动落实，结合中心工作，深入推进“树典型、扬正气、传递正能量”活动，把市委、市政府的决策部署落实下去，把倡导的新风正气传递开来。

理顺服务机制，把创新的导向体现到优化环境上。服务环境对外是竞争力，对内是公信力。各级要在审批服务上抓公开，编制审批事项服务指南，压缩暗箱操作空间，让企业和群众不找人也能办成事。在政策服务上抓完善，政策资金重点向高新技术项目倾斜，向创新型企业倾斜，体现支持创新创业的导向。在执法服务上抓规范，探索建立执法全程记录、责任倒查等制度，规范执法程序，狠抓行业监管。在便民服务上抓实效，认真研究方便群众办事的新办法、新机制，提升服务质量和效率。在市场服务上抓竞争，降低服务成本，改善服务质量。在企业服务上抓提升，加大对企业的支持力度，继续执行联系服务企业机制，全力以赴保企业、促发展。

树立规矩意识，把创新的保障落脚到严抓严管上。只有人人讲规矩，社会才有秩序，发展才有保障。各级以开展“两学一做”学习教育为契机，加强党员队伍管理，把党内政治生活、监督执纪问责、压实主体责任作为常态，着力解决党员干部党性观念淡薄、纪律规矩意识不强等问题。以规范化建设为重点，加强基层干部管理，把规范化建设作为加强干部作风和能力建设的重要手段，严肃机关工作纪律。以社会征信体系建设为抓手，加强社会治理，研究制定深化巩固征信体系建设的意见，健全覆盖各个领域的社会信用网络，增强全社会的规矩意识，营造和谐有序的社会环境。

会议强调，站在“十三五”新的发展起点上，面临很多新形势、新任务，必须要有新思路、新作为。全市上下要更加紧密地团结在以习近平同志为总书记的党中央周围，把思想高度统一到市委、市政府的部署上来，以建设创新型城市为主线，转变作风、拼搏实干，努力推动各项工作创新突破，为圆满完成年度目标任务、实现“十三五”良好开局作出积极贡献。

【全市“两学一做”学习教育工作座谈会】 4月29日，全市“两学一做”学习教育工作座谈会召开。会议深入学习贯彻习近平总书记系列重要讲话精神，认真落实中央和省市委关于开展“两学一做”学习教育的部署要求，部署荣成市学习教育工作。

会议指出，在全体党员中开展“学党章党规、学系列讲话，做合格党员”学习教育，是中共中央为深化党内教育、推进全面从严治党作出的又一重大部署。习近平总书记的重要指示，是开展学习教育的行动指南和根本遵循，站在全局高度，深刻认识开展学习教育，是加强党的思想政治建设、推进党内教育常态化的重要举措，是落实管党治党责任、推动全面从严治党向基层延伸的有效实践，是加快建设创新型城市、争当走在前列排头兵的强大动力，切实把学习教育作为重大政治任务抓紧抓好。

会议强调，开展“两学一做”学习教育，基础在学，关键在做。强化理论武装，夯实“学”这个基础，结合大兴学习之风活动，利用好“党员活动日”“月月大讲堂”、机关每周五学习、红色教育基地、树典型活动等载体，创新学习方式，务求学习实效。突出知行合一，抓住“做”这个关键，广大党员要以讲政治、有信念，讲规矩、有纪律，讲道德、有品行，讲奉献、有作为的“四讲四有”标尺衡量自己、检视自己，做到学有标准、做有规范。坚持问题导向，聚焦“改”这个重点，对于查找出的不符合党员标准的突出问题，坚持即知即改、立行立改，增强整改成效。注重教育实效，体现“促”这个目的，坚持把学习教育与推动全市中心工作相结合、与办好民生实事相结合、与扶贫开发工作相结合、与基层党组织建设相结合、与县乡领导班子换届相结合，把学习教育的成效体现到推动工作落实、促进经济社会发展上来。

会议要求，开展“两学一做”学习教育，是当前的重大政治任务，各级党组织切实担负起组织领导、督查指导、推动落实的责任，周密安排部署，扎实有序推进。坚持领导带头、以上率下，党员领导干部带头参加学习研讨，带头谈体会、讲党课、作报告，为普通党员作好表率，形成上行下效、整体联动的工作格局。要注重做好分类指导，各级各单位在完成规定动作的同时，鼓励结合实际大胆创新，调动广大党员参加学习教育的积极性。加大舆论宣传力度，宣传各个层面的进展情况、成功经验和实际效果，推动形成开展学习教育的强大正能量。

【荣成市庆祝中国共产党成立 95 周年大会】 6 月 24 日，荣成市庆祝中国共产党成立 95 周年大会召开。会议回顾党的光辉历程，弘扬党的优良传统，表彰先进集体和先进个人，动员和激励全市各级党组织和党员干部牢记使命、团结拼搏，加快建设创新型城市，争当走在前列排头兵，实现“十三五”目标任务，提前全面建成小康社会。

会议回顾了中国共产党 95 年的光辉历程，总结荣成发展在各个历史时期创下的非凡业绩。特别是 2015 年以来，全市各级在中央和省市委的正确领导下，以开展“三严三实”专题教育、“两学一做”学习教育为动力，深入贯彻五大发展理念，启动建设创新型城市，以解放思想为引领，以经济发展为核心，以作风建设为保障，坚定不移强化经济主业、工业主体、税源主责“三个意识”，在转换增长动能、增创发展优势上实现新突破；坚定不移力促精气神、执行力、责任感、纪律性“四个提升”，在推动工作落实、增进民生福祉上实现新突破；坚定不移贯彻从严治党要求，在加强党的建设、转变干部作风上实现了新突破，凝聚全市上下共谋发展的强大合力。

会议指出，站在新的历史起点上，最重要的使命，就是完成党确定的“两个一百年”奋斗目标，实现中华民族伟大复兴的“中国梦”。到 2020 年全面建成小康社会，只剩下不到五年时间，确定荣成要提前完成，而且要走在前列，时间和任务更为紧迫，已经到了发力冲刺的关键时刻。全市各级党组织和广大党员干部要勇敢担当起肩负的历史使命，按照全面从严治党的战略布局，以“两学一做”学习教育为动力，全面推进党的建设新的伟大工程，充分发挥战斗堡垒和先锋模范作用，努力在推进“伟大工程”中实现“伟大梦想”。

会议要求，要中心大局抓党建，增强推动发展、促进和谐的紧迫感。以经济建设为中心，进一步强化经济主业、工业主体、税源主责“三个意识”，把更多精力放到招商引资、项目建设、盘活存量上来，把更多的办法用到帮助企业解决问题、激发创新创业活力上来；以供给侧结构性改革为重点，加快向海洋生物科技领域提升，向高端装备、智能制造提升，向全域旅游、服务贸易等新业态提升；用“互联网+”思维，下大气力培植平台经济，积极引进和培育新的平台模式，提升发展层次。以人民为中心，抓好事关发展大局、事关群众切身利益的民生实事，让人民群众在发展中有更多获得感。

会议强调，突出主业主责抓党建，增强党要管党、从严治党的责任感。发挥领导核心作用，坚持不懈抓好台账管理、例会调度、督导考核“三位一体”制度，推进规范化管理向市直部门延伸，努力推动工作落实；抓好意识形态工作，大张旗鼓强化舆论宣传，旗帜鲜明纠正错误言论，围绕推动发展加油鼓劲，围绕社会主义核心价值观传递正能量，着眼抢占舆论阵地，最大限度争取人心、凝聚共识；从严管理干部，深入查找干部队伍中存在的作风问题，认真抓好党风廉政建设和反腐败工作，既要抓好关键少数，又要管住绝大多数，营造良好政治生态。

会议要求，立足基层基础抓党建，增强履职尽责、干事创业的使命感。广大党员结合“两学一做”学习教育，努力把“四讲四有”合格党员标准落实到具体行动上。坚定理想信念，时刻牢记自己的第一身份是共产党员、第一要求是对党忠诚、第一职责是为党工作，严格遵守党章规定的“四个服从”，严肃党内政治生活；敢于担当作为，认真履行党员义务，发挥模范带头作用，不断提高适应和引领新常态的能力水平；严守纪律底线，把各方面的纪律和规矩挺在前面，以《准则》《条例》为根本准绳，受警醒、知边界、明底线，塑造党员队伍的良好形象。

会议强调，荣成正处于转型发展的关键时期，全市各级党组织和广大党员要紧密团结在以习近平同志为总书记的党中央周围，在中央和省市委的正确领导下，履职尽责、真抓实干，创新突破、发力冲刺，为建设创新型城市、争当走在前列排头兵而努力奋斗，为实现“十三五”目标任务、提前全面建成小康社会而努力奋斗，为完成“两个一百年”奋斗目标、实现中华民族伟大复兴的

"中国梦"而努力奋斗。

【中共荣成市委十三届九次全委会议】 9月6日至7日，中共荣成市委十三届九次全委会议召开。会议深入贯彻省和威海市全委会精神，研究部署荣成市推进创新发展的意见，动员全市上下统一思想认识，牢牢把握创新发展要求，深入扎实抓好创新型城市建设，努力推动经济社会发展走在前列。

会议科学分析当前创新发展面临的机遇和挑战，强调当前全球经济发展正面临新一轮整合、新一轮洗牌，创新大势不可逆转，创新成效决定区域发展兴衰和企业生死存亡。习近平总书记在庆祝中国共产党成立95周年大会上的重要讲话中指出："历史总是要前进的，历史从不等待一切犹豫者、观望者、懈怠者、软弱者。只有与历史同步伐、与时代共命运的人，才能赢得光明的未来。"全市各级准确把握大势，强化危机意识，把工作重心聚焦到创新发展上来，企业科技创新向深圳看齐，区域发展创新向江浙看齐，部门服务创新向改革前沿看齐，深入扎实推进创新型城市建设，努力增创区域发展的新优势。

会议强调，推进创新发展，系统把握总体要求，坚持以创新型城市建设为主线，以经济主业意识、工业主体意识、税源主责意识"三个意识"为工作指导，以提升精气神、提升执行力、提升责任感、提升纪律性"四个提升"为推进保障，在方法路径上做到"五个更加注重"。

更加注重创新突破，紧跟上级发展导向，从最有优势的领域发展，走别人没走过的路，在别人还没干的时候率先干起来；积极对接外地的率先探索，学习经验、取长补短，努力干得更好，争取实现赶超；针对习以为常，但基层和群众觉得不方便、不合理的环节，不唯书、不唯上、只唯实，勇于走过去没有走过的路。通过科技创新、机制创新、工作创新、办法创新，补齐发展短板，推动更大突破。

更加注重务实奋进，牢固树立打基础、利长远、惠民生的政绩观，始终坚持"实"字当头，脚踏实地、拼搏实干，只要方向正确，对发展有利、对群众有利，再难也要坚定不移地干下去，而且要快干实干、干出成效。

更加注重开放合作，将开放贯穿到经济社会各个层面，在融入全球化经济共同体中推动经济发展，在政产学研协同中推动科技创新，在对接融合中推动产业结构调整和转型升级，在部门配合中协调联动，开创各项事业发展的新局面。

更加注重共建共享，深刻领会人人参与、人人尽力、人人享有的内在要求。每个部门、企业担起该担的责任，靠干事赢得地位、体现价值，为荣成发展增光添彩；每个社会成员立足自身岗位建功立业，围绕经济社会发展建言献策，形成凝心聚力、共谋发展的工作合力。

更加注重法纪思维，紧紧围绕全面从严治党、全面依法治国的要求，强化纪律和规矩意识，全社会严格遵守《宪法》等法律法规和社会主义核心价值观倡导的行为准则，党员干部严格执行《党章》等党规党纪，企业严格履行安全生产、休渔管理、环保整治、依法纳税等社会责任，自觉在法律框架下做人做事，守住底线、不碰红线。

会议要求，针对创新发展中存在的现实问题，突出重点、加快突破。动力转换重点抓路径创新，积极对接"互联网+"战略，向平台经济用力，园区建设按平台化思路开发，企业转型向平台化方向对接，镇域发展用平台化思维提升，部门服务以平台化方式改进，加快转换增长动力，增强发展活力。城市建设重点抓内涵提升，以建设智慧城市、文明城市、信用城市、生态城市和旅游城市为抓手，加强城市规划建设管理，丰富城市元素，全面提升中心城区的首位度，让城市更有城市样，塑造"自由呼吸·自在荣成"的城市形象。社会治理重点抓发展保障，通过机制创新，规范日常监管，维护大局稳定；通过舆论宣传，引领意识形态，树立正确导向；通过定责问责，提高行政效能，优化营商环境，为创新发展提供坚强保障。

【中共荣成市委十三届十次全委（扩大）会议】 10月19日，中共荣成市委十三届十次全委（扩大）会议召开。会议对全市2016年干部选拔任用工作进行"一报告两评议"；并根据威海市（区）领导班子换届安排，推荐市领导班子换届人选。

【中共荣成市委十三届十一次全委会议】 12月1日，中国共产党荣成市第十三届委员会第十一次全委会议召开。全会深入学习贯彻中共十八届六中全会和省委十届十五次全会、威海市委十四届九次全会精神，审议市委常委会工作报告，审议通过《中共荣成市委关于深入学习贯彻党的十八届六中全会精神的意见》《关于召开中国共产党荣成市第十四次代表大会的决议》。

全会一致认为，中共十八届六中全会是在全面深化改革、决胜全面小康的关键时刻召开的一次重要会议。全会就新形势下加强党的建设作出的重大部署，体现了党中央坚定不移推进全面从严治党的坚强决心和历史担当，体现了全党的共同心声。省委十届十五次全会、威海市委十四届九次全会以中共十八届六中全会精神为指导，对落实全面从严治党要求作出全面安排，为抓好学习贯彻指明了方向。全市各级党组织和广大党员干部，深入学习领会中共十八届六中全会和省委十届十五次全会、威海市委十四届九次全会精神，吃透精神实质，把握核心要义，以高度的政治责任感和使命感抓好贯彻落实，推动全市经济社会发展和全面从严治党迈上新台阶。

全会充分肯定市委常委会一年来的工作。一致认为，在以习近平同志为核心的党中央和省委、威海市委的坚强领导下，市委常委会高举中国特色社会主义伟大旗帜，坚持以马克思列宁主义、毛泽东思想、邓小平理论、"三个代表"重要思想、科学发展观为指导，全面贯彻落实中共十八大和十八届三中、四中、五中、六中全会精神，深入学习贯彻习近平总书记系列重要讲话和视察山东重要讲话、重要批示精神，以开展"两学一做"学习教育为动力，团结和带领全市党员干部群众，主动适应经济新常态，全面落实五大发展理念，加快创新型城市建设，争当走在前列排头兵，经济、政治、文化、社会、生态文明建设和党的建设取得新成绩。

全会认为，十八大以来，全市各级党组织坚决贯彻落实以习近平同志为核心的党中央关于全面从严治党的决策部署，不断强化全面从严治党责任，狠抓管党治党各项措施，党风廉政建设和反腐败斗争深入推进，党风政风明显好转，为经济社会发展提供坚强保障。同时，也要清醒认识到，当前荣成市党的建设面临着一些新情况新问题新挑战，影响党的先进性、弱化党的纯洁性的因素复杂多样，在加强和规范党内政治生活、加强党内监督方面还存在一些薄弱环节和问题不足。全市各级党组织和广大党员干部，既要充分看到全面从严治党取得的积极成效，更要深刻认识全面从严治党的重要性紧迫性，始终保持永远在路上的清醒和自觉，切实把严的要求、严的标准、严的措施贯彻到管党治党全过程，努力营造风清气正的政治生态。

全会指出，中共十八届六中全会明确习近平总书记是党中央的核心、全党的核心，反映了全党全军全国各族人民的共同心愿，是党和国家根本利益所在。全市各级党组织和党员干部要进一步增强“四个意识”特别是核心意识、看齐意识，做到思想上充分信赖核心、政治上坚决拥护核心、组织上自觉服从核心、行动上时刻紧跟核心。要更加紧密地团结在以习近平同志为核心的党中央周围，更加坚定地维护以习近平同志为核心的党中央的绝对权威，更加自觉地同以习近平同志为核心的党中央保持高度一致。要坚决贯彻落实中央决策部署，在谋划发展思路、制定政策举措、推动工作落实的全过程，始终以中央精神和要求为指导，牢牢把握各项工作的正确方向。

全会认为，中共十八届六中全会审议通过《关于新形势下党内政治生活的若干准则》《中国共产党党内监督条例》，是着眼推进全面从严治党、坚持思想建党和制度治党相结合的重要安排。深刻领会、用心把握党中央的重大部署，不断增强推进全面从严治党的紧迫感和责任感，推动加强和规范党内政治生活、加强党内监督各项要求落到实处。

全会指出，党要管党必须从党内政治生活管起，从严治党必须从党内政治生活严起。切实抓好思想教育这个根本，把坚定理想信念作为开展党内政治生活的首要任务，结合在全市大兴学习之风，深入学好党的路线方针政策、党章党规党纪和习近平总书记系列重要讲话精神，严格落实理论中心组学习、“月月大讲堂”、机关每周五集中学习、农村冬训夏训等制度，进一步丰富红色教育、典型教育、警示教育等形式，教育引导广大党员干部增强“四个意识”，坚定“四个自信”，争做“四讲四有”合格党员。切实抓好严明纪律这个关键，把严守党的政治纪律和政治规矩放在首位，严格执行重大问题请示报告制度，锲而不舍落实中央。八项规定，精神和省市委实施办法，坚决整治和查处侵害群众利益的不正之风和腐败问题，推动管党治党走向“严实硬”。切实抓好选人用人这个导向，坚持党管干部原则，按照好干部五条标准，规范干部选拔任用工作流程，大力选拔政治强、业务精、敢作为、作风正的优秀干部，树立正确的选人用人导向，严肃换届工作纪律，自觉防范、坚决纠正选人用人上的不正之风。切实用好组织生活这个经常性手段，认真落实“三会一课”、民主生活会、领导干部双重组织生活、民主评议党员、谈心谈话、“党员证+党员活动日”等制度，提高对党员的教育管理监督水平。切实抓住继承和创新这两个关键环节，坚持党内政治生活制度成果，认真总结近年来党的群众路线教育实践活动、“三严三实”专题教育和“两学一做”学习教育等党内教育的经验做法，用制度的形式固定下来，推动各项工作更加规范有序。

全会指出，党内监督是永葆党的肌体健康的生命之源，必须把强化党内监督作为党的建设重要基础性工程，建立健全党内监督体系，强化自上而下的组织监督，改进自下而上的民主监督，发挥同级相互监督作用，确保党章党规党纪有效执行。各级党委（党组）要切实担负起党内监督主体责任，党委（党组）书记严格履行第一责任人职责，党委委员、党组成员在职责范围内认真履行监督职责，党的工作部门切实加强职责范围内的党内监督工作。持续抓好中央对山东、省委对威海巡视“回头看”以及省委对荣成市巡视、威海市委对镇街巡察、市委对有关部门巡察反馈意见的整改落实工作。各级纪委作为党内监督的专责机关，全面履行监督执纪问责职责，加强纪委对同级党委特别是党委委员和直接领导的党组织、党的领导干部的监督，紧扣“六项纪律”，运用“四种形态”，始终保持高压态势。保障党的基层组织履行日常监督和党员履行民主监督责任，畅通党员监督渠道，鼓励和支持党员在党内监督中发挥积极作用。坚持党内监督与外部监督相结合，市委支持和保证市人大、市政府以及监察机关、司法机关等对国家机关及公职人员依法进行监督，支持人民政协依照章程进行民主监督，支持审计机关依法进行审计监督，支持民主党派成员、工商联和无党派人士履行监督职能，认真对待、自觉接受社会监督、舆论监督。

全会强调，全市各级党组织和广大党员干部要在深入学习贯彻中共十八届六中全会和省委十届十五次全会、威海市委十四届九次全会精神的基础上，按照《中共荣成市委关于深入学习贯彻党的十八届六中全会精神的意见》要求，坚决落实全面从严治党新部署，持续深化思想教育，更加突出制度规范，始终坚持问题导向，注重抓好“关键少数”，严格落实主体责任，以严和实的作风推动全面从严治党各项措施落到实处。要把学习贯彻中共十八届六中全会、省委十届十五次全会、威海市委十四届九次全会精神与做好当前各项工作结合起来，把握主题，突出重点，统筹推进，真抓实干，努力保持经济平稳较快发展，着力办好民生实事，坚决维护社会安全稳定，高度重视做好意识形态工作，认真谋划明年工作思路，不断开创各项工作新局面。

全会决定，中国共产党荣成市第十四次代表大会于 2017 年 1 月召开。全会认为，市第十四次党代会是荣成市在加快创新型城市建设、提前全面建成小康社会的关键时期召开的一次十分重要的会议,是全市政治生活中的一件大事。各有关部门要以高度的责任感,精心组织,周密安排,确保大会顺利召开、圆满成功。

全会号召,全市各级党组织和全体共产党员,更加紧密地团结在以习近平同志为核心的党中央周围,全面深入贯彻中共十八届六中全会和省委十届十五次全会、威海市委十四届九次全会精神,全面推进党的建设新的伟大工程,团结带领全市人民,不忘初心、继续前进,同心同德、锐意进取,为加快创新型城市建设、实现"十三五"时期目标任务、提前全面建成小康社会而努力奋斗,以优异成绩迎接党的十九大召开!

【市委重要决策和部署】 1月5日 市委印发《关于进一步加强和改进人大工作的意见》,就进一步加强和改善党对人大工作的领导,更好地坚持和完善人民代表大会制度,充分发挥市人大及其常委会的作用作出部署。

1月5日 市委、市政府印发《荣成市关于在党政管理等领域实施信用管理的实施办法》,对在党政管理等领域实施信用管理作出部署。

2月25日 市委、市政府印发《关于深入推进扶贫开发工作坚决打赢脱贫攻坚战的实施意见》,对加快推进全市农村扶贫开发工作,全面完成脱贫攻坚任务作出部署。

7月10日 市委印发《关于学习贯彻〈习近平总书记在庆祝中国共产党成立95周年大会上的讲话〉的通知》,对学习贯彻习近平总书记"七一"重要讲话精神作出部署。

9月5日 市委印发《关于认真做好镇领导班子换届工作的通知》,对做好全市镇领导班子换届工作作出部署。

9月6日 市委、市政府印发《关于实施荣成"百千万英才计划"的意见》,对深入实施人才强市战略作出部署。

9月20日 市委印发《中国共产党荣成市委员会工作规则》,对加强和改进中国共产党荣成市委员会工作,提高执政能力和领导水平作出部署。

9月29日 市委转发《中共荣成市人大常委会党组关于做好市镇两级人民代表大会换届选举工作的意见》,对市镇两级人大换届选举工作作出部署。

10月17日 市委、市政府转发《市委宣传部、市司法局关于在全市公民中开展法治宣传教育的第七个五年规划(2016—2020年)》,对第七个五年法治宣传教育工作作出部署。

10月31日 市委印发《关于认真学习宣传贯彻党的十八届六中全会精神的通知》,对市学习宣传贯彻党的十八届六中全会精神作出部署。

【市委政策调研】 2016年,市委政策研究室立足上级新政策、新精神,聚焦市委、市政府中心工作,结合开展大兴学习之风活动,从各个层面、多个角度选题,及时开展深入研究分析,努力发挥以文辅政和参谋助手作用。

紧贴中心大局抓调研 组织开展"百题调研"活动,制定调研工作计划,重点围绕中韩自贸区建设、新型城市化、产业转型、服务贸易、特色小镇、全域旅游等上级重大部署,及时总结基层经验,查找问题不足,为各级领导提供可参考的依据。先后向省委和威海市委政研室提报调研材料40多篇,其中社会信用体系建设的调研被省政府领导给予批示。

紧跟形势变化抓调研 坚持调研工作学在前、想在前、干在前,对上级召开重大会议、出台重要决策以及宏观经济动态等情况,及时搜集和研究,做好分析和解读,结合荣成工作提出有针对性的应对措施,辅助领导科学决策。先后围绕专业招商、智能制造、分享经济、医养结合等方面,编写《参阅件》8期,提出意见建议30多条。

紧扣工作落实抓调研 把解决实际问题、推动工作开展,作为调研工作的重要着力点。坚持会前开展建议类调研,会后开展督查类调研,日常开展经验和问题类调研,以调研理清工作思路,督促工作落实,保证市委部署得到更好地贯彻。先后围绕贯彻总结表彰会议、全委会、常委会等重要会议精神,刊发基层工作情况20多篇,围绕跨境电商、民俗旅游、冷链物流、滨海旅游等重点工作,开展专题调研18次,为各级创造性地推进工作提供有益借鉴。

紧密结合实际抓调研 建立全员抓学习、全员抓信息、全员抓调研制度,带着题目、带着任务到基层了解情况,创设《学习参考》刊物,分为新精神、新政策、新经验、新思考四个板块,其中新精神板块重点提高导向把握能力、新政策板块重点提高研究指导能力、新经验重点提高学习借鉴能力、新思考板块重点提高参谋辅政能力,做到懂上情、知外情、熟市情、通内情,累计刊发159期。同时,结合市委组织部、市农业局、市规划局等单位举办外出培训班,派人跟班学习,整理借鉴外地的先进经验。对各级各部门,坚持集中培训与分片培训相结合,定期举办培训班,传达上级部署,布置重点课题,要求基层单位每季度至少提报调研2篇,每月通报名次,调动各层面开展调研的积极性。

统筹推进全面深化改革工作 强化组织领导。完成全面深化改革办公室人员配备,理顺8个领域专项小组成员,建立沟通联络、月度例会、工作台账、改革督察等4项推进落实机制,将全面深化改革工作纳入市委常委会每月工作例会研究调度,深改办每月组织各专项小组召开工作例会,建立改革任务总台账和各领域分台账,实行项目式动态管理,推动全面深化改革工作高效运转。统筹推进工作。制订《荣成市委全面深化改革领导小组2016年工作要点》,推进8个领域改革任务的78项,完成30项,20多项明显进展,实施5项国家级改革试点及4项省级改革试点,探索开展智慧城市建设、全域旅游等符合荣成实际的改革创新工作。加强督导考核。研究制订《荣成市2016年全面深化改革考核实施方案》,设立组织领导、调度推进、经验总结、专项督查4个方面16项指标,将考核成绩纳入部门目标责任制考核,督促各各级各部门抓好工作落实。深入开展调研。围绕经济体制、文化体制、社会事业体制等8个领域，组织四套班子和相关部门选择90多个课题，形成各类调研报告40多篇，为全面深化改革提供事实依据和理论基础。征信体系建设、海洋经济转型升级、H型高血压防治等方面改革经验被中央、省及威海市各类媒体刊发，最高院院长周强、省长郭树清等省部级以上领导对荣成改革工作作出批示14次，省委改革办、省商务厅等10多家省级以上部门通过召开现场会、印发刊物等形式给予肯定。

【市委“两学一做”学习教育】 按照中央及省市委要求，认真履行牵头组织实施的重大政治责任，推动全市广大党员干部深入学、扎实做、认真改，促进学习教育常态化制度化。坚持分类指导，将“两学一做”作为各级党(工)委书记党建述职评议首要内容，区分不同层次、不同领域分别制定具体实施方案，严抓党建主体责任落实。坚持以上率下，成立全市“两学一做”学习教育协调小组，制定《市委常委参加“两学一做”学习教育工作安排方案》，市级领导班子带头参加“四讲四送上党课”活动，组织集中学习研讨两次。搭建学用载体，在全市范围内，创新开展以红色教育、红讯传递、红色宣讲、红色主题宣传、红色义工为内容的“五红”系列活动，挖掘红色历史资源，改造建设红色教学点5处，丰富“两学一做”学用载体，通过各种形式为基层上党课3500多场次，刊发红色短讯1300多条。对照中央及省市委关于“两学一做”7项重点工作的要求，指导275个基层党组织完成换届，查找失联党员873人，完成56106名党员党费收缴核算，组织各级党员补交党费901.9万元。抓好违纪违法党代表和党员排查清理工作，对违纪违法事实清楚的20名市镇两级党代表按规定程序终止资格、停止职务，对140名受到刑事处罚的党员给予党纪政纪处分。

(张　刚　栾　鑫)

·组织工作·

【概况】 荣成市委组织部内设办公室、干部科、组织科、企业干部科、研究室、干部教育科(干部监督审查科与其合署)、市委组织员办公室、人才工作科、干部信息科、党员教育科、非公有制经济组织党工委、综合科12个科室，有工作人员9人。下设市党员电化教育中心、市革命传统教育基地管理办公室两个事业单位，有工作人员7人。

2016年，全市组织系统围绕大局、紧扣中心，认真贯彻落实全面从严治党要求，深入开展“两学一做”学习教育，把严实精神融入到干部管理、基层组织建设、人才工作等各个方面，为扎实推进创新型城市建设提供坚强有力的组织保障。干部管理科学化。着力应用智慧手段，健全长效机制，提高干部考察准确度，优化调整班子结构，提升干部教育培训质量，多方位加强干部能力建设，实现干部工作效能新提升。基层党建规范化。坚持严字当头、规范先行，探索“互联网+”党建的创新模式，扎实推进机关规范化管理，理顺商会党组织，规范城市社区管理服务，克服村级组织建设短板，在机关、城市社区、“两新”组织、农村等关键领域综合发力，全面提升基层党建工作实效性。人才工作系统化。通过打造人才联络员、人才科技特派员两支人才工作者队伍，推行“一企一平台”科技创新计划，开展“企业院所行”等活动，形成“队伍+平台+路径”系统配套的人才服务框架，优化招才引才留才环境，为区域发展输送人才力量与智慧支持。

【领导班子和干部队伍建设】 **换届工作** 2016年，市委组织部全力做好领导班子换届工作。市级层面，配合威海市委组织部干部考察组做好市级领导班子换届谈话推荐、会议全额定向推荐、深入考察等环节，确保市级领导班子换届平稳推进。镇街层面，严格按规定政策及程序推进镇街领导班子换届，牵头组织对镇街班子进行换届调研，强化班子分析研判，严格执行结构性规定，做好“三类人员”选拔和代表委员人选考察审核，顺利完成镇街领导班子换届任务。

干部管理调配工作 按照“重德行、重实绩、重公论”的选人用人导向，坚持以事择人、因岗选人，深入做好市区直部门、镇街领导班子和领导干部分析研判工作，创新建立精准化干部实绩考核体系，依托机关云平台将干部德能勤绩廉情况掌握在平时，确保把干部履职情况考细考实考准，考核结果为干部选拔任用提供重要依据。扎实推进选派年轻干部到镇街挂职、公务员(参公)岗位工人身份科级干部整改消化、干部轮岗交流等工作，分批做好市区直部门、镇街干部调整工作，优化领导班子结构。从严把关中层干部调整机制，将干部档案任前审核纳入中层干部调整程序，强化职位、职数及干部身份审核，规范中层干部职务调整。着眼培养锻炼干部，组织6名镇街干部到威海挂职锻炼，进一步开阔基层干部视野、提升工作水平。

干部制度规范工作 坚持用制度管人管事，研究制定从严规范机关事业单位干部管理调配的意见、镇街财政队伍建设的意见等，进一步规范相关干部事项，推动干部工作规范化制度化。

【基层服务型党组织建设】 **基层组织和工作覆盖** 构建基层干部管理考评体系。规范理顺部门和镇街机关内部管理和业务工作的91项制度，形成制度汇编，建立机关规范化管理考评体系，并在此基础上优化提升，形成以机关管理、民主评议、中心工作、业务工作、风险管控、创新激励为考核内容的“4+2”基层干部管理考评体系，实行“日调度、周点评、月考核”。量身开发包括签到签退、民主评议等27项功能的云平台APP，党员干部每天手机签到考勤、上传日志，每月在线评议，月底公开考核结果，考核结果与评先选优和干部考察挂钩，提振干部状态。全面加强村级监管。在权力规范上，理顺51项村级小微权力事项，推行农村干部坐班服务、便民服务事项代办等机制。在财务规范上，理顺并健全财务制度22项，取消招待费和公车67辆，将1.5万份合同录入信息平台，聘请中介机构集中审计867个村(居)账务。在会议规范上，实施预先审批、全程纪实，并为每名党员设置了固定的座位和桌牌,要求参会对号入座,引导党员牢记身份,增强党性。着力加强基层党员思想引导。新建郭永怀事迹陈列馆、龙山革命纪念馆等党性教育基地,先后组织3.2万名党员到基地参观学习。开展夏训冬训活动,市镇村三级联动,对全市3386名农村干部、2.6万名农村党员、2.5万名村民代表分层次开展轮训。建立完善"党员证+党员活动日"机制,将每月10日定为全市党员活动日,通过基层党建管理服务平台进行纪实调度,促党内生活规范化。健全组织生活常态督导机制。在全市抽调党务骨干组成督导小队,每月对不同层面党组织进行组织生活抽查;整合精品党课、王牌讲师、教育基地等信息,制定选用菜单,并采集支部特色活动风采,每季度印发《支部生活指导》专刊,指导支部丰富组织生活。狠抓"两新"组织工作覆盖。按照"镇街属地抓商会,部门联动抓行业"的思路,通过"纵横双线、条块结合",对与社会发展和群众生活联系紧密的22个行业依托行业党组织"重点抓",对中小微企业和个体商户依托22个镇街商会党组织"兜底抓",加强"两新"组织党的工作覆盖,全年新建"两新"组织党组织123个。

基层党组织服务保障 加大经费投入保障。在2015年村级运转财政保障资金达到村均7万元的基础上,对四职干部工资、离任干部补贴进行调研分析,计划进一步加大保障力度。广泛开展包扶村工作,组织224个机关单位、207家企业和15名个体捕捞业主包扶449个村,自2015年以来累计帮扶投入3800万元;按每个城市社区20万元的标准,严格保障城市社区党组织为民服务专项经费落实。加强人员队伍保障。着眼提升村级党组织服务功能,重点理顺农村干部坐班服务、便民代办、联系群众、扶贫帮困四项工作机制,选派85名"第一书记"、60个驻村工作队到村抓党建促脱贫,将村级组织打造成为民服务的坚强堡垒;在22个城市社区党总支,吸收驻区单位相关负责人担任社区党总支兼职委员,统筹利用区域党建资源,开展社区共建,推动社区服务提档升级。成立党建研究会和党务工作室。筛选24名党务经验丰富的离退休干部组成党建研究会,围绕基层党建重点课题,对上级政策、本市实践、外地经验等进行深入研究,提炼指导经验;在园区或社区设立7个党建工作室,重点指导"两新"党建工作。

党员队伍建设 注重提高党员发展质量,坚持落实发展党员全程纪实、票决、三地同步公示、联审联查等制度。在党员结构比例控制方面,按照发展农村党员数一般不超过本年度发展党员总数的40%,优化党员结构,并向"两新"领域倾斜。首次实行党员发展对象市级统一集中培训,坚持全市统一测评考试,并将党性教育基地集体入党宣誓纳入规范性要求,增加入党仪式感,增强党员荣誉感。

推进智慧党建 基层党建工作引入网络信息技术,构建起"互联网+党建"的工作创新模式,分别依托网络、手机、电视等,建成"基层党建管理服务平台""机关规范化管理云平台""智慧党建数字电视平台"三大智慧党建平台。以智慧党建促基层党建科学化规范化。

【人才队伍建设】 **坚持党管人才** 强化人才工作领导小组职能,由市委副书记任组长,市委组织部部长、市政府分管人才工作副市长任副组长,人社、科技、发改等24个相关职能部门主要负责人为成员,全面提高人才工作领导小组的行政规格,统筹协调全市各项人才工作的开展。创新性地将招才引智和招商引资相结合,提出对符合相应条件的引才项目可按比例抵顶招商任务。制定出台《关于实施荣成"百千万英才计划"的意见》,配套制定22个实施细则,为做好人才工作提供政策支撑;制定《荣成市乡村之星选拔管理暂行办法》《荣成和谐使者选拔管理办法》,填补相关领域政策空白;重新修订《荣成市有突出贡献的中青年专家选拔管理办法》《荣成市首席技师选拔管理办法》,更加符合人才工作新形势新要求。

狠抓平台建设 按照"引才有渠道、发展有平台、创新有载体"的思路,加快各类平台建设。狠抓企业创新平台建设。实施"一企一平台"计划,围绕海洋生物、装备制造等主导和新兴产业,扶持市级重点企业和成长型中小企业打造以工程技术研究中心、重点实验室等为主的自主研发平台。成功获批山东省工程实验室1个、山东省企业技术中心两个、院士工作站3个。狠抓政产学研平台建设。坚持"政府搭台、企业唱戏",在企业和高校间搭建合作交流的桥梁,先后组织26家企业赴20家高校院所进行对接交流,直接促成合作项目10个;组织16家单位走访对接19家高校院所,发布人才、项目和技术需求,介绍人才政策,收集最新科研成果。狠抓公共服务平台建设。建立科技创新服务平台,成功上线运行,通过整合完善信息资源,把分散、零散的创新服务资源聚集起来,构建开放共享、技术先进、方便快捷、服务高效的信息资源服务体系。平台录入宏观数据两万多条,新增科研仪器、专利成果等数据7000条以上,为各类人才提供强大的技术资源与服务支撑。

强化引进培养 先后开展5项人才、技术、项目需求调查,建立"人才需求库""技术需求库""项目需求库",解决人才需求底数不清、引才方向不明等问题。以人才服务产业发展为导向,组织各类人才项目申报评选,引进更多高层次人才。全年申报1个"万人计划"、1个"科技部创新创业推进计划"、3个"泰山产业领军人才"、3个"齐鲁首席技师"、1个"齐鲁和谐使者"、4个威海市人才项目产业工程特聘专家、1个威海市蓝色产业计划专家、两个威海市服务贸易领军人才、3个威海市有突出贡献中青年专家、1个威海市"和谐使者"等。划片召开10场人才政策解读会,对企业进行针对性指导,促使企业学政策、懂政策、用政策,激发引才用才主动性。

完善服务体系 建立项目落地全程服务制度。对以高层次人才为主导实施的创新创业项目,联合相关部门建立项目审批联合工作小组,推行一次性告知、一站式办理及代办服务;对落地实施项目,推行"五个一"服务模式,即

“一个项目、一个领导、一名干部、一定时间、一抓到底”，定期组织现场办公，帮办服务、确保进度。健全常态化联络制度。开设“人才荣成”网站、启用“人才荣成”政务微博，对外发布人才政策、人才工作动态、人才及项目需求等信息，让高层次人才随时了解掌握荣成人才工作动态；建立“荣成市高层次人才联系微信群”，与高层次人才实时保持联络。建立青年人才服务制度。加强人才组织建设。成立“智联家园青年人才联谊会”，每周一次小组活动、每月一次主题活动、每季度一次大型活动，以组织活动为纽带，搭建人才联通桥梁，打造健康活跃有序的人才成长软环境，同步推进联谊会支部建设，以活动连心、以组织留人，增强青年人才归属感、荣誉感，让更多青年人才到荣成就业发展。

（王美璐）

·宣传工作·

【概况】 荣成市委宣传部内设办公室、宣传文化科（与市文化体制改革和发展办公室合署）、企业政治与理论教育科、市委对外宣传办公室（挂市政府新闻办公室牌子）、新闻科、研究室，有工作人员15人。荣成市网络文化办公室为宣传部下属事业单位，有工作人员3人。荣成市社会科学界联合会2011年成立，为全额拨款正科级事业单位，与市委宣传部合署办公，有工作人员2人。

2016年，全市宣传思想文化战线认真贯彻落实市委、市政府的决策部署，紧扣创新主题，以创建全国文明城市为统揽，宣传思想文化工作继续保持健康向上的良好态势，为全市经济社会发展稳中求进提供坚强的思想文化保障。2016年，市委宣传部获评“威海市理论教育工作先进单位”。

理论创新普及有新进展 以学习宣传贯彻习近平总书记系列重要讲话和中共十八届六中全会精神为主线，深入基层组织十八届六中全会精神专题宣讲100多场次，举办“中国梦·小康情”百姓宣讲80余场次，受益党员群众近万人次；承办全省“四个全面”之“海上丝绸之路与全面深化改革”高端论坛，进一步提高全市理论研究层次。

舆论引导水平有新提升 市内媒体围绕新型城市建设、城市品牌、生态保护、文明创建、惠民工程、新型经济等重大主题开展系列宣传活动，策划推出专题专栏200多个。加强“自由呼吸·自在荣成”城市品牌宣传，召开山东社科论坛——“自由呼吸·自在荣成”城市发展战略研讨会，在新华社、《人民日报》、《大众日报》等中央及省级主流媒体刊播稿件400多篇。加强网上舆论引导，“荣成发布”政务微博被评为山东省最具影响力政务新媒体。

文明城市创建有新成效 全市上下整体联动，区镇街、部门齐抓共管，班子分包、台账管理、日督日办、倒逼责任，着力推动文明城市创建上档升级。在省文明办组织的创城实地暗访测评中，荣成市创城成绩名列前茅。

“四德工程”建设有新作为 组织实施“礼让斑马线、排队上下车、不乱扔杂物”等系列主题活动，开设媒体曝光台，曝光不礼让行为近千辆次，相关经验在全省、威海市推广。成立市志愿服务联合会和志愿服务指导中心，建设“志愿荣成”网络平台，全市注册志愿服务队到达100多支，成立山东省第一支义务交警队。建立“身边好人”常态化建设机制，每月开展“荣成好人”评选，5人入选“中国好人榜”，17人入选“山东好人”，推荐好人线索近20万条。在省移风易俗专项督查中获满分，获评全省社区思想文化工作示范点1处、“四德工程”建设示范点1处。

文化建设迈出新步伐 以“文化四季·自在荣成”为主题，组织开展“三下乡”、一村一年一场戏、百日广场文化以及各大节日纪念日庆祝活动等大型惠民活动1.2万多场次。培训渔家锣鼓、秧歌和广场舞爱好者5000多人次，在全省广场舞大赛中获得一等奖和最佳风采奖。

有10余部影视剧先后在荣成市拍摄，30多件美术、摄影、书法和文学作品参加省级以上展赛，1人获省泰山文艺奖舞蹈类三等奖，两人获得“威海文化名家”称号。金石湾艺术园区创新推行艺术品质押业务，三星印刷股份有限公司在青岛成功上市，开拓文化产业新的发展路径。

【理论教育普及】 以学习阐释和宣讲普及为抓手，推动中国特色社会主义理论和中央、省委、市委重要方针政策覆盖城乡、深入人心。精心安排中心组学

10月31日，自由呼吸·自在荣成——荣成发展战略研讨会举行

（市委宣传部提供）

习,制订印发《2016年全市党委(党组)中心组理论学习安排意见》,指导党委(党组)理论中心组学习,荣成市委理论学习中心组被评为省级和威海市级理论学习先进中心组。制订印发《荣成市党委(党组)意识形态工作责任制实施细则》,督促各级党委(党组)抓好落实。宣讲活动普及大众,广泛开展"学理论、懂政策、做明白人"活动,充分发挥好荣成市委党校、国营成山林场两处省级理论宣教基地、借助郭永怀事迹陈列馆、龙山革命纪念馆等红色教育基地以及交通局、港西党员服务中心、检察院等理论学习联系点的作用,开展宣讲活动。成立中共十八届六中全会荣成宣讲团,深入基层组织十八届六中全会精神专题宣讲100多场次。在全市组织"中国梦·小康情"百姓宣讲比赛,举办"中国梦·小康情"百姓宣讲80余场次,受益党员群众近万人次。承办全省"四个全面"之"海上丝绸之路与全面深化改革"高端论坛,进一步提高全市理论研究层次。围绕文化体制改革、供给侧机构性改革、创新型城市建设、全国文明城市创建等问题,组织开展"百题调研"活动,推出一批具有较强理论性、实用性的优秀理论成果,为市委、市政府正确决策提供依据。

【新闻舆论引导】 紧紧围绕建设创新型城市这条主线,紧扣全市中心工作,抓住重点、突出亮点,全力做好新闻宣传工作。

市内媒体注重栏目创新 电视台和新闻中心根据重点工作,将正面宣传与反面曝光相结合,开设"建设创新型城市 争当走在前列排头兵""创文明城市 建幸福荣成""树立绿色发展理念""自由呼吸·自在荣成""和谐荣成民生行"等专栏;同步开设"不文明行为曝光台"等专栏曝光反面典型500余期。

重点工作注重宣传造势 围绕重要会议精神、产业发展、生态建设、文明创建、惠民利民工程等重点工作和中韩影视峰会、海博会等重大节庆活动,加大市内外主流媒体的宣传力度,利用网络视频、H5、图文、直播等多种形式,扩大宣传覆盖面。在中央电视台、新华社、《经济日报》、《大众日报》等市级以上主流媒体刊播报道620余篇。在新华社、《经济日报》刊发荣成市产业转型、生态文明等稿件,《大众日报》《威海日报》一版头题等报道荣成市生态建设、城市品牌建设、信用建设、作风建设等的做法和经验,大众网利用网络、视频、微信等策划全方位的城市品牌专题宣传,推广"自由呼吸·自在荣成"城市品牌。

新闻管理注重制度完善 制定下发《关于认真学习宣传贯彻习近平总书记党的新闻舆论工作座谈会重要讲话精神的通知》《关于建立和完善新闻发布制度的实施意见》,完善新闻舆论管理制度和新闻发布制度。

新媒体应用注重整合引领 做好省委宣传部和大众网联合举办的"供给侧·山东策"和鲁网举办的第二届"品味山东"网络媒体行活动,深度报道全市的海产品加工特色产业,在新浪、凤凰、新华等主要网站以及微信微博等新媒体平台发表相关报道60余篇。"荣成发布"政务微博、政务微信围绕市委、市政府中心工作,累计发布各类资讯5000余条,政务新媒体各项运维数据位居山东省县级市前列,"荣成发布"政务微博被评为山东省最具影响力政务新媒体。

舆情应对注重有效引导 积极响应上级的指示精神,对全国"两会""网界青年共筑中国梦""两学一做""脱贫攻艰""无畏的战士""中央经济工作会"等重要活动进行网上正面引导和宣传,在各网站发表原创帖文14篇,利用微信、微博等新媒体平台转发各类信息和评论共计11646条,其中转发有关荣成的民生政策、旅游资讯、历史民俗等各类信息5000余条。积极应对突发事件的舆情动态,发现网上舆情419条,编写上报网上舆情223期,关注各类突发事件28起,有针对性地做出正面回应,沟通协调做好处置工作。

【争创全国文明城市】 围绕创建全国文明城市,深入推进"四德工程"、志愿服务、群众性精神文明创建等重点工作。

深化全国文明城市创建 在巩固扩大创城成果的基础上,进一步完善长效机制,扎实推进创城各项目标任务的落实。加强督导检查,组织实地检查组人员深入市区各公共场所、重点部位,开展拉网式实地检查,先后印发实地检查问题通报11期,通报各类问题980个,并跟踪督导落实,确保各项重点工

7月24日,由省委宣传部、省社科联、山东电视台等单位联合举办的"齐鲁大讲坛——齐鲁文化视角看'四个全面'"系列讲座之"'一带一路'与全面深化改革"在荣成滨海公园开讲

(市委宣传部提供)

作落实到位。召开全市创建全国文明城市工作推进会议,多次召开会议调度阶段创城工作推进情况,针对创城重点难点问题召开全市交通环境综合整治联席会议等,推动解决创城难点问题。充分利用电视、报纸、微博、文明网等载体开展创城常态化宣传,发送文明荣成微信平台信息650条、文明网信息1080条;在电视台、《荣成时讯》等媒体设立“创城大家谈”“创文明城市做文明市民”专题板块,对创城相关活动跟踪报道,通过有奖征集、监控抓拍、执法管理等形式,广泛开展社会监督,处罚警示违反相关法规的行为。设立曝光台,每周对不文明行为进行3次曝光警示。文明荣成微信曝光全省首例因车窗抛物受到处罚的案例,省文明办给予高度关注,并在山东电视台新闻联播进行报道。

持续开展系列主题实践活动 不断深化“创文明城市做文明市民”十大主题实践活动,结合实际,在各行业、各领域开展各类主题实践活动。在市区19处斑马线路口,开展常态化“礼让斑马线”志愿服务,加大志愿者上岗密度,组织机关事业单位、驾校新学员等,实行天天礼让斑马线活动。同时,公安交警部门加大电子查纠和各类指示标志、提示标志设置力度,强化现场执法和处罚力度。组织进机关、学校、企事业单位、社区宣讲活动,加大对驾校学员教育培训力度,把礼让斑马线作为重要内容纳入驾校学员第一课堂、驾校理论培训、路考等环节。联合交通局启动“礼让斑马线公交率先行”活动,公交车、出租车驾驶员主动礼让斑马线,起到良好的示范带头作用;组织交通系统志愿者开展“排队上下车”志愿服务活动,引导乘客文明乘车。举行“创文明城市做文明市民”活动启动仪式,在全市4万多名中小学生倡导开展“排队上下车”“不乱扔杂物”“礼让斑马线”活动。联合市卫计局在全市开展第29个世界无烟日主题宣传活动,加大“公共场所禁止吸烟”的宣传力度,倡导广大市民控烟、戒烟,在公共场所全面禁烟。

规范完善志愿服务机制 成立志愿服务指导中心,组建志愿服务联合会,建设“志愿荣成”志愿者联盟网络平台,登记注册的志愿服务组织116个,志愿者10800人。筹备组建山东省第一支义务交警队——“引航义务交警队”,首批招募队员100余人。拟订《荣成市志愿服务管理办法(暂行)》,规范志愿服务流程。组织志愿者在5个社区开展“志愿服务大集”,开展“三下乡”活动40多场;先后围绕中国乒乓球协会会员联赛、国际海洋食品博览会等开展志愿服务;举办首届社会组织“公益创投活动”,拿出“种子资金”10万元扶持重点项目;开展“伸出我们的手,温暖他们的梦”“巾帼爱心超市”“冬日暖阳”等一系列爱心捐赠活动,收集并捐赠衣物3万多件。

全面提升“四德工程”建设 广泛开展“树典型、扬正气、传递正能量”活动,以点带面促进整体工作提升。建立好人评选常态化机制,每月评选5名“荣成好人”,弘扬宣传“平民英雄”“凡人善举”,5人当选“中国好人”,17人当选“山东好人”,全年推荐好人线索192643条。推进红白理事会及移风易俗工作,召开镇街现场推进会,全市各村(居)均按照要求建立红白理事会,把移风易俗写入村规民约,并结合标语设置、入户走访、发放明白纸等形式,宣传红白理事会,农村群众对移风易俗满意度达到90%以上。

【基层文化建设】 **扎实开展惠民活动** 统筹推进“文化四季·自在荣成”系列活动,相继组织开展文化科技卫生“三下乡”、春节系列庆祝活动、百场戏曲进农村进社区、元宵节民俗展演、一村一年一场戏、百日广场文化、庆祝“七一”“八一”“十一”及纪念中国工农红军长征胜利80周年文艺晚会、传统文化公益讲座、农村万场数字电影放映等大型惠民活动1.2万多场次,形成“一年四季活动不断,市、镇(街)、村(居)同步推进”的良好局面。

传承推广优秀文化 突出文化活动、文艺作品的“荣成味道”。深入基层培训渔家锣鼓、渔家秧歌和广场舞爱好者5000多人次,半岛风艺术团两次参加省广场舞大赛,分别获得一等奖和最佳风采奖。有30多件美术、摄影、书法和文学作品在省级以上展览比赛中展出、获奖。摄影协会马世民应邀到北京、广东、河南举办荣成大天鹅摄影作品展;王祖良的摄影作品《震天福音》在2016中韩(威海—仁川)摄影大展中获韩国仁川市长奖,其渔家系列摄影作品入选德国“中德摄影展”。李永喜的民俗舞蹈《欢乐大海洋》获省泰山文艺奖。

融合发展文化产业 发挥资源优势,确定市级写生拍摄艺术创作基地32处,先后有《少年中国梦》《大街小巷》《丽人保镖》《咱村的女消防官》《美丽的小渔村》《路不可及》等10部影视剧在荣成市拍摄。金石湾艺术园区与有关金融机构合作,创新推行艺术品质押业务;三星印刷股份有限公司在青岛成功上市,开拓文化产业新的发展路径。

(李承业)

【社科联工作】 市社科联成立后积极开展社会科学普及工作,宁津街道被评为2016年度省级社会科学普及示范镇(街);斥山街道东火塘寨村、港西镇龙家村被评为2016年度省级社会科学普及示范村(居)。荣成博物馆、山东威海(荣成)海洋食品博览中心被评为省级社会科学普及教育基地。市社科联积极推动市级社会科学重点课题研究,2016年有3个课题列为威海市级重点社科课题。年内征集18件优秀作品参与申报威海市社科奖评选,有6件社科研究成果获得威海市第十九次社科优秀成果奖,其中三等奖4个——著作《“1+1+1”三线一体化小学语文幸福课程整合的实践探索》作者孙向阳,著作《威海梁氏纪事》作者梁善勇,论文《推进城乡污水一体处理建设生态宜居幸福荣成》作者魏晓腾,论文《突出特色农旅结合加快配置生态休闲产业农业》作者王波。二等奖两个——著作《探访英雄足迹》作者张瑞英,论文《基于协同创新理念的校企合作模式研究》作者刘雪婷。

(姜晓峰)

·精神文明建设·

【概况】 荣成市精神文明建设委员会办公室，是荣成市精神文明建设委员会常设办事机构，负责处理委员会日常工作。荣成市精神文明建设委员会办公室党的组织、人事财务及行政管理等工作由荣成市委宣传部负责。市文明办内设综合科、未成年人思想道德建设科、志愿服务科3个科室及志愿服务指导中心1个下属事业单位。实有工作人员7人。

2016年，荣成市精神文明建设工作以创新型城市建设为主线，以创建全国文明城市为统揽，大力倡导和弘扬社会主义核心价值理念。以提高群众满意度为目标，加强公共环境和社会文化环境治理，按照文明城市测评体系的要求，扎实做好创城基础工作，组织实施“礼让斑马线、排队上下车、不乱扔杂物”等系列主题活动；组建市志愿服务联合会，成立志愿服务指导中心，建设“志愿荣成”志愿者联盟网络平台，成立山东省第一支义务交警队。全市注册志愿服务队100多支，志愿服务在全市呈现蓬勃发展之势；深入推进“四德工程”建设，通过建立善行义举四德榜，组织开展“身边好人”评选等活动，大力弘扬宣传“平民英雄”和“凡人善举”，5人入选“中国好人榜”，17人入选“山东好人”，发动群众推荐好人线索20多万条，在全社会营造人人当好人、崇德向善的浓厚氛围。

【全国文明城市创建】 市委、市政府坚持把“为民、惠民、靠民”作为创城的指导思想，按照创城为了群众、创城依靠群众、创城成果由群众共享的要求，全面提升生态宜居幸福荣成建设水平。按照“全域城市化、市域一体化”部署，强化共建共享理念，优化要素资源配置，以丰富城市内涵，集聚“人”气、提振“生”气。着眼提升载体功能，实行“多规合一”，启动惠及1.5万户的26个城中村改造，完成青山路、石岛环山路等149项城区基础设施、39个老旧小区改造，103个老旧小区落实基础物业管理；启动美丽乡村建设，实施155项“六个一体化”工程，完成电网投资3.6亿元，获批省以上传统村落6个；八河水库增容4000多万立方米，为长远发展提供水源保障。着眼提升交通功能，新增青岛、西安等11列次始发动车，输送旅客180万人次；升级改造石烟线、北环海路和县乡路58条，开通南线公交，增加新能源公交车179辆，实现城乡公交一体化，同步配套电子公交站亭、城市充电站、停车场和公共自行车租赁系统。组织实施“创文明城市做文明市民”行动，启动“礼让斑马线、排队上下车、不乱扔杂物”等系列活动，带动市民文明素质的提升。

【公共文明素质提升】 紧扣社会主义核心价值体系建设，加强社会公德、职业道德、家庭美德、个人品德宣传教育；加大公益宣传广告投放力度，在主干道、公园广场等重点区域安装公益广告牌1100多处，在公交站点、公交车、出租车上设置公益广告6000多幅。发动宾馆、商超、银行、沿街商铺刊载创城公益广告，市区LED电子显示屏公益广告刊播率达100%。印制创城明白纸、倡议书26万份。注重从未成年人抓起，深入推进未成年人思想道德建设，突出抓好社会主义核心价值观、“中国梦”等教育实践活动，扎实开展清明、端午、“七一”、“十一”等重要时间节点的道德教育实践，中小学生对社会主义核心价值观知晓率达100%。健全村(居)红白理事会，大力倡导移风易俗，在省文明办组织的专项督查中，荣成市获得满分的佳绩。

【文明系列评选】 完成省、威海、荣成级文明单位、文明社区、文明行业、文明村镇的复查申报工作。以文明村镇、文明社区和文明家庭建设为载体，广泛开展群众性精神文明创建活动，倡导健康文明的生活方式，丰富市民的精神文化生活。大力实施“新农村新生活培训”，养成文明健康的生活方式，进一步提升农民的文明素质；深入开展文化科技卫生“三下乡”活动，为广大农民办好事、做实事，进一步提升文明村镇创建水平。虎山镇、滕家镇、崂山街道地宝圈村被授予“省级文明村镇”称号，市城市管理行政执法局、市广播电视台、荣成公交集团有限公司、市风景园林管理局被授予“省级文明单位”称号。

【志愿服务活动】 大力推进志愿服务制度化建设。2016年3月，成立市志愿服务指导中心；8月，成立荣成市志愿服务联合会，负责对全市志愿服务活动统

5月30日，寻山街道文化墙绘制现场　　(市委宣传部提供)

4 月 20 日，青年志愿者签名参与“礼让斑马线”活动　（市委宣传部提供）

筹协调、整体设计及工作指导。建设“志愿荣成”志愿者联盟网络平台，建立健全志愿者招募注册、培训管理、服务记录、激励保障等机制，实现供需统一对接。全市成立各类志愿服务队 300 余支，实名注册志愿者 3 万余人，发起招募志愿服务活动 3000 多场次，提供志愿服务时间 5 万多小时。组建山东省第一支义务交警队——“引航义务交警队”，参与“礼让斑马线”志愿服务活动。

【网络文明传播】　改版制作荣成文明网，全国 167 个县级提名城市中首批第 13 个在中国文明网上线，2016 年刊发各类文明信息 1643 条，其中中国文明网《地方传真》栏目转载 37 条，首页要闻刊发 1 条。开通“文明荣成”微信平台，全年编发 1200 余条展示文明创建成果和传播文明风尚的信息，其中多条微信头条阅读量过 8 万人次。同步开通“荣成文明”新浪微博，全年刊发各类文明微博 600 余条。

【“四德工程”建设】　根据全省善行义举“四德”榜建设要求，省级网络平台上传总数达到 922 个。个人优秀品德典型 11114 名、孝德典型 27585 名、诚德典型 41057 名、爱德典型 45344 名，全市善行义举四德榜覆盖率 98%；深入开展身边好人评选，每月评选“荣成好人”，大力弘扬宣传“最美荣成人”、群众身边的“平民英雄”和“凡人善举”，从生活、就业、医疗等方面给予抚恤救助，截止 2016 年底，有 1 人获全国道德模范提名奖，5 人当选省道德模范，15 人当选“中国好人”，48 人当选“山东好人”。在全市组织开展“树典型、扬正气、传递正能量”活动，组织开展诚信示范户、好婆媳、好儿女、最美家庭等评选及“好家风好家训”征集等活动，并通过“家风家训”宣传进村居、进学校，不断向社会传播家庭美德，推动核心价值观在家庭中落地生根。着力打造可学、可信、可复制、可推广的先进典型，挖掘各类典型 2.3 万个，组织媒体宣传典型 600 多个，引导市民向上向善。

【社会征信管理体系建设】　持续开展“诚信荣成”建设，在全省率先建成社会征信管理系统，为 59 万名 18 周岁以上居民、17 万名外来人口、3 万多个部门单位和企业、村（居）建立诚信档案，树立激励守信、惩戒失信的导向。将学雷锋志愿服务活动、公交车和出租车驾驶员星级考核、日常交通文明秩序遵守等内容纳入个人征信体系管理，有力地促进城市文明形象提升。以深化征信管理的深度和广度为重点，配套完善了 6 规范性文件，推动信用产品应用由党政机关向行业管理、村居社区、学校等全覆盖。

【未成年人思想道德建设】　以“践行社会主义核心价值观”主题教育活动为总抓手，在全市未成年人中开展“我的中国梦”教育，组织“小手拉大手、文明一家人”“创文明城市、做文明市民”“创文明校园、做文明师生”“排队上下车、礼让斑马线、不乱扔杂物”三项行动等活动。全市形成文艺汇演、体育竞赛、特长比赛和科技比赛四大活动板块，各学校开展读书节、科技节、文化节等系列活动，参加市级比赛的学生 1.5 万人。充分用好荣成市中小学生综合实践教育中心，年培训学生 1.1 万人次。开展“开门办教育”活动，设立“学校开放日”“校长接待日”，让家长走进学校，了解教育，监督教育；开展“6000 名教师大家访”活动，以家校的无缝对接优化学生教育的大环境；开展“四同”亲子共建活动，要求家长和孩子同看德育影片、同读德育故事、同上德育课、同做道德典范。充分发挥网络资源优势，全市所有学校在校园网上开设家庭教育栏目，3 所学校获得“山东省优秀家长学校”称号。构建全社会共同关心、参与的学生教育格局，形成“人人参与，齐抓共管”的教育合力。与超市、企业、司法等部门共建德育实践基地 500 余个，举办“义务宣讲团”，邀请检察官、医生等各行业的社会人士走进校园，以现身说法的教育方式创新学生德育形式，加强未成年人思想道德建设。

【我们的节日主题活动】　利用春节、元宵节、清明节、端午节、中秋节等传统节日，精心设计活动载体，增强社会主义核心价值观宣传教育的吸引力感染力。通过积极推出形式多样的文艺作品，开展节日文化展演展示等活动，持续做好节日文化的阐释、推广和传承工作，加强节日习俗和非物质文化遗产的保护。开展“红红火火过大年”“清明祭英烈”“童心向党”“向国旗敬礼”等节日签名寄语、优秀童谣征集传唱等主题实践活动。开展了节日期间集中宣传教育，精心组织走访慰问、专项救助、送温暖等活动,大力倡导文明餐桌、文明旅游,着力培育节日文明新风尚。

(赵旭光　张振泉)

·统战工作·

【概况】　荣成市委统战部内设办公室、一科、二科3个科室,有工作人员10人。以五大发展理念为引领,以贯彻落实各级统战会议精神和《中共中央统一战线工作条例》要求为主线,积极探索统战工作的新思路、新举措,在加强基层统战组织和联谊组织建设、加强党外人士教育培训工作上做文章,全市统战工作实现新突破。统战工作经验得到各级统战部门的充分肯定,《中央统一战线》杂志第10期刊发荣成市构建统战网络的经验文章;3月作为威海代表在全省县级统战部长会上发言;7月威海市委统战部在荣成市召开现场观摩会推广经验。被山东省委统战部评为"2016年度全省统战信息工作先进单位"。

【基层统战网络建设】　2016年,市委统战部把基层统战网络建设作为统战工作的重中之重来抓,突出党的领导,做到"党建工作延伸到哪里,统战组织就覆盖到哪里",重点建设3个层面的统战联络站:在22个镇街成立商会统战工作联络站,负责两万多个非公经济市场主体统战工作。在8家龙头企业成立统战工作联络站,负责与企业相关的产业链上52家中小微企业统战工作。在21个城市社区成立统战工作联络站,负责社区统战工作。通过统战联络站,认真摸排统战对象,按照"有一定社会贡献、有一定社会影响、有正面激励作用"的条件,细化摸排出统战对象1524人。抓好重点联络对象的日常管理,建立双向交流、双向服务、综合评价等工作机制,调动全市重点联络对象的积极性,不少优秀的党外人士脱颖而出,有23人进入人大、政协及工商联队伍。

【统战性质联谊组织建设】　**组建全省首家网络界人士联谊会**　针对网络用户不断增多、网络意见人士群体增加的实际,市委统战部牵头网络界人士联谊会(简称网联会)成立工作,于4月30日组织召开了网联会成立大会,将网联会定性为具有统战性、联谊性、自律性的社会团体,在全省率先破题。联谊会涵盖网络电商、新媒体从业人士、网企运营管理人员和专家学者等多个层面,截止12月底发展会员70名。网联会成立后,掌握了"中国荣成""山东荣成""荣成正能量"等多个微信公众号及部分户外电子屏等信息媒介。通过这些资源,发布大量弘扬社会主义核心价值观、推广"自由呼吸·自在荣成"的内容,在倡导社会正能量、净化网络空间方面发挥积极作用。

在全省率先组建新生代企业家联谊会　为推动民营企业新老管理层顺利过渡,市委统战部对全市青年自主创业人才和企业家二代两大群体进行初步调查,建立58人的数据库。5月中旬组织青年企业家赴上海交通大学进行为期一周的系统培训。5月12日,组建荣成市新生代企业家联谊会,为新生代企业家搭建一个沟通交流的平台,通过这个平台引导青年企业家继承发扬老一辈企业家的创业激情和创业精神,加强科技投入,创新管理模式,努力实现"两个健康"。

组建归国留学人员联谊会　为进一步凝聚广大归国留学人员的智慧和力量,7月22日,威海市归国留学人员联谊会荣成分会、荣成市归国留学人员联谊会同时成立并举行揭牌仪式。联谊会是由在荣成创业和工作的,具有海外留学经历,与荣成有紧密联系的各行各业归国留学人员自愿组成的非盈利性社会团体。联谊会初期吸收会员,主要来自科技、经济、教育、卫生等领域,全部为大学以上学历,1/3以上有博士、硕士学位,分别在英国、美国、加拿大、澳大利亚等国家学习或工作过。联谊会成立后,着力搭建交流合作、创新创业、参政议政三大平台,架起党委政府与留学人员联系沟通的纽带,并在招商引资、招才引智等方面牵线搭桥,主动服务荣成经济社会发展。

【统战队伍建设】　采取差异化考核、集中办班、现场观摩与分片辅导等形式,加强对区镇街统战干部的业务指导。5月、6月分别举办全市统战干部培训班、党外代表人士培训班,重点围绕中央统战会议精神、民族宗教政策、核心价值观等内容进行辅导,培训146人次。对镇街统战委员、统战干事、社区统战联络员采取分片培训的方式,有针对性强化统战理论学习和统战业务指导,举办

7月8日,威海市统战工作现场观摩会与会人员观摩荣成市镇街统战联络站建设情况

(市委统战部提供)

小班式辅导3次，培训128人次。第一时间向党外代表人士传达十八届五中六中全会、省市委重要会议精神，组织开展“建言十三五”“发展大家谈”“老一辈企业家访谈”等活动，“全域旅游”“英才计划”等12条建议被市委采纳。坚持“走出去”与“请进来”相结合，3批次推荐16人参加全市组织的名校脱产培训，征求党外人士意见，邀请专家教授到荣成举办“月月大讲堂”“企业大讲堂”11期，培训人员1430人次。

【协商民主活动】 1月5日，全市党外人士情况通报会召开，向广大党外人士通报中共十八届五中全会精神，就荣成市“十三五规划”征求意见。2月26日，全市统一战线学习“两会”精神通报会召开，向党外人士传达全市人大、政协两会及经济工作会议精神。9月28日，全市党外人士座谈会召开。与会人员参观郭永怀事迹陈列馆，围绕实施“百千万英才计划”、做好“订单式培训”等工作进行深入座谈讨论。11月4日，全市党外人士情况通报会召开，向全市党外人士通报中共十八届六中全会精神，部分民主党派成员、党外干部、党外知识分子、非公有利经济人士、民族宗教界人士、归国留学人员联谊会会员、网络界人士联谊会会员在会上作交流发言。

【加强统战工作宣传】 在《中国统一战线》《山东统一战线》《威海日报》等媒体发表重要稿件22篇。建立“荣成统一战线”“荣成市网联会”等多个微信群，吸引党外人士400多人广泛互动。举办全市统一战线迎国庆书画展。书画展以“同心同向·共圆中国梦”为主题，旨在庆祝中华人民共和国67华诞，展示统一战线团体和各界人士在中共领导下务实进取、开拓创新的伟大成果。书画展9月24日开展，展出党外书画界人士精心创作的书画作品100幅，观众1万多人。

（李云峰）

·机构编制工作·

【概况】 荣成市机构编制委员会办公室内设市人民政府行政审批制度改革办公室、综合科、机构编制科、监督检查科（编制计划科与其合署）4个科室，有工作人员4人。下设事业单位监督管理局和机构编制电子政务中心两个事业单位。其中，事业单位监督管理局有工作人员3人；机构编制电子政务中心有工作人员2人。2016年，市编办坚持围绕中心、服务大局，在加强和创新机构编制管理、推动简政放权加快转变政府职能、深化行政管理体制改革、统筹推进重点领域体制改革、深化事业单位分类改革及监管、强化机构编制监督检查方面取得一定成效，获得“荣成市2016年度落实目标责任制先进单位”称号。

【机构编制管理】 **严控机构编制总量** 印发《关于集中清理全市“僵尸”事业单位工作方案》，对职能弱化、消失或职责相近、重复设置的单位进行撤并整合。2016年先后撤并整合市主题活动办公室、机械工业促进局、船舶工业促进局、食品工业促进局、物资总公司等单位40个。

创新机构编制管理 对公立医院人员控制总量实行备案管理。核定人员控制总量。根据公立医院业务水平、类型特点、床位数以及门诊量，核定市人民医院、石岛人民医院、中医院、妇幼保健计划生育服务中心4所公立医院人员控制总量3977名。收回空余编制。将4所公立医院173名空余编制收回，原编制内人员继续实行编制实名制管理，只出不进；以后新进人员不再纳入编制实名制管理，实行备案制度。在全市中小学校全面推行中小学校长职级制和去行政化改革，全市中小学校一律取消行政级别，由教育部门归口管理。

【简政放权】 **修订公布市级行政审批事项目录清单** 3月31日，公布2016年第一批调整的市级行政审批事项和其他权力事项目录，调整行政权力事项108项。9月30日，公布2016年第二批调整的市级行政许可等权力事项目录和调整的部分市级涉行政审批及相关行政权力中介服务事项目录，调整行政权力事项17项、中介服务事项18项。

编制公共服务事项目录 印发《荣成市简化优化公共服务流程方便基层群众办事创业实施方案》，经部门梳理上报、集中审核、反馈确认等程序，梳理公开52个市直部门（单位）及相关企业中介机构公共服务事项699项、镇街公共服务事项98项，并在相关网站公开征求意见。

开展建设工程项目区域化评估评审 印发《关于开展建设项目区域化评估评审工作的通知》，确定以经济开发区精细化工园区为试点，开展规划环境影响评价报告、地质灾害危险性评估报告等5个事项区域化评估评审，评审结果供园区内建设项目共享，进一步简化前置审批环节。

【行政管理体制改革】 **推进综合行政执法体制改革** 拟定上报《荣成市综合行政执法体制改革试点工作方案》，分两步组织实施。跨部门跨领域综合执法。撤销市文化市场综合执法局，将其职责及人员编制整合并入市城市管理行政执法局执法一大队，市城管执法一大队规格明确为正科级。部门领域内综合执法。按照职能相近、领域相同的原则整合执法队伍，先后整合市场监管、交通运输、食品药品、粮食流通等领域执法队伍。

调整优化功能区组织机构 剥离功能区精神文明、群团、党建、教育、卫生计生等事务性工作。经调整，经济开发区由13个工作机构调整至7个，分别为党政办公室、组织人事局、经济发展局、投资促进局、建设局、社会管理局、财政局，石岛管理区16个工作机构调整至12个，分别为党政办公室、组织人事局、宣传群团办公室、经济发展局、投资促进局、城乡建设局、交通运输局、财政局、审计局、社会管理局、农业综合局、政务服务中心管理办公室，好运角旅游度假区由10个工作机构调整至8个，分别为党政办公室、组织人事局、经贸旅游局、投资促进局、财政局、社会管理局、建设局、政务服务中心管理办公室，同时三区分设纪工委。

完善镇街行政管理体制 落实省

政府办公厅《关于加强乡村安全生产、建设工程质量安全、环境保护、道路交通安全监管工作的通知》要求，完成全市22个镇街有关监管机构设置、职责明确及人员编制配备工作。将成山镇原有的“五中心”调整为财审统计服务中心、农业综合服务中心、社会保障服务中心、便民服务中心“四中心”，规格明确为副科级。

【重点领域体制改革】 **房产管理体制改革** 撤销市房屋管理局，将其承担的房屋征收、物业管理、住房保障等职责划入市城乡建设局，由新设立的市住房发展保障办公室承担，将房屋交易和产权管理及房地产市场经营管理等职责划入市国土局，由新设立的市房产管理处承担，有效解决房产交易与不动产登记衔接上存在的扯皮问题。

纪检监察体制改革 进一步优化市纪委机关内设机构和人员配置，增设1个案件监督管理室、1个纪检监察室，增加行政编制13名。设立市委巡察工作领导小组办公室，列市委工作部门序列，正科级规格，设在市纪委。设立市委第一巡察组、第二巡察组、第三巡察组。

其他领域体制改革 将市国有资产管理局由隶属市财政局调整为市政府直属事业单位，更名为市国有资产监督管理局；将市公共资源交易管理处由市政务服务和公共资源交易管理办公室内设机构调整为市政府直属事业单位，更名为威海市公共资源交易中心荣成分中心，市政务服务和公共资源交易管理办公室更名为市政务服务中心管理办公室。

【事业单位分类改革及监管】 **推进生产经营类事业单位转企改制** 将市公有资产经营有限公司和市专项资金管理办公室两个事业单位改为企业，组建国有资本运营有限公司。

创新事业单位监管 印发《关于开展2016年度事业单位监督管理“双随机、一公开”抽查工作的通知》，建立“一单两库”(随机抽查事项清单、法人名录库和检查人员名录库)，合理确定抽查比例和频次，督促事业单位依法履职。

开展事业单位业务范围清单化管理试点 印发《关于开展事业单位业务范围清单化管理试点工作的通知》，在环保、食品药品、海洋渔业3个部门举办的8个事业单位开展业务范围清单化管理试点，推进事业单位管理和运行的制度化、规范化。

【机构编制监督检查】 **开展政府部门机构编制评估工作** 选择国土、交通、文广新、科技、安监等5个政府部门作为2016年度政府部门机构编制评估对象，有针对性的调整评估内容，增加部门职责调整、部门外部协作配合、执行机构编制管理规定等评估内容。

开展新设机构履职情况专项督查 对规划局、智慧办、不动产登记中心、扬尘腥水综合整治办、公安局站前派出所、政府和社会资本合作(PPP)管理中心、债务管理办等9家新设和职责调整机构履职情况进行评估检查，查看单位职能定位是否合理，职责界定是否明确，履职情况是否到位等情况。

(张晓晴)

·扶贫工作·

【概况】 2016年2月，荣成市扶贫开发领导小组成立，由市委书记、市长任组长，市委副书记、政府分管副市长任副组长，组员包含38个成员单位。领导小组下设办公室，即荣成市扶贫开发领导小组办公室，原隶属于市农业局，3月22日，市扶贫办重新成立，为市直部门独立办公的正科级单位。主要负责组织、协调和督导全市扶贫开发相关工作。内设综合调研科、规划管理科、社会扶贫科、督查考核科、信息统计科5个科室，有工作人员14人。2016年底，全市9116户、14302名贫困人口全部脱贫，实现37个省定扶贫工作重点村脱贫，剩余23个村未脱贫。

【组织保障】 市、镇(街道)两级成立扶贫开发领导小组和扶贫办公室，配备专职工作人员。建立“四级结对联亲”制度，60个贫困村配备驻村工作队。组织31个职能部门制定完善“1+N”扶贫政策体系。

【社会帮扶】 按照1个部门加1个强企联合帮扶1个贫困村的“二对一”帮扶模式，2016年，安排60个部门、60个企业先后投入帮扶资金1000万元。组织全市207个企业、224个部门积极开展包村联户、爱心助残、青春志愿、巾帼创业等52项扶贫活动。

【扶贫产业项目建设】 制订《荣成市扶

9月12日，石岛甲子山生态园光伏扶贫项目 (市扶贫办提供)

7月1日,召开全市基层扶贫干部培训会议　（市扶贫办提供）

贫重点村产业发展项目管理办法实施细则》,投资1551万元,发展特色生态农业、休闲观光旅游及电商、光伏等扶贫项目73个,农村集体经济得到有效发展。

【扶贫特色活动】　对8000多名因病因残致贫群众,实施"暖心工程",在教育、医疗、就业、救助保障和危房改造等方面,安排相关部门一户一策、精准帮扶。

【金融扶贫】　市财政安排1000万元,设立扶贫开发担保基金,由金融机构放大10倍,形成1亿元的"脱贫贷",年内发放9笔、1215万元贷款。

【雨露计划】　对57名在读中高职的贫困家庭子女,每人每年给予3000元的生活补助,投入财政资金17.1万元,实现贫困家庭子女就读中高职教育资助全覆盖。

【培训教育】　组织各职能部门开展职业教育、阳光工程等培训98期,参与群众2.39万人,贫困户劳动力通过技能培训至少掌握1项致富技能。开展劳务对接会3次,转移培训贫困劳动力3512人。组织农业、畜牧等部门专家到田间地头举办各类培训班53期。

【兜底保障】　将所有贫困人口全部纳入低保,保障标准提高到每人每年3700元,超过省定3402元的贫困线。结合"智慧荣成"建设,启动H型高血压防控服务模块,将4万多名患者纳入健康管理,发病率降低16%。将60个省定扶贫工作重点村优先列入农村改厕、危房改造等惠民工程,提升贫困群众生活质量。

（张虎威）

·对口支援工作·

【概况】　2016年9月,威海市政府确定荣成市扶贫协作重庆市云阳县、山东省枣庄市山亭区,成立荣成市对口协作办公室,拟订全市对口协作工作的规划和政策措施。实施镇村基础设施援建、医疗卫生合作、教育合作、旅游交流协作等帮扶工程,开展科技服务、人才培训、支医支教等协作活动,调动企业积极性,共同参与扶贫工作。市委确定由市扶贫办和发改局分别对枣庄市山亭区、重庆市云阳县实施对口支援。

【对口支援枣庄市山亭区】　按照"荣成所能、山亭所需、立足实际、务实协作"原则,与枣庄市山亭区协商拟定《荣成市与枣庄市山亭区扶贫协作框架协议》《荣成市——山亭区扶贫协作三年规划实施方案》等系列文件。荣成市拟投资515万元,实施教育、就业、贫困妇女和留守儿童资助、贫困残疾人助行、困难党员资助、农村敬老院资助等民生领域六大工程,开展现代农业、旅游、商贸流通、医疗、装备制造、新材料等经济领域六大产业合作,受益贫困群众3900人。2016年向山亭区捐赠145万元,帮扶贫困人口1100人。

（张虎威）

【对口支援重庆市云阳县】　**编制总体规划,加大资金投入力度**　编制了《山东省荣成市扶贫协作重庆市云阳县"十三五"规划》,加大扶贫资金投入力度,确定以2016年200万元为基数,按年均10%的比例递增,5年合计1220万元。2016年拨付扶贫专项资金300万元。

完善对接机制,实施精准对接　选择俚岛镇东高家村与云阳县凤鸣镇玉带村,开展"一对一"结对帮扶。在海洋食品博览中心一楼售卖区开设"云阳县农特产品展销中心",进行免费宣传。选择确定两所优质学校与云阳的两所学校建立结对交流关系,其中,云阳县龙角小学校与荣成市幸福街小学结对,云阳县职教中心与威海水产学校结对,重点从学校管理、教育教学、教师业务等方面进行帮扶,提高办学水平。组织大型商超企业对接农产品企业,在第21届中国国际渔业博览会为云阳县设置展位,宣传推介云阳县菊花茶、绿茶、花生等特色农产品。荣成市中医院与云阳县中医院结成帮扶对象,制定医疗援助、义诊等相关工作方案,考察云海药业、三峡药业等,优先采购当地列入山东省药品集中采购网目录的药品。

引导重点企业参与帮扶　组织泰祥集团、黄海造船、达因制药等企业就扶贫协作进行实地考察论证,签订对口支援框架协议。全市范围内征集企业岗位需求信息。筛选泰祥集团、浦林成山轮胎、黄海造船等规模以上企业用工信息,组织企业携带用工岗位赴重庆云阳县开展异地对口扶贫招聘活动。建立企业用工信息定向沟通机制。将荣成市企业用工需求信息每月发送给云阳县人社局。

加强旅游交流协作 开展宣传推介互换合作活动，推进旅游市场开发，推介两地的旅游资源、旅游产品、旅游线路、精品民宿等。组织旅行社进行踩线，制订旅游线路，对特色旅游小镇、乡村旅游特色村、农家乐等进行重点宣传推广，帮助双方开拓客源市场、宣传双方全域旅游优势。相互推出旅游优惠政策，两地市民持身份证到当地A级景区游玩，享受与当地市民同等优惠政策。

（王红联）

1月14日，组织观摩教学（市委党校提供）

·党校工作·

【概况】 中国共产党荣成市委员会党校为市委直属财政全额拨款正科级事业单位，实行校委负责制。2008年增挂"荣成市行政学院""荣成市社会主义学院"牌子。2016年，有班子成员8人，内设办公室、教务处、总务处、政治教研室、经济教研室、法律教研室、信息管理与基层工作处7个副科级处室。有工作人员36人，实行分类制管理，其中参照公务员管理7人，专业技术人员27人，机关工勤2人。2016年，围绕干部教育培训工作的总目标、总要求，深入学习、研究、宣传、贯彻中共十八届五中、六中全会精神和习近平总书记系列讲话精神以及三级党校会议精神，深入开展"两学一做"学习教育，切实加强班子和队伍的思想作风建设，不断提高党校科学化办学水平。重点以创新突破为主线，以"讲名课·当名师·办名校"为目标，以"高智型、开放型、资政型、活力型、效能型"的五型党校建设为抓手，充分发挥好党校主阵地和智库作用，为全市创新型城市建设提供好理论和智识支持。

1月18日，教师在全市新一届农村妇代会主任培训班宣讲（市委党校提供）

【干部培训】 按照"大规模培训干部、大幅度提升干部素质"的要求，配合市委组织部举办各类培训班。在班次设置上，坚持"主体为主，业务为辅"原则，主体班次主要宣讲基础理论、时政政策，业务班次主要是各部门的业务知识与专业技能培训；在培训方式上，坚持"务实管用，灵活多样"原则，定期轮训与不定期培训、长班与短班、主体班与业务班、社会培训与异地培训相结合；在培训模式上，坚持"服务荣成，提升能力"原则，采取"三段式"教学模式，即：1/3课堂讲授、1/3实地观摩、1/3互动交流，互动交流有主题研讨、热点辩论、社会调研、学习体会、案例教学等。2016年，先后举办各类培训班次41期，培训学员1万多人次，形成新专题25个，年更新率50%以上；同时承担全市干部自主选学的管理与部分授课、干部自学季考的出题及阅卷、"月月大讲堂"的讲稿整理工作。承担全市干部集中学习资料的编写工作。为服务全市大兴学习之风活动，与市委办、市委组织部联合编写学习参考资料6期。

【社会宣讲】 按照"围绕中心，服务大局"的要求，立足荣成市实际，宣传党的路线方针政策和市委市政府决策部署。在宣讲内容上，以时政分析、政策解读等为重点开展主题宣讲，以部门业务、服务群众为重点开展专题宣讲;在宣讲方式上,以社会需求为导向,开设"校外讲堂""上门培训""基地培训""异地培训"等,尽力满足各界需要。2016年共宣讲150场次。

【科研调研】 按照"为推进理论创新服务、提高教学质量服务、党委政府决策服务"的要求,把科研调研作为服务大局的信息平台、名课名师的成长平台、智库建设的推进平台,作为党校建设的一项基础性工作来抓。在制度安排上,坚持集中与分散相结合,以"调研周"的形式进行集中调研,以部门邀请、组织点题、个人选题的形式进行分散调研;在内容设计上,立足全市发展大局开展市情调研,围绕社会热点难点重点开展前瞻性调研,针对工作落实开展专访性调研;在载体建设上,通过与上级党校、市直有关部门合作,创办校刊《视点》等,"外引内带",提升调研水平,推动调研成果进入党政部门决策。2016年,先后形成各类理论文章和调研报告50篇,其中:结项两个省级课题和1个市级课题;6篇文章在威海党校系统举办的理论研讨会获奖,其中一等奖两篇;印发校刊《视点》5期,较好地为社会各界提供理论与智识服务。承担全市机关规范化管理跟踪推进和调研指导工作。成立课题组7个,配合市委组织部,对全市推行的机关规范化管理开展专题调研,承担课题前期调研、中期跟进、后期完善,并参与中央编译局主导的专项调研和多次讨论修改工作,调研报告经市委常委会审议通过,较好地为全市各部门实行规范化机关管理提供理论与实践指导。

【红色基地文字编写】 年初,由分管副校长牵头,选派10名骨干教师全程参与全市红色教育基地的打造工程,历时近1年时间,完成"沈秀芹纪念馆""郭永怀展览馆""张晶麟纪念馆""龙山革命纪念馆""抗日民主政府"5个基地的党课、解说词等文字材料及展馆板块设计与布展筹备工作,得到市领导和参观人员的充分肯定,全年宣讲党课45场次。

【队伍建设】 坚持"讲名课、当名师、办名校"的办校宗旨,提出"五型党校"建设目标,实施六大工程。一是思想解放工程,通过持续的思想解放,警惕"精神懈怠、知识不足、脱离实际、思维僵化"四种危险;二是征信建设工程,确立诚信党校工作标准,明确岗位职责,强化工作落实;三是名课名师培育工程,通过培训进修、读书评书、主题活动等,全面提升教师素质,提高教学水平;四是科研精品工程,通过鼓励、支持科研调研,扶植优秀调研项目,促进科研人才脱颖而出,推动科研成果"接地气、精尖化、用得上";五是智能校园工程,运用多媒体教学,推动教学手段现代化;六是人才队伍建设工程,通过内部培养、外部考录,优化教师知识结构和年龄结构,有硕士研究生6人,高级讲师13人、讲师11人,基本形成老中青相结合的干部教师队伍。

(许　阳)

·市直机关党务工作·

【概况】 荣成市委市直机关工作委员会。内设办公室、组织科、宣传科3个科室,市直机关纪工委、市直机关武装部、市直机关工会工委、市直机关团工委、市直机关妇工委5个职能部门,有工作人员8人。辖党总支13个,党支部143个,党员3150名。2016年,市直机关党的建设工作总的要求是:深入学习贯彻中共十八大及十八届三中、四中、五中全会精神和习近平总书记系列重要讲话精神,紧紧围绕市委市政府重要工作部署和建设创新型城市的目标要求,以落实全面从严治党要求为主线,突出严明政治纪律和政治规矩,持续改进作风强化服务,进一步落实机关党建工作责任,努力构建机关党的工作新常态,不断提高机关党建工作科学化水平。

【机关党员思想教育】 **开展"两学一做"学习教育** 按照上级部署,制定工委学习教育实施方案、学习讨论计划、党课课件及责任清单,对照责任清单扎实开展好学习教育。召开市直机关"两学一做"教育推进会,为下属党(总)支部集中发放各种材料近万本。6月7日举办市直机关"两学一做"知识测试。在下属支部组织两支代表队参加全市"两学一做"知识竞赛。举办和参与"践行'四讲四有'·做合格党员""永远的怀念"两个主题征文活动;征集发布红色微信4000多条;"七一"组织预备党员和入党积极分子到红色教育基地重温入党誓词,接受红色教育。

开展争创文明表率活动 组织市直机关党员干部配合创建全国文明城

6月7日,举办"两学一做"知识测试　　　　(市委市直机关工委提供)

市开展“礼让斑马线”活动。组织下属44个机关党支部,组建成立320人的市直机关工委志愿服务总队,每周一、五上下班高峰执行交通导行志愿服务活动。与市文明办联合下发《关于开展“文明出行·我先行”主题活动的通知》,号召机关干部签订《文明出行承诺书》,积极履行公车、私车文明出行义务,树立文明出行新风尚。推荐上报工委“荣成好人”候选人4名,督导在职党员参加每年不少于4次的社区志愿服务活动。

抓好反腐倡廉教育 加大警示教育力度,认真贯彻落实《中国共产党廉洁自律准则》《中国共产党纪律处分条例》及中央、省市委关于反腐倡廉一系列文件,安排专题党课、革命传统教育和反面警示教育。通过参观警示教育基地、观看正反典型教育片、剖析典型案例等,筑牢拒腐防变的思想防线。

【机关党的基层组织建设】 **落实党建工作责任制** 制定下发2016年度市直机关党建工作要点,督导89个一级支部3月底前按照工委下发的党建工作要点,制定年度党建工作台账,细化分解各项任务。按照《中国共产党国家机关基层组织工作条例》要求,规范党建活动流程,建立责任清单,坚持做到责任具体、主体明确。7月对下属党(总)支部党建7项任务进行抽查督导,12月全面检查下属各支部的基层党建工作。

严格支部换届选举程序 严格党务干部的选配,优化队伍结构,认真组织制定换届工作办法和选举工作流程,集中进行骨干培训,确保支部换届工作规范有序进行,8月139个党(总)支部全部完成换届。与新履职支部书记重点围绕加强班子、队伍、制度建设进行任前谈话。

规范党员日常管理 做好党员组织关系排查,制定专人负责、每周调度的工作制度,建立党员信息档案管理制度,确保支部、党员的全覆盖,登记备案党员3136名、排查失联党员59名。严格发展党员工作程序,关键环节严格把关,发展新党员20名,讨论审批预备党员转正24名。

严格党费收缴、补缴工作 严格党费收缴、补缴标准,建立《党费核查台账》,对党员党费基数和数额逐一进行核对,完成党费核查、补缴工作,补缴161万余元。每月按时足额收缴,执行严格的交费登记程序,安排专人负责党费的收缴与管理,规范党费帐簿,完成2016年度党费收缴工作,收缴194万余元。

抓好党务干部培训 4月组织支部组织委员培训班,配合市委组织部举办市直机关支部换届选举工作培训班。

8月11日,举办市直机关办公技能竞赛 (市委市直机关工委提供)

组织党务干部到优秀基层党组织观摩交流。抓好网上学习,整合各地机关党建工作资源,通过优秀党建网站、市直机关党建微信群、QQ群等信息手段,让新政策、新理论在第一时间学习贯彻到位。

【机关文化建设】 **创建机关党建服务品牌** 倡导“一单位一品牌,一支部一特色”,围绕市委、市政府“征信管理”“树典型、扬正气、传递正能量”等主题活动部署,重点在创建文明城市、建设创新型城市、志愿服务、岗位奉献等方面树立一批支部、党小组、党员3个层面的先进典型。

营造机关文化氛围 以“创建书香机关”“月读一本好书”为载体,倡导互动式学习、共享式学习和党小组团队学习活动,精心组织支部书记讲党课、专家讲理论、身边典型讲事迹、党员讲体会“四讲”活动。为提升机关干部的能力素质,8月举办市直机关办公技能竞赛。

举办机关文体活动 与总工会、体育局联合举办市民运动会,庆“五一”全市职工乒乓球、羽毛球比赛,全市职工春季、秋季登山活动。组织市直机关干部职工约600人参加“自由呼吸·自在荣成”2016年荣成滨海健步行活动。与市文明办、团市委、体育局联合举办“五四”青年运动会。

关爱机关党内弱势群体 组织走访慰问机关老党员、机关困难党员活动。走访探望因病致贫生活困难的党员并送去生活慰问金、按时发放老党员补贴。

【机关群团工作】 工会工委组织69个单位2600多名职工参加在职职工爱心互助医疗保险、组织劳模健康查体。组织代表队参加全市安全生产及法律知识竞赛。妇工委组织开展“虹桥妈妈”手拉手活动,为孤贫儿童捐款41240元,为“爱心救助站”捐赠衣物棉被4500多件。团工委组织开展1+100团干部联系青年工作、组织机关团员青年参与2016中国·荣成国际海洋食品博览会志愿服务及“关爱留守儿童”志愿活动。与团市委联合举办全市青年联谊会。

（高万里）

·信访工作·

【概况】 荣成市委、市政府信访局内设办公室、接访科、办信科、督查科 4 个科室，2009 年 8 月，增挂“荣成市人民政府信访事项复查复核委员会办公室”牌子，规格副科级，有工作人员 16 人。下设荣成市社会矛盾受理调处中心，为财政全额拨款正科级事业单位，内设调处一室、调处二室、行政类矛盾纠纷调处室、群众来信处理室、政法机关群众涉法诉求工作站 5 个科室，有工作人员 7 人。2016 年，荣成市党政信访部门受理群众信访事项 1313 件，其中来信 946 件，来访 367 起。全市发生的上访案件基本化解在当地，没有发生影响社会稳定的恶性信访案件。

【集中开展《山东省信访条例》宣传活动】 《山东省信访条例》2015 年 9 月 24 日山东省第十二届人民代表大会常务委员会第十六次会议通过，自 2016 年 1 月 1 日起施行。荣成市年初集中开展《山东省信访条例》宣传活动，通过在报纸、电视台、网络等新闻媒体持续发声，信访接待场所、村（居）公开栏、室外视频设施集中宣传等形式，进一步扩大宣传覆盖面，增强宣传效果，切实营造信访法规人人知晓、依法信访人人遵守的良好社会氛围。

【建立健全配套制度】 认真梳理当前实际工作中与《山东省信访条例》要求不适应、不符合、不规范的问题。特别注重围绕畅通信访渠道、落实依法逐级走访、行政机关受理信访事项范围、申诉求决类信访事项办理、“阳光信访”制度、维护信访秩序、强化工作责任等方面的新规定，调整和完善相应的配套制度和机制，增强《山东省信访条例》的可执行和可操作性，确保《山东省信访条例》的相关规定落到实处。

【打造网上信访工作主线】 推进山东省信访信息系统的深度应用。加强对市区、镇街和直属部门信访信息系统应用工作的分类指导、推动落实，打通“最后一公里”，确保实现“全覆盖”“一网通”，真正达到“纵向到底、横向到边”。按照省信访局的统一规划，建好网上信访受理平台。在市级网上信访受理平台的同时，启动镇街和职能部门网上信访受理平台的建设，逐步把网上信访建成信访工作主渠道、主阵地，让“数据多跑路、群众少跑腿”。

【推进复查复核和信访听证工作】 充分发挥复查复核对信访工作的规范引导、监督推动作用，坚持依规受理、规范办理、公正办理，依法高效开展复查复核工作。认真落实复查复核规定的时限要求，按时受理、按时办理、按时送达，确保时效性；严格各环节要素要求，做到文书齐全、证据齐全、档案齐全，确保完整性；着眼办理质量，坚持严格答辩、严格调查、严格签批，确保规范性；突出律师审查、听证调解、专家会审，确保合法性。深入推进信访听证制度，落实听证权利告知，健全听证员队伍，加强听证经费保障，全面推开简易听证，把简易听证程序落实到初信初访首办环节，提高信访事项办理透明度，促进群众诉求公开、公平、公正处理。

（孙　飞）

·党史史志资料征集研究工作·

【概况】 荣成市委党史资料征集研究委员会（荣成市地方史志编纂委员会办公室与其合署，副科级规格），内设办公室、征集科、编研科 3 个科室，有工作人员 10 人。以作风建设促效能提速，以压力传导促责任落实，立足本职工作，强化担当意识和责任意识，扎实推进各项工作的开展。

【红色文化建设】 配合市委组织部筹建和修缮龙山革命纪念馆、青安屯英烈纪念馆、荣成县抗日民主政府旧址 3 处红色教育基地，负责提供历史资料、征集红色文物、审核展板内容，3 个纪念馆顺利开馆。谷牧旧居被山东省委党史研究室批准为山东省党史教育基地，3 月 18 日举行挂牌仪式。

【党史宣传教育】 与新闻媒体合作，开辟“千里海疆党旗红”专栏。通过电视媒体、市情网站以“火种初燃”“星火燎原”“抗日救亡”“解放战争”为主题，制作专题 8 期，宣传荣成早期党史大事记和著名英烈。“七一”期间在《荣成时讯》开辟荣成早期党史大事件专栏，刊登中华人民共和国成立荣成有关党史资料 12 期。

谷牧旧居获批“山东省党史教育基地”　（市委党史委提供）

【史料征集抢救】 根据威海市“甲午国殇·民族复兴”的主题要求，负责收集胶东革命时期文献、口述史资料，收集12人提供的各类奖状、证书、事迹及相关相片50余份。组织对民国《荣成县志》进行旧志整理。再版印刷《中国共产党山东省荣成市组织史资料》(1930年—1987年)和《红色印记》等党史资料，印刷2000册。

【资料整理上报】 完成威海将军馆陈列大纲中荣成将军资料的核对和上报工作。落实《改革开放实录》稿件审核工作，收集《改革开放实录》文稿19万余字，图片45张，文献资料10余篇，上报威海市委党史研究室。开展社会主义建设时期县委书记口述史征编工作，通过查档、向家人征集等多途径摸排，查找到8人相关资料，同时收集整理冯修道回忆录《荣成从政的追念》，并上报威海市委党史研究室，完成口述史第一批征集任务。

【二轮市志编修】 从人员搭配、时间精力、综合调度等各个方面予二轮修志以重点倾斜。年初外聘6名修志人员参与编修，深入基层单位召开各类培训会、交流座谈会200多场次，完成全部139个单位志稿上报工作，组织开展统编工作。

【基层修志指导评审】 4月，主持召开《荣成国土资源志》评审会，邀请来自威海市的12名修志专家参加评审；会同市民政局审核《地名志》志稿；指导斥山街道西火塘寨村基层修志工作。

【地方综合年鉴步入正轨】 《荣成年鉴(2017)》前期准备工作基本到位，调整部分类目、分目设置，增加反映地域特色的条目，梳理完成年鉴的框架设计和章节条目35条，完成年鉴培训会筹备工作，《荣成年鉴》编纂工作进入常规化轨道。

(姜 潇)

·老干部工作·

【概况】 荣成市委老干部局(市委离退休干部工委、市关心下一代工作委员会办公室与其合署)，内设办公室、综合科2个科室，下设市老年大学1个正科级事业单位、第一干休所、第二干休所、蜊江老干部活动中心3个副科级事业单位，有工作人员26人。管理服务全市离退休干部6765名，其中离休干部492名。2016年，市委老干部局围绕新常态下老干部工作改进创新、转型发展目标要求，在组织凝聚、政治引导、服务保障、文化养老、发挥作用等方面推进工作开展。

【离退休干部队伍建设】 市委、市政府高度重视老干部工作，认真贯彻落实中央和省委文件精神，2016年7月，市委书记江山带领财政局、卫计局、建设局等有关部门负责人，调研指导老干部工作，召开老干部工作座谈会，要求高度重视老干部工作，给予老干部工作全方位保障。

强化组织队伍保障 调整市委离退休干部工委班子，配备党工委书记1名，副书记1名；调整理顺市关工委领导班子，主任由市委副书记兼任，副主任由原来的5人充实为8人，办公室配备专职人员1名，兼职人员2名。举办全市老干部工作培训班，对镇街老干部工作分管负责人、老干部党支部成员、老干办班子及社团骨干力量212人进行培训，确保离退休干部“两项建设”有人抓、有人管、有人干。

强化规章制度保障 以市委办公室、市政府办公室的名义印发《关于荣成市离休干部医疗待遇管理办法》《关于进一步做好全市离退休干部医疗保障工作的意见》，以制度的形式保障老干部待遇落到实处。制定《荣成市离退休干部党支部考核细则》《关于规范和完善老干部工作片工作的若干规定》等规章制度，对各老干办班子进行工作分工，量化考核，让每个老干办工作有章可循，激发老干办主任工作积极性。

提升经费保障 把老干部经费列入财政专项预算，将离休干部每年活动经费由900元增至1500元，设立退休干部活动经费，每人每年200元；同时加大对工作人员的津贴保障力度，将镇街老干办主任工作津贴由原来的500元提升到1200元，副主任工作津贴由原来的500元提升到800元，提高基层工作积极性。

【落实好离退休干部政治生活待遇】 离休干部医药费列入市财政预算，单独统筹，免收企业单位统筹金，实施定点医院即时结算，不再需要老干部先行垫付；为1145名离退休干部开通绿色通道，发放医疗卡、建立健康档案，开展网格化管理和签约式服务，提供优质便捷的医疗保健服务；重视走访慰问，对全市离休干部和市级老领导增加端午节、

4月30日，老干部绘画爱好者送画到村 (市委老干部局提供)

中秋节走访,完善"三大节"走访慰问制度(每人每节500元);组织老干部学习中共十八届六中全会精神,统一印制大粗字版《十八届六中全会精神学习资料》5000份;59名老干部联合发出《关于在离退休干部中深入开展党的十八届六中全会精神学习宣传活动,更好地支持和服务全市中心工作的倡议》,倡议全市老干部认真学习十八届六中全会精神,在换届、创城等市委中心工作方面发挥传递正能量。

7月12日,老党员金牌调解室服务社区调解工作 (市委老干部局提供)

【深入开展老干部志愿服务活动】 组织老干部积极参与社会公益事业,组织老干部开展以群众和社会需求为导向志愿服务活动110场,参加活动人数3万多人次,其中,港湾老干办成立"老党员金牌调解室",发动12名副科级以上的老干部,参与社区调解工作,成立4个多月,完成纠纷调解工作60多次;组织开展"三送"活动,累计走进村(居)45个,开展活动59场次,赠送绘画320幅;与文广新局联合开展"一年一村一场戏"活动,演出207场;组织老干部书写春联9800幅。在关心下一代方面,结合中国共产党成立95周年、长征胜利80周年,组织青少年参加全省青少年书画大赛,99幅参赛作品全部获奖;创编《预防青少年犯罪三字歌》,印制发放3000份,把法制教育以寓教于乐的形式融入到青少年的成长生活中;编写《中国近代史五字铭》,将中国近现代史中涌现的重要人物、发生的重大事件用简明的五字诗表述出来,将党史国史教育常态化;关心下一代省级专刊《关爱》2016年第10期刊发荣成市关工委报送的《依托本土红色资源,深化党史国史教育》,对荣成市在青少年中开展两史教育做了详细报道。

【拓展文化养老惠老工作内涵外延】 为提升老干部文化养老水平,按照市委书记江山在老干部座谈会上的要求,财政投资600多万元将全市29处门球场全部改造成草坪门球场,为老干部开展活动奠定基础,投入使用6处,8处浇筑混凝土,待养护后铺设草坪,7处动工建设,争取两年内全部改造完成;组织老干部参加荣成市老干部"庆国庆、迎重阳""纪念长征胜利80周年"等系列活动,举办全市柔力球比赛,有12支柔力球队200名老干部参加,同时各老干办按照要求组织开展门球赛、文艺汇演等12场;结合中国共产党成立95周年、长征胜利80周年,开展"不忘初心,我的入党故事""寻找红色回忆""我与老年大学""尊老敬贤——我的爷爷奶奶爸爸妈妈"系列主题征文活动,收集征文573篇,传递增添正能量。

【老年大学工作扎实推进】 **多方学习,拓展视野** 2016年5月,威海市委老干部局、威海市老年大学提出《关于推进全市老年大学一体化建设的意见》;7月,市委书记主持召开全市老干部座谈会,做出采取灵活办法、兴建老年大学新校的决定。8月,组织老年大学相关工作人员赴文登、乳山老年大学参观学习,了解两地老年大学的校舍建设改造的基本做法、招生及专业课程开设情况、老师聘请和待遇问题、老年大学管理教学模式、办学资金来源和财务方面的相关问题、老年大学的机构设置和人员编制情况等等;9月,组织老年大学工作人员赴滨州、泰安、滕州、黄岛区等地老年大学考察调研,主要考察各地老年大学的基础设施建设和办学情况;10月,参加威海市老年大学组织的湖南、湖北两地老年大学考察学习活动;11月,市老年大学相关人员赴上海参加全国老年远程教育工作推进会,学习上海徐汇区、浦东新区老年远程教育工作的开展情况。通过一系列考察学习,拓宽工作思路,开阔视野,学习先进大学的办学理念和办学经验。

加强分校建设 为更好落实《关于推进全老年大学一体化建设的意见》,弥补市老年大学校舍不足的实际,根据盛泉集团养老产业发展布局需要,企业将原位于虎山镇规模档次低的老年大学迁至石岛幸福家园,申请成立"荣成市老年大学盛泉分校"。2016年9月,开始招收新生,截止11月底,设立6个专业,招生457人,实现当年建校、当年招聘教师、当年招生开课,为市老年大学更好发展进行探索。10月,市老年大学采取"移植专业"的办法,将舞蹈专业1个班级办学地点设在城市社区,扩大专业的影响,到11月底成功招生23名,并顺利在曙光社区开设舞蹈课。

强化对外宣传工作 2016年度市老年大学招收学员600多名,为了提高老年大学的知名度,提前做好新校建成后的招生发动工作,市老年大学于11月开展了一次"我与老年大学"征文活动,学员们踊跃参加,征集作品75份。

规范化建设 老年大学工作人员每周五下午按时参加局机关组织的学

习活动，每月10日按时参加党员活动日学习，学习相关政策和业务知识并相互交流心得体会，督促工作人员学教育、学管理，热心为老年朋友服务。10月，市老年大学面向全体学员发放调查问卷548份，在专业设置、师资配备、校园建设、教学管理等方面集思广益，为学校的进一步发展，特别是新校建成后规范化建设奠定基础。11月，市老年大学结合实际起草《教师管理暂行办法》和《学员自主管理实施意见》（讨论稿），为进一步规范管理老年大学提供保障。

挖掘现有教学设施设备作用 根据老年人的广泛求学需要，考察摄影、手工制作、形体等专业科目。储备新教师，加强师资队伍建设，与党校、教育局、哈理工、海洋学院等专业培训机构搞好合作，以提供优秀教师资源库。

（吕静君）

·台湾事务工作·

【概况】 中共荣成市委台湾工作办公室（荣成市人民政府台湾事务办公室）内设经济与交往交流科、综合科，有工作人员13人。2016年，接待台胞350人次。全面走访台资企业，看望、慰问全市常驻台胞和重点台属。受理并处理台胞投诉案件和求助事项2件。全市增资项目1个，实际到位台资500万美元。应邀赴台交流项目19项、62人次。向台胞发送各种宣传资料200多册（份），为多家赴台团组负责人及领队作涉台教育讲座。

【抓好对台经济工作】 **捕捉商机、广泛招商** 3月31日，威海市委对台工作会议在东山宾馆召开。会议传达中央和省委对台工作会议精神，总结2015年全市对台工作，安排部署2016年工作任务。市领导吕劭伟参加会议。会后，结合荣成市实际重新制定工作计划，推动全市对台工作有序地开展。6月17日—20日，威海市举办威海国际食品博览会暨中韩食品博览会。8月12日—14日，荣成市举办2016中国·荣成国际海洋食品博览会，吸引18家台资企

11月6日，第七届海峡两岸（威海）道教文化研讨会在石岛天后宫举办

（市委台办提供）

业、35名台商到荣成参展。9月1日—4日，第22届鲁台经贸洽谈会在潍坊举行。经贸活动期间，向每位与会台商发放宣传材料，积极宣传荣成市产业特点、投资环境和优惠政策，结识从事与荣成市优势产业相关的台商，邀请他们在方便的时候到荣成参观考察，进一步加强荣台的经贸合作。

深入企业、委托招商 对全市2015年—2016年赴台进行商务考察的13家企业进行回访。鑫通渔业、好当家集团、俚岛海洋科技和靖海集团等企业长期与台湾保持贸易合作，详细了解企业与台湾经济合作情况，委托企业联系与全市产业相关的台商，邀请他们到荣成参观考察。

主动联系、以商招商 通过召开台胞台属联谊会和走访常驻台商等活动，借助其人脉优势，邀请有投资意向的台商投资置业。全年接待中奥国际体育产业开发集团总裁徐亚柯、台企山东大升精密工具有限公司总经理吴明潘和台湾妈祖联谊会等台商32人次到荣成参观考察。

【促进对台交流】 **对台经济交流** 听取台湾观光学院副教授崔震雄关于台湾乡村旅游经验如何在大陆推广的学术报告。其中涉及台湾产业状况、台湾乡村农业类型、营销的演进、台湾乡村旅游经验在大陆的推广等多方面内容，进一步了解台湾产业模式，对全市休闲旅游、休闲农业、休闲渔业的发展提供宝贵的经验。筛选全市在海洋食品加工方面管理科学、产品优良、具有活力的中小企业，赴岛内交流考察，学习台湾在精深加工和冷冻方面的先进技术、管理方法，创新经营模式，做好经贸合作交流。进一步巩固荣台交流良好势头，规范和维护交流秩序，提高交流质量，制定2017年应邀赴台交流计划。

对台文化交流 2月，接待台湾大学生到荣成开展文化交流。依托中央电视台"奔跑的课堂"海峡两岸及港澳大学生中华知识大赛平台，邀请台湾大学生约40人到荣成开展文化交流，参观烟墩角天鹅湖、海景渔村、海洋食品博览中心等具有荣成特色的景观景点。两岸学生同根同源，以文化交流增进民族认同感，以文化交流促进经济合作。11月6日，接待台湾道教参访团一行71人，分别到石岛天后宫和院夼龙王庙参拜，促进两岸文化交流，增进两岸人民彼此了解。

对台业务学习 为更好地提高业务工作能力，进一步做好新形势下对台工作，组织相关人员赴北京参加2016年第三、四期新形势下对台工作干部培训班，参加省台办在山东行政学院举办的全省台办干部培训班。系统地学习和了解了当前台海局势、省对台工作开展情况以及对台宣传与交流等方面的知识。

赴台手续转报 全年赴台进行商

务活动频繁，人员多、规模大。先后为市林业局、市场监督管理局和石岛新港（荣成）国际物流有限公司等19个单位62人次办理赴台转报手续。

【扎实推进台胞台企服务】 **营造良好的投资环境** 走访调查全市台企，了解企业生产经营情况，梳理企业存在的困难和问题，帮助出点子、想办法，使台办真正成为台企的娘家和贴心人。台湾祥宝尊荣长期照顾集团、南京丰盛集团决定在荣成市成立威海银发族健康城。对于养老从业人员存在的聘任和培训困难及成立公司相关手续办理问题，及时与港西镇、人社局、市场监督管理局和民政局等相关部门沟通联系，协助企业咨询并办理相关手续。9月，先后注册威海两岸银发族健康城有限公司和威海盛达养老服务职业培训学校。

跟踪服务台资 摸清全市台资项目的进展情况，了解企业生产经营存在困难，积极服务台资企业。关注荣成宇昌生物科技有限公司的发展，了解企业增资500万美元后的转型扩建情况，帮助协调处理企业生产经营中存在的困难，争取威海市台办领导的支持并陪同到企业调研，帮助协调解决企业用地指标问题。

（赵廉颖）

·目标管理考核工作·

【概况】 荣成市督查考核办公室为正科级行政单位，内设综合科、考核科、查办科（决策督查科与其合署）3个科室，有工作人员7人。2016年度，市督查考核办公室获"威海市级文明单位"称号。

【项目督查】 **做好重点项目的提报、审核** 2015年9月底开始启动2016年市级重点工程项目的提报筛选工作。按照突出转型升级、突出科技创新、突出质量优先、突出城乡统筹的筛选原则，通过实地查看、多次征求意见，最终确定2016年列入市级重点调度工程项目142项，其中新建114项，续建28项，总投资1496亿元，当年投资235.7亿元。

做好项目推进的调度 按照一季度促开工，二季度促进度，三季度促完工，四季度促投产的原则，加大项目督导力度。通过现场督导的形式，对项目进行现场调度，协调解决项目推进过程中的各类问题，促进项目顺利推进；通过专项督导的形式，对项目制定月计划、倒排工期，实时掌握项目的最新进展、完成年度计划等情况；通过观摩督导形式，于5月上旬组织全市重点工程项目观摩，观摩评议各区、镇（街）的项目建设情况。截至2016年6月底，全市142项重点工程项目全部开工；至年末，142项重点工程项目完工63项，完工率44.4%。

做好各类观摩调研服务 2016年，做好各类观摩服务30余次，其中省部级以上2次、威海市级以上6次。其中，6月6日，威海市人大到荣成视察产业项目；6月20日，威海市政协到荣成视察城建民生项目；12月9日，威海科学发展集中督导活动到荣成实地考察。

【全市目标责任制考核】 **突出差异性** 根据各区域功能定位、产业基础、资源禀赋等方面的不同特点，对各区镇街分9个类别设定不同的考核内容、设置不同的赋分权重，实行差异化考核。其中，对7个内陆镇选取能够反映镇域工业发展和综合实力的工业用电量、规模以上工业主营业务收入、公共财政预算收入、固定资产投资4项指标，分别按25%的权重折算出综合得分，划分两个类别进行差异化考核；对人和镇、崖头街道单独设置一套区别于其他区镇的考核体系，分别重点考核石材和晒场整治、城市社区建设和物业综合管理等工作，重点工作赋分权重占总分值的60%以上。

突出导向性 在考核办法制定过程中，反复酝酿、讨论指标设置及具体规定，力求将群众最关心、各级最关注的项目纳入考核范围。重点加大对服务贸易、项目建设、科技创新等指标的考核力度，体现"以经济建设为核心、以项目建设论英雄、以招商引资比高低"的考核导向。

突出规范性 着眼于扭转过去考核内容面面俱到、基层压力较大的局面，按照与上级考核办法相衔接的原则，先后取消供销社农业工作、工会工作、妇女工作、共青团工作、农村体育工作、农村公路管护等多个考核项目，规范清理制度建设、各类刊板等务虚内容，最大限度地压缩各类不必要的考核事项，切实减轻基层负担。

台账管理和例会评价制度 加强对各级各部门的日常督导考核，建立重点工作月度例会汇报制度和台账管理制度，将其纳入目标责任制考核。对市级领导分管部门例会专门拿出15分进行考核，由市级领导根据分管部门例会开展情况评出"优秀""良好""一般"3个类别，最后由牵头部门折算得分；对区镇、市直部门自行开展的例会作为奖扣分项进行考核，其中对区镇奖扣不超过1分，对市直部门奖扣不超过2分，年终由牵头部门根据前三季度通报、四季度整改情况打分汇总。

依托重点工作督导检查评比 4月集中观摩看启动，半年和年底分片督导看进展、看结果。各次观摩督导的评议结果按不同权重计入各单位目标责任制考核总成绩，组织部门对各次评比排名靠后的单位主要负责人进行诫勉谈话，以起到警示教育作用。

与评先选优相挂钩 把目标责任制考核结果作为评价和任用干部的重要依据，并与评先选优、征信管理等挂钩。对考核位次靠前的单位授予年度落实目标责任制先进单位称号，并适当提高机关干部年度考核优秀的评选比例。

2016年，全市评选"落实目标责任制先进单位"48个、"上级驻荣优质服务单位"20个、"荣成市优质服务单位"22个、"优秀机关工作者"182名。

【威海目标绩效管理考核】 **做好威海2016年考核办法征求意见工作** 组织承担威海市考核任务的责任单位同时从威海市考核办、威海市业务主管单位两个层面提出合理化建议，分别于2015年年底、2016年5月向威海市考核办提报《关于对威海市2016年目标绩效管理考核工作的建议》《关于威海市2016年经济发展和社会民生考核工作实施细则(征求意见稿)的修改建议》,提出修改建议27项,有12项被采纳。

抓好威海2016年考核细则分析 根据《威海市2016年目标绩效管理考核工作实施细则》,组织44个牵头单位对各自承担的考核指标逐项进行分析,整理形成《威海市2016年度目标绩效管理考核办法的情况分析》。同时,向承担威海市考核任务的责任单位下发《威海市2016年目标绩效管理考核办法的情况分析通报》,组织相关单位做好数据提报、对上沟通等工作。

牵头做好威海市季度考核 半年、三季度,重点对部分经济指标进行调度,组织商务局、经信局、发改局做好实际利用内资、骨干企业膨胀扩张、蓝区建设和市级重点项目等指标数据提报、对上沟通、对比分析等工作,争取考核取得好成绩;年末,组织全市承担威海市考核任务责任单位做好对上沟通、数据提报、对比分析等工作,2016年,荣成市威海市目标绩效管理考核位列同组第一位。

【专项督查和社情民意调查】 **专项督查** 每月组织国土局、城管执法局等部门对办结的案件进行现场督查。同时于5月对2012年以来未办结的违法占地违法建设案件再次进行重点督办,特别是对部分超期未办结的市长举报电话案件进行跟踪督导,并根据案件实际情况设定办结时限。2016年,办结市长举报电话案件38起,部门自查案件113起。5月与水利局、国土局对3处采沙现场进行突击督查,确保非法采沙行为得到有效制止。积极配合公路局对农村公路管护一体化开展专项督查工作。安排人员每季度对全市各区、镇(街)700多条、1100千米的农村公路管护情况开展现场督查与考核,考核结果与管护资金挂钩。配合财政局于年中、年底分别到各区镇对税收完成情况进行督导调度,确保按时足额完成任务。

社情民意调查 对2015年省群众满意度调查中群众反映的42个问题进行梳理,其中可以明确责任单位的问题23个,及时进行督促整改,实地落实整改效果。主动做好2016年度省群众满意度调查工作。2016年,全市群众满意度调查满意率为77.57%,总体满意率为94.21%,均位列威海市考核组第一位。协助威海市考核办开展群众满意度电话访问调研工作。先后两次组织人员到公安、教育等部门开展调研,提出改进意见12条。

(聂　兵)

荣成市人民代表大会

【概况】 荣成市第十七届人民代表大会代表总额为258名,市十七届人大五次会议时,实有代表251名。市人大常委会组成人员27名,其中,主任1人,副主任5名,委员21名。常委会设专职党组副书记1人。下设办公室(研究室与其合署)、人事代表工作委员会、财政经济工作委员会、内务司法工作委员会、教育科学文化卫生工作委员会、农业与农村工作委员会、预算工作委员会、城乡建设和环境资源保护工作委员会,办公室下设行政科、秘书科、信访科,有工作人员27人。

【荣成市第十七届人民代表大会第五次会议】 荣成市第十七届人民代表大会第五次会议于2016年2月17日至19日举行,全市有代表251名,出席会议代表249名。会议听取、审议代市长刘昌松作的《政府工作报告》,市人大常委会主任王秉伟作的《荣成市人大常委会工作报告》,市人民法院院长宋光作的《荣成市人民法院工作报告》,市人民检察院检察长刘海波作的《荣成市人民检察院工作报告》,书面印发并审议《荣成市国民经济和社会发展第十三个五年规划纲要(草案)》《荣成市2015年国民经济和社会发展计划执行情况与2016年国民经济和社会发展计划(草案)的报告》《荣成市2015年财政预算执行情况和2016年财政预算草案的报告》《石岛管理区2015年财政预算执行情况和2016年财政预算草案的报告》《好运角旅游度假区2015年财政预算执行情况和2016年财政预算草案的报告》,分别作出相应决议。会议选举刘昌松为荣成市人民政府市长;通过荣成市第十七届人民代表大会财政经济委员会、农业与农村委员会、内务司法委员会、教育科学文化卫生委员会、城乡建设和环境资源保护委员会组成人员;选举产生荣成市第十七届人民代表大会常务委员会委员两名。会议共提出代表建议、批评和意见63件。

【常委会会议】 **第23次会议** 2月4日举行。会议接受江山辞去市人民政府市长职务的请求。会议讨论通过市人大常委会工作报告,关于召开荣成市第十七届人民代表大会第五次会议的决定,审议、通过荣成市第十七届人民代表大会第五次会议议程(草案)、主席团和秘书长建议名单、预算审查委员会建议名单、议案审查委员会建议名单,决定提交市十七届人大第五次会议预备会议表决。讨论通过荣成市人大常委会关于列席荣成市第十七届人民代表大会第五次会议人员范围的决定。听取、审议市人大常委会代表资格审查委员会关于荣成市第十七届人民代表大会代表变动情况的报告。决定人事任免事项,并组织新任命人员进行宪法宣誓。

第24次会议 4月26日举行。会议听取、审议了市政府关于全市智能制造、《森林法》贯彻实施和外事侨务工作情况以及市人民法院关于立案登记工作情况的汇报,提出相关的审议意见。决定人事任免事项,并组织新任命人员进行宪法宣誓。

第25次会议 6月29日举行。会议听取、审议市政府关于全市《劳动法》贯彻实施、乡村医疗工作情况和市人民检察院关于民事行政检察工作情况以及市气象局关于《气象法》贯彻实施情况的汇报,提出相关的审议意见。

第26次会议 9月2日举行。会议听取、审议市政府关于市十七届人大五次会议代表建议、批评和意见办理情况的汇报;听取、审议市政府关于2015年财政决算情况的报告、2016年上半年财政预算执行情况和财政预算变更意见的报告、2015年本级预算执行和其他财政收支的审计工作报告、2016年上半年国民经济和社会发展计划执行情况的报告。会议结合审计工作报告,批准荣成市2015年财政决算情况的报告,并做出决议;批准荣成市2016年上半年财政预算执行情况报告,并根据实际做出变更意见的决议。决定人事任免事项,并组织新任命人员进行宪法宣誓。

第27次会议 9月30日举行。会议听取、审议市政府关于全市"六五"普法依法治市情况和"七五"普法规划的汇报,并作出《荣成市人大常委会关于在全市公民中开展第七个五年法制宣传教育的决议》;听取、审议市政府关于全市国有资产经营工作情况、城市园林绿化工作情况、推进学前教育发展工作情况的汇报,提出相关的审议意见。

第28次会议 9月30日举行。根据全市市镇两级人大换届选举工作的总体安排,会议审议并表决通过荣成市选举委员会关于全市市镇两级人大换届选举工作实施方案、荣成市人大常委会关于任命市选举委员会成员的决定、关于任命各镇选举委员会成员的决定、关于任命区镇、市直部门及相关企业选举工作指导组成员的决定、关于荣成市各镇新一届人民代表大会代表名额的决定。

【常委会主要工作】 **加强预决算和计划监督** 按照《预算法》规定要求,积极督促预算科学化和决算公开化。审议批准市政府《关于2015年度财政本级执行审计情况的报告》《关于2015年度财政决算情况的报告》《关于2016年上半年财政预算执行情况和变更意见的报告》,听取审议市政府《关于2016年上半年国民经济和社会发展计划执行情况的报告》。

加强法治建设工作监督 围绕如何发挥森林的生态效益、经济效益和社会效益,对《森林法》贯彻情况进行执法检查,要求市政府及有关部门强化宣传、提高防火能力建设、加大森林管护力度、强化对矿山开采的综合管控,依法管护森林资源,推动现代林业发展。围绕如何保护职工权益、促进经济发展、维护社会稳定,对《劳动法》贯彻实施情况进行执法检查,要求市政府及有关部门要全面推进《劳动法》及其配套法规的贯彻落实,不断优化劳动保障法制环境,不断增强企业依法管理水平,不断加大执法维权力度。围绕如何保障社会和谐稳定、促进经济发展、提高人民生活品质,对《气象法》贯彻实施情况进行执法检查,建议有关部门要进一步加强对法律法规的宣传,正确处理城市发展与保护气象探测环境的关系,项目审批把关要严格依法办事,加大执法力度,贯彻有关法律法规要求。围绕如何充分利用和发挥好荣成市的旅游资源优势,进一步促进旅游经济的快速健康发展,对《旅游法》贯彻实施情况进行执法检查,要求市政府及有关部门坚持规划引领、进一步加快项目建设,加大资源融合、实现各类旅游资源的优化配置,加强配套设施建设、完善公共服务体系,强化宣传营销、全力打造"魅力荣成"品牌。围绕全市普法工作,听取审议市政府关于"六五"普法依法治市情况和"七五"普法规划的汇报,并作出决议,要求市政府及有关部门着力学习宣传宪法和国家基本法律,推动全民尊法学法守法用法,推进荣成特色法治文化建设,推进多层次多领域依法治理,推进法治宣传教育创新,健全落实普法工作责任制,加强组织实施和监督检查,进一步发挥法治建设在服务全市经济社会发展、保障和改善民生、维护社会和谐稳定中的重要作用。围绕司法为民、司法便民、公正司法,对市人民法院立案登记工作进行了实地调研和视察,要求市人民法院切实加强法官队伍配备建设,进一步简化立案环节,进一步明确受理案件范围,积极预防和遏制虚假恶意诉讼。围绕检察机关如何履行法律监督职能,对市人民检察院民事行政检察工作情况进行调研、检查,要求市人民检察院加大民事行政检察工作的宣传力度,加强民行检察队伍建设,建立内外部协作配合机制,进一步做好服判息诉工作。

加强重点工作监督 围绕创新型城市建设,对全市工业智能制造情况进行专题调研,针对存在的企业经营者缺乏长远的战略性发展眼光、企业科技人才奇缺、企业资金紧张等问题,提出建立和完善协同推进机制、努力培养和引进高素质人才、加强以企业为核心的产学研用合作、促进智能制造产业和金融资本结合等意见和建议;对全市科技孵化器建设情况进行调研,针对存在的企业融资渠道还不顺畅、引进项目质量有待提高、管理模式单一且社会投资资源匮乏、专业化公共服务平台比较薄弱等问题,提出完善多层次科技金融服务体系、立足高端领域严把项目质量关、逐步完善孵化器资金管理运营模式、推进专业化公共研发平台建设等意见和建议;对全市发展现代果业工作情况进行调研,针对存在的苹果产能过剩、品牌质量意识淡漠、果业营销方式滞后等问题,提出进一步拓宽销售渠道、加大"荣成苹果"品牌宣传力度、发挥协会组织作用、加强苹果产业链建设等建议和意见。围绕民生工作,对全市开展禁毒工作进行调研,提出全面强化禁毒预防宣传教育工作、大力加强和改进禁吸戒毒工作、强化齐抓共管综合治毒的格局、坚决遏制毒品蔓延泛滥的局面等意见和建议;对全市畜牧养殖面源污染治理工作进行了调研,针对存在的养殖污染反弹现象比较突出、特种毛皮动物养殖场治理难度大、规模以下养殖场存在监管盲区、位于村内及离居民区50米内的养殖场户污染严重等问题,提出进一步加大执法监管力度、进一步强化毛皮动物养殖场治理力度、进一步引导生态发展、广泛推广畜禽养殖清洁生产技术等意见和建议;对全市石材加工及鱼腥臭气治理情况进行调研,针对石材加工治理中存在的产业布局不合理、企业管理水平低、企业环保意识淡薄等问题,提出加大石材行业整治的宣传引导力度、考虑原拆原建与集中规划相结合实现一体化改造、考虑粗放经营与精细管理相结合实现行业上档升级、考虑石材加工与展示营销相结合实现附加值提升等意见和建议;针对鱼腥臭气治理中存在的鱼粉异味依然存在、个别企业环境意识差、不稳定因素依然存在等问题,提出强化宣传引导、深化尾气治理、严肃环境监管、强化督导考核等意见和建议。围绕全市工作大局，对全市公路建设管理情况进行调研，针对公路立项难与公路等级低的问题日渐突出、养护资金缺乏制约提质增效、公路养护管理与沿线配套设施建设的矛盾日渐显现、公路清扫垃圾倾倒不便等问题，提出加大干线路网改造建设力度、加大资金投入全面提升养护管理服务水平、加强公路及附属设施的统筹规划保护、对公路清扫垃圾进行集中处理等意见和建议；对全市液氨制冷企业隐患整改工作进行调研，针对涉氨制冷行业安全生产标准化建设还没有实现全覆盖、压力管道的监检和整改工作仍需进一步加快、安全意识仍有待提高等问题，提出继续加大风险管控和隐患整改力度、加快压力管道监检改造进度、落实企业安全生产主体责任等意见和建议；对全市国有资产经营情况进行调研，针对存在的促进经济发展作用有待提升、现代企业制度建设有待完善、投融资职能定位有待提高等问题，提出创新运营模式促进区域经济转型发展、规范企业经营加快完善现代企业制度、提升企业效率增强企业活力和竞争力、履行社会责任扎实推进重点项目建设等意见和建议；对全市推进学前教育发展进行调研，针对存在的师资队伍建设有待加强、区域发展不均衡、教学管理有待加强等问题，提出完善幼师队伍建设机制、建立结对帮扶工作机制、建立学前教育基础设施建设保障机制等意见和建议；对全市推进农村商贸流通工作情况进行了调研，针对存在的网络体系有待完善、服务功能有待健全、人才队伍有待提升等问题，提出主动融入发展大局、创新发展服务模式、增强服务“三农”实效等意见和建议。

加强人大代表工作 拓展丰富互动沟通平台。坚持年中向代表通报常委会和全市经济社会发展工作情况制度，8月常委会组织班子成员到各镇区和市直代表团集中走访市人大代表，向代表通报常委会和全市改革发展工作情况，广泛征询代表的意见建议。常委会不断强化与镇人大的工作联系，指导各镇顺利召开2016年人民代表大会。坚持邀请镇人大主席团负责人参加常委会会议，先后有32人(次)应邀列席市人大常委会举行的6次常委会议。拓展丰富参政表达平台。常委会对人大代表提出的建议、批评和意见，注重抓及时交办、抓难点查办、抓督促落实、抓办复问效；市政府召开常务会议专题研究代表建议办理工作，要求办理代表建议作为接受人民监督、加强和改进政府工作的重要内容，与承办部门的工作一并考虑、一同推进。十七届五次人代会期间代表提出的63件建议、批评和意见，全部在规定的时间内办理完毕并由承办单位答复代表，建议所提问题得到解决或者制定计划逐步解决的占建议总数的85%。拓展丰富履职活动平台。坚持邀请市人大代表参加视察、调研、执法检查等活动，虚心听取代表提出的意见建议。先后组织代表视察全市园区建设、重点工作推进情况；组织代表对全市鱼腥臭气治理、鱼粉加工行业整治、石材和面源污染的整治进展情况进行跟踪检查；组织代表对全市近海保护和林业生态保护工作进行专题调研。拓展丰富典型引领平台。积极开展“树典型、扬正气、传递正能量”活动，充分发挥榜样的引领作用。常委会办公室对全市人大代表的先进事迹进行深入采写，先后在常委会主办的《人大通讯》刊物上以专刊的形式向全市人大代表刊发多期，详细介绍先进人物在“代表群众利益、积极建言献策”“行使代表权力、积极参与社会事务管理”“发挥带头作用、主动为群众解难事办实事”“率先创新创业”“模范守诚守信”等方面的典型事迹。拓展丰富激励约束平台。积极探索解决人大代表履职不均衡和履职监督机制不够完善的途径和方法。根据《荣成市人大代表考核管理办法》，每年对代表进行两次考核，自办法施行后，人大代表“不联系群众、不为民代言、不参加活动”的“三不”现象明显减少。

加强常委会自身建设 注重思想政治建设。不断强化常委会组成人员、人大代表、常委会机关干部的理想信念观、核心价值观和社会主义法治理念观教育，坚守党的政治纪律、政治规矩。大兴学习之风，认真落实星期五下午集中学习制度，自觉按期参加市委举办的“月月大讲堂”活动，建立常委会班子领导在集体学习时带头领读制度，努力推动学以致用、学用结合、用以促学。注重作风效能建设。始终保持政治方向上的定力，认真开展“两学一做”学习教育。常委会领导自觉执行“月度例会”“季度考评”制度，努力提高工作效能；自觉执行“信访接待日”制度，认真处置信访案件；自觉执行联系镇街制度，定期到联系镇街指导工作，积极推动分包镇街的各项工作取得实实在在的成效。注重调研机制建设。健全常委会领导深入基层调查研究机制，努力实现直接联系和服务群众常态化。围绕诚信建设、医疗改革、养老保障、公共交通等事关改革发展、事关民生福祉的热点、重点、难点问题，深入进行调查研究，努力提高“谋事”“干事”和“服务”水平。全年组织15个批次的专题小组，深入部门、企业和村居、社区进行调研，与代表和群众一起查找问题存在的根源，一起商讨解决问题的办法。注重担当能力建设。积极完成市委安排的各项工作任务。常委会班子成员积极化解分包的信访积案，常委会机关受理的信访案件，全部按规定批转并督促有关承办单位答复上访群众。继续做好联系洽谈境内外投资项目，继续倡导组织人大代表志愿扶贫，继续做好包扶的夏庄镇雷家庄村新农村建设工作，继续牵头协调做好威海海洋职业学院二期扩建工程、民生110服务平台的建设等工作。注重人大形象建设。市人大常委会自觉服务中心大局、积极履职监督的做法和成效，得到上级党委和人大常委会的高度关注和充分肯定。常委会注重做好宣传工作，积极宣传人大工作成效，宣传全市人大代表先进事迹，2016年先后在《人民权利报》《山东人大工作》《威海人大情况交流》等媒体发表稿件60多篇。

做好市镇人大换届选举 全市市镇两级人大同步换届选举，从9月下旬开始，经过建立组织、宣传教育，划分选区、选民登记，提名推荐代表候选人，确定正式代表候选人，投票选举等步骤，于12月16日在140个市级代表选区和442个镇级代表选区，依法选举市人大代表258名和镇级人大代表695名。代表比例符合上级规定的同时，代表的政治素质、履职能力有了新的提高，年龄和知识结构有新的改善。

（刘新平）

荣成市人民政府

【概况】 2016年，荣成市人民政府配备市长1人、副市长5人、挂职副市长1人。市政府设置工作部门24个、直属事业单位25个。

2016年，在中共荣成市委的坚强领导下，市政府团结带领全市人民，认真贯彻落实新发展理念，以争当全省科学发展排头兵为目标，以创新型城市建设为主线，务实奋进、攻坚克难、开拓进取，经济社会平稳健康发展，实现"十三五"良好开局。2016年，全市生产总值1078亿元，增长8.5%；一般公共预算收入68.8亿元，增长10%；固定资产投资828.3亿元，增长12.9%；社会消费品零售总额363亿元，增长11.2%；城镇和农村居民人均可支配收入分别达到38084元、19231元，增长8.3%和7.7%。

【市政府序列工作部门】 2016年，市政府设置工作部门24个：市政府办公室（挂市政府法制办公室牌子）、市发展和改革局、市经济和信息化局、市教育局、市科学技术局、市公安局、市监察局（与市纪委检查委员会机关合署，不计个数）、市司法局、市民政局、市财政局、市人力资源和社会保障局、市国土资源局（挂市不动产登记局牌子）、市城乡建设局（挂市城市管理行政执法局牌子）、市交通运输局、市水利局、市农业局、市海洋与渔业局、市商务局、市文化广电新闻出版局、市卫生和计划生育局、市审计局、市环境保护局、市市场监督管理局、市安全生产监督管理局、市食品药品监督管理局（挂市食品安全委员会办公室牌子）。

【市政府直属事业单位】 2016年，市政府设直属事业单位26个：威海海洋职业学院、威海技师学院、荣成大天鹅国家级自然保护区管理处（与市林业局合署）、市革命烈士陵园管理处、荣成成山头省级自然保护区管理委员会、市海洋食品市场管理委员会、市工业园区管理委员会（与俚岛镇合署）、市民生110指挥中心办公室（挂市长公开电话办公室牌子）、市检验检测中心、市旅游局、市中小企业局（挂市民营经济办公室牌子）、市体育局、市民族宗教事务局、市规划局、市国有资产监督管理局、威海市公共资源交易中心荣成分中心、市机关行政管理局、市广播电视台、市工贸管理办公室、市人民防空办公室、市口岸办公室、市政府外事侨务办公室、市金融工作办公室（挂市地方金融监督管理局牌子）、市红十字会、市供销合作社联合社、市经济开发投资公司。

【市人民政府常务会议纪要目录】

第49次 2月2日 代市长刘昌松主持

1. 各位副市长通报1月份重点工作完成情况和2月份重点工作安排意见。

2. 市城建局汇报《海绵城市建设实施意见（审议稿）》。

3. 市物价局汇报《居民管道天然气阶梯价格实施方案（审议稿）》。

4. 市交通局汇报2016年春运工作情况。

5. 市公安局汇报节日期间公共安全工作情况、黄标车淘汰治理工作情况。

6. 部署当前工作。

第50次 3月3日 市长刘昌松主持

1. 各位副市长通报2月份重点工作完成情况和3月份重点工作安排意见。

2. 政府办公室汇报关于市人大十七届五次会议代表建议和市政协九届五次会议政协委员提案的分办意见。

3. 市金融办汇报《关于开展科技支行工作的意见（审议稿）》。

4. 市人社局汇报《荣成市有突出贡献的中青年专家选拔管理办法（审议稿）》《荣成市首席技师选拔管理办法（审议稿）》。

5. 市民政局汇报《荣成市和谐使者选拔管理办法（审议稿）》。

6. 市教育局汇报《荣成市学校基本建设管理实施意见（审议稿）》。

7. 市环保局汇报《荣成市网格化环境监管体系建设实施方案（审议稿）》《荣成市环境空气质量全面优化行动计划（审议稿）》。

8. 市城建局汇报《荣成市农村厕所改造与污水处理实施方案（审议稿）》。

9. 市城管执法局汇报市区餐饮行业油烟整治工作。

10. 市林业局汇报全市森林防火工作情况。

11. 部署当前工作

第51次 4月1日 市长刘昌松主持

1. 各位副市长通报3月份重点工作完成情况和4月份重点工作安排意见。

2. 市农业局汇报《荣成市乡村之星选拔管理暂行办法（审议稿）》。

3. 市商务局汇报全市电子商务发展情况及下步打算。

4. 市海洋与渔业局汇报全市近岸海域污染防治工作情况。

5. 市安监局汇报全市冬季安全生产隐患大排查大整治集中行动情况。

6. 部署当前工作。

7. 市监察局通报有关人员处分情况。

第52次 5月4日 市长刘昌松主持

1. 各位副市长通报4月份重点工作完成情况和5月份重点工作安排意见。

2. 市城管执法局汇报《关于全面加强崖头城区露天烧烤整治工作的实施方案（审议稿）》《关于城市环境重点整治行动的实施方案（审议稿）》。

3. 市城建局汇报城建系统环保专项整治工作。

4. 市旅游局汇报全市旅游安全生产情况。

5. 部署当前工作。

6. 各位副市长通报近期相关专题会议纪要主要内容。

第53次 5月30日 市长刘昌松主持

1. 各位副市长通报5月份重点工作完成情况和6月份重点工作安排意见。

2. 市商务局汇报《荣成市服务贸易创新发展实施方案(审议稿)》。

3. 市统计局汇报全市第三次农业普查及统计基层基础建设工作情况。

4. 市民政局汇报《荣成市公益性公墓管理办法(审议稿)》。

5. 市智慧办汇报《荣成市智慧城市建设项目审核管理暂行办法(审议稿)》。

6. 市畜牧局汇报《全市畜禽养殖污染整治工作(审议稿)》。

7. 市教育局汇报全市校园安全工作。

8. 部署当前工作。

第54次 6月30日 市长刘昌松主持

1. 各位副市长通报6月份重点工作完成情况和7月份重点工作安排意见。

2. 市水利局汇报全市防汛准备工作情况、全市集中式饮用水源地规范化建设及市域河流排查整治工作情况。

3. 部署当前工作。

4. 各位副市长通报近期相关专题会议纪要主要内容。

第55次 7月28日 市长刘昌松主持

1. 各位副市长通报7月份重点工作完成情况和8月份重点工作安排意见。

2. 市行管局汇报《市级机关办公用房管理办法(审议稿)》。

3. 市财政局汇报《市管企业负责人薪酬管理办法(审议稿)》。

4. 市林业局汇报《国有林场改革实施方案(审议稿)》。

5. 市住建局汇报全市建筑行业及燃气安全生产工作情况。

6. 部署当前工作。

7. 市住建局汇报《关于进一步加强农房修缮管理的通知(审议稿)》。

8. 市住建局汇报《崖头城区老旧危楼拆迁补偿安置办法(审议稿)》。

9. 市监察局汇报有关人员处分意见。

10. 各位副市长通报近期相关专题会议纪要(备忘)主要内容。

第56次 9月8日 市长刘昌松主持

1. 各位副市长通报8月份重点工作完成情况和9月份重点工作安排意见。

2. 市海洋与渔业局汇报全市渔业安全生产情况。

3. 市环保局汇报八河水库水质改善工作完成情况。

4. 市林业局汇报大天鹅自然保护区环境综合整治工作情况。

5. 部署当前工作。

第57次 10月8日 市长刘昌松主持

1. 各位副市长通报9月份重点工作完成情况和10月份重点工作安排意见。

2. 市财政局汇报《荣成市政府投资项目管理办法(审议稿)》。

3. 市物价局汇报《关于城区供水执行临时价格的实施方案(审议稿)》。

4. 市环保局汇报《荣成市农村集中式饮用水水源地环境保护规划(审议稿)》。

5. 市市场监管局汇报全市特种设备安全监察工作情况。

6. 集中学习研讨《中国共产党问责条例》。

7. 部署当前工作。

第58次 11月1日 市长刘昌松主持

1. 各位副市长通报10月份重点工作完成情况和11月份重点工作安排意见。

2. 市法制办汇报全市规范性文件清理情况。

3. 市交通局汇报《荣成市整治公路货车超限超载行为专项行动实施方案(审议稿)》。

4. 市国资局汇报《关于深化市属国有企业改革完善国有资产管理体制的实施意见(审议稿)》。

5. 市农机局汇报全市农机安全生产情况。

6. 石岛管理区汇报西王门河区域周边环境整治情况。

7. 部署当前工作。

8. 各位副市长通报相关专题会议纪要(备忘)主要内容。

第59次 12月1日 市长刘昌松主持

1. 集中学习研讨《关于新形势下党内政治生活的若干准则》《中国共产党党内监督条例》。

2. 各位副市长通报11月份重点工作完成情况和12月份重点工作安排意见。

3. 市公安局汇报维护全市公共安全情况、关于防范利用党政领导信誉实施诈骗的预警。

4. 市林业局汇报《2016—2017年度全市森林防火能力建设提质增效实施方案(审议稿)》。

5. 市农业局汇报全市土壤酸化改良及农用地膜、反光膜清理情况。

6. 人和镇汇报区域污染综合整治情况。

7. 部署当前工作。

【市政府重要决策和部署】 **1月5日** 市政府印发《荣成市人民政府关于印发荣成市自然人征信管理办法等四个征信管理规范性文件的通知》,规范公共信用信息的征集、披露和使用行为,加强自然人征信管理,推进社会信用体系建设。

1月8日 市政府印发《荣成市人民政府关于印发荣成市城乡集贸市场管理办法的通知》,加强城乡集贸市场的监督管理,规范管理行为和经营行为,维护集贸市场秩序,保护消费者和经营者的合法权益。

3月1日 市政府印发《荣成市人民政府关于下达2016年财政预算收支计划的通知》,下达2016年财政预算收支计划。

3月2日 市政府印发《荣成市人

民政府关于公布实施荣成市海域使用规划(2013—2020年)的通知》,为合理开发利用海洋资源、有效保护海洋生态环境提供法定依据。

3月9日 市政府印发《荣成市人民政府关于印发环境空气质量全面优化行动计划的通知》,健全大气污染联防联控工作机制,加大综合治理力度,全面优化环境空气质量。

3月9日 市政府印发《荣成市人民政府关于加快对接中韩自贸区建设的实施意见》,立足对韩区位优势,促进生产要素加速流动,全方位、深层次对韩开放合作。

3月31日 市政府印发《荣成市人民政府关于2016年第一批调整市级行政审批事项和其他行政权力事项的通知》,调整市级行政审批事项和其他行政权力事项。

4月22日 市政府印发《荣成市人民政府关于进一步严格违法使用林地湿地行为行政监管责任的通知》,加强林地湿地保护管理,严格明确和追究违法占用林地湿地行政监管责任。

4月29日 市政府印发《荣成市人民政府关于公布市政府班子成员工作分工的通知》,调整市政府班子成员工作分工。

4月29日 市政府印发《荣成市人民政府关于印发荣成市国民经济和社会发展第十三个五年规划纲要的通知》,系统总结"十二五"时期的工作,全面阐述"十三五"时期的发展战略、奋斗目标、重点任务和重要举措。

6月24日 市政府印发《荣成市人民政府关于印发荣成市服务贸易创新发展实施方案的通知》,结合中韩自贸区地方经济合作示范区建设,培育发展新型服务贸易。

9月19日 市政府印发《荣成市人民政府关于规范近岸海域养殖管理保障市民游客正常亲海活动的通知》,规范近岸海域养殖管理,保障市民游客正常亲海活动。

9月30日 市政府印发《荣成市人民政府关于2016年第二批调整市级行政许可等权力事项的通知》,调整市级行政许可等权力事项。

9月30日 市政府印发《荣成市人民政府关于调整部分市级涉行政审批及相关行政权力中介服务事项的通知》,调整市级涉行政审批及相关行政权力中介服务事项18项。

10月24日 市政府印发《荣成市人民政府关于印发荣成市政府投资项目管理办法的通知》,加强政府投资项目管理,规范政府投资行为,提高投资效益。

11月9日 市政府印发《荣成市人民政府关于公布市政府规范性文件清理结果的通知》,公布2015年12月31日之前以市政府、市政府办公室名义印发的规范性文件清理结果。

11月9日 市政府印发《荣成市人民政府关于修改〈荣成市建设项目一票制收费管理办法〉等17件规范性文件的通知》,对部分现行规范性文件进行修改。

12月12日 市政府印发《荣成市人民政府关于公布市政府班子成员工作分工的通知》,调整市政府班子成员工作分工。

12月21日 市政府印发《荣成市人民政府关于公布行政执法主体的通知》,公布全市行政执法主体。

12月29日 市政府印发《荣成市人民政府关于印发荣成市全民健身实施计划(2016—2020年)的通知》,计划到2020年,建成与小康社会相适应的基本公共体育服务体系。

【市长电话与网上信箱】 2016年,"中国·荣成"政府门户网站进行整体改版。在改版过程中坚持"高起点规划、高标准建设、高效能运营"原则,针对政府网站建设的评测标准和国家政府网站普查标准,借鉴外地优秀政府网站的成功经验,结合荣成本地特色,以政府信息为主线,以便民服务和政务公开为中心,从用户需求及政府提供的公共服务角度出发进行设计。根据上级要求,政府网站向下延伸到县一级政府,县级之下的各镇、街道及部门不设立专门的政务网站,上半年全面关停全市所有的镇、街道及部门网站子。为便于信息公开与查询,此次改版合并原有的政府信息公开网站和政府门户网站,新版的政府门户网站设立"机构、资讯、公开、服务、问政、专题、市情"七大板块,面向社会提供政务信息和与政府业务相关的服务,逐步实现政府与企业、公民的互动交流。至年底,网站日平均访问量2000余人次,总访问量600万人次,在威海市2016年政府网站年终考核中取得各市区第一名的成绩。强化信息公开。将原政府信息公开网站中的140余个部门的公开信息全部转入新版网站的"公开"板块中,及时发布政府信息,新增公开信息4200余条,累计收录公开信息3.2万条。为100余个部门、单位新增财政预决算公开、重点领域信息公开栏目。强化便民服务。设立"服务"板块,直连山东政务服务网荣成站点,提供办事服务、办事咨询、办件查询等相关服务。强化互动交流。设有"市长信箱""在线访谈""意见征集""网上调查"等栏目,公众参与途径多样化,全年发布在线访谈77条,意见征集13条,网上调查4条。

(尹乾宇)

·政务服务中心工作·

【概况】 2016年8月12日,根据荣编发〔2016〕26号文件要求,将市政务服务和公共资源交易管理办公室更名为荣成市政务服务中心管理办公室,将市公共资源交易管理处由内设机构调整为市政府直属正科级公益一类财政拨款事业单位,更名为威海市公共资源交易中心荣成分中心。2016年,市政务服务中心内设综合科、监督检查科、业务协调科3个科室,有工作人员10人。共进驻窗口单位50个,其中职能部门28个,公共服务单位5家,中介机构17家,进驻窗口工作人员155人,进驻事项274项。全年办理各类服务事项22.5万件,窗口收取各类税费1.59亿元。2016年被授予"包村扶贫工作先进单位"。

【规范调整进厅事项】 根据上级行政审批制度改革相关规定,结合市政府《关于调整公布市级行政审批等事项目录的通知》(荣政发〔2015〕15号)要求,重新调整进厅事项,按照事项性质不同分别纳入常设窗口、综合窗口和部门大厅。将发改、科技、公安、民政、财政、人社、国土、住建等28个部门行政审批和其他权力事项238项纳入市政务服务大厅常设窗口集中办理。将教育、体育、粮食、民宗、经信5个部门办件量较少行政审批事项12项进行集中,在市政务服务大厅设立综合窗口统一受理。将公安、农机、农业、海洋与渔业4个部门行政审批事项45项纳入部门办事大厅集中办理。

7月15日,召开政务服务云平台系统操作培训会　(市政务服务中心提供)

【构建政务服务云平台】 **开发平台软件系统** 完成网上政务大厅、基础支撑平台、行政权力事项管理、行政许可运行、电子监察、综合管理、咨询投诉等主体工程。

搭建电子政务外网 会同市电子政务办,指导各部门、镇街完成电子政务外网建设,一次性将电子政务外网接入到市政务大厅、两区政务大厅、各职能部门及22个镇街。

审批服务事项系统录入 会同市编办、法制办,指导各部门将行政许可269项事项、进驻中心的其他权力32项事项及镇街便民服务27项事项,按时录入到政务服务平台。

组织系统培训 分4批组织全市36个具有行政许可职能的部门,22个镇街和两区中心工作人员近500名,召开政务服务平台使用培训会议,详细讲解系统操作使用,为平台运行奠定基础。政务服务平台于8月1日正式运行。

【简化投资建设项目审批手续】 围绕解决企业反映的"建设项目审批过程中存在的重复审查、收费项目多、中介机构搭车收费"等问题,研究完善荣成市简化投资建设项目审批工作16条实施意见,意见放宽立项、环评、人防、建设等方面的审批条件10项,取消水利、防雷、消防等方面前置审批4项,取消建设等方面审批事项2项,合并建设等方面审批环节12项。全年简化投资建设项目217个,简化手续640项,为企业节省中介费用500多万元。

市政务服务中心服务大厅　(市政务服务中心提供)

【建设工程项目区域化评估评审】 根据省、市关于推行建设项目区域化评估评审工作的要求,研究制定荣成建设项目区域化评估评审工作实施方案。即在特定的区域范围内,提前完成建设项目审批过程中涉及的有关前置性评估评审工作,形成整体性、区域化评估评审结果,提供给进入该区域的建设项目共享使用。《实施方案》先行将规划环境影响评价报告、地质灾害危险性评估报告、压覆重要矿产资源评估报告、水资源论证报告、水土保持方案等5项事项纳入区域化评估评审,并首先以经济开发区的精细化工园区为试点开展工作,2016年根据需要完成水资源论证的区域化评估评审。

【建设政务服务中心微信平台】 建设中心微信公众平台,整合"一厅、一网"的政务服务资源,设有"中心概况""办事服务""互动交流"三大模块,创新研发主动推送服务、中心、两区、镇街办事服务、互动交流服务模式，使群众充分享受科技带来的便民高效服务。微信公众平台的“通知公告”模块，为市民提供各种便民公告，如停水、停电、交通、重大事件等信息的发布。微信公众平台的“办事服务”模块，为平台提供，到政务大厅和到各个镇街办事的服务指南。微信公众平台的“互动交流”模块，市民可全天候互动咨询，反映需要帮助或处理的事项，政务服务中心将有专人进行回复并跟进办理情况，成为继民生110政府服务热线后又一倾听民声的便捷渠道。

（王红强　钱云坤）

·机关事务管理·

【概况】　荣成市机关行政管理局内设办公室、政工科、车辆管理科（挂市机关车辆管理中心牌子）、生活科（公共机构节能科与其合署）、财务科（审计科与其合署）、会务管理科、房产管理科7个科室，有工作人员15人。2016年，市机关行政管理局紧紧围绕服务好市委市政府中心工作，深入贯彻落实《山东省机关事务管理办法》，改革创新，主动作为，狠抓服务保障、管理提质和作风转变，不断推进机关事务管理再上新台阶。2016年，先后被荣成市委、市政府授予“目标责任制考核先进单位”“宣传思想文化工作先进单位”称号。

【财务管理】　严格执行厉行节约反对浪费条例。制订《荣成市党政机关厉行节约反对浪费实施办法》，严格机关运行经费预算和执行管理，严控一般性支出，合理确定采购需求。严格执行国内差旅、接待内部审批制度。出台《荣成市党政机关差旅费管理办法》《荣成市党政机关国内公务接待管理办法》，建立健全差旅、接待审批制度，规范审批流程，严格按照强制结算目录使用公务卡结算公务费用。严格执行会务服务标准和会议费报销审核。按照《荣成市党政机关会议费管理办法》实行一会一结算，严格原始单据凭证报销，未经批准以及超范围、超标准开支的会议费用，一律不予报销。

【公车管理】　全面落实公务用车管理制度，出台《荣成市党政机关公务用车配备使用管理规定》，在编制管理、购置审批、整顿清查方面从严把关，严格执行机关公务用车价格、排量“双控”标准。2016年5月，参与制定落实公务用车改革实施方案，7月，全市党政机关参改车辆841辆（其中一般公务用车295辆，执法执勤车辆546辆），同时，建立市级公务用车管理平台，保留平台车辆70辆，用于保障车改单位的公务活动。

【公房管理】　规范党政机关办公用房管理政策措施，印发《荣成市市级办公用房管理办法》，依照新办公用房建设标准，联合市纪委定期安排人员对全市党政机关办公用房整改落实情况进行实地督导和专项检查，2016年市级党政机关腾退办公用房面积16319平方米，镇级党政机关腾退2714平方米。

【公共机构节能】　以建设节约型机关为主线，认真调研总结公共机构节能“十二五”工作，科学制定“十三五”规划，突出抓好宏观指导、示范项目、能源审计、节约用水等重点工作，建立公共机构节能联络员制度，下发《关于建立荣成市公共机构废旧商品回收体系的通知》，着重加大宣传培训、能耗统计、节能监测、废旧商品回收利用等基础工作力度。“十二五”期间，全市创建省级节约型公共机构示范单位1个，威海市级节约型公共机构示范单位两个，公共机构人均能耗下降17%，建筑面积能耗下降6%，人均水耗下降5%。

【会务服务】　全年服务市级会议90余场次，支出比上年下降5%，着重做好全市经济工作会、中国共产党成立95周年表彰大会、海博会、十八届六中全会宣讲会、市级人大代表换届选举会议等各项市级会务服务工作。

【餐饮服务】　按照市委市政府的部署，统筹协调城建、发改、财政、国土等部门对原机关食堂进行拆除改造，抓好改建各项工作任务落实，改善机关干部就餐环境和质量，确保按期完成任务。组织人员外出考察学习，不断改善菜肴品种质量，制定每周菜谱，狠抓餐食卫生安全，同时，增加意见征求渠道，不断提升服务质量。全年日均就餐600余人次。

【机关后勤服务社会化改革】　按照“服务质量提标、管理范围扩面”的思路，采取政府购买服务的方式，探索将市级机关餐饮、办公楼物业整体外包，推进机关后勤由“办服务”向“管服务”转变。同时，将机关后勤服务向农村商业银行办公大楼和创业大厦扩面延伸，逐步推

4月15日，工作人员现场测量党政机关办公用房面积　（市行管局提供）

进全市机关事务统一集中管理、规范有序运作,实现机关后勤服务提效能与降成本的双赢。

（贾明军）

·公共资源交易管理·

【概况】 威海市公共资源交易中心荣成分中心成立于 2016 年 8 月,前身是荣成市公共资源交易管理处,为荣成市政务服务和公共资源管理办公室内设机构。根据山东省人民政府关于印发《山东省公共资源交易平台管理暂行办法》(鲁政字〔2016〕218 号)的精神,荣成市机构编制委员会下发《关于明确市公共资源交易机构有关机构编制事项的通知》(荣编发〔2016〕26 号),将市公共资源交易管理处调整为市政府直属正科级公益一类财政拨款事业单位,编制 8 人,配备主任 1 名、副主任 2 名。主要负责公共资源交易平台的建设、管理和维护;为公共资源交易活动提供场所、设施和服务;提出公共资源交易管理制度、交易规则建议方案;受委托或授权实施公共资源交易目录范围内的交易工作;收集、发布和存储各类公共资源交易信息,建立公共资源信用档案,为公共资源交易的综合管理、行政监管、监察审计等提供支持。

【平台建设情况】 **建立规范交易平台** 公共资源交易中心建成集开标室、评标室、专家抽取室、询标室和现场监督评测等于一体的高标准交易活动场所,配备音频视频监控系统等多项完善的电子设备。开发公共资源电子交易系统及建设工程项目实行计算机辅助评标和远程评标系统,为公共资源交易活动提供一个全程信息化操作的平台。根据上级要求,建立完善远程评标室,并于 2016 年 2 月正式开始远程评标试运行。

统一规范运行 根据交易实际情况,制定完善建设工程、政府采购、医疗器械、产权交易等工作流程和代理机构选用审批表、保证金缴纳核实表、招标备案表等格式文本 12 项;制定交易中心工作人员职业守则、保密制度等业务管理制度 7 项;完善专家抽取、中介代理机构选取等工作制度;组建企业会员库和中介机构备选库,对入库的中介代理机构资质进行现场核查;出台中介机构信用评价考核细则,对中介机构进行日常和年终的考核检查;建立统一的评标专家库,为公共资源交易活动有序开展提供保障。

强化交易监管 推行"六统一"机制,加强各类交易活动有序监管,制定日常操作"六统一"运行机制(一是统一交易项目登记;二是统一信息发布;三是统一时间场所安排;四是统一专家评委抽取;五是统一中介机构选取;六是统一电子监察监控),有效预防和杜绝围标串标、暗箱操作、违纪违规行为的发生。

明确部门职责 按照"管办分离"原则,对全市公共资源交易流程进行重新梳理,整合为:事前审批阶段(包括项目单位拟定方案——申请资金——市政府批准——市财政局核定——下达项目计划函)、事中交易阶段(包括公选招投标代理机构——编制招标文件——主管部门及监督部门审核——发布招标公告——现场开标评标——中标公示——发放中标通知书)、事后监管阶段(对中标项目实行后续监管)等流程,并进一步明确各部门的工作职责,行业主管部门负责事前审批阶段工作,行业主管部门负责事后监管阶段工作。

【平台运行情况】 **进场交易项目情况** 为规范荣成市公共资源交易环境,将建设工程、政府采购和产权交易等 3 大类招投标活动纳入公共资源交易平台集中交易。同时,对人和、虎山、上庄、大疃、滕家、荫子、崖西、夏庄、俚岛等 9 个镇及崖头、寻山、崂山、城西 4 个街道使用财政资金投资限额(50 万元)以上的建设工程项目发包活动,全部纳入公共资源交易平台集中交易。

相关运行数据 2016 年完成进场交易项目 557 项,预算金额 158.73 亿元,中标金额 154.89 亿元,节约 3.8 亿元,节支率 2.4%。其中建设工程 248 项,预算金额 15.95 亿元,中标金额 14.72 亿元,节约 1.23 亿元,节支率 7.7%;政府采购项目 282 项,预算金额 141.06 亿元,中标金额 138.62 亿元,节约 2.4 亿元,节支率 1.7%;综合交易 19 项,预算金额 1.71 亿元,中标金额 1.5 亿元,节约 1.64 亿元,节支率 9.5%;产权交易 8 项,评估金额 1261 万元,中标金额 1545 万元,增值 284 万元,增值率 18.3%。按国家收费标准应支付中介代理费 2065 万元,通过公开遴选实际

2016 年农村无害化厕所改造工程公开招标现场

（威海市公共资源交易中心荣成分中心提供）

支付中介代理服务费 600.51 万元，节支率 70.9%。

人和干海制品加工产业园工程项目于 2016 年 11 月 8 日在市公共资源交易中心开标。经专家委员会评审后，人和干海制品加工产业园工程项目预算金额 6928.14 万元，由北京佳益工程咨询有限公司负责招标代理，中标单位是威海市凤林建筑工程有限公司、威海鸿源建筑装饰工程有限公司，中标金额 2870.24 万元、2806.28 万元。

市人民医院综合病房大楼装修工程项目公开招标于 2016 年 11 月 30 日在市公共资源交易中心开标。经专家委员会评审后，荣成市人民医院综合病房大楼装修工程项目预算金额 8030.37 万元，由山东求实工程咨询有限公司司负责招标代理，中标单位是江苏南通三建建筑装修有限公司、威海市荣华装饰有限公司、荣成市典雅装饰工程有限公司、荣成市美辰装饰安装工程有限公司、北京瑞朗创新净化技术股份有限公司。中标金额 2375.20 万元、1254.82 万元、1561.60 万元、1205.21 万元、1189.09 万元，合计 7585.92 万元。

荣成市农村无害化厕所改造项目于 2016 年 1 月 15 日在市公共资源交易中心开标。该项目预算金额 3100 万元，由山东弘理建设项目管理有限公司负责招标代理工作。经专家委员会评审后，荣成市 2016 年农村无害化厕所改造工程坐便器、冲水桶及配件供应项目中标单位：山东文远建材科技有限公司，中标金额 1410 万元；荣成市 2016 年农村无害化厕所改造工程注塑一体化三格化粪池供应项目中标单位为山东文远建材科技有限公司，中标金额 1260 万元。合计 2670 万元。

（曹意超）

·外事侨务工作·

【概况】 荣成市外事侨务办公室（市归国华侨联合会与其合署）内设外事侨务接待科、综合科、行政许可科，有工作人员 12 人。外事侨务办公室隶属市政府，归国华侨联合会隶属市委。

【友好往来】 依照“友好交往，加深友谊，共同发展”的方针开展工作，2016 年市领导及各部门多次率团访问韩国的结对友好城市——平泽市、统营市及莞岛郡，与韩方相关企业洽谈汽车、海藻类加工及教育等方面的合作。4 月，市领导王洪晓率团访问莞岛郡，与该郡郡守申宇彻签订友好城市意向书。向统营市派遣 1 名公务交流员。

【应邀出访】 2016 年为加快全市的改革开放步伐，市领导刘昌松、王洪晓、郑跃文等分别率团出访，全市出访 31 个团组 61 人次，主要赴韩国、日本、巴基斯坦及欧洲等国开展学习培训及经贸洽谈。

【外事接待】 2016 年，先后接待韩国井邑市市长金生基、瑞山市市长李完燮、副市长权赫文，韩国驻青岛总领事馆总领事李寿尊，菲律宾中华总商会工商主任周玉春，加拿大新斯科舍省省长斯蒂芬·麦克尼尔等代表团，访问西霞口集团、好当家集团、盛泉集团及海展馆、博物馆等，访问期间市领导先后接见客人并进行友好交谈。

【服务企业】 为服务企业，推动更多企业商务人士积极走出去，编写有关办理 APEC 商务旅行卡的函，向三区及 22 个镇街宣传，并答复企业的咨询，为华力电机、好当家集团等 18 家企业 22 名管理人员办理了 APEC 商务旅行卡的申报工作。年内为海之宝集团邀请德国专家办理两次来访邀请手续。

【涉外事件处理】 不断健全和完善外事管理体制机制，加大外事知识的宣传力度，坚持管理与服务两轮驱动、有机结合，不断提高工作效率和服务水平，涉外管理服务工作进一步加强。积极参与涉外渔业整治工作、处理瑞圣高尔夫球场的善后问题、西霞口客轮爆炸事件、韩国企业与所在地纠纷、涉外渔船被扣押等涉外案件，做到处置应对迅速、稳妥，最大程度地消除的不良影响。

【外宾到荣成考察】 **加拿大新斯科舍省省长一行到荣成考察** 9 月 13 日，加拿大新斯科舍省省长斯蒂芬·麦克尼尔带领考察团在威海市外侨办主任杨志伟的陪同下考察好当家集团。荣成市外侨办主任齐军力陪同活动。麦克尼尔省长在好当家集团负责人的陪同下，参观集团海参加工厂、养殖场、食品加工车间和检测中心，参观后与集团董事长唐传勤就今后合作的方向和领域进行洽谈。

友好城市韩国瑞山市市长一行到

1 月 29 日，组织开展慰问贫困归侨侨眷活动　　（市外侨办提供）

荣成考察 7月5日至6日，韩国瑞山市市长李完燮率代表团访问荣成市，刘昌松市长、于澎田副市长接见客人一行。李完燮和刘昌松围绕龙眼港和瑞山市大山港通航进行座谈，李完燮市长介绍大山港基础设施的建设情况，提出变更船种事项列入2016年的中韩海运会谈，争取获批、通航。刘昌松表示会全力做好项目上报，支持两港早日通航。6日上午，代表团一行考察龙眼港的基础设施建设和通关通道，听取大龙海运有关通航的筹备情况，在访问期间，代表团一行参观市海展中心等部门。

（许钦武）

【落实惠侨政策】 严格按照上级文件规定，对符合规定的归国华侨，按"广泛宣传，镇、村审查，张榜公布，二级审核，资金保障，监督检查"六到位的做法，认真做好归侨生活困难补助和身份核查认定发放工作。为方便广大归侨，采取到各镇政府驻地集中办公的形式，提高工作效率，受到侨胞的一致好评，为638名困难归侨发放补助金84.03万元；先后为6名归侨办理身份证，为两名符合国家规定条件的初、高中考生办理特殊归侨侨眷身份证明并落实加分优惠；继续开展"关爱工程"爱心助学金活动，发动侨胞、侨资企业和社会爱心人士，向困难归侨侨眷子女伸出援助之手，为15名困难学生发放助学金2.5万元，并为受助的学生建立档案，长效管理，跟踪服务。

【为侨服务工作】 按照省侨办关于做好全省精准扶贫和医疗救助工作的指示精神，及时与民政及各镇（区）、街道联系沟通，对贫困归侨侨眷的归国时间、居住国籍、家庭住址、致贫原因、贫困程度、脱贫需求和家庭收入等进行逐村、逐户、逐人、逐项精准识别并完成建档立卡，按照每位贫困归侨补助1000元，每位贫困侨眷补助800元的标准，为319名贫困归侨侨眷争取扶贫资金31.86万元，占威海市补助资金总额的81.3%，为7名患有重病的归侨侨眷争取大病救助款2.8万元，占威海市补助资金总额的59.5%；广泛开展"访侨户、送温暖"活动，深入侨界基层访侨情、解民忧，走访慰问归侨知识分子、散居农村的贫困归侨侨眷、城镇归侨侨眷中的孤寡老人及困难家庭25人（次）；认真处理来信来访，受理涉及经济纠纷、归侨证补办、房屋搬迁、精准扶贫、医疗救助等信访、电话来访案件53起，得到合理解决；积极响应国侨办教师外派工作的号召，选派1名优秀教师圆满完成在印尼为期一年的汉语教学工作；加大对贫困归侨侨眷的帮扶力度，选派1名困难归侨参加"山东省归侨侨眷职业技能培训班"，提高自我发展能力。

【争创明星社区】 按照组织有网络、活动有场所、侨宣有刊版、管理有制度、侨情有档案、服务有明细、联络有视频、活动有内容的社区侨务"八有标准"，重点对俚岛镇大庄许家社区，按照全国侨务明星社区的标准进行重新配套和完善，成立侨务工作领导小组，设立侨务之家、侨众读书点、侨务多媒体室、侨法宣传角等一系列基础设施，加强机制的建立和侨帐的制订，并定期组织开展丰富多彩的文化娱乐活动，使社区真正成为广大归侨侨眷温馨的"侨之家"，被国务院侨办授予"全国社区侨务工作明星社区"称号。同时，将侨务明星社区创建工作与创城工作相结合，以"争创明星社区"活动促进"共建文明城市"工作开展。全市建设规范化侨务社区6处。

【侨务对外宣传】 将对外宣传作为侨务工作的一项关键内容，制定宣传工作要点和工作信息报送制度，将信息报送成绩与年终考核及评先选优紧密挂钩。在全国及各省、市级新闻媒体发表刊登涉侨信息和调研文章86篇；发动归侨侨眷及侨务工作者参加由省侨联举办的"亲情中华·镜动乡情"手机摄影大赛活动，上报摄影作品22幅；发动爱心学校学生参加"第十八届世界华人学生作文大赛"，上报参赛征文50篇；围绕新修订的《山东省归侨侨眷权益保护条例》的颁布实施，利用10月侨法宣传月的有利时机，采取印发宣传材料、入户走访、开辟专栏、网站宣传等形式，广泛开展系列侨法宣传活动，提高侨法的知晓度，增强维护自身合法权益的意识。

2016年荣成市领取归侨生活困难补助归侨市内分布情况表

表8

总人数：638人

单位	人数	单位	人数	单位	人数
石岛管区	325	好运角管区	64	俚岛镇	144
夏庄镇	8	大疃镇	2	上庄镇	2
虎山镇	1	人和镇	12	滕家镇	7
崖头街道	30	寻山街道	38	城西街道	5

2016 年荣成市华侨、华人国外分布情况表

表 9

总人数：10864 人

国别	人数	国别	人数	国别	人数
韩国	5800	日本	3200	加拿大	760
美国	600	新加坡	220	朝鲜	179
英国	37	澳大利亚	30	马来西亚	12
德国	8	瑞典	5	菲律宾	4
西班牙	2	爱尔兰	2	瑞士	2
挪威	2	荷兰	1		

2016 年荣成市港、澳、台同胞分布情况表

表 10

总人数：2463 人

地区	人数	地区	人数	地区	人数
香港	1700	澳门	11	台湾	752

2016 年荣成市华侨、华人市内分布情况表

表 11

总人数：636 人

单位	人数	单位	人数	单位	人数
俚岛镇	144	成山镇	17	港西镇	24
埠柳镇	23	夏庄镇	11	大疃镇	1
上庄镇	2	虎山镇	1	人和镇	12
滕家镇	7	崖头街道	35	寻山街道	30
城西街道	5	港湾街道	13	斥山街道	68
东山街道	71	王连街道	85	桃园街道	33
宁津街道	54				

2016 年荣成市归国华侨市内分布表

表 12

总人数：827 人

单位	人数	单位	人数	单位	人数
俚岛镇	194	成山镇	23	港西镇	34
埠柳镇	28	夏庄镇	12	大疃镇	3
上庄镇	5	虎山镇	2	人和镇	23
滕家镇	9	崖头街道	55	寻山街道	48
城西街道	9	港湾街道	23	斥山街道	78
东山街道	76	王连街道	95	桃园街道	43
宁津街道	67				

2016年荣成市侨眷分布情况表

表13　　总人数：16007人

单位	侨眷	单位	侨眷	单位	侨眷
俚岛镇	7875	成山镇	376	港西镇	393
埠柳镇	389	夏庄镇	113	荫子镇	23
大疃镇	25	上庄镇	29	虎山镇	28
人和镇	157	滕家镇	106	崖头街道	554
寻山街道	635	城西街道	112	港湾街道	368
斥山街道	984	东山街道	885	王连街道	1628
桃园街道	575	宁津街道	752		

（岳晓玲）

·民族·宗教·

【概况】　荣成市民族宗教事务局为政府直属正科级事业单位，内设办公室、民族科（挂清真食品管理办公室牌子）、宗教科，有工作人员7名。2016年，市民族宗教事务局按照“民族工作抓扶贫、宗教工作抓队伍、主业工作抓稳定”的总体思路，围绕中心、服务大局，全面深化各项工作成果，全市呈现出民族团结进步、宗教和谐稳定的良好局面。

【民族宗教政策宣传普及】　举办干部自主选学知识讲座、基层民族宗教工作干部培训班各1期，600余名机关干部参加培训。开展宗教政策法规宣传月、民族团结进步宣传月宣传活动，悬挂宣传条辐2个，在《荣成时讯》开辟《民族宗教政策》专栏4期次，广场宣传3期次，发放民族政策知识宣传单2000余份，编印下发《山东省宗教事务条例》3000份。

【清真食品行业监管服务】　全市10家企业取得清真食品认证资格，年销售清真食品1.51亿元。其中：山东海之宝海洋科技有限公司销售清真食品5200万元、荣成和汇食品有限公司销售清真食品4500万元、荣成泰正食品有限公司销售清真食品2000万元、荣成市锦联生物科技有限公司销售清真食品2000万元、荣成市埠柳镇荣兴肉禽加工厂销售清真食品800万元、荣成可麦得食品有限公司销售清真食品500万元、荣成爱源食品有限公司销售清真食品100万元、威海味岛食品有限公司销售清真食品2.8万元。威海运都水产食品有限公司安置佤族、彝族、朝鲜族等外来务工人员122人。

【民族团结进步创建活动】　开展民族团结进步创建活动，泰祥集团被山东省委宣传部、省委统战部、省民委授予“全省民族团结进步创建活动示范单位”称号，荣成市民族宗教事务局、荣成市公安局国内安全保卫大队、荣成泰正食品有限公司被威海市人民政府授予“全市民族团结进步模范集体”称号，徐振清、宋传杰、许毅、赵宇、董志刚、于涛6人被威海市人民政府授予“全市民族团结进步模范个人”称号，马啊旦清真拉面馆、治青业清真拉面馆、荣成市崖头吾代牛肉面馆被威海市民族宗教事务局、威海市食品药品监督管理局命名为全市“清真餐饮示范店”。

【少数民族帮扶基地建设】　依托夏庄新海食用菌养殖专业合作社建立少数民族帮扶基地，争取山东省民族宗教事业发展专项资金5万元、荣成市少数民族帮扶资金8万元，全部拨付少数民族帮扶基地。举办木耳栽培培训班6期次，培训群众近400人，为16户少数民族群众无偿提供菌袋1万个，户均增收2000元。召开少数民族群众迎新春座谈会，为15户少数民族群众发放慰问金、大米、面粉、牛奶、木耳等折合人民币1.3万元。

【宗教活动场所规范化建设】　开展宗教活动场所消防安全专项治理工作，与场所签订《消防安全责任状》，制定应急疏散方案，开展消防演练5次，对3处隐患限期整改。开展宗教活动场所财务检查，对基督教35个“以堂代点”实行基督教三自爱委会“财务代管”，每月向信教群众公开收支情况。

【宗教慈善】　全市宗教界为慈善事业捐款捐物近6万元。基督教三自爱委会举办“慈善周·我们是一家人”演讲比赛，先后为人和、石岛、崖头、宁津等8个敬老院送去慰问金8000元，资助新农村建设、弱势群体28000元，佛教协会资助8名贫困大学生1.6万元，道教协会为石岛、崖头敬老院送去大米、油、挂面等折合人民币3000余元。

（孔凡波）

·机关事业单位人事管理工作·

【概况】　市机关事业单位人事管理工作主管单位是市人力资源和社会保障局。2016年末，市人力资源和社会保障局内设办公室（政工科与其合署）、政策法规科（行政许可科与其合署）、就业指导科、职业能力建设科、社会保险基金监督科、社会保险科、事业单位人事管理科、工资福利科、劳动关系科(信访科与其合署)、市军官转业安置办公室、市公务员办公室11个职能科室,行政编制26名,工勤编制5名;下设荣成市社会劳动保险事业处、荣成市机关事业单位社会保险事业处、荣成市医疗保险事业处、荣成市居民养老保险事业处、荣成市劳动就业办公室、荣成市劳动保障监察大队、荣成市人才交流服务中心、荣成市人事考试中心、荣成市科技干部管理办公室、荣成市军转干部服务办公室、荣成市劳动人事争议仲裁院、荣成市劳动保障信息网络管理中心、荣成市职业技能鉴定中心13个事业单位,事业编制共131名;公益性岗位工作人员72人。年内获评全省人力资源社会保障宣传工作先进单位;荣成市劳动就业办公室获评威海市青年文明号、威海市级文明单位;荣成市社会劳动保险事业处获评威海市文明单位、威海市诚信示范先进单位。

【公务员队伍建设】 **公务员考录** 不断完善公务员考录流程,配合威海市人社局圆满完成公务员考录工作,全市计划公开考录公务员98名,网上报名2875人,经笔试、面试、体检、考察和公示,依法录用公务员(含参照公务员法管理人员)92人。

考核与奖励表彰 创新考核评价机制,与市委组织部联合下发《关于进一步做好机关事业单位工作人员年度考核的通知》,在全市全面推行经常性和竞争性考核办法。严格控制评比表彰活动,规范表彰奖励事项申报程序,全年审核推荐威海市级以上先进集体16个,先进个人46人。

【事业单位人事管理】 **公开招聘** 做好考风考纪、考试安全及制度建设,安排考场96个,监考人员288人次,全市计划公开考录事业单位工作人员460名,报名参考2857人,经笔试、面试、体检、考察、公示,依法录用357人,圆满完成招考工作。

事业单位岗位设置管理 印发《关于事业单位专业技术岗位补充聘任的通知》,对出现空缺岗位的事业单位竞聘上岗工作进行了统一部署,为379名竞聘上岗的专业技术人员办理聘任手续。除参照公务员法管理事业单位外的事业单位全部推行人员聘用制度,全市550多个事业单位的1.24万名在岗职工与单位签订聘用合同。

【工资福利管理】 完成机关事业单位20世纪五六十年代精简(减)退职、未享受生活困难补助人员发放补助工作,人均每月发放200元。完成基本工资调整工作,机关事业单位工作人员在职人员人均月增资约540元,离休人员人均月增641元。

【军队转业干部安置】 **接收安置** 全市接收军队转业干部27名,其中计划分配7名,自主择业20名。计划分配的7名军转干部中,营职3名,连排职2名,技术干部2名。自主择业军转干部中副团职5名,营职10名,技术干部5名。

教育培训 积极开展军转干部各项培训工作,为军转干部尽快适应地方工作打好基础。先后组织全市2015年度19名军转干部参加威海市集中培训,组织13名2014年度自主择业军转干部参加清华大学网格课堂学习。

自主择业军转干部管理服务 开展自主择业军转干部年度登记和档案管理升级活动,加强军地共建,强化政策宣传,设立公开电话,开展"致自主择业军转干部一封信"活动,随时保持与自主择业干部的沟通联系,通过组织专场招聘会、免费培训等形式,对创业补贴及小额无息贷款等创业扶持政策进行宣传,鼓励扶持自主择业军转干部实现就业创业。及时为全市114名自主择业干部核算发放住房补贴、医保金、独生子女费、取暖费和遗属补助等各项资金。

(战荷洁)

中国人民政治协商会议荣成市委员会

【概况】 中国人民政治协商会议荣成市第九届委员会于2012年2月换届产生。至2016年底,有委员251名,常委51名。市政协设办公室、委员活动工作室两个办事机构以及学习提案法制、经济科技、文教卫生文史、对外联络联谊4个专门委员会。有工作人员20人。

【政协荣成市第九届委员会第五次会议】 2016年2月17日至19日在石岛召开。会议听取并审议市政协主席战大海代表九届市政协常务委员会所作的工作报告和市政协副主席张积聚代表市政协九届常务委员会所作的提案工作报告;列席市人大十七届五次会议,听取并讨论政府工作报告和其他报告;会议期间,收到委员提案174件;会议增选11名政协委员为九届市政协常务委员;会议审议通过政协荣成市第九届委员会第五次会议政治决议、工作报告决议、提案工作报告决议。

【政协常委会会议】 **第22次会议** 2月11日召开。市政协主席战大海,副主席张积聚、刘建忠、郭光远、孙建明、毕天夫、张新颖出席会议。战大海主持会议。会议研究关于召开市政协九届五次会议的有关事项,决定市政协九届五次会议于2016年2月中旬在石岛召开;会议审议通过市政协九届五次会议议程、日程(草案),讨论修改常委会工作报告和提案工作报告,并推举了报告人;审议通过增补和辞去委员名单、秘书长和副秘书长名单等事项。

第23次会议 2月17日召开。市政协主席战大海,市政协副主席张积聚、刘建忠、郭光远、孙建明、毕天夫、张新颖出席会议。战大海主持会议。会议听取关于增补市政协常务委员有关问题的说明;审议通过增补市政协常务委员候选人名单(草案)、市政协九届五次会议选举办法(草案)、总监票人监票人名单(草案),并决定将上述事项提交会议讨论协商。

第24次会议 2月18日召开。市政协主席战大海,副主席张积聚、刘建忠、郭光远、孙建明、毕天夫、张新颖出席会议。战大海主持会议。会议听取市政协副主席、大会秘书长张积聚关于各组审议和讨论情况的综合汇报;通过了市政协九届五次会议《选举办法》草案、增补市政协常务委员候选人名单、总监票人监票人名单(草案)以及常委会工作报告决议(草案)、提案工作报告决议(草案)和政治决议(草案),同意提交大会通过。

第25次会议 3月17日召开。市政协主席战大海,市政府副市长于澎田,市政协副主席张积聚、刘建忠、郭光远、孙建明、毕天夫、张新颖出席会议,战大海主持会议并讲话。会议围绕落实"十三五"规划、实现"十三五"良好开局进行协商,听取市发展改革局、经信局、民政局等8个部门的情况汇报,讨论市交通运输局、财政局等4个部门的书面汇报。政协委员围绕实现"十三五"良好开局进行了议政建言,会议共汇集意见建议28项。

第26次会议 7月15日召开。市政协主席战大海,市政府副市长王刚,市政协副主席张积聚、刘建忠、郭光远、孙建明、毕天夫出席会议,战大海主持会议并讲话。会议听取市政府关于2016年上半年全市经济社会发展情况和市政协九届五次会议提案办理情况;会议听取市政协供给侧结构性改革前期调研情况的通报;听取市城乡建设局、金融办等部门关于推进供给侧结构性改革情况的汇报。政协委员围绕推进供给侧结构性改革进行议政建言,会议汇集委员意见建议18项。

第27次会议 10月27日召开。市政协主席战大海,市委常委、市政府副市长王洪晓,市政协副主席张积聚、刘建忠、郭光远、孙建明、毕天夫、张新颖出席会议,战大海主持会议并讲话。会议通报市政协关于发展更高层次的开放型经济调研情况;听取市商务局、旅游局、金融办等部门关于发展开放型经济的情况汇报。政协委员围绕发展开放型经济进行议政建言,会议共汇集委员意见建议21项。

【专门委员会工作】 **学习提案法制委员会** 政协荣成市九届五次会议,收到提案174件,立案92件,合并后交有关部门办理63件。至年底,立案提案全部办复,办复率100%;筛选《关于加快我市立体旅游业发展的建议》《关于推进"互联网+农业"发展的建议》《关于将我市养老产业作为新兴产业培植的建议》等10件提案为重点提案,并组织提案人与相关承担单位开展重点提案办理协商,促使"委员提、部门办"的单行模式向"委员提、共同议、合力办"的协商模式转变;开展"提案督办落实月"活动,对一批社会关注度较高、涉及面广、办理难度大的提案进行督办;召开提案工作会议,研究和总结开展提案办理协商工作的经验做法,部署提案征集工作;评选《关于增强科技创新能力,加快建设创新型城市的建议》《关于加快我市立体旅游业发展的建议》《关于进一步发展我市文化产业的建议》《关于推进"互联网+农业"发展的建议》《关于优化中小企业融资担保体系,保障中小企业健康发展的建议》《关于将我市养老产业作为新兴产业培植的建议》等6件提案为年度优秀提案。

经济科技委员会 围绕"五大政策支柱、五大工作任务"对全市经济社会的影响,落实"十三五"规划、实现"十三五"良好开局,孵化园区建设、文化创意产业、发展镇村经济、发展海洋高新技术产业、发展游艇邮轮产业,优化营商环境等开展调研;牵头聘任34名专家组建荣成市政协经济社会发展战略智库,围绕市委市政府关注、人民群众关心的重点、难点问题进行科学研讨,为市政协履职提供智力支持。

文教卫生文史委员会 围绕加强文化资源保护传承、发展旅游文化产业、发展滨海旅游产业、民宿经济等开展专题调研;加强文史研究会建设,发挥市政协文史研究会的作用,在联合各界,广征博采、抢救挖掘文史资料的基础上,编辑出版《荣成记忆》系列丛书首卷——《旗帜》(建党95年专辑)。

对外联络联谊委员会 开展园区建设、海陆生态一体物流产业、发展现代生产生活服务业等专题调研;健全在外人才联谊长效机制,挖掘荣成的人脉资源,聘请19名荣成籍在外知名人士组成市政协联谊会;不断加强政协间纵向和横向联谊,接待全国政协、省市等调研考察团组200多人次。

【其他重要活动】 **专题协商** 4月26日,召开发展滨海旅游产业专题协商会。市政协主席战大海,市委常委、市政府副市长王洪晓,市政协副主席张积聚、刘建忠、郭光远、孙建明、毕天夫、张新颖出席会议。张新颖主持会议,通报发展滨海旅游产业调研情况。市旅游局、海洋与渔业局、农业局、文化广电新闻出版局作工作汇报。部分政协委员及哈理工荣成学院、市委党校的专家学者结合个人体会,提出意见建议30余条。

5月27日,召开发展生产生活性服务业专题协商会议。市政协主席战大海,市政协副主席张积聚、刘建忠、孙建明、毕天夫、张新颖出席会议。孙建明主持会议,通报生产生活性服务业的调研情况,市发改局、商务局、经信局、中小企业局作工作汇报。部分政协委员及行业代表结合个人体会,提出了意见建议,协商活动收集社会各界意见建议40余条。

6月22日,召开文化创意产业发展组织专题协商,市政协主席战大海,市委常委、宣传部部长张瑞英,市政协副主席张积聚、刘建忠、郭光远、毕天夫等出席会议。毕天夫主持会议,通报荣成市以影视基地为代表的文化创意产业建设调研情况,市发改局、文广新局、经济开发区、石岛管理区、好运角旅游度假区通报相关情况。部分委员发表意见,会议征集各类意见、建议16条。

8月18日,开"以港兴市"专题协商会议。主席战大海,市政府副市长徐志兵,市政协副主席张积聚、刘建忠、郭光远、孙建明、毕天夫参加会议。张积聚主持会议,通报市政协"以港兴市"调研情况,市交通运输局、商务局、口岸办、海洋与渔业局通报相关情况。部分委员以及市民代表就加强港口资源整合,提升港口承载能力等问题表达意见和建议,会议征集各类意见、建议23条。

9月22日,开发展镇村经济专题协商会议。市政协主席战大海,市委常委、副市长于晓东,市政协副主席张积聚、郭光远、毕天夫、张新颖参加会议。会议听取市农业局、民政局和人和镇、荫子镇、滕家镇发展镇村经济的情况汇报,部分委员分别就完善村级干部激励机制、因地制宜发展村集体经济等问题发表政协建议,与相关镇、部门进行深入的互动协商、探讨和交流,征集社会各界合理化建议30余条。

基层协商 5月24日,崖头街道曙光社区居委会召开“做文明市民、创文明城市”基层协商会议,将民主协商触角延展到民间,为后续构建“地气”与“天线”兼容式的“大协商”格局积累一定经验。

专题视察 4月19日,市政协副主席毕天夫带领部分市政协委员视察荣成生态环境专项整治工作。

5月18日,市政协副主席毕天夫带领经济、科技、工商联界政协委员,对全市孵化园区、孵化器建设情况进行专项视察。

6月7日,市政协副主席张积聚带领部分政协委员,就全市重点项目建设情况进行专题视察。

8月2日,市政协主席战大海,副主席张积聚、刘建忠、郭光远、孙建明、毕天夫带领部分政协委员及相关单位负责人就全市民宿经济发展情况进行专题视察。

8月25日,政协组织政协常委和部分委员视察委员建功立业工作。市政协主席战大海、副主席张积聚、刘建忠、孙建明、毕天夫参加活动。

9月12日,市政协副主席张积聚、郭光远带领部分市政协委员,视察民生重点工程。

11月23日,市政协组织部分政协委员视察全国文明城市创建工作,市政协副主席张积聚、刘建忠、郭光远、孙建明参加活动。

民主监督 3月23日,召开市政协民主评议暨委派民主监督小组工作会议,印发《市政协关于开展民主评议和委派民主监督小组工作的实施意见》,向市公安局、市场监督管理局、交通运输局等11个政府职能部门委派民主监督员66名,梳理群众普遍关心的热点难点问题31项,作为监督评议重点,通过召开座谈会、发放调查问卷等形式,收集意见建议200多条。

11月23日,召开民主评议工作会议,对创建全国文明城市和公益服务体系工作进行民主评议,并将评议结果报送市委、市政府及有关部门,提出整改意见。

界别工作 4月13日,召开全市政协界别工作会议,市政协主席战大海出席会议并讲话,市政协副主席张积聚主持会议,市政协副主席刘建忠、郭光远、孙建明、毕天夫、张新颖参加会议。成立7个界别活动小组,建立界别召集人及常态化界别活动机制;出台《关于建立政协委员联系群众制度的意见》,以制度性的框架推动“界别活动月”“界别调研月”等常态性活动的实施。

(龙　威)

中国共产党荣成市纪律检查委员会

【概况】 市纪委机关与市监察局合署办公,履行党的纪律检查和政府行政监察两种职能。中共荣成市第十三届纪律检查委员会有常委6名,委员27名。2016年,市纪委内设办公室、组织部、宣传部、党风政风监督室、信访室、案件监督管理室、第一纪检监察室、第二纪检监察室、案件审理室9个职能室(部)、第一、第二、第三、第四4个派驻纪检组,有工作人员53人。

【纪委全委会议】 2月3日,市纪委十三届七次全体会议召开。会议深入学习贯彻习近平总书记重要讲话和中纪委十八届六次全会、省纪委十届七次全会、威海市纪委十四届七次全会精神,总结2015年全市党风廉政建设和反腐败工作,部署2016年工作任务。市纪委委员,市监察局副局长,经济开发区、石岛管理区、好运角旅游度假区纪工委书记,各镇、街道纪委书记,市直各部门和上级驻荣单位纪委书记(纪检组长)或分管负责人,市纪委、监察局和派驻纪检组全体人员参加会议。

会议指出,全市各级党组织和广大党员干部要统一思想认识,牢牢把握中央全面从严治党的重大决策部署,清醒认识党风廉政建设和反腐败斗争的严峻性和复杂性,进一步增强全面从严治党的紧迫感和责任感,切实坚定党风廉政建设和反腐败斗争的信心和决心。

会议要求,突出工作重点,切实把党风廉政建设和反腐败工作落到实处。坚持全面从严治党不动摇,持续深入抓好作风建设,始终保持惩治腐败高压态势,推动从严治党向基层延伸,把执纪监督落到实处,不断取得党风廉政建设新成效。

会议强调,严明纪律规矩,营造遵规守纪的良好氛围。广大党员干部要严格遵守党章党规,以《中国共产党廉洁自律条例》和《中国共产党纪律处分条例》为准绳,严格律己用权,自省自警自励。严明政治纪律和政治规矩,始终做政治上的明白人,坚决贯彻党的路线方针政策,树立看齐意识,在思想上政治上行动上与党中央保持高度一致。推动监督关口前移,用严明的纪律管住全体党员。要完善干部选拔任用、考核评价、监督管理、激励保障制度,营造干事创业的良好氛围。

会议指出,强化党内监督,始终保持党员队伍的先进性和纯洁性。强化党委班子内部监督,坚持好民主集中制,开好民主生活会,用好批评和自我批评武器,在互帮共勉中增进团结。充分发挥巡查监督作用,推进派驻监督全覆盖,把监督执纪的触角延伸到各个部门和单位,使所有党组织和党员干部都受到监督,从根本上预防和减少违纪问题的发生。

会议强调,全面落实责任,凝聚推进党风廉政建设和反腐败工作的合力。各级党组织强化主体责任,切实把反腐倡廉作为分内之事、应尽职责,与改革发展稳定工作同谋划、同部署、同实施、同检查。强化担当意识,各级党委班子尤其是党组织一把手要敢于担当、敢于较真、敢于斗争,做到重点工作亲自部署、重大问题亲自研究、重要环节亲自协调、重要案件亲自督办。强化问责追究,进一步明确细化责任,加大监督检查、倒查追究力度,以责任追究促进履责到位。

【纪委常委会议】 2016年,召开市纪委常委会18次,会议主要议题有:传达上级纪委和市委会议精神,研究部署2016年纪检监察工作任务;研究全面深化纪律检查体制改革相关工作;研究推进市纪委机关内设机构改革工作;安排和调度巡察工作;研究2016年度市级领导班子成员向市纪委全委会述廉述责工作;研究加强派驻机构建设相关工作;研究实行国家工作人员履职尽责负面清单管理;研究进一步强化党风廉政建设主体责任落实;研究持续加大对群众身边的不正之风和腐败问题查处通报力度,落实中央八项规定精神和纠正"四风"工作。研究开展市纪委监察局机关"两学一做"学习教育;研究加强纪检监察干部自身建设,做到打铁自身硬、正人先正己。

【体制改革】 5月,按照上级要求,启动市级纪律检查体制改革,制定《中共荣成市纪委机关内设机构调整方案》,明确各项改革的路线图、时间表。撤销党风廉政建设室、案件监督管理室;设立党风政风监督室、案件监督管理室、第二纪检监察室;将纪检监察室更名为第一纪检监察室、干部室更名为组织部、教育室更名为宣传部;办公室不再加挂监察综合室牌子、信访室不再加挂国家行政机关工作人员违法违纪举报中心牌子;撤销荣成市效能监察室(事业单位)。调整后,荣成市纪委机关内设9个室(部),分别为办公室、组织部、宣传部、党风政风监督室、信访室、案件监督管理室、第一纪检监察室、第二纪检监察室和案件审理室9个内设机构。行政编制35人,其中内设机构设行政编制32人,在职人员19人,空编13人。调整后,执纪监督室占内设机构总数67%,监督执纪问责干部编制数占机关编制总数70%。进一步完善市反腐败协调小组职能,健全协调机制,加强纪检机关与组织、公安、审计、法院、检察院等单位的协作配合,工作合力增强。

【镇街纪(工)委三转】 拟定"十有"工作标准:即有组织、有牌子、有专职工作人员、有专用办公室、有办案设备、有行为规范、有工作职责、有办案规程、有工作制度、有良好形象,22个镇街纪委全部达到"十有"工作标准。6月召开专题会议,进一步强调镇街纪委书记职责分工的问题,要求镇街党委一律不得安排纪委书记分管其他业务工作和与纪检监察工作无关的临时性工作。同时由市纪委成立专项检查组,采取不打招呼、不定路线的方式,对镇街纪委书记规范职责分工情况进行抽查。组织开展专职培训、以干促训、以案代训"三训"活动,定期从区镇街抽调纪检干部轮流到市纪委业务室坐班学习,每人坐班时间不少于1个月,先后抽调基层纪检干部22人次。

【落实中央八项规定精神纠正"四风"】 围绕公款吃请、公款旅游、公车私用等"四风"问题,紧盯关键节点,抓住具体问题,以点带面、步步深入。抓住元旦、春节、中秋、国庆等重要节点,发送廉政短信2800多条,先后成立检查组32个,组织检查360多次,检查商场、饭店、学校、小区、机关等重点场所350多处,排查问题线索29起。聚焦公车私用,印发《关于进一步规范公务用车使用的通知》,明确责任主体、重申管理要求、加大问责力度,要求各级各部门切实担起主体责任,在公车配备、司机管理、日常停放等方面,加大管理力度。收集问题线索24起,3名分管负责人被问责。

【案件查办】 立案查处党员干部违纪案件125起,给予党纪政纪处分157人,比上年增长102%。其中,自办案件71起,给予党纪政纪处分79人,增长42%,处分科级干部34人,增长62%。

【权力制约监督】 规范谈话函询,时刻监督提醒。着重把握"三个突出":突出部门"一把手"及管人管钱管物岗位人员,做到有苗头必谈、没问题防控;突出重要节点和敏感时期,在干部提拔、岗位变动等重要时段开展廉洁谈话;突出苗头性和倾向性问题,做到隐患早消除。先后开展诫勉谈话56人次、函询12人次,起到超前防范的作用。保持高压态势,强化警示震慑。对顶风违纪行为,坚持从严问责、通报曝光、警示教育一体化。自办案件中,给予党纪轻处分、组织处理的57人,占72%;党纪重处分、重大职务调整的19人,占24%,其中涉嫌违法被移送司法机关的3人,占4%。先后对5起典型案例进行剖析和警示教育,对35起违纪问题进行公开曝光,做到警钟长鸣。

【政风行风】 政风行风评议的范围为123个部门和行业以及相关基层站所,按照职能性质相近、以主要职能为主的原则,分为经济和社会管理类30个、行政执法类19个、公共服务类25个、中介服务类12个、基层站所17个、其他单位20个等六大类。重点关注提供社会公共服务的企事业单位,与群众生产生活密切相关的政府部门、单位和机构的政风行风情况;侧重民生部门,汇总梳理市长信箱、民生110、民心网等渠道反映上来的问题,将社会关注度高、平时投诉多、群众反映强烈的民生部门及其二级单位列为重点测评对象。请人大代表、政协委员、老干部和部门管理服务对象为评议代表,深入到22个乡镇、3个管理区、98个企事业单位,与基层群众面对面进行座谈评议。发放调查问卷4000份,召开群众座谈会70多场次,组织明察暗访23次,征求意见113条,制定整改措施300余条。

【巡察工作】 荣成市充分发挥巡察利剑作用,分两轮对市公安局、国土局、市场监管局、海洋渔业局、环保局、畜牧局、卫生局、食药监局8个部门单位党委(党组)开展巡察工作。成立由市委常委、纪委书记任组长巡察工作领导小组,下设巡察工作领导小组办公室,为正科级常设机构,办公设在市纪委,编制5人。成立4个巡察组,每个巡察组5—7人,组长分别由1名市纪委常委和3名派驻纪检组组长担任,成员从市纪委机关、财政、审计等部门抽调业务骨干组成。集中巡察期间,市委巡察工作领导小组先后召开专题会议20多次，对巡察中发现的问题线索进行分析研判；市委常委会先后4次听取巡察工作情况汇报，市委书记对巡察工作提出具体明确要求，坚持重大问题亲自过问、重点环节亲自协调、重要案件亲自督办、重要干部亲自约谈。巡察发现问题线索196件，给予党纪政纪处分和组织处理6人，移送司法机关2人，并对21名干部进行批评教育和诫勉谈话。

【两个责任】 制定《党风廉政建设主体责任和监督责任清单》，各级各部门根据自身特点，进一步细化各自的责任清单，把党委（党组）的主体责任、“一把手”的具体责任、纪委（纪检组）的监督责任，细化为7个层面、41项具体任务。进一步厘清责任边界，哪些工作该党委（党组）抓、哪些该纪委（纪检组）抓，怎么抓，抓到什么程度，分门别类，逐项梳理，构建分级负责、层层落实的压力传导机制。组织市级党政班子14名成员向纪委全委会述廉述责工作，同步推进镇街、部门主要负责人述廉述责工作，坚持问题导向，突出质询环节，把述出问题、问出问题、评出问题贯穿述廉述责全过程，进一步强化履职监督。建立“两个责任”落实情况定期报告制度，各区镇街道、部门党委（党组）每季度向市委、市纪委报告责任落实情况。市委、市纪委每季度根据报告情况开展一次专项检查，有4个单位因对报告工作思想不重视、责任意识不强被通报批评。严格落实“一案双查”和“倒查问责”制度，对因管党治党不力、主体责任缺失、监督责任缺位导致出现重大问题的，实行责任倒查。先后问责6个单位、22名相关负责人。

【德廉和党风党纪知识学习测试】 为深入开展“两学一做”学习教育，进一步增强党员干部的廉洁从政意识，荣成市组织全市科级党员干部进行德廉和党风党纪知识学习测试，并将个人考试成绩作为干部提拔使用的重要依据，单位成绩作为年终党风廉政建设考核的重要参考。测试通过集中采取计算机答题的方式，随机抽取试题、当场显示成绩，以党章和党规党纪学习为重点，涵盖《廉洁自律准则》《纪律处分条例》《问责条例》等10多部党内法规，以及社会主义核心价值观等多个方面的内容。全市科级党员干部1262名参加测试，测试合格率97.6%。

【负面清单管理】 印发《荣成市国家工作人员履职尽责负面清单》，组织各级各部门针对仪态仪表、服务用语、业务办理等8个方面，逐条列出负面行为，通过电子显示屏、公示牌等进行公开公示，主动接受群众监督和评价。结合《中国共产党问责条例》，细化完善《荣成市国家工作人员不作为慢作为乱作为问责暂行办法》，组织全市各级各部门深入学习，进一步夯实管党治党责任，实现全市机关作风转变。市纪委、市委办、市委组织部三个部门联合组成6个督导组，采取不打招呼、明察暗访的方式督导检查全市105个单位，对存在问题的24个单位，当场提出整改意见56条。

【侵害群众利益和腐败问题专项整治】

升级完善案件线索集中管理平台，将信访举报、荣成“民心网”“民生110”等多个渠道问题线索，全部纳入平台管理。对于侵害群众利益的重点难点问题，实行定期汇总，召开专题会议13次，研判重点问题32起。聚焦农村“三资”管理、土地征收和涉农惠农等领域强占掠夺、贪污挪用等突出问题，对于群众反映强烈的“小官贪腐”问题，重点督办、限时办结。先后查处镇经管审计站站长3名、镇民政主任1名和村党支部书记4名，通报曝光典型违纪问题23起。

【扶贫领域风险点排查】 联合扶贫办、审计、民政等相关部门，组成扶贫风险排查小组，针对扶贫工作中隐藏的风险点，开展为期两个月的扶贫领域风险排查工作。采取集中座谈、实地检查、账目抽查、程序排查等方式，检查上庄、埠柳、荫子、夏庄4个镇8个村的扶贫工作开展情况。检查聚焦资金使用管理、项目建设运行、收益资金分配等重点环节，排查扶贫工作风险点11处，进一步规范扶贫工作的程序，将扶贫工作落到实处。

【五个专项整治活动】 针对巡察反馈的问题，由市纪委牵头，督导相关部门开展为期两个月的专项整治活动。印发《关于开展五个专项整治活动的实施方案》，召开专题会议进行落实，全市107个部门和区镇街主要负责人参加。对存在的“违规发放福利和津补贴、办公用房面积超标、专项资金使用管理混乱、中介组织挂靠和违规招聘人员”等五类问题，开展为期两个月的专项整治活动。市纪委抽调5名工作人员，成立检查小组，进驻各责任单位，对整改情况进行跟踪督导。收缴违规发放津补贴64.22万元，将体外资金449.9万元纳入财政监管，清退办公用房2200平方米，清理违规聘用人员63人。

（王海波）

人民团体

Mass Organizations

- ◎ 荣成市总工会
- ◎ 中国共产主义青年团荣成市委员会
- ◎ 荣成市妇女联合会
- ◎ 荣成市科学技术协会
- ◎ 荣成市工商业联合会

荣成市总工会

2月22日，市总工会组织开展为困难职工“送温暖”活动 （市总工会提供）

【概况】 荣成市总工会内设办公室、财务部、组织宣教部、生产生活部，下设市职工服务中心、市总工会法律顾问处两个事业单位，有工作人员17人。下辖15个区镇总工会、10个街道总工会。有基层工会组织1110个，其中有独立工会组织1024个，工会联合会86个（覆盖企业801家），工会会员12.8万人。2016年，被全国总工会授予“工会财务工作先进单位”称号。

【群众性安全生产工作】 以“查身边隐患、保职工安全、促企业发展”和“安康杯”竞赛为载体，开展安全生产知识竞赛、应急演练和警示标语、亲情寄语征集活动，全市1060家企事业工会开展职工群众性安全生产活动，参与职工近11万人，全年查出各类安全隐患840起，并全部有效整改。

【职工帮扶救助工作】 2016年通过春节“送温暖”活动救助困难职工家庭565户，累计发放救助金104.85万元；“夏送清凉”活动，慰问高温作业企业32家，惠及职工1.5万人，累计发放降温用品20多万元；“金秋助学”活动，做好困难职工应届大学生的调查摸底及慰问金的发放工作，救助57人，发放助学金22.3万元。

【开展评先选优活动】 全市广大职工为提前全面建成小康社会，实现“十三五”良好开局，在创新型城市建设中充分发挥主力军作用。为进一步激发和调动广大职工的积极性和创造性，争当践行新发展理念排头兵，市总工会评选表彰“荣成最美一线职工”40名、“金牌职工”14名、“职工创新能手”24名和“职工合理化建议标兵”34名。

7月26日，市总工会组织开展为环卫工人“送清凉”活动 （市总工会提供）

【厂务公开、民主管理工作】 广泛开展《山东省企业职工代表大会条例》《山东省厂务公开条例》宣传活动，举办厂务公开民主管理专题培训班，组织开展“两个条例”专题答卷，7月8日召开全市厂务公开民主管理现场观摩会。

【职工技术创新竞赛】 制定《关于组织全市职工技术创新竞赛活动的意见》，组织举办职工职业技能大赛，以创建“工人先锋号”“职工创新工作室”和“五小”竞赛、名师带高徒等活动为载体，在全市职工中广泛开展技能培训、岗位练兵、技术革新攻关、发明创造等竞赛活动。

【工资集体协商】 始终把工资集体协商作为维护职工权益、推进协商民主的重要内容，制定下发《关于开展工资集体协商集中要约行动的通知》，全市820家企业签订了工资集体合同，占应签企业的100%。

【职工再就业援助】 依托全市7家职工实训基地，为职工免费提供技能培训，创造就业条件，并向用人单位推荐求职的困难职工，促进其实现再就业。联合市人社局举办“春风行动”，参与组织各类招聘会12场次；组织企业赴四川、重庆参加“全国工会促进就业招聘洽谈会”，发放宣传材料5000余份，提供岗位1000多个，累计招聘员工350余人。

【工会补充保险】 重点在全市职工中推广工会会员爱心互助保险和职工补充保险，积极发动企事业单位及职工参加，并做好宣传发动、政策咨询、参保受理、理赔赔付等工作。两项保险全年累计参保人数5.35万人，累计理赔331万元。

【职工文体活动】 投资23万元向基层工会免费赠阅工运报刊1000余份，投资90万元向60家基层工会赠送体育健身器材750套（件），投资25万元向52个基层职工书屋赠送图书2万余册；举办全市职工庆五一乒乓球、羽毛球比赛。

【职工信访处置】 以“12351”职工服务热线为核心，为职工提供政策法规咨询、劳动争议调解和法律援助服务，引导、协助职工通过合法途径维护合法权益。全年接访58起，处解54起，处解率94%，积极引导、协助职工通过合法途径维护合法权益。

【劳模管理工作】 加强劳模荣誉津贴兑现，争取市政府支持，为29名农业劳模、破产倒闭企业劳模补发荣誉津贴并纳入市级财政预算；丰富劳模文化生活，投入资金21.8万元，为威海市级以上劳动模范订阅4份刊物。每年为威海市级以上劳动模范免费查体，支出15万元。

（李　慧）

中国共产主义青年团荣成市委员会

【概况】 2016年，全市有共青团员4.2万人，专职团干部23人，市直团干部30人，市直团委30个，镇街团委22个。中国共产主义青年团荣成市委员会内设组织部、宣传部、学校少年部、办公室4个部室，有工作人员7人。辖基层团委72个、团总支80个、团支部1333个。团市委被共青团山东省委评为2016年度“全省服务青年项目创新工程示范县”团委，被共青团威海市委评为“五四红旗团委”。

5月4日，“农商行杯”五四青年运动会暨青春扶贫志愿活动启动仪式举行

（团市委提供）

【青春导航行动】 以保护未成年人合法权益为主题，在蜊江小学、世纪小学、第二实验小学等学校开展普法讲座10场次，组织演讲比赛、青少年模拟法庭16场次。先后开展入团宣誓仪式、普法宣传进社区等多种主题活动6场次，同时利用新媒体青年之声、微信、微博等平台积极发声，围绕保护青少年合法权益设置话题，加大普法宣传力度。

【青春绿色行动】 组织全市300多名青年志愿者参与青春绿色行动、“洁净沙滩”环保宣传活动，植树节期间植树5000多株。组织全市50所学校开展“小手拉大手·共筑碧水蓝天”专项行动，以一个少先队员带动一个家庭的形式，宣传环境保护、文明出行。市石岛实验小学被威海市选入参加“小手拉大手·共筑碧水蓝天”山东省少年儿童环保创意展，4月中央电视台少儿频道以“走进海洋世界”为题进行专访，该校的贝雕作品得到省委副书记龚正好评。

【学校少先队工作】 4月—6月，在全市中小学中组织开展“文明校园、美德少年”评选表彰活动，评选“荣成美德校园”5个、“荣成美德少年”30名。承办威海市首届大学生社团节歌手大赛、摄影大赛，组织高中团委开展18岁成人宣誓仪式6场，组织学校团组织开展入团仪式27场次；在市第二实验小学举行全市“红领巾相约中国梦”少先队员入队仪式，组织学校少先队组织开展入队仪式30场次；市实验小学、蜊江小学两支鼓号队，参加威海市2016年少先队鼓号操大赛，取得优异成绩。

【共青团新媒体平台】 开通微邦APP，注册“青年之声”平台达1500余人，41个基层团组织通过微邦与荣成青年之声绑定，平台浏览量达16万余次，青年提问问题8000余个，解答问题5000余个；召开全市“青年之声”工作推进会议，全市各团组织结合自身实际开展种类丰富的线下活动20余次。

【青年就业创业工作】 6月22日，团市委在威海海洋职业学院举办2016年

12月28日，第十三届“荣成十大杰出青年”座谈会召开（团市委提供）

青年创业培训班，邀请创业导师为700多名农村青年和大学毕业生授课；通过实地调研、审核，上报市崖头建泰水泥制品厂、市金林电机有限公司等“鲁青基准贷”贴息项目8个、“鲁青担保贷”项目1个，贷款总金额1130万元；组织各镇街、企业团委开展“创新创效·青年争先”主题交流活动，表彰岗位创新创效优秀青年30多名；指导威海市爱恩网络科技有限公司、荣成市炜煌农机专业合作社等3个项目推报“中国创翼”青年创业创新大赛。

【青少年权益维护】 联合公检法等部门，推进荣成市成年人参与未成年人刑事案件相关工作有序运行；将青年心理专家、法律专家16人纳入青少年事务社会工作专业人才库，统筹开展“法制、自护教育进校园”、青少年模拟法庭活动50场次。完成全国第三轮重点青少年群体服务管理和预防犯罪工作，成为全省5个获得优秀评价单位之一。

【“微心愿”公益品牌】 以荣成团市委微信平台、微博为媒介，依托国际社工日、志愿者日及“五四”青年节等节点，打造“微心愿”公益品牌，开展活动20期，参加社会爱心人士300多名，帮扶贫困青少年271名。同时推进捐建乡村学校图书室活动，募集图书1100多册、少儿刊物600份送往崖西、荫子等内陆镇小学。

【青春扶贫主题志愿活动】 全年为困难学生募集发放助学金10.18万元。联系学校辅导员逐一走访特困学生，查找家庭致贫原因，组织省、市级16个青年文明号单位、部分青联委员、爱心团队及威海爱心企业家到滕家、石岛、荫子、埠柳等地开展“牵手1+1”助学活动，对30名特困学生建立长期结对帮扶；对留守儿童开展“牵手关爱·感受城市”活动，12月4日，组织志愿者带领儿童参观博物馆、海展馆、大天鹅保护基地等，感受城市发展变化。

【纪念“五四”活动】 举行“激扬青春·文明起航”五四青年运动会暨青春扶贫志愿活动启动仪式。来自全市各行各业的500余名青年参加运动会和启动仪式，运动会设有集体跳绳、拔河等8个竞赛项目，同步开展“微心愿”认领、爱心图书捐赠等精准扶贫项目，认领“微心愿”18个、捐赠图书1100余册。在市热电燃气集团有限公司开展“荣成大明星青年节专场”比赛活动，39名青年参加活动。

【第十三届“荣成十大杰出青年”评选表彰活动】 团市委、市广播电视台、市新闻中心、市青年联合会联合开展第十三届“荣成十大杰出青年”评选活动，经过社会推荐、资格审查、网络评选、组织考察等各项严格程序，最终评选出第十三届“荣成十大杰出青年”，并召开座谈会。

第十三届“荣成十大杰出青年”

表14

姓名	年龄	单位及职务
王　洁	34	荣成市公共交通有限公司驾驶员，113路班组长
刘新刚	34	威海报业集团荣成传媒公司采编部副主任
许云德	40	荣成市岗西村党支部书记、村委主任
何英萍	40	荣成市人民医院急诊科护士长
张宗霞	39	荣成市人民检察院控申科科长
张洪彬	34	荣成市社会劳动保险事业处退管科科长、团支部书记

姓名	年龄	单位及职务
李晓刚	39	荣成市石岛实验小学校长
李雅楠	35	成山集团财务中心副经理
邹卫平	38	荣成市第一中学副校长
岳欣峰	40	荣成市妇幼保健院副院长

【直接联系青年工作】 举办2016年度全市团干部培训班，邀请青岛市团校优秀讲师授课，全市团干部及辅导员教师70余名参加。完成团干部在全国团干部教育管理网注册工作，直接联系青年4000余人，开展线上、线下活动280余次。开展“机关开放日”活动，经常性邀请青年文明号、青联委员、农村创业青年到团委座谈，组织机关干部到镇街青年组织中进行调研，每月开展1次集中性活动。

（李春芬）

荣成市妇女联合会

【概况】 荣成市妇联内设办公室（宣传部与其合署）、权益部、组织部、妇女儿童工作委员会办公室，有工作人员9人。全市有镇、街妇联组织22个，党政机关、事业单位妇委会31个，村、社区妇代会825个。2016年，市妇联被评为全国少年儿童“双有”主题教育活动优秀组织奖、全国少年儿童图文创作大赛优秀组织奖、“省幸福进家活动示范单位”、省少年儿童“美德在我家”书画摄影大赛优秀组织奖、荣成市落实目标责任制先进单位。

【妇女第十四次代表大会】 3月2日，荣成市妇女第十四次代表大会开幕。大会回顾总结了市妇女第十三次代表大会以来全市妇女工作，确定了今后五年妇女工作的目标和任务，团结动员广大妇女群众坚定信心，拼搏实干，为建设创新型城市、争当走在前列排头兵而努力奋斗。市领导及各界妇女代表271人出席大会，选举产生荣成市妇联第十四届执行委员会。

3月30日，市妇联第一期电子商务创业创新培训班开班　（市妇联提供）

【“三八”国际妇女节庆祝活动】 3月7日，邀请世界孔子协会常务副会长、孔子大学院副院长高泽民举行“家规家训家风”公益讲座，市领导及各界妇女代表420人聆听讲座。节日期间，全市各级妇女组织开展形式多样的庆祝活动，展开大规模的宣传报道，营造关心妇女工作、支持妇女工作的良好氛围。

【创业创新巾帼行动】 将开展“创业创新巾帼行动”作为年度重点、焦点和突破点，通过整合资源、搭建平台、提供服务，为全市妇女“点燃创业之火，拓宽创新之路”。依托市科技创业中心，多方整合资源，投资5万元，在市区打造完成巾帼电商创业孵化中心。在此基础上，按照辐射网络、零距离对接的思维，向基层镇村延伸触角，打造市、镇、村三级妇女电商创业基地。结合产业优势、培训成效，创建巾帼创业示范基地和示范点8处，组建巾帼电商创业培训团队，按照初期筛选、中期演练、精英提升3个梯次开展专业培训。截止2016年年底，组织各类电商创业培训32期，培训妇女1548人次，申请店铺120家，接单11万件，成交额500万元，有10家店铺达到3钻以上。

【新媒体建设】 积极实践新媒体建设，先后推出3个微信公众平台。正式开通运营“荣成市妇联”官方微信公众号，采取内容周更新制，发布微信65期288条，其中原创62条，成为传递妇工动态、展示巾帼风采最有力的宣传窗口。利用“荣成市妇女儿童活动中心”微信公众号，围绕六大功能，精心策划主题内容、灵活排版风格，成功推广宣传一系列公益活动、假期代管和培训课程，

3 月 2 日，荣成市妇女第十四次代表大会开幕　　（市妇联提供）

受训受益妇女、儿童、青年达 3000 人次，为全面树立中心的公益品牌形象夯实宣传基础。联合威海众诺网络公司于“母亲节”前夕推出“荣成妈妈网”微信公众平台，吸引 1211 名荣成妈妈成为粉丝。

【家庭和谐建设】　继续开展寻找“最美家庭”活动，挖掘孝老爱亲、最美书香等方面的优秀家庭典型 27 个，其中 1 个家庭被评为山东省孝老爱亲最美家庭，14 个家庭被评为威海最美书香家庭；开展“荣成好儿媳”评选活动，在“中国荣成”微信公众平台发出倡议，公布 20 名候选人事迹。投票期间，平台访问量 95.3 万人次，参加投票的微友 17.4 万人次，并联合市电视台举办泰祥杯“荣成好儿媳”评选颁奖仪式，营造“弘扬家庭美德共建文明城市”的浓厚氛围。其中王连街道“好儿媳”穆桂卿先后被评为山东好人和中国好人，另有 4 名好儿媳被评为威海好人。

2016 年省市级最美家庭一览表

表 15

荣誉称号	家庭名称	地　址
山东省孝老爱亲最美家庭	毕海平家庭	荣成市崖头街道成山奥苑
威海最美书香家庭	王燕舞家庭	荣成市崖头街道青阳西区
威海最美书香家庭	苏丽华家庭	荣成市崖头街道杏林西区
威海最美书香家庭	李冬梅家庭	荣成市崖头街道荷塘北区
威海最美书香家庭	张艳丽家庭	荣成市崖头街道三环嘉苑
威海最美书香家庭	张　耿家庭	荣成市崖头街道国泰小区
威海最美书香家庭	毕运廷家庭	荣成市东山街道东山北路
威海最美书香家庭	张洪鑫家庭	荣成市东山街道东山中心卫生院
威海最美书香家庭	周炳国家庭	荣成市成山镇小西庄村
威海最美书香家庭	刘文革家庭	荣成市崖头街道道南于家
威海最美书香家庭	鞠晓玲家庭	荣成市崖头街道刘家小区
威海最美书香家庭	王晓燕家庭	荣成市崖头街道青阳西区
威海最美书香家庭	于燕青家庭	荣成市崖头街道得润居
威海最美书香家庭	王　芳家庭	荣成市崖头街道黎明中区
威海最美书香家庭	邹伟伟家庭	荣成市崖头街道台上刘家小区

【爱心工程】 开展“社会妈妈”虹桥拉手活动,发动社会各界捐款63.7万元,资助孤贫儿童735人次,涌现爱心助学典范41个。开展“巾帼爱心超市”捐赠活动,先后发动爱心单位及爱心人士,捐赠物资1.1万件。同时,结合精准扶贫巾帼行动,在扶贫村新建两处“巾帼爱心超市”。开展贫困母亲“两癌”救助,申请各级救助资金24万元,救助贫困妇女41名。

【维护妇女儿童权益】 加强普法宣传,持续开展“建设法治中国·巾帼在行动”活动,以“三八”妇女维权周、法制宣传月、国家宪法日等有利时机,大力宣传相关法律法规,印制发放宣传资料2万份。同时,突破常规,跨越传统宣传局限,利用市妇联官方微信平台,专题刊发了以《反家庭暴力法》为主要内容的系列普法知识,让妇女群众全方位、多视角地了解反家暴法内容。结合12338维权热线等做好妇女信访接待工作,接待来信来访40余件,处结率达到99%。

【巾帼志愿服务活动】 2016年12月20日,荣成市巾帼志愿者协会成立,选举产生会长、副会长、秘书长以及理事25名。广大巾帼志愿者围绕创建文明城市、关爱留守儿童、关爱贫困母亲、维护合法权益、帮贫助困等,全年开展志愿服务活动120场次,使巾帼志愿服务贴近家庭、贴近生活、贴近群众。

【妇女儿童活动中心工作】 中心在初步树立良好社会品牌形象的基础上,进一步适应形势发展,先后开设18个专业、35期培训班,举办少儿寒暑假训练营6期,开展公益活动33场次,承接大型联欢演出9场次,全面搭建全市妇女儿童活动、培训、教育和展示的崭新平台;结合荣成旅游特色,联合山东聆听心灵企业,举办“唤醒生命”篇之“碧海蓝天”亲子游暑期训练营,既引进先进教育理念、又推介荣成风光。

【阵地建设】 强力推进妇女儿童活动阵地建设,按照“一园一特色”的工作思路,建成1处省级、3处市级妇女儿童家园、3处留守流动儿童活动站。其中,省级妇儿家园——斥山街道东寨社区妇儿家园,受到省、威海市妇联领导多次现场观摩,给予高度评价,在省级配套资金7万元的基础上,首次争取威海市妇联配套资金7万元,实现家园项目配套资金数额的新突破。

2016年市妇联阵地建设情况表

表16

级别	名称	备注
山东省级妇儿家园	斥山街道东寨社区妇儿家园	省市妇联领导多次现场观摩,并给予高度评价。
荣成市级妇儿家园	人和镇北齐山社区妇儿家园	
	东山街道石头河社区妇儿家园	
	埠柳镇东初家村妇儿家园	
荣成市留守流动儿童活动站	人和镇金宝贝幼儿园	
	青山小学	
	东山街道石头河社区	

【妇联组织自身建设】 按照“请进来、走出去、沉下去”的原则,在妇女群众中大兴学习之风。先后启动“爱家讲堂”“父母学堂”,特邀卫生部“全国健康教育专家”余惕君、全国道德文化专家高泽民、团中央《知心姐姐》报告团著名讲师林雁美等专家学者开展大型公益培训,成为绽放荣成女性家庭与事业魅力的崭新品牌。参加全国县级妇联主席岗位能力建设培训班,并代表学员作表态发言;赴山东女子学院举办“创业能力与创新精神提升”培训班,成为近年来首次走进省城、走进高等学府开展的规模最大、时间最长、课程最精的专题培训。举办全市农村妇代会主任、全市“创业创新巾帼行动”骨干等系列培训班,不断激发广大妇女干部干事创业新活力。

（徐　芳）

荣成市科学技术协会

【概况】 荣成市科学技术协会内设办公室、科普部、学会部3个部室,有工作人员9人。市科协是全市科技工作者的群众组织,是市委领导下的人民团体,是党和政府联系科技工作者的桥梁和纽带,是推动科学技术事业发展的重要力量。多年来，市科协紧紧围绕市委、市政府中心工作，全面贯彻“科学技术是第一生产力”的方针，坚持“三服务一加强”的工作定位，在科学普及、学术交流、基层科普网络建设、青少年科技教育等方面做了大量工作，为全市的改革、发展、稳定和科技进步做出了积极贡献。先后被山东省科协等部门授予“山东省青少年发明创造比赛优秀组织单位”“科技宣传先进单位”“山东省科协系统先进集体”等称号。2000 年荣成市被山东省科协命名为“全省科普示范市”，2004 和 2008 年被中国科协命名为“全国科普示范市”，2011 年被中国科协命名为“2011 年—2015 年全国科普示范县(市、区)”，2013 年被山东省科协命名为首届山东省科学城市。2015 年被评为全国农村网络知识竞赛县级优秀组织单位。

9 月 21 日，“核你携手，共享清洁能源”核电科普公众开放日（市科协提供）

【为科技工作者服务】 **做联系科技工作者贴心人** 11 月 2 日，召开科技工作者座谈会。组织与会企业科技负责人针对本行业现状和技术创新方面的先进经验进行交流，传达荣成市科技人才政策，并对科协系统表彰先进科技工作者的相关工作以及山东省科技信息推广应用项目的基本情况做详细介绍。12 月 15 日，开展科协会员日活动。组织部分企业科技工作者、农技协会员 20 余人，赴荣佳动力有限公司、泰祥集团、华能石岛湾核电科技馆等单位进行实地观摩学习，到郭永怀事迹陈列馆接受红色教育。多次召开座谈会，与科技工作者进行经验交流，密切与科技工作者情感联系，做科技工作者的贴心人。

举荐表彰优秀科技工作者 推荐优秀科技工作者参加 2016 年度威海市优秀科技工作者的评选，5 人获评“2016 年度威海市优秀科技工作者名单”，王燕(荣成市中医院)、王丽娜(威海百合生物技术股份有限公司)、刘新杰(荣成市海洋环境监测中心)、孙永军(好当家集团有限公司)、权政涛(荣成市石岛人民医院)。

【科普基础设施建设】 9 月，考察推荐映红山社区、玉龙社区、西霞口野生动物园科普教育基地和荣成市泓泰海洋科普教育基地 4 个单位参加威海市级优秀科普示范社区和科普教育基地的评选。价值 2 万元的科普图书给 4 所社区科普大学。

【举办前沿热点科普讲座】 **举办社区科普大讲堂** 组织专家到三环、曙光、河东、映红山、大鱼岛等社区举办低碳生活、食品安全、卫生保健、防震减灾、节约用水等主题的“社区科普大讲堂”50 余场。

举办各类科普讲座 依据作物生长时节，利用农闲时间，组织农技协专家到各镇村举办花生玉米种植高产技术、果树种植技术、西洋参栽培技术等培训班 60 余场。

【特色主题科普活动】 **开展全国科技活动周活动** 5 月 14 日—21 日是第 16 个全国科技活动周。市科协围绕“创新引领共享发展”的主题，开展系列丰富多彩、富有教益的科技活动，提升创新科技在日常生活中的引领作用率，使广大市民共享创新科技的发展成果，同时提高公众对科技创新重要性的认识和理解。

深入学校开展科技活动。5 月 16 日，市科协和石岛管理区联合在石岛实验中学举行科技活动周启动仪式，标志全市科技活动周正式拉开帷幕。在启动仪式当天举行的青少年创新作品展上，管理区师生代表 500 多人现场参观创新作品 200 多件。这些作品全部由中小学生自己创作，不仅美观，而且有很高的实用价值，涉及电子科技、艺术鉴赏、节能环保、废品循环再利用等方方面面，集中展现管理区中小学生的科技创新意识、动手能力和良好的科学文化素质。5 月 17 日，在石岛管理区举办科学素质知识大赛，来自全区 6 个中学校区的 24 名参赛选手参加，近 1000 名师生观看比赛。大赛内容涉及天文地理、科技常识、创新应用各个方面。经过激烈角逐，第九中学、石岛湾中学、石岛实验中学分别获得团体前三名。通过比赛，旨在让参与的每名学生感受到自然的奥秘，体会到科学的力量，收获知识的硕果。

免费开放科技馆、科普教育基地等科技场馆。组织部分中小学校学生到市海洋科技馆、石岛气象台、核电站等科普教育基地参观学习，亲身体验科技魅力，激发创新创造兴趣。

组织科技工作者送科技到镇村、社区。邀请科技工作者走进农村和社区举办科普讲座活动，邀请医疗保健等方面的专业人员到全市 10 多个城市社区及部分农村社区，开展家庭急救知识科普讲座，使公众近距离学习到正确处理生命急救的健康知识。各镇街科协同时相继开展防震减灾、食品安全、低碳生活等宣传活动，分发各类宣传明白纸10000多份，举办各类科普知识讲座20多场次，受益居民达到2000多人次。

普及农业先进技术，提高农民科学素养。5月18日，市科协召开农业生产技术现场观摩会，观摩新品种花生种植现场及虎山农业种植协会植保器械、花生玉米新品种展示，观看多旋翼遥控飞机进行小麦病虫害飞防演示，邀请威海农科院专家介绍最新的农业技术。

开展农资惠农活动。市科协和农技协联合会派出专门工作人员及农业专家，举行春季花生高产技术讲座，配送质量可靠的专用农资。科技周期间，农资惠农活动普及10个镇街170多个村，培训农民6700多人，完成466.67公顷花生专用肥订购配送，向农民赠送价值42万元的海洋生物肥。

科技活动周科普宣传活动 5月16日—21日，市科协邀请医疗、保健方面的专业人员到全市10多个城市社区及部分农村社区，开展家庭急救知识讲座，向居民讲解正确处理生命急救方面的健康知识。其他镇街科协同时开展防震减灾、食品安全、低碳生活等宣传活动，共分发各类宣传明白纸10000余份。全市共举办讲座20多场次，受益居民达到2000人次。

“5·12”防灾减灾科普宣传活动

5月9日—15日，开展以“减少灾害风险建设安全城市”为主题的防灾减灾科普宣传活动。市科协充分发动基层科协组织广泛深入镇村、社区、学校、企业及机关事业单位，通过举办防震减灾科普知识讲座、观看电影、摆放看板、制作板报、各种应急演练等形式，进一步提高城市防灾减灾能力。防震减灾宣传周期间，发放各类防震减灾知识宣传材料10000余份，各相关企业、镇村、社区、学校等将有针对性组织防灾减灾宣传讲座和应急逃生演练活动50余场。

食品安全周主题宣传活动 6月13日—27日，以“尚德守法共治共享食品安全”为主题的食品安全周期间，举办食品安全科普知识讲座，组织各镇（街）科协在农村、社区举办食品、药品安全等内容的科普专题讲座及咨询服务活动；利用市集宣传、发放明白纸等形式宣传食品、药品安全；利用数字科普终端宣传食品安全知识，组织群众观看食品安全科普专题片，普及食品安全知识、法规。

“全国科普日”系列活动 9月第三个周末是“全国科普日”，17日—23日开展以“创新放飞梦想，科技引领未来”为主题的全国科普日系列活动：由市科协投资建设的石岛湾中学校园数字科普展馆举办开馆仪式，学生将更便捷更直观地掌握最新科学知识；组织各镇、区、街道科协干部和部分科普带头人48人参加“农业新品种展示暨参观科普教育基地”活动；与华能石岛湾核电站共同举办“核你携手，共享清洁能源”核电科普公众开放日活动，组织科协干部、科普带头人通过参观展厅、模拟机、工程现场等方式了解核电站概况，与公司领导、各岗位员工代表座谈交流，对核电的安全性、科普知识有了进一步的了解。科普日期间，全市有6处科普教育基地举办开放日相关活动；组织各镇、区、街道科协开展丰富多彩的科普宣传活动。

4月26日，2016年威海市暨荣成市“青少年科普报告百校行、希望行活动”启动仪式在荣成市第二中学大礼堂举行 （市科协提供）

【青少年科普教育】 **2016年青少年科普报告百校行活动** 4月25日—28日，邀请中国科学院老科学家科普演讲团和山东省青少年科普专家团的专家5人到荣成为全市中小学校师生做科普报告18场。向全市中小学生普及现代科学知识，提高青少年的科学素养，推动素质教育工作的进一步开展。

举办以“创新引领共享发展”为主题的系列活动 5月16日，在石岛实验中学礼堂举办科技活动周启动仪式，在之后的青少年创新作品展上，展出200余件创新作品，石岛管理区500余名师生参观了展览；17日，为进一步普及科技知识，提高青少年科学素质，市科协在石岛管理区举办科学素质知识大赛，来自6个中学校区的24名参赛选手参加，近1000名师生观看比赛。

培养青少年科学兴趣，提高动手能力 组织全市中小学生参加威海市第31届青少年科技创新大赛，全市17项作品获得威海市级一等奖并参加了山东省级评比。其中，获得省级一等奖6项，二等奖8项，三等奖3项。6项一等奖优秀作品参加国家级评比，其中，获得国家级一等奖1项。

【制定《全民科学素质行动计划纲要》】

11月，根据《山东省全民科学素质行动计划纲要实施方案（2016—2020年）》（鲁政办发〔2016〕19号）、《威海市全民科学素质行动计划纲要实施方案（2016—2020年）》（威政办发〔2016〕7号），结合荣成市实际，制定《荣成市十三五全民科学素质行动计划纲要实施方案》。

(曲绘宁)

荣成市工商业联合会

【概况】 荣成市工商业联合会(总商会),内设办公室、经济与联络科两个科室,工作人员6人。有会员8035个,其中企业会员1803个,团体会员24个,个人会员6232个。有异地商会1个,同(行)业商会1个,镇街商会22个。

【非公有制经济人士理想信念教育实践活动】 以"守法诚信,增强发展信心"为重点,深化理想信念教育实践活动。通过举办培训班、走访座谈等形式,宣传党的方针政策、宣传全市中心工作及产业政策,确保非公有利人士与党委政府思想上同心同德、目标上同心同向、行动上同心同行,促进企业发展与全市发展"合拍共振",增强非公有利人士对中国特色社会主义的信念、对党和政府的信任、对企业发展的信心、对社会的信誉和"致富思源、富而思进"的理念。4月,利用召开执委会的机会,召开企业征信培训会,印发《诚信兴商倡议书》,倡议非公有利经济人士诚信守法经营、加强信用自律、勇担社会责任、接受社会监督,以诚实守信促进企业健康发展。

【服务会员企业发展】 深入开展学习交流。坚持"团结、服务、引导、教育"方针,实施非公有制经济人士素质提升培训工程。通过实地走访、电话访问、微信交流、信箱留言等方式对会员企业进行培训需求调查,有针对性地制定荣成市工商联会员企业年度培训计划;组织执委企业负责人实地观摩全市重点工程项目以及不同类型的6家会员以上企业,促进执委企业家转变发展观念,提高适应经济发展新常态的能力;根据荣成市委、市政府"百千万"英才计划工作部署,按照"企业牵线、政府搭台、专家唱戏"的思路,由企业根据需求确定培训内容、联系讲课专家,组织开展"企业大讲堂"。

【加强法律维权和仲裁服务】 3月挂牌成立"荣成市工商联(总商会)法律维权服务中心",为会员企业优惠担任法律顾问,代理企业参与处理诉讼、仲裁和非诉讼法律事务等事宜。全年为会员企业提供法律咨询服务100多人次,举办"企业法律风险防范培训班",提高会员企业运用法律武器解决防范经济纠纷的能力,帮助和引导会员增强法律意识,维护会员合法权益,促进会员企业健康发展。

【扶贫工作】 不断拓展"民企帮村"活动范围,覆盖了助学、农村环境综合整治、参与扶贫开发等领域。制定《荣成市非公经济人士精准扶贫行动实施方案》,举办"精准扶贫培训班",引导、支持、鼓励非公有利经济人士按照"积极参与、尽力而为、量力而行"的原则,根据贫困村的实际情况及企业能力开展智力包扶、技术包扶等多种包扶活动。2016年新增5家企业与省定贫困村结成帮扶对子,投入35万元,完成年度包扶计划;联合威海莆田商会与吉兴商场、王华商城、泰祥集团、盛泉集团,开展捐资助学行动,捐助贫困学生24人。

【工商联组织建设】 **优化会员队伍结构** 按照面向工商界、以民营经济及代表人士为主体、广泛性和代表性相结合的原则,做好会员发展工作,初步形成行业领军企业和规模以上企业基本覆盖,新兴产业、现代服务和科技型企业占较大比重,优秀小微企业和个体工商户迅速融入的会员新格局。发展万源房地产、万福苑养老、绿盾征信、苹果售后等10家执委企业,基层商会发展会员企业260余家。

加强基层商会建设 立足区域经济发展大局,把基层商会建设作为抓基层、打基础的突破口,结合自身实际,以打造特色商会品牌为目标,优势互补、和谐共赢,不断探索新形式下商会工作的新模式、新方法。着重加强基层商会党建工作,下发《关于加强商会党建工作的通知》,对镇街商会进行全面理顺,将小微企业、个体工商户、商二代三个群体作为重点,纳入商会组织,强化"党建引领、服务立会"的工作理念,开展商会品牌建设工作,走出一条具有基层商会特色发展之路,为工商联事业发展注入了新的活力。

(连慧敏)

12月23日,荣成市工商业联合会(总商会)第八次会员代表大会召开

(市工商联提供)

荣成 RONG CHENG 自由呼吸 自在荣成

法　治

Rule of Law

◎ 政法委及综治工作

◎ 法治政府建设

◎ 公　安

◎ 检　察

◎ 法　院

◎ 司法行政

◎ 重大案例

政法委及综治工作

【概况】 中国共产党荣成市委员会政法委员会是市委领导、管理政法工作的职能部门，主要任务是宏观指导、协调、监督、检查政法机关等部门开展工作，维护社会稳定。荣成市社会管理综合治理委员会办公室与其合署。市委政法委内设办公室、市涉法涉诉信访问题处理工作办公室、市打击走私综合治理领导小组办公室、综治指导科、综合协调科、研究室、政工科。有工作人员 13 人。

2016 年，全市政法综治系统以服务保障创新型荣成建设为主线，切实履行维护社会大局稳定、促进社会公平正义、保障人民安居乐业职责使命，着力推进基层基础、安全防控、依法治理、矛盾排调、政法改革五大重点工作，有力地保障了全市社会大局的持续和谐稳定。全市刑事案件发案率比上年下降 22.6%，群众来访批次下降 10%，集体访批次和人次分别下降 14.4% 和 6.3%，进京非正常上访下降 69.7%，人民群众社会治安安全感显著提高。

【海陆一体平安】 围绕“打造最平安城市，推进海陆一体平安建设”目标，积极落实配套工作措施。制度保障方面，围绕海岸带管护、海域使用、渔船管控等方面，先后出台《荣成市海洋渔业安全生产管理规定》《荣成市渔船专项整治行动实施方案》等 6 个制度性文件，对组织领导、部门职责、渔船管理、船员招用等方面，进行全面规范、完善。机构理顺方面，成立海上案（事）件处置工作领导小组，完善海上案（事）件处置工作规范，有效解决多头管海、协调不畅的问题。人员配备方面，2016 年市委、市政府为公安机关增配辅警 108 名，全市正式干警 899 人、辅警 1300 多人；进一步充实、配强基层群防群治力量，镇街治安联防队骨干人员始终保持在 400 人以上；系统培训人民调解员 1300 多名，推行“持证上岗、亮证调解”；充实企事业单位内保力量，全市中小学校、养老福利机构配备专职保安 320 多名，275 家企业配备专职保安人员 1756 名。

【重点部位防控】 港口、码头和城铁站等部位和治安重点单位，既是人流、物流密集区域，也是治安问题、矛盾纠纷多发区域。2016 年，全市政法综治部门重点在这些部位下功夫、抓防范，有效提升区域平安水平。抓港口码头专项整治，部署开展“反偷渡、反走私”、沿海治安秩序整治等专项行动，集中整治海上治安、安全生产、港船管理秩序，严厉打击走私偷渡、违规出海、盗抢海产品等违法行为，办理涉海案件 148 起，处罚人员 208 名。抓治安重点单位隐患排查，先后组织开展“缉枪治爆”、人员清查、隐患排查等活动，督导 1091 家重点单位深入整改治安隐患，掌握反恐防暴和公共安全工作主动权。抓城铁站及周边治安管控，协调相关部门及涉路机构、涉路镇街，对城铁站及周边保持高强度巡防，重要节点格外加大巡逻密度，时刻保持高度警惕；开展消防、反恐防暴演练 5 次，提升城铁站及周边安保水平。

【科技打防工作】 把大数据应用作为增强治安防控能力的着力点，积极应用推广现代化技术手段，不断提升社会平安指数。在“十三五”规划中，为政法机关规划机构建设、基础设施、治安防控、信息化四大类 90 个具体项目，全部由市里出资，分五年完成。研究制定《加强设施装备建设三年规划（2016—2018 年）》，三年预计投资 1.2 亿元，对政法办公用房、基础设施、车辆设备等进行更新换代。2016 年投资 4500 万元，新建技侦工作站、DNA 实验室等基础设施 8 处，升级改造执法办案区等设施 67 处，配备技侦、网安、办案等装备 560 套件，新购置警用车辆 50 台。依托荣成市社会治理信息化平台建设，完成平安荣成监控项目、指挥大厅建设项目、智慧交通项目建设任务，新增业务用房 3000 平方米，安装 1643 台前端设备，后台设备上架 5PB 存储、73 台服务器。将征信管理办公室、社会管理服务研判中心、民生 110、民心网、市长热线和公安情报信息、综治“网格化”管理等力量，全部纳入信息化平台，形成 50 多人的大数据处理应用队伍。2016 年，依据大数据分析研判，先后组织开展打击“盗抢骗”、电信网络诈骗等专项行动 12 项，侦破刑事案件 841 起，比上年上升 34.7%；打掉犯罪团伙 32 个，上升 121%；全市街面违法犯罪率下降 21.3%。

【法治服务】 立足面向基层、面向群众，不断提升“法治荣成”建设的总体水平。建成市法治宣传教育中心，设法律书籍阅览、普法视频放映、廉政警示教育三个区域，综合运用现代科技手段，培训基层党员干部群众 2700 多人次。以“3·15”消费者权益日、“12·4”国家宪法日等为契机，加大《宪法》《消费者权益保障法》等法律法规宣传力度，共开展大型普法活动 8 场次，发放宣传资料 3 万余份，提供法律咨询 650 多人次。在市电视台、《荣成时讯》分别开辟专栏，设置“生活与法”“法制讲堂”“律师在线”等 8 个栏目，在市政府网站开通“全民普法在行动”专栏，建立荣成普法宣传公众微信号，实现普法宣传的全覆盖。加强企业普法工作，市委、市政府下发《关于在全市企业开展普法宣传教育的实施方案》，制定《企业普法宣传教育配档表》，将 36 项普法任务分解落实到 11 个职能部门，各职能部门牵头到 120 多家重点企业开展普法宣传活动，培训企业经营管理人员和财会人员 9200 多人次。建成港湾、王连、上庄、东山 4 处镇级公共法律服务中心，设立公共法律服务大厅，设置法律援助、公证律师、司法鉴定、人民调解等便民服务窗口，为 2000 多名群众提供土地征用、房屋拆迁等方面的法律咨询服务。

【矛盾纠纷化解】 针对群众诉求日益多元趋势，围绕源头化解、多元化解、综合化解思路，有的放矢落实矛盾化解措施。依据《关于建立重大事项社会风险评估制度的实施意见》，组织对全市 150

多项重点工程、重大决策，逐一进行风险评估，确保推进中不出现大规模群体性事件。落实《山东省多元化解纠纷促进条例》，出台矛盾纠纷多元化解、律师参与信访工作、涉法涉诉案件处置三项制度，并建立配套的处置流程、奖惩考核等机制，矛盾纠纷化解体系进一步完善。针对婚姻家庭、交通事故、涉企纠纷多发的实际，组织法院、公安、司法等部门共同打造家庭婚姻调解、企业法务调解、交通事故调解三大诉调对接平台，交通事故、涉企纠纷诉讼比上年均下降10%以上，婚姻、继承案件诉前调解成功率达80%以上。建立信访信息征集研判提报制度，以全市1143个信访信息征集网格为重点，对网格内可能出现的信访问题，及时汇总、分析、处置；对24个信访老户和75处信访隐患，采取“一对一”“多对一”“白加黑”等方法，加大化解、稳控力度，确保将人员吸附在当地。对年初排查的44起重点信访积案，分解到市委、市人大常委会、市政府、市政协领导班子，落实到23名市级领导和29个责任单位，按照“五个一”要求，全部制定化解方案，化解信访积案24起，化解率达到54%。

【政法改革工作】 稳妥推进司法体制改革，对暂不承担的改革任务，组织法院、检察院主动学习上级精神和外地经验，做好改革准备工作；对于上级部署的员额制改革等工作，督导法院、检察院严格按照程序，稳妥有序推进。2016年，市法院、检察院通过组织考试、召开考核会议、确定推荐人员、开展组织考察、录入遴选系统等程序，认真做好法官、检察官员额制改革工作。加强政法部门协调联动。在市级，每月召开一次政法工作例会，对于政法各部门的重点工作、疑难案件、重大活动等，进行协调调度，督导政法各部门加强协作配合，形成工作合力。在基层，协调各法庭、检察室、派出所、司法所，建立沟通联络、情报交流、配合协作机制，更好地配合地方党委政府的平安建设工作，更高效地服务基层群众。全面整顿队伍纪律作风，在全市政法系统中开展“纪律作风整顿年”专项活动，组织政法干警围绕纪律禁令遵守不严、法治意识淡薄、工作落实不力等八个方面，查摆整改突出问题200多项，实现突出问题得到彻底整改、思想作风明显转变、法纪观念明显增强、群众满意度明显提升目标。

（孙英俊）

法治政府建设

【概况】 荣成市人民政府法制办公室为正科级行政单位，与荣成市人民政府行政复议委员会办公室合署办公，设综合科（立案科与其合署）、法规科（监督科与其合署）、法制协调科、审理科6个科室，有工作人员7人。2016年，市法制办深入贯彻中共十八大及十八届三中、四中、五中、六中全会和习近平总书记系列重要讲话精神，按照国家、省及威海市法治政府建设实施纲要的总体要求，扎实推进依法行政、加快法治政府建设，取得明显成效，被评为“全省依法行政先进集体”。

【行政体制改革】 **创新行政服务方式** 着眼服务型政府建设，清理压减行政审批事项，审批事项精简39%，压减审批环节97个，审批事项办结时限压减至法定时限的三分之一。积极推进“互联网+政务服务”，市镇村三级联网的市政务服务网上平台正式使用，市直36个部门的299项行政许可和服务事项实行网上办理镇街616项审批服务事项录入平台，打通了行政审批“最后一公里”。深化行政审批事中事后监管，在“放、管、服”中推行规范化、便利化、契约化、清单式管理。认真落实“先照后证”“多证合一”等登记制度改革，全面优化公共服务。

全面推进政务公开 把公开权力清单、负面清单、责任清单作为规范行政权力的切入口，坚持以公开为常态、不公开为例外原则，推进决策公开、执行公开、管理公开、服务公开、结果公开。完善行政权力运行平台，建立健全重大行政决策和规范性文件公开征求意见、服务结果公示、政府信息公开等行政权力事项公开工作机制，不断提高政府工作的透明度和人民群众的参与度，自觉接受社会监督，充分保障人民群众的知情权和监督权，规范行政权力运行，切实做到“清权、减权、制权”。2016年，在政府门户网站及部门网站上晒出权力清单，保留权力清单4168项，责任清单2220项。

【依法行政体系】 **严格行政决策程序** 认真落实重大行政决策程序规定，对涉及经济社会发展全局、与人民群众利益密切相关的重大决策事项，以及专业性、技术性较强的决策事项，注重听取人大代表、政协委员和人民团体、基层组织、专家学者及专业机构的意见，科学论证评估。严格执行合法性审查和集体讨论决定程序，完善法制机构负责人列席政府常务会议和部门班子会制度，确保依法科学民主决策。

加强规范性文件管理 推进政府规范性文件制定精细化，不断提高政府规范性文件制定的质量和效率，积极拓展社会各方有序参与政府规范性文件制定过程，通过《荣成时讯》、政府门户网站向社会公开征集建议，有效提升政府规范性文件的科学化、民主化水平，在文件公布过程中，有效落实规范性文件统一登记、统一编号、统一公布的“三统一”制度和流程。2016年，根据经济社会发展需要及法律、法规、规章制度变化情况，组织清理政府规范性文件189件。

完善政府法律顾问制度 修订《荣成市人民政府法律顾问考核办法》《荣成市人民政府法律顾问办理政府法律事务工作程序规定》等，进一步完善法律顾问工作机制，强化法律顾问考核管理。2016年，政府法律顾问参与市政府重大决策合法性审查12次，为规范性文件提供审查意见19条，审查合同协议33份，代理诉讼案件、处理涉法性信访等143次。

【行政执法工作】 **落实行政执法责任** 组织行政执法部门对各自执法依据、

岗位职责、执法程序、执法责任及配套制度进行修订完善，开展行政执法案卷专项检查和执法评议考核，并严格考核结果运用，确保行政执法责任落到实处。

完善行政执法程序 严格落实行政处罚裁量基准制度，全市行政执法部门对原有行政处罚自由裁量基准及相关配套制度进行评估、修订、调整和完善。建立重大执法决定法制审核制度，行政执法部门按行政许可、行政处罚、行政强制、行政征收等分类制定本部门重大行政执法决定法制审核范围和具体标准，规范了执法程序。

推行执法体制改革 整合海洋渔业执法机构、城市管理和文化市场执法机构，设立镇街安监中队，强化环保执法力量，在全市范围内打造"横向部门和部门联动、纵向部门和区域联动"的综合执法体制，实现行政执法全覆盖、零死角。

强化全员学法制度 将行政执法人员培训列入干部年度培训计划，每年安排专项资金，用于行政执法人员培训，提高领导干部的法治意识，提升行政执法人员的执法水平。2016 年，在开展全市 2000 多人集中培训的基础上，各行政执法机构结合本单位工作实际开展实务培训，并选派 54 名部门分管负责人和执法队伍负责人赴中国政法大学进行专题培训。

【矛盾调处机制】 **健全纠纷化解机制**

大力推进行业性、专业性调解组织建设，织密调解组织网络，建立行政调解平台，在全市 35 个部门建立行政调解中心，并整合多方力量，形成人民调解、行政调解、司法调解"三调联动"的大调解体系，受理行政争议 210 起。

积极推进行政复议 完善行政复议案件审理机制，将行政复议调解、和解作为"案结事了、定纷止争"的首选，对案情疑难复杂、涉及重大公共利益等案件，采用公开听证、召开行政复议委员会案件审理会议的方式进行审理，不断增强行政复议的公信力和透明度。健全行政机关与司法机关协调沟通机制，与市法院组织召开行政复议和行政诉讼工作会议，实现司法与行政良性互动。2016 年受理、结转行政复议案件 29 件，召开听证会、审理会 8 次，撤销、终止案件 7 起，确认违法 1 起。

扎实开展行政应诉 在市政府常务会议上专题学习国务院办公厅《关于进一步加强和改进行政应诉工作的意见》，制订荣成市行政应诉工作规定，对加强和改进行政应诉工作提出明确要求和具体措施，要求行政机关负责人严格落实出庭应诉规定，建立行政诉讼败诉报告制度，不断规范行政应诉工作。

【行政监督制约】 **完善纠错问责机制**

认真贯彻落实《山东省行政执法监督条例》，积极探索监督手段，扩展监督范围，强化行政执法监督工作。每年选择 2—3 个行政执法工作量较大的单位开展专项监督活动，并形成书面材料予以通报。对在监督中发现的问题，严格按照《荣成市行政机关工作人员行政过错责任追究办法》，对有关责任人进行责任追究。先后对 8 个单位下发限期整改通知书，对 1 个行政行为进行纠正。

加强政府内部监督 制订《荣成市国家工作人员履职尽责负面清单》，强化机关干部队伍建设。健全完善领导干部个人有关事项报告制度，通过对领导干部"家产""家事"情况的核实验证，消除个别领导干部的侥幸心理，增强报告制度对领导干部的监督约束力。加大政府投资建设项目审计监督工作力度，开展财政部门信息化建设情况审计调查、财政存量资金和专项资金绩效审计调查。进一步加强财政预算执行管理，切实提高财政资金使用效益。加大违法违纪行为查处力度，开展"小官贪腐"专项治理和侵害群众利益突出问题专项治理等多个专项查办行动，积极推进廉洁政府建设。

自觉接受外部监督 自觉接受党内监督、人大监督、民主监督、司法监督、社会监督和舆论监督，形成科学有效的权力运行制约和监督体系。2016 年，"两会"期间征集人大意见、政协提案 126 件，对意见、提案的答复均经过政府法制办合法性审查，按时办复率达到 100%。健全政府领导班子与人大代表、政协委员日常联系制度，搭建"点对点"沟通平台，及时纠正决策和推进过程中的偏差。进一步整合"民生 110 热线""荣成民心网"资源，群众可以通过电话、网络对各部门、单位及工作人员的违规违法行为进行监督反映。

2016 年政府法制规范性文件目录

表 17

序号	规范性文件名称	文号	规范性文件登记号
1	荣成市自然人征信管理办法	荣政发〔2016〕1 号	RCDR—2016—0010001
2	荣成市社会法人征信管理办法	荣政发〔2016〕1 号	RCDR—2016—0010002
3	荣成市自然人和社会法人信用信息评价规定	荣政发〔2016〕1 号	RCDR—2016—0010003
4	荣成市个人信用奖惩管理办法	荣政发〔2016〕1 号	RCDR—2016—0010004

序号	规范性文件名称	文号	规范性文件登记号
5	荣成市行政许可处罚等信息双公示管理试行办法	荣政办发〔2016〕2 号	RCDR—2016—0020001
6	荣成市城乡集贸市场管理办法	荣政发〔2016〕2 号	RCDR—2016—0010005
7	荣成市有突出贡献的中青年专家选拔管理办法	荣政办发〔2016〕25 号	RCDR—2016—0020002
8	荣成市首席技师选拔管理办法	荣政办发〔2016〕22 号	RCDR—2016—0020003
9	荣成市和谐使者选拔管理办法	荣政办发〔2016〕23 号	RCDR—2016—0020004
10	荣成市信用服务机构管理暂行办法	荣政办发〔2016〕17 号	RCDR—2016—0020005
11	荣成市信用报告备案管理暂行办法	荣政办发〔2016〕17 号	RCDR—2016—0020006
12	荣成市乡村之星选拔管理暂行办法	荣政办发〔2016〕26 号	RCDR—2016—0020007
13	荣成市智慧城市建设项目审核管理暂行办法	荣政办发〔2016〕34 号	RCDR—2016—0020008
14	荣成市公益性公墓管理办法	荣政办发〔2016〕38 号	RCDR—2016—0020009
15	荣成市市级机关办公用房管理办法	荣政办发〔2016〕42 号	RCDR—2016—0020010
16	荣成市促进电子商务产业发展暂行办法	荣政办发〔2016〕49 号	RCDR—2016—0020011
17	荣成市政府投资项目管理办法	荣政发〔2016〕15 号	RCDR—2016—0010006
18	荣成市人民政府关于公布市政府规范性文件清理结果的通知	荣政发〔2016〕16 号	RCDR—2016—0010007
19	荣成市人民政府关于修改《荣成市建设项目一票制收费管理办法》等 17 件规范性文件的通知	荣政发〔2016〕17 号	RCDR—2016—0010008

（车　璐）

公　安

【概况】 市公安局内设 15 个职能科室为政工室（副科级）、指挥中心（副科级）、治安管理大队（副科级）、经济犯罪侦查大队（副科级）、国内安全保卫大队（副科级）、网络安全保卫大队（副科级）、出入境管理大队、法制大队、警务保障室、行政许可科、食品药品与环境犯罪侦查大队、禁毒大队、审计科、纪委、警务督察大队。7 个直属机构为交通警察大队（正科级）、刑事侦查大队（正科级）、特巡警一大队（副科级）、特巡警二大队（副科级）、特巡警三大队、看守所（副科级）、拘留所（副科级）。18 个派出机构为石岛分局（正科级）、荣安派出所、荣宁派出所、蜊江派出所、城西派出所、站前派出所、大疃派出所、黄山派出所、上庄派出所、王连派出所、滕家派出所、斥山派出所、荫子派出所、崖西派出所、埠柳派出所、夏庄派出所、港湾派出所、好运角旅游度假区工作站（正科级）。1 个事业单位为荣成市石岛消防队。

2016 年末，有人员 633 人，其中民警 578 人，工勤 39 人，事业人员 16 人。2016 年，市公安局紧紧围绕“平安荣

10 月 20 日，新招辅警队员进行岗前培训结业暨汇报演练 （市公安局提供）

成”建设总目标，围绕中心、服务大局，以重点工作为牵引，以改革创新为动力，以人民满意为标准，全面深化反侵财和禁毒会战，大力推进海陆一体平安建设，提升安全监管和突发事件处置救援能力，切实打好维护稳定的主动战、打防管控的整体战、“四项建设”的持久战，有力维护社会大局稳定和治安局势平稳。刑事案件侦破数比上年上升34.7%，其中11起现行命案全部侦破；刑事案件发案率下降22.6%、街面违法犯罪率下降21.3%；报警电话回访满意率99.2%，上升0.3个百分点。有18个先进集体、17名先进个人获得厅级荣誉称号；6个先进集体、93名先进个人获得威海级荣誉称号。

12月7日晚，全市“大巡防大清查”专项整治行动启动　（市公安局提供）

【维稳工作】 面对稳定形势出现的新情况，更加注重源头预防、稳妥处置，成功处置上访事件更加注重先手出击、先发制敌，侦办国保、反邪教案件22起；更加注重协同作战、整体防控，圆满完成了“两会”、“G20”峰会、十八届六中全会等重大安保警卫任务22项。

【打击防范】 紧抓打击主业不放松，积极构建合成作战机制，严打各类违法犯罪行为。全年侦破各类刑事案件841起，刑拘犯罪嫌疑人650名、逮捕犯罪嫌疑人237人，追回逃犯134名，打掉犯罪团伙32个，为社会挽回经济损失1600余万元。与上年相比，刑事案件侦破数上升34.7%、打掉犯罪团伙数上升121%。命案攻坚势头强劲，12起现行命案全部侦破，同时侦破命案积案两起，抓获犯罪嫌疑人18名；八类重点案件强力推进，立刑事案件128起，侦破106起，破案率82.8%，超出上级要求破案指标7.8个百分点；禁毒斗争战果丰硕，破获涉毒刑事案件71起、刑拘犯罪嫌疑人97名，行政处罚吸毒人员391名，强制隔离戒毒68名，缴获各类毒品5900克、毒品半成品及制毒原料50多千克；严打侵财犯罪力度大，破获系列“盗抢骗”案件1169起，抓获嫌疑人180名；严打经济犯罪紧抓不放，破获经济案件36起，比上年增加21%；严打食品药品犯罪呈亮点，侦破刑事案件24起。

9月20日，交警大队一中队民警指挥开展“礼让斑马线”活动
（市公安局提供）

【防控体系】 抢抓智慧城市建设有利契机，结合全面深化公安改革，以规划建设视频监控项目为重点，完成110指挥调度中心搬迁，建成视频监控中心、云计算中心、应急指挥大厅、合成作战中心等项目，安装高清监控摄像机2185台、治安卡口16处、Wi-Fi探针170部、简易卡口600部，配备车载视频85台、4G布控球5套、4G执法记录仪30部、无人机两架。同时，以大数据深度应用为重点，将市政、园林、公交、旅游、林业、城建等单位平台系统进行整合，实行联网共享。将“平安警务”和“智能交通”项目与市政府的“智慧城市”项目充分融合，确保一旦发生应急突发事件，全市各部门共享数据信息均可在公安应急指挥中心展示。根据视频资源分布情况，将全市划分为43个治安管控网格、8个交通安全巡防网格，形成巡特警为骨干、派出所为基础、其他警力和社会力量共同参与的巡防总布局，全年

通过巡逻防控查获各类案件800多起。2016年，全市刑事案件发案率下降22.6%、街面违法犯罪率下降21.3%。以信息化手段为主破获的刑事案件占60%以上。

【管理服务】　强化治安管理，开展“网上灭枪”、危爆物品检查整治等活动，查破“黄赌”案件76起、涉枪案件3起、非法运输烟花爆竹案件23起，收缴枪械4支、弹药182发、雷管83枚、烟花爆竹70余箱。根据季节特点规律，有针对性的组织开展治安集中清查整治行动15次，查处各类案件118起，抓获违法犯罪嫌疑人123名。开展“护校安园”行动，对全市142所中小学及幼儿园安保情况进行检查，发现整改安全隐患70多处；强化交通管理，开展货运车辆改型改装、面包车超员及农用车违法载人、农村道路秩序等专项整治行动20多次，查处各类道路交通违法行为112594起，处理交通事故6367起。围绕创建全国文明城市，组织开展“礼让斑马线”活动，开展违法停车整治、老年代步车和助力车整治等专项行动38次，查处违法停车行为12791起。加快推进智能交通工程建设，新建闯红灯自动记录系统50套、交通信号控制系统20套、区间测速3条及单点测速4处，通过智能交通系统查纠交通违法行为139172起；强化消防管理，整改劳动密集型企业450家，完成641家涉氨企业、渔港码头火灾隐患整改任务，新建微型消防站91个，配备远程供水系统一套、微型消防车88辆、器材装备2000多件套，配备消防队员450余人。依托消防安保培训服务中心，组织培训352场、演练326场，参与人数超过8.9万人次；强化边防管理，严厉打击违法违规出海行为，办理边防行政案件172起，处罚违规渔船民228人；强化出入境管理，受理公民出国境申请33198人次，查处涉外案事件13起60人次；强化服务大局，回复各类社会管理问题3793起，为103名无户人员解决落户问题，办理行政许可1200多件，回访报警人电话两万多个，满意率达99.2%，比上年上升0.3%。

【基础工作】　深化实有人口管理，登记流动人口155293人、录入出租房屋18272户，与上年相比分别增加9.1%、10.7%，其中流动人口登记数量在威海市公安机关中排名第一。深化基层基础建设，新建技侦工作站、DNA实验室、尸检中心等基础设施8处，确定升级改造执法办案区、接访区、视频电视电话会议系统等配套设施67处，购置刑侦、技侦、网安等办案装备560套件，新配备警用车辆48台，完成刑侦办公楼、监管场所视频监控项目及武警中队哨位、围栏改造任务。进一步加强毒品预防教育工作，依托荣成市实验中学建设禁毒教育示范学校，在市博物馆规划设计建设禁毒教育基地。顺利完成刑事科学技术室改扩建任务，被评定为全国公安一级技术室。为民警配备更换单警装备387件，在看守所按标准要求建立医务室。

【队伍建设】　狠抓政治建警，积极组织开展“两学一做”“大兴学习之风”活动，圆满完成各阶段学习教育任务；狠抓从严治警，研究制定队伍建设三年规划，明确执法办案、公车使用等纪律规定13项260多条，开展“纯洁队伍、整顿作风、严肃纪律、提升能力”专题教育和“纪律作风建设年”活动；狠抓素质强警，开展“树典型、扬正气、传递正能量”活动，培植先进典型15个，举办执法实战培训班4期，培训民警120人；狠抓从优待警，将145名巡逻队员、24名借调人员转为公益性岗位编制；狠抓公安宣传，在各类媒体上发表稿件3009篇，其中中央级稿件102篇，依托“荣成警方在线”微信公众平台，推送防盗、防骗、防抢等信息150多条。开展“社会妈妈”爱心捐助、牵手“1+1”助学等社会公益活动，募捐善款69011元。

（李　敏）

检　察

【概况】　荣成市人民检察院，正科级规格，检察长1人，副检察长4人，政法专项编制81人，工勤编制8人，有在编干警92人。2016年，内设办公室、行政装备科、政治处（副科级）、监察室、侦查监督科、公诉科、反贪污贿赂局（正科级，下设侦查一科、侦查二科、综合科）、职务犯罪预防科、反渎职侵权局（正科级，下设侦查一科、侦查二科）、刑事执行检察局（副科级）、民事行政检察科、控告申诉检察科（挂举报中心和刑事赔偿工

5月20日，召开新闻发布会向新闻媒体通报未成年人犯罪刑事检察工作情况
（市检察院提供）

10 月 17 日，召开司法责任制改革动员大会　（市检察院提供）

作办公室牌子)、检察技术科、人民监督员办公室、案件监督管理中心、检察委员会办公室(高配副科)、法警大队(高配副科)、刑事检察局(副科级,正副职高配,1 正 1 副)、未成年人犯罪刑事检察科 19 个科(处)室。石岛检察室(正科级)、好运角旅游度假区检察室(正科级)、经济开发区检察室(股级)、滕家检察室(股级)、人和检察室(股级)5 个派驻检察室。1 个检察事务服务中心,股级财政拨款事业单位,有工作人员 4 人。

2016 年,荣成市检察院充分发挥职能作用,始终坚持打造“升级版”全国模范检察院为发展愿景,忠实履行检察职能,不断深化三项建设,努力打造过硬队伍,各项工作都取得新成效。院党支部被威海市委评为先进基层党组织,为全市基层院唯一获此殊荣的单位,被威海市委表彰为“全市普法依法治理工作先进集体”,5 名个人获全省优秀检察官、省院案件管理业务标兵、侦监业务竞赛业务能手、“山东好人”、“荣成市十大杰出青年”等称号。

【批捕和起诉】　宽严相济,维护社会和谐稳定。受理审查批捕案件 269 件 371 人,批捕 257 人,受理移送审查起诉案件 546 件 663 人,起诉 467 件 526 人。受理审查逮捕和审查起诉案件分别比上年下降 32.4%、5.7%。对暴力刑事犯罪重拳出击、严惩不贷,办理“两抢一盗”犯罪案件 95 件 114 人,涉毒犯罪 12 件 25 人,有效维护社会和谐稳定。依法办理社会影响重大的“e 租宝”等 3 起共涉案 4600 多万元的非法吸收公众存款案件,及时消除社会恐慌;严格审查首起利用“伪基站”破坏公用电信设施案,消除信息污染,净化网络环境。坚持严厉打击犯罪与依法保障人权相结合,对情节轻微、初偶犯、未成年犯等,依法从宽处理,全年不捕 114 人、不诉 18 人。

【查办和预防职务犯罪】　惩防并举,保持反腐高压态势。立查职务犯罪案件 21 件 23 人,其中副厅级干部 1 人,处级干部 2 人,科级干部 7 人,提起公诉 15 件 17 人,判决 15 件 16 人。在省市院统一部署下,开展立查畜牧、环保系统职务犯罪专项活动,分别立查窝串案 7 件 7 人、5 件 6 人,有力惩治啃食群众获得感的“小官巨贪”。注重腐败问题源头预防,总结撰写的预防职务犯罪工作年度报告得到荣成市委主要领导的批示肯定,并被评为全省优秀年度报告;广泛开展警示教育工作,深入到科局、乡镇、企业、学校开展专题讲座 36 场。

【诉讼活动监督】　全面加强刑事诉讼监督,监督公安机关立案 6 件、撤案 8 件,纠正违法 15 件,追诉追漏 33 人,提出抗诉 7 件,法院采纳抗诉意见 4 件。加强刑罚执行和监管活动监督,深入羁押现场检查 172 次,提出口头、书面检察建议和纠正违法 10 次。在上级检察院的统一部署下,开展集中清理判处实刑罪犯未执行刑罚、财产刑执行监督等专项检察活动,执检局副局长李海龙入选省院执检人才库。

【行政执法监督】　办理各类民行案件 55 件,其中行政执法监督案件为 20 件,提请抗诉 5 件,执行监督 12 件,再审检察建议 5 件,审判程序监督 8 件,作出不支持监督决定案件 5 件,实现办案数量、质量的全面提升。省检察院副检察长王效彤和民行两位处长到院视察调研,均给予充分肯定。9 月份,荣成市检察院在全省基层民行骨干业务培训学习班上做办案经验交流。

【控申检察】　妥善解决群众合理诉求,接待和处理各类信访案件 522 件,接收群众来信 45 件。对 5 名刑事案件当事人进行司法救助,发放救助金 5.1 万元。积极参与全市社会稳定风险防控,两人入选风险评估专家团,参加各级维稳防控会议,对非法上访等维稳类案件,适时介入,指导办案,避免社会矛盾激化,连续两届保持全国检察机关“文明接待室”称号。

【司法服务和保障】　紧跟市委“加快创新型城市建设、争当走在前列排头兵”的部署要求,出台《服务非公企业发展的实施意见》,探索推出的服务非公有利经济“三点一站”工作模式。组织干警到成山集团、赤山集团等非公有利企业走访,倾听企业呼声,提供法律服务。依法严厉打击破坏市场经济秩序、妨碍经济转型升级犯罪,批捕起诉非法经营、强迫交易、非法集资、网络诈骗等犯罪 5 件 6 人。组织开展危害食品药品安全犯罪专项立案监督活动,督促相关部门规范执法,保障群众舌尖上的安全。深入开展“检察官联系重大项目”活动,对三家投资达 5 亿元的 20 万吨海洋产品精深加工大项目进行跟踪服务。针对领导关切、群众关心、舆论关注的热点案件,从法律角度进行专业解读,形成领导参阅件,积极为社会稳定出谋划策,撰写《关于非法吸收公众存款案件的调研》得到市委领导的批示肯定。紧跟市委"精准扶贫"工作要求,从快从严批捕起诉利用作弊电子秤诈骗29户农民玉米款的犯罪嫌疑人,全力保护农民合法权益。依法办理某连锁药店药品不规范经营行政执法监督案。扎实开展"五进两服务""两个全覆盖"大走访活动,走访群众2489户,上报解决问题13个。

【队伍建设】 扎实开展两学一做教育,夯实忠诚于党的政治根基。认真学习习近平总书记在庆祝共产党成立95周年大会上的重要讲话,教育干警听党指挥,献身使命,把牢思想和行动的"总开关"。围绕深入学习十八届六中全会精神及习近平总书记系列重要讲话精神,全年开展"党员活动日""集中研讨会"等活动9次,使忠诚品质内化于心、外践于行。积极稳妥推进上级部署,确保司法责任制改革落地。按照中央改革部署要求和上级检察机关的指示,认真做细改革各个步骤的工作。最终通过省遴选委员会遴选,25名检察人员入选员额检察官,形成优中选优的检察官群体。推进大兴学习之风活动,练好履职担当的看家本领。坚持每周五下午学习制度,采取聘请专家授课、人人当讲师、观看专题片等多种形式,开拓视野,增长才干。积极参加上级检察院组织的岗位练兵与业务竞赛,锻炼临场应变能力,提升法律知识、职业素养、专业水平。组织和参加篮球赛、运动会、参观郭永怀事迹陈列馆、"面向大海拥抱春天"徒步走等各类文体活动,活跃机关氛围,激发干事创业的热情。坚持从严从实治党治检,关好检察权规范运行笼子。不断强化"两个责任",层级签订党风廉政建设责任状,每季度召开党风廉政建设联席会,定期开展检务督察,机关作风持续转变。大力推进检务公开,与上级检察院同步开展检察开放日活动,召开未检工作新闻发布会,走访各级代表委员80多人次,发放检察工作通报500多份。

(任鹏飞 宋 婕)

法 院

【概况】 荣成市人民法院内设办公室、行装科、政治处、刑庭、少年庭、民一庭、民二庭、民三庭、执行指挥中心、执行一庭、执行二庭、执行三庭、行政庭、调解中心、审监庭、服务中心、技术室、研究室、信息科、监察室、审委办、信访室、立案庭、法警队24个庭室处队,下辖石岛、好运角、崖头、人和、滕家5个法庭。法院有干警226人,其中政法专项编制126人,工勤编制2人,事业编制3人,招聘干警34人,公益性岗位人员61人。2016年,荣成市人民法院紧紧围绕"努力让人民群众在每一个司法案件中感受到公平正义"的目标,按照"定一流目标、建一流队伍、树一流作风、创一流业绩"工作要求,坚持司法为民、公正司法工作主线,忠实履行司法职责,努力打造让党放心、人民信赖的法院,各项工作取得了新突破。全年受理案件11158件,审执结11227件,比上年分别上升10.2%、19.7%。

【抓好执法办案】 **依法惩治刑事犯罪** 审结刑事案件506件,判处罪犯567人。严惩危害公共安全和侵犯公民人身权利、财产权利的犯罪,审结抢劫、盗窃、强奸、黑社会性质组织犯罪等案件106件121人。积极参与禁毒斗争,审结贩卖、运输毒品等案件2件4人。严惩职务犯罪,审结贪污、贿赂、渎职犯罪案件19件20人。加强未成年人权益保护,为中小学生授课9次,提升未成年人安全保护意识。

依法调解经济关系 充分发挥司法职能,保障创新发展、协调发展,共审结商事案件2249件。积极参与化解金融风险,审结民间借贷、金融借款等案件920件,维护正常金融秩序。积极服务产业结构调整,依法通过神飞船舶、荣喜集团及关联公司重整计划,盘活资产13亿元。加大企业普法力度,开展"联系百家企业"活动,对50家重点企业、50家成长型企业、25个重点项目进行"一对一"走访,赠送《企业法律风险提示》手册,为企业发展保驾护航。

依法保护民生权益 切实解决事关群众切身利益的案件,审结民事案件4053件。审结婚姻家庭、继承等案件1379件,调解撤诉率79%,推动形成家

8月5日,市法院干警到石岛广信食品有限公司"面对面"走访

(市法院提供)

8 月 16 日，市法院特邀调解员组织双方当事人进行调解　　（市法院提供）

着力破解执行难题　着力破解执行难题，部署开展“清理执行积案”工作，执结案件 3941 件，执行到位标的 3.94 亿元。成立执行指挥中心，与 34 家银行实现“点对点”网络执行查控，解决银行存款查找难问题。积极构建“一处失信，处处受限”惩戒机制，与 25 个部门联合签署《惩戒失信行为备忘录》，通过征信网站、法院官网、微信等平台曝光“老赖”213 名，坚决惩治拒不执行判决、裁定犯罪，对 6 人依法追究刑事责任。

【深化司法改革】　**打造“诉讼诚信工程”**　主动将“解决执行难”问题融入社会信用体系建设之中系统推进，制定《关于推进诚信诉讼的实施意见》等规章制度，对 31 种失信行为进行细化分类，设置评分标准，由办案法官对诉讼参与人虚假诉讼、恶意欠薪、规避执行等失信信息跟踪记录，将 2686 个公民、199 个法人录入全市征信体系，从享受优惠政策、从事民商事行为、评先选优等方面对其进行信用惩戒。相关经验做法，最高法院、山东省委、山东省高院、威海市委等分别予以转发，最高法院、山东省高院及威海市委主要领导同志分别做出批示，要求予以推广。

构建多元解纷机制　实行特邀调解员制度，在各镇街选任 44 名特邀调解员对接诉调中心，开展委派调解工作。实行企业法务调解制度，邀请 79 家企业加入法院调解名册，对涉企案件开展调解工作。建立第三方听证制度，从人大代表、政协委员、党代表、律师等社会群体中选任 100 名听证人员，当事人可自行选择听证人员对信访、执行案件进行听证，由第三方进行评价、监督。2016 年，成功调处诉前纠纷 194 起。实行律师代理申诉制度，邀请律师、法律工作者每周一、三到法院坐班，为困难当事人提供申诉服务，解答法律咨询 213 人次。

改革审判权运行机制　探索建立新型审判、执行团队，按照“1+1+1”模式组建审判团队 10 个、执行团队 8 个，每个团队确定年度最低办案指标，案件质效明显提升，结案比上年上升 5.6%。落实院（庭）长办案制度，院（庭）长办理各类案件 2888 件，发挥带头表率作用。突出法官员额制改革重点，制定《首批法官入额工作实施方案》等文件，按要求遴选法官 45 名，为确保实现“让审理者裁判、由裁判者负责”打下坚实基础。

推进庭审与文书改革　实施“审判提速”工程，加大简易程序适用力度，强制适用小额诉讼程序，开展未结案件清理活动，化解收案大幅上涨压力，案件结收比 100% 以上。坚持简案快审，制定《轻微刑事案件快速办理机制实施意见》，对危险驾驶、交通肇事、盗窃等案件制作庭审模板，实行集约审理，平均审理期限仅为 15 天；对民间借贷、交通事故、离婚纠纷、追索劳动报酬四类案件实行“要素化审判”，制作令状式、要素式裁判文书，提升审判效率，审理期限比上年减少 12.8 天。

健全完善阳光司法机制　全面建成诉讼服务中心，统一服务标识和工作

7 月 19 日，当事人通过扫描案件通知书“二维码”，获取受理信息
（市法院提供）

流程，赋予法庭立案审批权，开通诉讼服务网、数字化便民服务终端，形成“双轨制立案+互联网+诉讼服务”的便民体系。进一步完善审判流程、庭审直播、执行信息、裁判文书“四大公开平台”，7217件案件生成唯一“二维码”，8545份文书上网公开。完善信访案件件处理机制，落实领导带班接访制度，调度各部门接待当事人532人次。每日汇总民心网、民生110、来信来访等受理的问题，按照“一二七”反馈机制要求，当日能解答的问题当日解答，法官外出的，留下联系方式，两个工作日内主动联系，并在7日内反馈办理结果，确保有访必接、来信必复、处理及时。

【推进队伍建设】 **加强思想政治建设** 扎实开展“两学一做”学习教育，筑牢“四个意识”特别是核心意识、看齐意识，确保中央、省、市委的决策部署在法院得到不折不扣的贯彻落实。

加强党风廉政建设 坚持把纪律和规矩挺在前面，深入开展廉洁司法集中教育活动、规范司法行为专项活动，切实解决“不作为、慢作为、乱作为”问题。严格落实主体责任、监督责任，建立谈心谈话制度，党组成员每季度与分管部门干警进行谈话，预警存在的苗头性、倾向性问题。自觉接受内外监督，公开举报网站、举报电话、举报邮箱，随案发放《司法诚信监督卡》1万余份，向人大代表、政协委员通报工作情况，收集建议、批评、意见140余份，逐一办理回复，落实整改。从人大代表、政协委员、党代表等群体中选任特约监督员60名，对法院活动进行全方位监督。

提升履职担当能力 大兴学习之风，每周五组织学习各级会议、领导讲话精神，组织外出学习干警回院授课28次，培训干警535人次。强化岗位练兵，组织庭审观摩34次、裁判文书评比8次，评查卷宗367件，提升司法能力。

（张阳阳）

司法行政

【概况】 荣成市司法局内设办公室、法规教育宣传科、基层工作科、公证律师管理科、社区矫正与帮教安置科5个科室，下设法律援助中心和公证处2个副科级事业单位和22处司法所，辖8个律师事务所、11个法律服务所、1个司法鉴定所。局机关工作人员17人，法律援助中心4人，公证处9人，司法所41人。全市有执业律师48人，基层法律服务工作者50人，司法鉴定人员9人。2016年，市司法局全力抓好普法依法治理工作，全面总结“六五”普法，顺利启动“七五”普法。突出抓好特殊人群管理，规范交通、医疗、环保等行业性调解组织建设。全面推进基层法律服务阵地建设，引导法律服务人员拓展服务领域，服务全市经济社会发展。加强干部作风建设，强化规矩纪律意识，提升为民服务能力。2016年7月，被省委宣传部、省人力资源和社会保障厅、省司法厅、省普法办公室评为2011年—2015年全省普法依法治理工作先进单位。

【普法宣传】 **突出抓好企业管理人员普法教育** 制定下发《关于在全市企业开展普法宣传教育的实施方案》，组织政法部门及城建、安监、食药监、人社局等11个部门深入全市企业，通过座谈、培训、律师进企业等多种形式，开展法律法规宣传，帮助企业解决法律问题，促进企业依法经营、依法管理。先后举办“月月大讲堂”专题报告会1次，编印发放《普法宣传知识手册》5期，3000册发至各企业。深入成山集团、靖海渔业公司、泰祥集团、石岛重工、西霞口集团等126家企业开展普法活动，召开企业负责人座谈会65次，培训企业人员9200人次，发放宣传资料15000份。

宣传先进典型事迹曝光典型案例 通过荣成普法网、荣成普法微信平台对外宣传市教育局、桃园街道、靖海集团和泰祥集团普法先进典型事迹，曝光《拒不支付劳动报酬公司负责人被刑拘》典型案例，积极营造全民普法浓厚氛围。

建设法治文化主题公园 在十里河公园建成威海市各区市最具代表性的法治文化主题公园，市民在公园游玩、悠闲、娱乐的同时，潜移默化地接受了普法教育，进一步推进法治文化的普及和宣传，威海市司法局局长刘志东带领相关人员到公园进行实地调研，对法治文化主题公园建设给予高度评价。

建设法治宣传教育中心 依托东

11月17日，全市普法依法治理工作会议召开　　（市司法局提供）

山公共法律服务中心，建成集法律知识宣传、法治文化推广和廉政教育于一体的法治宣传教育中心，设法律书籍阅览区、普法视频放映区、廉政警示教育区3个区域，综合运用常规布展宣传和多媒体展示的现代科技手段，全方位、多角度进行法律知识、法治文化传播，使其成为农村党员干部宣传教育基地。

全面启动"七五"普法宣传 市委、市政府转发《市委宣传部、市司法局关于在全市公民中开展法治宣传教育的第七个五年规划》，市人大常委会作出《关于在全市公民中开展第七个五年法治宣传教育的决议》，市委常委、政法委书记牵头，市人大常委会、市政府、市政协分管领导参加，召开全市普法依法治理工作会议，总结"六五"普法工作，对50个先进单位和50名先进个人进行表彰，部署安排"七五"普法依法治理工作。2016年，荣成市名列威海市普法工作考核评比第一名。

【法律服务】 引导全市法律服务机构和人员，为全面深化改革、重点项目建设、城乡统筹发展等提供全方位法律服务，积极打造"一小时法律服务圈"，全年办理法律服务事项8500件，避免和挽回经济损失9300万元。

精准法律扶贫 积极参与全市精准法律扶贫工作，为省定贫困村所在的7个镇配备7名律师法律顾问，印制7000张扶贫联系卡送到贫困户家中，为贫困户免费提供法律咨询、法律援助、公证、司法鉴定等一站式服务。

涉法涉诉信访 积极参与处置涉法涉诉信访工作，每天指派律师值班，成功化解涉法涉诉信访案件3起。

公证便民服务 全面开展公证便民服务，开辟便民公证绿色通道，对未成年人、残疾人等特殊群体，依照法定程序为其办理公证费用的减免手续，积极为其提供公证法律服务，全年办理各类公证5089件，避免和挽回经济损失1650万元。

法律援助 认真落实《山东省法律援助条例》，进一步扩大法律援助的覆盖面，先后开展"全国助残日·法律援助在身边"、法律援助精准扶贫、农民工法律维权月活动，为更多社会弱势群体提供免费法律服务。全年办理法律援助案件306件，受理群众来电咨询1400个，接待群众来访1600人次。

司法鉴定 深入开展司法鉴定"三化"建设提升年活动，进一步规范司法鉴定执业活动，提升鉴定质量，全年办案总量530件。

11月16日，聘请法律专家到成山集团举行"七五"普法知识讲座

（市司法局提供）

法律服务平台 在东山、上庄两个镇街建成公共法律服务中心，将法律服务、特殊人群管理、人民调解、法律援助等多项职能融入其中，为群众搭建起社会性、专业性、便民性的"一站式"综合法律服务平台，全市建立镇级公共法律服务中心5处。在府新、曙光、双泊3个社区建立司法行政工作室，每周安排3名律师值班，为群众提供便捷高效的法律服务，解答群众咨询230人次，化解各类纠纷35起。

【突发事件应急处置】 严格执行《威海市社区矫正工作重大事项报告制度》，普遍建立完善突发事件应急处置机制。定期开展业务培训学习，有效提升队伍素质，逐步配备覆盖全市的社会工作者和心理咨询师队伍。配备使用手机定位系统、执法记录仪、人脸指纹识别仪，全部建成镇级社区矫正中心，全市建成社区矫正和安置帮教基地两个。规范有序实施矫正，2016年，撤销缓刑5人、警告44人，接收社区服刑人员309人、解除313人，在矫417人，再犯罪率始终低于全省平均水平。

【人民调解】 加强行业性、专业性人民调解委员会建设，充分发挥人民调解化解矛盾纠纷、维护社会稳定的职能作用。市道路交通事故纠纷人民调解委员会成立后受理交通事故纠纷1325起，成功调解事故纠纷1078起。其中调解重大事故纠纷312起，受伤及财损766起，引导诉讼93起。市医疗纠纷人民调解委员会成立后调解纠纷82件，2016年市医调委接待解答各类咨询25人次，组织专家会诊22起，受理案件16起，调解成功11起，索赔金额为205.4万元，实际赔付为94.9万元，有效地化解医患矛盾。挑选政治素质高、专业水平好的律师组成专家库，为人民调解工作提供法律支撑，2016年调解案件4350件，调解成功率99%以上，全年指导调解疑难案件65件。规范各类各级调委会的规章制度，建立预警、定期排查、调处、应急处置、联动联调、考核奖惩等各项工作机制，定期组织开展集中排查调处专项活动，不断提高调委会规范化建设水平。探索推广“专家调解”模式,在王连设立老亭调解工作室,在东山设立法官工作室,在上庄设立老干部调解工作室,聘请有丰富经验的调委会主任、退休法官等专业人员担任人民调解员,全天候为各类矛盾纠纷工作“号脉坐诊”。通过“专家调解”模式化解矛盾纠纷286件,确保矛盾纠纷化解在基层。11月6日,《法制日报》刊发荣成市老干部调解矛盾纠纷的经验做法。

(张　伟)

重大案例

【“1·6”恶性入室抢劫杀人案】 2016年1月6日,荣成市公安局多警种联合行动,连续奋战10个小时,成功破获“1·6”恶性入室抢劫杀人案,犯罪嫌疑人姜某政(男,46岁,黑龙江人)被抓获归案。经查,1月5日19时40分许,犯罪嫌疑人姜某政用帽子、口罩遮挡面部,戴手套,潜入被害人家中,用事前准备的胶带将被害人手脚捆绑,采用言语威胁的方式,抢劫人民币现金4900余元、三星手机一部、农业银行卡一张,并逼迫受害人说出银行卡密码。后犯罪嫌疑人姜某政用尼龙网绳再次捆绑被害人颈部及双手离开,致被害人机械性窒息死亡。犯罪嫌疑人姜某政被刑事拘留。

(李　敏)

【“4·2”特大制贩毒案】 2015年12月,荣成市公安局禁毒民警在工作中发现一涉嫌贩毒团伙,遂迅速成立专案组展开侦查,并将初查结果逐级上报省公安厅将此案列为毒品目标案件进行督办。经过3个多月的侦查工作,民警于2016年4月2日和5日分别将犯罪嫌疑人邹某纪、刘某、王某明、王某建、吴某锋、倪某和犯罪嫌疑人贾某、何某涛抓获,现场捣毁制毒窝点1个,缴获冰毒16千克,液态冰毒27千克,制毒原料60余千克,制毒器具20余件。经查,2015年,以邹某纪为首的贩毒团伙,从广东等地购进冰毒在威海地区贩卖。2015年12月,该团伙又从福建购进麻黄素,并在网上联系制毒技师,购买制毒原料、设备,开始制毒。邹某纪等8名犯罪嫌疑人均被刑事拘留。

(李　敏)

【“7·21”特大故意杀人案】 2016年7月21日,荣成市桃园街道某小区发生一起故意杀人案,孙某梅、付某乐母子在家中被人杀害,凶手逃匿。案发后,荣成市公安局迅速成立专案组展开调查,并成功锁定犯罪嫌疑人王某建。针对王某建外逃的实际,专案组紧紧围绕其外逃时的有关信息轨迹,先后派出追逃民警7组30多人次,10余次赴河南、江苏、河北、天津、黑龙江、安徽等地,辗转行程5万多千米,全力缉捕王某建。经连续奋战100多天,11月11日13时许,民警成功在天津一建筑工地将王某建抓获。经审查,犯罪嫌疑人王某建与死者孙某梅系情人关系,7月19日8时许,二人因为感情问题发生口角,王某建恼羞成怒持刀将孙某梅母子杀害后潜逃。犯罪嫌疑人王某建被刑事拘留。

(李　敏)

【“8·8”特大贩卖毒品案】 2015年7月,荣成市公安局禁毒民警获悉斥山街道一名女子涉嫌贩毒,遂成立专案组展开侦查,并将初查情况逐级上报至省公安厅,把此案列为目标案件进行督办。经过1年多的苦心经营,专案组于2016年8月8日展开收网行动,先后在广州白云区、乳山高速路口、荣成市区、荣成市石岛管理区,将犯罪嫌疑人魏某、刘某考等7名犯罪嫌疑人抓获,缴获冰毒2486.34克、麻古95粒。案件审理中,经对犯罪嫌疑人刘某考DNA数据进行比对,发现与2006年1起故意杀人案现场遗留DNA相符。经进一步审查,2006年10月1日夜,刘某考在市区黎明小区翻窗入室盗窃时惊醒被害人,将被害人杀死后逃窜。犯罪嫌疑人刘某考、魏某等7名犯罪嫌疑人均被刑事拘留。

(李　敏)

【破获十五年前命案积案】 2001年7月30日,荣成市人和镇一条渔船上发生命案,船员葛某荣在船仓内被人杀害。经调查,办案民警认定安徽籍船员王某华有重大作案嫌疑,多年来一直抓捕未果。2016年9月,公安部在信息比对时,发现王某华与山西临汾市王忠华相似。荣成市公安局立即派出追逃组赴山西开展工作,经调查发现王某华的哥哥叫王忠华,与临汾市王忠华的名字及出生年月完全一致,民警确定王忠华即王某华。9月20日,王某华前往山西运城务工,民警随即赴运城开展工作。9月22日,王某华迫于公安机关巨大抓捕压力投案自首。经审查,王某华在荣务工期间因多次受到葛某荣欺负,于2001年7月29日夜持斧头将睡觉中的葛某荣砍死。犯罪嫌疑人王某华被刑事拘留。

(李　敏)

【首起利用“伪基站”破坏公用电信设施案】 3月6日,市检察院公诉科依法提起公诉的荣成市首起利用“伪基站”破坏公用电信设施一案,经市人民法院审理作出一审判决,被告人王某龙被判处有期徒刑三年缓刑三年。

经依法审查查明:被告人王某龙为达到盈利目的,从网上购买了具有GSM基站无限射频相关技术特征,但未取得电信设备进网许可和无线电设备型号核准的非法无线电发射设备(以下简称“伪基站”),先后在辽宁省大连市、山东省荣成市,利用“伪基站”设备,搜取手机用户信息,强行向不特定手机用户推送广告短信。经鉴定,“伪基站”设备干扰的手机总数超过19万个,“伪基站”设备群发短信总数超过18万条。

这是荣成市首起利用“伪基站”破坏公用电信设施案件,面对新型案件,荣成市检察院公诉科高度重视,指定专人专办,从快起诉。承办人员以细致、严谨的态度研究大量的司法解释、司法判决,同公安机关侦查员就证据的固定、法律的适用等进行多次沟通,确保案件顺利办理。在该案定罪上,市法院经过多次讨论研究后认为,王某龙非法使用“伪基站”设备干扰公用电信网络信号，其行为同时触犯破坏公用电信设施罪和扰乱无线电通讯管理秩序罪，属于想象竞合犯，从一重罪处罚，最终以破坏公用电信设施罪向法院提起公诉。法院审理后支持检察院指控意见，作出上述判决。

（任鹏飞　宋　婕）

【批捕诈骗29户农民的犯罪嫌疑人案】

市检察院依法批捕诈骗29户农民的犯罪嫌疑人刘某修夫妇。6月3日，市检察院依法对涉嫌诈骗29户农民的犯罪嫌疑人刘某修夫妇做出批准逮捕决定。

经审查，3月25日至30日，犯罪嫌疑人刘某修夫妇在荣成市崖西镇东双顶村，采取免费为村民脱玉米粒的方式，利用电子遥控器操控电子秤在玉米收购过程中实施诈骗，实际重量与收购称重相差约20%，诈骗村民29户，涉案玉米8181千克，金额12762.36元。

犯罪嫌疑人刘某修夫妇到案后拒不认罪，拒不赔偿受骗村民损失，性质极其恶劣。侦监科经认真审查，积极引导公安机关对帮助该二人收购玉米的证人柏某利、刘某修所经营养殖场的基本情况、收购玉米后的活动路线等情况补充取证，否定犯罪嫌疑人辩解，排除合理怀疑，最终认定刘某修夫妇诈骗的犯罪事实，依法对其作出批捕决定。同时，根据荣成市正在开展的精准扶贫活动要求，及时向市扶贫办通报案情，防止更多的群众上当受骗。

（任鹏飞　宋　婕）

【曹某黑社会性质组织案】　2015年2月，荣成市人民法院受理曹某等25名被告组织、领导、参加黑社会性质组织案件。经审理查明，自2003年始，被告曹某等人在人和、成山、石岛等码头，非法设立、经营“辽西渔船总代理公司”，非法控制辽宁省绥中籍、河北省黄骅籍渔船，强购鱼货，并以暴力、威胁等手段，实施违法犯罪活动19起，非法获利1亿余元，严重破坏当地经济、社会生活秩序。2015年12月18日，法院对该案进行宣判，依法判处黑社会性质组织首要分子曹某有期徒刑25年，其他24名被告人分别被判处19年至1年9个月不等的有期徒刑。一审宣判后，被告人曹某等13人提起上诉。2016年9月30日，威海市中级人民法院经过审理作出维持原判的二审裁定。

（张阳阳）

【陈某立非法吸收公众存款案】　2015年11月，荣成市人民法院受理陈某立非法吸收公众存款案。经审理查明，2014年4月，被告陈某立在荣成市成立荣成市恒通投资理财有限公司，未经批准，利用为洛阳瑞福置业有限公司和荣成泰和房地产开发有限公司融资的名义，以高息为诱饵，向高某等198名社会不特定对象吸收资金319笔，共计1302万元。2016年9月9日，法院对陈某立非法吸收公众存款案进行公开宣判，以非法吸收公众存款罪判处陈某立有期徒刑8年，并处罚金人民币40万元。

（张阳阳）

【神飞船舶破产重整案】　2016年3月30日，经过荣成市人民法院1年9个月辛勤工作，荣成市神飞船舶有限公司破产重整成功，盘活资产6.29亿元，解决近300名职工就业。该案是威海市债务总额最高、投资垫资总额最高、盘活挽救资产最多的一次重整。通过重整，该公司首期订单15艘、总价值16亿元，年内有4条船舶建造开工。

（张阳阳）

【荣喜集团破产重整案】　2016年11月30日，荣成市人民法院裁定批准荣喜水产集团有限公司及19家关联公司合并重整计划，经管理人核查，20家重整企业申报债权人239家，涉及债权金额21亿元，资产评估价值7.7亿元，有职工2400余人，涉及职工债权2100余万元。

（张阳阳）

军 事

Military Affairs

◎ 中国人民解放军山东省荣成市人民武装部

◎ 中国人民武装警察部队荣成市边防大队

◎ 中国人民武装警察部队荣成市中队

◎ 中国人民武装警察部队荣成市公安消防大队

◎ 人民防空

中国人民解放军山东省荣成市人民武装部

【概况】 中国人民解放军山东省荣成市人民武装部为正团级建制，受威海军分区和荣成市委、市政府双重领导，内设军事科、政工科、后勤科，辖民兵训练基地和民兵武器装备仓库两个副科级事业单位，工作人员 28 人（其中事业单位 17 人）。2016 年，市人武部以“建设一流武装部，创一流业绩”为目标，发挥好人武部的“五部”作用，依法搞建设、创新谋发展，年度各项工作取得优异成绩。

民兵应急分队军事训练　　（市武装部提供）

【党管武装】 3 月 1 日，2016 年全市党管武装工作会议召开。会议回顾 2015 年党管武装工作，全面部署 2016 年党管武装工作；传达学习上级文件精神；部分镇街党委书记就党管武装工作作了述职；对 2015 年党管武装工作先进单位和个人进行表彰。

【民兵分队训练】 2 月 7 日，市人武部组织民兵应急连拉动演练。4 月 6 日至 20 日组织全市民兵教练员参加威海市军分区反恐维稳集训。5 月 4 日至 30 日，组织应急连 125 人进行封闭集训。7 月 6 日，威海军分区司令员王建政检查全市民兵分队建设情况，对民兵应急连拉动考核。

【国防教育】 市人武部着眼于增强全民国防观念，在提升宣传教育质效上下功夫，全市国防教育势头良好。9 月，组织全市干部群众参加第十六个“全民国防教育日”知识竞赛，填报答题卡 3 万余份；组织全市基干民兵参加威海市委宣传部和威海军分区举办的“国防知识竞赛”，获得第一名。12 月，经山东省人民政府批准，荣成博物馆被命名为第六批“山东省国防教育基地”。

应征青年参加以“弘扬将军精神，争当将军传人”为主题的役前教育　　（市武装部提供）

【征兵工作】 2016 年征兵工作圆满完成，未出现责任退兵情况。8 月下旬至 9 月中旬，市人武部利用 3 周时间组织全市应征青年参加以“弘扬将军精神，争当将军传人”为主题的役前教育。

【帮扶工作】 2016 年，市人武部资助大疃镇大泥沟村 10 万余元扶持发展西洋参种植和林果产业，邀请专家到现场指导；协调水利局为大泥沟村安装饮用水净化设备，投入资金 2.5 万元修建 1 处饮用水机站，全村居民用上直饮水。结合地方政府开展的“诚信建设年”活动，市人武部组织干部职工对 500 多户群众进行入户走访，帮助解决困难问题 20 余项。

【上级调研考评】 7 月 11 日，山东省军区副司令员唐岩峰带工作组到荣成市对武装工作检查调研。9 月 11 日，山东省军区政委尚振贵带工作组到荣成市对武装工作检查调研，并参观荣成博物馆。12 月 20 日，威海军分区副司令员王顺太带工作组对2016年度全市国防后备力量建设工作进行考评。

（盛 强）

中国人民武装警察部队荣成市边防大队

3月21日，第三支赴利比亚维和警察防暴队队员载誉归来

（市边防大队提供）

【概况】 中国人民武装警察部队荣成市边防大队，副团级单位，属垂直领导的公安现役体制，公安业务上受荣成市公安局领导。主要承担荣成市沿海区域的边防管理、公安行政管理等工作。下辖龙须岛、成山卫、港西、俚岛、青渔滩、崂山、东山、宁津、桃园、石岛、人和、沙窝、虎山13个边防派出所。2016年，市边防大队围绕边防辖区和部队内部“两个稳定”的总目标，凝心聚力，破障解难，走出新路子、实现新发展。2016年，宁津边防派出所党支部被公安部边防管理局表彰为先进基层党支部，桃园边防派出所被公安部边防管理局表彰为公安边防部队执法示范单位。

【部队建设新发展】 **开展“两学一做”，规范党的建设** 落实党支部组织生活音视频记录制度，规范活动场所、引入信息化手段，对各党支部开展的党课、民主生活会、党员大会和民主评议党员活动完整记录，确保党的建设规范有力，经得起检验，巩固“两学一做”成效。

创新教育模式，激发部队活力 3月21日，大队4名官兵完成维和任务，随中国第三支赴利比里亚维和警察防暴队回国，其中娄奇、李斌臣荣立个人一等功，靳立坤、孙波荣立个人三等功。大队以学习维和英雄为契机，开展“讲党性、迎考验”和改革强警教育，继续深化“将星闪耀、朝阳逐梦”警营文化品牌，组织创作“说说荣成边防那些事”系列微视频宣传官兵感人故事，让官兵受到启发和鼓舞。大队摄制的《我的亲人我的岛》等微视频，在部队内外反响强烈。

突出重点推进，提升保障水平 争取市委、市政府的支持，取得划拨0.4公顷土地和减免营房建设行政事业收费的政策支持，大队独立营房筹建工作取得重大进展。

9月21日，海陆一体管控体系现场推进会上应急处突机动队战术展示

（市边防大队提供）

【固本强基提战力】 **执法设施建设** 投入资金13.62万元对各边防派出所办案场所视频监控系统进行硬盘扩容和升级改造，实现办案场所监控录像长期保存；将智能化办案区改造工作纳入市公安局办案场所建设规划，设施建设实现新突破。

执法素质建设 抽调52名一线执法民警到荣成市公安局各警种部门跟班学习，并选派39名民警参加公安机关组织的多期执法技能培训班，切实提高民警执法素质；每月抽调执法骨干参与案件集中评审，互相查问题隐患，实现共同提高。

实战化能力建设 区分岗位层次，

开展实战化训练，切实提高官兵的警务实战化水平。成立由边防战士为主体，辅警队员为补充的大队级常备应急处突机动队，高标准配齐专用车辆和处突救援装备，初步形成应急处突战斗力，并投入实战。

【履责尽职新路子】 **区域和警民协作** 建立区域警务协作机制，把全市边防辖区划分为3个协作区，实现各边防派出所警务资源的优化互补；创新设置“治保驻所体验岗”，吸收治保人员参与矛盾化解、巡逻防范等公安基础工作，提高警民治安协作的能力。

科技引领管理服务 依托全市视频监控建设规划，在60余处港口码头安装高清视频监控探头，并接入边防视频监控专网；引入远洋渔业信息服务平台、船讯网手机APP、边防微信公众号等技术载体，加强出海渔船管控，分类推送各类安全防范和宣传教育信息629条。

信息化社区警务 探索建立信息化社区警务模式，建成了以微信公众号手机APP为主体的警民互动平台、以二维码数据采集为依托的社区网格化管理终端、以多媒体展示和实景体验为载体的警示教育基地，提升社区警务工作效能。

（侯中盛）

中国人民武装警察部队荣成市中队

【概况】 中国人民武装警察部队荣成市中队，为连级单位，受武警威海市支队和荣成市公安局双重领导。市武警中队主要担负荣成市看守所外围警戒、武装逮捕、武装押解、处置驻地各类突发情况等任务。设立应急班，用于处置各类突发事件，配有应急救援器材，确保驻地遇到紧急突发情况时，能够及时出击，有效处置。2016年市武警中队完成押解勤务40余次，各类抓捕任务10余次。2016年被总队评为基层建设标兵中队和正规化执勤标兵中队。连续25年被评为“正规化执勤一级单位”，实现了连续45年安全无事故。

【官兵思想建设】 按照“三个绝对”的要求，始终把坚定官兵理想信念摆在首位。主要抓好三项工作：抓政治教育。认真开展两项“重大”活动，在支队集中上大课的基础上，中队抓好课后讨论和每一专题1个小课的辅导授课，采取启发思考、互动讨论的形式，引导官兵加深自我感悟。每一专题大课辅导后坚持开展“四个一活动”（组织一次心得交流，进行一次基础理论测试，开展一项配合活动，进行一次小结讲评）。通过扎实的教育，官兵献身使命的自觉性进一步增强。抓日常养成。中队按照“一看官兵形象、二看部队秩序”的要求，注重在提升官兵养成和形象上下功夫。从细节看养成、以细节抓成效（即床上看被子、床下看鞋子、床头看柜子、桌面看杯子、抽屉看本子），坚持以文化建设为突破口，组织开展“叠被子强作风纪律、摆鞋子练小节养成、整柜子提内务水平、写本子记忠诚使命”活动，把规范养成渗透到官兵生活的点点面面，并辐射带动部队正规化建设标准，营造出工作追求“精致、精细、精准”的良好氛围。抓人员思想。运用有效载体，营造积极向上、和谐融洽的内部氛围。严格落实“思想工作零报告”制度，扎实做好重点对象帮教转化工作，确保人员安全稳定。

应急处置训练 （市武警中队提供）

【中心工作】 中队主要围绕实战化要求，抓好三个方面工作：加强勤务组织领导。坚持中心居中，狠抓勤务规范，坚持每天交班讲评执勤情况、每周分析执勤形势、定期到目标单位走访了解，确保勤务万无一失。全年先后担负42次押解勤务和所外就医警戒任务。针对兄弟单位执勤事故通报，认真落实“湖北会议”精神，加强“五防一体化”建设，协调看守所为中队购建犬舍两间，加强通道巡逻，为哨兵执勤助力。主动联系荣成市公安局更换蛇腹形刀刺网，消除执勤隐患，协调看守所更新监门哨人脸识别系统和车行AB门落锁管控制度，为进一步正规勤务组织打下坚实基础。大抓训练强化中心。中队按照“一人一承诺、一科一过关、一月一摸底、主官先脱贫”的具体要求抓好军事训练，依托每周军事会操的时机，重点对干部、士官队伍基础体能、专业技能进行强化训练，结合支队考核课目调整的实际，积极组织官兵对单双杠五练习、400米障碍等重难点课目进行训练，极大的提升官兵的训练水平；以实战化训练要求为牵引，以突发情况为背景，狠抓应急班和3人应急小组训练，增强情况处置能力。查治隐患保

监所警戒巡逻 （市武警中队提供）

中心。狠抓安全大排查和百日安全竞赛活动，认真开展执勤隐患排查，对照“六查”内容深入分析查摆，共查出隐患问题16个，吸收意见建议6条，并及时制定挂账销号表，责任到人，抓好整改，有效提高执勤安全系数，保证任务圆满完成。

【部队管理】 把“严管理、正秩序、保安全”作为开展一切工作的出发点和落脚点。学条令法规促进管理。深入开展条令条例月活动，形成干部按条令管兵带兵，战士按条令规范言行的良好氛围，牢固树立“零事故不是安全，零隐患才是安全”的理念。加强干部、士官的管理教育。以抓好干部和士官队伍的管理作为关键，以抓“五个重点问题”作为管理的重点，狠抓各种制度的落实。持续抓好干部“提精神、强担当、激活力”活动、士官队伍“专项整治活动”以及“基层风气专项整治”专题教育整顿活动，通过学习规定、集中考核、综合排序、典型引导等方法，有效解决干部、士官工作积极性不高、自身要求不严等问题，干部骨干带头和模范作用发挥明显。加强部队正规化管理。狠抓依法从严治警精神贯彻落实，深入推进部队正规化建设，对照《基层正规化管理规定》和新《纲要》内容，重点对正规化建设进行整顿规范，取得了较好效果。

【后勤保障】 后勤建设是部队战斗力的一项重要组成部分，也是部队建设的薄弱环节。着力抓三个环节：狠抓队伍建设。扎实开展后勤岗位大练兵活动，把后勤人员训练纳入中队年度训练计划，坚持每周组织1次集中教育，每月组织1次体能考核，每季组织1次业务比赛，有效增强后勤人员的服务保障意识和烹饪水平。严格落实制度。加强后勤队伍管理，后勤人员按计划参加教育训练等要求，确保管理无死角，后勤人员无特殊，守住遵守规章制度的“底线”。大力开展后勤“伙食管理精细年”活动，在伙食管理上，严把食品采购关、验收关、留验关，中队每周召开民主会议征集伙食意见，对问题及时反馈和解决；在伙食调剂上，严格落实早餐“1126”、午餐晚餐“6211”的新标准，合理搭配营养，做到“饭菜暖、人心暖”。严抓农副业生产及安全用电。中队注重从部队发展需求、官兵生活需要的角度出发，精细、协调、稳妥地推进后勤保障工作，以“伙食管理精细年”活动为目标，结合实际制定农副业生产计划，对中队菜地整体规划，种植黄瓜、茄子、西红柿、辣椒、豆角等品种的蔬菜，在改善官兵伙食花样中培养官兵“劳动最光荣”的思想理念。针对炊事机械器材操作事故，及时检查炊事器械用电情况，并对蒸车等炊事电器进行检修，提高操作安全系数，确保后勤工作安全稳定。

【班子建设】 党支部班子建设成效明显。支部重视“一班人”学习，每月制定干部理论学习计划，自觉加强学习积极性。成员之间善于沟通交流，遇事多商量、常通气，营造“心往一处想，劲往一处使”的良好氛围。支部班子团结务实，敢于担当。组织生活制度落实经常。党支部统一谋划，充分发挥两个群众组织助手作用，征求官兵意见和建议，及时修订党团日活动计划、武警委员会工作计划。按照“两学一做”学习教育活动安排，组织党员开展承诺践诺、重温入党誓词和手抄党章100天等活动。借助中国共产党成立95周年、“五四”青年节开展党（团）日主题活动，武警委员会“双争”活动开展经常。风气专项整治活动扎实推进。根据支队风气专项整治活动统一部署，党支部合理制定方案，组织学习领导讲话、党纪法规，并组织开展“风气专项整治大讨论”，找准影响官兵关系的“瓶颈”和“隔膜”，进一步理清“一班人”按纲建队的思路。在事关战士入党、转士官、考学培训等敏感事物上，中队阳光操作、全程公开。

（王军富）

中国人民武装警察部队荣成市公安消防大队

【概况】 中国人民武装警察部队荣成市公安消防大队为武警现役副团级建制，于1975年12月建队，位于荣成市伟德东路。辖东城区、西城区、石岛、好运角4个中队，1个石岛街里消防站，华能、国核两个消防执勤点，拥有21辆行政执法车辆，221人。2016年度，荣成市公安消防大队党委获全省公安消防部队先进基层党组织和全省公安消防部队先进大队称号，石岛中队获安全工作先进中队称号。

【消防设施】 **消防站建设** 根据荣成地域南北狭长的特点，着力打造北、中、南三大消防工作板块，投资1600万元建设山东省首个县级特勤消防中队——西城区消防站，投资1200万元建设占地2.67公顷的好运角一级消防站，全市有消防站5个，15分钟救援圈初步形成。

装备配备 针对荣成市高层地+建筑、九小场所、消防重点单位和重大危险源较多的实际，以提高现代城市防火救援适应能力为出发点，加大新型高端装备的采购力度，全面提高全区域、全地形条件下的综合救援能力，投资5000多万元购置城市主战、大功率泡沫等各类新型消防车12辆、执勤消防车总数达到27辆，灭火机器人和消防拖车炮各1台，海事电话12部，侦检、破拆、堵漏、救生、照明、排烟等抢险救援器材和防化服、防毒衣、隔热服等先进个人防护装备3500多件套，购买储存泡沫灭火剂122吨，装备总数达到6500件套，其中高端装备占比达到30%，2016年，投资1500万元建设消防远程供水系统，单干线供水可达4千米，极大保障大型火场供水需要。

消防水源建设 出台《城乡消防水源建设管理实施方案》，全面加强市区和镇街驻地消防水源补建和维修，并对工业园区、重点企业等重点区域开展专项督导。投入700多万元新建消火栓366套、取水平台31处，维修126套，消防水源总数达到767处，完好率由69%提升到100%，形成覆盖城乡的消防供水体系。

开展登高训练　　（市消防大队提供）

【战备执勤】 立足“灭大火、抢大险、救大灾”，不断加大人员配备，加强战勤保障，强化实战训练，全面提高灭火救援能力，打造“能打必胜”的现代化消防铁军。

壮大救援力量 通过加大投入保障，加强鼓励引导，探索建立以公安消防队伍为主体、以企业消防队伍为辅助、以社会消防力量为补充的综合性消防救援力量。全市建立各级消防救援队伍13个，其中现役部队1个、政府专职队伍4个、企业消防队伍6个、村级消防队伍2个；消防救援队员225名，其中现役官兵40名、政府专职队员101名、企业专职队员60名、村级专(兼)职队员24名，三级消防队伍体系初步形成。同时，通过鼓励提倡并优先录用专业、退伍军人，大大提升政府专职队伍的救援素质。

加强战勤保障 先后投入180多万元，在东城区和特勤消防站建设两处新型消防训练塔，与原有的石岛消防站训练塔科学搭配，分别面向新入职队员、现役官兵和政府专职消防员，形成“三地同步、功能不一、各具特色”的综合战勤训练网络。消防大队成立消防专用医务室和心理训练场，在各站配备学习、娱乐、健身等场地设施，将专职消防队员经费由每人每年4万元提高到6万元，将特勤队员伙食标准由每人每天21元提高到39元，为广大官兵提供良好的训练、生活环境。

强化实战训练 立足火灾事故、人员装备和作战编成实际，突出“以练为战、以战养兵”的要求，坚持从难从严从实战出发，结合外请专家培训制度，将

消防演练进公交　　（市消防大队提供）

技术培训与岗位练兵有机结合，狠抓基础知识、军事素质、综合体能训练，持续开展以专业技能、装备应用、模拟实战、火场指挥为重要内容的演练，不断提高独立攻坚和协同作战能力，确保关键时刻拉得出、冲得上、打得赢。荣成市消防队伍在处置火灾救援中，实现“零事故”“零死亡”“零责任”。

打造应急尖兵 以打造现代化的城市专业应急救援队伍为目标，完善预案修订，加大专项投入，强化实战演练，将消防队伍打造成应急救援的主力军，将特勤中队打造成救援队伍的尖兵力量。2016年，针对危化品单位量身定制专项应急救援预案，并根据全省抗震救灾准备要求，先后投入300多万元，购置专业地震救援器材700多件套，抽调特勤中队骨干30名，选配医疗、建筑、地震等方面专家，组成专业应急救援队伍，由消防大队长任队长，下设探测、破拆、保障、营救、医疗5个小组，每周邀请各领域专家进行集中培训，并拿出两天时间进行救援实战演练，全面提高应急实战能力，为有效应对突发事件提供强有力的保障。

【消防安全监管】 2016年检查单位2108家，发现隐患9285处，下发改正通知书2219份，处罚477家，罚款355.32万元，查封150家，拘留4人，处理举报投诉80起。荣成市公安消防大队坚持“预防为主、防消结合”，不断加大火灾隐患排查整改力度，切实筑牢消防安全的第一道防线。

加强隐患排查 坚持分区划片、连续执法，成立崖头、石岛、好运角3个执法工作站，每个工作站负责1个区域，以日常监督执法为主导，以阶段性排查行动为抓手，坚持拉网式排查和突击式检查相结合，以重大火灾隐患单位、涉氨制冷、劳动密集型企业、化工单位、油库码头等为重点，突出城中村、城乡结合部、商业密集区、“三合一”建筑、“九小场所”等消防乱点和难点监管，确保火灾隐患一查到底、不留死角。近期，专门针对冬春火灾防控工作，召开专题会议进行研究部署，制订联合执法、有序推进、全面清零的隐患排查整治方案，并就养老机构、幼儿园等重点单位和领域开展消防安全回头看活动，重点排查取暖炉、电热毯等冬季取暖设备，消除安全隐患。

狠抓隐患整改 围绕减少存量、控制增量，成立消防隐患专项整治办公室，逐行业、逐单位建立隐患整改台账，跟踪督导整改，实行销号管理，做到“查出一个、改正一个、销号一个”。2016年，威海市挂牌督办的5家重点火灾隐患单位全部摘牌，573家涉氨企业机房消防改造全部完成并通过验收，450家劳动密集型企业、58家渔港码头、12家化工企业全部完成整改；冬防工作检查各类单位、场所近1600家次，查处火灾隐患2000多处，查封15家。

加强微型消防站建设 以救早、灭小和“3分钟到场”扑救初期火灾为目标，按照“边试点、边摸索、边改进、边完善”的思路，安排专人、逐个单位进行宣传督导，引导全市社区和单位投入1100余万元，建成微型消防站91个，配备微型消防车80辆、器材装备2000多件套，配备消防队员450余人，建立微型站24小时值守制度，并将其纳入全市119灭火救援联勤联动体系，实行统一调度，提高微型消防站的机动性。

强化独立式感烟火灾报警系统推广工作 大队通过张贴宣传挂图、发送微信提示等方式，走进养老院、幼儿园、城中村等场所进行宣传，鼓励单位和个人主动安装报警器，提升火灾防控能力，安装单位110家，安装报警器2062个。

突出宣传引导 加大消防安全培训力度，依托大队消防安保培训中心，组织开展消防安全培训和逃生演练指导646场次、受众8.9万人，有效提升群众消防安全意识和应急逃生能力；通过组织消防安全宣传月等系列主题活动，积极开展消防安全进学校、进社区、进企业、进农村、进家庭等“七进”活动；在电视台和报纸开辟消防专栏，以安全公益广告、火灾案例解析等形式开展警示教育；开通消防微信、微博平台，实时发布消防安全常识和重大火灾案例，开展消防微互动，举办警营开放活动29场，举办户外宣传19次，发布微消息3700多条，微信微博关注6.1万人。

【灭火救援】 2016年出动消防车796辆次、警力4776人次，扑救火灾291起，抢救被困人员65人，挽回经济损失9000多万元，火灾起数比上年下降24%，未发生重特大火灾事故，有力保障人民群众生命财产安全和经济社会稳定。

（张洪良）

人民防空

【概况】 荣成市人民防空办公室成立于2004年8月，为市政府所属正科级事业单位，主管全市人民防空工作。内设综合科、工程通信科、执法督查科3个科室，有工作人员10人。2016年，被山东省人力资源和社会保障厅、山东省军区司令部、山东省人民防空办公室评为十二五期间“全省人民防空先进集体”；被《齐鲁民防》评为2016年通讯报道先进单位。

【工程建设与管理】 加大人防工程建设力度，城市综合防护能力进一步提升。坚持“以建为主、以收促建”政策，严格人防“结建”的依法审批，科学规划人防工程布局，不断增加人防工程总量，确保易地建设费的足额征收；工程质量监督技术人员，经常深入人防工程施工现场，加强施工技术指导，确保人防工程施工标准和质量要求。

【组织指挥与通信建设】 加强通信保障、组织指挥、应急协调、宣传教育“四位一体”人防指挥通信系统建设，战时防空袭、平时应对灾害威胁的遂行多样化任务行动能力不断提升。通信技术人员全年不定期地对全市防空防灾警报设施进行检修维护，确保24小时处于良好战备状态；为进一步提高防空警报器音响覆盖率，组织专业人员合理规划警报设施布局，制定新增警报器具体建设方案；5月24日，同步展开防空防

5 月 24 日，世纪小学防空防灾应急疏散演练　　（市人防办提供）

【宣传教育工作】 以普及深化为目的，积极拓展人防宣传教育渠道，深化人防宣传教育。分别参加“防灾减灾日”“安全生产咨询日”及“集日社区”等宣传活动，通过荣成电视台“时事解读”栏目，向市民解读防空防灾知识，收到良好的宣传效果；利用 LED 户外多媒体警报器，播放人防知识宣传片，提高广大市民的国防观念和人防意识；扎实推进人防宣传教育“五进”工作，利用市中小学生综合实践教育中心人防多媒体宣教室，普及全市在校中小学生防空防灾知识，年内接受教育学生达 1 万人次。

【政务审批与法制】 严格落实相对集中行政许可权制度，推进行政审批“三集中、三到位”，即推动行政审批职能向行政许可科集中、行政许可科向政务服务中心集中、行政审批事项向网上政务服务平台集中，做到事项进驻到位、人员派驻到位、窗口授权到位，确保应进事项 100% 进驻实体大厅和网上大厅。推进“一个窗口受理、一站式服务”模式，坚决杜绝“两头受理、体外循环、逃避监督”等现象，推进审批程序、审批结果的公开、透明。全面公开权力清单，自觉接受社会监督。

【机关准军事化建设】 加强人防机关准军事化建设，打造一支“平时作为大，战时能力强”的进取型团队。抓好政治思想建设，积极开展“两学一做”专题学习教育，不断提高思想政治素质；抓好业务素质建设，全员参加威海市人防办举办的落实新大纲封闭式训练，强化坚持按纲施训、依法治训意识，锻炼人防队伍专业素质；抓好党风廉政建设，参加威海市人防办邀请专家解读《中国共产党党内监督条例》的专题学习，进一步强化党员干部的纪律意识和自我监督意识。

（张宗伟）

RONG CHENG 荣成 自由呼吸 自在荣成

经济管理与监督

Economic Management and Supervision

◎ 发展与改革

◎ 国有资产监督管理

◎ 审计工作

◎ 统计工作

◎ 调查工作

◎ 物价工作

◎ 市场监督管理

◎ 国土资源管理

◎ 食品药品监督管理

◎ 盐政管理

◎ 民营经济管理

◎ 安全生产监督管理

◎ 产品质量检验检测

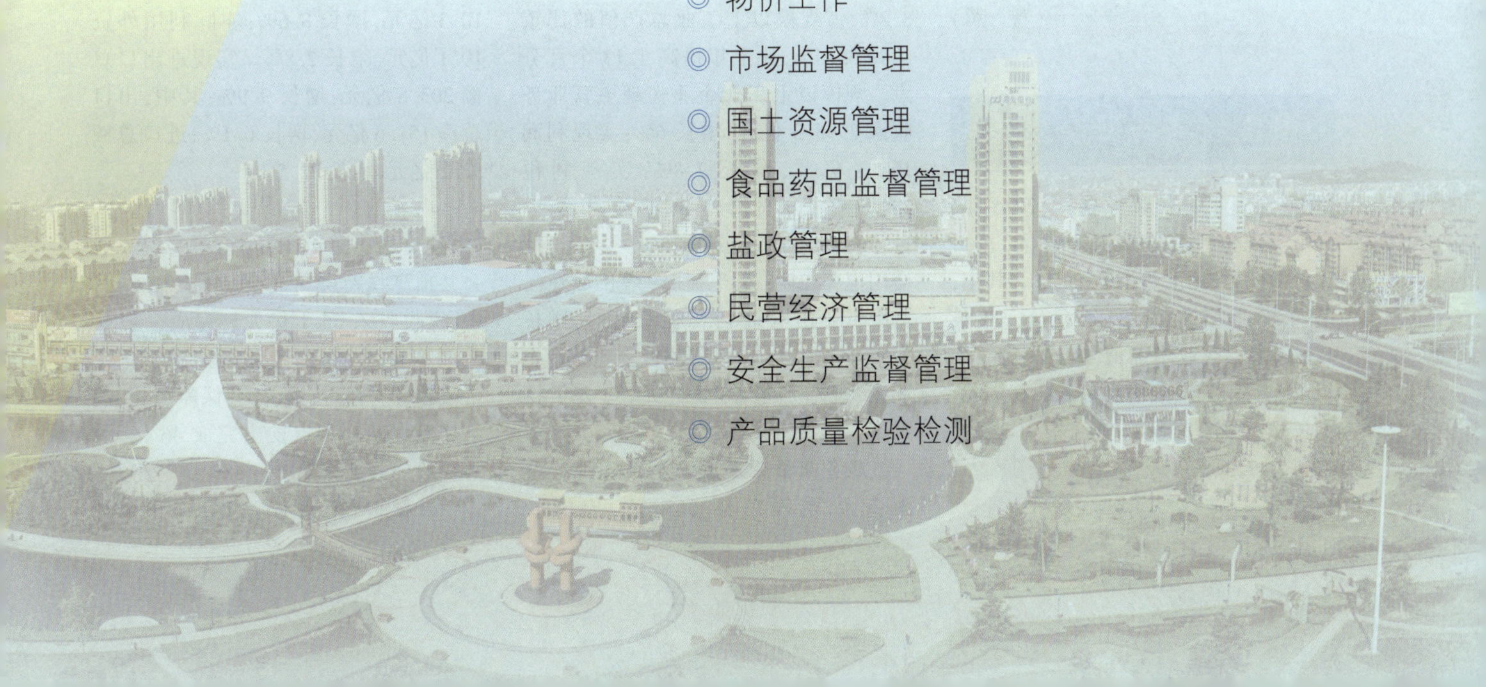

发展与改革

【概况】 荣成市发展和改革局内设办公室、政策法规科、国民经济综合科、工业交通能源科、农村经济发展科、固定资产投资科、经济体制改革科、外资管理科、高新技术产业科9个科室，有工作人员8人。下设市重点工程项目管理办公室、市蓝色经济区管理办公室、市信息中心、市服务业办公室4个事业单位。市重点工程项目办公室下设协调科、推进科2个科室，有工作人员5人，负责引进重点项目，参与重点项目的考察、论证、咨询、评估，并负责项目的可行性研究报告的编写，上报上级立项等职责。市蓝色经济区管理办公室下设产业科、协调科2个科室，有工作人员5人，负责全市蓝色经济区建设的领导与组织协调，规划制定与实施，高端产业聚集区的管理与考核等职责。市信息中心下设综合科、信息科5个科室，有工作人员6人，负责与国家、省信息中心和威海信息工作站联系相关业务等职责。市服务业办公室下设统筹规划科、项目协调科2个科室，有工作人员5人。负责全市服务业总体规划、市场准入管理，服务业政策性贷款指导协调，服务业发展引导资金建设项目审批、核准(备案)，服务业重点示范项目建设进度、质量检查评估等职责。

(杨　腾)

·国民经济与社会发展·

【国民经济平稳较快发展】 2016年，全市实现生产总值1078.0亿元，按可比价格计算，比上年增长8.5%。其中，第一产业增加值87.5亿元，增长4.1%；第二产业增加值481.0亿元，增长7.6%；第三产业增加值509.6亿元，增长10.2%。三次产业结构为8.1∶44.6∶47.3。

【三次产业协调并进】 **农业生产稳步发展** 全市实现农林牧渔业(含农林牧渔服务业)增加值89.5亿元，增长4.2%；其中农业增加值15.1亿元，增长3%；林业增加值0.3亿元，增长21.3%；牧业增加值8.1亿元，增长1.9%；渔业增加值64亿元，增长4.6%；农林牧渔服务业增加值2亿元，增长9.2%。全市拥有专业远洋渔船307艘，远洋运输船6艘。实施改造400多项各类水利工程，农田灌溉能力继续加强；农田有效灌溉面积达到4.6万公顷，其中节水灌溉面积3.3万公顷。全年各类水利工程总投入7亿元，完成八河水库增容工程。治理河道沟渠总长24千米，完成51座病险塘坝除险加固工程，新建防潮堤2.8千米。实施24个村的移民扶持项目，受益群众1.7万人。全市农业产业化重点龙头企业78家，其中，国家级农业产业化重点龙头企业8家，省级25家，威海市级45家。有国家地理标志农产品19个。新注册农民专业合作社186家，总数达到1217家。

工业生产较快增长 规模以上工业企业实现产值3139.8亿元，增长7%。其中，海洋生物食品产业完成产值1321亿元，增长12.9%；造船及零部件产业完成产值368.5亿元，下降0.1%；汽车及零部件产业完成产值687.7亿元，增长2.7%。三大产业占规模以上工业总产值比重达到75.7%。规模以上工业企业实现增加值440.6亿元，增长7.7%。全年实现工业高新技术产业产值1121.1亿元，增长8.2%，占规模以上工业总产值的比重达到35.4%，比上年提高1.13个百分点。规模以上工业企业实现主营业务收入2995.3亿元，增长6%；实现利润165.3亿元，增长7.8%；实现利税234.1亿元，下降5.3%。全年发电11.5亿千瓦时，增长18.6%。全年全社会用电量25.8亿千瓦时，增长2.9%，其中工业用电量13.2亿千瓦时，增长0.6%。全市有77家资质以上建筑业企业，实现增加值28.8亿元，与去年持平。

服务业繁荣发展 全市实现社会消费品零售总额363亿元，增长11.2%；其中，批发零售业333.5亿元，占总额的91.9%，增长11.3%；住宿餐饮业29.5亿元，占总额的8.1%，增长9.7%。非公有制经济占据着主导力量，完成零售总额345.2亿元，增长11.3%。

品牌创建迈上新台阶 全市争创中国名牌产品4个，山东名牌产品73个，新增6个；山东省服务名牌19个，新增4个；威海市市长质量奖6个；创建山东省优质产品生产基地5个；创建山东省优质产品生产基地龙头骨干企业10个；全市企事业单位主持或参与制修订国家标准37项、行业标准59项、地方标准20项、团体标准2项。

【内需拉动作用增强】 全年完成固定资产投资828.3亿元，增长12.9%；其中民间投资总额521.8亿元，下降5.5%。工业完成投资547亿元；第三产业完成投资257.9亿元，占固定资产投资比重为31.1%。房地产开发投资完成47.9亿元，下降6.1%。

消费需求持续繁荣 全市实现社会消费品零售总额363亿元，增长11.2%；其中，批发零售业333.5亿元，占总额的91.9%，增长11.3%；住宿餐饮业29.5亿元，占总额的8.1%，增长9.7%。非公有制经济占据着主导力量，完成零售总额345.2亿元，增长11.3%。

【对外经济增长较快】 全市新批外资项目(含增资项目)37个，合同外资10.3亿元，增长8.6%；实际利用外资10.1亿元，增长2.8%。实现进出口总额203.8亿元，增长9.9%；其中，出口总额151.6亿元，增长6.1%；进口总额52.2亿元，增长22.5%。

【财税金融稳健运行】 全年实现一般公共预算收入68.8亿元，增长10%，其中，税收收入55.1亿元。完成一般公共预算支出95.8亿元，增长11.9%。全市教育、科学技术、社会保障与就业、医疗卫生四项重点支出完成46亿元，占一般公共预算支出的48%。

金融业平稳运行 年末全市金融

机构本外币存款余额692.3亿元，比年初增加81.7亿元，其中住户存款余额419.9亿元，比年初增加39.6亿元。年末金融机构本外币贷款余额465.2亿元，比年初增加49.1亿元。

全市银行业金融机构25家，证券营业机构4家，小额贷款公司7家，民间融资机构5家，典当行4家，融资性担保公司2家，创业投资机构1家。

全年保险分支机构33家，实现保费收入16亿元，增长17.3%；其中，财产险保费收入4.9亿元，下降1.5%；人身险保费收入11亿元，增长28.1%。支付各项赔款和给付7.2亿元，增长26.9%；其中，财产险支付赔款和给付3.2亿元，增长7%；人身险支付赔款和给付4亿元，增长49.4%。

【城市建设加快推进】 实施了道路建设、园林绿化、市区污水设施建设、公益设施建设、新型城市化建设、市区供热供水基础设施建设、重点区域开发等4大类、41项城建重点工程，新建改造道路9条、13.4千米，活动土石172.3万方，铺设污水管网16千米，铺设排水管网15.3千米，砌筑涵洞300米，安装路灯1046基，新增改建绿化面积240万平方米，老旧小区改造267.1万平方米，改造外墙保温20万平方米，完成1项专项规划、地下管线补测补绘及信息系统更新；新启动村庄改造8项、驻地改造19项，新建商贸设施16.3万平方米、安置楼123万平方米。改厕7.2万户，建设户型污水处理设施450台。84项镇级设施建设工程铺设地下管网185千米，其中供热管网73.5千米，供热覆盖率达到82.7%。燃气管网35.5千米，燃气普及率达到62.7%。污水管网76千米，新建5处镇级和19处村级污水处理设施，污水日处理能力达到21.5万吨。镇街增配压缩式垃圾清运车16辆、配套专用垃圾桶1.2万个，有175个村居实行"户集村收"模式，全市垃圾收运实现专用车辆与密闭容器的一体化对接，密闭化收运率达、无害化处理率均达到100%。年末城市建成区绿化覆盖率达46.5%，人均公园绿地面积达26.5平方米。

全市全年空气质量优良以上的天数达到349天，优良率达到95.6%，PM2.5下降8.6%，PM10下降3.4%，达到国家二级标准；二氧化硫下降7.7%，二氧化氮持平，达到国家一级标准，在全省率先实现环境空气质量全面达到国家二级标准的目标。主要河流和近岸海域水质全部达到相应功能区划要求，城市集中式饮用水水源地水质达标率保持100%；区域环境噪声和交通噪声平均值远远低于国家标准。

【社会事业协调发展】 **城乡居民收入稳步提高** 全年城镇居民人均可支配收入38084元，增长8.3%；农村居民人均可支配收入19231元，增长7.7%。

劳动就业形势良好 全市城镇新增就业7996人，其中失业人员再就业2310人；转移农村劳动力3401人。城镇登记失业率1.57%。

社会保障体系进一步完善 全市有26.1万人参加城镇基本养老保险，比上年增加4.1万人；有63.6万人参加基本医疗保险；参加工伤保险的人数达到14.3万人，比上年增加210人；参加失业保险的人数达到10.4万人，比上年增加500人；参加生育保险的人数达到11.8万人，比上年增加107人；居民基本养老保险投保人数达到27.2万人。全市投入资金1735万元，将6586名城乡低保对象纳入保障范围；投入资金2759余万元，保障全市五保老人4235人，建设敬老院18所。城市居民最低生活保障标准为每人每月550元，农村居民最低生活保障标准由每人每年3300元提高到3700元，10月1日又提高到每人每年3850元，农村五保集中供养标准由每人每年6500元提高到7000元，分散供养标准由每人每年4000元提高到4600元。救助贫困大学生192名，发放救助金74.8万元。低保教育救助城乡困难家庭学生190名，发放救助金28.5万元。

科技事业成果丰硕 全年获批各类科技计划项目21个，其中，省重点研发计划项目10项，省重点产业关键技术创新工程1项，省创新公共服务平台1项，省泰山产业领军人才工程2项，威海市级项目7项，争取无偿资金2917万元。全市取得重要科技成果13项，获省科学技术奖1项。全市专利申请1500件，增长8.3%，其中发明专利申请900件，增长37%，专利授权720件，其中发明专利授权110件。

全市新增省级以上创新平台6个，威海市级创新平台11个；新认定高新技术企业6家，总数达到27家。新增威海市千帆计划入库企业59家，总数达到259家。全年技术贸易成交额达到4.5亿元，增长21.3%。

全市拥有国家工程技术研究中心27个，其中省级以上9个；企业技术中心33个，其中国家级2个；工程研究中心2个；省级重点实验室2个；工程实验室12个，其中省级5个；省级院士工作站9个；博士后工作站4个；产业技术创新战略联盟5个，其中国家级1个；省级中外合作研究中心3个；省级创新方法试点企业1个；省级创新型(试点)企业5个；省级工业设计中心2个；国家地方联合工程实验室1个。

其他社会事业协调发展 年末全市总户数24.3万户，户籍总人口为66.7万人，全市新出生人口5423人。教育、文化、卫生、体育、广播电视、新闻出版、外事、侨务、史志、档案、气象、妇女儿童、老龄、残疾人等事业都取得新成绩。

（杨　腾）

·蓝色经济区建设·

【概况】 2016年，荣成市紧紧围绕海洋经济发展，大力实施海水养殖、捕捞、水产品精深加工、港口物流、滨海休闲旅游、船舶配套及修造、海洋生物医药等产业，着力构建现代海洋产业体系，全力推动渔业大市向海洋经济强市跨越。全年实现海洋产业增加值460亿元，占GDP比重达到43%。

海洋一产稳步提升 海水养殖品种由常规养殖向名优养殖转变，养殖方式由粗放型向集约型转变，养殖空间由平面养殖向立体化养殖转变，力促海水养殖稳步提升。以打造"海上粮仓"为抓手，在稳固海带等传统养殖品种的同时,积极整合养殖资源,优化养殖布局,推动水产品养殖规模化、标准化生产。全年刺参等名优品种育苗水体 28 万立方,育苗量 230 亿单位。增殖放流梭子蟹、海蜇等苗种 2.57 亿单位,规范海带养殖 1000 公顷,新批国家级海洋牧场示范区 2 个,总数达到 4 个、面积 1642 公顷,海水规模化养殖面积突破 4 万公顷。2016 年,全市养殖产量达到 78.7 万吨,养殖收入达到 140.6 亿元,比上年分别增长 4.8%和 5.1%。捕捞业,坚持巩固近海生产,发展远洋渔业,积极实施"走出去"战略,加强与俄罗斯合作,开发非洲新渔场,积极参与国际公海资源竞争。加快已开工海外远洋基地项目速度,推进加纳基地开工建设,不断提高远洋渔业的市场竞争力。2016 年,全市新增专业远洋渔船 7 艘,全市专业远洋渔船总数达到 316 艘。全年完成远洋渔业产量 30 万吨、产值 37 亿元,分别增长 21%和 30%,渔船规模、捕捞产量、收入名列全省首位。

海洋二产转型升级 依托资源优势和区位优势,坚持高端研发,不断提升产品质量和市场占有率,努力打造中国海洋食品名城。根据市场需要,大力推动传统水产品加工向冷冻调理食品、休闲食品、功能性食品等高端领域的转型,培植和膨胀好当家、赤山、泰祥、海之宝等海洋食品龙头骨干企业 140 多家,实施海之宝海带精深加工、泰祥军工食品、海都食品产业园等一批高端项目,基本实现从盐炸卤晒粗放式水产品加工向精深加工的转变,海洋食品产品种类不断丰富,档次不断提升,海洋食品高端产品和终端市场比重分别达到 23%和 40%,海洋食品集群规模增长 10%。全年水产品加工业完成收入 355.8 亿元,比上年增长 8%。通过与中国科学院海洋研究所、中国海洋大学、江南大学等 30 多所知名高校院所建立合作开发,积极培植海洋生物医药产业。全市从事海洋生物技术研发的企业达到 35 家,拥有国准字药品 32 种、国食健字保健品及化妆品 70 多种,开发出儿童药品、海洋生物提取物、生物肥、鱼油、氨基酸蛋白、肽类、多糖类新产品 60 多个,具备 150 多亿粒各种剂型产品的生产能力。2016 年医药及保健品产业实现销售收入 55 亿元。海洋生物科技产业集群规模增长 28%。针对修造船产业实际,荣成加快山东船舶技术研究院黄海船舶设计中心建设,主攻现代渔船、客滚船等特色优势船型,推动造船企业向邮轮、海洋工程、军工装备等领域转型。黄海造船自主设计生产的大型豪华客滚船填补国内市场空白,进入工信部首批船舶建造企业"白名单"。

海洋三产膨胀扩张 把滨海休闲旅游、"互联网+"、冷链物流作为重点,立足现有基础,扩张产业规模,提高创新水平,增强发展后劲,狠抓外延扩张,力促服务业实现新超越。充分利用中国水产商务网构筑起从企业到市场的行业电子商务服务体系,加快建设国际海洋商品交易中心,打响"中国海洋食品名城·荣成"品牌,全市电商渔企达到 40 家。不断推进滨海旅游与海洋科技、渔家文化的深度融合,进一步提升滨海旅游的丰富内涵和整体实力,以打造山东海上休闲乐园、全国知名休闲渔业旅游目的地,重点发展沙滩休闲、滨海运动、赶海垂钓、科普教育、渔家文化为主题的休闲渔业旅游。充分利用 9 家全国休闲渔业示范基地、3 家省级休闲海钓示范基地、省级休闲渔业示范点 15 家、海草房、天鹅湖的品牌优势,推出一批环境美、生态佳、景观优的精品线路和景点,全力构建海陆联合、区域联动、产业联通的滨海旅游格局。依托国家冷链物流高峰论坛在荣成召开的契机,培植冷链物流星级企业。靖海集团、赤山集团通过国家 5A、5 星级冷链物流企业专家评审,广润食品、连海水产、鑫汇水产通过 4A、3 星级冷链物流企业专家评审。年内,赤山海都 20 万吨、靖海集团 10 万吨大型冷链物流设施动工建设,好运角好运渔乡鲜活水产品产业园、威海齐东海通冷链物流基地部分建成投入使用。全市冷库库容总量达到 180 万吨,年周转货物总价值突破 1000 亿元。

【蓝色经济区重大事项建设】 **科学调度蓝区重大事项** 年初,根据威海蓝区要求,确定好运角旅游度假区基础设施建设和产业项目发展、威海国际海洋商品交易中心建设、威海(荣成)海洋高新技术产业园为威海蓝区重大事项。严格执行威海蓝区重大事项逐月调度的制度,按照年初确定的目标任务,每月调度各事项的建设进展情况。同时,加强对事项的督导检查,力促各事项顺利完成。

不断强化考核督导 制定完善蓝色经济区重大事项考核赋分办法,按照 2016 年度全市目标绩效管理考核,年终进行督查考核,以考核促进重点工作落实,确保完成年度工作目标。

威海蓝区考核情况 根据威海蓝区要求,对好运角旅游度假区列入威海蓝区考核的项目进行实地查看和调整完善,确定 7 个考核项目,其中:基础设施建设项目 2 个,年度计划投资 8040 万元;产业项目 5 个,年度计划投资 2.45 亿元。年终考核位列威海第三。

总结上报先进经验做法 围绕"转变发展方式,推动海洋经济科学发展""保护与开发并重,实现海洋经济可持续发展""突出区域一体化,实现错位发展""深化改革开放,实现创新发展"等四方面,总结上报荣成市推动"两个先行区"建设的经验做法和成就。

做好城乡统筹发展试点工作 开展了城乡统筹发展试点自查,对《荣成市城乡统筹发展试点实施方案》所确定 7 类 45 项重点工作任务和 24 项评价指标进行了调度。24 项指标中有 13 项已提前完成目标要求,有 3 项接近完成目标要求。根据《山东省县域经济发展提升行动计划》,着手编制荣成市方案。

【蓝色产业领军人才团队支撑计划】 通过项目筛选和专家评审,华通海洋生物公司基于海洋资源的生物活性肽研发及产业化项目入选 2016 年威海市蓝色产业领军人才团队支撑计划项目。2014 年入选省蓝色产业领军人才团队支撑计划项目中的泰祥集团实施的海洋低值蛋白高值化重组利用项目,通过山东省组织的中期评估,项目中期资金 880 万元如期到位。

【区域战略推进专项资金争取及管理】 2016年根据省通知要求申报的荣成市第一中学新校区、石岛管理区城乡统筹基础设施建设等8个项目获批区域战略推进专项资金2430万元，海洋食品产业联盟获批威海市蓝区扶持资金10万元。根据蓝区项目管理要求，抓好项目管理。8个项目全部开工建设，完成投资30667万元，占总投资的66%，完工项目2个。配合省审计厅对荣成市2015年省区域战略推进专项资金项目进行审计；配合山东省道勤会计师事务所对荣成市2015年省区域战略推进专项资金项目开展绩效评价。

（韩明伟）

·发展规划与综合调控·

【加强规划引导与经济形势分析】 **科学编制国民经济年度计划** 综合分析全市发展现状和发展环境，参考国家、省、市发展目标，结合全市经济社会发展情况，编制完成《荣成市2015年国民经济和社会发展计划执行情况与2016年国民经济和社会计划草案的报告》。

抓好经济运行调度分析 面对新形势下的经济下行压力，加大经济预测、分析和监控力度，分析研究当前全市经济运行情况，围绕当前经济运行存在的问题，深入查找指出经济运行中存在的矛盾，对指标进行先行预判，逐月分析经济发展的有效措施，较好地发挥参谋助手作用。

加强政策信息服务 关注经济社会发展的重点领域关键问题，对全市健康产业、军民融合、县域经济、一二三产业融合发展进行情况分析，形成专项实施方案，借力政策促进项目落地；开展了特色小镇、对口扶贫支援、文化创意产业、冷链物流产业等重点领域调研，形成相关的调研报告，全力争取相关资金扶持；组织参加中国电视剧年会、“一带一路”战略高层对接洽谈会、中国（荣成）水产品冷链物流发展高峰论坛等，对全市特色产业和发展优势进行全面推介，力促相关项目列入国家扶持大盘子。

【加强争资立项与绩效考核】 **做好威海市蓝区建设考核工作** 对好运角旅游度假区列入考核的项目进行实地查看和调整完善，确定考核项目7个，其中：基础设施建设项目2个，年度计划投资8040万元；产业项目5个，年度计划投资2.45亿元，完成投资3亿多元，在荣成、文登、乳山三市考核中位列第一。

做好服务业考核工作 构成考核主要有3项指标，分别是服务业增加值占生产总值比重、服务业增加值占生产总值比重增减百分点和新增规模以上服务业企业数量。三项指标综合考评在威海考核中位列第一。

做好区域战略推进专项资金争取工作 第一中学新校区、石岛管理区城乡统筹基础设施建设等8个项目获批2016年区域战略推进专项资金2430万元，海洋食品产业联盟获批威海市蓝区扶持资金10万元。

做好国家专项建设基金项目资金争取工作 筛选基金项目8个，项目总投资50.3亿元，申请国家专项建设基金6.74亿元，包括5个棚户区项目，1个社会福利中心项目和2个农村产业融合项目，项目完善前期手续，于10月29日上报威海市发改委。

做好停车场专项债券资金争取工作 确定停车场21处，拟申请发债融资15亿元，项目可研报告编制完成，各项前期手续备齐，募集说明书等材料编制进入尾声。

做好人才项目资金争取工作 获批皇朝马汉外贸综合服务平台项目和华通海洋生物科技有限公司给予海洋资源的生物活性肽研发及产业化项目。

做好中央预算内投资的资金争取工作 围绕海洋渔船更新改造、标准化养殖、沿海防护林、水库增容和沼气工程等争取中央预算内资金20015万元，争取服务业引导资金550万元，2016年，争取资金20565万元。

【加强蓝色经济整体推进】 **统筹安排蓝区重点工作** 围绕海洋产业升级、科技兴海战略实施、统筹海陆发展、海洋生态文明建设、加大对外开放力度等方面，确定2016年蓝区建设重点工作任务30项。围绕蓝区建设，将好运角旅游度假区、海洋商品国际交易中心、海洋高新产业园列入威海市2016年17个蓝区重大事项中。围绕区域发展，将市海洋高新技术产业园、威海国际海洋商品交易中心、特色小镇等事项推荐上报，争取列入国家环渤海地区合作发展纲要。

积极规划特色小镇 推荐上报海角艺术小镇、纹石滩养生度假小镇、沙窝岛海港小镇、宁津海草房风情小镇等，进一步细化研究，筛选产业特色突出、发展潜力大、带动力强的小镇，做好争取工作，推进产业转型升级，发展产城融合的新平台、新载体。

扎实开展县域经济发展试点 开展了城乡统筹发展试点自查，对《荣成市城乡统筹发展试点实施方案》所确定7类45项重点工作任务和24项评价指标进行了调度；24项指标中有13项已提前完成目标要求，有3项接近完成目标要求。同时，以城乡统筹发展试点为基础，积极制订《荣成市县域经济发展三年提升行动计划》，促进县域发展转型升级。

抓好对外宣传推介 组织好当家集团、靖海集团、鑫发集团、海之宝4家企业，参加青岛国际海洋科技展览会，好当家集团作为山东半岛蓝色经济区海洋食品产业联盟理事长单位介绍联盟运作情况和企业科技创新情况。组织赤山集团、海洋渔业公司参加省“一带一路”战略高层对接洽谈会，并与国开行、进出口银行等金融机构签署合作协议。

【加强重点项目投资调控】 **做好一二三产业融合** 组织实施农村产业融合发展试点示范工程，第一时间对接编制《荣成市农村产业融合发展试点示范县实施方案》，实施方案获批。在基金项目争取上，沙窝岛国家远洋渔业基地农村三次产业融合发展示范园区获批基金2亿元，基金到位；鑫发集团渔港经济园农村三次产业融合发展示范园区、广润农村一二三产业融合发展示范项目通过农发行审核。

全面服务重点项目建设 完成2015年度省重点项目沙窝岛中心渔港建设工程专项审计调查，经省审计组现场审计核实，项目财务报表与实际工作量相符，取得充分肯定和好评。推动省定扶贫工作重点村光伏扶贫项目审查和立项工作，实施光伏扶贫项目一期33个项目、二期4个项目。

积极做好重点项目调度 调度2016年山东省重点项目1个及威海市级重点项目23个。其中，半年新增项目3项，破产重整项目2项。项目计划总投资633.9亿元，当年计划投资106.2亿元。已完成投资110.9亿元，完成比例为103.8%。已上报投产项目2个，年底可投产项目8个。

做好项目筛选储备和监督管理 积极做好2017年威海市级重点项目的筛选储备工作，筛选项目16个。积极协调处理中央财政划转地方管理和山东省省筹委托贷款项目，对省筹委托贷款6个项目进行清理，其中正在办理善后项目1个，申请呆坏账做核销处理项目5个，累计核销贷款资金8340.44万元。

【加强现代服务转型升级】 **做好服务业企业监测和项目调度** 开展重点服务业企业监测工作，确保掌握42家企业运行情况。调度24个服务业重点项目，项目进度完成118%，完成投资432740万元。

夯实服务人才支撑 筛选万福苑养老、盛泉养老、那香海旅游、中惠地热技术推广、好当家冷链物流、海食委等项目作为2017年的泰山学者领军人才储备项目，做好项目申报前期准备工作。

提高科技创新能力 获批1家省级工程实验室、两家威海市级工程实验室。分别是：长青海洋科技山东省海产贝藻类繁育加工工程实验室、康派斯新能源车辆有限公司威海市房车关键技术工程实验室、好当家海洋发展股份有限公司威海市海洋生物保健品工程实验室。全市累计获批国家级企业技术中心两家，国家地方联合工程试验室1家，省级工程实验室5家，威海市市级工程实验室（研究中心）9家，增强企业自主创新能力。

做好特色指标的申报和调度 围绕服务业发展，提出旅游消费总额增长率和外贸综合服务企业进出口总值增长率两项绩效特色指标。围绕全市区域发展，提出海洋生物产业主营业务收入增长率和运输设备产业产值增长率两项地方提升指标，并做好两项指标的优劣势分析。

【加强社会事业改革治理】 **全面深化改革** 深入推进基层医疗机构综合配套改革，牵头进行全市公立医院改革工作，正在顺利进行中。全面启动公车改革，发挥车改办牵头作用，多次组织召开协调会议，组织相关部门做好公务用车摸底、方案制订等工作，科学整理测算保留车辆数量，计算精准，是威海市唯一一次性通过的县市；全市车改工作基本完成，公车平台平稳运行。

做好健康产业发展相关工作 围绕健康产业发展现状和问题、产业发展重点，编制《荣成市健康产业发展规划》，确定建设虎头角健康产业园的初步意向；结合全市创建健康促进示范县，引导职工树立健康生活、健康工作的文明形象，创建健康促进工作示范机关。

做好国民经济动员工作 获批山东省食品军民融合深度发展示范区，成为全国首批5个省级示范区之一；充分发挥国民经济动员办公室的职能作用，牵头经信局、卫计局、水利局等13个单位完成52项国民经济动员潜力调查任务。

做好4家高尔夫球场的清理整治工作 牵头组织相关镇区和部门联合开展现场核查工作，在数量多、情况复杂、任务艰巨的情况下，按照整改要求和标准，认真细致做好各项整改工作，迎接国家发改委、省政府督查组和威海市政府多次督导检查，按照督查组反馈的意见，高标准、严要求修改各个球场的核查报告并按时上报；扎实开展好当家天海湾、石岛、常绿3个球场的整改和瑞圣球场的取缔工作，做好常绿球场的后续整改工作。

做好重庆云阳扶贫对接工作 组织相关部门，赴重庆市云阳县考察市场和拟援建学校等扶贫协作工作，并签署了东西对口支援框架协议。

【医药卫生体制改革】 荣成市医药卫生体制改革始终坚持公益性的方向，在威海市实现"三个率先"即为构建和谐医患关系，率先建立医疗纠纷第三方调处机制；为保障医患双方利益，率先建立医疗风险分担机制；为稳定乡医队伍，率先发放老年乡村医生生活补助。2016年，不断探索，大胆尝试，继续深入推进医改工作。实施县级公立医院综合改革目标绩效管理考核评估工作，全市5处试点医院均达到A档，在全省位列第六名，综合改革工作取得预期效果；实施目标绩效管理考核，与各试点医院签订责任书，提升医院综合服务能力和管理水平，扎实推进医院标准化建设；积极探索县级公立医院多种运营模式，在石岛人民医院试点，允许其在保障国有资产和医疗质量安全的前提下，以特许经营方式开展与社会资本合作；继续完善临床路径管理试点工作，扩大临床路径管理试点实施范围和病种数量，细化路径方案，完善信息化建设，强化绩效考核评价，确保2016年度，临床路径管理患者占出院患者的比例≥30%；强化城乡医院对口支援工作，每处基层医疗机构分别与2处市级医院建立帮扶关系，推进医疗重点下移，优质资源下沉，提升县域内综合服务能力；启动二级医院与基层医院"医联体"建设项目，市人民医院分别与市第三人民医院、人和中心卫生院签订合作框架协议书，逐步实行区域内医疗资源整合，引导患者分层次就医，解决医疗资源总量短缺、医疗费用不合理增长的问题，通过纵向管理帮扶、横向技术交流的方式推动医疗资源走进基层。

（杨 腾）

·固定资产投资管理·

【固定资产投资运行总体情况】 2016年，全市认真贯彻落实中共十八大关于稳增长、促改革、调结构、惠民生会议精神，进一步改进工作作风，为各类投资主体创造良好的投资环境，不断调整和优化投资结构，提升投资质量和效益，确保全市固定资产投资总量和增速始终保持平稳增长。

投资增速持续放缓，但对全市经济平稳增长的拉动作用有所提升 年内全市完成固定资产投资828.3亿元，突破800亿大关。比上年增长12.9%，增速比上年下降1.17百分点，比全省增幅高2.4百分点，全市固定资产占地区生产总值的比重为76.8%，比上年提高5个百分点，在经济下行压力加大的情况下，固定资产投资的稳定增长对稳定全市经济发展发挥了重要作用。

第一、二产业投资保持较快增长势头，成为全市投资的重要力量 全市第一产业完成投资6.5亿元，比上年增长40.5%；第二产业完成投资563.8亿元，比上年增长35.27%；其中工业完成投资546.97亿元，增长35.45%；第三产业完成投资257.9亿元，下降17.37%。三次产业投资所在比重调整为0.78：68.07：31.14。

新立项项目数量比上年增加，企业投资仍占主体地位 年内全市审批、核准、备案固定资产投资项目共计205个，比上年142个增加44.4%；总投资219.24亿元，增幅40.4%；其中，审批类项目27个，总投资53.56亿元；核准类项目21个，总投资50.65亿元；备案类项目157个，总投资115.03亿元。

在建项目数量减少，重点项目稳步推进，支撑作用明显 全市在建固定资产投资项目527个，比上年减少103个，其中威海市级重点项目23个，总投资633.9亿元，当年完成投资137.92亿元，超出年度计划29.11个百分点，威海市级重点项目完成投资占全市固定资产完成投资总量的16.65%，重点项目建设对投资增长起到重要的拉动作用。

房地产开发投资下降，商品房销售有所回暖，房地产市场进入平缓发展态势 受总体经济形势影响，全市房地产开发投资略有下滑，房地产投资完成47.87亿元，比上年减少6.14%，房屋施工面积792.83万平方米，比上年减少1.03%。受刚性需求释放等因素影响，住房销售转好，全市商品房销售面积209.14万平方米，比上年增加9.12%，房地产投资占固定资产投资的比重为5.78%。

建设资金到位率有所下滑，银行放贷力度增加 年内全市固定资产投资累计到位资金797亿元，比上年减少11.7%，对项目建设的资金保障度102%。资金构成中的企业自筹资金为742亿元，减少16.6%，占到位资金93.1%，稳居主导地位；年内银行贷款到位23亿元，增幅383.3%，占到位资金的比重为2.9%；国家预算内资金到位3.8亿元，占到位资金0.4%；外资到位10.5亿元，占到位资金1.3%。

【引导固定资产投资重点方向】 **现代服务业** 大力发展新型服务业、现代物流等重点产业，保持房地产开发投资合理增速。

公共服务领域 加大卫生、教育和社会服务管理体系建设的投入力度，全力推进保障性安居工程建设，进一步提升社会保障能力。

农林水利 加大农村基础设施建设，夯实农业平稳增长的基础，切实改善农村民生。

高新技术产业 加强创新平台建设，抓好全市特色园区发展，推动高技术产业规模化、集群化发展。

结构调整和技改领域 加大传统行业技改投入，培育新工业增长点，积极化解荣成市造船、汽车配件等过剩产能，加快产业结构调整。

基础设施领域 加强智能电网和农村电力，推进清洁能源开发利用，加大农村道路、城乡绿化投入，加强供排水、燃气、供热和污水垃圾处理等城乡一体化建设。

【实施促投资稳增长措施】 **有效拓宽资金来源渠道，加快建立多元化、多层次、多种形式的融资市场** 激发民间投资活力，鼓励社会资本特别是民间资本投资公共服务建设领域，发挥好政府投资的引导作用和放大效应，完善政府和社会资本合作模式。管好用好政府性资金，做好中央预算内资金争取工作，突出抓好专项建设基金投资工作，充分发挥投贷结合、债贷组合效应。推动开展多种形式的银企合作，引导金融机构加大对中小企业支持力度，创新金融产品，逐步缓解信贷供求矛盾。扩大直接融资规模。引进培育种子基金、风险投资基金、私募股权基金，鼓励引导更多企业通过上市、发债、私募等直接融资渠道筹措资金，提升直接融资比重。

深化投融资体制改革，健全投资管理体制 扎实做好简政放权工作，认真做好取消和下放的审批事项的落实和承接工作，改善企业投资管理方式，注重事前政策引导、事后监管约束和过程服务，完善在线审批监管平台，充分发挥平台作用，提高审批工作效率。

加大招商引资力度，抓好项目储备管理 创新招商引资方式，积极实施“走出去、引进来”战略，按照产业定位，主动出击，围绕海洋生物科技、机械制造、现代服务业等重点产业，有选择、有目的地到深圳、上海、浙江等经济发达地区进行招商，通过提供一对一、保姆式服务，力促重大项目引进和落地。

（管舒妩）

国有资产监督管理

【概况】 市国有资产管理局原隶属于市财政局，2016年9月9日调整为市政府直属正科级公益一类财政拨款事业单位，更名为荣成市国有资产监督管理局，内设办公室、产权管理科、考核评价科、监事会管理科4个科室，有工作人员6人。依法履行出资人职责，监管市属企业国有资产，加强国有资产的管理及人员的任免、考核等工作。2016年，辖属国有企业有荣成市热电燃气集团有限公司、荣成公交集团有限公司、荣成市国有资本运营有限公司、荣成市城建投资开发有限公司4家单位。至2016年底，全市主要市属国有企业资产总额达到88亿元，负债总额56亿元，归属母公司所有者权益32亿元，营业收入4.8亿元，利润总额1.08亿元。

【国资监管基础工作】 **加强企业发展**

战略定位研究 推动市属国有企业开展企业发展战略研究，调度并督促国有企业初步确定主业范围和战略定位，为企业实现科学发展奠定基础。

完善国资监管制度体系 依据荣发〔2016〕13号《关于深化市属国有企业改革完善国有资产管理体制的实施意见》，下发《关于明确市属国有企业重要事项报告范围的通知》《荣成市产业引导基金运作实施方案》，同时拟定《市属国企负责人经营业绩考核办法》《荣成市市属国有企业监事会管理暂行办法》等规范性文件及配套文件，为更好地发挥政府股权投资、创业投资等各类产业引导基金的杠杆作用、强化外派监事会监督提供制度保证。

加强产权管理工作 对市属各类企业的国有产权及分布状况进行全面清查和规范登记，登记理顺国有企业4家，依法确认企业的产权归属关系。对归并、整合新建公司所涉及的22家原部门所属企业，拟定理顺方案，实现市属经营性国有资产的集中统一监管，同时拟注销13家无实际经营行为的企业。

加强企业投融资等重大事项管理 利用国有资源优势，采取资产抵押、企业之间相互担保、融资租赁等方式，积极筹措资金，累计批复企业抵押、担保、融资项目41个，总额35.65亿元，有效缓解企业经营发展资金紧张问题。

【国有企业改革重组】 **拓展企业改革重组** 调整国有股权，拟定市港华燃气公司国有股权退出经营所涉及的相关事项；增资立项，建立项目储备库，对接市财政局，提升辖属集团公司的增资立项业务监管；建立提升项目实施的股权投资、上市融资互为补充的金融创新体系，构建本土企业扩张与外来资本引进的“双轮驱动”发展模式。

整合国有资源，打造资本运营和公共服务平台 按照改革国有资本运营机制的要求，组建荣成市国有资本运营有限公司，将13家参股企业国有股权整合纳入该公司实行集中管理，统一运营，打造荣成市国有资本投资、融资和财富管理平台。

【国有资本经营】 **加强经营业绩考核** 对2015年度市属企业经营业绩进行考核。进一步完善市属国有企业分类考核指标评价体系，详细制订细化考核分值，将企业日常考核与年度考核、任期考核相结合，并根据业绩考核办法核定主要负责人薪酬。

引导企业创新模式搭建营商平台 由国有资本运营有限公司牵头，打造了中国海洋商品交易第一门户。大力开展大宗商品B2B业务，与全市23家渔业龙头企业建立合作关系，2016年挂牌上市大宗海产品10大类30个品种，交易额突破1.44亿元。打造中国海鲜第一品牌——“荣成海鲜”，成立荣成市海洋食品流通协会，互联网上线运营F2C“鸡鸣超市”微商城，销售荣成地道海鲜，改变企业传统单一的销售模式，为荣成海鲜走遍全国开辟快速通道。打造物联网金融服务创新体系，提升金融服务能力，创新开展仓单质押融资业务。完成5000吨监管仓库信息化改造，并完成国内第一笔海产品仓单质押融资业务，实现融资400万元。立足实体产业开展交易模式创新。与好当家集团合作，创新有机海参“预售+直销”交易模式，利用企业品牌影响力结合海商中心平台优势，线上一级市场预售、二级市场交易，与线下直销有机结合，实现线上线下融合、商品贸易与商品投资有机结合，快速、有效服务实体企业。

【财务监督管理】 **扎实推进企业预算管理** 完善国有资本经营预算制度，建立覆盖市属国有企业的国有资本经营预算制度和收益分享机制，实施国有资本收益收缴分类管理，充分发挥国有资本经营预算在推进企业改革发展、结构调整、科技创新中的作用。加强市属国有企业的资金管理工作，规范资金运作，强化资金风险控制，确保资金安全与使用效益。

强化国有资本收益收缴 2016年底，全市13家参股企业全年上交国有资本收益3214万元，完成年度计划的116.9%。

（于壮志）

审计工作

【概况】 荣成市审计局内设办公室（信息科与其合署）、法制科、财政金融审计科、行政事业审计科（农业与环保审计科与其合署）、经贸审计科（外资运用审计科与其合署）5个科室，有工作人员18人。下设经济责任审计办公室和政府投资审计中心两个正科级事业单位。其中荣成市经济责任审计办公室有工作人员15人，内设审计一科、审计二科、审计三科、调研科、绩效科5个科；荣成市政府投资审计中心有工作人员10人，内设审计一科、审计二科、投资审理科3个科。

2016年，荣成市审计局紧紧围绕全市中心工作，依法开展财政预算执行审计、地方税收征管审计、政府投资审计、领导干部经济责任审计和专项审计调查等工作，着力纠正各类违规违纪问题，切实保障财政资金管理使用的安全、完整、高效，为全市经济社会平稳较快发展做出积极贡献。全年完成各类审计项目60个，查出各类问题金额92亿元，促进增收节支和避免损失2.32亿元，提出并被采纳审计建议80多条。荣成市审计局实施的全市镇街经管审计站业务开展情况专项审计获得“2016年全省优秀审计项目”，这是2016年威海市唯一的优秀审计项目。

【财政预算执行审计】 在核实财政收支的真实性、合法性、效益性基础上，以全口径政府收支审计为突破点，审查市本级“四本预算”执行总体情况；以重点领域、重点部门和重点资金为依托开展效益审计，审查农村改厕、粮食直补等专项资金绩效；以打造阳光财政为目标，检查预决算公开情况；以“预防新沉淀”为着力点，审查财政存量资金的盘活和统筹使用情况，盘活滞留在财政和有关主管部门的涉农等专项资金8000多万元。

11月10日，审计人员核查樱花湖体育公园工程情况　　（市审计局提供）

【地方税收征管审计】 对2015年度地税系统组织收入完成情况、税收优惠政策执行情况和税收征收质效等内容进行审计，延伸审查人和地税分局和8家企业纳税及征管情况，累计查出企业漏提漏缴税款、部分税费征收滞后、收缴税款延期入库和部分税收优惠政策落实不到位等违规问题金额1.12亿元，促进税费入库1324.9万多元。市审计局重点关注营改增后税收征管方式变化情况，审查地税部门有关政策落实、配套制度建立以及上级部署执行情况；在分析地税收入变化的基础上，结合延伸企业审计，重点关注土地增值税、房地产企业所得税、房产税等税种征收管理情况，审查地税机关是否存在应征未征税款或征收"过头税"等问题；结合地方水利建设基金和残疾人保障金收缴管理情况审查，重点关注地税部门收缴其他财政收入过程中，是否存在的管理疏漏造成少收或违规减免的问题，代征单位和缴费单是否存在延压挪用和弄虚作假等问题，保证政府性基金及时足额入库。

【政府投资审计】 累计节约财政资金1.67亿元，重点做了以下工作，即严格招投标环节监督，并深入政府采购竞争性磋商模式（PPP）的监督领域，节约7690多万元；合理推广拆迁补偿包干使用办法，节约110万元；注重提升与再创新跟踪审计技术，开发多项软件转换技术，形成集所有图像、数据为一体的项目全貌图，极大提升审计质量；强化信息化技术的应用，将投资审计与计算机审计相结合，在年度计划制定、结算审计等多环节创新使用信息化技术手段，并建立政府投资项目的信息库、影像资料库和价格库，有效提高工作效率，深化审计成果，成效显著。

【领导干部经济责任审计】 对48名领导干部实施经济责任审计，审计中坚持问题导向，加大对权力集中、资金密集、资产聚集的重点部门、重要环节的审计力度，对资金量小、职责较少的7个单位尝试实施离任交接审计，同时结合市委、市政府《关于开展专项整治活动的实施方案》的要求，对公车改革、福利津贴发放、专项资金使用、所属中介和协会、人员编制管理等事项进行的重点关注。累计查处问题金额14亿元。通过审计，客观评价领导干部执政业绩和经济责任，为党委管理干部提供重要参考依据。

【专项审计和调查】 实施了12个稳增长政策措施落实情况跟踪审计。根据市委市政府对部门属中介机构和企业全面清理的部署，对16个中介机构的企业资产负债和财务收支情况进行专项审计。为服务市委、市政府推行的国有林场管理体制改革，对全市6家国有林场的资产负债情况进行专项审计。对公交集团、热力燃气集团等8家市属企业财务和经营情况进行专项审计调查，全面摸清市属企业经营和管理现状，为市委市政府进一步加强国有企业管理提供参谋。各级出台制度46项，促进增收节支311万元。

【内部审计】 全市各内部审计机构完

7月5日，审计人员查看经济责任审计材料　　（市审计局提供）

成内部审计项目 3273 个，促进增收节支 3.49 亿元，荣成内审工作继续在威海两市五区考核中名列第一，继续保持全省优秀内部审计协会称号。加强与各内审单位的沟通指导，创建专门的内审工作微信平台，既通过微信平台及时发布最新财经政策资讯、内审动态和会议培训通知等信息，又为各单位内部审计机构加强相互间的经验交流、学习沟通等提供平台，极大提高工作效率，截至 2016 年底，有 80 多个会员单位的内审工作人员加入该微信平台。

【审计信息化建设】 全年完成并上报审计方法 19 篇，经威海市评选后，市审计局 6 篇审计方法被推荐上报省审计厅，提交总量及推荐上报数量在威海市位居第一；历时两个月投入 30 余万元部署简版数据分析平台，走在威海两市五区的数据分析平台建设前列；成立计算机工作小组，负责做好日常维护及技术支持工作，多次协助业务科室完成业务数据采集工作，并借助外部力量首次完成百 G 级的超大数据库转换采集工作，为审计项目的顺利推进奠定基础。

（周子敬）

统计工作

【概况】 荣成市统计局内设办公室、法规检查科、国民经济核算综合统计科、工业交通与固定资产投资统计科、农村经济统计科、普查科 6 个科室，有工作人员 13 人。下设城市社会经济调查队、计算中心两个事业单位，有工作人员 14 人。2016 年，市统计局围绕市委市政府的中心工作，坚持以提高统计质量和效益为中心，着力推进统计工作创新，着力加强统计法治和基础建设，着力优化统计服务水平，为适应和引领经济发展新常态提供坚强有力的统计保障。

【农业普查】 多次筛选普查经验丰富的农业普查指导员和普查员，分批次组织镇、街农业普查骨干参加省、市农业普查培训，建立普查指导员和普查员工作考评台账。全面把控普查进度，已经完成 15.3 万农户、2054 个规模经营户和 2372 个农业生产经营单位的入户摸底工作，第三次全国农业普查正式登记和数据采集工作同时进行。

11 月 20 日，省统计局人口就业统计处处长孙明清（右一）一行到荣成检查指导人口抽样工作 （市统计局提供）

【基层统计培训】 举办四上企业统计联网指标、基层新任统计上岗培训、普查抽查业务培训共计 37 期次，培训基层统计人员 4600 余人次，极大提升统计工作效能；结合继续教育、持证上岗等深入开展各项统计专项教育，有利地推进统计基础工作再上新台阶。

【统计服务】 整理编印《荣成市第三次经济普查主要数据摘要》，编辑印制《荣成统计年鉴 2015》《荣成概览》《统计月报》，为各级决策、社会公众和市场主体提供有力的信息依据，将统计信息的"快、精、准"落到实处。

【统计调研分析】 强化对统计数据的开发，在威海以上统计信息网、刊物采用的信息、分析、调研报告达到 239 篇，上报工业、农业、投资、商贸、民生等多个领域的统计分析，极大提升统计服务效能。

【社情民意调查】 依靠"畅通、科学、快捷"的社情民意调查体系，围绕城乡一体化建设、环境卫生等七个主题开展社情民意调查，组织专项调查 15 场，拨打用户电话 2.2 万个，成功访问 6458 户，架起社会公众与党政沟通的桥梁。

【完善社会保障体系】 全市参加城镇基本养老保险人数达到 26.1 万人，比上年增加 4.1 万人；参加基本医疗保险人数达到 63.6 万人；参加工伤保险的人数达到 14.3 万人，比上年增加 210 人；参加失业保险的人数达到 10.4 万人，比上年增加 500 人；参加生育保险的人数达到 11.8 万人，比上年增加 107 人；居民基本养老保险投保人数达到 27.2 万人。

【加大社会救助力度】 全市投入资金 1735 万元，将 6586 名城乡低保对象纳入保障范围；投入资金 2759 余万元，保障全市五保老人 4235 人，敬老院 18 所。城市居民最低生活保障标准为每人每月 550 元，农村居民最低生活保障标准由每人每年 3300 元提高到 3700 元，10 月 1 日提高到每人每年 3850 元，农村五保集中供养标准由每人每年 6500 元提高到 7000 元，分散供养标准由每人每年 4000 元提高到 4600 元。救

1月6日，省第三次农业普查领导小组办公室主任、省统计局副局长周尊考一行来荣成就农普工作进行培训 （市统计局提供）

助贫困大学生192名，发放救助金74.8万元。低保教育救助城乡困难家庭学生190名，发放救助金28.5万元。

（周媛媛）

调查工作

【概况】 国家统计局荣成调查队，于2007年6月正式成立（前身是荣成市农村社会经济调查队），荣成调查队是国家统计局派驻荣成市的正科级政府统计调查机构，为参照公务员法管理的全民事业单位。内设综合科、住户调查科、产业调查科3个科室，有工作人员9人。荣成调查队严格按照国家统计局和山东调查总队部署要求，认真履职尽责，围绕中心，服务大局，开展粮食产量抽样调查、城乡一体化住户调查、畜禽监测调查、农民工监测调查、小微企业调查、劳动力专项调查、农产品价格及中间消耗调查等各项国家调查任务。2013—2016年荣成调查队连续四年获得省级文明单位称号。

【粮食产量调查】 深入粮食产量面积观测样本村开展农作物监测调查，了解粮食种植管理情况及农户备耕情况等，并与农业部门沟通，分析影响粮食生长的各种有利及不利因素，全面掌握粮食生长形势。密切关注天气变化和病虫害发生、防治情况，掌握影响粮食生产的第一手资料。逐地逐块查看样本村农作物长势情况，对收割地块、样本框进行拍照存档。小麦、玉米放样收样、实割实测、脱粒晾晒称重和录入汇总上报各项工作全部直接调查，全年顺利完成20个粮食产量调查点两季作物种植种类及面积调查、苗情监测、样本村基本情况、预产、实割实测等常规调查，开展种粮大户专项调查。

【城乡住户一体化调查】 住户调查主要反映居民家庭收入和支出状况，并提供家庭就业、消费、住房、社区发展等有关信息，是政府发展经济、改善民生的重要依据。2016年，荣成市居民人均可支配收入29095元，其中城镇居民人均可支配收入38084元，农村居民人均可支配收入19231元。2016年10月份，在部分调查户中开始推行电子记帐，提高记帐数据的笔数和质量。

【农民工监测调查】 主要反映荣成市农民工规模、流向、分布、就业、收支、生活和社会保障等情况，将调查点调查户中劳动力的从业地区、工作单位、从事行业、收入、社保缴纳、劳动合同签订等内容进行登记，并密切跟踪变动情况，重点反映荣成市农民工自营、非农务工和外出务工等情况。2016年10月，根据国家统计局部署在荣成市内开展农民工市民化进程动态监测调查。

【劳动力专项调查】 荣成调查队每月深入12个劳动力调查网点48个调查户开展劳动力调查，现场通过手持PDA电子终端进行联网直报。在调查过程

7月15日，工作人员入户进行劳动力调查 （荣成调查队提供）

6月13日，工作人员进入调查样本地块进行小麦测产　（荣成调查队提供）

中严格执行国家统计局制定的劳动力调查主要数据质量控制办法，严格样本管理和现场数据采集，加强对调查各个环节的督导检查。

【三农普遥感测量】 根据《全国农业普查条例》有关规定、《国务院关于开展第三次全国农业普查的通知》和《山东省人民政府关于开展第三次农业普查的通知》要求，2016年荣成调查队开展第三次农业普查。主要是利用无人机、PDA等设备，对抽中样方的农作物种植情况开展实地调查，精细测量分品种、分地块的农作物面积。深入开展秋冬播、春播、夏播农作物面积遥感测量，圆满完成遥感测量工作。

【调查分析调研】 荣成调查队紧紧围绕市委、市政府的重点工作，立足地方经济社会发展特色和优势，积极开展相关调查数据的分析研究工作。2016年撰写了《挖掘新型农业潜力　扩宽农民增收渠道》《荣成市休闲农业发展情况分析》《新型经营主体对农业发展的影响》和《现代农业发展状况、问题及对策建议》等分析报告，其中《挖掘新型农业潜力　扩宽农民增收渠道》被山东调查总队评为优秀分析报告一等奖。

（梁洪伟　毕雯雯）

物价工作

【概况】 荣成市物价局内设办公室、综合法规科（行政许可科与其合署）、价格管理科（挂成本调查监审科牌子）、收费管理科、基金征收管理科5个科室，有工作人员13人，下设市价格监督检查局（副科级）、市农副产品成本调查室（股级）2个直属行政机构，有工作人员10人；下辖市价格认证中心（股级）、市价格监测中心（股级）2个事业单位，有工作人员36人。

2016年，荣成市物价部门认真贯彻各级党委政府的决策部署，主动适应经济发展新常态，加快价格“放、管、服”改革，重点领域价格改革取得突破性进展，清费治乱成效显著，企业和群众负担进一步减轻，价格监管机制改革步入正轨，价格公共服务进一步完善，价格工作逐渐向建机制、强监管方面转变，市场价格基本平稳，大宗商品价格未出现大的波动，全年居民消费价格指数为1.8%，比上年下降0.5个百分点，控制在预期目标。2016年，荣成市物价局被市委、市政府授予“2016年度落实目标责任制先进单位”和“2016年度招商引资先进单位”。

【清费减负】 全面落实国家涉企收费减免政策。对全市行政事业性收费实行网上申报、网上年审和网上公示，对108家行政事业性收费单位的收费项目、收费标准、收支情况进行网上审核。会同财政部门，制定养犬管理服务收费标准。会同财政、民政部门，出台殡葬服务延伸服务收费标准，并实行政府指导价管理，对实行市场调节价的个性化殡仪需求延伸服务项目进行规范。结

12月9日，居民生活用水阶梯价格听证会举行　（市物价局提供）

8月24日，省价格监测中心副主任马桂英（右一），到荣成就“荣成海产·海带”价格指数编制工作进行调研（市物价局提供）

合医疗服务价格权限下放，整顿规范市公立医疗机构服务价格，对放开的医疗服务价格实行备案公示，对5家实行医改的公立医院2015年的收支情况、财政补贴情况以及价格补偿情况进行统计和评估。

【资源性产品价格改革】 按照国家发展改革委和山东省物价局的部署，从2016年3月1日起，对全市居民生活用管道天然气实行阶梯价格，将居民生活用气量设置为三个阶梯，其中第一阶梯气量为每户每月18立方米，价格为每立方米3.50元，各阶梯之间价格比为1∶1.2∶1.5，并对居民购买使用第一阶梯气量实行每立方米0.70元的价格补贴。对工商企业用气实行上下游价格联动，到2016年12月，市非居民用管道天然气价格达到每立方米3.975元。结合全市供水紧张状况，按照市政府的要求，从2016年10月15日起，对城区居民和企业用水实行临时价格措施。按照国家发展改革委和山东省物价局的要求，会同财政、城建、水利等部门，出台居民生活用水阶梯价格政策，将居民生活用水量设置为三个阶梯，其中第一阶梯水量为每户每月10.4立方米，价格为每立方米3.10元，各阶梯价格比不低于1∶1.5∶3，此项改革措施待市城区供水紧张状况缓解后组织实施。

【价格简政放权】 按照山东省和威海市物价部门的要求，从2016年5月17日开始，放开机动车驾驶员培训收费标准，实行市场调节。组织对2015年以前以荣成市物价局名义发布的239件价格规范性文件进行清理，保留55件，废止184件，对继续执行的规范性文件，从2016年3月18日起重新计算有效期，有效期均为5年。结合国家价格政策变化情况，建议荣成市政府废止了《荣成市价格调节基金征收管理办法》和《关于社会救助和保障标准与物价上涨挂钩实行联动机制的意见》两个规范性文件。

【市场价格监管】 开展价格专项整治，加大市场价格巡查力度，以大型商场、超市、餐饮行业等为重点，规范降价、打折促销行为，严厉打击价格欺诈、串通涨价等价格违法行为。强化节日期间居民生活必需品和服务价格监控，防范价格异常波动。组织开展电商、汽车驾驶员培训、普通道路救援、明码标价等价格政策提醒，规范企业价格行为。开展商品房明码标价综合整治，强化社会监督。组织开展推拿按摩、汽车销售、涉旅行业、中介机构、医药价格等专项检查，全年受理价格投诉、举报案件49件，退还多收消费者价款4343元。年内受理荣成民心网价格投诉举报218件，全部处结。

【助推企业发展】 协调山东省和威海市物价部门，为荣成市热电企业以及风力、垃圾焚烧等新能源发电项目申请上网电价；审核上报已投产的可再生能源项目上网电量，落实2015年度山东省可再生能源电价补贴4549万元。继续实施煤炭热汽价格联动，到2016年底，全市生产经营用热汽价格达到每吨157元。按照“加快自然资源及其产品价格改革，全面反映市场供求、资源稀缺程度、生态环境损害成本和修复效益”的要求，结合热电企业环保设施运行改造，在生产经营用热汽价格中每吨增加18元环保费用。

【价格公共服务】 开展价格认证工作，2016年受理各类价格认定业务160件，标的额3440万元。其中刑事案件136件，标的额170万元；行政机关案件8件，标的额110万元；拆迁补偿认定27件，标的额3160万元。开展农产品成本调查，完成小麦、玉米、苹果等生产成本、收益以及农户农业生产资料购买、农民种植意向、农户存（售）粮情况、粮食价格预测等专项调查。开展定（调）价成本监审和定期成本监审，涉及居民生活用水、污水处理、物业服务、管道天然气、热电环保设施运行等。为提升海带价格话语权，开始启动“荣成海产·海带”价格指数编制，获山东省物价局价格指数立项批复，由中国海洋大学组成项目团队，对海带价格指数进行可行性研究和程序编制。

【价格惠民政策】 健全完善社会救助和保障标准与物价上涨挂钩联动机制，缓解物价上涨对低收入群体生活的影响，当低收入居民基本生活价格指数（SCPI）单月比上年涨幅达5%或居民消费价格指数（CPI）中的食品价格单月涨幅达6%时，发放临时价格补贴。自2016年起改由威海市物价局会同有关部门统一启动（2016年未达到启动标准)。落实居民阶梯电价对城乡低保户电费减免措施,2016 年落实减免电量 208 万千瓦时,发放补助款 114 万元。

【价格监测预警】 加强对重要商品价格变动的监测预警,继续对 132 种居民生活必需品和重要工农业生产资料价格实行监测、发布制度,引导居民消费预期。结合价格监测情况,分析市场价格走势和价格变动原因,定期向荣成市政府和上级物价部门提报相关情况。

(张启瑶)

市场监督管理

【概况】 荣成市市场监督管理局坐落于荣成市崖头街道文化东路 12 号,建筑面积 5165 平方米。内设办公室、政工科、财务装备科、政策法规科(行政审批科)、市场管理科(网络经营监督管理科)、消费者权益保护科、商标广告监管科、质量与认证监管科(标准化科)、特种设备安全监察科、计量科 10 个职能科室;企业注册局 1 个直属机构;崖头市场监督管理所、蜊江市场监督管理所、港湾市场监督管理所、宁津市场监督管理所、人和市场监督管理所、荫子市场监督管理所、虎山市场监督管理所、俚岛市场监督管理所、滕家市场监督管理所、好运角旅游度假区市场监督管理所 10 个派出机构。市场监督管理综合执法大队、消费者投诉中心、个体私营经济服务中心、市场监督管理信息中心、标准化信息所、计量所、能源计量测试所 7 个下属事业单位,共有工作人员 210 人。2016 年,市场监督管理局紧紧围绕市委、市政府的中心工作和全市经济发展大局,深化商事制度改革,深入推进简政放权优化服务,全面实施质量强市和商标名牌战略,在繁荣市场、执法监管、安全生产、质量保障、品牌创建、消费维权等方面,发挥职能作用,服务发展大局,获得了威海市"工商行政管理系统标兵单位"称号。

【商事制度改革】 进一步简化登记注册流程,全面推进电子营业执照和全程电子化登记管理,提高服务便利化水平,助力"大众创业万众创新",全年新增各类市场主体 1.2 万户,比上年增长 3.8%。至年底,全市实有市场主体 4.6 万户,比去年增长 25.01%。

全面实行登记制度改革 企业注册登记"五证合一",个体工商户营业执照和税务登记证"两证整合",换发"五证合一"营业执照 1.1 万份,办理"两证整合"营业执照 765 份。

实行"互联网+政务"服务新模式 推进网上核名、申请、受理、审核、公示、发照等全程电子化登记方式,通过网上申请注册企业,可在 1 个工作日内领取营业执照。

推行"全域通办"登记制度 作为威海首批试点单位,在全市推行市场主体登记注册"全域通办"制度,将县级政务服务中心窗口登记职能延伸至各市场监管所,打破登记注册地域限制,构建"多网点、全时空、零距离"登记服务平台,"全域通办"个体工商户 2598 家、公司 933 户。

全面推进"个转企" 完成个转企 539 家,其中公司 490 家、个人独资企业 49 家。

服务企业融资 办理动产抵押登记 108 笔,为企业融资 11.5 亿元;办理拍卖备案 34 期,成交额 3500 余万元。

【实施品牌战略】 荣成宏秀山磁业有限公司的烧结钕铁硼永磁材料、恒茂实业集团有限公司的冷冻调理海产品、山东蓝润水产有限公司的速冻调制食品、山东好当家海洋发展股份有限公司的冷冻调理海产品、荣成宏伟食品有限公司的冷冻调理海产品、荣成泰祥食品股份有限公司的速冻调理水产品 6 个产品被认定为"山东名牌产品"。

2016 年荣成市新增山东名牌产品一览表

表 18

序号	所属大类	企业名称	申报产品名称	品牌名称
1	有色金属冶炼和压延加工业	荣成宏秀山磁业有限公司	烧结钕铁硼永磁材料	宏秀山 HONGXIUSHAN
2	农副食品加工业	恒茂实业集团有限公司	冷冻调理海产品	HENGMAO
3	农副食品加工业	山东蓝润水产有限公司	速冻调制食品	Bluescend
4	农副食品加工业	山东好当家海洋发展股份有限公司	冷冻调理海产品	好当家 HOMEY

序号	所属大类	企业名称	申报产品名称	品牌名称
5	农副食品加工业	荣成宏伟食品有限公司	冷冻调理海产品	海宝三味®
6	农副食品加工业	荣成泰祥食品股份有限公司	冷冻调理海产品（速冻调理水产品）	泰祥® TAIXIANG

荣成市历年山东名牌产品一览表

表 19

序号	企业名称	产品名称	获批日期
1	山东成山轮胎股份有限公司	全钢子午线轮胎	2003 年
2	固铂成山（山东）轮胎有限公司	半钢子午胎	2009 年
3	固铂成山（山东）轮胎有限公司	工程机械轮胎	2010 年
4	固铂成山（山东）轮胎有限公司	载重汽车轮胎	2011 年
5	固铂成山（山东）轮胎有限公司	全钢载重汽车轮胎	2014 年
6	好当家集团有限公司	白身鱼排	2004 年
7	好当家集团有限公司	即食海参	2005 年
8	好当家集团有限公司	冷冻调理水产品	2006 年
9	好当家集团有限公司	速冻饺子	2007 年
10	好当家集团有限公司	鱼粉	2007 年
11	山东好当家海洋发展股份有限公司	即食大虾	2010 年
12	山东好当家海洋发展股份有限公司	速冻调制食品	2011 年
13	山东好当家海洋发展股份有限公司	干海参	2012 年
14	山东好当家海洋发展股份有限公司	即食鲍鱼	2013 年
15	山东好当家海洋发展股份有限公司	冷冻即食刺参	2015 年
16	山东好当家海洋发展股份有限公司	冷冻调理海产品	2016 年
17	山东华力电机集团有限公司	690V 及以下中小型电机	2004 年
18	山东华力电机集团有限公司	三相异步电动机	2011 年
19	荣成泰祥水产食品有限公司	冷冻调理水产品	2005 年
20	荣成泰祥水产食品有限公司	冷冻调理肉制品	2008 年
21	荣成泰祥水产食品有限公司	冷冻调理海产品	2016 年
22	荣成神农实业发展有限公司	海带制品	2006 年
23	荣成汇英食品有限公司	鱼松罐头	2010 年
24	荣成泰红水产食品有限公司	即食鱼干	2010 年
25	荣成波德隆食品有限公司	速冻调理食品	2007 年
26	荣成波德隆食品有限公司	冷冻调理肉制品	2008 年
27	荣成协汇食品有限公司	水产调味品	2012 年

序号	企业名称	产品名称	获批日期
28	赤山集团有限公司	康进牌鱼粉	2007 年
29	赤山集团有限公司	渔网具	2011 年
30	荣成市海山机械制造有限公司	拖拉机	2008 年
31	荣成市海山机械制造有限公司	柴油机(Z192 型)	2009 年
32	荣成市海山机械制造有限公司	玉米收获机	2011 年
33	黄海造船有限公司	万吨级大型客滚船	2009 年
34	黄海造船有限公司	多用途重吊船	2010 年
35	黄海造船有限公司	钢质远洋渔船	2011 年
36	荣成泓达罐头食品有限公司	贝类罐头	2006 年
37	荣成泓达罐头食品有限公司	鱼辣香块罐头	2007 年
38	荣成泓达罐头食品有限公司	水果罐头	2008 年
39	山东凯丽特种纸股份有限公司	字典纸	2003 年
40	山东凯丽特种纸股份有限公司	防伪纸	2010 年
41	山东凯丽特种纸股份有限公司	印刷艺术纸	2013 年
42	山东鸿洋神水产科技有限公司	鱼油软胶囊	2003 年
43	山东鸿洋神水产科技有限公司	海带制品	2009 年
44	山东华鹏玻璃股份有限公司	机制一次成型高脚玻璃杯	2003 年
45	山东华鹏玻璃股份有限公司	水晶玻璃杯	2011 年
46	荣成宏业水产食品有限公司	即食软烤海鲜制品	2010 年
47	荣成宏伟食品有限公司	即食海参	2012 年
48	荣成宏伟食品有限公司	冷冻调理海产品	2016 年
49	山东俚岛海洋科技股份有限公司	海带制品	2003 年
50	山东俚岛海洋科技股份有限公司	即食海带	2015 年
51	山东海之宝海洋科技有限公司	深海小海带休闲食品	2013 年
52	山东海之宝海洋科技有限公司	纯鲜海藻面	2015 年
53	威海嘉盛乳业有限公司	液体乳	2005 年
54	安赛乐米塔尔荣成钢帘线有限公司	子午线轮胎用钢帘线	2006 年
55	山东达因海洋生物制药股份有限公司	伊可新维生素 AD 制剂	2006 年
56	山东恒力虎山机械科技有限责任公司	磨粉机	2006 年
57	荣成石岛广信食品有限公司	鱼罐头	2007 年
58	荣成锻压机床有限公司	压力机	2007 年
59	荣成市荣佳电机有限公司	电机	2008 年
60	荣成华盛滚动体有限公司	轴承滚子	2010 年
61	荣成造船工业有限公司	RC 系列钢质远洋渔船	2011 年
62	荣成市黄海离合器有限公司	汽车干摩擦式离合器总成	2011 年
63	威海好运通网具科技有限公司	捕捞及养殖用渔网具	2011 年

序号	企业名称	产品名称	获批日期
64	荣成仁一食品有限公司	海带制品	2012年
65	荣成市宇翔实业有限公司	膜式燃气表	2012年
66	荣成市神飞船舶制造有限公司	集装箱船	2012年
67	山东壮发泵业有限公司	船用泵	2013年
68	荣成海达鱼粉有限公司	鱼粉	2015年
69	荣成金辰机械制造有限公司	机械式锻造压力机	2013年
70	荣成东源锻压机械有限公司	机械压力机	2013年
71	荣成宏秀山磁业有限公司	烧结钕铁硼永磁材料	2016年
72	恒茂实业集团有限公司	冷冻调理海产品	2016年
73	山东蓝润水产有限公司	速冻调制食品	2016年

2016年荣成市新增山东省服务名牌一览表

表20

序号	行业类别	单位名称	服务品牌	服务项目
1	科学研究和技术服务业	荣成市华峰果品有限公司	翠虹 CUI HONG	现代苹果种植技术推广服务
2	居民服务、修理和其他服务业	赤山集团物业服务有限公司	真情服务到永远	物业管理
3	水利、环境和公共设施管理业	荣成市环境卫生管理处	金帚舞动洁万家	环境卫生管理
4	水利、环境和公共设施管理业	威海石岛赤山旅游有限公司	情满赤山	旅游管理服务

荣成市历年山东省服务名牌一览表

表21

序号	单位名称	服务品牌	初次获批时间
1	荣成石岛宾馆有限公司	石岛宾馆	2006年
2	山东威海西霞口旅游有限公司	西霞口	2007年
3	威海石岛赤山旅游有限公司	情满赤山	2007年、2016年
4	石岛新港股份有限公司	港口服务	2008年
5	荣成市成山友谊宾馆有限公司	婚宴接待	2009年
6	荣成市环境卫生管理处	环境卫生服务	2010年、2016年
7	荣成市风景园林管理局	绿美城乡	2011年
8	山东荣成农村商业银行股份有限公司	搭致富金桥播万家丰裕	2011年
9	山东荣成农村商业银行股份有限公司	存贷款服务、国内外结算服务	2014年
10	荣成市水务集团有限公司	水甘晴暖润万家	2012年
11	荣成市广播电视台	用心传播情动万家	2012年

序号	单位名称	服务品牌	初次获批时间
12	山东广电网络威海有限公司荣成分公司	有线网络无限服务	2012 年
13	荣成博物馆	海纳百川厚德载物	2013 年
14	赤山集团物业服务公司	贴心服务到永远	2013 年
15	荣成市行政服务中心管理办公室	民呼我应、民需我助、民愿我为、民忧我解	2013 年
16	赤山大酒店	住宿和餐饮业	2015 年
17	盛泉老年公寓	老年人养护服务	2015 年
18	荣成市华峰果品有限公司	现代苹果种植技术推广服务	2016 年
19	赤山集团物业服务有限公司	物业管理	2016 年

2016 年荣成市新增中国驰名商标一览表

表 22

1	威海百合生物技术股份有限公司	百合康 BAIHEKANG	5879796	蒲忠智	7830130	荣成市天鹅湖经济技术开发区成大路 552 号	非医用营养膏;非医用营养液

荣成市历年中国驰名商标一览表

表 23

序号	企业名称	注册商标	产　品
1	固铂成山(山东)轮胎有限公司	成山 CHENGSHAN	轮胎
2	山东达因海洋生物制药股份有限公司	伊可新	维生素制剂
3	山东华鹏玻璃股份有限公司	石岛	日用玻璃器皿
4	山东好当家海洋发展股份有限公司	HOMEY 好当家	海参(非活)、虾(非活)
5	荣成泰祥食品股份有限公司	泰祥 TAIXIANG	水产品
6	黄海造船有限公司	HC	船、游艇

序号	企业名称	注册商标	产　品
7	荣成市渔业协会	荣成海带	海带
8	威海百合生物技术股份有限公司	百合康 BAIHEKANG	非医用营养膏、非医用营养液

2016 年荣成市新增山东省著名商标一览表

表 24

申请单位	注册商标	类别	企业地址	认定商品
山东海之宝海洋科技有限公司	海芝宝	29	荣成市南山北路 98 号	海带、紫菜、干蔬菜
荣成市海圣饲料有限公司	良宵 LiangXiao	31	荣成市港湾街道西王门村	饲料、动物用鱼粉、人或动物食用海藻
荣成市金源水产食品有限公司	海利乐	29	荣成市黄海中路 218 号	鱼（非活）、鱼制食品、腌制鱼
山东凯丽特种纸股份有限公司	凱麗	16	荣成市河阳东路 198 号	纸、印刷纸、包装纸

2016 年荣成市实有山东省著名商标一览表

表 25

序号	企业名称	注册商标	产品
1	赤山集团有限公司鱼粉厂		饲料
2	荣成市金辰机械制造有限公司		机床、金属加工机械、压力机
3	山东蚧口渔业集团有限公司		水貂（活）、狐狸（活）
4	荣成市国香斋食品厂		猪肉食品（猪蹄）
5	荣成石岛广信食品有限公司	GUANGXIN	水产罐头
6	荣成华泰汽车有限公司	华泰·圣达菲	汽车
7	固铂成山（山东）轮胎有限公司	翔远 XIANGYUAN	车辆轮胎

序号	企业名称	注册商标	产品
8	山东凯丽特种纸股份有限公司	久恒	纸、木浆纸、印刷纸
9	荣成市马大哈营养餐饮有限公司	MADAHA	鱼制食品、速冻方便食品、虾(非活)
10	荣成恒源水产食品有限公司	恒缘	鱼(非活)、鱼制食品、虾(非活)
11	荣成市可麦得食品有限公司	Kemaide	肉、猪肉食品
12	朱口集团有限公司	水帘洞 SHUILIANDONG	海带、海菜
13	山东达因海洋生物制药股份有限公司	达因	盖迪欣、复方碳酸钙
14	固铂成山(山东)轮胎有限公司	FORTUNE	汽车轮胎
15	荣成市渔业协会	荣成海带	海带
16	荣成宏业水产食品有限公司	鑫渊 XINYUAN	鱼制食品、海菜、虾(非活)
17	固铂成山(山东)轮胎有限公司	AUSTONE	三轮车轮胎、汽车轮胎、车辆用轮胎
18	山东泓达集团有限公司		水果罐头、听装(罐装)鱼肉罐头
19	山东俚岛海洋科技股份有限公司	食满宝	海带、鱼制食品
20	山东高绿水产有限公司	高绿	速冻菜、海带、紫菜
21	荣成波德隆食品有限公司	波德隆 BO DE LONG	鱼制食品、腌制蔬菜
22	山东华力电机集团股份有限公司		电动机
23	荣成市兴达塑料制品有限公司	注册商标	日用塑料制品
24	荣成市海山机械制造有限公司	海山 HAISHAN	拖拉机

序号	企业名称	注册商标	产品
25	山东华鹏玻璃股份有限公司	石岛	玻璃器皿、玻璃瓶罐
26	威海平安轮胎有限公司	PA 平安	轮胎
27	荣成市宇翔实业有限公司		煤气表
28	山东德林钢绳有限公司		钢丝绳、钢丝、铁丝
29	赤山集团渔网绳有限公司	赤山	绳索、渔网
30	荣成市玉兔牧业有限公司	PULIMU 普利姆	皮衣服装、皮制服装、皮制长外衣
31	威海百合生物技术股份有限公司	百合康 BAIHEKANG	螺旋藻、非医用营养液
32	荣成宝竹肉食品有限公司	宝竹	香肠、猪肉食品、肉
33	荣成宏伟食品有限公司	海宝三鲜	干贝;鱼制食品
34	山东海之宝海洋科技有限公司	海芝宝	海带、紫菜、干蔬菜
35	荣成市海圣饲料有限公司	良宵 LiangXiao	饲料、动物用鱼粉、人或动物食用海藻
36	荣成市金源水产食品有限公司	海利乐	鱼(非活)、鱼制食品、腌制鱼
37	山东凯丽特种纸股份有限公司	凯丽	纸、印刷纸、包装纸

2016年荣成市新增威海市知名商标一览表

表26

申请单位	注册商标	类别	企业地址	认定商品
荣成嘉美海洋食品有限公司	纳百鲜 AGGREGATION SEAFOOD	29	荣成市石岛黄海中路66号	鱼(非活的)、鱼制食品、鱿鱼

申请单位	注册商标	类别	企业地址	认定商品
山东盛润胶带有限公司	SR 盛润 SHENGRUN	7	荣成市石岛工业园龙腾路	运输机传送带、机器传动带、平行胶带
荣成市华峰果品有限公司	翠虹	31	荣成市崖头镇东岭后村	苹果
山东福瑞德冷冻空调有限公司	Sdfriend	11	荣成市石岛黄海北路 385 号	冷冻设备和装置、制冷容器、制冰机和设备、空气调节设备
荣成市人和镇永顺渔粉厂	永祥顺 YONGXIANGSHUN	31	荣成市人和镇山西头村	动物用渔粉、动物饲料
山东好运通网具科技股份有限公司	好运通	22	荣成市石岛牧云东路 318 号	绳索、网、网线
靖海集团有限公司		39	荣成市人和镇沙窝岛	观光旅游、旅行社(不包括旅馆)
荣成康乐水产食品有限公司	Kangle	29	荣成市黎明南路 609	鱼制食品、水产罐头、速冻菜、蛋
荣成市华东锻压机床有限公司	HUADUAN	7	荣成市邹泰南街 187 号	压力机
荣成石岛宾馆有限公司		43	荣成市石岛迎宾路	住所(旅馆、供膳寄宿处)、备办宴席、自助餐厅、会议室出租
荣成市远通船舶修造有限公司		37	荣成市人和镇靖海卫村	造船

2016 年荣成市新增地理标志商标一览表

表 27

申请单位	注册商标	类别	企业地址	认定商品
荣成市果业协会	荣成无花果	31	荣成市成山大道中段 12 号	无花果(新鲜)
荣成市果业协会	东山三吉梨	31	荣成市成山大道中段 12 号	梨

荣成市历年地理标志商标一览表

表 28

序号	申请单位	注册商标	认定商品
1	荣成市渔业协会	荣成海带	海带
2	荣成市花生协会		加工过的花生
3	荣成市果业协会	荣成蜜杏	杏
4	荣成市渔业协会	荣成裙带	裙带(加工过的)、裙带
5	荣成市果业协会	荣成无花果	无花果(新鲜)
6	荣成市果业协会	东山三吉梨	梨

【质量认证和标准化建设】 组织全市140家中小企业参加首席质量官培训，161人获得首席质量官证书；组织全市73家工业产品生产企业参加企业产品标准自我声明公开培训；指导华鹏玻璃、华力电机等企业主持或参与修订国家标准11项、行业标准1项、地方标准3项；盛泉幸福家园养老服务标准化试点项目通过省级验收，全国冷冻调理食品知名品牌示范区创建通过省专家组初审，成山镇和石岛凤凰湖新型城镇化标准化试点获批立项。

【市场监管执法】 全面规范市场秩序，先后在不正当竞争、虚假宣传、违法医疗广告的领域开展专项整治，深入推进依法行政，营造公正透明、规范有序的市场竞争环境。

流通领域成品油抽检 先后组织中央、省抽检及日常抽检，对104家加油站的434批次油品进行检测，抽检覆盖率达到100%。检出经销不合格成品油企业55家，不合格成品油7批次。

农资质量抽检专项行动 春秋两季对全市212家农资经营户的256个批次产品进行抽检，检验出4户6批次不合格化肥。

互联网金融投资类行业监管 实行互联网金融投资类企业“一企一档”制，为220家银行、保险、证券等金融企业建立了详尽的经营档案。

开展休渔期渔货市场整治 出动执法人员800余人次，检查经营户2000户，联合渔业执法部门处理各类违规销售行为10起，确保休渔期间全市渔货市场经营秩序稳定。

创城专项市场整治 出动执法人员580余人次，整治城区10个市场的经营摊点3000户，清理占道经营、乱摆乱放问题410户。

“守合同重信用”企业公示 新申

10月13日，省质监局验收专家组对荣成盛泉养老服务股份有限公司创建山东省服务标准化示范项目进行现场考核　　（市场监督管理局提供）

7月29日，威海市质监系统“四个一线人员”执法工作现场会在荣成市召开
（市场监督管理局提供）

报国家级“守合同重信用”企业1家，省级“守合同重信用”企业4家；续申报国家级“守合同重信用”企业1家，省级“守合同重信用”企业26家。

【消费者权益保护】 加快完善消费维权服务体系，着力提升消费维权效能，开展重点商品、问题商品跟踪处理，定期发布消费预警，引导经营者加强行业自律、规范经营；倡导消费者科学消费、理性维权，实现消费维权工作向两端延伸，切实保障消费安全；认真做好消费者投诉举报受理工作，全年受理消费者投诉535件，解答消费者各类咨询1194人次，为消费者挽回经济损失121.7万元，受理民心网、民生110、市长公开电话等各类民生诉求940起。

【特种设备监管】 深入推进特种设备全程监管，按照“拉网式排查、网格式督导、台账式销号”的思路，落实特种设备隐患治理工作，营造安全至上、防控严密的特种设备安全生产环境，全年登记注册特种设备4214台（套），办理作业人员证件1994件。

涉氨制冷企业隐患整改 全市608家涉氨企业，完成整改227家，进行改造248家，督导133家企业着手实施改造。全年办理压力容器注册登记775台（套），压力管道166千米。

气瓶充装单位专项整治 实行气瓶充装巡查制度，对38家气瓶充装单位进行安全监察，重点检查无证充装，充装超期未检、淘汰报废和非自主产权钢瓶等违法违规行为，对5家民用、4家车用无证充装单位依法予以查处。

电梯专项整治 对全市登记在用的1843台电梯进行全面检查，检查单位109家次，发现安全隐患46处，发出指令书23份，立案查处使用超期未检电梯的单位2家，“三无”电梯整改率达100%。

特种设备网上办公系统“清网行动” 对因企业倒闭、停产拆除、废弃停用的特种设备，督促企业办理报废注销手续，清理“僵尸化”特种设备使用企业246家，各类特种设备472台（套）。

【计量监督】 开展计量器具检定及抽样检验工作，做好计量行政许可工作，为广大群众提供诚实守信、优质满意的市场计量环境。全年检定各类计量器具1.8万件，对生产领域的458家企业、1216批次定量包装产品和流通领域364家单位、934批次定量包装商品进行抽样检验，抽检合格率达99.3%；办理计量标准考核证书12个，为31项计量标准发放公用计量标准证书，对99家加油站的350台加油机和320台出租车计价器进行强制检定；完成了420家企业、4800台衡器的检定；对全市42家医疗机构在用的1435台件计量器具全部进行备案。

【依法行政】 规范行政执法行为，梳理行政权力事项，公开权力运行流程。梳理公示行政审批事项13项、行政处罚事项341项、行政强制事项26项、行政裁决事项1项、行政确认事项1项、行政监督事项9项和其他权力24项。深

11月8日，集中开展成品油抽检专项行动　（市场监督管理局提供）

化信用体系建设，稳步推进征信工作，及时更新征信平台录入信息，开展部门联合惩戒，制定《关于对市场监管领域失信生产经营单位及其有关人员开展联合惩戒的合作备忘录》，以及列市域联合惩戒"黑名单"目录清单。按照工商总局关于行政处罚信息公示工作要求，依法将行政处罚信息在企业信用信息公示系统或门户网站进行公开，录入征信平台信息230条，公开公示工商类案件信息194条。

（史忠东　刘晓华）

5月6日，举办突发地质灾害应急预案桌面推演及科普知识培训

（市国土资源局提供）

国土资源管理

【概况】　荣成市国土资源管理局内设办公室、财务科、政策法规科、规划科、耕地保护科、土地利用科、地籍管理科、矿产开发管理科、地质勘查科9个科室。下设国土资源执法监察大队、土地勘测规划站、土地储备交易中心、土地开发整理中心、地质环境监测站、不动产登记中心、房产管理处、崖头分局、石岛分局、好运角旅游度假区分局、人和国土资源所、俚岛国土资源所、虎山国土资源所、港西国土资源所、崖西国土资源所、上庄国土资源所16个事业单位。有干部职工159人，其中行政机关21人，事业单位138人。

2016年，全系统直面问题、锐意进取，努力适应经济发展新常态，积极应对经济下行压力加大、资源环境约束趋紧等重大挑战，围绕中心、服务大局，顽强拼搏、锐意进取，各方面工作都取得了新进展。2016年1月，被威海市国土资源局授予"2015年度行政效能综合考核中，成绩突出，被评为先进单位"称号。2016年3月，被国家土地总督察办公室授予"2015年度土地利用和管理形势观测分析工作成效突出观测点"称号。2016年6月，被国土资源部授予"国土资源节约集约模范县"称号。2016年8月，被山东省国土资源厅确定为"依法行政工作联系点（2016—2018年度）"。

2月1日，召开年终互评会议　（市国土资源局提供）

【耕地保护】　严守耕地保护红线，确保全市耕地保有量55186.67公顷、基本农田保护面积49046.67公顷面积不减少、质量不降低。严格永久基本农田划定，全面扎紧耕地保护"篱笆"。城市周边永久基本农田划定方案顺利通过省政府审批，新划定基本农田607.47公顷。全域永久基本农田划定已全面完成，方案通过专家组论证。

【土地整理】　以高标准基本农田建设为重点，坚持数量与质量并重，大力推进土地综合整治。完成2015年度荫子、大疃、人和、俚岛、王连、滕家、上庄、虎山8个镇、7279公顷高标准基本农田建设项目，并通过威海市局验收。2016年度大疃、崖西2个镇、728公顷高标准基本农田建设项目完成设计立项。组织实施2016年度崖西、王连、滕家、埠柳、上庄、崖头、寻山6个镇（街道）、2325公顷县级土地整理项目，已完成设计，新增耕地59.6公顷。

【矿产资源】 严格矿产资源保护，有力提升管矿用矿水平。全年办理延续、转让矿山发证42处，完成荣成市通达实业有限公司止马滩矿、威海金利矿业有限公司十里夏家矿两处新设采矿权的网上挂牌出让，收取矿产费用704万元。积极推进第三轮矿产资源规划修编。持续推进矿山关停退出，关停荣成市埠柳镇黄沟文周采石场、荣成市大疃古格石子厂、荣成市河口渔业公司采石场、荣成市东顺鑫石材有限公司石矿、荣成市埠柳镇春芳采石场、荣成市荣安建筑工程有限公司石矿矿山6家，全市矿山数量减少到48家。集中开展打非治违专项整治行动，查处超层越界开采6处。部署矿产资源勘查开采秩序整顿集中行动，全年检查26次，对发现的安全隐患全部限时整改到位。

2016年荣成市矿山名单一览表

表29

序号	矿山名称	开采主矿种	所属镇(街道)	设计规模(万方/年)	发证机关名称
1	荣成市人和镇炳金石矿	饰面用花岗岩	荣成市人和镇	2	山东省威海市
2	荣成市鑫磊石矿有限公司	饰面用花岗岩	荣成市人和镇	2	山东省威海市
3	荣成市栋烽石材有限公司	建筑用花岗岩	荣成市夏庄镇	10	山东省威海市荣成市
4	荣成市旭口硅砂矿	玻璃用砂	荣成市港西镇	3.5万吨	山东省威海市
5	荣成市沟姜家建筑工程公司石矿	建筑用花岗岩	荣成市斥山街道	12	山东省威海市荣成市
6	荣成市永平建筑材料有限公司	建筑用花岗岩	荣成市成山镇	10	山东省威海市荣成市
7	荣成市石源石材有限公司	饰面用花岗岩	荣成市人和镇	2	山东省威海市
8	荣成市崖西叁园石材厂	建筑用花岗岩	荣成市崖西镇	10	山东省威海市荣成市
9	荣成市大和石材有限公司	建筑用花岗岩	荣成市东山街道	10	山东省威海市荣成市
10	荣成市威起石材有限公司	建筑用花岗岩	荣成市人和镇	10	山东省威海市荣成市
11	荣成市鑫盛石材有限公司	建筑用花岗岩	荣成斥山街道	10	山东省威海市荣成市
12	荣成市森隆石材有限公司	建筑用花岗岩	荣成市港西镇	10	山东省威海市荣成市
13	荣成市宝元石材有限公司石矿	饰面用花岗岩	荣成市人和镇	2	山东省威海市
14	石岛集团有限公司石材加工厂(志门矿)	建筑用花岗岩	荣成市斥山街道	10	山东省威海市荣成市
15	石岛集团有限公司石材加工厂	建筑用花岗岩	荣成市港湾街道	10	山东省威海市荣成市
16	荣成市磊鑫泰采石场	建筑用花岗岩	荣成市东山街道	10	山东省威海市荣成市
17	荣成市顺通采石厂	建筑用花岗岩	荣成市东山街道	10	山东省威海市荣成市
18	荣成荣安建筑工程有限公司	建筑用花岗岩	荣成市虎山镇	10	山东省威海市荣成市
19	荣成市上庄镇锋源石场	建筑用花岗岩	荣成市上庄镇	10	山东省威海市荣成市
20	荣成市泓泰石材有限公司	建筑用花岗岩	荣成市夏庄镇	10	山东省威海市荣成市
21	荣成市宁津鞠家强石矿	建筑用花岗岩	荣成市宁津街道	10	山东省威海市荣成市
22	荣成市伟磊采石场	建筑用花岗岩	荣成市俚岛镇	10	山东省威海市荣成市
23	荣成中磊石材有限公司孔家矿区	饰面用花岗岩	荣成市东山街道	2	山东省威海市
24	荣成市双玉石材有限公司	建筑用花岗岩	荣成市崖西镇	10	山东省威海市荣成市
25	荣成市诚龙建筑有限公司石子厂	建筑用花岗岩	荣成市成山镇墩东夼村	10	山东省威海市荣成市

序号	矿山名称	开采主矿种	所属镇(街道)	设计规模(万方/年)	发证机关名称
26	荣成市尚升石材有限公司	建筑用花岗岩	荣成市人和镇	10	山东省威海市荣成市
27	荣成市利新石材有限公司	建筑用花岗岩	荣成市埠柳镇	10	山东省威海市荣成市
28	荣成卓众石材有限公司	饰面用花岗岩	荣成市东山街道	2	山东省威海市
29	荣成波德隆石材有限公司	饰面用花岗岩	荣成市东山街道	2	山东省威海市
30	荣成市一展石材有限公司	建筑用花岗岩	荣成市人和镇	10	山东省威海市荣成市
31	荣成中磊石材有限公司土山矿区	饰面用花岗岩	荣成市东山街道	2	山东省威海市
32	荣成市佳源石材有限公司	饰面用花岗岩	荣成市人和镇	2	山东省威海市
33	威海市政伟石材有限公司	饰面用花岗岩	荣成市人和镇	2	山东省威海市
34	荣成市通达石业有限公司石矿	饰面用花岗岩	荣成市人和镇	2	山东省威海市
35	荣成冠通建材有限公司	建筑用花岗岩	荣成市上庄镇	10	山东省威海市荣成市
36	荣成市程达建筑工程有限公司石子厂	建筑用花岗岩	荣成市斥山街道	10	山东省威海市荣成市
37	荣成圣洋石子加工有限公司	建筑用花岗岩	荣成市人和镇东邵家山村	10	山东省威海市荣成市
38	荣成市俚岛镇小横山后王文波采石场	建筑用花岗岩	荣成市俚岛镇	10	山东省威海市荣成市
39	荣成中磊石材有限公司楼下矿区	饰面用花岗岩	荣成市东山街道	2	山东省威海市
40	荣成市大疃镇北疃石矿	建筑用花岗岩	荣成市大疃镇	10	山东省威海市荣成市
41	山东壮诚集团有限公司十里夏家石矿	饰面用花岗岩	荣成市东山街道	2	山东省威海市
42	荣成市现代金属矿业有限公司同家庄银矿	银矿、伴生金	荣成市夏庄镇	3 万吨	山东省国土资源厅
43	荣成中磊石材有限公司	饰面用花岗岩	荣成市人和镇	2.5	山东省国土资源厅
44	荣成中磊石材有限公司西河口矿区	饰面用花岗岩	荣成市人和镇西河口村	2	山东省威海市
45	荣成黄宝山饮品有限公司	饮用天然矿泉水	荣成市寻山街道	1.09	山东省国土资源厅
46	荣成市银通矿业有限公司老横山银矿区	银矿	荣成市大疃镇	3 万吨	山东省国土资源厅
47	威海金利矿业有限公司十里夏家矿	饰面用花岗岩	荣成市东山街道	2	山东省威海市
48	荣成市通达实业有限公司止马滩矿	饰面用花岗岩	荣成市宁津街道	2	山东省威海市

备注：省发证 4 个,威海发证 17 个,荣成发证 27 个

【征地管理】 严格按照土地利用总体规划及年度土地利用计划报批建设用地,积极争取用地指标,保障重点项目建设用地。上级分配计划用地指标28.67公顷,成功创建国家级国土资源节约集约模范县,获得奖励指标 33.33 公顷。特别是元旦前,抢抓争取额外用地指标的最后时机,突出抓好规划调整、征地组卷等重点工作,国土资源利用不到一个周的时间组卷上报省厅,争取指标 59.07 公顷,全年完成争取额外指标 102.47 公顷,为全市重点项目落地提供了有效保障。全年上报城市分批次建设用地 17 个、单独选址 4 个、市批农转用 1 个,征地总面积 333.53 公顷,其中新增建设用地 215.2 公顷,先后对高温气冷堆核电站、海都食品冷链物流、奥萨制药等重点项目、棚户区改造等保障性安居工程用地全部做到应保尽保。稳妥推进土地增减挂钩、工矿废弃地复垦工作,获得更多周转指标,降低对新增建设用地指标的依赖。完成吴家村、东桥村、阴亮村 3 个增减挂钩项目以及帽刘家、东西中窑村 2 个工矿废弃地复垦项目的组织实施并通过威海市国土资源局验收,可节余指标 15.87 公顷。抢抓土地利用总体规划调整完善的机

遇，用好用足上级下达指标，做到一家一家去对接，一个项目一个项目去落实，完成全市 217 个项目的摸底调查，确保全市到 2020 年用地需求。加大闲置低效利用土地处置力度，盘活闲置低效土地 140.33 公顷，完成市政府下达目标任务。

【不动产登记】 荣成市作为威海试点单位率先开展不动产登记工作，因统一登记涉及土地、房屋等多个职能部门的多类不动产信息资料采集和移交工作，致使初期业务开展艰难。全局通过扎实细致的工作，赢得市委、市政府的肯定和支持，在威海市首次开展房地产管理体制改革，合理划转职责分工、增加人员提高效能，使全市不动产登记工作顺利推进，走在全省前列，全年办理各类业务 31656 件。

【执法监察】 针对全市违法面积仍然较大，违法用地仍处高位的不利局面，认真研究，沉着应对，做到该拆除的拆除，该罚款的罚款，该复垦的复垦。全年拆除违法建筑 73 宗、22.27 公顷，平整复耕 96 宗、146.47 公顷，收缴罚没款 2080 余万元。实行重点信访案件责任分包和每月汇报研判制度，341 起信访案件全部得到妥善处理。全力做好行政争议化解工作，全年妥善化解行政诉讼案件 9 件。为了有效扼制土地违法，通过积极向市委、市政府汇报，建立项目开工联席审批制度，由分管国土和城建的副市长牵头，国土、发改、建设、规划、考核办等相关部门定期召开联席会议，对拟开工项目进行可行性审核。项目开工建设，必须征得国土部门同意，否则由辖区政府视情况予以处理，直至拆除，真正做到将违法违规用地解决在萌芽，有效规范全市土地管理利用秩序。

（王 军）

“3·15”国际消费者权益日纪念活动现场 （市食药监局提供）

食品药品监督管理

【概况】 荣成市食品药品监督管理局内设办公室（挂政工科牌子）、财务科、综合协调与科技信息科、政策法规科（行政许可科）、食品生产监管科、药品与医疗器械监管科（挂保健食品化妆品监管科、药品不良反应和医疗器械不良事件监测科牌子）、食品流通监管科（挂餐饮服务食品监管科牌子）7 个科室。下设荣成市食品药品稽查大队（副科级事业单位），在 22 个乡镇（街道）分别设立食品药品监督管理所，为局派出机构。核定行政编制 130 名，事业编制 25 名，2016 年底，行政工作人员 122 人，事业工作人员 23 人，另有工勤人员 7 人。

2016 年，市食品药品监督管理局以创建全国文明城和省级食品安全先进县为载体，创新监管思路，突出问题导向，加强食品药品安全监管力度，开展重点领域、重点部位的专项治理。全年查办案件 441 起，其中一般程序案件 374 起，简易程序案件 67 起，移交公安机关 23 起，通报其他机关 3 起；受理投诉举报 582 起。全年抽检 3404 批次，不合格 101 批次，合格率 97%，完成国家、省市各级抽检后处理 89 批次。坚持管理与服务并重，开展帮扶活动，提升服务水平，提高办事效率，全年办理生产许可 270 份，食品经营许可 4111 份。

【食品安全监管】 **食品生产领域** 重点开展小作坊专项整治。按照《威海市食品加工小作坊管理办法》《关于加强食品加工小作坊质量安全信用档案管理的通知》等文件要求，对 2015 年登记的生产加工小作坊重新梳理，对 24 家小作坊进行登记备案管理，建立并完善了质量安全信用档案，纳入日常监督检查和监督抽检管理中。先后开展了白酒、花生油、面粉加工小作坊专项整治，查封 2 家涉嫌无证加工的白酒小作坊，现场扣押未售白酒 416.5 千克。

食品流通领域 开展进口食品专项整治。以进口食用植物油、酒类、肉类、水产品等 4 大 3 类品种为重点品种，以大中型商场超市、进口食品专营店、进口食品贮存场所为重点场所，对进口食品的标签说明书、经营主体资质、合格证明、进销货台账等全面开展检查，出动 300 多人次，对 51 家单位进行规范检查，26 家单位被责令整改。

餐饮服务领域 重点对集体就餐单位进行整治。对学校、敬老院、工地食堂等集体就餐单位和承办婚宴、年夜饭等大中型餐饮单位开展全面监督检查，全市 113 家学校食堂完成全年 4 个季度的监督检查，30 家敬老院食堂检查 2 遍，7 家单位因基础设施不达标、餐具消毒不合格被责令整改，11 家小饭桌实行现场审核、登记备案管理，700 余名校外订餐的学生的供餐单位监管到位。

【药械安全监管】 重点对农村地区药械经营使用情况进行检查。对全市镇街和农村的药店、卫生室进行全面检查,39 家单位被责令整改,4 家医疗机构因违反药品使用质量管理规范被查处,4 家药店因涉嫌从非法渠道购进药品被立案调查。针对疫苗监管存在的薄弱项,对市疾病预防控制中心、人民医院等 27 个接种点疫苗的储存条件进行专项检查,摸清全市疫苗流向情况。同时,部署开展进口疫苗专项检查,对全市具有接种资质的 27 家医院、门诊进行全面监督检查,重点检查是否存在经营使用“水货”进口疫苗的情况,确保全市涉及使用的 9 种进口疫苗均由威海市、荣成市疾控中心统一配送,在冷链运输、仓储条件方面严格落实相关标准。

针对 3·15 晚会曝光的药械质量问题,开展齿科材料、注射用透明质酸钠等专项检查,检查 45 家牙科诊所、31 家医疗机构、9 家美容院,责改 4 家。加大药械经营使用环节专项检查力度,对 7 家医疗器械经营企业的冷链管理情况、57 家医院的器械使用情况开展监督检查,重点检查仓储管理、冷链运输、质量追溯、人员培训等问题,检查均达到验收。扩大检查范围,对乡镇口腔诊所的一次性耗材和植入性三类医疗器械的来源及供货商资质进行检查,检查 165 家,2 家问题业户被立案处罚。

【保健品化妆品监管】 **保健食品领域** 对保健食品生产企业开展日常监督检查 2 次,飞行检查 2 次,2 家保健食品生产企业存在的 10 项问题整改到位。先后开展老年用保健食品、银杏叶提取物、空心胶囊等专项检查十余次。

化妆品领域 对全市 2 家化妆品生产企业开展全面监督检查、飞行检查等 4 次,对发现的 10 余项问题已整改到位。开展为期 5 个月的进口化妆品专项整治行动,责改 3 家。对酒店化妆品经营情况开展专项检查,存在标签标识使用不规范等问题的 1 家酒店整改到位。

【依法行政提升服务】 在许可申请上,专人负责帮办申请,针对新的食品经营许可审批系统,在省内率先开展帮办申请,要求基层所至少指定 1 名专人负责受理许可,帮助群众网上申请,为 22 个基层所配备电视机,循环播放创城宣传片和许可申办流程,确保工作高效透明。在许可现场核查上,实行现场帮扶指导,成立专门的现场指导小组,帮助企业设计图纸、改造车间、合理安排工艺流程,同时规范组织管理和质量管理体系等,确保厂房设计改造一步到位、现场审核一次性通过,大幅缩短办证时间。先后帮扶 130 多家企业通过审核,发放食品生产许可 400 余份,平均每家企业至少提前 1 个月投产。

【采用先进管理模式】 推动食品生产企业采用先进管理模式。在全市 42 家规模以上的食品生产企业中大力推行危害分析与关键控制点体系(HACCP)或者 GB/T22000 认证,促进企业形成良好的生产规范,对食品生产过程中可能存在的风险点进行有力管控。全市新增 5 家大型食品生产企业完成良好生产规范建设,占全市规模以上食品生产企业的比重达到 90.5%,比创城预期要求提高 10 个百分点,超额完成任务。

规模以上食品生产企业持有 HACCP 或 ISO22000 证书情况

表 30

序号	企业名称	生产地址	ISO22000	HACCP
1	荣成市金源水产食品有限公司	荣成市石岛姜尚路 269 号		001HACCP1600235
2	荣成石岛海博圣华食品有限公司	山东省荣成市石岛凤舞路 509 号	115FSMS1600206	
3	山东荣祥食品有限公司	荣成市石岛龙雨北路 299 号	115FSMS1600161	
4	荣成嘉美海洋食品有限公司	石岛峨石山路 599 号		115HACCP1600084
5	荣成创新食品有限公司	荣成市南山南路 55 号		115HACCP1600062
6	荣成宏伟食品有限公司	石岛工业园龙云路 529 号		001HACCP1300342
7	荣成爱尔斯海洋生物科技有限公司	荣成市石岛龙腾北路 109 号		001HACCP1300618
8	荣成浦臣水产有限公司	荣成市石岛龙腾北路 140 号		F07HACCP1500035
9	荣成波德隆食品有限公司	荣成市石岛凤祥路 388 号		001HACCP1200058
10	荣成汇锦食品有限公司	荣成市石岛尚书路 88 号	115FSMS1400086	
11	山东蓝润水产有限公司	石岛工业园龙雨北路 299 号	无	无
12	荣成南光食品有限公司	石岛管理区黄海北路 459 号		001HACCP1200253

序号	企业名称	生产地址	ISO22000	HACCP
13	威海味岛食品有限公司	荣成市港西镇旭口村	001FSMS1300467	
14	山东海普顿生物科技有限公司	荣成市虎山镇虎山大街 1500 号	115FSMS1500191	
15	好当家集团有限公司	荣成市虎山镇沙嘴子	115FSMS1500181	
16	荣成加荣食品有限公司	荣成市虎山镇沙嘴子	115FSMS1500193	
17	山东好当家海洋发展股份有限公司	荣成市虎山镇沙嘴子	115FSMS1500194	
18	山东好当家海洋发展股份有限公司荣旺食品厂	荣成市虎山镇虎山大街 3018 号	115FSMS1500192	
19	荣成荣广食品有限公司	荣成市虎山镇沙嘴子	001FSMS1201130	
20	荣成荣康食品有限公司	荣成市虎山镇沙嘴子		001HACCP1100050
21	荣成荣进食品有限公司	荣成市虎山镇沙嘴子		001HACCP1200371
22	荣成荣山食品有限公司	荣成市虎山镇沙嘴子		001HACCP1400497
23	荣成源运食品有限公司	荣成市虎山镇沙嘴子		001HACCP1100105
24	荣成荣东食品有限公司	荣成市虎山镇邱家村		001HACCP1400429
25	荣成正海水产食品有限公司	荣成市虎山镇岛宋家村	115FSMS1400082	
26	威海能龙食品有限公司	荣成市凭海东路	无	无
27	威海荣光植物油有限公司	经济技术开发区工业园	无	无
28	荣成康乐水产食品有限公司	荣成市黎明南路 609 号	无	无
29	獐子岛集团(荣成)食品有限公司	俚岛镇俚岛路 592 号		033HACCP1400029
30	荣成神农实业发展有限公司	荣成市俚岛镇南我岛村南		001HACCP1300289
31	荣成宏业水产食品有限公司	宁津街道东楮岛村		001HACCP1400234
32	荣成明泰食品有限公司	荣成市石岛湾旅游度假区		001HACCP1400023
33	威海嘉盛乳业有限公司	荣成市成山大道		020HACCP1500003
34	山东海之宝海洋科技有限公司	荣成市凭海东路 259 号		001HACCP1300550
35	青岛啤酒(荣成)有限公司	荣成市观海中路 200 号		001HACCP1400065
36	荣成泰正食品有限公司	荣成市凭海东路 199 号		F07HACCP1500051
37	荣成久莹食品有限公司	东山街道干占村	115FSMS1500200	
38	荣成汇英食品有限公司	石岛工业园鹅石山路 11 号		001HACCP1600182
39	荣成合德隆食品有限公司	荣成市石岛尚书路 88 号		001HACCP1300636
40	荣成泰明食品有限公司	石岛管理区峨石山路 9 号		F07HACCP1500047
41	威海百合生物技术股份有限公司	成山镇成大路 608 号	001HACCP 1200431	
42	荣成市副食品有限公司	荣成市龙河北路 88 号		115HACCP1400074

【品牌创建工作】 开展“食安山东”品牌创建工作。2016 年,威海市内创建两个“食安山东”品牌放心食品生产基地均在荣成市境内,包括荣成石岛湾工业园和荣成市虎山镇工业园。同时,创建 3 家“食安山东”示范食品生产企业,包括嘉盛乳业、山东海之宝、荣成南光。组织家家悦 4 个分店、11 个供货商厂家,80 家“食安山东”流通示范单位参与“食安山东”食品生产、流通示范企业“双示范”活动。充分利用食品安全宣传周、12331 举报宣传日、“5·25”爱肤

日等强化宣传，发放宣传资料1万余份。

【队伍建设】 在作风建设上，着力提升干部精气神、执行力、责任感、纪律性。对市纪委巡视组发现的15项问题建立问题台账，逐一细化研究，狠抓整改落实，基本落实到位。持续开展培训教育，结合“两学一做学习教育”和大兴学习之风系列活动，强化纪律教育，采取内部培训和邀请专家讲课相结合的方式，严格落实每周五集体学习制度。同时组织参观反腐倡廉教育基地，强化党员干部守法意识。在加强执法能力建设上，开展区域联动执法。按照区域相近、方便执法的原则，将全市22个基层监管所分为崖头、石岛、成山、人和4个工作片区，每个片区设置片长负总责，并由稽查大队派驻一个中队配合检查、联合执法，形成工作合力。在规范执法行为上，更加注重执法细节和办案程序。为基层所和业务科室配备摄像机、智能手机和执法记录仪等装备，要求所有案件办理要使用执法记录仪，大案要案要全部做好影音资料记录，记录执法全过程。同时发挥案审委员会的作用，集体讨论重大、复杂案件24起，促进执法公平。

（王修臣　肖芳芳）

10月18日，组织党员干部参观龙山革命纪念馆　（市盐务局提供）

盐政管理

【概况】 荣成市盐务局是市政府盐业行政主管部门和盐业行政执法主体。荣成盐业公司是威海盐业公司下属企业，依法从事本行政区域内的盐资源开发、利用和盐产品生产、加工、储运、批发经营业。局公司，一套班子、两块牌子、职能分设、合署办公，内设办公室、财务科、食盐专营科、经管科、物业科、群工科、盐政科7个职能科室。盐务局下设东海盐务所、五柳盐务所、大泊子盐务所、龙家盐务所、张蒙盐务所、石岛盐业运销站、盐业气象站、盐业职工学校等单位。盐业公司下设崖头、石岛、人和、俚岛4个经营部，下辖荣成市恒玺水产有限公司和荣成海晶制盐有限公司2个全资子公司。2016年荣成盐业落实上级主管部门和市委、市政府决策部署，依靠专营政策法规，围绕经营中心工作，履行食盐保障供应和市场监管职责，强化内部管理，推进转型发展，各项事业取得显著成绩。盐业公司全年实现销售收入11170.61万元，实现利税4160.92万元。

【盐政管理】 2016年出动执法人员2095人次，查获涉盐违法案件12起，协调公安机关出警25人次，与公安机关联合办案8起，移交司法机关7起，刑拘12人次，没收涉案盐产品480.24吨，罚款49364元。加强执法人员队伍建设和素质提升，严格执法文书制作，开展法律知识培训，规范执法程序和工作流程。开展盐业改革和盐业法规政策宣传。就国家盐业改革政策走向和改革进展，深入全市食盐零售单位和各用盐单位开展3轮宣传解释，消除社会误解。2—8月海藻加工用盐供应期间，执法人员24小时在岗，实地走访调查全市170家海藻加工用户，及时掌握各加工户库存盐和用盐情况。对码头、港口、交通要道密集巡查，严防私盐假盐工业盐流入市场。开展海产品加工用盐专项整治，依法查处对宁津、靖海、朱口3家加工企业违规使用私盐的案件。7—10月，开展为期3个月的制贩假盐专项治理行动，重点检查工厂餐厅、机关食堂、学校食堂、副食批发、小商店场所等。对21家食品加工厂内部食堂以大包装精制盐充当小包装食盐的违规用盐情形给予批评教育并责令整改。利用元旦、春节、“3·15”“5·15”等重大节假日、宣传日期间开展健康用盐宣传，普及鉴别假盐、不合格食盐的方法。与市疾控、卫生部门配合，完成减盐防控高血压项目终期评估。

【食盐专营】 2016年执行国家专营政策、法规，在盐产品调进计划、仓储管理、结算程序及价格、食盐品种方面严格执行省市局规定，高、中、低档产品搭配，坚持执行免费送销服务，引导市民树立“健康用盐”“科学用盐”的消费理念，把质量过硬的食盐送销到千家万户。全市销售各类食用盐10391吨，完成年度计划114.18%，其中大包装食盐销售7176吨，比上年增长1.7%；入口食盐销售3215吨，增长4.04%，完成年度计划128.6%；大包装原盐销售8827.15吨，较上年度减少33.26%。海藻加工用盐销量较去年同期降幅4.68%。强化以用户为本的服务理念，完善用户及网点信息登记，抓好食盐零售业户台账登记管理，确保合规合法的食盐零售终端与市民群众无缝对接。海藻加工用盐供应方面，继续实行让利举措，以 400 元/吨的优惠价格敞开供应，扶持海藻加工产业从市场低迷中复苏。年初调研走访加工户，了解用盐需求和库存情况，修订管理考核工作制度，2 月至 8 月，加强盐产品采购管理、船运管理、码头坨存管理、短途运输到户、货款及运费结算等全流程的精细化管理，保障加工用盐不脱销、不断供，出色完成保障供应工作，为加工户节省短途运费 400 万元。

【非盐产业】 全年非盐业务实现销售收入 2428.6 万元，比上年增加 16%，销售各类海带产品 3060.16 吨，其中腌渍海带 2269.15 吨，烘干海带 791.01 吨。荣成市恒玺水产有限公司专业从事海带深加工业务。2013 年下半年建成试运营，2014 年正式投产。开发冷鲜系列、烘干系列、盐渍系列 3 个大系 20 多个花色品种，拥有注册商标 2 个。其中烘干产品引领行业技术新潮流；研发成功推出市场即供不应求，成为公司拳头产品。企业加强内部管理，节能降耗，狠抓产品质量，提高产成品优等率；注重安全监督管理，加强对各部门及工人的安全技能培训，全年无安全责任事故。全力应对海带行业的不景气，以减低库存、回笼资金为目标，开展市场营销拓展，设立上海经销处，拓展上海及周边市场；实施品牌战略，与国内较大规模的经销商、海底捞、呷哺呷哺等国内知名餐饮连锁达成品牌战略合作。

【制盐工业】 全年实现原盐产量 10900 吨，其中所属的张蒙盐场实现产量 4300 吨，龙家盐场产盐 6600 吨（租赁经营）。

（杜来福）

民营经济管理

【概况】 民营经济主管单位是市中小企业局。内设办公室、经济运行科、创业辅导科、政策规划科 4 个科室，有工作人员 11 人。2016 年，全市民营经济市场主体实有 44347 户，比上年增长 26.39%。其中，个体工商户 32370 户，增长 24.76%；私营企业 10760 户，增长 32.82%；农民专业合作社 1140 户，增长 21.79%。注册资金 558.2 亿元，增长 22.53%。其中，个体工商户注册资金 23.2 亿元，增长 20.22%；私营企业注册资金 515.8 亿元，增长 22.55%；农民专业合作社 19.2 亿元，增长 25.07%。民营经济市场经济主体实交税金 28.2 亿元。其中个体工商户实交税金 2.3 亿元，私营企业实交税金 25.9 亿元。2016 年，威海市目标责任制考核中小企业发展项目位居威海市 7 个市（区）第一名。

【中小企业公共服务建设】 荣成经济开发区中小企业创业园申报并获批首批“国家小型微型企业创业创新示范基地”，并于 2016 年 9 月 11 日举行授牌仪式。山东省中小企业局局长王兆春、威海市政府副市长徐连新、荣成市政府市长刘昌松参加。汽车及机械制造产业集群申报并被认定为第六批省级产业集群。荣成市认定的省级产业集群达到 3 个。石岛慧谷科技企业孵化器有限公司申报并被认定为省级第四批“中小企业公共服务示范平台”。荣成石岛慧谷科技企业创业园、盛泉小微企业创业辅导基地被认定为 2016 年度威海市小型微型企业创业辅导基地；威海永平土地房地产估价有限公司被认定为 2016 年度威海市中小企业公共服务示范平台。由省委宣传部、省中小企业局、鲁网举办的山东省特色产业镇评选工作，人和镇获评山东省特色产业镇前 20 强，人和镇水产品加工产业获评山东省 20 强特色产业，获得省委宣传部、省中小企业局联合授牌。

【中小企业科技创新计划】 荣成广润水产食品有限公司、威海丰泰新材料科技股份有限公司 2 家企业获批第九批山东省“一企一技术”创新企业；荣成鸿德海洋生物科技有限公司、山东富帅无辐射技术股份有限公司、威海正明海洋科技开发有限公司 3 家企业获批第十批山东省“一企一技术”创新企业；山东通泰橡胶有限公司、荣成市鲁阳生物科技有限公司、荣成荣鹰橡胶制品有限公司、山东隆泰石油装备有限公司、威海维赛新材料科技有限公司、山东明鑫集团有限公司、山东德林钢绳有限公司、荣成市华东锻压机床有限公司、荣成皇朝马汉外贸综合服务有限公司、威海友创软件开发有限公司 10 家企业获批山

9 月 11 日，荣成经济开发区中小企业创业园获批首批“国家小型微型企业创业创新示范基地”

（市中小企业局提供）

东省第五批“专精特新”中小企业；荣成市金海丰水产食品有限公司、荣成市荣利阀门有限公司、威海市世代海洋生物科技有限公司、荣成华盛滚动体有限公司、威海石岛国际旅行社有限公司、荣成星源科技企业孵化器有限公司6家企业获批山东省第六批“专精特新”中小企业；荣成市电焊机厂有限公司、威海麦金利生物工程有限公司、荣成市成华机械制造有限公司、荣成市发达设备有限责任公司、荣成市万源新材料有限公司、荣成市荣华橡胶有限公司、威海石岛重工有限公司、荣成金达不锈钢设备有限公司、荣成盛泉海洋食品有限公司、荣成市印刷厂有限公司、荣成市金海丰水产食品有限公司、中海海洋（荣成）健康产业有限公司12家企业获批威海市“专精特新”中小企业；荣成鸿德海洋生物科技有限公司、威海正明海洋科技开发有限公司、荣成市荣佳动力有限公司3家企业获批威海市“一企一技术”研发中心。

2009—2016年中小企业所获荣誉表

表31

所获荣誉	主体名称	获得年份
山东省第一批省级中小企业产业集群	荣成市海带深加工产业集群	2009年6月29日
山东省第三批省级产业集群	荣成市冷冻调理（水产）食品产业集群	2011年12月23日
山东省特色产业镇明星企业	山东俚岛海洋科技股份有限公司	2010年10月25日
山东省第五批小企业创业基地	人和镇中小企业服务中心	2010年11月3日
山东省第六批小企业创业基地	滕家镇中小企业服务中心	2012年3月14日
第二批全国农产品加工业示范企业	泰祥水产食品有限公司	2011年1月17日
第四批全国农产品加工业示范基地	荣成市冷冻调理食品加工示范基地	2011年1月1日
国家农产品加工技术研发专业分中心	山东海之宝海洋科技有限公司 山东好当家集团有限公司	2011年1月20日
省级中小企业公共服务平台	荣成市食品协会	2011年1月20日
国家中小企业公共服务示范平台	威海时进食品检测服务有限公司	2011年3月22日
山东省第二批中小企业服务机构	威海时进食品检测服务有限公司 山东志诚会计师事务所有限公司	2013年5月3日
山东省中小企业节能减排示范企业	荣成泰大精英食品有限公司	2010年9月2日
2010年度全国乡镇企业信息统计调查优良直报点	荣成市中小企业局	2010年12月28日 2012年1月12日
山东省中小企业管理提升‘百千万’优秀企业	荣成市明达水产有限公司	2012年12月27日

<table>
<tr><th>所获荣誉</th><th>主体名称</th><th>获得年份</th></tr>
<tr><td>山东省先进中小企业</td><td>荣成市黄海离合器有限公司</td><td>2013 年 5 月 6 日</td></tr>
<tr><td>山东省第二批信用良好中小企业</td><td>广信食品、联华食品、奥孚石油、盛家海洋食品、波通达贸易、海龙王水产食品、泓泰渔业、新诚山昆布、宇达电子、银海水产、造船工业公司、德林钢绳、明鑫集团、盛泉集团、百合生物、宏业水产食品、南光食品、龙都水产科技、鑫荣水泥、桐海水产、褚岛水产、华诚橡胶、宏程新材料、碧斯陆电子、人和集团等 25 家企业</td><td>2012 年 11 月 13 日</td></tr>
<tr><td>山东省优秀中小企业</td><td>荣成市黄海离合器有限公司</td><td>2013 年</td></tr>
<tr><td>省级创业辅导师</td><td>荣成经济开发区科技创业服务中心主任徐岩</td><td>2013 年</td></tr>
<tr><td rowspan="4">山东省级“一企一技术研发中心”</td><td>荣成金辰机械制造有限公司</td><td>2011 年</td></tr>
<tr><td>荣成龙河车业有限公司
山东凯丽特种纸股份有限公司</td><td>2013 年</td></tr>
<tr><td>威海百合生物技术股份有限公司
山东达因海洋生物制药股份有限公司</td><td>2014 年</td></tr>
<tr><td>荣成宏业实业有限公司</td><td>2015 年</td></tr>
<tr><td rowspan="5">山东省级“一企一技术创新企业”</td><td>山东壮发泵业有限公司</td><td>2012 年</td></tr>
<tr><td>威海好运通网具科技有限公司
荣成市黄海离合器有限公司</td><td>2013 年</td></tr>
<tr><td>山东海之宝海洋科技有限公司
荣成锻压机床有限公司</td><td>2014 年</td></tr>
<tr><td>荣成市宇翔实业有限公司
荣成市科盛化工有限公司
威海市桢昊生物技术有限公司
威海市世代海洋生物科技有限公司</td><td>2015 年</td></tr>
<tr><td>荣成广润水产食品有限公司
威海丰泰新材料科技股份有限公司</td><td>2016 年</td></tr>
<tr><td rowspan="2">山东省级“专精特新”中小企业</td><td>泰祥集团技术开发有限公司</td><td>2013 年</td></tr>
<tr><td>荣成盛泉养老服务股份有限公司
威海好运通网具科技有限公司
荣成龙河车业有限公司
荣成康乐水产食品有限公司</td><td>2014 年</td></tr>
</table>

所获荣誉	主体名称	获得年份
山东省级“专精特新”中小企业	威海和阳网络科技有限公司 荣成石岛广信食品有限公司 山东壮发泵业有限公司 山东金辰机械股份有限公司 荣成爱士玻璃钢有限责任公司 荣成同方节能服务有限公司 荣成市永明保洁服务有限公司 荣成瑞祥水产食品有限公司	2015年
	威海友创软件开发有限公司 荣成皇朝马汉外贸综合服务有限公司 荣成市华东锻压机床有限公司 山东德林钢绳有限公司 山东明鑫集团有限公司 威海维赛新材料科技有限公司 山东隆泰石油装备有限公司 荣成荣鹰橡胶制品有限公司 荣成市鲁阳生物科技有限公司 山东通泰橡胶有限公司	2016年

【中小企业展会宣传】 组织2家企业参加“2016山东创业创富项目博览会暨中小企业展洽会”;组织2家企业参加“2016年大健康产业培训班”。推荐4家企业申报军队物资采购供应库;组织推荐2家企业申报山东省中小企业创新转型示范企业。组织2家企业参加“2016台北国际食品展暨中小企业管理专题培训班”;组织4家企业参加2016中国(山东)网络商品博览会暨中小企业电商展洽会;组织山东时进检测服务有限公司参加全省中小企业服务体系暨中国(山东)第二届服务商大会,并做典型发言;组织7家企业参加十三届中小企业博览会。组织威海市华纳塑胶有限公司参加鲁台中小企业创业创新论坛会。

4月8日,举办“融入中韩自贸区方法与应用专题培训班”

(市中小企业局提供)

【中小企业融资需求服务】 开展两次各区镇中小微企业融资需求调查。有109家中小微企业有融资需求,需求11.5亿元。通过人民银行信息平台推介给各金融机构;同时提报给省中小企业局、人民银行济南分行组织实施的“中小微企业融资需求项目对接活动”,帮助企业解决融资难、融资贵的突出问题。联合团市委、人力资源和社会保障局、邮储银行荣成支行等单位在经济开发区孵化器举办“助推小微企业创业发展银企对接会”,60多家小微企业负责人及镇区分管负责人80多人参加对接会。

【中小企业创业培训服务】 举办“融入中韩自贸区方法与应用专题培训班”,邀请山东大学(威海)商学院教授、博士生导师、东北亚研究中心执行主任刘文主讲《中韩自贸区带来的机遇与挑战》,170余人参加培训。举办省内观摩学习活动。组织20家机械行业成长型企业负责人，赴威海、烟台、潍坊等地学习转型升级的经验做法。组织8家企业参加威海市中小微企业政企银保融资对接及资本运作培训会议，组织3家企业开展威海市级一企一策专家会诊和订单式咨询服务工作；组织50处成长型企业参加市委组织部举办的首期“企业大讲堂”活动。在市委党校举办2016年农村电商信息员培训班，邀请“农村淘宝”电商老师讲课，近60多名农村电商信息员参加了培训。组织企业参与中小企业协会建设，荣成市1家企业当选为副会长单位，3家企业当选为理事单位，5家企业当选为会员单位。组织创业导师“点对点”指导创业者活动，5人被评为威海市中小企业创业辅导师。

【中小企业政策服务】 创建成长型企业、中小企业局两个微信群，更新中小企业局网站，重点宣传各项涉企政策。制定市级领导班子走访联系中小微企业名单，企业个数由108家增加到408家。坚持每月联系小微企业制度，向企业发放《中小微企业、民营经济实用政策汇编》500多册。强化小微企业的服务力度，相继为30家中小企业出具招投标证明。企业服务抓政策落实。按照《关于鼓励企业创新发展转型升级的若干规定》对涉及中小企业的设备补贴、技术创新、创业辅导、担保融资等政策进行梳理汇总。完成13笔补贴金额14.5万元的小微工业企业创业服务补贴券、12家设备投资金额1510万元的规模以下小微工业企业设备补贴、1家担保金额400万元的融资担保机构奖励扶持等政策认定工作。

（王　亮）

安全生产监督管理

【概况】 荣成市安监局内设办公室（挂法规科牌子）、综合监督管理科、矿山安全监督管理科、危险化学品安全监督管理科（挂行政许可科牌子）、工商贸安全监督管理科、职业安全健康监督管理科6个科室。现工作人员14人。下设安全生产监察大队（副科级事业单位），现工作人员18人。2016年，市安监局以“企业安全生产主体责任落实年”为主线，全面落实安全生产监管责任，强化各项安全生产保障措施，紧紧围绕“明责任、细摸排、勤检查、严执法、多举措、快整治”的工作思路，全面加大工作力度，安全投入1000多万元，查改隐患8000多条，关停不达标企业62家，督促指导企业开展应急救援演练3000多场次，开展岗位安全培训7600多人次，保持全市安全生产形势的持续稳定。全市发生各类生产安全事故8起，死亡8人。

【隐患排查治理体系建设】 采取“企业落实主责，政府购买服务，专家帮查风险，区镇街、部门督促落实”的方式，按照“党政同责、一岗双责”“管行业必须管安全、管业务必须管安全、管生产经营必须管安全”的要求，投入300多万购买专业服务，督促指导全市2000多家企业制定隐患排查治理制度、标准和清单，建立全员参与、全岗位覆盖、全过程衔接的闭环管理隐患排查治理机制，实现生产经营单位隐患自查自改自报常态化。通过隐患排查治理体系，确保生产经营单位每处风险点的管控措施不缺失、不弱化，扎扎实实地落到实处，把发生事故的概率降到最低。500多家企业完成两个体系创建工作，600家企业开展安全生产标准化创建工作。

【执法监察体系建设】 持续加大安全生产执法监察工作力度，加强非煤矿山、危险化学品、烟花爆竹等高危行业的专项执法检查和修造船、冶金、建材等行业领域的联合执法检查。对全市2家烟花爆竹批发企业、214家烟花爆竹零售点进行执法检查，查改隐患380多处。对全市50多家加油站进行专项执法检查，查改隐患72处；查处特种工违规作业28起，培训特种作业人员1850多人。对全市46家非煤矿山企业进行全面检查，查改隐患300多条。联合经信、公安消防等负有安全生产监督管理职责部门组织检查组468个，对修造船、冶金等2442家经营单位进行执法检查，查改隐患6600多处。2016年累计开展执法检查3000多次，查改隐患8000多条，下达整改指令书67份，查处违章、违规案件36件，上缴行政处罚款84.1万元，违法案件查处率、结案率均实现100%。

【宣传教育和应急救援演练体系建设】 修订和完善非煤矿山、危险化学品、烟花爆竹等高危行业安全生产应急救

工作人员对烟花爆竹企业进行执法检查　　（市安监局提供）

9月5日，全市第二期安监人员培训班开班　　（市安监局提供）

援预案。督导非煤矿山企业、危险化学品生产经营单位、烟花爆竹批发单位、涉氨制冷企业等800多家企业，开展4轮应急救援演练，参与人员24621多名，收集方案脚本、相片和录像存量超1000G。积极开展“安全生产月”活动、新《安全生产法》等法律法规的普法宣教活动，安排5名业务骨干组成宣讲团，到18个区、镇、街道进行宣讲，累计宣讲5000多人。投入6万元制作以企业主体责任落实、特种工持证上岗等为主题的安全生产公益广告，通过电视台循环播放，进行社会化安全普法宣传。对全市生产经营单位主要负责人、安全管理人员、特种工进行安全培训，每期培训班都将预防事故灾难应急知识作为一项重要内容进行讲授，进一步提高企业的应急处置能力，开展培训100多期，培训7568多人。

【综合服务监管平台建设】　为消除信息孤岛、打破部门壁垒，构架起服务、支撑社会各阶层工作需要的安全生产大数据，实现智能化的安全服务和监管能力，市政府投资1000多万元，市安监局牵头开发涵盖全市27个行业、领域的企业基础信息、监督管理信息、应急救援信息和技术服务信息的智慧安全平台，通过收集、汇总全市相关安全生产信息，进行分析、整理和推送，打破信息壁垒，实现“安全信息直观掌控、监管动态实时展现、技术服务简捷高效”的设计功能，为政府的宏观决策、部门和属地的监管管理、企业落实主体责任和市民查询提供综合信息服务，从根本上提高决策水平和监管效能。完成项目招标工作，进行各版块的设计开发工作。

【基层保障体系建设】　持续加强基层安监队伍建设，完善基层保障体系，加大投入，下大力度解决困扰乡镇安监中队执法人员不足、执法装备不配套等问题，积极争取编办及人事部门支持，解决了镇街安监人员不足、岗位变动大的问题。为了确保基层安监队伍尽快适应安全生产监管工作的需要，在3月和10月，先后拿出10天的时间，对全体基层安监干部进行脱产培训，并编制专门的培训教材。3月主要进行系统的基础培训，10月重点对存在的问题进行讲解，答疑解惑。采取安排机关工作人员采用分片包干到各区镇、街道进行一对一的指导送训和岗位执法竞赛的方式，对培训和指导结果进行检验，使基层安监干部基本掌握安全生产法律法规和监管要求，具备承担基层安全监管工作的能力。通过与各区、镇、街道签订行政执法授权书和行政审批委托书，将能够下放的监管职能全部下放到位，实现安全监管的关口前移和重心下移。2016年，荣成市25个区、镇（街道）全部完成威海市局中队标准化创建验收，成为威海市第一家全部完成中队标准化创建的县市级单位，基层安全监管日益规范，监管水平大幅提升。

【诚信管理体系架构建设】　会同发改局、人民银行、文明办、科技局、财政局、人社局、国土局、环保局、城建局、海关、税务局、检验检疫局、市场监管局、金融办等16个部门，签署《关于对安全生产领域失信生产经营单位及有关人员开展联合惩戒的合作备忘录》，安委会办公室印发《关于印发生产经营单位安全生产“红黑名单”管理制度（试行）的通知》，建立健全失信联合惩戒机制，明确了安全生产诚信信息的采集、告知、交换、公布和移除程序以及联合惩戒的对象、方式、标准和措施，增加安全生产失信成本，促进各类生产经营单位诚实守信、合法经营。2016年，录入企业失信、守信信息30多条，有力的推动企业主体责任的落实。

（宋佳鸣）

产品质量检验检测

【概况】　荣成市检验检测中心，为市政府直属财政全额拨款正科级事业单位。内设办公室、综合协调科、食品检验科、药品检验科、工业产品检验科五个科室，有工作人员42人。2015年12月，根据《荣成市机构编制委员会关于进一步调整理顺全市检验检测职责机构有关事项的通知》（荣编发〔2015〕30号），市检验检测中心加挂市农村饮水安全水质检测中心、市农业测试中心牌子；市2015年12月，根据《荣成市机构编制委员会关于进一步调整理顺全市检验检测职责机构有关事项的通知》（荣编发〔2015〕30号），市检验检测中心加挂市农村饮水安全水质检测中心、市农业测试中心牌子；市土壤肥料工作站不再加挂市农业测试中心（市检验检测分中心）牌子；市农副产品检测中心、市海

6月17日，组织企业检测人员集中学习交流　（市检验检测中心提供）

洋环境监测中心、市环境保护监测站不再加挂市检验检测分中心牌子。

【设备及人员】　市检验检测中心始终紧贴全市经济社会发展需求，着力加大检验检测能力建设，打造综合性检验检测机构。2016年，中心成功争取获批国家食药监总局第二批食品安全检验检测资源整合试点项目，公共服务平台建设被列入国家服务业扶持项目，检验检测能力建设取得长足进步。

检验条件优越　拥有9900多平方米实验室、46个各类检测室、药品室及恒温恒湿实验室。配备完善的供电、供气、供排水、通风、安全防护等系统，建立实施一整套质量管理程序和规范，实行检验检测自动化监督管理，确保科学、公正地向社会及时出具准确、可靠的检测数据。

检验资质齐全　取得法定检验资质，通过了实验室计量认证，检测能力包括食品、化工、建材、家具、机电等78个产品、501个参数、112个方法，广泛面向政府部门、企事业单位和个人提供产品检验检测、鉴定及技术培训、咨询等服务。

检验设备先进　在食品安全、机电、建材等重点领域能力建设成效显著，拥有一大批先进的技术设备，包括高效液相色谱质谱质谱仪、气相色谱质谱质谱仪、水蒸汽透过率测试仪、微波消解仪、ICP—MS、双道原子吸收分光光度计、原子荧光光度计、自动离子色谱分析系统、电机测试系统、压差法气体渗透仪等，主要设备330余台（套），总值3000多万元，设备涵盖了食品、药品、保健食品、化妆品、工业产品等广泛的领域。

检验力量雄厚　拥有一支多学科、多层次、高素质的专业技术队伍，拥有干部职工41人，其中大专以上学历40人，高级工程师2人，工程师7人，涵盖食品科学与工程、食品质量与安全、应用化学、分析化学、微生物与生化药学、制药工程、机械工程及自动化、海洋科学等多个专业，具有较高的专业技术水平。

【检验检测业务】　市检验检测中心按照保障民生、促进发展的思路，积极服务全市经济社会发展，为各级各部门及各类企业提供优质食品、其他产品检验检测以及技术培训服务。

食品检验检测　2016年检验食品2831批次，其中，受理企业委托检验样品1133份，监管部门委托检验样品1698份，经检验，有116份样品不合格。

工业产品检验检测　2016年检验其他工业产品80批次，其中，受理企业委托检验样品79份，监管部门委托检验样品1份，经检验，2份样品不合格。

服务企业发展　开展从业人员培训。2016年培训89家企业从业人员107人。开展服务企业活动。坚持工作中心下沉，持续开展进企业服务活动。现场指导企业优化产品检验，面对面征求意见建议，广泛宣传中心能力建设情况，重点做好市级重点企业和成长型中小企业服务。2016年开始，积极服务海商中心发展。以获得海商中心指定的检验检测机构资格为依托，积极探索线上线下委托检验信息共享机制，为会员单位委托检验开辟绿色通道，实现交易与检验无缝对接。2016年中心切实减轻企业负担，实施山东省大型科学仪器设备合作共用平台服务，引导企业通过平台预约检验，享受国家优惠政策，减轻企业检验费用负担。上线企业12家，另有20多家企业办理相关手续。

（李　新）

荣成 RONG CHENG 自由呼吸 自在荣成

农 业

Agriculture

综 述

【概况】 2016年，全市粮食种植面积37333.33公顷，总产量22.2万吨，比上年下降6.6%，其中夏粮种植面积16066.67公顷，产量9.1万吨，下降7.7%；花生产量5.8万吨，下降7.0%；果品产量15.2万吨，下降4.8%。农村居民人均可支配收入19374元，比上年增8.5%。特色农业和品牌建设迈出新步伐。加快打造现代苹果、葡萄、草莓、蔬菜、中药材等特色高效产业，成功策划荣成苹果区域公用品牌，特色种植面积2133.33公顷，“三品一标”面积占地75.5%。农业增加值15.1亿元，增长3.0%。全市推广测土配方和水肥一体化种植63866.67公顷，农民专业合作社发展到887家，家庭农场发展到252家。累计完成782个村的土地确权颁证任务，实施了231个村的产权制度改革，22个镇街全部建立农村产权交易分中心，建成农资质量安全追溯点240个，在931个村设立专职协管员，构建起全覆盖的农安监管体系；完成造林1466.67公顷；实施改造400多项各类水利工程，农田有效灌溉面积达到4.6万公顷；全市肉类产量达到3.41万吨，禽蛋产量达到4.83万吨，奶产量2.32万吨；全市农机动力达到219.6万千瓦，农用拖拉机拥有量达到98910台，农业综合机械化水平达到96.06%。

（王　波、吴志强、于　君、王肖祎、杨婷婷）

【管理机构】 **农业局** 内设办公室、政工科、财务科（审计科与其合署）、生产法规科（挂农业保险科的牌子）、市场信息科（挂市菜篮子工程办公室牌子）、产业化办公室6个职能科室，有工作人员19人。下辖市农产品质量安全管理办公室1个正科级事业单位，市农业经营管理站、市农业技术推广站、中央农业广播电视学校荣成分校、市绿色食品办公室、市蔬菜生产办公室、市农业行政综合执法大队6个副科级事业单位，市土壤肥料工作站、市植物保护站、市种子管理站、市果茶技术推广站、市农业综合服务中心、市农业区划办公室、市农村能源工作站7个股级事业单位。有专业技术人员102人，其中高级职称21人，中级职称57人。

（王　波　丁小芳）

林业局 市林业局是市政府主管全市林业工作的行政主管部门，荣成大天鹅国家级自然保护区管理处合署。内设办公室、政工科、财审科、造林绿化科、资源和林政科5个内设机构和1个直属单位森林公安局。辖林业工作站、野生动植物保护站、干杂果技术推广站及国有槎山林场、成山林场、古迹顶林场、龙山林场和苗圃8个事业单位，有职工126人，其中行政编制12人，事业编制114人。

（吴志强）

水利局 内设办公室、政工科、财务科（审计科）、水政监察科、防汛抗旱办公室5个科室，16人。下辖荣成市八河水库管理局1个正科级事业单位，31人；荣成市后龙河水库管理所、荣成市纸坊水库管理所、荣成市湾头水库管理所、荣成市逍遥水库管理所4个股级事业单位，60人；荣成市水资源与水土保持工作领导小组办公室（30人）、水利移民管理办公室（4人）2个副科级事业单位；水利工程管理站、农田水利工作站、水利综合经营管理站、水利派出所、河道管理所4个股级事业单位，28人。

（于　君）

畜牧兽医局 内设办公室、财务科、饲料科、医政药政科、畜牧科技科5个科室。下辖荣成市动物卫生监督所、荣成市动物疫病控制中心、荣成市畜牧站、各乡镇畜牧兽医站19个下属单位。有工作人员153人。其中技术人员130人，副高级职称6人、中级职称51人、初级职称73人。

（王肖祎）

农业机械管理局 内设办公室、政工科、农机管理科、审计科、综合科5个职能科室。有工作人员13人，下辖农业机械监理站、农业机械化学校、农机化技术推广服务站，有工作人员34人。

（杨婷婷）

【农业投入品监管】 2016年市农业局先后组织开展“打击侵犯品种权和制售假劣种子行为专项行动”“春、秋季农资打假”“放心农资下乡进村”等活动，严厉打击各类农资违法行为。强化高毒高残农药专项整治，严查威海市禁止销售储存使用的65种农药，完善农药经营告知制度。规范农药销售管理，更新追溯系统使用，建立农资追溯监管系统市级平台，将240处农资销售店纳入监管范围。全年出动执法人员1016人次，检查农资经营单位270多家，立案查处违法案件39起，下达责令改正通知书18份，纠正违规行为31起，抽检农药质量样品35个，收缴禁用农药90多千克。

（姜丽君）

【农产品抽检】 接受省农业厅完成果蔬风险监测、监督抽查、小麦质量安全专项监测、花生质量安全风险评估等各种监测工作10次，抽检样品351个，合格率100%；接受威海市农安办组织的草莓专项抽检、葡萄专项抽检、无花果专项抽检等监测工作4次，抽检样品54个，合格率100%；制定本地农产品质量安全监测方案，全年抽检样品612个，合格率100%，其中包括草莓专项抽检248个，苹果专项抽检57个，葡萄专项抽检38个，全年未出现重大农产品质量安全事件。

（张英霞）

【农业产业化龙头企业】 2016年，全市获批威海市级以上农业产业化重点龙头企业78家，其中，国家级8家，省级25家，市级45家。

2016年荣成市农业产业化龙头企业名单

表32

国家级8家	
山东好当家海洋发展股份有限公司	赤山集团有限公司
寻山集团有限公司	靖海集团有限公司
山东俚岛海洋科技股份有限公司	荣成泰祥食品股份有限公司
西霞口集团有限公司	石岛集团有限公司
省部级25家	
好当家集团有限公司	山东大鱼岛集团有限公司
威海嘉盛乳业有限公司	山东高绿水产有限公司
山东鸿洋神水产科技有限公司	荣喜水产集团有限公司
荣成市鑫发水产食品有限公司	山东泓达集团有限公司
荣成波德隆食品有限公司	山东院夼实业集团有限公司
山东蚧口渔业集团有限公司	上海梅林(荣成)食品有限公司
荣成石岛广信食品有限公司	荣成宏业实业有限公司
山东海之宝海洋科技有限公司	荣成三悦食品有限公司
荣成市石岛明泰渔业有限公司	荣成市桃园种禽有限公司
马山集团有限公司	荣成市副食品有限公司
威海航海食品加工有限公司	山东盛泉集团有限公司
恒茂实业集团有限公司	荣成市通发水产食品有限公司
山东明鑫集团有限公司	
威海市级45家	
朱口集团有限公司	荣成市泓泰渔业有限公司
荣成市玉兔牧业有限公司	荣成市粮食购销中心
荣成盛兴农产品有限公司	荣成市华峰果品有限公司
山东天盛农产有限公司	荣成市崖头镇宇超海洋食品厂
荣成市仲隆水产食品有限公司	荣成烟墩角水产有限公司
荣成丰荣水产食品有限公司	荣成康利水产食品有限公司
荣成星星农产有限公司	荣成市增达果蔬有限公司
荣成市森海实业有限公司	荣成市佰利佳食品有限公司
荣成市华海渔业有限公司	威海长青海洋科技股份有限公司
荣成荣东食品有限公司	荣成市海宇渔业有限公司
荣成圣洋水产食品有限公司	威海荣光植物油有限公司
荣成市鑫诚山海洋昆布科技有限公司	荣成市佳宜水产食品有限公司
荣成鲁洋水产食品有限公司	红太阳食品(荣成)有限公司
荣成市华隆贸易有限公司	荣成楮岛水产有限公司

山东宝马渔业集团有限公司	威海奥孚苗木繁育有限公司
荣成宝竹肉食品有限公司	荣成海达鱼粉有限公司
荣成市荣远渔业有限公司	荣成市日鑫水产有限公司
山东人和集团有限公司	荣成浦臣水产有限公司
荣成市明港水产有限公司	山东北方渔市股份有限公司
威海市世代海洋生物科技有限公司	荣成市海洋渔业有限公司
荣成广润水产食品有限公司	山东蓝润水产有限公司
荣成恒德泰食品有限公司	荣成市百泉水产食品有限公司
山东鸿海生物科技有限公司	

（宋　林）

【农民专业合作社】　到2016年，全市农民专业合作社总数达到887家，新增农民专业合作社123家。6月，市农业局组织开展省级示范社申报工作，全市有2家农民合作社被认定为省级示范社。10月，威海市农业局、财政局联合组织开展市级农民专业合作社示范社创建活动，全市有8家农民合作社被认定为市级示范社。

2016年荣成市新增省级示范社名单

表33

汇嘉园果品专业合作社	荣成市惠农蔬菜种植专业合作社

2016年荣成市新增威海市级示范社名单

表34

荣成市彤林果品专业合作社	荣成市龙庙山小麦种植专业合作社
荣成市恒广果蔬专业合作社	荣成市东滩农机专业合作社
荣成市广兴苹果种植专业合作社	荣成市金地种植专业合作社
荣成市嘉源苹果种植专业合作社	荣成市鑫发果蔬休闲采摘专业合作社

2016年荣成市历年国家级示范社名单

表35

荣成市民兴生猪养殖专业合作社	荣成市虎山农业种植专业合作社
荣成市鑫发水产专业合作社	
荣成市及时雨农机专业合作社	
荣成市荣金牡蛎专业合作社	

2016年荣成市历年省级示范社名单

表36

荣成市鲍村三优果品专业合作社	荣成市华峰果品专业合作社
荣成市虎山农业种植专业合作社	荣成市北和春茶叶专业合作社
荣成市鸿发貂狐养殖专业合作社	荣成市及时雨农机专业合作社

荣成市龙腾贝类养殖专业合作社	荣成市明初蔬菜种植专业合作社
荣成市东山花生种植专业合作社	荣成市正茂果蔬专业合作社
荣成市志宇核桃种植专业合作社	荣成市翠海葡萄种植专业合作社
荣成市健绿食用菌专业合作社	荣成市宏丰无花果专业合作社
荣成市民兴生猪养殖专业合作社	荣成市汇嘉园果品专业合作社
荣成市惠农蔬菜种植专业合作社	

2016 年荣成市历年威海市级示范社名单

表 37

荣成市民兴生猪养殖专业合作社	荣成市大田牧歌果蔬专业合作社
荣成市学福地瓜专业合作社	荣成市畅通渔业专业合作社
荣成市虎山农业种植专业合作社	荣成市增达果品专业合作社
荣成市鲍村三优果品专业合作社	荣成市志宇核桃种植专业合作社
荣成市北和春茶叶专业合作社	荣成市青阳果蔬休闲采摘专业合作社
荣成市鑫发水产专业合作社	荣成市晓东茶叶种植专业合作社
荣成市布谷鸟农机专业合作社	荣成市宏泰种禽养殖专业合作社
荣成市浩润茶叶专业合作社	荣成市汇嘉园果品专业合作社
荣成市浩海海带养殖专业合作社	荣成市农苑苹果种植专业合作社
荣成市鸿发貂狐养殖专业合作社	荣成市明熠鲜葡萄种植专业合作社
荣成市跃新水貂养殖专业合作社	荣成市明达水产养殖专业合作社
荣成市健绿食用菌专业合作社	荣成市蓝色海洋海参专业合作社
荣成市龙腾贝类养殖专业合作社	荣成市汇丰果品种植专业合作社
荣成市金子山果品专业合作社	荣成市彤林果品专业合作社
荣成市北沙岛水产养殖专业合作社	荣成市龙庙山小麦种植专业合作社
荣成市宏丰无花果专业合作社	荣成市恒广果蔬专业合作社
荣成市国钊板栗种植专业合作社	荣成市东滩农机专业合作社
荣成市蚧口水貂养殖专业合作社	荣成市广兴苹果种植专业合作社
荣成市金茂园果蔬专业合作社	荣成市金地种植专业合作社
荣成市华峰果品专业合作社	荣成市嘉源苹果种植专业合作社
荣成市正茂果蔬专业合作社	荣成市鑫发果蔬休闲采摘专业合作社
荣成市翠海葡萄种植专业合作社	

（肖玉霞）

【农业标准化建设】 2016 年，根据实际，制定推广粮油、水果、蔬菜等标准化生产技术规程 22 项。创建荣成市农业标准化“三品”生产示范基地 14 个，面积 2501.43 公顷。截止 2016 年底，全市有效期内“三品一标”产品（无公害农产品、绿色食品、有机产品和地理标志农产品）产地认定净面积占耕地面积 75.52%，占全市食用农产品总面积 60.07%。

荣成市农业地理标志农产品一览表

表 38

单位名称	产品名称	保护面积（公顷）	认证产量（吨）	证书编号	认证时间
荣成市绿色食品办公室	荣成苹果	7193	220000	AGI00270	2010 年 4 月 9 日
荣成市茶业协会	荣成绿茶	2000	500	AGI00274	2010 年 4 月 9 日
荣成市绿色食品协会	荣成无花果	1000	20000	AGI00489	2010 年 12 月 24 日
荣成市绿色食品协会	荣成草莓	400	12000	AGI00488	2010 年 12 月 24 日
荣成市果茶种植专业合作社联合会	荣成砂梨	800	42000	AGI00718	2011 年 12 月 15 日
荣成市绿色食品办公室	荣成大樱桃	400	3000	AGI00719	2011 年 12 月 15 日
荣成市绿色食品办公室	荣成大花生	20000	80000	AGI01122	2013 年 4 月 15 日
荣成市绿色食品协会	荣成甘薯	4000	120000	AGI01121	2013 年 4 月 15 日
荣成市绿色食品协会	荣成蜜桃	600	9000	AGI01401	2014 年 5 月 22 日
荣成市绿色食品协会	伟德山板栗	800	3000	AGI01402	2014 年 5 月 22 日
荣成市绿色食品协会	荣成西洋参	600	1100	AGI01620	2015 年 2 月 10 日
合计：	11	37793 公顷	510600		

荣成市 2016 年度“三品”标准化示范基地一览表

表 39

序号	认证类别	单位名称	产品名称	基地面积（公顷）	奖励金额（万元）
1	有机产品	荣成市健生果蔬种植专业合作社	猕猴桃	3.49	18
2	有机产品	荣成市副食品有限公司	花生、原料花生仁、烤花生果、油炸花生仁	68.06	18
3	有机产品	荣成宏成食品有限公司	花生果、香酥型花生仁	90	18
4	有机产品	荣成市华峰果品专业合作社	红富士、王林、嘎啦	10.67	18
5	有机产品	荣成市汇嘉园果品专业合作社	红富士	18.5	18
6	绿色食品	荣成市港西镇阳光水乡果蔬采摘园	草莓	3.33	14
7	绿色食品	荣成市荣兴农业种植专业合作社	红富士苹果	28.07	14
8	绿色食品	荣成市先峰苹果种植专业合作社	红富士苹果	28.47	14
9	绿色食品	荣成市益永休闲采摘专业合作社	葡萄	6.67	14
10	绿色食品	荣成市虎山农业种植专业合作社	马铃薯	23.47	14
11	绿色食品	荣成市朝阳港无花果专业合作社	无花果	66.67	14
12	绿色食品	荣成市宏润农业种植有限公司	白菜、萝卜、番茄、芹菜、草莓	20	14
13	绿色食品	荣成市鲍村三优果品专业合作社	红富士苹果	72.63	14

序号	认证类别	单位名称	产品名称	基地面积（公顷）	奖励金额（万元）
14	无公害农产品	荣成市桃园种禽有限公司	小麦、玉米	2061.4	8
	总计	14	25	2501.43	210

【农产品质量认证】 全年新认证“三品”产品30个，其中绿色食品11个，有机产品19个，新增种植业“三品”基地面积3197.49公顷。绿色食品续展5家单位7个产品，有机产品再认证10家单位25个产品。

2016年有机产品认证及基地情况一览表

表40

单位名称	单位地址	认证产品	基地面积（公顷）	认证产量（吨）	证书编号	颁证日期
荣成爱伦湾食品有限公司	寻山街道青鱼滩村	鲜海带	900	18000	1000P1600156	5月11日
		鲜海带（原料）		82000		
		淡干海带		200	1000P1600157	
		盐渍海带		800	1000P1600158	
		盐渍海带丝		600		
		盐渍海带条		600		
		盐渍海带扣		600		
		盐渍海带片		600		
		盐渍海带块		600		
		烘干海带扣		40		
		烘干海带条		40		
		烘干海带丝		40		
		烘干海带片		40		
		烘干海带块		40		
		冷鲜海带		160		
		冷鲜海带条		160		
		冷鲜海带丝		160		
		冷鲜海带块		160		
		冷鲜海带片		160		
合计：1		19	900	105000		

2016 年绿色食品认证及基地情况一览表

表 41

单位名称	单位地址	认证产品	基地面积（公顷）	认证产量（吨）	证书编号	颁证日期
荣成市食先面粉有限责任公司	滕家镇驻地	特制一等小麦粉	3051.51	5825	LB—02—1610155222A GF371082161330	10 月 13 日
		特制二等小麦粉		4375	LB—02—1610155223A	
荣成市宏信果品专业合作社	荫子镇头甲村	红富士苹果	34.67	500	LB—18—1610155229A GF371082161335	10 月 13 日
荣成市田又田生态农业有限公司	夏庄镇前寨村	红富士苹果	16.67	625	LB—18—1610155227A GF371082161334	10 月 13 日
		维纳斯黄金苹果	10	375	LB—18—1610155228A	
荣成市滕大果品专业合作社	俚岛镇村前神堂口村南	草莓	3.33	100	LB—15—1610155226A GF371082161333	10 月 13 日
荣成金鑫水产有限公司	石岛黄海北路 888 号（王连街道）	速冻鱿鱼圈		400	LB—37—1610155225A GF371082161332	10 月 13 日
荣成市晓世圣果无花果专业合作社	成山镇岳家村	无花果	23.18	1739	LB—18—1610155220A GF371082161328	10 月 13 日
荣成市大田绿源家庭农场	大疃镇西塔后村	葡萄	4.8	80	LB—18—1610155221A GF371082161329	10 月 13 日
荣成市金兴苹果专业合作社	上庄镇邢格庄村	红富士苹果	21.33	640	LB—18—1610155224A GF371082161331	10 月 13 日
荣成市彤林果品专业合作社	城西街道河西村	红富士苹果	32	960	LB—18—1610155230A GF371082161336	10 月 13 日
合计:9		11	3197.49	15619		

（毕可智　韩　伟）

【农村沼气建设】 全市新建金地种植专业合作社大型沼气工程、汇嘉园果品种植专业合作社大型沼气工程2处；建设海波生态农场、润浩苹果种植专业合作社、仓廪实休闲农场、汇丰果品专业合作社、雨竹果蔬种植专业合作社、彤林果品专业合作社、宏泰果品专业合作社7处生态循环农业示范基地，新增基地面积372公顷。全市农村沼气总池容达13.025万立方米，年可生产沼气713.4万立方米，处理生产、生活污水56.7万吨，减少二氧化碳排放2.4万吨，减少二氧化硫排放21吨，节本增效4500万元，农村沼气建设取得显著的经济效益、生态效益和社会效益。

（董昭皆　孔庆模）

【休闲观光农业】 全市发展农家乐198家，休闲农庄24个，休闲农业园区46处，民俗村6个。从业人员4423人，带农户12269户，年接待人次142万，年营业收入44410万元，其中农副产品销售收入26737万元。

荣成市休闲农业发展情况一览表(一)

表42

序号	项目	单位	指标值					
			农家乐		休闲农庄	休闲农业园区	民俗村	合计
			村数	户数				
1	经营主体个数	个	27	198	24	46	5	273
	其中：年营业收入500万元以上的经营主体个数	个	2		6	12	2	22
2	从业人数	人	715		239	3024	445	4423
	其中农民就业人数	人	686		211	2670	432	3999
3	带动农户数	户	700		1010	9985	574	12269
4	年接待人次	人次	157350		56500	1125160	77550	1416560
5	年营业收入	万元	6043		3780	33067	1520	44410
	其中农副产品销售收入	万元	2287		1265	22786	399	26737
6	年利润总额	万元	1791		943	11526	570	14830
7	县级财政专项	万元	2016年		677			

荣成市休闲农业发展情况一览表(二)

表43

序号	项目	单位	采摘品种						
			草莓	樱桃	葡萄	无花果	蓝莓	蔬菜	小计
1	园区数量	个	38	19	47	20	12	23	159
2	采摘面积	公顷	123.2	96.67	91.67	153.53	74.67	131.13	670.87
			休闲功能						
			餐饮	住宿	娱乐	科普教育	小计		
3	园区数量	个	28	14	12	10	64		
4	年接待数量	万人次	3.1	8.54	21.5	10.8	43.94		
			园区名称						
			有限公司	合作社	家庭农场	小计			
5	园区数量	个	34	52	51	137			

荣成市民俗村一览表

表 44

镇街名称	民俗村个数	其中:经营主体规模为年营业收入500万元以上的个数	从业人数(人)		带动农户数(户)	年接待人次(人次)	年营业收入(万元)		年利润总额(万元)	县级财政专项
			总数	其中年农民就业人数			总额	其中农副产品销售收入		
虎山镇	2	2	400	400	400	20000	1000	800	200	
俚岛镇	1		152	145	198	20150	661	333.7	340.2	
斥山街道	2		96	93	132	30700	208		44.5	
宁津街道	1	1	520	210	99	58000	4400	110	1000	
合　计	6	3	1168	848	829	128850	6269	1243.7	1584.7	

（王　波）

【农民培训】　荣成市农业广播电视学校2016年承担国家级新型职业农民培育项目,培育新型农业经营主体带头人300人,项目中央资金90万元。确定华峰果品专业合作社、虎山农业种植专业合作社为实训基地,确定虎山农业种植业专业合作社、荣成市先锋苹果种植专业合作社和荣成市宝龙山果品专业合作社为田间课堂,根据农业生产周期和农时季节对学员开展全产业链技能培训。第一阶段重点培训实际操作技能,包括栽培管理、病虫害综合防治、农产品质量安全等,累计培训时间为42学时;第二阶段重点培训生产管理与市场营销知识,培训时间为7天。

（许　友）

【农业科技推广与示范】　2016年各站所累计引进推广农业新品种110个,新技术21项。

粮油推广与示范　将滕家镇东滩村千亩抬田区域作为新品种试验示范核心区,在滕家镇东滩村、崖西镇大山口村、赤山集团神树农场、虎山镇庵里村、崂山街道河南村建立示范辐射区5处,总面积20公顷,筛选引进小麦新品种4个、花生新品种11个、玉米新品种85个;示范推广科学化控、适期晚播等实用技术6项。蔬菜方面,推广蔬菜优良品种4个,引进试验示范新品种6个,示范推广设施蔬菜连作障碍综合防控、蔬菜病虫害绿色综合防控等4项配套技术,在东润农业、宏润农业、成山集团农场、埠柳镇不夜村、大田牧歌等设立示范点8处。果业方面,推广现代矮砧苹果宽行密株栽培管理技术、高光效树型改造技术、苹果无公害生产技术、精细花果管理技术、“畜——沼——果”生态循环技术、果园生草覆草技术、肥水一体化技术、茶叶优质高产栽培技术等8项新技术。技术推广普及率达80%以上,建立示范园区14处。其中,苹果矮砧集约栽培12处,面积217.7公顷,“蓄——沼——果”农业生态循环基地2处,面积41.1公顷。通过园区的示范带动,有效推动荣成果业的健康发展。

11月18日,组织新型职业农民培育　（市农业局提供）

2016年苹果矮砧集约栽培园区一览表

表45

所属镇街	坐落位置	规模(公顷)	承建主体
城西街道	东岭后	40	荣成市彤林果品专业合作社
荫子镇	耩上岳家村	22	荣成市亿佳果品种植专业合作社
夏庄镇	甲夼曲家村	8	荣成市嘉源苹果种植专业合作社
滕家镇	东仙王家村	13.53	荣成市合良农业种植专业合作社
寻山街道	前虎口村	32.6	荣成市金地种植专业合作社
寻山街道	前虎口村	9.87	荣成市庆丰苹果种植专业合作社
夏庄镇	二胪村	7.33	荣成市阿逸多农场
成山镇	北郑家村	26.67	刘伟伟
王连街道	寨前方家	21.33	方华
崖头街道	刁家沟	13.33	许满足
寻山街道	清河村	16	王渤海

植保推广与示范 推进统防统治与病虫害绿色防控技术相融合，在华峰果品、悦多果业和宏泰果业建立统防统治和绿色防控示范基地3处，面积333.33公顷；推广色板、食诱剂等物理、生物防治技术，指导应用微生物菌剂改良土壤生态环境，引进生物制剂农药、矿物源农药及高效低毒低残留农药试验示范应用推广，提高农药利用率10%以上。全市施药器械日作业能力超过20公顷，机械数量占威海市的70%以上，其中多旋翼植保无人机6架，是威海最大的具备飞防能力的县市。到2016年底，全市完成果蔬绿色防控面积1万公顷，粮油绿色防控面积5333.33公顷，绿色防控覆盖率25%，比上年提高3个百分点。统防统治能力日作业面积增加333.33公顷以上，统防统治作业总面积达2.27万公顷，覆盖率35%，农药利用率35%以上。

9月27日，虎山农业种植专业合作社现场演示机械药防技术

（市农业局提供）

土肥推广与示范 在全市建立近300个测土配方施肥技术指导服务站，实施测土配方施肥面积6.12万公顷，推广配方肥施用面积3.87万公顷；重点在花生及果业生产上推广土壤酸化改良技术，建立虎山镇庵里村、崖西镇大山口村、滕家镇鲍村、夏庄镇甲夼马家村、荫子镇头甲村等高标准的测土配方施肥技术示范区10处，面积1400公顷，土壤酸化改良面积2万公顷，有效地改善了土壤生产环境条件。

（王　波）

农村经济管理

【概况】 2016年，全市826个村，64个村改居，家庭农场252个，农民专业合作社887个，流转土地1.91万公顷，产权制度改革231个村，22个镇街全部建立农村产权交易分中心。

【农民负担管理】 4月份，市农业局组织开展减轻农民负担检查考核工作。

10月26日，举办村级公益事业建设一事一议财政奖补工作培训会议

（市农业局提供）

10月份，组织开展涉农乱收费专项治理工作。全年29个村开展村级公益事业一事一议筹资筹劳工作。

【农村土地承包管理与土地流转】 到2016年，全市组织开展农村土地承包经营权确权登记颁证782个村，完成计划指标的100%。全市新上农村集体承包合同管理软件，录入软件管理的农村集体承包合同共1.5万份，农村集体各类承包合同实行软件管理。到2016年，全市农村土地流转累计面积达1.91万公顷。2016年新增土地流转面积1400公顷，其中新增规模流转面积1266.67万公顷，占新增面积的90.5%。

（陈云龙）

【农村集体经济组织产权制度改革】 年内，市农业局组织开展农村集体经济组织产权制度改革工作。全年计划完成35个，其中城中村6个。实际完成61个，其中城中村6个。完成产权制度改革的村均注册成立经济股份合作社。

【农村财务与集体资产管理】 年内突出制度建设，开展农村财务规范化管理。围绕加强村级工作督查，把规范农村财务管理作为着力点，坚持“严格管理、严细督查、严肃问责”的原则，建立健全农村财务规范化管理长效机制，从源头上防范各类问题发生。1月联合市委组织部制订下发《进一步严明村级财务管理制度》，从严控非生产性开支、规范集体资金管理使用、规范资产处置和集中采购、加强审计监督四方面，对农村财务管理进一步细化和规范。同时要求各镇街都制订各自的财务管理办法，取消村级记账由镇街实行统一集中记账；规范农村集体票据管理，规范农村集体“收支”两条线制度，实行票款审验制度。全市托管826个村，托管资金7.3亿元。年内镇街开展集体资产资源招投标项目264个，招投标总额为3194.2万元，为集体增收897.2万元。开展村级集中采购项目174个，采购金额569.6万元，为集体节约开支28.9万元。

开展农村常态化审计。指导各镇街做好年度审计工作，通过聘请第三方中介机构参与农村审计，每年抽取10%村进行抽查复审。各镇街按照计划完成826个村居审计任务，完成计划100%。复审83个，完成计划100%。

积极稳妥配合镇街做好村级公车处置工作。村级公车处置工作全部完成，处置公车70辆。

（陈兴华）

【农村信访工作】 2016年，接待上访案件67起，受理信访复查案件2起，受理诉讼案件1起，本着分级负责，属地管理的原则，所有上访案件均按程序予以处理。

（陈云龙）

种植业

【概况】 2016年，荣成市粮食播种总面积3.5万公顷，比上年下降11.0%；单产6394.5千克/公顷，下降3.0%；总产22.38万吨，下降13.7%。其中，夏粮播种面积1.6万公顷，下降6.9%；单产5946千克/公顷，增长6.9%；总产9.59万吨，下降0.5%。秋粮播种面积

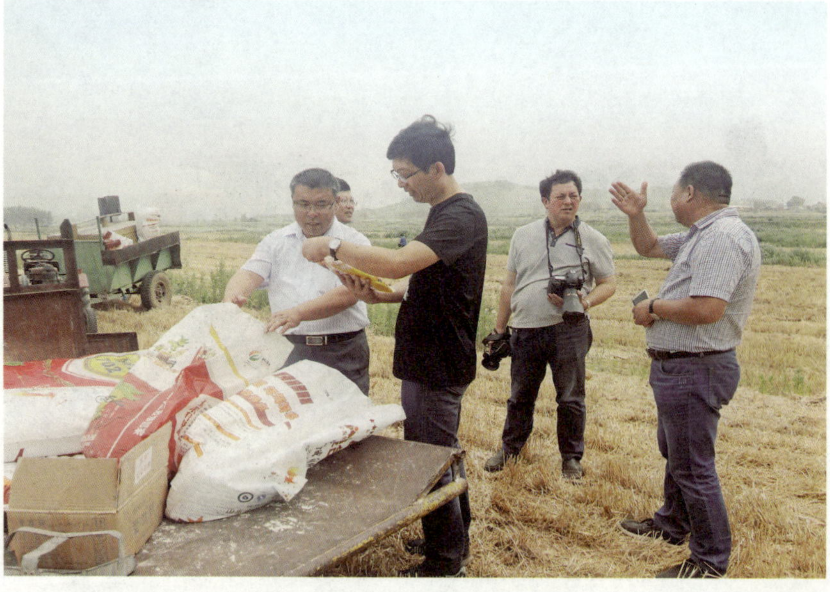

6月18日，实地查看波通达玉米示范基地播种情况 （市农业局提供）

6月11日，农技站技术人员在小麦示范区进行产量调查　（市农业局提供）

1.89万公顷，下降14.2%；单产6778.5千克/公顷，下降8.4%；总产12.79万吨，下降21.5%。秋粮中，玉米播种面积1.69万公顷，下降12.8%；单产6729千克/公顷，下降11.0%；总产11.35万吨，下降24.9%。花生播种面积1.47万公顷，增长3.8%；单产4005千克/公顷，下降7.9%；总产5.9万吨，下降4.5%。蔬菜种植总面积0.57万公顷，下降1.62%；总产24.78万吨，下降4.92%。

【生产技术指导与推广】　2016年，根据威海市农技站确定的年度主推技术，结合荣成市的生产实际情况，通过强化技术培训与指导，主要推广小麦精播、半精播高产栽培技术，小麦氮肥后移高产栽培技术，小麦宽幅精播高产栽培技术，玉米“一增四改”（增加种植密度和改种耐密型高产品种、改套种为直播、改粗放用肥为配方施肥、改人力作业为机械化作业）和适期晚收技术，花生“两增两改一补”（增施有机肥、增加密度、改播期、改化控、后期补肥）高产稳产综合配套技术，推广普及率达80%以上，为全市农业增产和农民增收发挥积极作用。

（王焕玲）

【落实耕地地力保护和粮食适度规模经营政策】　2016年，小麦种植面积的核定范围为2015年11月20日前出苗的折实小麦面积（含国营农场、原良种场种植的小麦）。全市上报小麦种植户数83560户，折实种植面积1.611万公顷，比上年减少1215.94公顷。粮食直补1875元/公顷，种粮大户900元/公顷，全市发放补贴资金3043万元，全部通过“财政涉农资金一本通”，直接发放到农民手中。全市符合条件的种粮大户28户，补贴金额21.2万元。

（林　涛）

【政策性农业保险】　2016年，荣成市继续在小麦、玉米、花生上实施政策性农业保险。小麦、玉米保险的保费标准均为225元/公顷，其中，财政补贴180元/公顷，农户承担45元/公顷。花生保险的保费标准为240元/公顷，其中，财政补贴192元/公顷，农户承担48元/公顷。小麦的保险金额5625元/公顷，保险责任为火灾、雹灾、风灾、冻灾、涝灾、旱灾和重大流行性病虫害（小麦条锈病和小麦吸浆虫，以镇为单位造成小麦减产超过50%时，由省级核损定损专家进行鉴定）。玉米的保险金额5250元/公顷，保险责任为雹灾、旱灾、涝灾、风灾和重大流行性病虫害（玉米粗缩病和玉米螟，以镇为单位造成小麦减产超过50%时，由省级核损定损专家进行鉴定）。花生的保险金额6000元/公顷，保险责任为火灾、冻灾、雹灾、风灾、旱灾、涝灾、重大流行性病虫害等无法抗拒的自然灾害（涝灾、雹灾造成保险花生损失，损失率在20%以上；旱灾造成的损失率在40%以上；以镇为单位，发生枯萎病和蛴螬对花生造成50%以上减产时，由省级核损定损专家进行鉴定）。2016年，全市承包小麦0.16万公顷、玉米0.75万公顷、花生0.25万公顷，保费总额533.82万元，其中，财政补贴427.07万元，农户自交106.77万元。全市小麦、玉米、花生三个保险品

8月29日，种子站新品种试验示范基地　（市农业局提供）

5月10日，玉米种子“包衣”现场　（市农业局提供）

作物播种期间，对小麦、玉米、花生病虫害高发期，印发病虫害防治意见10余次。全年病虫害呈中等发生程度，病虫草鼠害发生总面积27.43万公顷，防治面积24.59万公顷，挽回粮食作物损失31439吨，挽回油料作物损失6150.3吨，挽回果品损失43378吨，挽回蔬菜损失20582吨。推进落实“山东省到2020年农药使用量零增长行动方案”，大力推行应用杀虫灯、粘虫板及食诱（性诱）诱捕器，释放捕食螨等害虫天敌，应用生物农药、农用抗生素及生物源杀虫剂。到2016年底，全市完成果蔬绿色防控面积1万公顷，粮油绿色防控面积5333.33公顷，绿色防控覆盖率达25%，比2015年提高3个百分点。

种实现区域全覆盖。

（王　波）

【粮食高产创建示范方建设项目】 2016年，开始实施山东省农业厅下达的粮食高产创建示范方建设项目，示范方面积0.4万公顷，分设大疃、荫子两个示范方。通过小麦、玉米集成高产栽培模式的推广应用，实现小麦、玉米两季亩产达到1100公斤。2016年秋播开始实施，至2017年玉米收获项目结束。

（王焕玲）

【良种繁育与推广】 承担农业部玉米新品种示范项目、山东省玉米小麦新品种跟踪评价试验、山东省现代农业产业技术体系花生创新开发栽培项目，同时根据新品种动态更新及当地生产实际，有选择性地自主安排小麦、玉米、花生新品种对比试验。各项试验相互验证、互为补充、综合分析，最终筛选出生态适应性好的烟农5158、烟农999、烟农0428、青丰1号4个小麦品种，登海605、金海13、迪卡517、金来98号4个玉米品种，花育33、山花9号2个花生品种，并以正式文件的形式将适宜品种向基层宣传推广，增产优质效果明显，为全市种植业持续发展提供源源不断的良种技术支撑。在国家级刊物《农业工程技术》发表的《当前花生栽培管理中普遍存在的误区及解决方法》论文获优秀论文奖。

（毕岩清）

【病虫草鼠害防治】 2016年，对小麦、玉米、花生等作物上的20多种主要病虫进行大田普查和系统调查。着重加大对小麦条锈病、小麦赤霉病、麦蚜、玉米粗缩病、花生疮痂病等重大病虫害的普查力度，准确掌握病虫分布区域和发生动态。发布病虫情报15期，综合预报准确率98%，周报25期次，接到农民咨询电话50多次，下乡指导400人次，举办技术培训班及现场会30多次，农

【植物检疫】 年内，加大对自繁制种地的产地检疫工作力度，全年完成产地检疫48.67公顷，为40万株苹果苗木办理了《产地检疫合格证》，经检疫检查后没有发现疫情，并保存详细的调查记录及室内检验记录。未发现检疫性及危险性有害生物。

【植保专业化防治】 现在全市拥有统防统治服务组织12家，这些服务组织作业区域覆盖荣成市22个镇和街道，全市植保专业化统防统治服务组织拥有各类大中小型植保药械1500多台，

7月6日，花生土壤酸化改良试验田　（市农业局提供）

年可完成专业化统防统治面积达3.73万公顷次，整建制、全承包作业面积3333.33公顷，植保服务人员200余人，日总作业能力达到1333.33公顷以上，辐射带动5.67万公顷耕地病虫害专业化统防统治，将病虫草害损失控制在经济阀值以内。2016年争取上级补助资金90万元，扶持新建1个统防统治服务组织——安泰农业服务公司，购置低用量多旋翼低空农药施用飞行器、水旱两用喷杆喷雾机、风送式果林喷雾机等先进施药装备，提升统防统治能力，培训技术骨干，指导科学用药，提高农药利用率和防治效果。全市拥有日作业能力超过20公顷的先进高效施药器械，如水旱自走式喷杆喷雾机、风送式果林喷雾机、多旋翼植保无人机等68台套，占整个威海市的70%以上，其中多旋翼植保无人机6架。全年统防统治面积近4.67万公顷次，全程承包防治面积近3333.33公顷，统防统治覆盖率达36%。

2016年全市12家统防统治服务组织名单

表46

荣成市虎山农业种植合作社	荣成市源野果品种植专业合作社
荣成市华峰果品专业合作社	荣成市赵家山果品专业合作社
荣成市九晟果品种植专业合作社	荣成市百康中药材种植专业合作社
荣成市宏泰果品专业合作社	荣成市利民果品专业合作社
荣成市祯祥花生种植专业合作社	荣成市汇泉蔬菜专业合作社
荣成市祥山玉米种植专业合作社	荣成市惠友小麦种植专业合作社

2016年全市玉米病虫害发生、防治及损失情况

表47

病虫害名称	发生面积（万亩次）	防治面积（万亩次）	挽回损失（吨）	实际损失（吨）	发生程度
病虫害合计	86.9	74.3	8508.18	3025.95	
病害小计	46.4	39.3	4634.73	1725.59	
玉米大斑病	8.6	7	388.55	173.05	1
玉米小斑病	13	10	1110.14	587.73	2
玉米锈病	20	18	2897.36	890.04	3
玉米顶腐病	3	2.5	138.77	57.14	1
玉米病毒病	1.8	1.8	99.91	17.63	1
其中：玉米矮花叶病					
玉米粗缩病	1.8	1.8	99.91	17.63	1
虫害小计	40.5	35	3873.45	1300.36	
玉米螟	17.5	15	2307.15	817.46	3
棉铃虫	7	7	751.17	132.56	2
粘虫	3	2	10.31	82.06	1
玉米蚜虫	6	5	268.27	110.47	1
玉米蓟马	4	4	429.24	75.75	2
其他					
其它虫害	3	2	107.31	82.06	1

（王玮玉）

【测土配方】 2016 年在全市完善建立近 300 个测土配方施肥技术指导服务站。采取举办培训班、赶科技大集、发放科技资料等形式,加强对广大农民的宣传培训和技术指导服务。举办培训班 4 期次、培训技术人员 30 多人次、培训农民 520 多人次、发放施肥建议卡近 3.6 万余份、发放技术资料 4 万余份(册),建立高标准的测土配方施肥技术示范区 10 处。全年采集和化验土样 200 多个,测试分析 3400 多项次。全市推广测土配方施肥技术面积达到 6.12 万公顷,推广配方肥施用面积 3.86 万公顷,作物产量提高 8%以上,减少化肥用量 2360 吨(纯养分)。

【土壤酸化改良】 为有效抑制和改良土壤酸化较为严重的现状,2016 年争取第三年实施了山东省耕地质量提升项目。在全面实施测土配方施肥技术的基础上,重点通过推广应用增施有机肥和土壤调理剂、水肥一体化技术和果园覆草、秸秆堆沤腐熟还田等土壤酸化综合改良技术措施,对已酸化的耕地土壤进行改良修复。依托项目建设设置粮油大田及果园土壤酸化改良试验示范 10 处,建设样板示范区 1300 多公顷,示范带动土壤酸化改良面积 2 万公顷,当年土壤 pH 值提高 0.3—0.4 个单位,农作物产量提高 10%以上。全市耕地土壤酸化问题得到有效控制和改善,耕地质量得到显著提升。

(高海涛　肖忠义)

2016 年农业基本情况表

表 48

指标名称	单位名称	2016 年	比上年增长(%)
农作物播种面积			
一、粮食作物	公顷	37360	-4.3
(一)夏粮	公顷	16106.67	-7.3
(二)秋粮	公顷	21253.33	-2.0
其中:玉米	公顷	18566.67	-2.0
地瓜	公顷	1386.67	-2.3
大豆	公顷	1300	-1.5
二、经济作物	公顷	16633.33	-4.9
其中:花生	公顷	16633.33	-4.9
三、蔬菜、瓜类	公顷	5973.33	-1.6
其中:蔬菜	公顷	5226.67	-1.7
农作物产量			
一、粮食作物	吨	221982.9	-6.6
(一)夏粮	吨	90524.8	-7.7
(二)秋粮	吨	131458.1	-5.8
其中:玉米	吨	117357.2	-5.7
地瓜	吨	10602.9	-6.4
大豆	吨	3498.0	-6.0
二、经济作物	吨	58240	-7.0
其中:花生	吨	58240	-7.0
三、蔬菜、瓜类	吨	254711	-4.8
其中:蔬菜	吨	224752	-5.2

果茶业

【概况】 2016年，荣成市果园面积7897.6公顷，总产量26.48万吨，其中苹果面积6297.6公顷，产量20.78万吨；梨园总面积600公顷，产量2.7万吨；桃园面积666.7公顷，产量1万吨；葡萄总面积为333.3公顷，产量2万吨。全市茶园面积204.8公顷，年产干毛茶70吨。

2016年果园、茶园面积、产量统计表

表49　　单位：公顷、吨

树种	苹果	梨	桃	葡萄	樱桃	猕猴桃	其他	茶叶
面积	6297.6	333.3	466.7	333.3	200	50	216.7	204.8
产量	207800	15000	7000	20000	4500	1500	9000	70(干茶)

【现代果园发展】 根据《荣成市苹果产业振兴发展规划》及荣成市政府〔2014〕16号文《关于鼓励发展休闲观光农业园区的若干意见》，市财政每年安排专项资金，对果农自发成方连片发展13.33公顷以上规模的现代苹果园，每公顷给予7500元的补助，扶持发展现代苹果栽培。发展现代苹果面积341.33公顷，发放补助127.15万元，补助面积169.53公顷。同时，依托项目资金，大力发展现代苹果产业。以奖代补项目，项目设计投资2757万元，其中上级奖补资金600万元。在埠柳、夏庄、崖头、崖西、滕家、大疃、人和、俚岛8处镇（街道）成方连片新建8处现代矮砧苹果集约栽培示范园区，共计133.33公顷。8处全部按照实施方案设计的任务目标完成建设。实际完成投资2800多万元，于年底拨付奖补资金545万元，占总以奖代补资金的90%。省果菜产业项目，项目设计投资1527.15万元，其中上级扶持资金500万元，在滕家、大疃、俚岛、崖西等镇（街道）新建总面积84.33公顷的现代矮砧苹果集约栽培示范园4处和41.07公顷的生态循环示范园。4处总面积84.33公顷的示范园和2处41.07公顷的生态循环示范园的建设内容全部按实施方案任务目标完成。实际完成投资1530多万元，年底拨付上级扶持资金297.24万元。并且该项目于5月通过第三方绩效考核。

【市级引智基地建设】 2015年12月，通过荣成市人力资源局呈报《苹果高效栽培技术引进与推广》引智项目，项目承担单位为荣成市广兴苹果种植专业合作社，总投资500万元，实施时间2015年8月至2018年12月。通过引进日本果树专家末永武雄先生的苹果高效栽培技术和高光效改造经验，以达到培育成熟完整的高效苹果生态体系，形成以节约土地、劳力、水费资源为核心的优质高效可持续栽培模式，建设标准化示范园，推动农民增收、农业增效的目的。

【技术培训】 市果茶站发挥技术部门优势，4次组织种植大户、专业合作社、家庭农场的相关负责人及技术人员到省内外技术院校、科研院所观摩学习；聘请省果树所、科研院校的专家教授集中培训及现场指导10次；邀请外国专家进行专题讲座2次；果茶站专业技术人员到镇村集中培训15次。编印《苹果矮砧轻简集约栽培技术意见》等一系列配套技术资料。2016年举办技术培训班30多期，培训乡镇技术人员、农村科技带头人、果农、茶农等共计8000人次。使从业人员整体素质普遍得到提高。

【果茶产品认证】 2016年，获得“三品

10月10日，荣成苹果区域公用品牌启动仪式　　（市农业局提供）

一标”认证12个。其中，红富士6个，维纳斯黄金1个，葡萄3个，无花果1个，草莓1个。

【荣成苹果区域公用品牌建设】 **成立荣成市苹果行业协会** 8月成立荣成苹果行业协会，协会拥有理事17人、监事3人、单位会员47人、个人会员8名，是威海市首家苹果行业协会。华峰果品负责人为协会会长。协会的成立后，将引领全市果业合作社、果农抱团发展，实现技术共享、信息互通、合作共赢的目的。

开通荣成苹果网、建立荣成现代苹果微信群 8月开通荣成苹果网和荣成现代苹果微信群，发挥网络覆盖面广、扩散速度快的优势，大力宣传荣成苹果区域公用品牌和现代矮砧苹果集约栽培“荣成模式”。2016年接待国内观摩团队20多个、国外观摩团队2个，提高了荣成市现代苹果产业知名度。

荣成苹果区域公用品牌推介 6月与杭州农本咨询公司合作，从创塑品牌、优化生产、培育人才、拓展渠道、强化管理、完善产业链、主体传播等7个方面进行规划，集中打造荣成苹果区域公用品牌。10月10日，荣成苹果区域发布会在华星宾馆举行，农业部、中国土畜进出口商会等行业主管部门负责人、苹果专家、媒体电商及果农代表150人参加了发布仪式，“荣成苹果”区域公用品牌隆重亮相，标志着荣成苹果区域公用品牌建设迈出关键的第一步。11月，在昆明第十四届国际农产品展会和上海亚果会上进行“自由呼吸 自然红”荣成苹果公用品牌宣传推介，展示荣成苹果独特魅力。参加亚果会的34家果品企业现场签约率达78%。荣成市农业局获得亚果会组委会颁发的“杰出品牌营销奖”。

【市级果树苗木繁育基地认证】 2016年全市拥有威海市级苗木繁育基地2家（鲍村三优果品专业合作社、彤林果品专业合作社），总面积26.67公顷。其中，荣成市鲍村三优果品专业合作社6.67公顷、荣成彤林果品专业合作社20公顷。组织苗木繁育基地的技术人员外出观摩1次、参加省市级苗木繁育培训班3期。为了提高砧木的纯度，经果茶站多方联系为苗木繁育基地引进意大利纯种M9T337矮化砧18000株。通过培训和纯种砧木引进对全市苗木的繁育和果业健康发展都有很好地促进作用。

【苹果、茶叶擂台赛】 11月，全市26家苹果专业合作社、果品企业选送的26个苹果样品及翠红、裕平、将之乡、朱埠等9个苹果品牌参加威海市第七届苹果擂台赛，获得样品奖4个，其中，特等奖1个，二等奖2个、三等奖1个，获得品牌二等奖1个。

裕平果品专业合作社选送的维纳斯黄金获得样品特等奖。荣成市农业局获得威海市第七届苹果擂台赛“优秀组织奖”，圣水观果品种植专业合作社朱埠商标苹果获“优秀品牌奖”二等奖。

威海市第七届苹果擂台赛“优秀样品奖”获得者名单

表50

获奖	参赛单位	获奖者	参赛品种	商标	产地
特等奖	荣成市裕平苹果种植专业合作社	王炳海	维纳斯黄金	裕平	荣成市俚岛镇大李家村
二等奖	荣成市田又田农业科技有限公司	张鹏飞	维纳斯黄金(套袋)	田田悦	荣成市夏庄镇前寨村
	荣成市圣水观果品种植专业合作社	刘英建	富士2001	朱埠	荣成市王连街道松顶子后村
三等奖	荣成市圣水观果品种植专业合作社	许建霞	富士2001	朱埠	荣成市王连街道松顶子后村

（王士海 张天英）

林 业

【概况】 2016年，荣成市林业局以生态文明建设为中心，以“强化森林资源保护、统筹城乡绿化建设、打造宜居幸福荣成”为主线，牢固树立“既要金山银山，更要绿水青山”的发展理念，大力实施生态绿化和林业产业建设，全面强化林地、湿地资源生态保护，为全市经济社会发展提供良好生态保障和服务。完成造林1466.67公顷。完成林业有害生物防治作业面积3.35万公顷，修复退化林面积420公顷，抚育森林1万公顷。林业增加值0.3亿元，比上年增长21.3%。市林业局被山东省林业厅授予“全省林业信息和宣传工作先进单位”“第十三届中国林产品交易会先进单位”；有1人获得省部级以上奖励。

【造林绿化】 **绿色通道建设工程** 实施了荣乌高速等绿色通道建设，栽植各类苗木2360万株，播种草坪18万平方米。

沿海防护林工程 新建完善沿海防护林600公顷，植树190万株。

村庄绿化工程 完成60个村庄的绿化提档升级。

县乡道路绿化工程 实施3条县级公路和80条、143千米乡村公路绿化建设，栽植各类苗木112万株。

水系生态绿化工程 实施白龙河景观和马道河人工湿地工程，栽植各类苗木170万株，播种水生植物5.5万平方米。

干线公路可视范围绿化工程 结合墓地、地堰绿化，栽植各类苗木25.5万株。

园区绿化工程 对7处镇区园区进行绿化，栽植各类苗木1310万株。

雨季造林工程 完成雨季造林141.47公顷，栽植各类苗木35万株。

林业产业化工程 新发展经济林592.08公顷，栽植各类苗木67万株。

10月20日，市森林扑火专业队获“2016年威海市森林消防业务大比武”第一名 （市林业局提供）

【森林防火】 **狠抓主体责任落实** 出台《荣成市森林防火责任主体管理实施细则》，建立完善森林防火网格化管理格局。

狠抓防火宣传教育 充分利用各类新闻、网络媒介大力开展森林防火宣传。张贴禁火令5000份，发放公开信10万份，设置警示碑牌横幅600多处。

狠抓墓地防火综合整治 投资400万元，完成伟德山林区周边28处墓地的防火综合整治，清理墓地杂草396处，道路20多千米。

狠抓野外火源管控查打 通过采取定点设卡和巡逻检查的方式，严防火种进山入林，严查各类野外违法用火。组织开展了“百日攻坚严厉打击野外违法用火专项行动”。

狠抓防火基础能力建设 投资1100多万元，整修防火通道20多千米，新建护林房42处、蓄水池27处，安装电子监控设备29处，购置各类扑火机具1000余件。全市以水灭火能力显著提升。

狠抓扑火专业队伍建设 投资100多万元，完成6支扑火专业队的规范化建设。组建以4支市直属森管队、22支镇街专业队为主体，6支市级、170支镇村扑火预备队和164名专职护林员、286名兼职护林员为补充的市、镇、村三级防扑火队伍。

6月27日，国有林场改革研讨会议召开 （市林业局提供）

【国有林场改革】 严格落实省市国有林场改革工作要求，组织相关部门反复研究、吃透上级有关文件精神，并结合荣成市实际，准确定位改革总体思路和方向，确定11项主体改革内容，为全市国有林场改革工作顺利推进奠定良好基础。

【林业有害生物防控】 强化虫情动态监测，发布虫情预报10期，指导各级进行适时防治和联防联治。围绕美国白蛾等食叶害虫防治，全年累计投入资金120万元，分发无公害防治药品30吨，防治作业面积1.6万公顷，实现“有虫不成灾”防控目标。围绕松材线虫病疫情防控，积极探索疫情防控新技术、新办法，取得显著成效，防治作业面积1.75万公顷，全市树木死亡总量比上年下降20%，得到省市领导专家的充分肯定，并在全省线虫病防治工作会议上推广经验。

【林业执法和审批】 组织开展"保护青山""清网行动""净网行动"等专项行动。督导完成旭口硅砂矿、长裕硅质材料有限公司采砂场关停。全年累计接处警184起，查处各类违法案件46起，答复民心网、市长公开电话等民生诉求26件，上报失信信息16件。侦办刑事案件2起，抓获犯罪嫌疑人4人。办理林木采伐许可36件，批准采伐林木8139棵，采伐蓄积113立方米，占省下达年采伐限额的0.23%；办理木材运输证7件；办理使用林地申请1件。

【林业产业】 大力发展以无花果、板栗、蓝莓为主的干杂果经济林，以核桃、元宝枫、红豆杉为主的木本油料经济林和以速生楸、速生榆为主的速生丰产用材林，新发展经济林592.08公顷。认真落实食用林产品质量安全监管职责，发放各种宣传资料5000份，抽检送检样品8批次，检验全部合格。组织林业企业参加山东省花卉博览会和菏泽林交会，扩大荣成市林业企业的对外宣传和交流。

【森林政策性保险】 积极稳妥地推进政策性森林保险工作，与中国太平洋保险股份有限公司荣成支行签订森林保险协议，将全市生态公益林2.44万公顷全部投保。

【生态文化建设】 组织开展"'5·12'防灾减灾宣教活动""小手拉大手活动""'清明节·文明祭祀'倡议"等活动。为30只大天鹅安装卫星定位系统，在中国历史上首次详细掌握大天鹅迁徙路线和停留规律，为跨区域保护工作开展提供可靠依据。

（吴志强）

水　利

【概况】 荣成境域有大型水库（八河水库）1座，中型水库3座（后龙河水库、纸坊水库、湾头水库），市管小型水库1座（逍遥水库）。2016年，各类水利工程总投入7.0亿元，争取上级扶持资金突破2亿元，完成八河水库增容工程、重要水利工程建设13项，修建各类水源工程217处，治理河道沟渠总长24千米，完成51座病险塘坝除险加固工程，新建防潮堤2.8千米，改善灌溉面积2400公顷。实施改造400多项各类水利工程，农田有效灌溉面积达到4.6万公顷，其中节水灌溉面积3.3万公顷。实施24个村的移民扶持项目，受益群众1.7万人。荣成市水利局继续保持"全国水利文明单位"和"市级文明单位"称号。

【大型水库增容工程】 八河水库增容工程是山东省第二例大型水库抬田增容工程，总投资4.86亿元，争取上级补助资金1.78亿元，涉及滕家、王连、东山和崂山4个镇街32个村，修建桥梁19座。自2015年12月开工，至2016年9月按期完工。蓄水后，水库最高蓄水位从2.5米提高到5米，可增加蓄水库容4060万立方米，供水效益十分明显，能直接解决水资源短缺问题。

【农村规模化供水】 投资2500万元，实施4处镇区供水管网延伸工程，把96个村接入城镇集中供水管网；完成12个村自来水改造，为130个村配套安装供水消毒设施，解决5万人口饮水安全问题，在威海市饮水安全工作考核中名列第一。人和镇90%的村通上集中供水管道，老百姓喝上放心水。上庄镇刘家店和崖西镇崖后两个村群众对项目建设给予高度评价，并赠送锦旗。

【防洪减灾体系建设】 投资7702万元，完成小落河二期、埠柳河中上游综合治理工程，总长16.2千米；投资1227万元，实施20条穿村过镇河道治理，总长10.8千米。强化防汛、防潮工程建设。完成51座病险塘坝除险加固工程。2017年预计投资7748万元，实施小落河三期、沽河东支、沽河五期治理工程，治理总长17.7千米，实施穿村过镇河道治理27条。完成人和镇南海岸与桑沟湾南岸防潮堤建设，新建防潮堤2.8千米。

【防汛抗旱】 防汛抗旱两手抓，全力以

大疃镇周家庄村塘坝扩容工程碎石反滤现场　　（市水利局提供）

上庄镇北沙岛村新建大口井　　（市水利局提供）

赴保障防汛安全与供水安全。实行水库安全隐患零容忍。对157座小型水库进行两次拉网式检查，对发现的308处安全隐患逐一下发整改通知，建立问题专帐，实行销号管理，督导相关镇街整改到位。在崂山街道大迟家水库举办全市防汛、防台风抢险实战演练，极大地提升抢险救灾实战水平。节水抗旱取得阶段性胜利。随着旱情的持续加剧，节水抗旱成为重点工作，积极响应，超前预判，参与编制《城市供水保障方案》；督导10家重点用水企业停用原水，使用中水；对全市所有镇村供水情况进行多次摸底调查，建立饮水困难村统计台帐，定期做好跟踪调度；充分利用电视、广播、报刊、微信公众号等媒体平台的舆论引导作用，采用政策解读、现身说法等形式，广泛进行节水宣传。从近期用水量情况看，这些举措起到立竿见影的效果，崖头城区从11月至今，由原来的日供水量5万立方米，下降至3.5万立方米；石岛城区从3.7万立方米下降至3.2万立方米。全市每天可节约用水2万立方米。

【水资源管理与水行政执法】 严格控制用水总量、用水效率和水功能区限制纳污三条红线，合理开发利用水资源，强化水利规费征收，确保足额收缴到位。重点加强城市集中式饮用水源地监管。加大集中式饮用水源地污染防治，多次对水源地周边及上游河道流域进行污染源调查，每月对7个水功能区水质进行监测，保证水质安全，7个水功能区水质达标率达到100%。加强水库河道采砂治理。关停后龙河水库和八河水库饮用水源地一级保护区内5处采砂场，安排专人对市管水库、河道进行巡查，彻底杜绝非法采砂行为。对市域河道进行全面问题隐患排查，排查问题118处，督导相关镇街基本整改落实到位。抓好水利规费征收。水资水保办合理划分规费征收片区，实行责任分包，全年征收各类水利规费792万元，超额完成年度计划272万元。大力开展公益宣传。积极开展纪念“3·22世界水日”、中国水周等活动，发放明白纸1万张，进一步提高了全社会节水意识。发放取水许可证。安装计量水表11块，办理取水许可证33个。对全市4处高尔夫球场用水情况进行检查，加强用水管理，清除防洪隐患。对需要整治的3家球场全部安装合格远传计量水表，规范其取水行为。对市区74家洗车行业用水情况进行调查，加强对市区洗车行业自备井取水行为清理整治，封停53家洗车单位自备井，进一步加强对市区自备井的管理。完成3个项目的水资源论证的编制工作，对“荣成市精细化工产业园规划”项目进行评审。并为区域化建设项目评审评估编制水资源论证和水土保持实施细则。完成对2015年在全市范围内部、省、市批复所有在建及完工未验收和全市重大建设项目水土保持方案的事后监督检查工作，对5个省属水土保持项目提出督查整改意见，限期进行整改；对市属水土保持项目下发通知78份，督促其办理水土保持方案和水资源论证。下达责令限期交费、装表通知书9份，查处新取水户36个，安装计量水表11个，查封自备井14眼。有利地维护水利执法形象，提高水利执法地位。针对持续性干旱，全市工农业生产及生活用水出现了紧张的情况，为保障城市居民生活用水，9月提前编制城市生活用水保障方案及城市应急供水方案，做好水资源调度和应急调水工程方案，保障城区生产和生活正常用水。参加水价调整听证会，提出对全市用水行业执行临时水价的意见。

【小农水重点县建设】 高标准完成2016年度小农水重点县项目建设。新增管道输水灌溉农田2933.33公顷，加固塘坝、平塘等水源工程82处，建设小型泵站96处，完成总投资5460万元。投入使用后，项目区节水能力455万立方米，供水能力410万立方米。2017年继续实施农田水利项目县工程，规划投资2842万元，新增节水灌溉农田1466.67公顷，加固塘坝12座，新建维修平塘、大口井19眼，新建泵站39座。

【农田水利设施体制改革】 建立“荣成市农田水利设施数据库”，登记各类小型水利工程2882处，全面落实村级水利员、泵站管护人员，通过公开招标确定维护单位，设立维修服务总站，下辖5个维修服务分站，设立24小时服务热线，做到全市农田水利设施维修养护全覆盖。

【做好河长制推行】 在赴江苏扬中、浙江建德两市考察学习河长制推行经验的基础上，对全市所有河道情况进行调查统计，对《河长制实施方案》进行多次研讨修改，进一步明确职责分工，为2017年全面推行河长制做好充分准备。

【移民工作】 扎实开展移民扶持项目

建设，投资 550 万元，实施 24 个村的移民扶持项目，受益群众 1.7 万人。妥善办理移民集中上访问题。对全市三峡移民情况进行全面摸底调查，多次处理化解三峡移民集中上访事件。实施精准扶贫工作，带动 177 名移民脱贫。

2016 年荣成市各大中型水库蓄水量一览表

表 51　　单位：万立方米

月份 库名	1月	2月	3月	4月	5月	6月	7月	8月	9月	10月	11月	12月
八河水库	793	848	880	880	848	810	1791	2240	2201	2110	2084	2097
后龙河水库	986	916	845	766	688	616	536	463	401	330	271	219
纸坊水库	946	998	1006	1019	903	849	798	850	825	798	767	755
湾头水库	384	410	414	394	379	346	310	262	233	217	205	199
逍遥水库	315	313	304	295	288	256	216	200	168	138	97	76

（于　君）

畜牧业

【概况】　2016 年，全市肉类总产量 3.41 万吨，下降 10.3%；禽蛋总产量 4.83 万吨，增长 3%；奶产量 2.32 万吨。生猪出栏 36.93 万头；牛存栏 1.05 万头，其中奶牛 0.63 万头；家禽 469.72 万只；毛皮动物存栏 66.51 万只。全市未发生畜产品质量安全事件，连续 16 年无重大动物疫病发生。

【重大动物疫病防控】　巩固无疫区建设成果，全力做好春秋两季重大动物疫病防控、日常免疫和消毒灭源等综合防控工作，全年春防、秋防免疫畜禽 756.4 万头（只），应免畜禽强制免疫率 100%。发放消毒液 23 吨，培训防疫员 2040 人次。做好实验室检测，检测各类样本 2 万多份，未发现阳性样品；采集动物血清、淋巴结、野鸟粪便、棉拭子 816 份送省、市疫控中心进行检测，经检验全部合格。重视毛皮动物防疫，落实 3 家特种卖批动物疫苗经销商经营告知，对 2 家特种毛皮动物疫苗免疫经销店进行检查，由各基层畜牧兽医站技术人员指导养殖户做好免疫注射工作，6 月底前完成免疫注射工作。组织应急演练，开展防控突发口蹄疫疫情应急演练，50 余名动物防疫人员参加，出动车辆 26 辆，动用消毒器械、火焰迫杀器等设备 40 余台（套）。

【畜禽养殖污染整治】　自 2011 年以来，全市利用 5 年时间对 3118 家规模养殖场进行规范治理。通过建立镇街、基层兽医站和村级防疫员三支监管队伍，对完成治理的养殖场实行网格化管理，将各个养殖场的监管责任具体落实到个人，全年下发整改通知书 350 份。年初，启动新一轮养殖污染整治活动，对村内及距村周边 50 米范围内的散养户和小型养殖场实行专项治理，全年完成 7247 户散养户的治理工作；完成 175 户小型养殖场的治理工作，提前完成计划的 39.5%。积极推广养殖废弃物综合利用、无害化处理、生态养殖等新技术，在全市树立民兴小区、环山养殖、桃园种禽、博海禽业等生态畜牧业典型。

【畜禽标准化建设】　大力发展生猪、奶

大疃奶牛养殖场标准化挤奶厅　　（市畜牧局提供）

牛、家禽和特种毛皮4个主导产业，打造一批标准化、规模化、集约化畜禽养殖示范基地。全市创建国家级标准化示范场3家，省级标准化示范场25家，威海市级标准化示范场57家；72家规模养殖场通过无公害畜产品认证，认证数量在威海市名列前茅；21家个体兽药经营企业全部通过GSP认证，存栏200头以上奶牛养殖场全部实行TMR饲喂、秸秆青贮、标准化挤奶厅等现代养殖技术，大型奶牛养殖场全部实现数字化管理；奶牛和生猪良种率达到100%。

荣成市标准化示范养殖场一览表

表52

养殖场名称	养殖场名称
国家级3个	
山东恒大化工(集团)有限公司大疃奶牛养殖场	荣成市桃园种禽有限公司
荣成市博海禽业有限公司	
省级25个	
威海市环山养殖有限公司	荣成市南桥头良种畜牧养殖场
荣成市荣达养殖有限公司	荣成市森海实业有限公司
荣成市俚岛镇杨夕英养鸡场	山东益生种畜禽股份有限公司 荣成上庄肉种鸡场
荣成市俚岛镇香山福源种猪场	荣成市成山镇吉红奶牛养殖场
荣成市沟姜家养牛场	荣成市上庄镇东联养猪场
荣成市人和镇连秀文养猪场	荣成市崖头奶牛场
荣成市桃园种禽有限公司姜家屯鸡场	荣成市恒丰养鸡场
荣成市博海禽业有限公司	荣成市人和镇世保养鸡场
荣成市鑫盛养猪场	荣成市崂山彭进朝猪场
荣成市百晟禽业有限公司	荣成市崂山李忠坤养鸡场
荣成市宁津建秀养殖场	荣成市港西镇星日畜禽养殖场
荣成市俚岛镇虹桥奶牛养殖场	荣成市天泽畜牧养殖有限公司
荣成市王连宝丰养殖有限公司	
威海市级57个	
荣成市城西晓怿蛋鸡养殖场	荣成市桃园种禽有限公司姜家屯鸡场
荣成市港西镇福江养鸡场	荣成市人和荣达养鸡场
荣成市华安养鸡场	荣成市人和腾达养鸡场
荣成市崂山李忠坤养鸡场	荣成市崂山古塔江涛养鸡场
荣成市崖头镇北埠志成鸡场	荣成市崂山葛建军养鸡场
荣成市俚岛镇荣良养鸡场	荣成市百晟禽业有限公司
荣成市宁津昌鸣鸡场	荣成市王连客岭养鸡场
荣成市恒丰养鸡场	山东益生种畜禽股份有限公司荣成大疃鸡场
荣成市滕家三利养殖场	荣成市斥山尹格庄肉种鸡场
荣成市通安养殖有限公司	荣大食品生猪养殖场
荣成市崂山北埠张航养猪场	荣成市俚岛镇香山福源种猪场
荣成市上庄镇东联养猪场	荣成市上庄镇兴太养猪场

养殖场名称	养殖场名称
威海环山养猪有限公司	荣成市寻山宏福养猪场
荣成市寻山鑫盛养猪场	荣成市宇琛养殖场
荣成市成山镇吉红奶牛养殖场	荣成市滕家镇旺生奶牛养殖场
荣成市五官顶奶牛养殖场	荣成市崖头奶牛场
荣成市夏庄万隆生猪养殖场	荣成市港西镇恒强养猪场
荣成市人和镇壮志养猪场	荣成市崖西镇源鑫养牛场
荣成市虎山镇宏正养猪场	荣成市威凯畜禽养殖场
荣成市斥山初家齐山郭艳文养猪场	荣成市人和镇王小明蛋鸡场
荣成市人和镇世保养鸡场	荣成市正宇良种猪场
荣成市华荣奶牛养殖合作社养殖场	荣成市成山镇志运肉鸡养殖场
荣成市牛牛养牛专业合作社牛牛养牛场	荣成市荫子天利养猪场
荣成市港西镇永太养猪场	荣成市成山镇红君奶牛养殖场
荣成市夏庄镇英杰生猪养殖场	荣成市崂山葛建军养鸡场
荣成市虎山镇华壮养猪场	荣成市鑫源良种猪繁育场
荣成市人和镇聚鑫养鸡场	荣成市埠柳镇港凤养鸡场
荣成市滕家进平养鸡场	荣成市每日农牧有限公司
荣成市虎山镇峰山畜牧养殖场	

【畜产品质量安全】 2016年，以创办国家食品安全城市、农产品质量安全城市创建为契机，以提高畜产品质量为中心，由数量增长向质量增长转型，形成监管长效机制。全年抽肉蛋奶各类畜产品样品221个批次，合格220个批次。在养殖、检疫、屠宰三个环节抽测尿样2.1万份，所有检测结果全部合格。全年对25.6万头生猪和1415.9万只家禽实施产地检疫，对16.5万头生猪和220余万只家禽实施屠宰检疫，对1.3万吨猪产品和5650吨鸡产品实施动物产品检疫，确保食品安全。

荣成市无公害企业名单

表53

序号	场　　名	产品名称	获批时间
1	荣成市荣大食品有限公司	生猪	2009年7月
2	荣成市埠柳镇大梁家猪场	生猪	2009年9月
3	荣成市港西镇恒强养猪场	生猪	2010年5月
4	荣成市港西镇广兴养殖场	生猪	2010年5月
5	荣成市宁津增建养殖场	生猪	2010年9月
6	荣成市上庄镇东联养猪场	生猪	2010年9月
7	荣成市虎山镇金母养猪场	生猪	2010年9月
8	荣成市成山镇海强养猪场	生猪	2010年9月
9	荣成市埠柳镇华兴猪场	生猪	2010年9月

序号	场　　名	产品名称	获批时间
10	荣成市杨夕英鸡场	鲜鸡蛋	2010 年 9 月
11	荣成市金晓养鸡场	鲜鸡蛋	2010 年 9 月
12	荣成市成山镇龙赢养鸡场	鲜鸡蛋	2010 年 9 月
13	荣成市埠柳镇港凤养鸡场	鲜鸡蛋	2010 年 9 月
14	荣成市宁津昌鸣鸡场	鲜鸡蛋	2010 年 9 月
15	荣成市通安养殖有限公司	鲜鹌鹑蛋	2010 年 9 月
16	荣成安达养殖有限公司	鲜鹌鹑蛋	2010 年 9 月
17	荣成玛里根澳牛养殖有限公司	肉牛	2010 年 9 月
18	荣成每日农牧有限公司	生鲜牛乳	2010 年 9 月
19	荣成市人和李相植养猪场	生猪	2011 年 6 月
20	荣成市寻山圣洋种猪场	生猪	2011 年 6 月
21	荣成市虎山镇宏正养猪场	生猪	2011 年 6 月
22	威海环山养猪有限公司	生猪	2011 年 6 月
23	荣成市南桥头良种畜牧养殖场	生猪	2011 年 6 月
24	荣成市人和荣达鸡场	鲜鸡蛋	2011 年 6 月
25	荣成市人和华安鸡场	鲜鸡蛋	2011 年 6 月
26	荣成市城西晓怿蛋鸡养殖场	鲜鸡蛋	2011 年 6 月
27	荣成市人和镇腾达鸡场	鲜鸡蛋	2012 年 1 月
28	荣成市崂山葛建军养鸡场	鲜鸡蛋	2012 年 1 月
29	荣成市崂山江涛养鸡场	鲜鸡蛋	2012 年 1 月
30	荣成市成山镇吉红奶牛养殖场	生鲜牛乳	2012 年 9 月
31	荣成市崖头镇北埠志成鸡场	鲜鸡蛋	2013 年 8 月
32	荣成市港西镇致远养猪场	生猪	2012 年 9 月
33	荣成市斥山初家齐山郭艳文养猪场	生猪	2012 年 9 月
34	荣成市森海实业有限公司	鲜鸡蛋	2013 年 1 月
35	荣成市百晟禽业有限公司	鲜鸡蛋	2013 年 1 月
36	荣成市王连客岭养鸡场	鲜鸡蛋	2013 年 1 月
37	荣成市星日畜禽养殖场	鲜鸡蛋	2013 年 1 月
38	荣成金喔喔养殖有限公司	鲜鸡蛋	2013 年 1 月
39	荣成市滕家镇旺生奶牛养殖场	生鲜牛乳	2013 年 8 月
40	荣成市人和镇壮志养猪场	生猪	2013 年 8 月
41	荣成市桃园种禽有限公司姜家屯鸡场	鲜鸡蛋	2013 年 8 月
42	荣成市寻山建玲养猪场	生猪	2013 年 8 月

序号	场　　名	产品名称	获批时间
43	荣成市恒丰养鸡场	鲜鸡蛋	2013年8月
44	荣成市成山镇志运肉鸡养殖场	活鸡	2014年3月
45	荣成市荣达养殖有限公司	生猪	2014年3月
46	荣成市俚岛镇荣良养鸡场	鲜鸡蛋	2014年3月
47	山东恒大化工(集团)有限公司崖头奶牛养殖场	生鲜牛乳	2014年9月
48	山东恒大化工(集团)有限公司大疃奶牛养殖场	生鲜牛乳	2014年9月
49	荣成市崂山李忠坤养鸡场	鲜鸡蛋	2014年12月
50	威海市环山养殖有限公司	生猪	2014年12月
51	荣成市寻山鑫盛养猪场	生猪	2014年12月
52	荣成市崂山洪棚养猪场	生猪	2014年12月
53	荣成市博海禽业有限公司	鲜鸡蛋	2014年12月
54	荣成市人和镇世保养鸡场	鲜鸡蛋	2014年12月
55	荣成市滕家进平养鸡场	鲜鸡蛋	2014年12月
56	荣成市俚岛镇香山福源种猪场	生猪	2016年01月
57	荣成市宁津建秀养殖场	生猪	2016年01月
58	荣成市桃园种禽有限公司	鲜鸡蛋	2016年01月
59	荣成市宝竹肉食品有限公司	猪肉	2015年12月
60	荣成市宁津顺泰源猪场	生猪	2016年03月
61	荣成市成山镇红君奶牛养殖场	生鲜牛乳	2015年11月
62	荣成市佳永奶牛养殖场	生鲜牛乳	2015年11月
63	荣成市五官顶奶牛养殖场	生鲜牛乳	2015年11月
64	荣成市宇琛养殖场	生鲜牛乳	2015年11月
65	荣成市崖西镇源鑫养牛场	生鲜牛乳	2015年11月
66	荣成市崂山葛建军养鸡场	鲜鸡蛋	2016年9月
67	荣成市港西镇星日畜禽养殖场	鲜鸡蛋	2016年9月
68	荣成市鑫源良种猪繁育场	生猪	2016年9月
69	荣成市虎山镇华壮养猪场	生猪	2016年9月
70	荣成市金喔喔养殖有限公司	鲜鸡蛋	2016年9月
71	荣成市恒丰养鸡场	鲜鸡蛋	2016年9月
72	王连宝丰养殖有限公司	鲜鸡蛋	2016年12月

【畜牧产业化发展】 全市有威海市级以上畜牧业龙头企业11家，涉及乳品生产、生猪产品加工、蛋鸡生产、特种毛皮动物养殖、裘皮加工等领域，形成养殖、加工、饲料生产、销售为一体的畜牧产业体系；全市有各类畜牧专业合作组织74个，9家畜牧专业合作社获威海市级以上示范社称号。

荣成市畜牧业产业化重点龙头企业单位

表 54

国家重点龙头企业 1 家	
荣成泰祥食品股份有限公司	
山东省重点龙头企业 6 家	
好当家集团有限公司	威海嘉盛乳业有限公司
荣成波德隆食品有限公司	山东蚧口渔业集团有限公司
荣成市桃园种禽有限公司	山东明鑫集团有限公司
威海市重点龙头企业 4 家	
荣成市森海实业有限公司	荣成市玉兔牧业有限公司
荣成宝竹肉食品有限公司	荣成海达渔粉有限公司

荣成市畜牧示范合作社单位

表 55

国家示范社 1 家	
荣成市民兴生猪养殖专业合作社	
省级示范社 3 家	
荣成市跃新水貂养殖专业合作社	荣成市鸿发貂狐养殖专业合作社
荣成市民兴生猪养殖专业合作社	
威海市级示范社 5 家	
荣成市民兴生猪养殖专业合作社	荣成市鸿发貂狐养殖专业合作社
荣成市跃新水貂养殖专业合作社	荣成市蚧口水貂养殖专业合作社
荣成市宏泰种禽养殖专业合作社	

【畜牧科技推广】 在良种推广方面，全市积极推广猪人工授精技术，人工授精率70%以上。对全市村级防疫员进行摸底排查，调整难以胜任防疫工作的163名防疫员，占总数的1/6。组织村级动物防疫员参加培训班2次，培训人员1020人。组织干部制动集中学习40余次，派遣50多名年轻干部参加农业部青岛培训基地组织的“动物卫生卫生执法办案专题培训班”。举办科技下乡活动31次，发放畜牧养殖、质量安全等宣传材料8500多份。

【饲料行业管理】 2016年，全市有饲料生产企业87家，其中鱼粉生产企业68家，低脂肪鱼粉生产企业1家，鱼油生产企业9家，鱼溶浆生产企业1家，花生粕生产企业1家，配合饲料生产企业7家。年初召开全市鱼粉生产企业安全生产工作会议，启动2016年全市鱼粉生产企业应急演练工作，全年督导开展应急演练142场。全年开展3期全市饲料生产、经营、使用管理培训班，培训人员540人次。全年开展2期饲料生产、经营、使用监管人员培训班，培训执法人员人员170人次。全年2批次组织执法人员参加农业部青岛培训基地的监督执法培训班，培训人员50人次。全年出动执法人员479人次，检查辖区饲料生产、经营、使用企业日常检查184家次，抽样431个批次，合格率99%以上，查处违法案件9起，罚款16.53万元。

【兽药管理】 2016年，全市有兽药经营企业21家，其中包含兽用生物制品经营企业2家。全年组织检查兽药经营企业108次，检查兽药使用单位523次，出动执法人员1400余人次，查处违法案件2起，罚款1.072万元。全年开展3期全市畜牧行业兽药经营、使用培训班，培训人员540人次。开展兽药监管培训班2期，培训执法人员170人次。全年组织执法监管人员50人次参加专业机构兽药执法培训2次。开展乡村兽医登记工作，全市登记备案乡村兽医56名。开展兽药追溯系统及监督管理培训班，培训兽药经营企业人员、兽药监管人员42人次，全市22家兽药经营企业全部安装兽药追溯系统。

（王肖祎）

农业机械

机械化深松整地作业现场　　（市农机局提供）

【概况】　2016年末，全市农机总动力219.6万千瓦，农用拖拉机拥有量98910台，其中大中型拖拉机6839台，各种配套机具达18.5万台（套），小麦联合收割机1436台，玉米联合收割机796台，机耕面积3.5万公顷，机收面积5.4万公顷，机播面积5.6万公顷，保护性耕作面积1.4万公顷，免耕播种面积2.8万公顷。农业机械原值达到16.4亿元，综合机械化水平达到96.06%。其中小麦秸秆粉碎还田率达86%，玉米秸秆粉碎还田率达到83%；植保、农业运输、农副产品加工等环节基本实现机械化。

【农业机械化作业】　制定“三夏”“三秋”小麦、玉米抢收方案和各种应急预案，同时抽调20多名农机技术人员深入生产一线，做好机具抢修、机械调度、技术指导、信息传递等专项服务。全年调度1500台小麦联合收割机、790台玉米联合收获机参与会战，上阵机具总量达到9万台（套），确保粮食颗粒归仓。同时，组织实施跨区作业，帮助农机手联系外出作业点、免费发放跨区作业证，三夏期间，参加跨区作业的小麦联合收割机有200余台。“三秋”期间，全市新增玉米收获机42台。

【农机专业合作社建设】　通过政策倾斜、资金扶持、典型观摩等方式，推动农机专业合作社扩规模、上档次。积极争取针对合作社的多项扶持资金，培育农机专业合作社、农机大户等经营主体，全年发展农机专业合作社2家，总数达到60家，社员1150多户，注册资本达到6000余万元，拥有各类机具3000多台（套），年作业面积超过20.33万公顷，服务总收入3700余万元，构建起专业化、组织化、集约化的农机社会化服务机制。优化合作社发展模式，引导农机专业合作社建设农机库房、维修间等配套设施，培育发展设施完备、功能齐全、特色鲜明农机专业合作示范社。积极探索带机、带地、带资或技术入社的资本合作方式，完善农业生产过程“作业标准、服务价格、技术模式、生产资料”等“几统一”的劳动合作方式。鼓励和支持开展土地全程托管或主要生产环节托管、跨区作业、订单作业，推动农业生产向装备智能化、种植规模化、过程机械化、服务社会化方向发展。

2016年荣成市农业机械拥有量一览表

表56

机械种类	计量单位	数量
（一）拖拉机	台	98910
1. 大中型（14.7千瓦及以上）	台	6839
2. 小型（2.2—14.7千瓦，含2.2千瓦）	台	92071
其中：手扶式	台	79300
（二）耕整地机械	*	*

机械种类	计量单位	数量
深松机	台	360
(三)种植施肥机械	*	*
播种机	台	27722
其中:免耕播种机	台	4854
(四)收获机械	*	*
联合收获机	台	2232
(1)稻麦联合收割机	台	1436
(2)玉米联合收获机	台	796
花生收获机	台	1084
花生联合收获机	台	34
秸秆粉碎还田机	台	638
秸秆捡拾打捆机	台	70
粮食烘干机	台	12

荣成市农机专业合作社明细表

表 57　　　　总数:60 家

农机合作社名称	法人代表	详细地址	注册资金(万元)	成员数	注册时间	大拖台
荣成市王连老财农机专业合作社	王学利	王连街道连家庄村	90	10	2009 年 6 月 3 日	7
荣成市圣昌农机专业合作社	汤日刚	大疃镇东塔后村	105	7	2009 年 7 月 13 日	18
荣成市吉涛农机专业合作社	岳吉涛	滕家镇孔家庄村	10	7	2009 年 9 月 20 日	12
荣成市布谷鸟农机专业合作社	张海波	城西街道棘子布村	23	10	2009 年 11 月 2 日	13
荣成市金得利农机合作社	孙佑竹	埠柳镇北兰格村	120	11	2010 年 5 月	13
荣成市金滩农机专业合作社	许庆路	俚岛镇大庄许家村	208	23	2010 年 9 月 29 日	12
荣成市丰泰农机专业合作社	张起平	荣成市港西镇港西村	100	5	2010 年 11 月 17 日	11
荣成市振业农机服务专业合作社	宋振业	荫子镇耩上岳家村	400	19	2010 年 10 月 15 日	13
荣成市成隆农机服务专业合作社	赵当波	上庄镇西上庄村	10.24	13	2010 年 9 月 10 日	19

农机合作社名称	法人代表	详细地址	注册资金（万元）	成员数	注册时间	大拖台
荣成市振刚农机合作社	肖振刚	滕家镇二章家村	10	9	2011年1月14日	5
荣成市明超农机合作社	刘明超	斥山街道岭上唐家村	100	22	2011年1月15日	12
荣成市万松农机合作社	董永万	崂山鲍家庄村	43	22	2011年1月28日	7
荣成市金岭农机合作社	毕建喆	南山南路64号	81	28	2010年12月15日	16
荣成市远大农机合作社	王志远	滕家镇滕家村	10	12	2011年2月23日	16
荣成市翰林农机合作社	孙茂新	俚岛镇前神堂口村	150	16	2011年2月23日	5
荣成市丰赢农机合作社	闫华东	成山镇六村	37	23	2011年1月31日	7
荣成市夏庄顺民农机专业合作社	闫雪春	夏庄镇夏庄村	76.1	5	2009年7月24日	2
荣成市鑫灿农机专业合作社	钱栋波	宁津街道于家村	24	5	2009年9月16日	6
荣成市超美农机专业合作社	谷祖超	斥山街道郭家村	20	5	2009年9月22日	2
荣成市农富农机专业合作社	王华山	王连街道南桥头村	39.53	5	2009年9月25日	5
荣成市和谐农机专业合作社	吕洪光	斥山街道西泊子村	10	5	2009年10月1日	5
荣成市粮丰农机合作社	马良丰	桃园街道耩前殷家村	64	5	2010年7月16日	5
荣成市永鑫农机专业合作社	岳进永	大疃镇大疃村	90	6	2011年12月30日	5
荣成市汇泉农机专业合作社	董文会	王连街道	200	10	2011年12月30日	6
荣成市鑫源农机专业合作社	岳建东	城西街道东岭后村	80	5	2011年12月20日	5
荣成市进胜农机专业合作社	王俊胜	崂山街道古塔村	80	5	2012年2月20日	5
荣成市宋家庄富民农机专业合作社	宋立涛	人和镇宋家庄村	40	5	2010年12月15日	5
荣成市志岗农机专业合作社	张志岗	寻山街道竹村	60	5	2011年11月16日	5
荣成市崂山博鸿农机专业机械服务专业合作社	王军波	崂山街道雨夼村	500	12	2012年4月10日	5
荣成市华友农机专业合作社	汤华友	滕家镇桑梓村	85	36	2012年2月25日	5
荣成市强壮农机专业合作社	王本强	滕家镇康家村	40	12	2012年5月17日	5

农机合作社名称	法人代表	详细地址	注册资金（万元）	成员数	注册时间	大拖台
荣成市庆模农机专业合作社	肖庆模	滕家镇西耩村	59	40	2012年5月22日	5
荣成市丽华农机专业合作社	肖建党	滕家镇东初家村	103	52	2012年5月25日	5
荣成市聚龙农机专业合作社	张福永	俚岛镇卧孔王家	60	5	2011年12月20日	5
荣成市金驭农机专业合作社	解兆义	夏庄镇大河东村	150	5	2013年1月30日	5
荣成市诚联农机专业合作社	王复利	人和镇东老树河村	80	8	2013年3月29日	5
荣成市军波农机专业合作社	冷军波	寻山街道冷家村	120	7	2013年4月10日	5
荣成市诚和农机专业合作社	许积波	人和镇北卧龙村	60	8	2013年4月19日	5
荣成市伟德山明大农机专业合作社	张晓明	崖西镇大山口村	20	7	2013年4月27日	5
荣成市林全农机专业合作社	车林全	崖西镇南崖西村	20	6	2013年5月15日	5
荣成市明熠农机专业合作社	潘庆飞	崖西镇北崖西村	50	6	2013年6月27日	5
荣成市金茂园农机专业合作社	刘忠峰	俚岛镇燕泊村	56	5	2013年8月20日	5
荣成市炜煌农机专业合作社	姜云鹏	荫子镇前荫子村	1000	12	2013年7月29日	5
荣成市万和农机专业合作社	张忠东	斥山街道合兴北路96	100	5	2013年9月13日	5
荣成市海杰农机专业合作社	于海秀	滕家镇桑梓村	150	5	2013年10月22日	5
荣成市利民农机专业合作社	王保华	埠柳镇梁南庄村	60	6	2013年9月10日	5
荣成市前程农机专业合作社	刘玉强	桃园街道	180	5	2013年12月16日	5
荣成市新兴农机专业合作社	刘新兴	上庄镇王官庄村	50	5	2013年9月3日	5
荣成市四海农机专业合作社	齐斌彬	崖西镇大嵩泊村	30	5	2014年4月23日	5
荣成市启航农机专业合作社	从龙涛	荫子镇马台从家村	206	7	2014年4月9日	5
荣成市顺意农机专业合作社	王云丽	夏庄镇石硼丁家村	30	6	2014年4月30日	5
荣成市姜友农机专业合作社	姜友	俚岛镇国家村	50	5	2014年3月12日	5
荣成市龙友农机专业合作社	龙友	港西镇龙家村	60	6	2014年3月5日	5
荣成市腾飞农机专业合作社	秦道用	人和镇秦家竹村	60	6	2015年3月17日	5

农机合作社名称	法人代表	详细地址	注册资金（万元）	成员数	注册时间	大拖台
荣成市红波农机专业合作社	苏国敏	大疃镇姜家屯村	100	5	2015 年 2 月 10 日	5
荣成市陈家庄农机专业合作社	于泽军	上庄镇陈家庄村	50	5	2014 年 7 月 11 日	5
荣成市好得农机专业合作社	王建之	滕家镇东仙村	100	5	2014 年 6 月 4 日	5
瑞师农机专业合作社	于新刚	虎山镇正寺村	500	5	2015 年 6 月 12 日	5
荣成市常法农机专业合作社	常乃恩	上庄镇大李家村	100	5	2016 年 7 月 29 日	5
金和农机专业合作社	梁慧燕	大疃镇周家庄村	83.68	12	2015 年 12 月 28 日	10

【农机化新技术推广】 随着全市农村经济的快速发展和农民收入的不断增长，土地规模化经营的趋势日趋明显，粮食机械化收获水平大幅度提高，粮食干燥问题日益显现，对 2016 年度新购置的粮食烘干机械进行补贴。“三秋”期间，结合玉米机收，在大力推广玉米秸秆粉碎还田技术的同时，推广引进“茎穗兼收”型玉米收割机、玉米青储饲料收获机等新型机具，进一步拓宽和完善秸秆综合利用渠道。

【农机购置补贴】 全市争取省级以上国家资金 1665 万元，其中各级农机购置补贴资金 1640 万元，补贴各类机具 4002 台（套），受益农户 3873 户。为实现补贴资金的有效利用，加大对大型复式农机具、经济作物以及水产和畜牧养殖生产所需农机具的补贴倾斜力度，使全市农机产业结构不断优化，先进综合农机化技术得到有效推广。全市农机深松整地作业补助试点工作全面展开，再次被山东省农机局、财政厅列为全省农机深松整地作业补助试点项目县之一，争取到 1333.33 公顷 80 万元的作业补贴项目。补助标准为 2.67 元/公顷，补助资金兑现给承担作业的农机合作社。继续实施农机报废更新试点工作，进一步加快农业机械更新换代步伐。全市用于报废更新补贴资金 526 万元，报废补贴机具 2753 台。争取到省农机规模化作业推进项目资金 10 万元，农机化创新示范工程项目资金 15 万，全市农机化装备水平和结构得到了进一步优化和提高。

小麦联合收获+秸秆粉粹还田作业现场　　（市农机局提供）

【农机依法行政】 健全完善市、镇、村三级网格化监管体系，建立责任追究及倒查机制。开展农机、交警联合执法，为进一步强化农机安全监管，结合全市道路交通环境综合情况，与公安部门配合，开展变型拖拉机全面整治活动。近 10 年来，变型拖拉机已移交公安部门管理，市农机部门严格按照有关规定，管理秩序井然。全年检查车辆 1200 多台次，纠正违章 200 余起。落实农机监理规范化建设，从制度建立、职责分解、业务办理流程规范化、推广应用移动式机械检测、电子桩考等新技术等几个方面着手，全面提高农机监理工作水平，全年培训拖拉机驾驶员 252 人，拖拉机上户达到 3290 台。为有效减少和降低农机道路交通事故发生概率，解决拖拉机可识别性差的问题，全市连续三年投入 30 万元专项资金，实施拖拉机反光贴项目，结合年审，每年免费为老百姓发放反光贴 10 万多贴，有效提高全市农业机械的安全技术状态和防护性能。

（杨婷婷）

荣成 RONG CHENG 自由呼吸 自在荣成

海洋与渔业

Ocean and Aquatic Products Industry

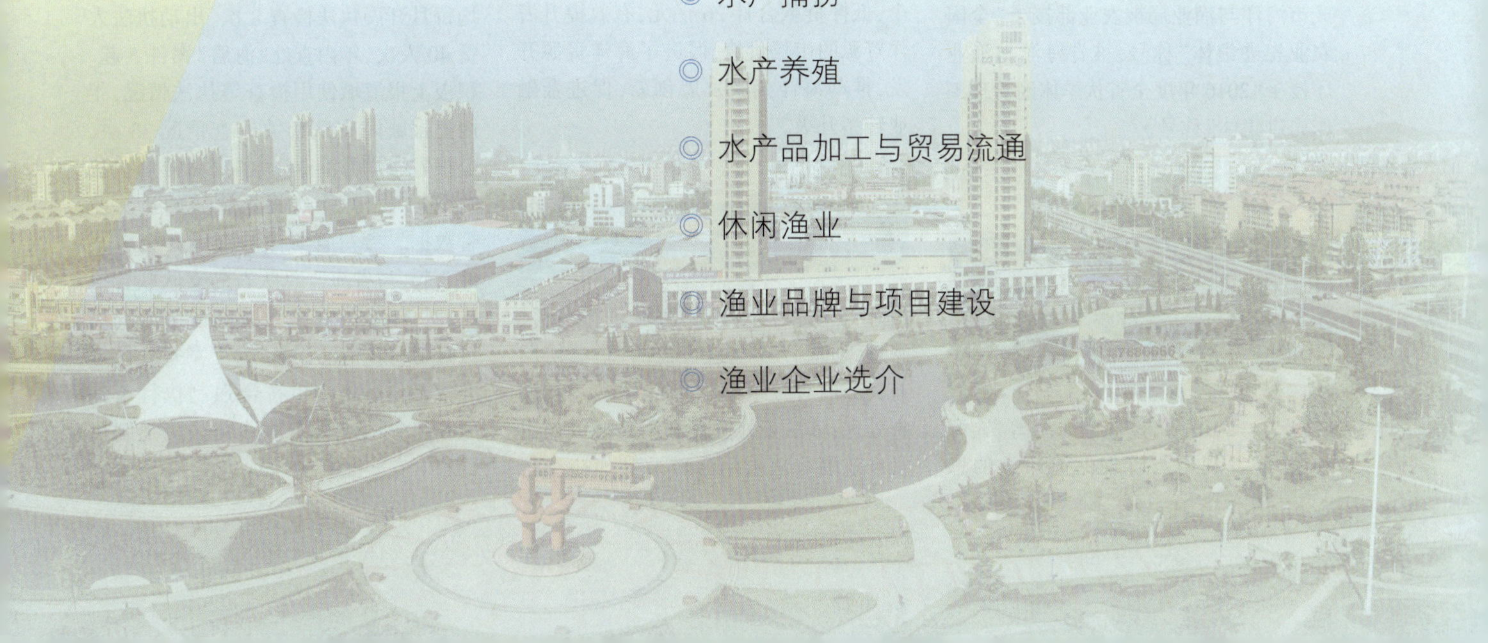

综　述

【概况】　荣成市海洋与渔业局设办公室(政工科与其合署)、政策法规科(行政许可科与其合署)、规划财务科(审计科与其合署)、渔业科(挂市海洋与渔业安全生产委员会办公室牌子)、海洋管理与环境保护科、市场与质量监管科 6 个科室。下辖 4 个事业单位,分别为荣成市渔业经营管理站,正股级;荣成市海洋与渔业执法大队,正科级;荣成市渔业技术推广站,副科级;荣成市海洋环境监测中心,副科级,共有工作人员 179 人,其中行政 12 人,事业 163 人。

2016 年,全市海洋与渔业系统紧紧围绕产业转型升级,全力提升海洋与渔业经济质量效益,全面规范海洋开发秩序,不断凝聚海洋与渔业发展合力,海洋与渔业实现了健康稳步发展。全年实现渔业经济总收入 770.2 亿元,完成水产品产量 126.1 万吨,比上年分别增长 7.1%和 3.1%。其中,水产养殖产量 78.7 万吨,增长 4.8%;产值 140.6 亿元,增长 5.1%。全市拥有专业远洋渔船 313 艘,其中远洋运输船 6 艘,远洋渔业产量 31.1 万吨,实现产值 38.8 亿元,分别增长 24%和 35%。全市海洋环境质量保持在全省、全国最优之列。年内,荣成市成功跻身山东省唯一的"国家水产品质量安全示范县创建点"(全国 4 个),获"中国海带之都"称号。荣成市海洋与渔业局被农业部授予"全国农业先进集体"称号,被省海洋与渔业厅授予"2016 年度全省伏季休渔管理工作先进集体"称号。

(宋军鹏　殷　钰)

海洋综合管理

【概况】　2016 年,按照陆海统筹、人海和谐、开发利用与管理保护并重的思路,在全市海洋综合管理工作中继续强化区划引导,以制度体系和能力建设为重点,推动海洋生态文明制度体系基本完善,规范海洋开发利用活动,维护海域使用秩序,提高海洋综合管理科学化、法制化、精细化水平,海洋管理保障能力显著提升,海洋生态环境保护和资源节约利用取得重大进展。

(徐海涛)

·海域管理·

【概况】　健全以《海洋功能区划》《海域使用规划》等为基础的规划区划体系,维护用海秩序,提高管理效能,消除管理盲区,打造"区划统筹、规划引导"的管理模式,形成统筹兼顾,协调发展的用海新格局。

【海域使用】　全年完成 199 宗海域使用权的审查、报批工作,完成用海权属资料登记、统一配号工作。加快大项目落实实施,全力做好重点工程项目用海保障工作,全年受理、上报用海项目 3 个。

【海域使用金征收】　优化海域使用金征缴程序,加大海域使用金征收力度,创新海域使用金征收方式,全年收缴市级审批项目海域使用金 2000 多万元,圆满完成全年征收任务。

【海域使用权抵押贷款】　自 2010 年开始在全市推行海域使用权抵押贷款业务,年内为用海单位办理抵押登记 85 个,抵押贷款合计 26 亿元,有效提升海洋资源的市场价值,促进了海洋资源开发,推动海洋金融发展创新,促进金融业转型升级。

(徐海涛)

·海洋监察·

【概况】　依法对毗邻海域进行监督、管理,对海洋环境进行监测监视,协同有关部门对海洋污染、损害事故进行调查处理;依法查处擅自利用海域或超出批准范围非法占用海域及其他违法行为;负责全市管辖海域的海洋自然保护区和海洋特别保护区及海洋生态环境保护,并依照法律法规对违法违规者进行查处。

【海岛巡查保护】　制定《海岛保护执法示范创建工作实施方案》《海岛监视监测方案》《海岛保护执法实施办法》,对辖区 49 个海岛(面积达 500 平方米以上)实施全面覆盖执法。对各海岛进行划片包干,责任到人,执法人员按照方案要求对各海岛进行详细、认真检查,采取定期、不定期、专项和联合执法检查等多种方式,实现辖区 49 个海岛未发生一起违规用岛或涉岛违法用海的行为。

【清理非法养殖用海】　积极推进荣成桑沟湾非法养殖用海清理整治工作,编制荣成市清理整治非法养殖实施方案,安排专人负责航道、锚地用海情况调查,摸清底数。配合永平评估公司,共计测量海域面积 1333.33 平方米,海上网箱共计 1140 个,看护平台 11 个,看护房 23 个。加强巡查与管控,在海上设置征收范围示意浮标,组织专业力量对新增养殖筏架进行打点测量和统计备案,督促各沿海镇街加快清理拆除进度,完成三星、俚岛两条航道 266.67 公顷的清理,有效保护海洋生态环境,维护了良好用海秩序。

【海域执法巡查】　2016 年,海域执法实行岸段负责制,将辖区岸线定人、定责,做到"周巡查、旬上报、月总结"。平均每月开展执法检查 8 次,出动执法人员 40 人次,年内查处"海盾"案件 5 起。积极上报海域使用检查等执法情况,年内上报威海支队相关巡查情况 33 次,上报省海洋与渔业厅、国家海洋局执法情况 41 次,为上级提供详实的执法监管数据。参与省海洋与渔业厅会审案件 3 起,与省海监总队石岛支队联合执法,对 23 起待立案案件进行全面现场核查与初步情况调查,为立案查处做好准备工作。将全市符合强制执行条件的 6 起海域违法案件移交法院强制执行。

【海洋环境保护】 年初，开展近岸海域污染防治工作，与环保部门展开多次联合执法，对入海排污口、涉嫌污染源展开检查。同时，督促各渔港码头装配清洗装备，严格检查渔港废弃物排放情况及渔船在港污染排放情况，严防海洋环境污染。按照"碧海2016"专项执法行动实施方案的要求，平均每月派出执法人员40人次，陆地检查16次，海上检查2次。对辖区内各个海洋工程项目、4处倾废区、保护区和其他生态区域以及主要入海排污口进行严格监控检查，严防损害海洋生态环境的案件发生，年内未发生破坏海洋环境的违法违规案件。

（姜析君）

·海洋环保·

【概况】 2016年，以提升海洋生态环境保护水平为宗旨，海洋生态环境保护能力大幅提升，海洋生态环境得到有效保护和修复，海洋资源环境承载力明显提高。

【防控工程项目污染】 严把海洋工程建设项目环境影响评价关口，先后组织中国海大等资质机构对3个项目进行海环评价，并做好工程用海项目的海洋环境跟踪监测、监管工作，最大限度减轻对海洋环境的影响。

【开展"齐鲁美丽海岛"的评选活动】 荣成市海岸线绵长、海岛众多，不少海岛久负盛名，旅游资源、人文资源丰富。结合前期调研和活动要求，选取较为有代表性的海驴岛，开展齐鲁美丽海岛参评工作。通过参评宣传、推介荣成市丰富多彩的海岛景观资源，增强社会公众的海洋意识，提高社会对海岛保护的关注度，提高荣成市海岛旅游影响力，丰富海岛旅游内涵，切实推进海洋生态文明和海洋强市建设。

（徐海涛）

【海域海岛海岸带整治修复】 全市大规模的海岸带整治修复工作始于2010年，为实施该项工作，市海洋与渔业局邀请中国科学院海岸带研究所、中国海洋大学等大专院校教授、专家作为顾问，全面整理、分析荣成市海域、海岛、海岸带的自然环境条件、资源与开发利用状况，对重要海域进行实地踏勘和现场调访。在系统分析全市海域资源环境特征、主要生态环境问题和经济社会发展需求的基础上，依据相关区划规划，按照区域整治的理念，确定海域、海岛、海岸带整治修复保护的原则、目标和主要任务，编制《荣成市海岸保护与利用规划》。

2016年，组织实施成山岸线修复及综合整治项目、桑沟湾（西岸）岸线修复及综合整治项目、石岛湾西岸线整治修复项目、威海市海驴岛整治修复项目，落实上级扶持资金4100万元，带动社会投资近4200多万元。项目建成后，整治修复岸线9千米；修复沙滩3千米；废弃残坝拆除28万立方米；绿化3.8万平方米；海驴岛植被恢复6.2万棵；岛上山体防护2.3万平方米；岛上新建垃圾中转站1座；淡水处理系统1套。

2016年，新增荣成市桑沟湾西岸南段综合整治修复项目、荣成市爱莲湾岸线整治修复（二期）项目、荣成市楮岛岸线整治修复（二期）项目，落实上级补助资金4000万元，带动社会投资近3600万元。项目建成后，整治修复岸线5730米；拆除废弃建筑物26750平方米；拆除水池、池塘等构筑物21430立方米；清理垃圾5700立方米；整理沙滩9万平方米；绿化9千平方米。

根据规划，将23个海域、海岛、海岸带生态整治修复项目上报省厅项目库；根据"总体规划，整体布局，突出重点，加强落实"的科学原则，按照地理位置分北海、东海、南海的分布，规划全市海岸带整治的总体实施方案；大王家岛、鸡鸣岛、海驴岛成功被纳入全国"生态岛礁"工程项目库。实现海域海岛海岸带整治修复项目与城市总体规划的无缝对接，为项目遴选、考核提供依据，确保修复成果。

（连晟利）

·海洋环境监测·

【概况】 根据《2016年山东省海洋生态环境监测工作实施方案》《2016年威海市海洋环境监测与评价实施方案》的要求，2016年度在荣成市近岸海域布设66个监测站位。荣成承担39个站位的监测工作，航行8000多海里，采集各类样品800多份，取得监测数据2万多个。

【趋势性监测】 通过开展近岸海域趋势性监测，掌握海域不同尺度生境要素的时空分布特征及分布规律，评价海洋环境现状。监测项目涵盖水文气象、生物生态、水环境、沉积环境和生物质量五大类，监测指标包括水温、盐度、pH、溶解氧、石油类、营养盐、重金属等30余项。3月、5月、8月、10月开展4个航次39个站位的监测工作，编制4份航次监测评价报告、5份质量控制报告，监测数据通过海洋环境监测数据报送系统逐级上报。年底编制年度海洋环境状况公报，报送市委、市政府，发送市渔业协会及市重点渔业企业。

【公益性服务监测】 开展荣武基地海水浴场监测，实时掌握海水浴场的水文要素、气象要素、海水状况和健康指数，评价海水浴场开放期间的游泳适宜度，并及时向公众发布，服务地方海洋经济建设和群众生活。自6月24日至10月7日开展106天的海水浴场观测和预报工作，观测指标包括水温、气温、天气状况、透明度、风速、风向等20余项，采集样品100多个，编制月评价报告3份，年度评价报告1份，每天下午3时前将观测和监测数据上报山东省海洋环境监测中心和威海市海洋环境监测中心，在省海洋与渔业厅网站发布海水浴场环境状况。

【应急监测】 开展溢油、赤潮绿潮等应急监视监测工作。先后组织专业技术人员20余人次开展应急现场监测工作，为事件后续处理提供依据。

（王仁杰）

·渔业生态监测·

【概况】 开展国家级水产种质资源保护区监测，保护国家重点经济水生动植物和地方珍稀特有水生物种，掌握保护区主要保护对象、海洋环境、海洋生物多样性的现状及变化情况以及存在的潜在风险。开展海水增养殖区监测，掌握海水增养殖区环境现状和变化趋势，关注由于海水增养殖活动带来的潜在环境风险。

【国家级水产种质资源保护区监测】 5月、8月开展荣成湾、桑沟湾、荣成楮岛藻类、月湖长蛸4个国家级水产种质资源保护区监测工作，布设站位21个，编制4份年度保护区监测与评价报告，指导保护区建设工作。

【海水增养殖区监测】 3月、5月、8月、10月开展4个航次31个站位、30余项参数的监测工作，编制1份年度增养殖区监测与评价报告，为养殖生产提供技术参考。另外，在威海长青海洋科技股份有限公司海洋牧场海域布设4个站位，开展7—10月每周1次13个航次的高频监视监测与评价工作，采集样品100多个，编制航次评价报告13份，监测数据通过省海洋与渔业厅网站进行报送、发布，服务“海上粮仓”建设和全市渔业养殖生产。

（王仁杰）

·海洋防灾减灾·

【概况】 2016年旨在完善海洋防灾减灾体系，强化体制建设，强化海洋观测能力，推进海洋环境风险应急管理体系建设，完善灾后评估机制，完善海洋灾害应急预案，定期组织开展应急管理专题培训和应急演练。

【应急预案修订及灾害应对知识培训】 修订完善《荣成市风暴潮海啸海冰灾害应急预案操作手册》《荣成市海洋绿潮（浒苔）处置应急预案操作手册》，并上报市应急办备案。组织沿海各镇、街道渔业负责人40余人次，开展风暴潮海啸海冰及海洋绿潮灾害应对知识培训，邀请相关方面专家为学员授课，帮助学员了解灾害的相关知识，提高渔业队伍灾害应急处置能力。

【浒苔防治】 2016年，浒苔呈现爆发时间早、密度分布大、波及范围广的特点，防范处置浒苔工作面临十分严峻的形势。为全面做好浒苔应急处置，保护渔业生产秩序，维护群众利益，按照“属地管理、及时打捞、科学处置”的原则，强化宣传，提前部署，细化责任分工，明确工作要求，为浒苔防治工作争取主动。

（徐海涛）

渔业管理

【概况】 2016年，以渔船渔港、渔业资源、渔业安全生产、涉外渔业管理和水产品质量安全等为重点，开展一系列执法和专项整治行动，进一步保护渔业生态资源，维护渔民渔业管理秩序，保证水产品质量安全。

·渔政管理·

【概况】 宣传、贯彻和执行国家、省有关渔业的方针政策和法律、法规；管理保护渔业资源，监督实施渔业捕捞许可制度和禁渔、禁渔期制度，维护渔业生产秩序；依法在全市渔港和管辖属于实施巡查监视、监督管理、查处违法活动，维护国家渔业权益；负责渔业抢险救助，协同有关部门依法调查处理辖区内重大渔业纠纷；监督执行国际条约、双边渔业协定和有关管理规定，协调处理涉外违规事件。

【涉外渔船管理】 2016年，进一步强化辖区渔船的动态管控，按照属地原则建立健全管控机制，落实包保责任，初步实现“预防为主，防控结合”的管理模式。

管控体系建设 依托渔船网格化管理体系，各区、镇、街道将辖区的所有渔船全部分包给工作人员，确保每一艘渔船都有一名监管责任人。每个监管责任人都要时刻关注分包渔船的船位及动向，通过明察暗访等形式，发现渔船有越界违规倾向，立即向海洋渔业主管部门报告。伏休管理期，各沿海镇街对辖区渔船船位实行日报制，严防伏休违规及涉外违规行为。

日常巡查 严格渔港巡查。改变以往船籍港管理模式，依托以港管船制度，将全市渔港分包给12个陆地小组，责任到人，采取清点船位与日常巡查相结合的方式，对辖区渔港码头进行24小时不间断检查，严密监管在港渔船。加强重点渔船监控。对曾有越界捕捞记录的渔船实行重点排查，逐一建档造册；对列入“黑名单”的渔船，安排专门力量对其进行监控，实时掌握其行踪，防止再次违规。强化平台监控。利用安全信息终端监控平台，密切监控朝、日、韩、俄等毗邻水域，发现荣成市渔船有违规驶入倾向立即召回。

严打重罚 对因违规被俄、日、朝、韩等国抓扣且造成不利影响的渔船，除严格按照《渔业法》规定高限处罚外，还将其列入“黑名单”，一律到指定港口扣押，取消3年内涉外作业申请资格，扣除当年度燃油补贴。情节严重构成犯罪的当事人移交司法机关追究刑事责任。在全社会形成对涉外违法行为的高压态势。

预防措施 为15个沿海镇街配备北斗卫星监控系统，随时监控辖区所属渔船动态，每天监控渔船达1万多艘次；加强24小时值班和领导带班制度，加强情况调度，发现问题及时处置，力争将影响降到最低限度。加强涉外渔业知识宣传，发放《严厉打击涉外越界违规行为》等宣传资料3000余份，出动宣传车20余辆次，通过渔业信息平台发送宣传短信1.5余条，将严禁从事涉外违规作业的观念深入人心。

【涉渔“三无”船舶整治】 积极强化宣传引导，通过电视台、报纸等新闻媒体发布取缔“三无”渔船公告，并借鉴浙江

11月，开展冬季渔业安全生产检查　（市海洋与渔业局提供）

等地取缔“三无”渔船的有效做法，成立由政府牵头、各部门广泛参与的整治队伍，对摸排出来的“三无”渔船、套号假号渔船以及在荣成市辖区航行、停泊、作业的“三无”渔船，一经查实，一律没收，通过法律途径拆解或沉礁，形成对“三无”渔船的严打高压态势。查处涉渔“三无”船舶18艘。

【渔业安全执法行动】　按照“全覆盖、零容忍、严执法、重实效”的总体要求，进一步加大渔业安全执法检查力度，海陆联合行动，划片包干，严查渔船安全设备配备不齐、未刷写船名号、养殖渔船重点查处临水不穿救生衣、从事抗等级风或超载作业等违法违规行为，严厉整治安全隐患，推动集中行动有序展开，排查渔船600余艘次，查处安全隐患49处，全部要求整改。创新推进渔船船名号喷刷和强制参加保险工作，要求辖区内所有渔船必须在其救生衣、救生圈、救生筏、灭火器上喷刷船名号，并且必须参加船舶和人员保险。完成喷刷渔船2300艘。此举既是渔船安全生产设备的一次全面普及，又有效的避免安全设备拆借行为，提高渔船安全生产的性能。

（姜析君）

·渔业安全生产·

【概况】　2016年，通过指挥中心信息平台发布大风预警、航行警告、安全生产信息198件，10万条。指挥或参与救援行动6起，救助渔民15人、渔船6艘，挽回直接经济损失1660万元。其中，发生重大水上交通事故1起，较大自然灾害事故2起，水上生产一般事故3起。

【救援保障】　积极扩大海上救援力量，加强海上装备建设力度，形成以150艘应急救援志愿船为主力，以6艘渔政渔监船（中国渔政37158、中国渔政37519、中国渔政37529、中国海监4036、中国海监4064、中国海监4066）为补充的救援体系。同时，不断推进渔船安全信息化建设步伐，为渔船安装北斗2784部、AIS系统2784部，配备新式RFID标签2900部、CDMA水上漂5000部，船载安全终端设备基本实现全覆盖。陆上充分利用渔业安全救助信息指挥中心，实现对所有渔船船位监测、抢险救生等信息的集中处理，切实做到信息全覆盖，成为保障渔民安全的“海上110”。

【渔民培训】　联合海事部门、公安局、检察院等相关领域专家进行授课，重点突出商渔船防碰撞措施、渔业安全生产法律法规、渔业安全生产操作技能、治安管理条例、涉外渔业、渔业安全生产主体责任等方面的讲解，对参训并考试合格的船东、船员发放结业证，且严格执行渔船从业人员必须取得适任证书方可登船作业等法律规定。全年计举办船员培训及安全生产管理培训班140期，培训1万余人。

【安全隐患排查整治】　对海上渔船在禁渔线内侧进行巡查，陆地各执法小组

海上救援船——中国渔政37519　（市海洋与渔业局提供）

12 月，开展渔船防火专项执法检查　　（市海洋与渔业局提供）

划片包干，深入渔港码头、渔船集中停泊点深入开展检查，严查渔船安全设备配备不齐、超抗风等级作业、未刷写船名号等违法违规行为，结合安全生产百日攻坚、“三无”渔船专项整治、违规渔具专项整治、大排查快整治严执法专项集中行动以及岁末年初渔业安全生产大检查等专项执法活动，严厉整治安全隐患。全年巡查码头 8653 个次，检查渔船 1.5 万艘次，排查安全隐患 245 处，整改隐患 245 处，责令更换配备安全救生设备 120 套（件）。

（于兆鑫）

·水产品质量监管·

【概况】　2016 年，以创建国家食品安全城市、农产品质量安全市、全国水产品质量安全示范县等为契机，不断加强管理体系建设、源头监管、产地认证、宣传教育等工作，圆满完成各项水产品质量安全监测任务，全市水产品质量安全水平进一步提升。

【建立健全监管体系】　市级成立水产品质量安全工作领导小组，与全部沿海镇街签订《水产品质量安全责任状》，落实镇街属地管理责任，并将水产品质量安全纳入年终考核指标，每个涉海渔村（企业）确定 1 名协管员，建成市镇村三级监管体系，全市范围内实施水产品质量安全网格化管理。加强与农业、食药、公安、市场等部门的沟通衔接，作好信息沟通共享和执法协作，构建多部门联动格局。明确企业为安全生产第一责任人，与 117 家用海企业、沿海村委签订《水产品质量安全承诺书》，切实落实生产经营者主体责任。年内，对企业落实三项记录（生产、用药、销售）制度进行检查，检查企业 149 家次，对三项记录不全的，责令其限期整改。

【专项整治】　结合威海市食安办打击食品安全违法犯罪“清源”行动、全市畜禽水产品抗生素禁用化合物及兽药残留超标专项整治，威海市海洋与渔业局水产品质量安全专项整治、大菱鲆专项整治，市政府“守护舌尖安全”整治、“质量月”等活动，制定《荣成市 2016 年水产品质量安全专项整治方案》《荣成市 2016 年水产品质量安全清源行动专项整治方案》《荣成市大菱鲆专项整治实施方案》，针对养殖和育苗的重点环节和海参、大菱鲆等重点养殖品种，对辖区内的养殖育苗企业、生产业户进行了拉网式大检查，严厉打击非法添加及滥用渔药、渔用饲料添加剂、非法添加激素类药品或其他违禁物质等违法行为，出动执法人员 298 人次，检查企业 149 家次，未发现使用孔雀石绿、氯霉素、硝基呋喃等禁用渔药行为。工作中，强调痕迹化管理，注重留存记录和相关数据资料，保证工作的可追溯性，切实提升工作执行标准与实效。

【质量抽检】　提升水产品质量抽检能力，拿出 60 多万元采购 15 套水产品质量安全快检设备，配备到市水产品质量安全实验室、8 个农产品质量监测站及 2 个大菱鲆、海参养殖重点企业。加大抽检力度，提高抽检频率，扩大抽检覆盖面，先后完成部、省、市三级水产品质量安全监测任务 323 批次，按照“双随机”原则自行组织抽样 300 个，合格率 100%，实现全市范围检测全覆盖。

【双城联创】　2016 年是国家食品安全城市和农产品质量安全市“双城联创”的验收年，为确保在创城验收检查中渔业方面不出问题，严格按照验收标准，扎实做好各项基础性工作。做好创城检查材料收集整理工作。科室安排专人负责此项工作，坚持高标准、严要求，对涉及渔业部分，逐条对照进行自查自纠，发现问题及时整改，固强补弱，确保提供的创城资料合格规范、不漏项。做好现场检查验收准备工作。创城验收的现场检查是要从提供的 100 家水产养殖企业名单中随机抽取，重点检查三项记录、培训记录等情况。对名单企业实行督导检查全覆盖，督促企业严格按照检查要求落实整改。在威海市组织的 2 次模拟验收及省级创城验收检查中，全市抽取的 5 家渔业企业全部通过现场检查。在整个“双城联创”验收工作中，全市渔业方面顺利通过全部检查。

【水产品质量安全示范县创建】　2016 年，农业部在全国确定 4 家水产品质量安全示范县创建试点，荣成市作为全省唯一获此殊荣的单位，严格按照农业部的创建标准，结合自身实际情况，认真组织编写并上报创建实施方案，探讨完善县级水产品质量追溯体系建设及合格证管理制度，扎实推进水产品质量安全示范县创建工作。

7月，开展船东船长船员安全生产培训　　（市海洋与渔业局提供）

【宣传培训】　通过新闻媒体、网络平台、发放宣传资料、技术培训等形式，加大对水产品质量安全法律法规和安全消费知识的宣传力度。开展3次水产品质量安全宣传活动（"2016年放心农资下乡进村"宣传、海洋日宣传、食品安全宣传周），印制并悬挂宣传横幅34幅，发放宣传资料3000余份。同时，组织监督执法、水产从业等人员进行培训，先后组织企业内检员培训班、无公害检查人员培训班、水产品药残快速检测培训班、农产品质量安全培训班等，使监督执法、企业管理人员业务能力得到较大提升。

（杨冬蕾）

·渔业资源修复·

【概况】　为改善近海渔业生态环境，恢复近海渔业资源，根据海洋牧场资源特点和区域布局，依托渔业龙头企业，因地制宜开展人工鱼礁、海洋牧场建设。荣成累计投入10多亿元，先后投放大块石礁210万立方，三角形、方形混凝土构件礁以及贝壳生态礁等50万空方，建设海洋牧场、人工鱼礁项目22个，面积1300公顷，为海洋生物的栖息和繁殖营造适宜的生境条件。自2005年荣成展开大规模的资源修复行动，设立省级渔业增殖站16处，累计增殖放流鱼、虾、蟹、蜇等苗种25亿单位。有效保护水生生物，促进海洋生物资源的增殖和恢复。

【增殖放流】　2016年增殖放流通过招投标确定苗种供应单位，放流2.57亿单位，其中，放流梭子蟹苗种2400万只、海蜇苗种2500万头、日本对虾苗种3125万尾、中国对虾苗种16856万尾、黑鲷苗种160万尾、许氏平鲉（黑鲪）656万尾、长蛸20万只。增殖放流之前，对参与增殖放流的9个单位7个品种进行23批次的常规及药残抽检，经抽检全部合格，确保增殖放流的顺利进行。

2016年荣成市海洋生物增殖放流情况一览表

表58　　单位：万尾/万粒/万只

序号	放流品种	放流数量	主要放流海域
1	海蜇	2500	靖海湾
2	三疣梭子蟹	2400	靖海湾、石岛湾、朝阳港
3	中国对虾	16856	靖海湾
4	日本对虾	3125	靖海湾
5	黑鲷	160	俚岛湾、天鹅湖
6	许氏平鲉	656	桑沟湾、俚岛湾、龙眼湾
7	长蛸	20	天鹅湖

【人工鱼礁和海洋牧场建设】　2016年，荣成有西霞口、马山、烟墩角、成山鸿源、泓泰、楮岛6家单位按照省海洋与渔业厅的要求完成海洋观测网设备招投标及安装并顺利通过验收。争取省海洋与渔业厅扶持资金800万元用于天鹅湖、桑沟湾三处海钓基地的展示厅、监控室建设，马山、烟墩角、泓泰、楮岛设计方案通过省资管中心的评审。西霞口、寻山国家级海洋牧场各自规划1000多平米的展示厅、体验馆等。2016年，在海洋生态修复项目、山东省渔业

资源修复行动增殖放流项目等方面争取上级资金 2212 万元,有效地推动本地渔业经济的发展,保护和增加渔业资源,使渔业增产,渔民增收。

2016 年荣成市国家级海洋牧场示范区一览表

表 59

序号	国家级海洋牧场示范区名称	管理维护单位	所占海域面积(公顷)	获批年份
1	山东省荣成北部海域国家级海洋牧场示范区	西霞口集团有限公司	676	2015 年
2	山东省爱莲湾海域国家级海洋牧场示范区	威海长青有限公司	623	2015 年
3	山东省荣成市南部海域好当家国家级海洋牧场示范区	好当家集团有限公司	647. 5	2016 年
4	山东省荣成市桑沟湾海域国家级海洋牧场示范区	荣成楮岛水产有限公司、荣成市泓泰海洋生态休闲旅游有限公司	873. 9	2016 年

2016 年荣成市海上粮仓海洋牧场项目一览表

表 60

序号	名称	单位	获批年份
1	西霞口集团国家级海洋牧场	西霞口集团有限公司	2016 年
2	威海长青国家级海洋牧场	威海长青有限公司	2016 年
3	山东好当家田园型海洋牧场	山东好当家集团有限公司	2016 年
4、	荣成成山鸿源投礁型海洋牧场	荣成成山鸿源有限公司	2016 年
5	荣成楮岛游钓型海洋牧场	荣成楮岛水产有限公司	2016 年
6	荣成泓泰游钓型海洋牧场	荣成市泓泰海洋生态休闲旅游有限公司	2016 年
7	荣成天鹅湖游钓型海洋牧场	马山集团有限公司	2016 年
8	荣成烟墩角游钓型海洋牧场	荣成烟墩角水产有限公司	2016 年

(周颖敏)

【禁用渔具清理整顿】 2016 年,将清理整顿地笼等违规渔具纳入渔业资源保护重点工作,强化日常执法检查、开展专项行动,对发现的禁用渔具与小于最小网目尺寸的渔具,坚决予以没收、取缔。重点对苏山岛、鸡鸣岛、东楮岛、桑沟湾等使用地笼等禁用渔具集中的海域进行海陆巡查,全年捣毁存放地笼场所 85 个,没收"地笼"等违禁渔具 3 万多套,放生鱼虾蟹等幼苗 7602 千克。

【休渔管理】 按照精细化、规范化、科学化的要求,制定并严格落实应休渔船管控方法,坚持属地管理原则,采取依港管船模式,采取传统手段与信息技术并举、行政处罚与教育引导并重,与公安边防、市场监管等部门建立线索通报、联合执法、案件协办等机制,全方位加强海上、渔港、市场及运输监管,确保管理制度、管理措施落实到位。严格落实渔船、渔港包保责任制,结合智慧城市建设,投资 480 万元对停泊应休渔船的 60 处渔港安装高清视频监控 207 个,进行 24 小时监控,严防伏休违规。伏休期间,出动执法车 280 余车次,出动执法人员 570 余人次,执法船累计巡航 350 余海里,检查渔港码头 3600 个次、渔船 15 万艘次,查处伏休违规案件 63 起;查扣违规渔船 137 艘,其中荣成籍 46 艘、外籍 91 艘,拘留渔船船东、船长等人员 11 名,有效提升渔业执法的强制力和震慑力。

(姜析君)

6月，开展违规渔具专项治理　　（市海洋与渔业局提供）

海洋与渔业科技

【概况】　不断加强推广体系建设，设立渔业技术推广示范基地，选聘技术指导员，遴选科技示范户；完成渔业物联网建设，进行“渔业通”平台推广；邀请专家组深入业户进行面对面、手把手技术指导和服务，全面形成市、乡镇、示范户三级渔技服务体系。

【体系项目建设】　为“十三五”国家贝类产业技术体系贝类产业桑沟湾综合试验站项目实施单位，组织专家、技术人员，深入一线调研，收集贝类产业信息，完成调查。开展实施贝藻混养、皱纹盘鲍健康养殖、滩涂贝类高效养殖、牡蛎育肥等促进本产业增产增收关键技术。与黄海水产研究所、楮岛水产公司联合在桑沟湾开展构建浅海筏式标准化生态养殖试验，实施海带和牡蛎标准化示范养殖，降低养殖成本，提升了综合效益；参与山东省现代农业产业技术体系藻类产业创新团队工作，多次邀请创新团队专家现场指导，开展适合荣成海域增殖藻类品种筛选工作，协助体系岗位专家开展实地调查、品种引进等工作；与中国海洋大学工程学院建立卓越人才荣成基地，引进高层次人才，增强荣成养殖科技实力。

【夯实示范基地建设】　根据区域水产养殖分布特点，设立林家流水产有限公司为综合性示范基地，设立荣金牡蛎养殖专业合作社和蓝色海洋海参专业合作社为特色养殖示范基地。在示范基地开展新品种、新技术、试验、示范及推广工作，使其成为承接上游科研，辐射带动下游的重要平台。

【提升渔技推广水平】　全面实施农业部基层渔技推广体系改革与建设项目，根据《山东省农业厅、山东省海洋与渔业厅、山东省财政厅关于印发2016年基层农技推广体系改革与建设补助项目实施方案的通知》（鲁农财字〔2016〕27号）要求，聘选技术指导员31名，设立示范基地3处，遴选科技示范户311户，对示范基地进行资金补助，对技术指导员、科技示范户采取集中培训，分户联系、实地考察、观摩交流等方式开展工作。主推4种养殖品种（刺参、对虾、海带和牡蛎）和两项技术（池塘微孔增氧技术和池塘微生态制剂水质底质调控技术），在生产的关键环节，对科技示范户进行有效指导，为充分调动示范户的示范带动积极性，发放物化补助。

【渔业信息化建设和应用】　为提升全市渔业信息化水平，开通“渔业通”平台软件企业8家，其中建成综合性平台企业端1家。全市所有技术指导员安装应用“渔业通”，并完成渔场标注管理工作，鼓励指导员进村入户开展渔业通平台应用指导。推广体系项目建设以来完善了推广职能，理顺了机构关系，形成市、乡镇、示范户三级推广体系建设，提高了渔业公共服务能力，真正发挥渔业技术推广的主导作用。

（王仁杰）

水产捕捞

【概况】　2016年，全市拥有捕捞渔船3244艘，海洋捕捞总产量78.5万吨（含远洋），比上年增长8.6%，产值77.3亿元（含远洋），增长15.7%。其中，近海捕捞产量47.4万吨，产值38.5亿元。

【远洋渔业概况】　2016年荣成市具有农业部远洋渔业企业资质企业19家，专业远洋渔船总数达到307艘。2016年完成远洋渔业产量31.1万吨，产值38.8亿元，比上年分别增长24%和35%。

【远洋船队建设】　2016年新增专业远洋渔船7艘，荣成市专业远洋渔船总数达到307艘，渔船总功率30.79万KW，15.62万总吨。其中鱿鱼钓渔船104艘、金枪鱼延绳钓渔船85艘、拖网渔船92艘、围网渔船26艘。专业远洋渔船总数占全省70%，各项指标位居全国县级首位。36艘远洋渔船获得国家海洋渔船更新改造项目补助9240万元。全市远洋渔业辅助运输船投入使用6艘，有8艘在建，预计2017年底前可投入使用，届时全市专业冷藏运输船将达到14艘，年可回运自捕水产品20万吨，2016年运回自捕水产品21万吨，占总量的70%，比上年提高40个百分点，再创新高。

【国内外远洋渔业基地建设】 规划建设5处海外综合性远洋渔业基地，都已获商务部批准建设。分别有靖海集团有限公司印尼马老奇基地、山东蓝越远洋渔业有限公司斯里兰卡基地、荣成市海洋渔业有限公司加纳基地、山东俚岛海洋科技股份有限公司斐济基地、山东宝马渔业集团有限公司乌拉圭蒙得维的亚基地，上述基地规划总投资3.77亿美元，其境内外相关许可和土地征用手续均已办妥，并取得突破性进展。

【远洋渔业项目执行情况】 2016年，荣成市外派各类作业远洋渔船256艘，外派作业船员4877名，实施的北太平洋鱿鱼钓、西南大西洋鱿鱼钓、印度洋金枪钓、太平洋金枪钓、加纳拖网、科特迪瓦拖网、尼日利亚拖网、朝鲜拖网等15个远洋作业项目。

【远洋渔船燃油补贴】 2016年，根据农业部通知要求，全市18家远洋渔业企业252艘远洋渔船申领燃油补贴总金额5.35亿元燃油补贴发放到各单位。

附：荣成市远洋渔业渔船燃油补贴单位

荣成市连海渔业有限公司
荣成市海宇渔业有限公司
荣成市赤山远洋渔业有限公司
荣成市华海渔业有限公司
荣成市荣远渔业有限公司
荣成市王岛大洋水产有限公司
荣成市永进水产有限公司
石岛集团有限公司
荣成马山远洋渔业有限公司
荣成市远洋渔业有限公司
荣成鑫润水产有限公司
山东俚岛海洋科技股份有限公司
荣成市海洋渔业有限公司
山东蓝越远洋渔业有限公司
山东海裕远洋渔业有限公司
山东沙窝岛远洋渔业股份有限公司
荣成市泓顺水产有限公司
荣成市嘉鹏渔业有限公司

（张　琦　张　超）

水产养殖

【概况】 注重培训指导和技术引进，举办各类培训班，引进南美白对虾纯正苗种、海带耐高温品种及养殖新技术，成功开展单环刺螠试养实验；推广牡蛎新品种试验养殖，进行病情测报，编写渔情信息分析报告。

【新型渔民培训】 广泛开展各类培训，为提高指导员的业务素质和渔民养殖技术水平，组织渔技人员参加山东省基层渔技培训，并对示范户进行新型渔民实用技术培训，采取集中办班和现场实训相结合的方式，邀请中科院海洋所、中国海洋大学和山东省海洋生物研究院等各高等院校的专家教授对渔民进行知识更新轮训，全年培训人员1000人次。

【良种引进】 为指导企业及示范户学习先进的养殖经验模式，先后4次组织赴海南、福建、浙江、潍坊和微山等多地观摩考察学习，在引进单环刺螠试养、南美白对虾纯正苗种、海带耐高温品种及养殖新技术方面做了大量工作。

（王仁杰）

【良种培育】 积极动员有关单位加大海参、大菱鲆、牙鲆、扇贝、魁蚶、对虾等苗种的繁育量，特别是增加海参育苗量，刺参育苗23万立方水体，育苗量140亿头；大菱鲆育苗2.6万立方水体，育苗量2000万尾；名优贝类1.5万立方水体，育苗量78亿粒。满足新增名优品种及增殖放流的苗种需要。同时，与中国海洋大学水产学院联合推广牡蛎新品种试验养殖，先后引进长牡蛎“海大2号”、金牡蛎、岩牡蛎及牡蛎三倍体等优良品种，为渔民增产增收增加有效途径。利用“温带海岸带生物多样性研究利用中心”平台，加强与烟台海岸带研究所的合作。

（张　琦　周颖敏）

【病害防治】 技术人员深入养殖企业、养殖户，针对季节养殖生产特点，在养殖技术、水质调控、病害防治、防灾减灾等方面结对帮扶。为规避养殖渡夏风险，开展为期3个月的“夏季行动”，邀请专家组深入池塘海边对养殖户进行面对面、手把手的技术指导和服务。采取常规月报与精准日报相结合的方式开展病害测报工作，保证无重大水生疫病发生。每月了解渔情采集点的生产情况，及时填报系统，编写渔情信息分析报告。

（王仁杰）

【水产健康养殖示范场的建设】 为了推行健康养殖，确保水产养殖产品的质量安全，积极创建部级和省级水产健康养殖示范场，2016年有3家企业通过农业部水产健康养殖示范场复查验收，至2016年底荣成市农业部水产健康养殖示范场达到22处，山东省水产健康养殖示范场达到2处。水产健康养殖示范场建设为全面推行水产健康养殖技术和标准化生产，构建水产品质量安全监管长效机制起到极大的带头作用。

荣成市省部级水产健康养殖示范场一览表

表61

序号	养殖示范场	级别
1	威海长青海洋科技股份有限公司(所属水产养殖场)	农业部2016年1月1日—2020年12月31日
2	山东好当家海洋发展股份有限公司(所属水产养殖场)	农业部2016年1月1日—2020年12月31日

序号	养殖示范场	级别
3	山东高绿水产有限公司	农业部 2013 年 1 月 1 日—2017 年 12 月 31 日
4	山东俚岛海洋科技股份有限公司	农业部 2013 年 1 月 1 日—2017 年 12 月 31 日
5	荣成市蜊江水产有限责任公司	农业部 2013 年 1 月 1 日—2017 年 12 月 31 日
6	山东鸿洋神水产科技有限公司(所属水产养殖场)	农业部 2014 年 1 月 1 日—2018 年 12 月 31 日
7	靖海集团有限公司	农业部 2012 年 1 月 1 日—2016 年 12 月 31 日
8	荣成东滨水产有限公司	农业部 2012 年 1 月 1 日—2016 年 12 月 31 日
9	荣成烟墩角水产有限公司	农业部 2012 年 1 月 1 日—2016 年 12 月 31 日
10	荣成海之宝水产养殖有限公司	农业部 2013 年 1 月 1 日—2017 年 12 月 31 日
11	荣成成山鸿源水产有限公司	农业部 2013 年 1 月 1 日—2017 年 12 月 31 日
12	荣成市荣金牡蛎养殖专业合作社	农业部 2013 年 1 月 1 日—2017 年 12 月 31 日
13	荣成市港西镇宏源水产育苗场	农业部 2013 年 1 月 1 日—2017 年 12 月 31 日
14	荣成市泓泰渔业有限公司	农业部 2013 年 1 月 1 日—2017 年 12 月 31 日
15	荣成市成益水产有限公司(所属水产养殖场)	农业部 2014 年 1 月 1 日—2018 年 12 月 31 日
16	马山集团有限公司(所属水产养殖场)	农业部 2014 年 1 月 1 日—2018 年 12 月 31 日
17	西霞口集团有限公司(所属水产养殖场)	农业部 2014 年 1 月 1 日—2018 年 12 月 31 日
18	荣成市新诚山昆布食品有限公司(所属水产养殖场)	农业部 2014 年 1 月 1 日—2018 年 12 月 31 日
19	山东院夼实业集团有限公司(所属水产养殖场)	农业部 2014 年 1 月 1 日—2018 年 12 月 31 日
20	荣成市明达水产养殖专业合作社	农业部 2015 年 1 月 1 日—2019 年 12 月 31 日
21	赤山集团有限公司(所属水产养殖场)	农业部 2015 年 1 月 1 日—2019 年 12 月 31 日
22	荣成市龙都水产科技有限公司(所属水产养殖场)	农业部 2013 年 1 月 1 日—2017 年 12 月 31 日
23	山东鑫发渔业集团有限公司	省海洋与渔业厅 2013 年 1 月 1 日—2017 年 12 月 31 日
24	荣成市落凤岗渔业公司	省海洋与渔业厅 2013 年 1 月 1 日—2017 年 12 月 31 日

【威海市级环境卫生评级工作】 按照威海市海洋与渔业局关于《水产养殖场、育苗场、渔港码头环境评级工作方案》的通知要求，对全市水产养殖场、育苗场环境进行考评。经相关区、镇、街推荐上报、荣成市抽查、威海市海洋与渔业局认定，2016 年新增养殖场、育苗场、渔港码头环境卫生一类单位 20 家，荣成市有 143 家单位认定为环境卫生一类单位。

（周颖敏）

水产品加工与贸易流通

【水产品加工】 年内，通过与上级的积极沟通协调，申报水产品加工科技创新示范项目，为全市海洋经济发展提供强有力的科技支撑。2016 年，全市水产品加工产量 346.8 万吨，实现产值 355.8 亿元。

【冷链物流】 荣成市立足丰富的资源优势，把做大做强冷冻调理食品产业作为推进海洋渔业结构调整、加快产业转型升级的战略举措，致力打造国家级冷冻调理食品生产基地和现代冷链物流基地，被列为全省 28 个县级物流节点城市之一，经济开发区现代物流园、石岛冷链物流园列入 2013 年山东省服务业三大载体重点园区。荣成市拥有规模以上水产食品加工企业 300 多家，年加工水产品 200 多万吨，已建成冷链物流库 500 多座，库容达到 180 万吨，年周转量近 500 万吨左右，冷冻运输船 376 艘，146645 千瓦，冷藏运输汽车 120 多辆。拥有好当家集团有限公司、靖海集团有限公司、山东蓝润水产有限公司、赤山集团有限公司、荣成鑫润水产有限公司和荣成市连海渔业有限公司等 6 家“山东省远洋渔业产品精深加工及冷链物流基地”。

2016 年 8 月，中国（荣成）冷链物流产学研基地和全国物流标准化技术委员会冷链物流标准化分技术委员会水产冷链物流工作组(筹)在荣成揭牌,工作组就生鲜食品流通、冷链物流、水产品物流等专业领域开展标准化推动工作。8月26日,在牡丹江"2016第四届中国国际农产品冷链物流峰会"上,荣成市好当家集团有限公司、靖海集团有限公司、荣成广润水产食品有限公司、荣成市鑫汇水产有限公司、荣成市连海渔业有限公司、威海齐东海通冷链物流股份有限公司等6家企业获《水产品冷链物流服务规范》国标试点企业,企业的成功获评将会带动全市水产品冷链物流服务标准化建设上档升级,为冷链物流产业进一步全面发展打下坚实的基础,十三五提出打造全国冷链物流基地的目标。

(杨冬蕾)

休闲渔业

【概况】 荣成市发展休闲渔业条件得天独厚。荣成市在省市委、政府的正确领导下,在上级部门的大力支持下,狠抓休闲渔业建设,鼓励引导企业进一步加快发展步伐,提升休闲渔业档次水平。2016年底,全市有创建国家级休闲渔业示范基地、省级海钓钓场、省级休闲海钓示范基地21个。

【休闲渔业基地建设情况】 2016年,荣成市新批复国家级休闲渔业基地4个,分别为河口"胶东渔村"休闲渔业示范基地、东楮岛休闲渔业示范基地、威海长青休闲渔业示范基地、荣成靖海湾休闲渔业示范基地。山东靖海湾生态休闲旅游有限公司海钓钓场被省厅资管中心认定为"省级休闲海钓钓场"。至2016年底,荣成市有9个全国休闲渔业示范基地,9个省级海钓钓场,3个省级休闲海钓示范基地。

【赛事活动】 2016年8月,与中国游钓协会、省渔业协会等单位举办心系江河湖海渔夫垂钓第二届全国亲子游活动。11月,与中国游钓协会、省休闲垂钓协会、西霞口集团等单位联合举办了心系江河湖海渔夫垂钓第三届"西霞口"杯国际海钓精英邀请赛,使荣成市海钓事业向专业化迈进了一步。2016年11月荣成市泓泰渔业有限公司、西霞口集团被中国海钓盛典组委会推荐确定为"2016中国十佳海钓·路亚休闲基地"。至2016年底,荣成市有4家企业获得此荣誉。

【鼓励政策】 荣成市政府2014年8月《关于鼓励发展休闲渔业旅游的若干意见》(荣政发〔2014〕23号),以发展海钓观光游和生态体验游为主体,科学谋划,主动作为,鼓励引导企业进一步加快发展步伐,提升档次水平,快速推进休闲渔业基地建设,助推休闲渔业旅游实现跨越发展。荣成市旅游局、荣成市海洋与渔业局、荣成市财政局2014年9月22日联合制定《荣成市休闲渔业旅游奖励实施细则》(荣旅发〔2014〕36号),对休闲渔业示范基地、海钓基地、海上观光采摘区、休闲船只、游轮、渔家乐等给予资金扶持,鼓励发展。

(周颖敏)

荣成市全国休闲渔业示范基地一览表

表62

序号	基地名称	建设单位	有效期
1	威海市荣成天鹅湖休闲渔业示范基地	马山集团、荣成烟墩角水产有限公司	2013年11月15日—2017年12月31日
2	威海市西霞口休闲渔业示范基地	西霞口集团有限公司	2013年11月15日—2017年12月31日
3	好当家休闲渔业示范基地	好当家集团有限公司	2014年12月11日—2018年12月31日
4	荣成鸿泰海洋生态休闲渔业示范基地	荣成市泓泰海洋生态休闲旅游有限公司	2014年12月11日—2018年12月31日
5	荣成凤凰湖休闲渔业示范基地	赤山集团有限公司	2014年12月11日—2018年12月31日
6	河口"胶东渔村"休闲渔业示范基地	荣成市河口渔业公司	2016年1月22日—2019年12月31日
7	东楮岛休闲渔业示范基地	荣成楮岛水产有限公司	2016年1月22日—2019年12月31日

序号	基地名称	建设单位	有效期
8	威海长青休闲渔业示范基地	威海长青海洋科技股份有限公司	2016年1月22日—2019年12月31日
9	荣成靖海湾休闲渔业示范基地	山东靖海湾生态休闲旅游有限公司	2016年1月22日—2019年12月31日

省级休闲海钓示范基地及海钓场一览表

表63

序号	名称	建设单位	有效期
1	省级休闲海钓示范基地	西霞口集团有限公司	2014年9月1日—2017年8月31日
2	省级休闲海钓示范基地	荣成市天鹅湖旅游开发有限公司	2015年10月31日—2018年10月30日
3	省级休闲海钓示范基地	好当家集团有限公司	2015年10月31日—2018年10月30日
4	省级休闲海钓钓场(综合钓场)	荣成烟墩角水产有限公司	2014年12月5日—2017年12月4日
5	省级休闲海钓钓场(综合钓场)	好当家集团有限公司	2014年12月5日—2017年12月4日
6	省级休闲海钓钓场(船钓钓场)	荣成市泓泰海洋生态休闲旅游有限公司	2014年12月5日—2017年12月4日
7	省级休闲海钓钓场(综合钓场)	荣成市天鹅湖旅游开发有限公司	2014年12月5日—2017年12月4日
8	省级休闲海钓钓场(综合钓场)	西霞口集团有限公司	2014年8月27日—2017年8月26日
9	省级休闲海钓钓场(综合钓场)	荣成楮岛水产有限公司	2014年12月5日—2017年12月4日
10	省级休闲海钓钓场(船钓钓场)	荣成成山鸿源水产有限公司	2014年12月5日—2017年12月4日
11	省级休闲海钓钓场(岸钓钓场)	赤山集团有限公司	2014年12月5日—2017年12月4日
12	省级休闲海钓钓场(综合钓场)	靖海集团有限公司	2016年4月18日—2019年4月17日

获“2016中国十佳海钓·路亚休闲基地”称号企业一览表

表64

序号	企业名称	序号	企业名称
1	西霞口集团有限公司	2	好当家集团有限公司
3	马山集团有限公司	4	荣成市泓泰渔业有限公司

渔业品牌与项目建设

【概况】 继续深入实施品牌战略,充分发挥职能作用,强化服务指导,大力推进品牌兴企,促进全市海洋渔业品牌战略的深入实施。至2016年末,全市有中国名牌产品2个,山东名牌产品11个,中国驰名商标4个,山东省著名商标13个。

（杨冬蕾）

【品牌建设】 **三品一标情况** 全市有农业部地理标志产品7个(荣成海参、荣成鲍鱼、荣成牡蛎、荣成魁蚶、荣成裙带菜、荣成海胆、西霞口刺参),无公害产品认证132个,产地认定47个,绿色食品8家、12个产品,有机认证11家、54个产品。2016年,对19家企业、41个产品进行无公害复查换证现场检查,进一步督导企业把管理制度要求和质量控制措施落实到日常生产管理中,做到标准化、规范化、程序化操作,确保产品质量合格。

培育荣成渔业品牌 2016年,全市有3家渔业企业(荣金牡蛎、好当家、海之宝)被评为山东省首批知名农产品企业产品品牌,1家企业(荣成荣金牡蛎养殖合作社)被农业部评为"全国百个合作社百个农产品品牌"。市海洋食品交易中心申报"荣成海鲜"地理标志,在全国范围内打响荣成品牌。

2016年荣成市无公害企业、产品一览表

表65

序号	企业名称	认证产品
1	荣成成山鸿源水产有限公司	鲍、海带、扇贝
2	威海长青海洋科技股份有限公司	牡蛎、蚶、江蓠、海参、扇贝、海带、鲍、牙鲆、大菱鲆
3	山东寻山海洋科技股份有限公司	大菱鲆
4	荣成市龙都水产科技有限公司	海参、海带
5	荣成鑫城山海洋昆布科技有限公司	海带
6	荣成市港西镇美鹰养殖场	海带
7	荣喜水产集团有限公司	海带、裙带菜
8	荣成市宁津镇龙泉海水养殖场	海带
9	荣成市春伟瑶水产有限公司	海带
10	荣成市宁津安泰水产养殖场	海带
11	朱口集团有限公司	裙带菜
12	赤山集团有限公司	海带、裙带菜、蛤
13	大连獐子岛渔业集团(荣成)养殖有限公司	海胆、鲍、海
14	山东西霞口海珍品股份有限公司	海参、鲍
15	荣成市港西镇大岚头村鱼滩养殖场	海带
16	荣成鑫祥食品有限公司	海带、裙带菜
17	荣成市蜊江水产有限责任公司	牡蛎、海带、扇贝
18	荣成市泓泰渔业有限公司	牡蛎、六线鱼、平鲉、牙鲆、海带
19	荣成东滨水产有限公司	牙鲆、蚶、平鲉、海参、牡蛎
20	靖海集团有限公司	海带、牙鲆、牡蛎、蛤
21	荣成市崂山方海养殖场	牡蛎
22	荣成林家流水产有限公司	牙鲆、鲽、牡蛎、海参、扇贝、海带
23	荣成北方水产有限公司	海带
24	荣成市德兴养殖有限公司	海带、牡蛎、扇贝
25	山东好当家海洋发展股份有限公司	对虾、海参、海蜇、牙鲆、鲍、海带

序号	企业名称	认证产品
26	荣成海之宝水产养殖有限公司	海带
27	荣成楮岛水产有限公司	海参、扇贝、蛤、海带
28	荣成市龙源水产有限公司	海带
29	荣成市鑫泰格化工有限公司	牡蛎
30	荣成宏业水产食品有限公司	海带、扇贝
31	山东高绿水产有限公司	鲍、海带、扇贝
32	荣成市寻山祥和养殖场	海带
33	荣成市礼村渔业总公司	海参、鲍
34	荣成烟墩角水产有限公司	鲍、扇贝、海带、牡蛎
35	荣成海兴水产有限公司	牡蛎、海带
36	荣成市崖头镇荣金牡蛎养殖场	牡蛎
37	山东俚岛海洋科技股份有限公司	海带、鲍、海参、
38	荣成市落凤岗渔业公司	海带
39	荣成市港西朝阳港养殖场	海带
40	荣成裕源祥水产有限公司	大菱鲆、鲽
41	荣成市蓝色海洋海参专业合作社	海参
42	荣成市埠柳水产有限公司	海带
43	荣成市宏润养殖有限公司	海参、海带、裙带菜
44	荣成明达水产有限公司	牡蛎、扇贝
45	荣成市鑫滩海珍品育苗场	海参、鲍
46	荣成盛世养殖有限公司	蛤、海参
47	荣成市人和永发渔业有限公司	海带、裙带菜

2016 年荣成市有机企业、产品一览表

表 66

序号	单位名称	认证产品
1	山东好当家海洋发展股份有限公司	鲜活刺参、鲜活刺参(原料)、高压刺参(冷冻即食刺参)、盐渍刺参、淡干刺参、冻干刺参
2	山东西霞口海珍品股份有限公司	西霞口野生刺参
3	山东俚岛海洋科技股份有限公司	海带、盐渍海带、熟干海带、干海带
4	荣成市绿源海水养殖有限公司	鲜海带
5	荣成茂泉水产有限公司	鲜裙带菜、熟干群带菜、盐渍裙带菜
6	荣成爱伦湾食品有限公司	鲜海带、鲜海带淡干海带、盐渍海带、盐渍海带丝、盐渍海带条、盐渍海带扣、盐渍海带片、盐渍海带块、烘干海带扣、烘干海带条、烘干海带丝、烘干海带片、烘干海带块、冷鲜海带、冷鲜海带条、冷鲜海带丝、冷鲜海带块、冷鲜海带片
7	山东海之宝海洋科技有限公司(于北京爱科赛尔认证中心有限公司认证)	海带、裙带菜、冷鲜深海小海带、盐渍海带、盐渍裙带菜、冷鲜裙带菜

序号	单位名称	认证产品
8	荣成市海洋绿洲食品科技有限公司(于北京爱科赛尔认证中心有限公司认证)	牡蛎、海参、贻贝、赤贝、速冻海参、速冻贝类
9	荣成市馨文养殖有限公司(于北京爱科赛尔认证中心有限公司认证)	海带、盐渍海带头、盐渍海带丝、盐渍海带结、盐渍海带卷
10	荣成成山鸿源水产有限公司(于北京爱科赛尔认证中心有限公司认证)	海带、盐渍海带
11	山东宝马渔业集团有限公司(于北京五岳华夏管理技术中心认证)	海带

2016 年荣成市绿色企业、产品一览表

表 67

序号	单位名称	认证产品
1	山东俚岛海洋科技股份有限公司	海带面、即食海带
2	荣成石岛广信食品有限公司	五香黄花鱼罐头
3	荣成市金源水产食品有限公司	冻鳕鱼片、冻鱿鱼筒
4	荣成盛源水产有限公司	淡干海带
5	石岛集团有限公司	冻鳕鱼片
6	上海梅林(荣成)食品有限公司	糖水桃罐头、五香黄花鱼罐头
7	荣成市鑫发水产食品有限公司	冷冻鱿鱼圈
8	山东圣洋水产集团有限公司	冷冻鱿鱼、冷冻鲐鲅鱼

【市场推介】 **组织企业参展参会** 2016 年,组织 4 家企业到澳大利亚参加 2016 皇家阿德莱德博览会,取得较好反响。组织 15 家企业参加威海市举行的渔超对接洽谈会,8 家企业与家家悦集团现场达成合作意向。

组织海参创新联盟会议 8 月,依托"中国·荣成国际海洋食品博览会暨互联网+海洋产业发展峰会",协助好当家集团成功举办了海参产业技术创新战略联盟暨高峰论坛会,全国 50 多家企业、专家、学者参加会议,此次会议的成功召开,对荣成市乃至全国海参行业的发展影响深远。

(杨冬蕾)

渔业企业选介

【好当家集团有限公司】 好当家集团有限公司位于荣成市虎山镇尖沙咀子好当家工业园内,创建于 1978 年,经过 30 多年的不懈努力,现已发展成一处集远洋捕捞、水产养殖、食品加工、热电造纸、滨海旅游等产业为一体的大型国家级企业集团,形成渔工贸、产学研一体化的综合性经营格局。集团现拥有直属企业 50 多处,职工 7000 人,资产总额 79.3 亿元。2004 年公司控股山东好当家海洋发展股份有限公司在上海证券交易所成功上市,以海水养殖与食品加工为主营业务,是国内首家海洋产业上市公司,获得国家商务部颁发的直销经营许可证。

公司是全国农产品加工出口示范单位、全国食品工业优秀龙头食品企业、国家级企业技术中心、国家农产品加工技术研发专业分中心、高新技术企业、中国专利山东省明星企业、省级文明单位,下辖的山东好当家海洋发展股份有限公司被评为全国农业产业化优秀龙头企业,水产养殖区被列为全国水产养殖标准化示范区,食品检测中心通过国家实验室认可。"好当家"海洋食品被评为中国名牌产品,好当家有机刺参被评为好客山东三珍品牌,好当家注册商标被评为中国驰名商标,并成为十一届全运会海参产品独家供应商和海洋食品指定供应商。

公司建有 10 万亩海水养殖基地、35 万平方米水产苗种基地、35 万个海

上育苗网箱，并在山东乳山、海南东方等地建有养殖基地，采用增殖养护模式进行有机海参、中国对虾、海蜇、魁蚶、鱼类、海带等水产品养殖，是国内第一家海参全产业链企业；公司拥有15处食品加工企业，主要生产“好当家”牌冷冻调理、休闲即食、罐头食品等海洋食品，年生产能力20万吨；公司充分发掘海参的药理功能，开发出好当家系列食品、功能保健品和医药品，建有保健品厂两处、药厂一处，产品具有纯天然、无副作用、针对性强，效果明显的特点；公司在上海、北京、哈尔滨等各大城市建立300多家“好当家有机刺参”连锁专卖店，开展电子商务、电视购物、微营销、直销等全方位的营销模式，2016年开创“好当家海鲜捞饭”，填补国内海洋快餐的空白；公司拥有年生产22万吨的箱板纸厂、年产1.5万吨的水转印纸厂、年产2000万平方米的纸箱包装厂以及热电厂、塑料管网制品厂、制砖厂等；公司拥有40多艘捕捞渔船和冷冻运输船，从事远近洋捕捞和运输，造船厂一处，可进行1000千瓦以下的各类渔船制造维修；公司建有年产能力5万吨的鱼粉厂和5万吨级冷链物流配送中心，正在建设10万吨级国家一类开放港，打造新的物流航运中心；公司倾力打造“好当家天海湾国际旅游度假城”，包括分销式度假酒店、温泉养生项目、36洞高尔夫球场、海上垂钓中心、生态型农业示范园、游艇俱乐部等项目。

【寻山集团有限公司】 寻山集团有限公司位于荣成市寻山街道青鱼滩村，成立于2000年，是以海水育苗、养殖和海产品加工为主导产业的农业产业化国家重点龙头企业，兼营生物提取、休闲渔业、锻压制造、房地产开发、金融信贷及矿泉饮品等10多个产业。有职工3600多人，总资产21多亿元，陆地面积1200公顷，确权海域面积10万亩。

公司坚持科技兴海，创新驱动发展战略，建起五大蓝色产业基地。一是海洋综合创新基地。建立了“国家海产贝类工程技术研究中心”“山东省海洋生物研究中心”和“山东省企业技术中心”，承担实施省级以上科研开发项目近50项，其中国家“863”计划17项、国家科技支撑计划4项，取得18个海洋重大科研成果。二是海珍品苗种繁育基地。育苗总水体达5万立方米，年可繁育海带苗20多亿株，鲍、扇贝、牡蛎、海参、真海鞘等海珍品良种5亿多粒。“十二五”期间，公司培育“爱伦湾”海带、“蓬莱红2号”栉孔扇贝和“寻海”鲍3个国家新品种，产品覆盖了山东、辽宁、福建等养殖大省，带动中国海水养殖产业提质增效。三是海上生态养殖基地。海洋生态牧场面积3200公顷，其中人工鱼礁区200公顷，全部采用公司自主研发的“浅海贝藻生态立体养殖技术”实施多营养层次立体养殖，促进碳汇渔业发展。年养殖产量近40万吨，其中鲜海带30多万吨，龙须菜5万多吨，均为世界之最。四是海产品精深加工基地。首创“以鲜海带为原料的藻化工技术”，投资1.5亿元率先实现了产业化，年可产海藻酸钠、碘2600多吨。并不断实施科研攻关，采用酶解、醇提、膜分离浓缩等先进技术提取贝藻多糖、氨基酸、天然食品添加剂、调味剂以及海藻肥等产品，涉及保健品、调味品、海藻肥等多个领域。同时依托丰富的养殖资源，建设以藻贝鱼等为原料生产各种即时食品、休闲食品的海洋食品生产基地，年加工生产海洋食品2万多吨。五是休闲渔业基地。依托生态渔业园区建设，积极发展休闲渔业，开展休闲垂钓、休闲采摘、海洋科普、民俗体验、娱乐观光等精品休闲渔业项目，实现第一产业与第三产业的优化配置。

【赤山集团有限公司】 赤山集团有限公司位于荣成市石岛管理区双山东路599号，创建于1988年。有下属企业26处，员工8000人，总资产100亿元，属国家级大型企业集团。2016年实现经济总收入35亿元，上缴税金1.2亿元。

自创建以来，集团始终坚持“诚信至上，服务为本”的经营理念，大力弘扬“艰苦创业，拼搏进取，务实高效，勇争一流”的企业精神，逐步形成以海洋捕捞、水产品加工、旅游餐饮、建筑房地产、金融服务业、工业制造六大产业为主导的多元化发展格局。海洋捕捞业是集团的支柱产业。所属的海宇公司是荣成市规模最大、设备最先进的海上作业船队之一，有735千瓦以上近海、远洋捕捞船只45艘，总吨位15875总吨，主机功率37420千瓦，还拥有国际鲜销船2艘和远洋运输货轮3艘，主要从事国际水产品捕捞、收购、销售及海运业务，综合效益连续多年居全省同行业前列。水产加工业是集团的传统产业。所属海都公司、嘉美公司、金源公司、金泉公司、万祥公司、水产物流中心等冷藏企业，总库容量达40万吨，年加工总量达100万吨，是山东省最大的水产加工基地。产品包括以水产品为原料的9大类120多个品种，现已通过美国FDA验证并获得HACCP证书。产品销往欧盟、美国、日本、韩国等20多个国家和地区，年出口创汇达1亿美元。旅游餐饮业是集团的新兴产业。集团所属的赤山风景名胜区，是国家AAAA级、山东省最具竞争力景区，年接待中外游客达80万人。集团所属的四星级赤山大酒店是威海地区环境最美、服务最优、档次最高的滨海酒店，拥有三星级天都大酒店等餐饮企业。建筑房地产业是集团的优势产业。所属的程达建筑公司属国家一级资质建筑企业，是荣成市十大建筑公司之一。所属的房地产分公司，拥有房地产开发一级资质，主要从事房地产的开发、销售与物业管理等经营活动。开发建设的威海石岛凤凰湖项目占地1000公顷，是国内知名的休闲房地产项目之一。该项目已完成凤凰湖A、B、C、D、E、F六区开发，总建筑面积达360万平米。金融服务业是集团新涉足的发展领域。公司为山东蓝海银行三大发起人之一，并拥有小额贷款公司、典当行等金融服务企业。公司有机械制造、渔网绳、纸箱、鱼粉、建材等工业生产企业。

集团先后获得“农业产业化国家重点龙头企业”“全国最佳经济效益民营企业”“全国出口创汇先进企业”“全国食品工业优秀龙头食品企业”“全国五一劳动奖状”“全国模范职工之家”和“山东省重点服务业企业”“山东省文明单位”“山东省百强民营企业”“山东省诚信企业”等荣誉称号。

【西霞口集团有限公司】 西霞口集团有限公司位于荣成市成山镇西霞口村，

始建于 1999 年，是一家村企合一，实行企业化管理的国家级企业集团，下辖企业 17 家，职工 1600 人，总资产超过 60 亿元。2016 年，实现总收入 20 亿元，纳税 4715 万元。

西霞口紧紧把握时代发展的脉搏，坚持壮大村级经济与提高村民生活同步推进，改善村容村貌与培养文明新风两手齐抓，全力打造独具特色的社会主义新农村。2005 年 4 月 9 日、2005 年 7 月 6 日，胡锦涛、吴邦国先后来到西霞口村视察，对西霞口的发展思路、所取得的成绩给予高度评价和充分的肯定。2004 年 7 月被山东省委宣传部评为省级文明单位。2006 年 2 月 18 日，被国家农业部评为全国十佳小康村。2006 年 6 月，西霞口集团党委被中共中央组织部授予“全国先进基层党组织”称号。2007 年 3 月，由全国建设社会主义新农村先进个人(集体)评选委员会评选为“全国新农村十大名村”。2007 年被确定为山东省“农村党员干部教育培训基地”。2008 年西霞口村被农业部定点为“农业部农村实用人才培训基地”，2010 年被中国村社发展促进会评定为“全国十大幸福村”之一。2011 年 3 月，被农业部评为“中国最有魅力休闲乡村”之一。2011 年 12 月，被中央精神文明建设指导委员会评为“全国文明村”。2012 年 1 月，被中国楹联协会授牌“中国楹联第一村”。2012 年，被国家住房和城乡建设部、国家旅游局评为“国家特色景观旅游名村”。

集团实现了从传统小农经济向现代化大渔业、从渔业经济向工业经济、从工业经济向商贸旅游经济的三大跨越，形成海珍品养殖、旅游度假、港口运作、国际海运、船舶修造五大支柱产业。在海珍品育苗养殖方面，投资 1 亿多元建成高标准现代化育苗厂，拥有 1 万立方水体鲍参育苗车间和万亩鲍参养殖基地；在旅游业度假产业上，拥有成山头国家级风景名胜区、神雕山野生动物自然保护区、海驴岛风景区、摩天岭生态旅游风景区，拥有水域面积达 33.33 公顷的隆霞湖乐园、星级宾馆博霞山庄等旅游配套项目。2015 年西霞口景区接待游客超过 240 万人次，旅游相关收入 4 亿元。在港口贸易和国际海运上，从 1995 年开始，西霞口集团先后投资 4.5 亿元，成立全国第一家村办 SMS 认证的国际海运公司。从 1996 年开始，投资 1 亿多元，把龙眼港扩建成全国第一家村办一类对外开放口岸，拥有 5 万吨级和万吨级泊位 3 个，5 千吨级以上泊位 5 个，开通至韩国平泽港的客货班轮航线和到日本、韩国、新加坡等国家的多条货运航线，港口年吞吐量已达 380 万吨，进出港旅客 20 万人次，营运收入 4 亿多元。在船舶修造产业上，集团先后投资 3 亿多元对船厂进行改造扩建，现拥有 6.5 万吨级、3.5 万吨级干船坞各一座；拥有 1.5 万吨级、5000 吨级、3000 吨级和 1000 吨级船台滑道 4 条，现可建造 2 万吨以下，坞修 8 万吨以下轮船。投资 20 亿元建设当中的龙眼港东区工程，新建 15 万吨、20 万吨级两座更大规模的干船坞，以及 620 米防波堤码头和 300 米顺岸码头，配套建设其他附属设施 10 万平方米，完成 300 米顺岸码头和 620 米防波码头工程，20 万吨和 15 万吨级干船坞正在紧张施工。

近年来，西霞口集团投资 6000 多万元实施旧村改造，村民住宅全部实现了别墅式、公寓化；全村实行免费供粮、供水、供电和医疗保障制度，建立完善的退休、养老和社会救助等社会保障体系；从幼儿园到研究生全部实行奖学金，完全做到幼有所学、壮有所为、老有所养、弱有所扶、病有所医。在大力发展经济的同时，西霞口集团始终不忘精神文明建设，先后投资近 1000 万元，建起老年宫、妇女之家、娱乐场和文体广场。

【靖海集团有限公司】 靖海集团有限公司位于荣成市人和镇沙窝岛，成立于 1978 年，有职工 3800 人，固定资产 40 亿元，先后获“全国先进基层党组织”“农业产业化国家重点龙头企业”“全国休闲渔业示范基地”“部级健康养殖示范场”“省远洋渔业产品精深加工及冷链物流基地”“省远洋渔船研发与制造基地”“省级守重企业”“省级文明单位”等荣誉称号。依托第一批全国文明渔港——沙窝岛中心渔港等功能区，该区域被农业部批准为国家级远洋渔业基地。

远洋渔业。下辖具备农业部远洋渔业资质企业 3 家：山东沙窝岛远洋渔业股份有限公司、荣成市荣远渔业有限公司、山东海裕远洋渔业有限公司。拥有专业远洋船舶 78 艘，在印尼建有远洋渔业基地，在斐济、阿根廷、乌拉圭设办事处，捕捞规模、技术水平、产量、效益等指标均居山东省同行业前列。

船舶修造业。所辖荣成市远通船舶修造有限公司拥有水深-10 米舾装码头 2600 米，3 万吨以上泊位 6 个，获得 ISO9001 质量体系认证及中国船级社 CCS 质量管理体系认证，具备一级渔船建造和设计资质，舾装码头于 2014 年被国务院批准为一类对外开放口岸，为山东省综合性的重点船舶修造企业之一。

水产品精深加工业。下辖荣成市金海丰水产食品有限公司、荣成市靖海海洋科技有限公司等，主要从事鱿鱼、金枪鱼、鲣鱼、鳕鱼、藻贝等系列产品的精深加工及仓储、物流等，现已取得 HACCP、QS 及欧盟、美国、俄罗斯等质量管理体系认证，是全系进出口水产食品加工企业，产品畅销欧盟及东南亚国家和地区，为山东半岛蓝色经济区海洋食品产业联盟秘书长单位。

海水养殖业。所辖荣成市绿源海水养殖有限公司产品取得 QS 及无公害产品、有机食品资质认证，主要养殖及加工品种为海带、裙带、贻贝、扇贝、海参、牡蛎等，是山东省海水养殖重点企业之一。

渔港贸易业。以沙窝岛中心渔港为平台，渔港长 1458 米，防波堤长 918 米，港池面积 42 公顷，设计泊位 24 个，为国内最大规模中心渔港之一，主要建设水产品交易市场、冷链物流园区等。

休闲渔业。以九顶铁槎山、苏山岛、凤凰尾、靖海卫古城为核心，集山、海、岛、礁、滩、渔港、古城等诸多旅游元素为一体，为山东半岛规模较大的滨海休闲旅游度假胜地。

(张　琦　宋军鹏)

工　业

Industry

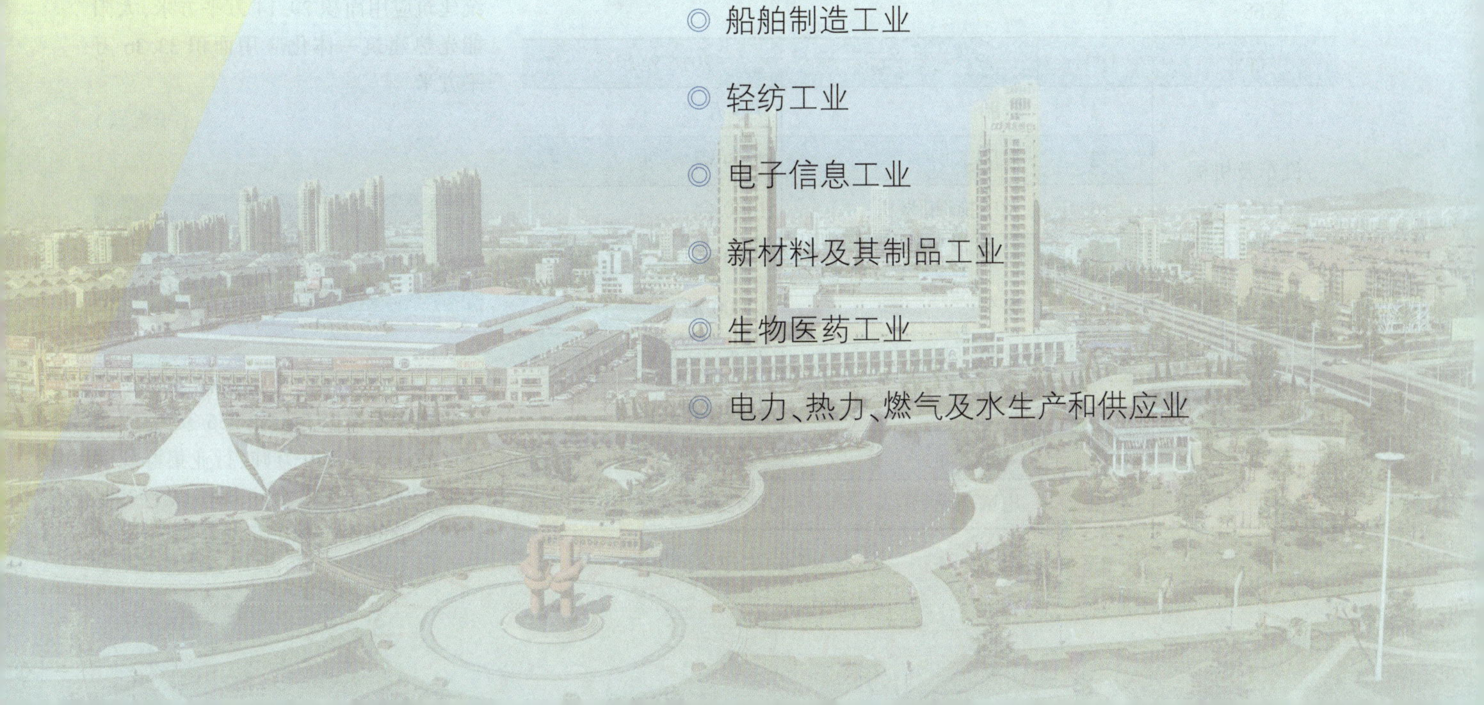

综　述

【概况】　荣成市经济和信息化局内设办公室、综合法规科(挂行政许可科牌子)、经济运行办公室、规划与技术进步科、产业政策科(与企业管理科合署)、信息化推进科(电子信息科与其合署)、无线电管理办公室、政工科、财务科(审计科与其合署)9个科室。下辖市化学建材工业办公室(挂市散装水泥管理办公室牌子)、市食品轻纺工业办公室、市信息产业办公室、市机械船舶工业办公室(挂市国防科技工业办公室牌子)、市人民政府节约能源办公室5个事业单位,有工作人员69人。2016年获得"全省经济和信息化工作先进集体""荣成市2016年脱贫攻坚工作先进单位""荣成市2016年度落实目标责任制先进单位""荣成市先进妇女组织"称号。

【工业发展】　2016年末,新增规模以上工业企业42家,全市规模以上工业企业达到585家,完成工业总产值3139.8亿元,主营业务收入2995.3亿元,实现利润165.3亿元,比上年分别增长7.0%、6.0%和7.8%。其中,海洋生物食品产业规模以上企业256家完成工业产值1321亿元,主营业务收入1338.1亿元,实现利润85.9亿元,分别增长12.9%、9.9%和15.1%;船舶及零部件产业规模以上企业53家完成工业产值368.5亿元,主营业务收入333.6亿元,实现利润16.1亿元,分别增长-0.1%、1.6%和3.6%;汽车及机械制造产业完成工业产值687.6亿元,增长2.7%,主营业务收入594.5亿元,实现利润27亿元,分别降低0.8%和5.5%。全年全社会用电量25.8亿千瓦时,增长2.9%,其中工业用电量13.2亿千瓦时,增长0.6%。

【骨干培育】　2016年,全市主营业务收入过1亿元的工业企业80家,新增4家;过5亿元的工业企业18家;过10亿元的工业企业11家,过20亿元的工业企业7家,过30亿元的工业企业2家,分别是成山集团48.24亿元,石岛集团35.71亿元。

(毕见卫)

【结构调整】　2016年,全市在建工业项目336项,总投资1506.83亿元,当年完成投资546.97亿元,占全市固定资产投资的66%。其中,完成工业技改投资411.35亿元,比上年增长35.45%,占全市固定资产投资的49.66%。23项重点工业投资项目完成投资64.3亿元,占计划投资的57%。

2016年荣成市三大重点行业主导产品产量表

表68

行业	序号	主要产品	2016年产量
汽车及机械制造行业	1	轮胎	955万套
	2	乘用车	2799辆
	3	大中拖/玉米机	1300台
	4	电机	1450万千瓦
	5	房车	12000辆
船舶及零部件行业	1	整船	27.8万载重吨
	2	船段	25.2万吨
海洋生物食品行业	1	海洋食品	270万吨
	2	儿童药品	117273万粒/片

【技术创新】　全年完成新产品开发项目422项,其中36个项目列入山东省2016年技术创新项目计划。获批省级工程实验室1家、市级2家;省级企业技术中心2家、市级3家;省级工程技术研究中心3家、市级6家。2016年,全市专利申请1761件,其中发明专利984件;专利授权696件,其中发明专利116件。

(孔明磊)

【品牌和标准化建设】　2016年,新认定中国驰名商标1个,山东省著名商标4个,威海市知名商标11个,地理标志商标2个。至年底,全市拥有中国驰名商标8个,山东省著名商标37个,威海市知名商标61个,地理标志商标6个,有中国名牌产品4个,山东名牌产品73个,山东省服务名牌19个。

(毕见卫)

【节能降耗】　2016年,万元GDP能耗比上年下降5.21%,超额完成威海市政府下达的2016年度节能目标任务。组织市级重点用能企业实施节能重点工程项目31项,合计实现节能量1.9万吨标准煤。年内组织实施省级重点节能工程项目8个、国家级重点节能工程项目3个;年推广应用节能电机400多万千瓦。淘汰高耗能船舶8艘,50311载重吨、720客位,全市集装箱运输车辆达387辆。全市累计完成既有建筑节能改造面积764万平方米,水源热泵系统建筑应用面积29.14万平方米,太阳能光热建筑一体化应用面积33.36万平方米。

(于海燕)

食品工业

【概况】　2016年,全市海洋生物食品行业拥有规模以上企业256家,完成海洋食品加工量270万吨,行业集群规模突破1300亿元,占全市规模以上工业经济总量的44.7%。跻身中国产业集群品牌50强，成为全国最大的冷冻调理食品、海带食品、海产罐头食品生产基地，先后获得“中国海洋食品名城”“中国绿色食品城”“国家级海洋牧场示范区”“中国海洋保健食品开发示范基地”“中国海洋产品集散基地”“全国海水健康养殖示范区”“国家级功能食品加工科技兴海示范基地”“全国出口农产品质量安全示范区”“中国食品行业诚信产业基地”“山东省优质冷冻调理食品生产基地”“山东省优质海带制品生产基地”“中国海带之都”“国家新型工业化产业示范基地”等称号。

（高彦丽）

【荣成市海洋食品市场管理委员会】

2012年12月成立，为市政府派出机构，正科级单位，市食品工业促进局与其合署，内设办公室、市场管理部、会展招商部、科技信息部4个科室。2016年12月2日，市食品工业促进局撤销，其职责和人员编制并入市海洋食品市场管理委员会，有工作人员21名。主要职能是开展产业宣传、终端市场开拓、营销网点建设、博览中心运营、海博会筹备、海洋食品网络营销，提升荣成海洋食品知名度。

产业宣传　邀请中央电视台到荣成拍摄《中华医药》海洋食品专题节目《探秘海洋药库》，2月3日在中央电视台国际频道首播，时长42分钟。与威海电视台海洋频道达成合作协议，在博览中心建设海洋频道拍摄战略合作基地，以博览中心为演播室背景，进行《魅力海洋》《海洋食品名品榜》两档节目的策划、采访和节目录制。与中国农产品流通经纪人协会海洋食品分会共同创刊《品味荣成》，汇集海洋食品产业信息，宣传荣成海洋食品、环境资源、生态人居、文化特色。

营销网点建设　2016年，在泰安、潍坊、威海召开3场专题推介会，开展产业推介、产品展示、现场烹制、合作洽谈、产品销售等活动，展示荣成海洋食品加工产业链，与经销商达成合作协议15项。2016年在深圳、广州、武汉、成都、石家庄、太原、济南、青烟威地区等地新开设营销网点67家，实地走访营销网点，核实扶持资金发放金额，自2014年政策实施以来，开办营销网点143家。支持企业在全国范围内开设荣成品牌连锁餐厅，2016年开设“荣成鲅鱼水饺”餐馆7家，水饺销量136吨，销售收入353万元。

外出参展　与荣成海源科技公司共同参加中国电子商务协会、北京恩源科技在安徽合肥市主办的“全城来啦”城域互联网+世界峰会，进行展位展示、资料发放、对接洽谈等活动。赴安徽滁州市、江苏南京市参加2016全国农垦“质量月”活动暨中国农垦与安徽名优特农产品推介会，携带易拉宝、《蓝色盛宴》、博览中心宣传册等资料开展宣传活动。组织海之宝等企业参加石家庄“美味中国行——中国品牌农业渠道峰会”，开展中国海洋食品名城线下体验活动。

运营博览中心　2016年度海洋食品博览中心接待游客34.6万人。与70家旅行社建立合作关系，将博览中心纳入全市旅游线路，开展博览中心与桑沟湾海洋牧场一日游活动，接待旅行社游客9.5万人。在春节、国家海洋日等节日举办主题活动，将宣传资料放置在宾馆、红色教育基地等公共场所，建立海洋食品知识公益课堂，被评为“威海九三学社实践基地”“全国海洋意识教育基地”等称号。完善基础设施和服务功能，对博览中心服务管理和设施设备进行体验式排查，更换老化、损坏设备和零件，清洁和修缮外墙。

筹备海博会相关活动　邀请中国食品工业协会和山东食品工业协会领导参加8月12日至14日举办的“2016中国·荣成国际海洋食品博览会暨互联网+海洋产业发展峰会”。完成国内展区10家企业的招展工作，并在海博会期间承担开幕式、专委会成立、美食达人等活动。筹备召开中国食品工业协会海洋食品专委会，与中国食品工业协会、山东食品工业协会沟通确定会长、秘书长等职务人选，开展前期会员征集、协会章程、人员邀请等工作。组织26位美食达人开展荣成海参、荣成海胆、荣成牡蛎、荣成鲍鱼、荣成魁蚶等特色海产品的搜集、制作展示和宣传活动，聘请策划团队录制3期VCR进行活动前期预热，在新浪微博上开设话题“吃吃的游荣成”，阅读量达850万。

网络宣传　加强网络宣传，组织企业开展电商业务，开拓国内外市场，256家规模以上食品生产企业有143家企业开展电商业务，应用电子商务的比例达到56%。充实规模以上、品牌海洋食品企业电子商务基础信息库，按照休

8月13日，“2016中国·荣成国际海洋食品博览会暨互联网+海洋产业发展峰会”开幕

（市海洋食品市场管理委员会提供）

闲食品、海珍品、海藻食品等8大类进行产品分类，规模达88家企业1921种产品。开展线上海洋食品名城宣传，发布微信信息422条、微博280条。开展荣成非物质文化遗产宣传活动，在电视台、报纸及自媒体展示“荣成鲅鱼水饺”“荣成蜢子虾酱”非物质文化遗产原料采集、加工制作技艺及饮食文化。

发挥协会服务功能 组织好当家、泰祥、海之宝、桢昊生物4家企业申报中国食品工业协会科技竞争力企业科学技术奖。组织5家企业参加中国农产品品牌与质量建设峰会，海之宝、宏业食品等5家企业上榜2016中国农产品好品牌500强网络人气榜，其中泰祥集团、赤山集团、泓达集团3家企业进入2016中国农产品好品牌百强名单。组织稿件和图片资料刊登在中国食品工业协会《2016年食品工业年鉴》，展示优势产业和渔业资源。

（刘 飞）

荣成泰祥食品股份有限公司生产车间 （市经信局提供）

【荣成泰祥食品股份有限公司】 成立于1994年，员工4000人，下属34家企业，年产各种食品6万吨，60%的产品出口日本、韩国、欧盟、美国、中国香港等市场，是国家农业产业化重点龙头企业。公司拥有博士后科研工作站、国家地方联合共建实验室等国家级研发平台4个，山东省认定企业技术中心、院士工作站、中日海洋食品合作研究中心、泰山学者蓝色产业领军人才团队等省级科研平台6个；先后参与国家级科研项目11项；鉴定科技成果10项；授权发明专利21项、实用新型35项；参与制定国家标准1项、行业标准6项；先后获省部级科技奖2项、市级及专业协会科技奖励16项。创建1个中国驰名商标、1个中国名牌、7个山东名牌和2个山东著名商标。皇朝马汉外贸综合服务平台于2014年3月正式运营，2015年10月获批省级外贸综合服务企业（山东省21家，其中皇朝马汉是唯一一家食品行业外贸综合服务企业），主要为中小企业提供外贸全链服务及为出口日韩食品企业提供线上线下服务，服务国内外企业达143家。平台拥有跨境电商BBC商城和跨境电商ERP系统，实现跨境交易订单、支付、仓储、物流等数据信息项相关部门自动传输，达到跨境交易全程智能化。2016年1月，经国家质检总局、国家认证认可监督管理委员会全面考察，皇朝马汉外贸综合服务平台被确定为全国出口日韩食品“同线同标”项目实施主体（即内外销的产品使用同样的生产线，参照同一个标准，达到同样的品质），负责承接出口日韩食品“同线同标”（北京）体验中心建设，2016年3月日韩食品“同线同标”（北京）体验中心试运行。2016年完成主营业务收入16.8亿元，纳税7200万元。

（李 波）

【好当家集团有限公司】 始建于1978年10月，注册资本8.6亿元，下属企业50家，职工7000人，总资产76亿元，涉及水产养殖、食品加工、远洋捕捞、热电造纸、滨海旅游、金融投资等产业，形成了渔工贸、产学研一体化的综合性大型国家级企业集团。控股国内A股上市公司1家，拥有国家级企业技术中心、国家实验室认可检测中心，是全国农业产业化重点龙头企业、高新技术企业、中国专利明星企业，“好当家”品牌先后获中国名牌、中国驰名商标、山东名牌、好客山东三珍等称号，是十一届全运会海参产品独家供应商和海洋食品指定供应商。拥有食品加工企业16家，保健品和制药厂各1家，生产冷冻调理、休闲即食、罐头食品、刺参功能保健品和医药品，年生产能力20万吨，在全国各大城市建立“好当家有机刺参”连锁专卖店300个；建有6666.67公顷海水养殖基地、35万平方米工厂化苗种基地、35万个海上育苗网箱，并在山东乳山、海南东方等地建有养殖基地；拥有年生产能力22万吨的箱板纸厂、年产1.5万吨的水转印纸厂、年产2000万平方米的纸箱包装厂以及热电厂、塑料管网制品厂、制砖厂等；拥有捕捞渔船和冷冻运输船40多艘，从事远近洋捕捞和运输，建有造船厂，可进行735.5千瓦以下的各类渔船制造维修；建成5万吨级冷链物流配送中心，启动新的国家一类建设开放港，将打造胶东半岛东南部物流航运中心；打造“好当家天海湾国际旅游度假城”，包括分销式度假酒店、温泉养生项目、36洞高尔夫球场、农业生态观光园等项目。2016年实现主营业务收入26.1亿元、利润8700万元、纳税总额9025万元。

（鞠文明）

机械制造工业

【概况】　2016年末，全市机械制造工业规模以上企业85家，比上年增加5家。培植以浦林成山、华泰汽车、牧神机械、黄海离合器、锻压机床、华力电机等企业为龙头的汽车及机械制造集群，形成年产汽车14万辆、房车4万辆、农业机械1万台、电机3000万千瓦、轮胎1600万套的生产能力，被授予山东省新能源汽车电机生产基地、山东省电机出口基地、山东省高端装备制造产业园区。2016年，规模以上企业完成工业总产值687.7亿元、主营业务收入594.5亿元、实现利润27亿元，分别增长2.7%、-0.8%和-5.5%。

（孔明磊）

【浦林成山（山东）轮胎有限公司】
2014年11月，成山集团有限公司全资收购固铂成山（山东）轮胎有限公司股权，更名为浦林成山（山东）轮胎有限公司。浦林成山（山东）轮胎有限公司其前身是荣成市橡胶厂，始建于1976年。浦林成山（山东）轮胎有限公司是1家专注于轮胎研发、制造、销售的现代化企业，总部设立于美丽宜居的海滨城市——山东荣成。公司有员工5000多人，轮胎年生产能力1500万套，有国家级技术中心1个、国家级示范实验室5个、博士后流动工作站1个。公司有浦林（Prinx）、成山（Chengshan）、澳通（Austone）、富神（Fortune）等主品牌及多个副品牌，全钢胎、半钢胎、斜交胎3个产品大类、60多个产品子类，涵盖乘用车轮胎、商用车轮胎、工业轮胎、农业轮胎及部分特种车辆轮胎，可同时满足全球130多个国家和地区客户的不同需求。“成山”牌轮胎先后被授予“中国名牌”“中国驰名商标”“中国市场公认十佳畅销品牌”“中国轮胎市场用户满意质量信誉第一品牌”等称号。国内零售网点1万多家，遍布全国各个县市。此外，还是中国重汽、中国一汽、江铃汽车、庆铃汽车、红岩重汽、东风柳汽、江淮汽车等30多家大型主机厂的主流供应商。2016年4月14日，浦林轮胎参与由中国橡胶工业协会联合中国主流媒体中央电视台经济频道组织的轮胎专业性能测试，最终轮胎性能表现优异，完胜国际大牌轮胎，使广大消费者对国产民族品牌信心倍增。2016年轮胎产量为919万套，经营收入381868万元，实现利润41141万元。

（汤秀凤）

【山东华力电机集团股份有限公司】
创立于1970年，历经40多年的稳定发展，成为集科研、生产、营销、服务于一体的股份制企业集团，是中国最具规模和实力的专业电动机制造企业之一。公司注册资本2295万元，员工2005人，其中工程技术人员313人，拥有各种加工设备1200台（套），下辖荣成工业区、苏州工业区、荣成工业新区3大生产基地及在建的崂山工业园新厂区。多年以来，公司秉持“坚持科学发展，创建百年华力，追求卓越品质，打造世界品牌”的战略发展理念，凭借完备的技术装备水平和过硬的产品质量，形成具有高新技术含量的研发制造体系。产品涵盖通用、船用、防爆、起重、冶金、变频、高压、风电等40多个系列11000多个规格的高、低压电动机，年生产能力150万台、1800万千瓦。产销量连续十多年位列全国中小型电机行业首位，产品销往欧美、东南亚、中东和非洲等40多个国家和地区，是国内规格最多、品种最全的电机生产企业之一。公司先后获“中国电动机制造行业排头兵企业”“山东省高新技术企业”“山东省节能环保产业示范企业”“山东省电机出口基地”等称号。“华力”牌电动机产品被认定为“中国名牌产品”“山东名牌产品”，“华力”牌商标被授予“山东省著名商标”。2016年生产高效电机870万千瓦，实现主营业务收入16.6亿元，上缴税金3621万元。

（姜则海）

【荣成锻压机床有限公司】　始建于1958年，注册资本600万元，是生产锻压设备和数控立、卧式车床的专业厂家，国家二级企业。占地面积27万平方米，其中厂房等建筑面积12.8万平方米。有员工943人，其中工程技术人员与质量专业人员132人。拥有主要设备400余台（套），其中精、大、稀设备60余台（套）。公司下设宏达铸造分公司、结构件分公司、机加工分公司、装配分公司、电气分公司和山东威德数控重型机床有限公司，生产各种牌号的铸件、大型焊接件，生产开式全系列，闭式单点、双点、四点、多连杆及多工位压力机等7大系列180多个品种的锻压设备，生产数控单柱、数控单柱移动、双柱、数控双柱立式车床和卧式车床等7大系列48个品种的高新技术产品，多种产品技术水平达到国内先进或领先水平，成为国内主要锻压设备和立、卧式车床制造企业之一。公司于2013年通过ISO9001—2008、GB/T28001—2011和GB/T24001—2004质量、职业健康安全和环境3大管理体系认证的复审。连续25年被评为山东省“守合同、重信用”企业，先后被省市相关部门授予省级先进企业、山东省认定企业技术中心、山东省高新技术企业、山东省塑性成型加工机械工程技术研究中心、AAA标准化良好行为企业、省计量保证确认合格企业、威海市锻压机械工程技术研究中心、纳税先进企业等称号，“威德”商标成为山东省著名商标，“威德”牌闭式压力机成为山东省名牌产品。2016年生产压力机129台，吨数达13787吨，主营业务收入达2.1亿元，上缴税金917万元。

（慕华峰）

【荣成市黄海离合器有限公司】　成立于2002年，注册资本1200万元，有职工363人，工程技术人员180人，资产总值2.4亿元。厂区占地面积8.4万平方米，其中建筑面积4.2万平方米。多年来，公司始终坚持以“生产顾客满意的产品”为宗旨，不断深化全面质量管理，优化产品结构，强化市场信誉，增强企业在市场竞争中的优势。公司形成汽车离合器总成、拖拉机离合器总成、联合收割机离合器总成等多项产品共同发展的良好势头。产品分为 3 大系列 120 多个品种，主要生产重型汽车离合器总成系列：HHML430（拉式离合器）、DS430、DS395、DS350、DS325、DS300、DS275 膜片弹簧离合器总成，ø420、ø380 螺旋弹簧离合器总成；轻型汽车离合器总成系列：DS240、122、210、DS255 膜片弹簧离合器总成，131、480、2310、1305—2、475、375Q 螺旋弹簧离合器总成；大（中）拖拉机双作用离合器总成系列；小麦/水稻/玉米收获机械动力输出总成系列。销售网点遍及全国各地，与中国重汽、北汽福田、北方奔驰、西安沃尔沃、重庆红岩、大运汽车、中兴皮卡、临工桥箱、常柴、潍柴、莱动、云内、无锡四达、全柴、天拖迪尔、宁波迪尔、一拖、福田雷沃重工、上海纽荷兰、清江拖拉机、江苏悦达、常州威格特、常州东风农机等厂家长期配套合作，综合年生产能力达 200 万台套。公司通过 ISO/TS16949 : 2009 国际质量管理体系认证、GB/T24001/ISO14001 : 2004 环境管理体系认证、GB/T28001—2001 职业健康安全管理体系认证。2016 年生产压盘总成 48 万套、从动盘总成 55 万套，主营业务收入 1.7 亿元，上缴税金 1213 万元。

（刘　波）

船舶制造工业

【概况】 2016 年末，船舶及零部件行业拥有规模以上企业 50 家，培植起了以黄海造船、造船工业、华东修船、西霞口船业、三星重工、黄海船配、中船线缆等企业为龙头的产业集群。拥有万吨级以上船台、船坞 24 座，5 万吨级以上 9 座，10 万吨级以上 5 座（含修船），年造船能力 72 万载重吨。2016 年整船建造完工量 28 万载重吨、船段 25 万吨，修理千吨级以上船舶 425 艘（次）。

（倪　磊）

【黄海造船有限公司】 始建于 1944 年，1964 年企业更名为“山东省黄海造船厂”，成为全国 8 大渔轮修造厂之一。1999 年企业改制为有限责任公司，2007 年，经国家工商行政管理总局批准，定名为“黄海造船有限公司”。公司注册资金 10.39 亿元，资产总额 30 亿元，占地面积 80 万平方米，具有国家甲级设计资格、一类甲级建造资质。通过 ISO9001 质量管理和环境、职业健康安全“三合一”的资质体系认证及能源管理体系认证。可修造 50000 载重吨以下各种高技术含量、高附加值船舶。公司具有年造船 80 万吨的能力；在大洋性和过洋性渔船建造方面，年可建造交付远洋渔船 400 艘，设计及建造能力居国内首位。2010 年公司被确定为山东省船舶生产建造基地龙头骨干企业。近年来，公司克服国际船舶市场发展低迷等不利因素影响，参与全球造船市场竞争，加快企业上档升级，2003 年起，先后投入 10 亿元改造传统造船工艺流程，提升技术创新能力。建造交付运营的“渤海金珠”大型客滚船成为中国第一艘具有完全自主知识产权的 150 米以上的大型客滚船，被确定为山东省名牌产品；批量承接建造的集装箱船，成为德国船东首次选择入级中国船级社的船舶；出口德国的 31000 吨多用途重吊船，被誉为世界货运船舶中建造难度最大、技术含量最高的系列船舶之一；建造列编的 3000 吨级海巡船是中国列编服役吨位最大、最先进、安全性能最高的海洋巡视船；建造出口的水泥运输船开创中国建造市场之先河；大型远洋渔船成为同行业最具代表性的品牌。2016 年底，公司手持船舶订单约 37 万载重吨。其中，多用途重吊船手持订单及交船数，全球占有量居前；大型客滚船订单数占全国客滚船建造市场总份额的 60% 以上。公司是中国重要的客滚船、多用途重吊船及特种船舶建造基地。公司职工 2300 人，外用工 3000 人。其中技术人员 200 人（含高级工程师 20 人，工程师 83 人）。2016 年，黄海造船完成主营业务收入 22 亿元，比上年下降 8%，利润 6680 万元，下降 52%，实缴税金 5655 万元，下降 26%，造船完工量 26 万载重吨，增长 23%；完工船舶 94 艘，增长 100%。新接订单 137 艘，18 万载重吨，价值 27 亿元，分别增长 756%、91%、130%。手持订单 82 艘，37 万载重吨，价值 42 亿元，分别增长 110%、15%和 22%。

（韩明杰）

【山东中船线缆有限公司】 山东中船线缆有限公司位于山东省荣成石岛管理区核电船舶配套工业园内，是一家以生产船用、舰用、军用为主的各类特种电线电缆的专业化工厂。公司注册资本 2500 万元，厂区占地面积 11.2 万平方米，其中生产厂房占地 5.9 万平方

12 月 6 日，800 客位客箱船“海蓝鲸”号顺利下水　（市经信局提供）

米，办公及辅助车间占地2.8万平方米，绿化用地2.5万平方米。有职工450人，其中各类专业技术人员100人。2016年12月30日，山东中船线缆有限公司在北京全国中小企业股份转让系统交易中心（“新三板”）挂牌上市，证券简称：中船线缆，证券代码：870373。公司以“众为”为电缆注册商标，主要产品有船用电力电缆、船用控制电缆和船用通信电缆、船用射频电缆、船用变频电缆、舰船用电力电缆、舰船用控制电缆、舰船用通信电缆、军用消磁电缆、NEK606海工电缆、机车电缆、核电缆、矿用电缆、风能电缆、硅橡胶电缆、通用橡套软电缆、电焊机电缆、计算机电缆、变频电机专用电缆等20多个大类，80000多个型号规格电线电缆。产品按国际标准（IEC）、国家标准（GB）、军标（GJB）、美军标（MIL）、日本标准（JIS）、英国标准（BS）、德国标准（DIN）、挪威电工标准（NEK）、煤炭工业部标准（MT）、机械工业部标准（JB）、客户要求及企业标准生产，公司按GB/T19001-2008、GJB9001B-2009、CCSR9001-2009建立质量管理体系，通过CCS质量管理体系认证，获得CCS工厂认可证书，取得法国、美国、英国、日本、德国、韩国、意大利、挪威、欧盟等各国船级社船用电缆证书，同时获得美国船级社中压电缆证书、德国船级社中压电缆证书、美国船级社变频电缆证书、美国船级社海工电缆证书、挪威船级社海工电缆证书。2016年主营业务收入1.46亿元，与上年基本持平；利润212万元，比上年下降55%；实缴税金1174万元，增长88%，完成各种电缆423千米，下降16%；新接订单231千米，下降48%，价值3242万元，下降60%；手持订单226千米，下降45%，价值3224万元，下降59%。

（武晓娟）

轻纺工业

【概况】 2016年末，全市纺织服装工业有规模以上企业5家，发生亏损1家。拥有总资产14072万元，全部从业人员年平均人数1100人。年内完成主营业务收入15292万元，比上年增长约8.2%；实现利税672万元，下降约2.4%；实现利润181万元，下降约4%。玻璃行业和造纸行业得到很好的发展，玻璃行业完成工业总产值7.18亿元，实现工业增加值2.32亿元，营业收入6.96亿元，利税15577万元，利润6484.5万元，出口创汇4031万元；造纸行业实现销售收入27898万元，利润2106.8万元，利税4400万元。

（董德杰）

【山东华鹏玻璃股份有限公司】 成立于2001年12月29日，2005年实施“退城入园”整体搬迁工程，2015年4月23日在上海证券交易所成功上市，是国内日用玻璃行业的龙头企业之一，主营业务为研发、生产和销售多个品种系列的玻璃瓶罐和玻璃器皿产品，下设华鹏玻璃（菏泽）有限公司、辽宁华鹏广源玻璃有限公司、安庆华鹏长江玻璃有限公司、山西华鹏水塔玻璃制品有限责任公司、甘肃石岛玻璃有限公司、江苏石岛玻璃有限公司、上海分公司、上海成赢网络科技有限公司等，年产量40万吨。公司先后获“中国轻工业日用玻璃行业十强企业”“中国玻璃高脚杯王牌企业”“全国日用玻璃行业功勋企业”“中国包装百强企业”等称号。公司产品行销全国并销往韩国、日本、美国、加拿大、俄罗斯等30多个国家和地区，拥有中国驰名商标“石岛”和高端子品牌“弗罗萨”，已跻身于Luminarc®、Libbey®、Rona®等世界玻璃器皿品牌行列，成为国产高档玻璃器皿的代表，被人民大会堂和钓鱼台国宾馆选为国宴用杯，产品销量和市场占有率连续多年居全国第一位。2016年，坚持“资本运营”“生产经营”双轮驱动战略，6.3亿元定增募资于2016年7月份成功发行并全部到位，为做强主业和谋求转型发展注入强大后劲。以此为契机，成立“上海成赢网络科技有限公司”，牵手成都壹玖壹玖酒类供应链管理有限公司，参股博源燃料电池（上海）有限公司，收购安庆华鹏长江玻璃有限全部股权，使公司形成拥有5个全资子公司、2个控股子公司，2个参股子公司的发展格局。围绕加快主业升级，公司同时实施包括高档玻璃器皿扩建项目、江苏石岛公司技改项目、安庆华鹏长江公司改造项目、甘肃石岛公司新建项目等4大项目，奠定产业发展的后发优势。面对激烈竞争，公司提质增效，创新发展方式，强化ERP管控系统建设和流程管理，继续加强与东洋玻璃技术合作。2016年，公司完成工业总产值7.18亿元，实现工业增加值2.32亿元，营业收入6.96亿元，利税15577万元，利润6484.5万元，出口创汇4031万元。公司连续7年荣膺“中国轻工业行业十强”，先后获得“2014—2015年度全国轻工业卓越绩效先进企业”“全国实施卓越绩效模式先进企业”“2014—2015年度全国‘守合同重信用’企业”“山东省2016年知识产权优势培育试点企业”和“最佳主板上市公司奖”等称号。

（王代永）

【山东凯丽特种纸股份有限公司】 公司员工623人，总资产3.2亿元，主导产品涵盖28~280克定量范围，包括特种防伪纸、高档艺术纸、工业用纸3大系列200多个品种，产品全部通过ISO9001质量管理体系认证、ISO14001环境管理体系认证和FSC国际森林体系认证，年生产能力5万吨，销售收入5亿元。公司始终坚持“发掘继承创新引领，振兴造纸伟大发明”的发展理念，不断引进、培养高端技术人才，增强企业研发能力。有高级技术职称72人、中级职称55人。企业先后引进德国、法国、丹麦、挪威、荷兰、日本等专家学者、高级技术人才到企业进行技术指导并与大专院校建立产学研关系，将先进理论成果转化为生产力。公司以山东省特种防伪纸技术工程研发中心为依托，不断加大新产品研发力度，每年科研经费占销售收入5%以上。充足的研发经费保证、雄厚的科技人才队伍保障，使公司步入生产一代、储备一代和研发一代的良性发展轨道。拥有国家专利技术23项，被评为专利技术明星企业。

生产的再生环保纸是2008中国上海世博会《官方导游手册》指定用纸，信息记录原纸应用于中国铁路动车组车票，邮资封纸被中国邮政总局选用，不动产证纸受到国土资源部青睐，研发生产的系列防伪纸被广泛应用于食品、药品、酒类等防伪包装和有效证件防伪，出口孟加拉国、美国、日本、韩国、印度尼西亚等10个国家。先后获得“山东省诚信企业中国专利山东明星企业”“山东省职工教育先进企业”“山东省节能减排先进单位”“山东省轻工行业安全生产先进单位”“威海市科技自主创新型先进企业”“威海市重合同守信用企业”“威海市环保世纪行先进单位”等称号。2016年，全年完成产量34846吨。成功开发生产出代表中国造纸尖端水平的邮票纸、PGY原纸，批量生产高端产品、各种土地证及高铁票原纸等高新产品，实现销售收入27898万元，利润2106.8万元，利税4400万元。增收节支创效1200万元。

（林晓平）

【威海凯华纺织有限公司】 成立于2000年6月30日，注册资金760万。公司主要从事各种编织服装的生产制作和国际国内销售业务。有职工400人，电脑程序设计师20人，工艺设计师20人，厂区占地面积15000平方米，建筑面积36000平方米。拥有电脑自动控制横编织机（德国产）200台、进口多功能圆编织机（意大利产）和国产大提花机37台套、电脑自动控制高速缝合机（意大利产）100多台套、欧美标准检测设备50台套，年产高品质家居类编织服装500万件。2016年末公司总资产5000万元，主营业务收入6500万元，利润650万元，利税380万元。2016年积极开拓国际市场，与多家世界服装品牌公司合作，采用国际先进的自动化编织设备和环保节能的水洗设施完成销售1800万美元。公司积极稳妥向企业链两端纵深发展，实现一条龙服务加工模式，继续扩大生产规模，建立自动化程度较高的无人工厂。工厂制造以超前的设计理念，高科技的技术装备，先进的生产技术，力求为使用者提供集安全、方便于一体可靠的高品质产品，实现用户利益的最大化。先后斥巨资购买两台意大利水洗机，用水量仅为普通水洗机的1/4到1/6，水洗机高效、节能、低碳，既减少用水量，又减少污水排放量。在实现可持续发展、快速发展的同时，高度重视安全生产、员工权益保障，实现员工与公司的共同发展；坚持“科学发展、构建和谐”两大主题，坚持走可持续发展道路，在运营中重视环保，努力构建绿色环保型企业。先期发展代工生产国际知名品牌的路线，累积市场、设计、制造经验，以诚信合作、和谐共赢为理念，搭建经营平台，对供应商、外协商的发展给予有效的支撑。

（宋文杰）

【威海海马毛纺有限公司】 威海海马毛纺有限公司（原荣成市毛纺织厂），始建于1987年，为威海海马集团子公司，拥有世界最先进的纺纱设备，有从意大利、英国、比利时、日本等国进口的半精纺、粗纺地毯纱生产流水线，七大生产车间，职工300人，占地面积4万平方米，主导产品“海马”牌地毯纱，年生产能力在5千吨左右。生产能力和纺纱技术水平能够满足供应阿克明斯特地毯、威尔顿地毯、单面威尔顿地毯、彩印地毯、簇绒地毯、方块地毯、以及航空、游轮等地毯用纱，是全国最大的机制地毯纱生产企业，连续多年被市委市政府评为先进企业。美国嘉年华是欧洲乃至世界船用地毯界具有重大影响的高端客户，所需毛纱全部由海马毛纺提供，每年有1500万元美金的订单。公司秉承“我们的一切活动都要围绕及时向用户提供满意的产品和服务，实现零的缺陷，追求卓越，创一流品牌”的企业理念，在地毯纱行业中首家获得ISO9001国际质量认证和ISO14001环境管理体系认证，2010年通过OHSAS18001职业健康安全管理体系的认证。公司先后投资8000万元用于设备的更新和改造，购进欧洲先进的纺纱设备60台套和先进的纺纱技术，随着欧洲现代化设备的购进和使用，产品质量和产量较以前有了显著提高，减轻工人的劳动强度，生产效率得到明显提升。特别是引进比利时世界一流的和毛设备，改变以前人工铺层加油保证不了和毛质量的局面，使和毛工序劳动强度大大减少，并且在计算机的处理下科学的铺层加油，使和毛质量达到国际先进水平，为保证毛纱质量奠定了基础。

公司注重强化内部管理，增加企业经济效益。2016年末，资产总值3000万元，主营业务收入2918万元，利税380万元。

（刘　浩）

电子信息工业

【概况】 2016年末，全市电子企业有计算机制造业3家，广播电视设备制造业1家，电子器件制造业5家，家电设备制造业7家，电子元件制造业14家，电子信息机电产品制造业7家，电子测量仪器制造业3家，电子信息专用材料制造业1家，电子工业专用设备制造业1家，其中，工业规模以上企业31家，同上年持平。拥有总资产45.11亿元，全部从业人员年平均人数1.13万人。年内，完成主营业务收入373.97亿元，比上年增长6.56%；完成出口交货值121.95亿元，下降1.22%；实现利税22.46亿元，下降13.9%；实现利润17.09亿元，增长1.31%。

【荣成市裕罗电器有限公司】 成立于2002年7月，韩商独资企业，注册资金486万美元，位于荣成经济开发区邹泰南街199号，公司占地2公顷，建筑面积15000平方米，拥有职工1500人。公司主要从事汽车连接线束组装生产经营，主要产品有：汽车连接线束等，产品主要销往韩国，2016年实现销售收入25.41亿元，增长38.10%；利税10492万元，下降14.11%；利润6358万元，增长8%。

【荣成市飞尔可电子有限公司】 成立于1999年6月，韩商独资企业，注册资金2530万美元，位于荣成经济开发区邹泰南街25号，公司占地2.67公顷，建筑面积14000平方米，拥有职工350人。公司主要从事电容器生产经营，主要产品有：金属薄膜电容器、电阻、电感等，产品主要销往：北京、上海、天津、南京、沈阳、济南、青岛、威海、深圳、无锡、杭州等国内城市。韩国、土耳其、印度、巴西、意大利、菲律宾、立陶宛、希腊、德国、比利时、泰国、中国台湾、中国香港等国家和地区。2016年实现销售收入21.03亿元，增长27.38%；利税18639万元，增长14.62%；利润7915万元，增长38.74%。

（黄　杨）

新材料及其制品工业

【概况】　新材料产业起步较晚，年末已形成功能材料、金属结构材料、化工材料、复合材料等4大门类，培植了宏秀山磁业、维赛新材料、青木高新材料、宏程新材料、宝丽佳电子等骨干企业，主要产品包括钕铁硼永磁材料、锂电池电解液添加剂、高性能泡沫结构材料，达到了国内领先水平。

（孔明磊）

【荣成青木高新材料股份有限公司】　主要生产用于消毒剂、阻燃剂、锂电池电解液添加剂等化学中间体，专为特殊新兴行业提供和生产各种电子级功能性化学材料和功能性化学材料解决方案。拥有300吨碳酸亚乙烯酯、2000吨3,5二甲基—4—氯苯酚、2000吨邻苯基苯酚的产能，主要研发包括新能源锂离子电池电解液相关的添加剂、电解质和溶剂材料，以及其它应用于电子行业相关的功能性化学材料，与浙大、大连理工、哈工大、青岛科大等高校建立合作关系，加快推进锂离子电池电解液添加剂、电解质和溶剂材料，以及其它应用于电子行业相关的功能性化学材料方面的研究，拓展锂离子动力电池市场，打造国内一流的锂电池材料生产基地。2016年，实现主营业务收入8482万元。

（林　建）

【威海维赛新材料科技有限公司】　成立于2011年10月，注册资本1000万元，员工100人，主要从事高强度硬质结构泡沫塑料等复合材料的研发、生产及营销业务，2016年X—PVC及PMI产品产量12200立方米。2015年通过山东省高新企业认定，产品通过德国GL认证。结构泡沫材料具有优良的比刚度、比强度，压缩、拉伸、剪切、弯曲等力学性能极佳，是轻质高强复合材料夹层结构的理想芯材。广泛应用于风力发电、轨道交通、船舶、航空航天、舰船游艇、运动器材、建筑节能、防火保温等广泛领域。公司与西北工业大学等高等院校建立产学研合作联系。拥有自主知识产权，对项目所涉及的各项技术都申请专利保护，授权专利3项。2016年实现销售收入3882万元。

（马京京）

【荣成宏秀山磁业有限公司】　资产总额已达到1.3亿元。企业拥有完整的高性能钕铁硼永磁材料制造、检测技术及设备。可大规模生产烧结钕铁硼N、M、H、SH4大系列多个牌号性能产品，重点销售领域为手机行业扬声器用磁铁，手机行业用磁铁约占全球市场份额的15%左右，2016年调整产品结构转移到性能档次为48H以上高性能电声、永磁电机、计算机VCM片等高附加值产品上。具备1500吨钕铁硼产能，实现销售收入3.5亿元，实现利润4000万元。销售目标主要面向手机磁片、电梯磁钢、高效节能稀土永磁电机、计算机VCM、核磁共振仪等，打造成全国排名前五的稀土永磁材料生产、研发企业。

（吕炳威）

生物医药工业

【概况】　2016年末，全市从事海洋生物技术开发企业35家，拥有100个标准化生产车间，拥有国食健字保健品及化妆品30种。开发出海洋生物提取物、生物肥、鱼油、氨基酸蛋白、肽类、多糖类新产品50个，具备150亿粒各种剂型产品的生产能力；采用现代生物酶解等新技术，DHA微粉、胶原蛋白、海藻酸钠、海参多糖等海洋生物活性物质的年提取量超过1000吨，年可生产鱼油3万吨。2010年被中国保健协会授予“中国海洋保健食品开发示范基地”称号。2016年海洋生物科技产业完成销售收入55亿元，比上年增长28%。

（高彦丽）

【山东达因海洋生物制药股份有限公司】　成立于1994年10月，是山东省高新技术企业，国家综合性新药研发大平台（山东）产业化示范企业。主要从事儿童用药的研发、生产和销售。企业注册资本6200万元，截至2014年底，总资产超过8亿元。有员工638人，其中

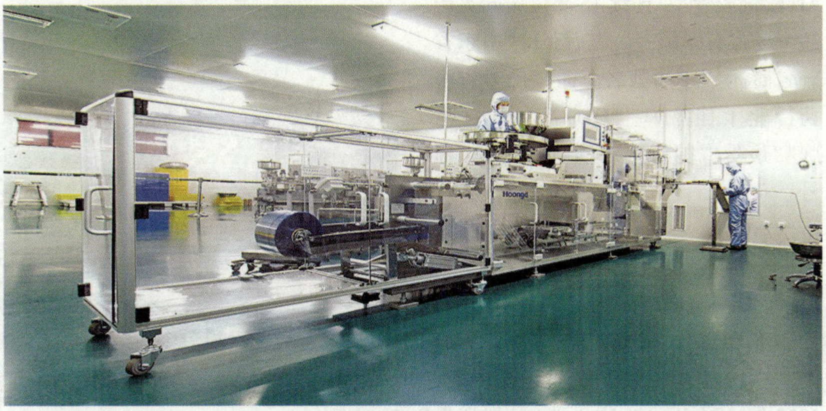

山东达因海洋生物制药股份有限公司外包装车间　　（市经信局提供）

56%具有大专以上文化程度。根据2012年工信部公布的《中国医药统计年报》统计,达因药业的销售收入、利润总额位于全国化学制药工业前200强行列。在中国医药工业信息中心主办的2013年(第30届)全国医药工业信息年会上,被评定为“中国医药工业最具投资价值企业(非上市)”。近3年,企业销售收入、利润及上缴税金等各项经济指标持续保持较高的增长幅度。2016年,完成主营业务收入8.67亿元,纳税2.07亿元。产品主要涉及儿童药品、食品和用品领域,初步形成以儿童保健和治疗为核心的儿童健康产业格局。主要产品全部拥有自主知识产权。儿童药品有伊可新、盖笛欣、伊甘欣、右旋糖酐铁口服液等,已上市及在研产品覆盖到儿科所有的领域;儿童食品包括益生菌类固体饮料、维生素C泡腾片、钙铁锌冲剂等;儿童用品包括儿童专用口罩、儿童退热贴等。生产基地占地近26.67公顷,拥有软胶囊、颗粒剂、片剂、口服液等多条现代化生产线及原料药车间,具备年产软胶囊20亿粒、片剂和胶囊5亿粒、颗粒剂10亿袋、口服液10亿支的生产能力,主要生产设备引自德国、意大利、韩国、日本等,产能规模位居国内儿童制药前列。公司在经营实践中始终坚持“创新成就品牌,专业运作市场”的专业化推广方式,打造一支专业化素质高、执行力强、遍及全国的优秀营销团队,在儿科专业用药领域取得良好的口碑和覆盖率,在儿童用药市场树立良好的品牌形象,深受行业的信任与消费者的认可。伊可新(维生素AD滴剂胶囊型)连续15年位居同类产品市场占有率第一。先后获得“山东省著名商标”“中国驰名商标”“山东省医药行业十佳品牌”“OTC药品知名品牌”“最受中国妈妈欢迎母婴品牌”称号。

(连　懿)

【山东鸿洋神水产科技有限公司】 始建于1956年,成立初期,以渔业生产为主。1996年,进军海洋生物产业,2005年,成立百合生物公司。注册资本8948万元,总占地面积19万平方米,职工3000人。公司下辖海水养殖、海洋生物制品研究与开发、海洋食品精深加工、渔船修造等11个子公司。产品主要有各种软胶囊、硬胶囊、片剂、粉剂、颗粒剂、口服液、海带系列产品、各种水产品等,成为中国最大的营养补充剂生产基地,产品出口50个国家和地区。公司全面推行质量管理,先后通过ISO9001、ISO14000、OHSAS18001、GMP、BRC、HACCP等体系认证,生产的“鸿洋神鱼油胶丸”和“海带系列产品”被评为“山东名牌产品”。2016年生产深海鱼油系列保健品胶囊39.2亿粒,比上年增长9.95%;完成主营业务收入7.9亿元,纳税5062万元。多年来,坚持走“科企联姻,科技兴海”之路,先后被国家、省、市确认为“全国科技兴海示范基地示范企业”“全国多烯鱼油产品质量保证示范推广基地”“国家海带养殖、加工标准化示范区”、国家AAAA级“标准化良好行为企业”“山东省重合同、守信用企业”等12个称号。

(刘旭东)

电力、热力、燃气及水生产和供应业

【概况】 2016年,全市工业用电保持平稳增长,电力增容量高位运行。全市工业用电量13.2亿千瓦时,增长0.6%,占全市用电量的51.3%;电力增容工业企业88家,电力增容量5.57万千伏安,比上年增长79%,占全市电力增容量的35.7%。销户(减容)企业55家,减容量3.37万千伏安。重点监测的41家重点工业企业2016年全年累计用电量68203.5万千瓦时,占全市工业用电量的51.5%,增长3.86%,拉动全市工业用电量提高1.94个百分点。2016年末电力、热力生产和供应业12家(其中火力发电3家,垃圾发电1家,风力发电5家,光伏发电1家,核能发电2家)。全市城市供水总量2608万立方米,比上年增长7%,全市天然气供应量1466万立方米,增长42.5%;集中供热面积1020万平方米。

(毕见卫)

【华能山东石岛湾核电有限公司】 由中国华能集团公司、中国核工业建设集团公司、清华控股有限公司于2007年1月各出资47.5%、32.5%和20%共同组建。

公司位于山东省荣成市宁津街道石核路9号,注册资本118,000万元,全面负责国家科技重大专项——20万千瓦级高温气冷堆核电站示范工程(以下简称示范工程)的建设和运营管理。石岛湾核电厂址列入国家核电中长期发展规划(2011—2020年)中的保护厂址目录。经电力规划总院审查论证,基地除在建1台20万千瓦示范工程机组,规划建设6台百万千瓦级压水堆核电机组,规划总容量超过800万千瓦。2016年,华能山东石岛湾核电有限公司围绕创建一流核电企业,坚持以工程建

公司全貌　　(华能山东石岛湾核电有限提供)

设为主线，有效履行项目管控职责，持续深化企业管理，改进工作作风，提升工作效率，安全规范推进高温堆示范工程建设，切实有效履行项目管控职责，以94.6分的高分顺利通过山东省电力企业协会安全生产标准化达标一级考评，获评为华能集团年度安全生产先进单位，并获得“山东省四星级科普教育基地”和“电力科普教育基地”等称号。

安全生产 按照“五落实五到位”和“党政同责、一岗双责、失职追责”的要求，完善安全生产组织机构，收紧各级安全保证线、监督线安全管理网络，全面落实安全生产责任制。强化独立监督机制，落实业主的安全监管主体责任，以“零容忍”态势，确保安全管理制度有效执行。有效落实安全风险管控工作，针对示范工程土建与安装交叉施工，人员复杂交织等重要风险，实施重要危险源滚动监控管理，对关键工序点进行安全旁站监督，确保高风险作业安全措施落到实处。按照安全生产标准化达标评级总体要求，对施工现场安全文明施工、施工用电等进行拉网式整治，建安、调试各作业面安全文明施工水平保持高标准，顺利通过山东省电力企业协会安全生产标准化达标一级考评。2016年，未发生人身伤亡、火灾及设备事故，圆满完成年度安全目标。

质量管理 实行问题导向的全面质量管控，从典型不符合项等质量管控问题着手，全面分析整改，持续提高质量管控水平。施工质量方面，实行以精细化、清洁化安装为核心的质量控制，安全优质完成移交房间的设备安装工作；按照样板先行、亮点引领、工程实体达到创优标准为目标的观感质量管理模式。设备质量方面，反应堆压力容器、金属堆内构件等主设备出厂验收一次通过，各项数据均符合设计及规范要求。调试质量方面，严格执行调试大纲，进一步前移调试质量控制关口，首个调试系统（除盐水系统）于11月顺利高质量移交生产。顺利通过环保部华东监督站组织的反应堆压力容器吊装前控制点检查、陶瓷堆内构件安装前控制点检查、示范工程核安全专项检查、年度例行核安全检查等12次核安全监督检查，落实检查的意见和要求，质保体系运转有效。2016年，公司未发生质量事故，工艺质量和实体质量均达到设计要求，工程建设质量可控、在控。

示范工程建设 高温气冷堆核电示范工程首台反应堆压力容器于2016年3月20日完成吊装，首台金属堆内构件于4月28日完成吊装，第二台反应堆压力容器于9月14日完成吊装，首堆陶瓷堆内构件于11月25日开始安装，其余核岛、常规岛子项正在积极组织施工，工程转入安装调试阶段。工程设计与技术研发工作基本完成，核岛系统安装图提交完成率98.3%，常规岛系统安装图全部提交，工程设计基本完成；燃料装卸系统试验验证于9月完成，关键技术研发及试验验证工作基本完成。主设备制造有序进行，2台反应堆压力容器分别于3月、9月到货；2台金属堆内构件分别于3月、9月到货；首台蒸汽发生器壳体完成水压试验，完成36套换热单元制造，给水连接管焊接完成9组，各主设备的制造质量和进度总体受控。

示范工程调试接产工作 工程调试工作有序开展，组建示范工程调试启动委员会以及联合调试队，组织召开调试启动会，调试组织、人员数量和能力满足要求；《调试大纲》顺利通过核安全局组织的第二次审评对话，正在按计划报批；107份系统调试大纲已全部提交，调试试验程序编制完成93.4%，调试管理和技术文件满足连续调试要求。调试管理信息系统正式上线运行。除盐水处理系统完成调试，产水水质达到设计要求，示范工程110千伏倒送电一次成功，根据两大系统的调试管理经验，进一步总结、提炼调试实施标准化流程，为下一步各系统调试移交管理打下坚实的基础。首次装料批准书申请文件进入审评阶段，按计划完成《最终安全分析报告》《调试大纲》等16份文件报送，召开25次审评会议，各专题审评工作按计划进行。成立示范工程核应急组织机构，综合应急演习情景设计基本完成，环境保护和职业卫生“三同时”设施及体系建设按计划开展。高温堆示范工程首批63名预备操纵员完成操纵员取照考试，通过率高达88.7%，达到新建核电厂领先水平。启动前评估（PSUR）工作按计划开展。开展覆盖PSUR全部13个评估领域、4个绩效目标及343条准则的自查工作，全部改进行动计划均按计划实施。PSUR总体工作进度符合计划要求。

扩建工程前期工作 压水堆扩建工程厂址安全分析报告和选址阶段环评报告正在修编，初可研报告通过评审并完成收口，项目建议书上报国务院；可研报告经过电规总院的内审，正在修编；相关可研专题按计划开展，国家能源局同意扩建工程前期工作与CAP1400示范工程建设同步推进。扩建工程施工准备大纲按专家评审意见完成修订。消防站于9月投用，警卫营房基本完工，应急指挥中心完成主体结构施工，环境监测楼正在按共建模式建设。10名首批值长于11月在秦山核电完成高级操纵员取照培训，第二批20名预备操纵员于11月通过海南核电操纵员资格考试，通过率达80%（其中笔试通过率达96%，为同期考试核电厂的最高水平）。第三批31名预备操纵员回厂参加高温堆示范工程调试。

（潘鲁汉）

【国核示范电站有限责任公司】 2009年12月17日，国核示范电站有限责任公司在北京成立，由国家核电技术有限公司控股，中国华能集团公司参股。示范电站位于山东威海荣成市石岛湾，北距荣成市23千米，西北距威海市69千米。公司全面负责国家科技重大专项——大型先进压水堆核电站CAP1400示范工程的建设管理和运营。该工程是国家科技中长期发展规划纲要确定的重大科技专项之一，一期规划建设两台单机容量153万千瓦具有独立自主知识产权的、三代非能动大型先进压水堆核电机组，项目总投资约490亿元，一号机组计划2017年浇灌第一罐混凝土，2022年建成投产。一期机组投产后预计年发电量为215亿千瓦时，年产值约78亿元，实现利税30亿元，可促进周边就业4000人次。2016年底示范工程1号机组核岛底板钢筋绑扎完成，进行日常养护工作，项目各项行政审批工作已完成，具备浇灌第一罐混凝土条件，正在等待国务院核准。1号机组常规岛进行汽轮机厂房施工，施工至零米；拼装钢制安全壳筒体第一环(CV1环)等大型模块。崮山公众科普教育培训基地主体结构封顶，准备布展方案。项目总投资完成128亿元，累计纳税1.8亿元。国核示范积极参与当地公益事业，并首先考虑与当地企业签订合同，进一步带动当地企业发展，同时雇佣当地劳务用工近2500人次，物业、保安等岗位雇佣周边居民近200人，进一步促进周边发展。

(李政波)

11月12日，2015—2016年市区集中供热正式启动

(市热电燃气集团有限公司提供)

【荣成市热电燃气集团有限公司】 成立于2013年4月27日，主要担负着荣成市区及俚岛、人和、靖海、寻山、城西等5个镇街机关、企事业单位和居民用户的集中供热任务、全市工业用户供汽任务以及市区及大疃镇、滕家镇(含大疃镇、滕家镇)以北的行政区域所有乡镇的管道燃气经营业务。2016年末，负责全市集中供热建筑面积532万平方米，较2015年末增加12万平方米。工业蒸汽用户77家，取暖居民4.81万户，工商业燃气用户288家、民用户6.78万户。公司装机总容量78.5兆瓦，热电企业锅炉总容量715吨/小时。内设9个职能部室：办公室、政工人事部、财务部、生技部、安质部、审计部、物资采购部、法规部、机关工会。下辖4个子公司：荣成市供热有限公司、荣成市天颐热电有限公司、荣成市热电厂有限公司、荣成港华燃气有限公司，有职工872人。2016年度被山东省精神文明建设委员会授予“省级文明单位”称号，被中华全国总工会、国家安全生产监督管理总局授予“全国‘安康杯’竞赛活动优胜班组”称号。

市区集中供暖 为提高市民生活质量，冬季集中供暖实行弹性工作机制，根据实际天气情况对供暖计划进行微调，供暖时间延长40天。同时打破以往各热源独网运行状态，实现全市联网联供，不仅有效解决了近端用户室温过高、末端不热、余热浪费的问题，更达到了安全、稳定、高效运营的目标。2015—2016年供暖季，市城乡建设局对全市供热工作开展测评结果显示，市热电燃气集团有限公司供热服务满意率达100%，供热温度满意率达99.2%。

环保超低排放改造 2015年度上级环保部门要求，市热电企业要于2017年全部实现超低排放。为此，公司实施了湿式静电除尘改造和锅炉低氮燃烧改造，并于2016年底全部完工，通过省环保厅的验收。在省环保厅6、7、8月全省大气污染专项检查中，公司以92天全部达标的成绩通过监察(省控超标企业达81家)。

供热管网建设 全年完成东城供热站至马成街高温水主管道等6处主管道施工工程，铺设供热主管道5800多米，并为安置区、金悦华府二期等新建小区配套供热管网长达17000米，可接纳新供热用户4000户。同时新增建设24座混水站，依托高温水供热，2016—2017年度供暖季城区供热温度将更加均衡。

燃气管网建设 2016年，下属子公司荣成港华燃气有限公司按照市委、市政府统一规划，完成崖西镇、南耩村、俚岛峨石山燃气主管道安装2400米，河南村、港西海韵居、海湾南路、富源路、烟墩角、悦湖路及后疃村等中压管道安装44000米。配合市城乡建设局完成清河桥、世纪广场、宇翔表厂东、海洋学院、观海路崖头桥、观海路曙光北过涵洞燃气管道改造及青山小区、高阳小区、黎明小区等26栋楼的燃气庭院管道改造任务。

燃气市场开发 荣成港华燃气有限公司始终坚持以荣成市区为中心，逐步向周边乡镇扩散的发展思路。发展包括成山好旺角酒店、港西丰盈居等公福户40户，发展信诚电子、易皮数码等工业用户11户，发展民用户11052户，完成2016年公司市场计划指标。

(孔 明)

【国家电网荣成供电公司】 (详见《城乡建设与环境保护·公用事业》第241页)

【荣成市水务集团有限公司】 (详见《城乡建设与环境保护·公用事业》第242页)

信息产业

Information Industry

◎ 综　述

◎ 智慧城市建设

◎ 电　信

综　述

【概况】　荣成市电子信息制造业积极应对经济新常态，探索确定新的动力支撑，突破核心关键基础技术，促进产业链融合配套发展，优化产业空间布局，推动电子信息与传统领域融合创新，以应用促发展，为经济社会的稳步、创新发展奠定基础。至2016年末，全市电子企业工业规模以上企业31家，其中通过“双软认证”的软件企业1家，全部从业人员11500人。

【信息技术产品结构】　荣成市信息技术产品结构在不断完善，信息技术产品全种类涉及9大行业80多个系列，主要集中在电子元件、电子元器件、电子信息机电产品、电子测量仪器、家电、电子计算机、电子信息产品专用材料、广播电视设备制造、电子工业专用设备工业等领域，且以电子元件行业产品居多。电子信息产业每年外贸出口值约2亿美元，占荣成外贸出口总额的9%。

【信息技术创新能力】　荣成市信息技术创新能力不断增强，以企业为主体的创新体系逐步形成。2016年，拥有国家级企业技术中心2家，省级企业技术中心16家，市级企业技术中心15家，省级工程技术研究中心12家。

【“两化”融合】　成山集团入选2016年国家“两化”融合（信息化和工业化融合）管理体系贯标试点，企业的管理及内控水平得到较大提升，为推动全市“两化”融合发展起到模范示范作用。达因制药、泰祥食品、好当家、百合生物4家企业入选2016年省级两化融合管理体系贯标试点并启动运行。

【无线电管理】　2016年，按照威海市部署，全面做好无线电协助管理工作。截至2016年底有船舶电台2273部，对讲机945部；发放电台执照3218个，为2273艘渔船办理电台执照年检证手续，完成收费30余万元。

（马　琳）

智慧城市建设

【概况】　智慧城市建设管理办公室隶属于荣成市政府办公室，2016年荣成市智慧城市建设管理办公室在上级业务主管部门的大力支持和具体指导下，按照全年工作计划安排，加快推进智慧城市建设，各项工作取得阶段性成效。

【组织架构与管理体系建立完善】　在先期成立荣成市智慧城市建设工作领导小组和智慧城市建设管理办公室的基础上，组建智慧城市专家委员会，为智慧荣成建设提供各项专业咨询及项目评审，与北京大学、清华大学、北京邮电大学、山东大学、哈尔滨工业大学等7家院校进行对接，筛选确定专家14名，后续将逐步充实完善。成立智慧城市投资管理有限公司，具体负责智慧荣成建设项目的运营实施，全面参与到智慧城市建设当中。

【项目方案设计】　邀请清华大学、北京邮电大学、中国城市研究会等高校院所专家，对平安总控、智慧旅游、智慧食安、智慧安全和智慧招商5个项目建设方案进行论证，根据专家提出的意见对项目方案进行进一步完善，确保项目的科学性和可行性。按照先急后缓的原则，组织环保局修订完善智慧环保项目实施方案，对全市污水监控、鱼粉企业监控和重点企业污染物排放监控系统3个方案进行整合，先期建设全市重点污染源前端监控体系。对健康荣成和智慧社区项目，组织市卫计局、社区办、智慧城市公司先后赴宜昌、新余等地考察学习，市政府组织相关专家就建设思路进行专题研究。

【重点项目建设】　基础设施建设方面。社会治理信息化中心机房建成投用；云计算中心确定建设方案。项目建设方面。平安总控项目，分期建设方案完成，筛选专业询价机构及专家进行价格论证；机关办公大楼楼宇监控系统安装完成，正式投入使用；平安荣成指挥中心和政府应急会商系统正在进行设备采购。智慧招商、智慧安全、智慧食安、智慧旅游4个项目建设方案全部完成，年底前完成价格核算论证。信息互联互通方面。平安荣成指挥中心投入使用，数字化城市管理、智慧交通、渔港码头监控、城铁荣成站等6个实时监控系统与中心对接，实现信息共享。

【对外宣传推介】　围绕营造良好外部环境、聚集建设资源，1月16日在荣成市举办智慧荣成建设研讨会，邀请40家国内智慧城市建设研究机构、服务运营商、建设单位参加，与22家单位签订了智慧城市建设战略合作协议。参加上海2016全球智慧城市高峰论坛，就智慧城市建设与相关专家进行探讨；组织相关部门赴南京、江宁等地考察学习江苏省安全生产监管监察信息系统应用情况，结合实际做好智慧安全平台系统开发工作。

（姜　彬）

电　信

【概况】　全年电信业务主营业务收入5.1亿元，增长3.3%。年末固定电话户数8.9万户，下降8.2%；移动电话用户96.8万户，增长2.8%；其中3G及4G用户达到49.3万户，增长36.2%。互联网户数19.5万户，增长15.1%。

（马　琳）

【中国联合网络通信有限公司荣成分公司】　中国联合网络通信有限公司荣成市分公司（以下简称荣成联通公司）主要经营荣成范围内的固定电话、移动电话（2G\3G\4G）、宽带网、数据通信以及信息化应用、系统集成等业务，同时承担着党政专用通信、应急通信等任务。

2016年荣成联通公司以"联通世界,创享美好智慧生活"为服务理念,以"做荣成服务最好的企业"为目标,坚持党建和业务两手抓,创新经营,加快发展,为地方经济建设和群众生产生活提供了高效的通信支撑。

网络能力显著提升 以"精准投资为导向,聚焦客户活动区域,保障立体感知"为建设原则,落实"互联网+"战略,加快4G网络和宽带全光网络建设,结合新技术、新设备做好各区域的网络覆盖,努力为客户提供更好的通信网络体验,推动信息网络上档升级。2016年开通基站116处,其中4G站105处;4G信号实现对市区、乡镇驻地以上、城铁沿线区域的连续覆盖,基本实现对农村的广覆盖。在人流密集区域开通"4G+"网络载波聚合,下行速率达到300M。开通SDR31处,室分6处。城域网建设方面,大汇聚设备开始向乡镇下沉,全年开通OLT设备57台,大汇聚交换机8台,城域网出口总带宽达到180G。自5月17日起对家庭宽带老用户,分批免费提速至最低20Mbps。进一步规范建设项目管理,全年通过PM3.0系统立项285个。LAN改制工作在市区和乡镇全面铺开,FTTH网络覆盖到121个小区,2016年新增FTTH端口5.4万个。大项目支撑及时到位,按期完成石岛管区和市区两个平安监控项目的光缆施工和调测工作;将重点客户机房纳入定期巡视,顺利完成荣成海关、国税的机房设备搬迁,以及家家悦、金融单位的年终结算重保,通信保障工作及时到位。

信息化建设取得进展 先后成功实施"检务通""法务通""政务通""城管通"等一揽子互联网应用项目,有效为政府、企业客户解决管理工作中的诸多难点,提升了办公效率和管理效能。积极参与智慧荣成项目建设,成功打造荣成机关规范化管理云平台,全市机关干部全部上线使用;该项目作为威海信息化代表项目参加山东联通优秀信息化项目展示,赢得肯定。行业物联网卡等信息化业务快速发展,电业远程抄表、自来水远程炒表、公共自行车站点数据回传、燃气远程抄表、公安车辆监控、公交车辆监控等项目成功实施,大幅提升相关行业的科学化、自动化管理水平。

服务效能稳步提升 将服务质量视为企业生存的根本,为满足不同客户群的通信需要,分别建立面向集团客户、中小企业客户和公众客户的专业化服务队伍,实行穿透式管理,有效保障了客户服务效率。对客户投诉实行流程化管理,将投诉记录、办理、跟踪、回访等工作环节全部纳入电子流程运转,确保对客户服务工作的闭环管理,客户投诉答复满意率和回复及时率均保持在99%以上。10010客服热线为广大客户提供业务咨询、办理、障碍受理以及投诉受理等服务,对客户反映的各类问题实行跟踪办理、实时回访。严格实行装移修"上门预约"制度,将障碍纳入10010平台系统管理,实现自动派单,提高装移修及时率。面向家庭宽带用户推出480服务承诺,承诺在工作时间内城区障碍4小时内修复,装移机8小时内完成;农村区域障碍8小时内修复,装移机8小时内完成,超时给予补偿。强化服务日常管理,将客户感知中的负面指标作为重点改进项目,增加对营业窗口现场监督检查频次,解决服务窗口的浅表性问题。加强落实宽带无条件受理,完善工单管控流程,提升装机服务效能。推行窗口服务标准化,严格落实"首问负责制"和窗口服务规范,营业窗口实行全业务受理和免填单服务,推出一单清缴费、自助缴费、一卡充缴费、网上营业厅缴费和银行缴费等多种便民缴费方式,以及营业厅自助查询、网络查询、短信查询等通信费用查询方式,最大限度方便客户,营造让客户放心的服务环境。

服务渠道扩展延伸 加快服务渠道建设,持续推进城区主营业厅、乡镇驻地营业厅和商圈卖场建设,提升厅店服务效能;扩展社区服务站、合作厅、代理点等便民服务渠道,将服务网点延伸到各个居民小区和自然村,让广大群众不用出小区、村就能享受到联通公司快捷方便的通信服务。2016年各类联通便民服务网点总数接近800处。推行渠道门店建设标准化,在门店运营策略、业务产品、活动开展、终端陈列等方面全面做到统一化、标准化,保障渠道服务质量稳定。

企业责任有效践行 加强三个文明建设,坚持"两手抓、两手都要硬"的方针,持续打造过硬的企业文化,锻造一支政治素质高、业务技能强的经营团队。积极履行社会责任,投资3万元帮助包扶村改善农村环境,加快新农村建设。注重加强安全生产教育,开展安全生产月活动,定期组织安全培训和消防演练,提升员工安全生产技能,全年没有发生安全生产事故。严格落实实名制,做好电话用户真实身份信息登记,确保新用户实名登记率达100%。开展员工业务技能培训,建立统一的学习、考核、监督机制,保障员工能够参加学习培训活动,不断提升业务技能和综合素质。年内组织员工参加各类学习培训班49期,培训员工1677人次。

(王向军)

【中国移动通信集团山东有限公司荣成分公司】 2016年,中国移动通信集团山东有限公司荣成分公司(以下简称荣成移动公司)扎实开展"两学一做"学习,强化党建工作引领,加快转型发展,服务荣成经济建设,全面推进4G深度覆盖和广度优化,强化有线宽带全面覆盖建设,为荣成智慧城市建设和信息化发展作出应有的贡献。

4G网络建设 荣成移动公司立足于宽带战略和智慧城市的总目标,坚持打造4G精品网络的建设理念,全年总投资0.9亿元,主要用于4G网络建设,配合智慧城市建设,加快骨干传输网络建设,加大家庭有线宽带网络建设,完善网络覆盖优化建设。2016年新建设300个基站,涵盖全市主城区、乡镇农村、高速国道、海面航线、重点景区等场景的广域覆盖;完成交通枢纽、商业酒店、银行医院、党政机关等重要区域的深度覆盖,提升网络承载能力。新建了6万户家庭有线宽带客户接入预覆盖工程,全市有线宽带覆盖率85%。2016年农村宽带新接入150处、社区宽带新接入90处、建设楼宇宽带1200栋。新建本地OTT—TV业务平台,总容量342G,承载9万魔百和用户,满足日益增长的业务需求。

服务水平提升 荣成移动公司始终秉承"客户为根、服务为本"的理念,高度关注广大客户诉求和权益保护,优服务、优体验、优口碑,努力为客户提供高效、便捷、规范的服务,全年各项服务指标均处于全省领先水平。拓宽自有渠道,完善互联网等在线服务体系,全方位、一体化为客户提供贴心服务;持续优化网络覆盖,不断提升客户良好通话感知;大幅下调 IDD 国际长途、国际漫游资费、推行长市漫一体化产品、实施提速降费、流量不清零等举措,客户获得感进一步增强;严格执行客户实名制,综合治理网络不良信息,为客户提供安全的通信环境;积极致力于客户反映的热点、焦点问题的改善,接受社会舆论监督和通信主管部门监管,努力为广大客户提供更优质的通信服务,客户日益多样化的通信需求得到有效满足。

助力智慧城市 借助优质的 4G 网络,创新平台,充分利用信息技术在数据采集、存储、分析等方面的优势,加快物联网、大数据、云计算等新一代信息技术应用。为人和镇政府打造智慧渔船监管平台,实现对渔船的监管;为全市建成以村卫生所、镇(街道)卫生院——区市卫计委及二级以上医院——威海云计算中心——省卫计委的 4 级医疗专网;建设“平安石岛”天网工程;为好运角管委提供森林防护监控,实现远程监控和预警;为消防大队和环卫处提供智慧公车管理平台,实现远程车辆调度和定位。

社会责任履行 为“12349 便民服务热线”长期提供独家的技术支撑和保障,服务居民 31 万户,呼叫总量达 87.21 万次,成功救助生病老人 367 人,居民满意度极高;联合水务集团打造短信推送平台和微信公众平台,发送停水、水量和水费通知短信,市民可通过平台查询水量、缴纳水费,为老百姓提供生活便利;积极参与扶贫,为扶贫村送宽带、送终端,以信息化助力村庄建设和发展。

(钱海青)

【中国电信股份有限公司荣成分公司】

2016 年,中国电信股份有限公司荣成分公司(以下简称荣成电信公司),突出价值导向,努力实现有效益的规模新突破,发挥 4G 移动网络和全光网宽带“双百兆”技术优势,全力助推“智慧城市”建设,为社会信息化和国民经济的发展做出了积极的贡献。

天翼 4G 和全光网“双百兆”网络初步建成 在天翼 4G 网络建设方面,累计投资 1 千多万元,新开通天翼 4G 室外站宏基站 100 多个,室内分布系统 30 多套。电信天翼 4G 信号已基本覆盖全市城区和主要乡镇以及城铁、高速、旅游景区等重点区域;在宽带网络建设方面,荣成电信公司继续大力推进“宽带中国 · 光网城市”战略,全年新增光纤入户家庭覆盖 7 万多户,并顺利完成了 ESTN 退网和光进铜退工作,全市网络能力基本实现“百兆进户、千兆进楼、T 级出口”,家庭光纤用户网速提升到“20 兆起步、50 兆普及、100 兆领航”。

助推“智慧城市”建设 依托 150M 极速 4G 移动网络和 100M 高速光宽带网络,荣成电信公司为全市数十万用户提供优质的“双百兆”接入、优惠的“双百兆”融合套餐、优良的“双百兆”服务举措,为互联网+、大数据、云计算、物联网等新技术应用搭建了高效的承载基础,为各行各业的信息化应用铺设宽广的高速通道。荣成电信公司移动办公、天翼对讲、全球眼、销售管家、外勤助手、旺铺助手、翼机通、视频会议、天翼看店、位置定位等新业务新产品,在全市党政、渔业、林业、物流、司法、交通、公交、医疗、制造、贸易、金融保险和军队等行业系统得到广泛应用,为众多党政机关、事业单位、大中小型企业和个体商户等提高运营效率、降低运营成本提供有力的信息化支撑;在农村信息化建设上,开展“信息惠农”专项行动,以光网宽带、天翼 4G 双百兆新融合为切入点,主推适合农村用户信息化需求的宽带产品及增值服务,努力提升农村地区智慧家庭渗透率,推动农村信息化应用向纵深发展;贯彻落实“信息消费试点”和“信息惠民试点”城市建设,拓展信息化在民生服务上的应用。通过荣成电信公司提供的 100M 光纤宽带、4G 高速网络和家庭智能网关等构建的无缝宽带智能组网,享受通信、信息和娱乐一体化的智能家居体验,足不出户就能看高清视频,对家庭进行安全视频监控,以及实现高清 iTV、PAD、智能手机等多终端的家庭信息共享和互动。大力推广手机支付民生应用—翼支付,实现了话费、电费、加油、交通违章罚款、网购等在手机客户端上代缴费服务。

客户服务 荣成电信公司遵循“用户至上,用心服务”的服务理念,服务社会,抓好服务能力建设,解决好服务热点问题,实现企业与用户之间和谐互信、企业与企业之间协作共赢的局面。拓展多元化多渠道新型服务体系,建立和完善服务互联网化新型服务体系,提升自动化服务、专业化服务、集约化服务等服务能力。利用易信客服等新型服务手段提升互联网服务能力,推进网掌厅和手机“欢 go 营业厅”,为用户提供更加高效、便捷的全方位服务。强化服务文化建设。本着“用户至上,用心服务”的服务理念,诚实守信服务的企业文化,建立渠道常态培训,强化营业员岗位培训,完善日常业务办理稽核机制,查缺补漏、规范渠道后台支撑人员的业务受理流程,并通过窗口服务明星评比等活动,提升窗口服务水平。完善装维调度体系和装维服务支撑体系,提高装维人员整体技术能力、施工及服务规范,提升装维服务质量和客户满意度。畅通用户渠道,维护合法权益。通过对短板分析,重点解决用户反映的问题。以“服务问责制度”为基础,细化服务审核管理办理。重点解决社会关注的热点问题。执行二次确认机制,对不明扣费重点整治,加强对垃圾短信的日常监控,形成快速有效的联动处理体系,发现问题及时处理、及时解决。落实实名制,专项治理电话“黑卡”。推进“提速降费”要求,通过实施宽带用户免费提速、普遍下调宽带接入产品资费、通过融合套餐优惠降低宽带资费等措施,让用户切实享受到提速降费的实惠。在年初对光网区域宽带用户实施第一轮提速的基础上,11 月底实施了第二轮新老用户提速降费,单位带宽资费下降幅度达到 50%以上。同时,对于融合业务用户,免费赠送家庭宽带、电信 iTV 机顶盒和 iTV 业务使用费等。

(王彩凤)

荣成 RONG CHENG 自由呼吸 自在荣成

交通·邮政

Transportation ·Post

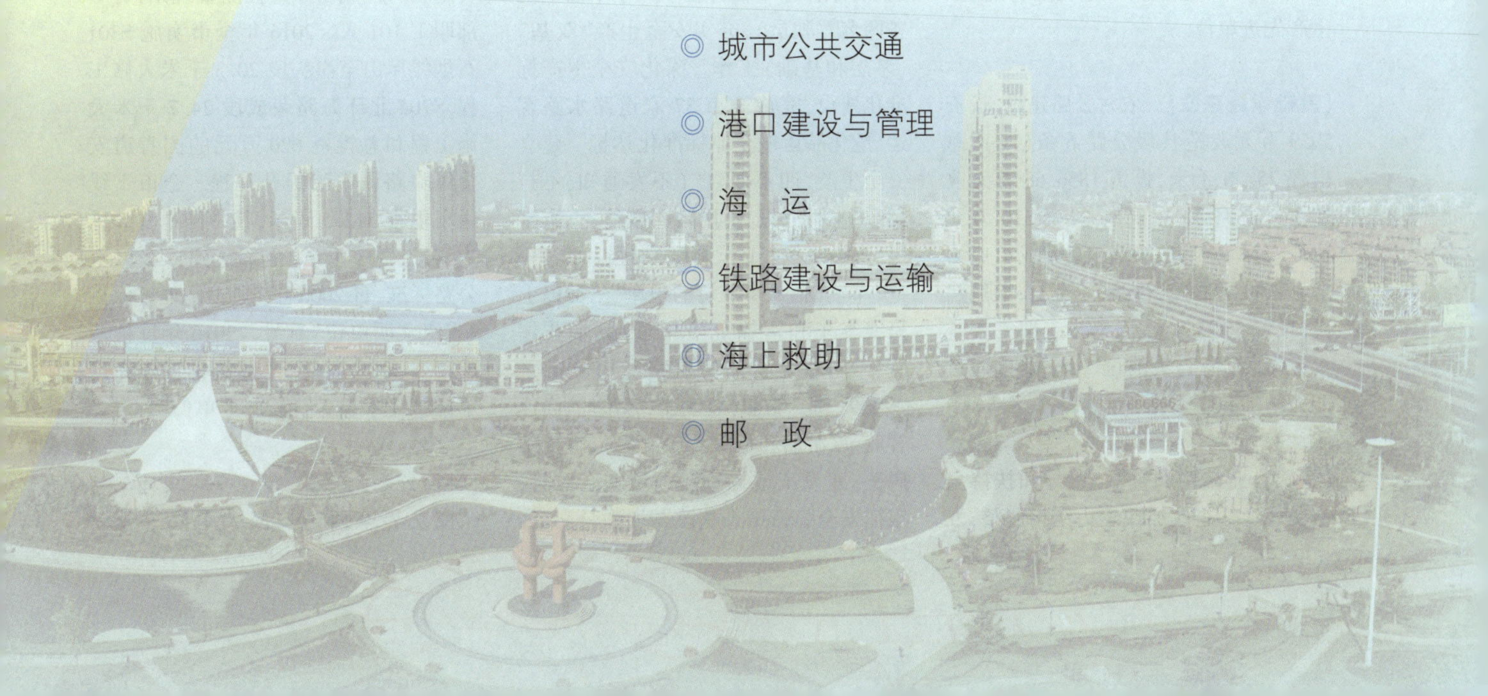

综　述

【概况】　荣成市交通运输局内设办公室、政工科、规划基建科、财务科(审计科与其合署)、安全监督科(挂行政许可科牌子,综合法规科与其合署)、市交通战备办公室6个科室。下设4个正科级事业单位(荣成市道路运输管理处、荣成市交通运输局公路管理处、荣成市客运物流中心、荣成市港航管理局)、2个副科级事业单位(荣成市交通运输监察大队、荣成市交通运输局崖头分局)及10个乡镇交管所,交通门诊所,有工作人员139人。2016年,荣成市交通运输系统围绕全域中心工作部署,坚持创新发展、民生优先、负重奋进,主动适应发展新常态,深化交通行业改革,各项工作纵深推进,实现新的跨越。至2016年底,全市干线通车里程312.5千米,其中国道9.5千米、省道303千米,全部达到二级以上公路标准。农村公路总里程1452千米;拥有国家一类开放港口2个,1万吨级以上泊位18个,开通国际国内航线16条。全年海上运输完成旅客周转量1.3亿人公里,比上年下降7.8%;货运周转量111.5亿吨公里,增长1%。完成邮政业务总量8771.7万元,增长8.7%。2016年,荣成市获批全省首批"四好农村路"示范县,荣成市交通运输局获评威海市安全生产先进单位。

【基础设施建设】　农村公路建设,投资5959万元改造县级公路6条(段),总里程25.58千米,投资1856.68万元改造乡村道路47.9千米,投资310万元建设安保工程19.18千米,荣成市成为全省首批"四好农村路"示范县;港航建设,投资5000万元,石岛港三期工程基本完工,新增码头泊位7个,港口通过能力增加600万吨。

【运输产业结构调整】　引导和扶持全市交通运输企业加快运力结构调整,发展中高级客车、大型运输船舶,推动交通绿色发展,推广应用新能源汽车。引导运输企业规模化、专业化发展,2016年新增专营性道路货运企业8家,全市专营性道路货运企业总数达94家。

(邱敬霞)

【交通执法管理服务】　全面推行依法行政,强化执法监督,完善行政执法案卷评查机制,统一执法文书样式,严格执法文书领、用、销制度,严格落实规范、文明执法,规范荣成市交通行政执法行为。梳理规范行政许可及相关事项16项,推动行政审批职能"三集中三到位",制定"双随机、一公开"管理制度、随机抽查工作细则、随机抽查事项清单,并在部门政府网站公开。年内行政审批中心交通窗口办件6862件,连续13年被评为全市优秀诚信窗口。加强交通运输市场执法监管,开展"黑出租"、危险品、旅游包车等专项整治。

(张琳琳)

【平安交通建设】　落实安全生产责任制,建立完善网格式安全生产责任体系,开展"平安行.你我他""道路客运安全年""安全生产月""大排查快整治严执法"等专项活动,强化"三关一监督"职能("三关"即严把运输经营者市场准入关、营运车辆技术关、客运驾驶员资格关;"一监督"是指交警及交通部门对客运车辆进行"一监督",严格按照客运车辆排班制度发车,严禁超员超速,确保客运车辆行驶400千米以上配备两名驾驶员),夯实安全生产"双基"(基层和基础)工作。深化安全生产标准化建设,完成全市37家道路水路客运、危化品运输企业标准化达标。建立安全生产"四不两直"(不发通知、不打招呼、不听汇报、不用陪同接待,直奔基层、直插现场)工作制度,加强"两客一危"车辆(指从事旅游的包车、三类以上班线客车和运输危险化学品、烟花爆竹、民用爆炸物品的道路专用车辆)、"四客一危"船舶(客渡船、客滚船、高速客船、旅游船和危险品运输船舶)、客货站码头、建设工地等重点领域安全监管,狠抓安全隐患排查整改。加强公交、客车、客运站等重点部位防恐防范。完善应急指挥系统,修订各项应急预案,加强应急储备、队伍建设和实战演练。

(张显峰)

【行业文明建设】　规范党内政治生活,强化党员队伍管理。以出租客车"党员示范车队""诚信示范车队"及公交"情深巴士"等行业品牌建设为抓手,着力打造"一路情深"服务品牌,行业精神文明建设取得新突破,涌现出"全省优秀志愿服务组织""一路情深"出租车爱心车队、"山东好人"公交司机滕文军等一大批先进典型。广泛开展"排队上下车""礼让斑马线""维修服务进社区"等系列文明创建活动,扎实做好创建文明城市工作,行业整体文明水平不断提升,荣成市交通运输局被评为全省交通运输先进集体和全市目标责任制先进单位。

(鞠　琳)

国省干线公路建设与管理

【概况】　威海市荣成公路管理局隶属于威海市公路管理局,是正科级事业单位,主要负责辖区内国、省道干线公路的修建、养护、管理工作。内设办公室、政工科、工程科、养护科、路政科、安全生产监督科、财务科、工会8个科室和石岛、滕家、成山3个公路管理站,有干部职工101人。2016年全市实施S301石烟线斥山至崖头段20.3千米大修工程,S704北环海路荣成段24.7千米大修工程和总投资620万元的国省道安全风险路段整治提升工程。全市干线通车里程312.5千米,其中国道9.5千米、省道303千米,全部达到二级以上公路标准,自2006年起连续11年保持"省级文明单位"称号。2016年度被荣成市委、市政府授予"包扶村工作先进单位""上级驻荣优质服务单位"称号。

【环海公路大修】　省道704线环翠与荣成交界至西霞口段大中修工程是

2016年启动的一项老油路升级改造工程,也是列入荣成市政府重点民生工程之一。该工程全线总长24.7千米,按二级公路标准修建,路面宽15.8米,需维修大桥1座、中桥1座、小桥2座,铺筑沥青路面39万平方米,工程总造价9130万元。由于受公路工程建设程序变更等因素影响,公路工程启动较往年晚近4个月。为保证工程进度,采取"提前运作、立体作业、多层推进"的建设模式,消除阻碍施工的一切困难。8月底前完成全部施工。

【石烟线大修】 工程被列入2016年省级干线公路升级改造计划。对石烟线斥山街道至崖头街道小迟家村段全长20.3千米的线路进行大修,维修大桥1座、中桥2座,小桥4座,铺筑沥青路面41万平方米,工程总投资1.2亿元。工程全面加强原材料进场、各道工序衔接及压度实、配合比等关键技术指标控制,各项工程合格率达到100%。针对石烟线车流量大的特点,采取"半幅施工、分解车流、专人疏导、全线警示"的方法,在施工路段安装配备3000套安全警示标志,保证施工期安全生产无事故。9月17日,沥青路面工程完工,公路标线施划工程9月23日完成。

【公路养护管理】 2016年不断在"管理精细度、路况完好度、保洁美誉度"上下功夫。对养护标准、计量支付、人员配置、质量检查等进行优化调整,对养路员实行奖励性绩效工资分配模式,对各养护队实行车辆GPS监控、每月业务考核的作业模式,保证养护计划不打折扣落实到位;完成修剪草皮1.46万平方米,苗木打药除虫2万株,修补路面4000平方米、路面贴缝2.3万米,硬化平交道口165平方米,更换破损护栏1200米,砌体勾缝1523平方米,浆砌边沟446立方米,并完成威石线牛仙顶桥、双石周家桥维修加固工程。

【路政管理】 2016年累计查处违规车辆210台,清理违规摊点400处,清理非公路标志50块,制止打场晒粮10起;全面加强公路安全隐患整治,协同安监及交警中队深入到企业、农村、商户开展公路安全意见征询活动,对存在安全隐患的威石辅线、石烟线等32处中央隔离带路口进行封堵,增设公路标志104块、警示灯37个;加大释法和执法工作力度,开展路政宣传月、入户送路法活动,分发宣传单5000份,走访业户120户,同时加大路政巡查力度,查处路政案件100起,收取路赔费30.92万元。

【公路档案管理】 12月9日通过山东省档案局复查验收,获"山东省档案工作科学化管理"示范级单位称号。

(方向昭)

石烟线公路路面摊铺作业现场　　（荣成公路管理局提供）

农村公路改造与养护

【概况】 2016年,荣成市实施县道改造、镇村公路改造、农村公路绿化、农村公路管护、安全生命防护工程、危桥改造工程、"四好农村路"7项公路重点工程,完成建设投资1.03亿元。对滕墩线、隆高线等6条重要县道进行改造,实施改造乡村道路53条。进一步改善荣成镇街有县乡道路路况和绿化情况,栽植各类苗木25万棵。对县乡公路的桥梁进行普查,确认危桥项目。根据2015年市政府制定的农村公路安全生命防护工程"三年计划",计划并开展农村公路安全生命防护工程项目。

【县级公路改造】 2016年,荣成市对6条(段)县道进行改造,总里程25.58千米,其中包括滕墩线吕家疃至人和北威石路立交桥段及千军石至敦前段11.4千米、隆高线省道201至文登界、黄张线户沙线路口至省道704路口、户沙线沙窝至东刘家疃路段、姚大线荫子大街以东2.1千米及石沙线码头村。所有项目均于9月底前完工。

【镇村公路改造和绿化】 2016年,荣成市完成乡村道路改造53条47.9千米,同时对56条公路进行绿化,有效的改善镇街道路出行条件和街道面貌。

【县道绿化】 2016年,荣成市完成县级公路绿化3条,绿化里程22.1千米。滕墩线滕家至上庄段(6.6千米)绿化苗木以龙柏球、石楠为主,辅以地被小龙柏,同时将原来老化的冬青球移除换上黑松;石沙线码头村至荣喜集团段(11千米)绿化苗木以龙柏球、木槿、樱花、法桐为主,辅以小龙柏、柽柳等地被植物;姚大线(4.5千米)绿化苗木以樱花、蜀桧、龙柏球、法桐、黑松为主。

【交通精准扶贫】 通过全面调查摸底，60个省定贫困村涉及埠柳镇、夏庄镇、崖西镇、荫子镇、大疃镇、上庄镇、滕家镇7个镇的进村路（连村路）43条65.39千米，其中路面状况良好的29条，路面状况一般的6条8.99千米，路面状况较差的8条6.17千米，道路基本无安保设施。根据前期工程计划，2016年精准扶贫工程任务全部提前完成。

【安全生命防护工程】 2016年，荣成市交通运输局在完成市交安委排查的154处隐患点整治任务的基础上，对县级公路安全生命防护工程进行上档升级，完成路网信息指示牌安装工作。尤其是对车辆侧滑坠沟、两车对行相撞等事故高发的县道石沙线、马沙线、港崖线，乡道崮柳线、王西线等改善效果显著。自安全生命防护工程实施以来，交通、公安、安监等部门及有关镇街全力协作，按照有关要求，采取“联合排查、分工负责、认真整改”方式，加快隐患整改步伐，排查各路段安全隐患，通过增设警示标牌等措施，取得明显整改效果。

【“四好农村路”】 为实现到2020年“建好、管好、护好、运营好”农村公路（以下简称“四好农村路”）的总目标，2016年，荣成市交通运输局以创建“四好农村路”为抓手，着力改善农村交通出行环境，在农村公路建管养运上下功夫，全市农村公路建设标准逐步提升、养护管理成效明显、公共服务能力不断提高。12月30日，山东省交通运输厅公布山东省首批“四好农村路”示范县名单，荣成市成为全省3个首批“四好农村路”示范县之一。

（鞠章悦）

道路运输与管理

【概况】 2016年，全市拥有道路客运班线70条、客运车辆154辆（含客运包车18辆），二级客运站3家，三级客运站1家，五级客运站1家，公交线路101条（城区公交19条、城郊公交82条）、公交车452辆，其中新能源公交车277辆，出租车325辆（市区205辆、石岛90辆、好运角30辆），经营性货车8308辆，道路客运企业3家，维修企业331家，二类以上56家（其中一类5家、4S店12家），三类275家，汽车综合性能检测机构1家，驾校4家、教练车279辆、教练员215人。

6月20日，质监站人员与检测单位人员进行桥梁普查（市交通运输局提供）

【运力结构调整】 新增气电混合客车176辆，新能源客车总数达277部，新能源公交车占比达60.6%，比2015年增长174.3%；中高级客车总数达154辆，占营运客车总数的100%。

（高媛颖）

【交通运输监察】 2016年，荣成市交通运输监察大队狠抓作风建设，促管理提档升级，每月例会进行作风反思，每周“碰头会”重申作风纪律，时刻提醒执法人员自警自省，并将作风建设制度化，实现逐级负责制和责任追究制。根据主要客流集散地“黑出租”特点，采取一系列管控和整治措施，并针对“黑出租”不断变化的逃避检查方式，及时调整检查方案，严厉打击非法营运行为，整治效果明显；以市区各企业“大户”为中心，在主要路口设卡排查给各企业送油、气等危运车辆，以市区烧烤摊、饭店等“散户”为中心，在主要路口设卡排查无资质送气危运车辆，以镇交管所反馈村居“小户”为中心，在主要路口设卡排查无资质、改装倒灌液化气的危运车辆；通过群众举报和日常执法摸排，协同旅游局检查旅行社（团），查看租（雇）旅游包车的情况和运行规律，根据掌握的情况联合旅游局到酒店和景点进行源头督查旅游包车；充分利用抽调市联合执法的8名执法人员，24小时严查路面扬撒违章，并将全市划分为3个片区，落实到剩下的3个执法中队，摸清违章较多的场矿企业的违章重点时段，有效利用执法力量，到场矿所在地附近进行严查，尽量减少路面扬撒污染；根据市政府超限超载治理专项行动实施方案，摸清全市营运货车运输情况，依托19个治超点，全面整治货车超限超载运输行为。全年查处各类违章车辆264起，其中黑出租14起，客运38起，货运175起，危险品18起，扬撒23起，向市纪委和征信办分别提报行政处罚案卷35起。

（高　健）

【荣成市昌通驾驶培训有限公司】 （原“荣成县交通学校”）成立于1979年，是荣成市最早的驾驶培训学校，具有丰富的办学经验和一流的教学设施。公司配备汽车教学模型、电教板及投影仪等先进教学仪器,拥有微机 69 台,占地面积 18600 平方米。3 处训练场(夏庄石硼闫训练场、驾校院内训练场、斥山训练场),拥有 82 部教练车,是 1 所具有国家一级资质的大型驾驶培训学校。

【荣成市宏祥驾驶员培训有限公司】成立于 2012 年,位于石岛管理区。宏祥驾校投资 700 万元,建有 2 公顷专业汽车训练场地,教学车辆拥有 40 辆长城皮卡、5 辆雪铁龙轿车,校园绿化率 30%,环境优美,宜教宜学,学校为学员提供优质快捷的服务,营造精彩纷呈的驾驶新生活。

【荣成顺通汽车驾驶培训有限公司】成立于 2010 年,位于荣成市经济开发区。驾校拥有 91 辆皮卡、宝来、东风大货、中巴车、大客车等各类教学车辆并拥有大小车考试、训练场地。同时,开设白班、夜班和寒暑假特色培训班,为社会输送大批优秀的驾驶人才。

【荣成市祥安机动车驾驶员培训有限公司】 原荣成市公安局交通警察汽训队,成立于 1988 年 ,2006 年更名为荣成市祥安机动车驾驶员培训有限公司,是荣成市唯一的国有品牌驾校,专业培训 C1 驾照,驾校分别在崖头和石岛设有标准化训练场地,为不同地域学员提供优美舒适的学习和训练环境。拥有现代化的理论教研室、微机室,在模拟教室还配置 10 台驾驶模拟器及整车教学模型,理论教育设施齐全,拥有小型教练车 70 部。为满足学生练车需求,在夏季专门开设暑期学生班,推出微信约车和普通班等练车模式。

【荣成市运输有限公司】 成立于 1970 年 10 月,2001 年 5 月改制为股份制企业,公司占地面积 2 万平方米,固定资产总值 5595 万元,职工 510 人,客货运输从业人员 1000 人。公司辖 4 大部门(含两个子公司)、15 个厂、队、科室,公司也由单一的货物运输经营向跨行业、多领域方向发展。拥有三级客运、四级货运、二类维修、一级驾校等经营资质。主要经营项目有班线(包车)客运、出租客运、危险品货运、汽车修理、驾驶人培训、校车运营、秀水装饰材料交易市场、加油站等。1989 年被山东省交通厅授予"文明单位"称号,此后多次被省、市、县交通主管部门和行业管理部门授予"优秀企业""出租汽车客运经营管理先进单位""道路危险货物运输安全规范优秀企业""诚信服务单位""山东省道路运输百强诚信企业""安全生产先进单位""精神文明建设先进单位""劳动关系和谐企业""先进党支部"等称号。

【荣成远东运输有限公司】 成立于 2003 年 1 月,是由石岛集团有限公司、石岛新港港务股份有限公司两家投资成立的有限责任公司。有职工 160 人,司机 155 人。其中内勤 19 人,有证件的安全管理人员 4 人,拥有集装箱专用运输车辆 131 辆,全部拥有海关监管资质;发电机组 19 台,供冷冻品运输需要。并配备有加油站、汽车维修厂,为运输安全、运力稳定提供有力保障。专业从事进出口货物集装箱运输、海关监管货物运输、进出口散杂货物运输、转关运输等业务且拥有国际集装箱运输资质。主要业务范围为青岛、福建、上海、苏州、南京、广州、深圳等地。2016 年车队承运箱量 30390T,实现收入 7379.74 万元,比上年减少 1192T,收入减少 610.89 万元,降低 7.65%。完成利税 858.61 万元。货运量 181935 吨,周转量 12923 万吨。

【西霞口集团有限公司龙眼港集装箱中转站】 成立于 2001 年 9 月。地处山东半岛最东端,荣成西霞口村。龙眼港北、东、南三面濒临黄海,距离成山角仅三海里,与韩国和日本隔海相望。西临 309 国道,新建环海公路直通威海外运中转站。中心占地面积约 30 万平方米,站房面积 5300 平方米,库房面积 3300 平方米,堆场面积 12000 平方米,停车场 5000 平方米,货车 3 辆,正面吊 2 台,叉车 4 台。发电机组 7 台,供冷冻品运输需要。并配备有加油站、汽车维修厂,为运输安全、运力稳定提供有力保障。专业从事进出口货物集装箱运输、海关监管货物运输、进出口散杂货物运输、转关运输等业务且拥有国际集装箱运输资质。2016 年承运箱量 29015 吨,实现收入 3305.9 万元,比上年减少 1492T,收入减少 820.58 万元,降低 10.65%。完成利税 643.21 万元。货运量 173824 吨,周转量 10383 万吨。

【荣成西霞口国际货运代理有限公司】 成立于 2001 年 4 月,位于山东半岛最东端,荣成西霞口村。西临 309 国道,新建环海公路直通威海外运中转站。公司有职工 95 人,其中内勤 11 人,司机 85 名,有证件的安全管理人员 4 人,办公面积 2000 平方米,拥有 85 辆集装箱专用运输车辆,全部拥有海关监管资质;主要业务范围为青岛、福建、上海、苏州、南京、广州、深圳、天津、烟台等地。

(高媛颖)

城市公共交通

【概况】 2016 年底,荣成市有公交运营线路 101 条(市线 19 条、城郊线路 82 条)、公交车辆 452 辆,其中新能源公交车辆 277 辆,线路总长度 3143 千米,日运行班次 3002 次,日运行总里程 80237 千米,日运送客运量 9.5 万人次。出租汽车 325 辆,分别是荣成市运输有限公司(市区 205 辆),荣成市第二运输公司(石岛 90 辆),西霞口出租汽车有限公司(好运角 30 辆)。

【城乡公交一体化】 3 月开通南部公交线路,全面完成荣成市域城乡公交一体化建设,实现城乡公共交通一体化发展。至 2016 年底,累计投资 2.77 亿元,全域开通线路 101 条,其中,城区公交 19 条,城郊公交 82 条,设立公交站点 1760 个,其中市区 247 个,农村 1513 个。投入公交车 452 辆,其中新能源公交车 277 辆。线路总长度 3143 千米,日

公交公司信息指挥中心（市交通运输局提供）

运行班次 3002 次，日运行总里程 80237 千米，日运送客运量 9.5 万人次。

【智慧公交】 荣成市智慧公交起步晚，但发展快，实时视频监控的使用、掌上公交 APP 的推广、公交电子站牌的使用，让外地游客和荣成市民享受到信息化、智能化的公交出行服务。智慧公交项目实现公交实时调度和信息实时发布功能；荣成公交手机 APP 全面推广，实现公交信息"掌上查询"；完成荣成公交网站和荣成公交微信平台的建设和应用，随时发布公交运营动态。市区主干道路 75 处电子站牌（成山大道 30 处、青山路 20 处、云光路 9 处、城铁站周边 16 处）全部投入使用，方便乘客及时了解车辆运行信息，提高出行效率。

【出租车志愿者协会】 荣成市区出租车志愿者服务协会于 2015 年 12 月在荣成市社会客运管理站挂牌成立。这是山东省第一家经民政部门批准的县级出租车志愿者服务组织，有成员 50 多名。市区出租车志愿者服务协会依托"党员示范车队"和"诚信示范车队"的成员，并吸纳出租车队伍中服务热情、热心公益、勇于奉献从业人员，开展常态化、制度化的志愿服务活动。2016 年，先后组织服务高考、清理垃圾、敬老拥军等多种类型的志愿活动，涌现出不少助人为乐、拾金不昧的优秀事迹，传递爱心、传播文明，展现荣成出租车行业的新形象、新风貌。

【荣成公交集团有限公司】 成立于 2016 年 7 月。下辖荣成公共交通有限公司、荣成市城乡公共交通有限公司、荣成市祥安机动车驾驶员培训有限公司、荣成市祥安机动车检测有限公司、荣成市机关汽车修理厂等企业，承担着市区及各镇街公共交通客运任务，兼营汽车租赁、机动车维修、驾校培训、车辆检测、旅游观光、园林绿化等业务，员工 1000 人，公交车辆、教练车等各类营运车辆 580 辆，开通公交线路 101 条，年客运量达到 3200 万人次。

（高媛颖）

港口建设与管理

【概况】 全市港口由石岛港区、龙眼湾港区、靖海湾港区、蜊江港区 4 个港区组成。港区全部为国家一类开放口岸，包含龙眼港、三星重工码头、伽耶船厂码头、蜊江港（停产）、石岛港、朱口港、好当家港、荣喜港、远通船厂码头和兴船业码头 10 个一类开放作业区。全市具备港口经营资质的企业 42 家，其中综合性港口 6 家、专业性港口 9 家、从事危货作业的渔业码头 20 家和船舶港口服务类企业（从事为靠泊船舶提供物料及生活品供应、拖轮、理货业务）7 家。拥有码头泊位 84 个，其中万吨级以上泊位 38 个，5000—7000 吨级泊位 13 个。2016 年全市港口完成货物吞吐量 2455 万吨、运送旅客 33 万人次，分别比上年增长 4%和-23%；完成集装箱吞吐量 35 万标箱，比上年下降 4%。

【石岛港区】 石岛港区主要由石岛港、朱口港和荣喜港等 3 个作业区组成。

石岛港作业区 位于山东半岛的最东端，荣成市石岛区东南端的石岛湾西侧，距离韩国最近（距韩国仁川 212 海里），是集客货、集装箱、散杂货冻品、成品油和船舶修理等功能于一体的现代化港口，2001 年 8 月获批为国家一类对外开放口岸。港区面积 200 万平方米，货场面积 20 万平方米，水域面积 240 万平方米，码头泊位总长 3419 米，有生产性泊位 18 个，其中万吨级以上泊位 13 个，5 千吨级泊位 5 个。万吨级以上泊位中，有新建西作业区 3 个，1 万吨级和 1 个 5 万吨级泊位正在建设。装卸设施有集装箱装卸桥 6 台、轮胎式集装箱场桥 6 台、集装箱正面吊运机 5 台、斯太尔集装箱拖车 150 辆、门座式起重机 15 台、16 吨轮胎吊 4 台、集装箱正面吊 3 台、集装箱堆高机 2 台、拖轮 4 艘、320 吨浮吊 1 艘。开通国际客滚班轮航线 2 条（包括石岛—韩国仁川、石岛—韩国群山）、国际集装箱班轮航线 3 条（石岛—日本关东、关西，石岛—韩国—日本）、国内集装箱航线 1 条（包括石岛—青岛外贸内支线），2011 年 11 月被列为中韩陆海联运试点口岸。2014 年 11 月获批进口冰鲜水产品指定口岸，2015 年 8 月获批为进口食用活水生动物指定口岸，2015 年 11 月获批荣成海关跨境电商监管场所，2016 年 9 月获批进口肉类指定口岸，2016 年 10 月获批为进口澳大利亚屠宰用肉牛指定海运口岸。2016 年完成货物吞吐量 1870 万吨、集装箱吞吐量 31 万 TEU、客运量 31 万人次。

朱口港作业区 位于荣成市人和镇朱口村，港区面积0.79万平方米(含3339平方米的渔港)，水域面积500万平方米。有1个1万吨级泊位。码头泊位总长250米，主营内贸轻柴油的承卸业务。码头有3600立方米成品油罐4个、1000立方米成品油罐2个，被指定为保税油库。2016年完成货物吞吐量2万吨。

荣喜港作业区 位于荣成市人和镇山西头村靖海湾畔，港区面积8万平方米，货场面积4000平方米，有4个6000立方米成品油罐，水域面积10万平方米，泊位总长780米。有5千吨级泊位1个，3千吨级泊位2个，40吨汽车吊2台。建成水坞2座，可承修最大吨位为30万吨的船舶。2016年获准为国家一类开放作业区，主要从事鱼、货、石油类产品的装卸、储存和船舶维修。2016年完成货物吞吐量2.8万吨。

【龙眼湾港区】 主要由龙眼港作业区、马山港作业区组成。

龙眼港作业区 位于荣成市成山镇西霞口龙眼湾港区内，是全国第一家村办国家一类开放港口，距离中国海上大通道仅5海里，以石油、煤炭、矿建、木材、水产品等散杂货运输和船舶修理为主。港区面积106万平方米，水域面积150万平方米，码头泊位总长1280米。有泊位8个，其中5万吨级泊位1个、1万吨级泊位3个、5千吨级泊位2个、3千吨级泊位2个。装卸设备有2台正面吊、1台30吨岸吊、8辆叉车、2台60吨集正面吊、85辆40英尺集装箱车、24台斯太尔自卸车。2013年9月经山东省人民政府批准龙眼湾港区调整规划，将马栏湾纳入龙眼湾港区总体规划。开通龙眼港至韩国平泽客滚班轮航线(停运)、西霞口至海驴岛海上旅游航线，2011年11月被列为中韩陆海联运试点口岸，2014年11月获批进口冰鲜水产品指定口岸，2015年8月获批为进口食用活水生动物指定口岸。2016年完成货物吞吐量433万吨、集装箱3.7万TEU、客运量1.7万人次。

马山港(国际标准箱单位)作业区 位于荣成市成山镇养鱼池湾，港区面积50万平方米，货场面积1万平方米，水域面积20万平方米。有2个3000吨级泊位，码头泊位总长168米，可满足5000吨级散装船运行。港口装卸设备有1台16吨起重机、1台5吨轮式装载机，主营装卸煤炭、盐、矿砂等散装货物。2016年完成货物吞吐量78万吨。

【蜊江港区】 主要由蜊江港作业区组成。

蜊江港作业区 位于荣成市桑沟湾北岸，主要进口煤炭、水泥熟料、化工用盐、钢铁、日用工业品等，是国家一类开放口岸作业区。港区面积17.4万平方米，货场面积2.5万平方米，水域面积90万平方米，码头泊位总长130米，拥有2个1000吨级泊位。由于紧邻市区特殊的地理位置，且在装卸过程中污染比较严重，与区域整体规划发展不协调，于2015年1月1日停止蜊江港作业区港口经营业务。

【靖海湾港区】 主要由凤凰尾(好当家港)作业区组成。

凤凰尾(好当家港)作业区 位于荣成市西南端、靖海湾畔，港区在好当家工业园区内，面积3.5万平方米，堆场面积2.5万平方米，仓库面积1万平方米，水域面积12万平方米，码头泊位总长502米。有3千吨级泊位1个，1千吨级泊位2个，70吨汽车吊1台，8吨电动吊1台，大型装载机2台。主营散杂货装、成品油。2016年完成货物吞吐量2.8万吨。

(车晓静)

海　运

【概况】 2016年，全市海上运输新增船舶1艘21905载重吨，淘汰老旧船舶8艘50311载重吨，运力结构进一步优化，截至12月底，全市省际运输船舶达40艘14.5万载重吨，平均船龄8年，主要从事国内沿海及长江中下游干散货物、油品运输业务；中韩班轮运输企业3家，客箱班轮2艘、2250客位、579箱位，从事威海至韩国客货(箱)运输；市内水运企业(海上旅游公司)2家，年内建造新旅游船1艘、99客位，拥有旅游客船、游艇5艘、412客位，主要从事辖区陆岛旅客运输和海上游览观光业务。先后开辟国际国内航线16条，其中，国际客滚航线3条石岛—韩国仁川(每周3个航班)、石岛—韩国群山，龙眼—韩国平泽(停运)，国际全集装箱航线4条(石岛—韩国平泽、石岛—日本关西神户、大阪、石岛—日本关东博多、门司、石岛—韩国釜山—日本东京)，海上旅游观光兼陆岛交通运输航线2条(荣成龙眼港至海驴岛、荣成朝阳角至朝阳角)。2016年，全市海上运输完成货运

龙眼港全貌　　(市交通运输局提供)

量 660.4 万吨、货运周转量 111.5 亿吨公里，比上年分别增长 1%和 1%；完成客运量 33.2 万人次、客运周转量 1.3 亿人公里，分别增长 0.6%和-7.8%。2 月荣成海润船务有限公司新增的货船“华顺达 178”2.2 万载重吨，是荣成市最大一艘散货船。8 月，省交通运输厅港航管理局在荣成市召开中韩航线运力更新发展集中调研会，为水运企业和船舶设计、建造单位构建交流合作的平台，引导中韩海上运输企业更新船舶。2016 年 10 月，3.5 万总吨/1500 客位的“华东明珠 8”正式投入营运，替换石岛—仁川航线的“华东明珠Ⅵ”。2016 年 10 月，石岛—釜山—东京全集装箱航线开通并运营，每周一班。

【荣成华东海运有限公司】 由石岛集团有限公司、韩国斗宇海运株式会社及金裕锡三方共同出资成立的中韩合资国际海运企业，主要从事荣成石岛港至韩国仁川港的客货运输业务。拥有客滚船“华东明珠 8”轮投入营运，每周 3 个航班，海上距离 220 海里，航程 12 小时，是中国至韩国最近的海上航道。2016 年，运送旅客 15 万人次、集装箱 4.5 万标箱。

【荣成大龙海运有限公司】 西霞口集团公司与韩国大亚高速海运(株)共同成立的中韩合资国际海上运输企业，主要从事荣成龙眼港至韩国平泽港的客货运输业务，是韩国平泽港的第一条客货班轮航线。

【石岛国际航运有限公司】 由荣成石岛新港港务股份有限公司与韩国沧溟海运株式会社合资成立的国际海上运输企业，主要从事荣成石岛港至韩国群山港的客货运输业务，是中国唯一至群山港的客货班轮航线。拥有客滚船“SHIDAO”轮(载客 750 人、集装箱 203 标箱)投入运营，每周 3 个航班。2016 年，安全航行 153 个航次，运送旅客 16.9 万人次、集装箱 2.6 万标箱。

【荣成市鸡鸣岛旅游开发有限公司】 成立于 2011 年 10 月 9 日，公司位于港西镇鸡鸣岛村，距大陆最近点王家村虎头角约 1 海里。公司码头位于港西镇虎头角港，海岸线长 24 海里，码头总长 190 米，占地面积 3000 平方米，有鸡鸣岛及虎头角 500 吨级泊位各 1 个。公司有客渡船 3 艘，170 客位。主要从事鸡鸣岛码头至朝阳角码头间陆岛运输，是交通运输系统安全生产标准化三级达标企业。岛内有渔家乐 30 家，可接待游客吃饭、住宿 300 人。岛外设有候船室和售票室，拥有大小停车位 300 个，可满足旅游车辆停车、候车等服务需求。2016 年客运量 5.3 万人次。

【山东威海西霞口旅游有限公司】 成立于 1997 年 7 月 8 日，股东为荣成西霞口旅游控股有限公司。从事龙眼港至海驴岛旅游游客运输和景区服务管理业务，是交通运输系统安全生产标准化达标三级企业。公司拥有旅游客船 6 艘，537 客位。为了避免旅客及船舶运输安全，于 2009 年 4 月对海驴岛—骡子头陆岛交通码头重新进行加固整改整修，2015 年竣工验收，海驴岛码头现可同时停靠客渡船 4 艘。陆地码头拥有固定泊位 5 个，可同时停靠客渡船 5 艘，大小停车位 400 余个，可满足旅游车辆集散、停车、候车等服务需求。2016 年客运量 17 万人次。

(车晓静)

铁路建设与运输

【概况】 青荣城际铁路荣成站坐落于城区西部，车站等级为高铁中型车站，3 台 5 线，钢筋混凝土梁柱雨棚 16282 平方米，设 8 米旅客地道 1 座，4 米行包地道 1 座，车站地道设楼梯扶梯 8 个。线侧下式站房，建筑面积 9968 平方米，候车室分为上下两层，下层面积为 2877 平方米，上层面积为 1813 平方米，设旅客座椅 660 个，车站外观设计采用贝壳式设计，主色调为白色，屋顶采用波浪式处理，整体形态好似跃起的海浪。售票厅位于车站北侧，售票厅设 3 个人工窗口，自动售取机 10 台(其中两台可以现金支付)。荣成站隶属于济南铁路局烟台车务段，有行政管理人员 3 名，行车人员 3 名，客运人员 27 名，安检人员 7 名。

【青荣城际铁路全线开通】 青荣城际铁路荣成至即墨北段于 2014 年 12 月 28 日开通运营，2016 年 11 月 16 日，青岛方向的开通标志着青荣城际铁路的全线贯通。这是山东省内第一条区域性城际高速铁路，起点为青岛北站，终

青荣城际铁路荣成站一角 (青荣城际铁路荣成站提供)

点为荣成站，连接青岛、烟台、威海三个主要城市，是胶东半岛城市群最重要的交通基础设施和最快捷的运输通道。全线设客运站13个，依次为城阳、即墨北、莱西北、莱阳、海阳北、桃村北、芝罘站、烟台南、牟平、威海北、威海、文登东、荣成，线路长度303千米，设计时速250千米。其中荣成段工程全长15.4千米，投资23亿元，途经1个镇、2个街道、18个村。开行列车21.5对，其中G字头列车4.5对，D字列车7.5对，C字头9.5对，主要为北京、上海、济南、青岛方向。2016年发送旅客89.63万人，到达旅客90.35万人，运输收入合计7544.32万元。

【安全生产735天】 荣成站始终坚持“安全第一、预防为主”的工作方针，自开通运营至2016年12月31日，安全运营735天，取得良好社会效益。

（于海峰）

海上救助

【概况】 北海救助局荣成救助基地，始建于1976年，隶属于交通运输部北海救助局。主要职责是：按照北海救助局统一部署，负责实施周边水域的应急救助和抢险工作。负责所属救助船艇的值班待命和救助行动的组织指挥；参与协调指挥周边水域内救助单元的联合救助行动。负责建立周边水域应急联动机制，参与当地政府的统一搜救行动。负责周边水域内相关救助船艇的支持和保障。2016年底内设救助科、办公室、应急救助分队，在职职工22名。2016年，荣成救助基地围绕落实《五年发展规划》、预算定额管理和提升应急能力建设三大重点和“专精强特”的相关要求，结合基地发展实际，科学谋划工作部署，抓住救助中心工作，创新发展理念，找准发展定位，实现荣成救助基地新的突破。2016年，基地救助值班室完成待命8760小时。基地出动救助50次，其中内水12次，近海38次，成功救助遇险船舶15艘，救助遇险人员18人，打捞遇难者遗体5具。在北海救助局救助专项考核中名列第一。

【应急联动机制建设】 参加威海边防海上救援联动协调会，与威海水上边防派出所、蓝天救援队等与会各单位就《海上救援联动协议》进行研讨，加强与各单位的沟通与合作，推动基地应急联动机制建设。11月，威海水上边防派出所及蓝天救援队到荣成救助基地参观学习，与基地达成合作共建意向。基地组织学习调研组到北海救助局各基地进行学习调研，从“专精强特”方面的经验和做法、救助安全管理、应急设备管理使用、技术比武组织开展、绩效考核管理以及党建、救助文化建设、职工之家建设等方面入手，吸取先进的管理经验和优秀的工作方法，查找不足补短板，认真总结经验，把调研成果应用到发展建设中。国庆节期间，按照荣成市政府要求，荣成救助基地派出华英艇和应急队员，完成了“2016年中国・荣成全民健身帆板邀请赛暨国际风帆精英联盟赛”的海上安保工作，展现海上救助队伍的风采。

5月28日，荣成救助基地救助艇海上搜救演练　　（荣成求助基地提供）

【应急救助队伍建设】 抓好技能培训，重点提高薄弱环节能力，将陆地训练、水上训练和水下训练相结合，互相检验，提高应急救助能力。组织应急队员进行各项实操训练、演练及培训等，并结合华英艇，进行消防实操演练及模拟救助翻扣幸存者船舶演练、近岸快速搜寻和接应转运在航中船舶的伤病员训练、拖带救助演练等，全面推进基地和应急反应队伍建设。利用负责承办北海救助局第九届职工技能比武活动基地项目的机会，组织应急队员进行现场演练，模拟比赛各环节，检验队员们的各项技能，在北海救助局举行的第九届职工技能比武基地项目中，取得水下探摸与接管第一名，水面救捞、水下切割、水下电焊及3×100米游泳接力等4个项目第二名，团体第二名的成绩。开展救助业务知识学习，将应急队员、救助值班员和华英艇员的业务知识培训统一起来，在学习内容方面相互渗透，使不同岗位能够相互熟悉各自领域的知识，拓宽了救助队伍的知识面，为救助配合打好基础。开展了近海养殖区救助研讨会、“大深度救助潜水研讨会”、复杂海况下翻扣船舶救助技术研讨及救助演练等，进行现场急救知识培训和海上求生知识培训。

（龙威宏）

邮　政

【概况】 2016年，中国邮政集团公司

山东省荣成市分公司在全市设有服务网点 31 处(不含邮储银行网点),从业人员 346 人,其中可办理金融汇兑业务网点 26 处,自办邮路 4 条,总长度 382 千米,投递段道 70 条,总里程 2314 千米,全市设报刊亭 4 个,信报箱(群)1.4 万个,智能包裹柜 34 组,格口 2000 个。2016 年市邮政公司按照企业转型发展的总体部署,坚持深化改革、转型发展、规范管理、服务民生,各项工作取得明显成效,实现"十三五"的良好开局。机要通信连续多年保持质量全红,为荣成市党政军的信息传输构筑安全、快捷、畅通的"绿色通道",有力地保障了国家的信息安全。遍布城乡的投递员队伍,圆满地完成了党报党刊的征订及投递任务。基础地址信息采集、维护率和准确率达到 100%;小区、建筑物等各类属性信息采集率和准确率分别达到 99% 以上。全年改造 11 处邮政网点,改造后的网点营业面积均在 300 平方米以上,建设县级仓储中心 1 处,改造镇级服务中心 2 处,更新投递摩托车 50 辆,新配备 CRS 机 11 台,卡折存取款机 5 台,补登折机 4 台,POS 机 144 台,网络及金融服务能力得到进一步提升。

【服务内涵延伸拓展】 市邮政公司秉承"情系万家、信达天下"的宗旨,认真履行普遍服务义务,广泛开展服务质量提升等多项活动,重点解决投递最后一千米、营业窗口文明服务、无着邮件处理等百姓关注的热点问题。通过创建"群众满意窗口""优秀服务标兵"、星级投递员,促进邮政服务水平的提升,荣成邮政服务满意度评分达到 93 分,高于同行业平均水平,获威海市第 11 届消费者满意单位等称号。在全市范围内开展以"创建爱心邮路"为主题的志愿服务活动。主要发挥投递员力量,在投递段道对困难家庭、孤寡老人、留守儿童进行定点帮扶,履行邮政普遍服务义务。截至 2016 年底,建成"爱心邮路"3 条,深受百姓好评。

【包裹快递业务改革】 市邮政公司快递包裹业务网络改革后,呈现爆发式发展。日均收寄电商包裹达到 3000 件,服务电商客户 100 家。其中日均收寄海带电商包裹超过 2000 件,市场占有率遥遥领先。帮助全市 10 余家海带厂家打开网络销售渠道,服务海带电商客户 50 家,苹果、无花果等农产品电商客户 20 家,把特色海产品、农产品推向全国。市邮政公司在市区、各大乡镇建设电商服务中心,为电商客户提供仓储、寄递、金融、办公等一条龙服务,为好当家等大型企业集团提供物流解决方案。

【邮政综合服务平台打造】 设有 120 多处邮政三农服务站,示范田 533.33 公顷,常年为农户提供集产品销售、技术培训、示范推广、信息咨询等于一体的综合服务,年配送化肥在 4000 吨以上。在三农服务站的基础上,建有邮政便民服务站 800 余处,以商超加盟的形式,分布在全市重点社区、乡镇农村。在服务功能方面,开通移动、联通、电信话费充值、代收电费、航空、火车、汽车、轮船等票务销售服务功能,并加载电商包裹代收代投等便民服务。便民站全年代收费 54 万余笔,交易金额近 4000 万元。邮政便民服务站不仅促进社会就业、使加盟商受益,而且缓解城乡居民出行难、买票难、缴费难等社会问题,促进城乡公共服务均等化,实现群众满意、商户受益、社会认可。

【农村电商平台建设】 推进"买卖惠"电商平台项目。自 2015 年下半年开始启动,正式上线运行一年多来,为 80 家供应商和近千家零售商提供服务,惠及全市 700 多个村庄和社区居民,得到商家与百姓的好评。

【助农扶贫站点建设】 开展助农致富助力扶贫,全面推进农产品进城工作。主动对接扶贫部门,建设助农扶贫站点 11 个,以"买卖惠"为平台为依托,利用邮政"线上+线下+分销"渠道优势,稳步推进"农产品进城"工作。通过组织对本地大樱桃、地瓜干等农副产品进行全省跨地域的联动销售,解决农产品销售难、寄递难等问题,交易额实现 120 万元,带动群众增收,贫困村脱贫致富。

链接:"买卖惠"是山东邮政运用互联网思维模式,整合社会资源搭建起来的一个网上交易平台。线上通过向供应商招商产品,入驻买卖惠电商平台后,线下便民站以及所有商超通过买卖惠电商平台订货,从而实现网上营销、网上订货、网上结算及配送等服务。

(于峰金)

电商包裹车队　　(市邮政公司提供)

荣成 RONG CHENG 自由呼吸 自在荣成

城乡建设与环境保护

Urban and Rural Construction and Environmental Protection

◎ 综　述

◎ 城市规划

◎ 城市管理

◎ 城市化建设

◎ 村镇建设

◎ 房地产开发与管理

◎ 市政基础设施建设

◎ 园林绿化

◎ 公用事业

◎ 建筑业

◎ 环境保护

综　述

【概况】 荣成市城乡建设局坐落崖头街道东端，伟德东路12号。有工作人员19人，内设办公室（信息管理科与其合署）、政工法制科、财务科（审计科与其合署）、勘察设计科（行政许可科与其合署）、城乡建设科（工程建设科与其合署）、房地产开发管理办公室6个科室。下设风景园林管理局、住房发展保障办公室、环境卫生管理处、建筑工程管理处、市政管理处、燃气热力管理处、公园管理处、建筑工程质量造价监督管理站、城市供排水管理处、城乡建设档案馆、村庄改造办公室11个事业单位。2016年，荣成市城建系统围绕市委、市政府关于新型城市化建设的战略部署，以打造"自由呼吸·自在荣成"品牌为抓手，突出城乡规划引领作用，加快推进城镇建设，不断健全城市精细化管理体系，促进建设行业保持健康稳定发展，城市面貌日新月异，市民幸福指数不断提升。全年组织实施道路、绿化、污水等41项基础设施建设工程，开工建设第一中学、第一实验小学、2处幼儿园等教育设施，累计投入6.3亿元，城市承载力和城市美誉度明显提升。深入推进重点区域开发、棚户区改造和小城镇建设，新型城市化建设持续提速。制订《城乡环境卫生一体化管理实施意见》，完善监督考核机制和激励机制，月度考核，奖惩到人，推动环卫一体化管理水平再提升。拓展城区数字精细化管理内容，推动城市精细管理规范化、长效化发展，细化量化全市各部门工作职责，全年处置城市管理案件3.4万起。在全省城乡环卫一体化满意度调查以及全省文明城市创建工作访评中均位列前茅。取消行政许可1项、备案事项5项，出台《行政审批事中事后监管办法》及27项行政许可事项的监督检查方案。2016年10月，荣成市城乡建设局被山东省建设厅授予"全省建筑安装行业电焊工、管道工职业技能大赛团体三等奖"。2016年11月，荣成市城乡建设局被省城建协会授予"山东省城镇排水工作先进集体"。全市全年空气质量优良以上的天数达到349天，优良率达到95.4%，PM2.5下降8.6%，PM10下降3.4%，在全省率先实现环境空气质量全面达到国家二级标准的目标，实施14个减排项目建设，圆满完成主要污染物减排目标任务。

（赵锦竹　韩　蓉）

【助力全国文明城市创建】 配合荣成市创建全国文明城市活动的开展，年内实施以小区环境整治、城市面貌改善、老旧设施改造为主要内容的"创城"工程85项，硬化路面、院面34万平方米，新增停车场3.2万平方米，整修绿化12万平方米，改造雨污管道8千米。启动实施城区公共自行车系统，在成山大道、青山路铺设长约26千米的彩色陶瓷防滑自行车道，按照交通枢纽、住宅小区、商业区、学校等人员出行密集区域的选点原则，建成站点14处，购置车辆234台，并通过服务进大厅、进社区、扫描二维码等方式向市民办理借车业务，大力倡导市民绿色出行，为文明城市建设增添靓丽景观。

【全省农村无害化卫生厕所改造推进会议召开】 8月3日，全省农村无害化卫生厕所改造推进会议在荣成市召开。省住建厅厅长王玉志出席会议并讲话。与会人员实地参观寻山街道介子河村、赵家村，俚岛镇烟墩角社区，成山镇第一污水处理厂。2016年，荣成市投入资金1.68亿元，完成改厕7.2万户，其中安装户型污水处理器2.2万户，建设集中污水处理设施和生态湿地24处，全部达到规定标准。

【城建系统扶贫开发】 市城乡建设局制定《农村扶贫开发工作实施方案》《因病因残贫困户"暖心工程"实施方案》，按照"一村一档"的要求制定《农村扶贫问题管理台账》，将问题、任务分解到各个部门，明确时间节点要求，严格照单落实、销号管理，把扶贫工作落到实处。2016年完成144个建档立卡贫困户（116户因病因残致贫）的危房改造。

【重点民生保障】 加快推进老旧住宅小区改造，改善居民居住环境，截至2016年底，完成居住建筑外墙保温改造518万平方米，5万多户居民因此受益。撤消原来秩序混乱、阻塞交通的崖头街道小孙家市场，在肇元北街迁建东城区集贸市场，为市民提供便利、整洁的购物环境。针对荣成2016年干旱少雨、主要水源地水位持续下降的状况，为保障居民正常生活用水，当年启动建设八河、纸坊水厂2处应急水厂，铺设供水应急管网25千米，同步对热电厂节水设施实行改造升级，日节水3000立方米。进一步改善供热质量，改造老旧供热管网30千米。在市区重点区域改造公厕22座，极大地方便市民。同时，不断完善防汛、防火、除雪等应急预案，全年开展建筑消防、燃气救援、林地灭火、道路除雪等各类演练20多次，应急救援能力进一步提升。

（赵锦竹）

城市规划

【概况】 2016年，荣成市规划局以建设创新型城市为主线，坚持"中心提升、两翼突破、生态连接、产城融合"，统筹完善城乡规划体系，提升规划编制品质层次，创新规划管理和服务水平。编制了《荣成市城市总体规划（2016—2030年）》《荣成市城市停车设施专项规划》。

【《荣成市城市总体规划（2016—2030年）》】 为指导荣成市各项建设，促进城市健康发展，编制《荣成市城市总体规划（2016—2030年）》，六章二十四节。规划注重与国民经济社会发展、土地利用等各类规划衔接。确定"生态宜居、创新开放、文明诚信的滨海休闲旅游城市"为发展目标，区域协调发展、经济发展、社会发展、生态环境发展、空间发展五大发展战略，制定市域城镇体系

7月18日，市规划部门为建设单位办理建设工程规划许可证

（市城建局提供）

规划、城市聚集区规划，划定禁建区、限建区、适建区范围以及面积。

【海绵城市及地下管廊建设专项规划】 从2016年4月开始，组织人员编制《荣成市海绵城市建设专项规划》，并通过上级主管部门的审核，计划在2017年城建重点工程中的观海路综合改造、悦湖路人行道改造、半岛环海路建设工程中同步配套海绵设施。4月，还组织编制《荣成市城市地下综合管廊专项规划》，并通过评审，后续将按照专项规划列入的项目开展地下综合管廊实施的前期准备、论证工作。10月，邀请北京建筑大学教授王建龙进行海绵城市建设专题讲座，市城建系统部分干部职工、设计企业相关设计人员参加。

【《荣成市城市停车设施专项规划》】 为解决荣成市城区停车需求，确保城市停车设施的建设科学合理、规范有序推进，编制《荣成市城市停车设施专项规划》。规划以"体现供需平衡、提高利用效率、合理布局规划、规范停车行为、协调动静态交通"为目标，重点研究范围为将军北路—省道908、海湾路和北外环路围合的中心城区域，石岛管理区和好运角旅游度假区重点区域，规划2030年，中心城区路外公共停车泊位19796个，石岛片区4182个，好运角片区8068个。

【规划管理】 继续完善规划工作机制，健全完善法规体系，提升规划管理服务水平。实施建设工程项目模块化审批，进一步细化、完善一体化电子审批系统具体操作规程，严格执行模块化审批流程和时限要求，落实联席会议、联合踏勘制度，推进模块化审批流程的规范化、标准化管理，全面提高联审联批效率。进一步优化审批流程，修订完善《关于加强城乡规划审批与管理的规定》，明确建设项目选址及规划方案审批、规划许可证核发、规划核实等内容，确保规划审批与管理工作高效推进。2016年，核发"建设项目选址意见书"13份，"建设用地规划许可证"151份，用地面积261.13万平方米；"建设工程规划许可证"125份，建筑面积227.5万平方米；完成规划竣工核实项目53份，建筑面积133.96万平方米。推行"阳光规划"，严格落实"一书两证"批前公告、批后公布及公众监督等制度，按程序办理规划许可手续，确保程序合法。在荣成市人民政府网站、规划展示场所发布批前公告449个、批后公布438个。

【规划督察】 严格执行《规划监督管理办法》《规划条件全过程管理办法》，查纠违反规划的建设行为为159起，均已下发整改通知，积极督促整改，保证规划实施到位。组建巡查队伍，配备规划监察车辆和设备，对无规划手续的违法违规行为进行巡查，发现195起违法建设并移交相关执法部门。全力配合省政府驻荣成市规划督察员工作，对卫星遥感重点图斑进行核查，及时提出整改措施和处理意见，做好监督执行。本期监测变化图斑93个，其中疑似违规图斑40个。违规疑似图斑中，有23个疑似违反总体规划强制内容，均按程序和要求进行初核反馈，现场勘查、调研定性。围绕全市城市违法建设治理行动，进行违法建设摸底调查，对627个项目进行认定。

（项洪敏）

城市管理

【概况】 荣成市城市管理行政执法局内设办公室(督查科与其合署)、行政投诉受理科、执法管理科(与行政许可科合属)、财务装备科。有工作人员11人。下辖执法一大队。2016年，市城管执法局以创城工作为重心，全域统筹、综合管控，在创新上下功夫，在实践中求成效，行政执法工作进一步提能增效，推动城市管理工作再上新台阶，获得"2016年省级文明单位"称号。

（刘颖亚）

【完善数字化城市管理平台功能】 荣成市数字化城市管理平台于2014年9月建成投入运行，采取"运营单位投资建设，政府定向租赁使用"的模式。在住建部规定的九个基本子系统的基础上，增设视频监控、专项普查、移动督办、车载GPS监控、城建12319热线等5个扩展子系统，管理功能得到进一步的提升。覆盖范围北起北外环路、南至凭海路，西起将军路，东至寻山哈理工一线约62平方千米。管理的对象包括公

市数字化城市管理指挥中心内景　　（市城建局提供）

用设施、道路交通、市容环境、园林绿化、房屋土地和其它设施六大类部件，市容环境、宣传广告、施工管理、突发事件和街面秩序五大类事件。依托荣成市数字化城市管理平台，不断完善工作机制，提升城市管理效果。管理对象精细化，城市中的所有部件都有一个唯一编码，标注在相应单元网格中。信息采集快捷化，采集员每人配备“城管通”，按照“定人、定区域、定时间”的要求，在责任网格内动态巡查，实现问题发现的便捷、快速和高效。信息资源共享化，除自建60个高清视频监控点以外，将部分重点区域和行业企业的摄像头也接入监督指挥中心，实现视频资源共享。部门配合联动化，通过数字化城市管理平台把相关单位整合起来并最大限度地发挥整体联动效应，形成部门共管、基层参与、市民互动的大城管格局。2016年，发现各类城市管理问题32157件，其中信息采集员自行处置各类简易案件8761件，立案并派遣给各责任单位22196件，各单位实际结案20833件，结案率93.86%；按期结案20016件，按期结案率90.18%。收到民生110转办的案件186件，城建12319接到市民反映的问题230件，全部办结，问题及时回复率和市民满意率均达到100%。

（于喜来）

【全面实行网格化管理】　2016年在原来4个执法中队的基础上细化分工，各责任区域指派专人负责，明确每个责任区域中涉及的目标、内容和责任，强化属地管理，做到分工明确、责任到人，建立起纵向到底、横向到边、全覆盖式的网格化管理体系。同时，对内设机构职能大胆调整，相对集中实施部分职能，并加强业务骨干力量配备，成立专业执法队伍，由成山大道管理科专职负责成山大道沿线的管理工作，由社区中队配合崖头街道加强对城中村居、社区的综合管理。

【抓好“门前三包”工作】　根据荣成市城市管理的现状，制定适合荣成市的门前三包管理制度，以包卫生、包绿化、包容貌管理为为工作重心，“门前三包”作为推动城市精细化管理的重要内容摆在突出位置狠抓落实；注重发挥“协议管理”在城市管理中的“抓手”作用，安排专人靠上去抓好规范引导和协议落实，促进城市管理常态化。发放《致沿街各责任单位和商家店铺的一封信》3400份，同时充分利用新闻媒介，大力宣传“门前三包”工作，充分发挥沿街单位和经营业主参与城市管理的主人翁精神，树立人民城市人民管、管好城市为人民的理念。在发放“一封信”的同时，为各沿街单位建立详细的档案，包括地址、法人代表、联系方式、营业执照、身份证等信息，统计商家3320户，并全部签订三包协议。

【设置便民摊点】　2016年为进一步整治占道经营，营造规范、整洁、有序的城市环境，城市管理行政执法局按照便民、利民、惠民的原则，在城区次干道两侧科学规划21处、367个便民惠民服务摊点，印发《崖头城区便民摊点设置使用公告》2300份，并制作“便民惠民地图”，通过电视、报纸、网络等媒体大力

4月11日，执法人员规范户外广告管理　　（市城管执法局提供）

宣传，同时加强与公交公司的协调联系，把公交车作为散发便民摊点地图的载体，有效的引导零散、无序的流动摊贩进入划定区域经营，并保持卫生、服从管理，有效改善城区内流动摊贩“各行其是”的经营状况。2016年清理引导流动摊点1365处。

【规范户外广告管理】 定期开展非法小广告窝点清掏行动，清掏非法小广告制散窝点8处，没收非法小广告21000张；开展为期两周的橱窗广告集中清理行动，清理橱窗广告16000处；拆除违规广告牌370块，清理破损广告画面640处。

【整治油烟污染】 利用一线执法优势，向餐饮经营单位发放“公开信”400份，要求所有餐饮经营单位必须安装油烟净化设备，建立油烟污染整治项目台账，登记餐饮经营单位398家。联合市环保、公安、食药监管、市场监管、崖头街道等单位，对净化设备安装使用情况逐一进行检查，已全部安装完毕。

【整治露天烧烤】 露天烧烤的增多，引发环境污染等城市管理问题。荣成市在五月份便印发《崖头城区露天烧烤整治工作实施方案》，明确整治目标、标准、时间步骤、责任分工和工作要求，并完成入户走访宣传工作，与各经营门店签订管理协议97份。为了将协议严格落实到位，加大夜间巡查力度，中队平均每月夜间加班39人次之多，重点对市区主干道路、城市广场、背街小巷进行“拉网式”清查，对无烟炉使用情况、烧烤炉进店经营情况进行清查，对存在的问题建立整治台帐，下达整改通知书，对存在违规经营行为的商户一律予以取缔，取缔流动烧烤摊点27处、规范违规经营业户143处，对露天烧烤行为“见烟就关”。

【全面治理违法建筑】 荣成市城市管理行政执法局立足于“发现在前、控制在先、拆除及时”的工作原则，按照“力度不减、标准不改、目标不变”的要求，始终保持对违法建设的高压态势，加大巡查的密度和处罚的力度，坚决遏制违法建设的蔓延势头。同时，对之前历史遗留的违法建设要逐步进行处理，逐个处置。对屡教不改、顶风抢建、影响恶劣的违法建设，依法予以强制拆除，达到“拆除一处、遏制一批、教育一片”的目的。2016年拆除各类私搭滥建243处，拆除面积超过3943平方米。

（刘颖亚）

5月6日，执法人员依法拆除违章建筑　　　　（市城管执法局提供）

城市化建设

【城建重点工程】 按照市委、市政府提升中心城区首位度的战略定位，荣成市城建局组织实施市政道路建设与改造、园林绿化、污水处理等41项基础设施建设工程以及老旧小区改造等85项创城工程，开工建设新第一中学、第一实验小学、2处幼儿园等教育设施，新增绿化210万平方米，新建改造道路16千米，铺设雨污管网42千米，外墙保温280万平方米，改造老旧小区270万平方米，累计投入6.3亿元。

【城市棚户区改造】 2016年，荣成市获批10个棚户区改造项目，涉及村民7973户，项目个数和改造户数位居威海市首位。年内争取棚户区改造中央及省级奖补资金1.5亿元、基础配套设施补助资金6830万元，申请国家开发银行贷款34.8亿元。按照“政府主导、市场运作”新模式，抓好崖头、三环、双泊3个棚户区改造续建项目，开工建设安置楼107栋，同步新启动杨格庄、新庄、南耩、黎明、刁家沟、岗西等6个棚户区改造项目，为改善市民居住环境、提升人居幸福指数打下坚实基础。响应国家货币化安置政策，推出“房票”安置等一系列政策，年内通过“房票”政策安置村民100余户。

【扬尘治理和裸露地绿化】 着眼于打造“自由呼吸·自在荣成”的城市品牌，市城建系统切实抓好扬尘治理和裸露土地绿化工作。2016年，印发《荣成市城区扬尘治理管理办法》，认真落实“321”监管措施（每月进行3次白天巡查、2次夜间抽查、1次集中考核），对市区内土建工程、市政道路工程、园林绿化工程、供排水工程、热力燃气工程、装饰装修工程以及商品混凝土生产、热电等企业加强监管力度，工地扬尘、车辆带泥、沿街遗撒等问题得到有效控制。紧盯建设工程工地主战场，强化建设、施工、监理单位的扬尘治理责任，全年对市区66项在建工程硬化出入口并安装车辆冲洗装置，硬化面积约1万平方米,绿化裸露土地 8600 平方米。

【地下管线建设管理】 3—4 月,市城乡建设局相继印发《关于城区地下施工建设的管理规定》《关于规范燃热供排水工程建设的管理规定》等规范性文件,提出由规划局、市政处、供排水管理处、燃气热力处、城建档案管理处等单位共同参与,进一步明确地下管线施工、地下空间开挖等工程建设中各方责任,规范建设审批流程、施工质量管理措施,保障地下设施安全建设和运行,切实维护城市公共安全。

【恶劣天气应急防范】 完善雷雨、大风等季节性恶劣天气防范措施,市城乡建设局要求认真落实恶劣天气领导干部带班和 24 小时值班制度,做好恶劣天气值班工作,保持通讯设备畅通,确保天气信息和调度命令的及时传达。特别是针对建筑工程领域项目体量大、危险源多、安全压力重的实际,完善信息发布平台,建立微信公众账号,扩大信息发布渠道,确保信息及时有效传达;在每次恶劣天气到来之前,都通过短信平台及微信平台发布恶劣天气警报,督导施工企业重点做好深基坑、脚手架及模板支撑、起重机械等方面的工作,确保信息及时发布并全面覆盖,全年发布恶劣天气警报 33 次。汛期到来之前,组织系统内防汛责任单位开展城市道路防汛抢险演练活动,对往年道路排水管道容易堵塞的路段,开展市区排水设施检修及排水管道清淤工作,累计疏通排水管道 3100 余米,维修检查井及雨水井 2120 余套,清理淤泥 500 多立方米。同时,备足防汛物资,加强汛期值班管理,落实汛情上报制度,确保出现汛情时召之即来,来之能战,战之能胜。

【争资立项】 市城乡建设局利用上级新型城市化建设的政策支持,主动向上对接,争取政策倾斜,全年累计争取棚户区改造、村庄污水处理、传统村落保护、外墙保温改造等奖补资金 3.3 亿元,有力支持新型城市化建设。

(赵锦竹)

村镇建设

【概况】 2016 年,荣成市围绕“自由呼吸 · 自在荣成”品牌建设,坚持以镇村规划为引领,不断加快新型城镇化建设,全力打造一批具有示范效应的生态宜居美丽乡村。持续抓好示范镇和特色小镇创建工作,俚岛镇获批省级“宜居小镇”,完成 1 个省级重点示范镇、1 个特色小镇的申报工作,19 个镇街驻地改造项目全部启动实施。俚岛镇东崮村、人和镇院夼村 2 个村获批国家级传统村落,宁津街道止马滩、所后卢家、所后王家、港湾街道牧云庵 4 处社区获批省级传统村落,对全市 227 个村申报省级绿色村庄认定,推荐上报东楮岛、烟墩角两个传统村落作为典型在全省交流。争取特色小城镇建设、传统村落保护等专项资金 4329 万元。加快推动新型社区建设,建设新型社区 6 个。抓好危房改造,累计改造农村危房 371 户。

【镇村规划管控】 强化镇村规划技术人员学习培训,提升镇村规划方案编制及批前批后管理水平。深入现场踏勘,就方案草图与设计方、建设方进行反复磋商,提高规划方案审批质量和效率。2016 年,完成规划方案审批 97 项,其中人和镇石材厂方案 78 个。发放《建设项目选址意见书》2 份,《建设用地规划许可证》21 份,《建设工程规划许可证》16 份,《建设工程竣工规划验收合格证》8 份,绘制规划用地红线图 53 项。严格按照“五不准”“五到场”“五同步”要求,建立“源头管理、分片包干、立体巡察”的批后管理模式,及时发现和查处违法违章建设行为。全年查处违章 72 起,移交违章 20 起,发放《责令整改通知书》72 份。

【传统村落、特色小镇】 2016 年 4 月,宁津街道所后卢家村、所后王家村、止马滩村,港湾街道牧云庵村入选“第三批省级传统村落”;2016 年 11 月,俚岛镇东崮村、人和镇院夼村入选“第四批国家级传统村落”。至 2016 年底,获批国家级传统村落 6 个、省级传统村落 16 个。荣成市注重保护传统村落,聘请省城乡勘探研究院编制传统村落保护规划,制定《传统村落保护发展规划(2014 年—2030 年)》。精心培育特色小镇,俚岛镇于 2016 年 4 月被评为山东省“宜居小镇”。年内,组织相关乡镇考察江浙特色小镇先进经验,并申报俚岛镇为省级重点示范镇,人和镇靖海渔港小镇为特色小镇,待省政府批准确认。

4 月 19 日,国家级传统村落人和镇院夼村非物质文化遗产渔民开洋谢洋节现场 (市城建局提供)

2016年荣成市省级以上传统村落统计表

表69

级别	批次	村落名称
国家级传统村落（6个）	第一批（2012年12月获批）	宁津街道东楮岛村
	第三批（2014年11月获批）	俚岛镇大庄许家社区 俚岛镇东烟墩社区 俚岛镇烟墩角社区
	第四批（2016年11月获批）	俚岛镇东崮村 人和镇院夼村
省级传统村落（16个）	第一批（2014年10月获批）	宁津街道留村 宁津街道渠隔村 港西镇巍巍村 俚岛镇项家寨村 俚岛镇烟墩角社区 俚岛镇大庄许家社区
	第二批（2015年5月获批）	宁津街道马栏耩村 寻山街道嘉渔汪村 港西镇小西村 俚岛镇东崮村 俚岛镇东烟墩社区 人和镇院夼村
	第三批（2016年4月获批）	宁津街道所后卢家村 宁津街道所后王家村 宁津街道止马滩村 港湾街道牧云庵村

【新型社区建设】 2016年，着眼于推动农业转移人口就近就地城镇化，荣成市继续按照城市社区标准，不断完善社区基础设施配套，重点打造新型社区6个，其中双泊、城西、肖水河、王连、三环社区主体完工，黎明片区进行主体施工，并同步进行供暖、供气、污水处理、绿化、硬化、亮化等基础设施、社区服务中心、警务室等公共服务设施建设。全市新型社区76个。

【镇街驻地改造】 鼓励各镇街对驻地闲置的老旧公有建筑、破旧厂房等设施进行改造，新建商住及办公设施，改善小城镇环境，增进区域发展活力。2016年，实施19个镇街驻地改造项目，开工面积16.3万平方米。

【基础设施建设"六个一体化"】 以推进基本公共服务均等化为目标，加快镇村基础设施扩面延伸，实施以通天然气、通暖、通水和垃圾处理、污水处理、园林绿化为重点的"六个一体化"基础设施建设。2016年，累计实施"六个一体化"工程155项，新增绿化面积100万平方米，铺设燃气、供热、污水管线120千米，新增污水日处理能力4.5万吨，新增供热面积120万平方米；统筹推进农村改厕和污水治理工程，改造农村旱厕7.2万户，其中2.2万户居民配套户型处理设施，建设村级污水管网280千米。坚持建管并重，出台《村级污水处理设施建设运行管理考核办法》《城乡环卫一体化管理实施意见》等规范性文件，移交村级污水处理设施210处，对945个村居逐村开展环境卫生验收，城乡环境面貌显著提升。

【危房改造】 按照国家、省和威海市部署，荣成市自2012年推动农村危房改造工作，经详细摸底、严审程序、统一标准、强化监管，累计完成危房改造2419户，2016年完成"十三五"的540户全国农村住房信息系统录入工作。计划改造的371户危房全部完成。

【美丽乡村建设】 按照省《山东省2016—2020年乡村规划工作方案》及威海市《关于进一步深化农村环境整治推进美丽乡村建设的实施意见》要求，结合全国文明城市创建，编制《荣成市2016—2020年乡村规划工作方案》，并会同浙江大学城乡规划院、山东省城乡勘察院等规划编制单位对港西、俚岛、寻山、宁津等8个片区65个村居进行现场调研，编制完成荣成市8个片区的美丽乡村规划方案和年度实施计划。

（王晓宇）

房地产开发与管理

【概况】 2016年,荣成市房地产开发与管理工作坚持引领行业企业适应经济发展新常态,不断开拓新思路、提高服务水平,突出做好企业监管、项目监管、市场监管,全面提升为企业服务水平,引导企业做大做强,保持平稳健康发展。受宏观经济环境影响,房地产开发市场继续调整并回暖。全市房地产新开工商品房44.77万平方米,比上年上升34.21%;在建商品房480.21万平方米,下降6.28%;竣工面积76.86万平方米,下降2.97%;完成投资33.54亿元,下降15.52%;销售32.96万平方米,上升3.85%。

【房地产企业资信评价】 结合威海市住建局的资信评价要求,荣成市建立房地产企业资信评估体系,从偿债能力、运营能力、合同信用、质量信用、进度信用、销售推广作用、合同履约信用等方面进行评估考核,考核结果于3月在威海住建局官网公布。

2016年荣成市房地产业销售额前20家企业名单

表70

山东万恒置业投资有限公司	赤山集团有限公司房地产开发分公司
荣成翠湖房地产开发有限公司	荣成市住宅开发有限公司
山东佳华实业集团有限公司	荣成成山建设置业有限公司
荣成市泓达房地产开发有限公司	荣成远地房地产开发有限公司
荣成市华东房地产开发有限公司	威海丰荟集团有限公司
荣成市龙鼎房地产开发有限公司	威海万嘉房地产开发有限公司
荣成好当家房地产开发有限公司	荣成市三和影艺有限公司
荣成市荣达房地产开发有限公司	威海天和房地产开发有限公司
荣成市骏龙房地产开发有限公司	威海波德隆房地产开发有限公司
威海家家悦房地产开发有限公司	荣成盛泉房地产开发有限公司

【规范城区住宅小区专营管线】 为进一步规范荣成市城区住宅小区专营管线管理,本照“资源整合、综合利用、地下优先、严格审批”等原则,市城乡建设局制定《关于加强住宅小区各类管线管理的规定》,要求供电、供水、供暖、燃气、通讯、广电等配套专营设施的管道与线路必须通过审批后,方可施工。

【房地产市场综合执法检查】 2016年,市城乡建设局采取企业自查与主管部门抽查相结合的方式,对房地产开发企业资质资料、项目情况、手续办理情况以及信息系统填报情况进行检查。

【建立使用荣成市房地产信息管理系统】 根据威海市住建局、威海市房地产协会工作要求,荣成市建立房地产开发信息管理系统,系统建立后,将进一步细化荣成市房地产信息管理,对企业基本信息、在建项目、手续办理、商品房销售等情况进行动态管理。

【对社会投资房地产项目直接发包】 严格落实《关于简化民营投资项目招标投标和委托建设监理程序的通知》和《关于落实〈关于促进全省房地产市场平稳健康发展的意见〉的通知》等文件精神,放开荣成社会投资建设工程项目市场,对社会投资建设工程项目建设单位可选择直接发包,简化社会投资建设工程建设项目招投标办事程序。对符合条件的项目及时发放《直接发包通知书》,年内对鑫水华庭小区15#、16#住宅楼等22项工程项目发放《直接发包通知书》,合同额1.92亿元。

【住房保障】 以解决城市低收入家庭住房困难为重点,遵循“补贴货币化、购房自主化、动作透明化”的原则,建立健全统筹兼顾、布局合理、运作规范的住房保障体系。2016年廉租住房货币补贴的家庭92户,全年发放廉租住房货币补贴资金391200元。2015年度经济适用住房货币补贴保障对象购买房屋8户,补贴资金48万元已发放到位。2016年由威海齐东海通冷链物流股份有限公司、荣成市广润水产食品有限公司、山东人和集团有限公司3家企业投资2000万元,集中新建297套、8812平方米公共租赁住房,解决1200多名企业职工和外来务工人员的住房问题。

【物业管理】 倾力打造“物业服务情暖万家”品牌,细化量化物业服务、人员配备、设备配备三项标准。年内新增从业人员300名,购置保洁车、扫路车、巡逻车、维修车等机械约 80 辆。细化完善《荣成市物业管理星级挂牌考核管理规定》,年内评选“五星级物业企业”10 家、“四星级物业服务企业”9 家、“三星级物业服务企业”12 家。实行物业“红黑榜”管理制度,将 4 家整改不到位物业企业清出物业管理市场。搭建“互联网+物业服务”智慧物管综合监管信息平台,并支持有意向改变管理模式的物业企业建立各具特色的智能化物业管理服务信息系统,年底前有 12 家物业服务企业建成。强化小区环境卫生精细化管理,清理小区乱堆柴草 820 余处、毁绿种菜 4000 余平方米、楼道乱堆杂物 1200 余起、乱贴小广告 70 余万张。加快应急维修队伍建设,年内增加维修人员 80 名、扩展维修项目 40 个。加大治安巡逻力度,市区 85 个物业管理小区全面实施秩序巡逻,新增巡逻车 32 辆,巡逻人员 120 人。根治车辆乱停放问题,对 30 处停车场地进行划线规范,乱停车现象明显改善。提升便民服务质量,市区住宅小区新增快递储物柜、便利店等便民项目 20 处。构建各类平台开展宣传活动,联合电视台录制物业服务典型宣传 17 期,为物业专栏发稿 30 篇。通过手机短信、微信宣传物业管理知识上百次,覆盖用户 3 万户。开展宣传活动,印发《致广大市民朋友的一封信》5 万份、编印《物业管理知识宣传手册》《物业管理政策实用问答 100 问》各 5000 册和《业主大会和业主委员会指导规则》600 册。举办“物业管理知识”有奖答题、“物业管理大家谈”有奖征文活动。

【房屋征收】 年内,完成成山大道两侧绿化改造项目所涉及的国有土地上房屋征收与补偿工作,沿河路东侧如家酒店被成功征收并予以拆除。积极参与装潢材料市场(三运)拆迁项目所涉及的被拆迁人的评估解释工作,年底前除 3 户门市房外,其余单位和个人建筑物均通过工作予以拆除;对 5 起八河水库增容工程项目所涉及建(构)筑物评估价值不满的产权人越级上访事宜,按照相关工作要求进行认真答复。按时完成桑沟湾北海岸带综合整治项目、逍遥水库增容工程项目所涉及建(构)筑物测量评估工作,并报送至财政、审计部门进行审核。

(张 玲 徐榕泽)

市政基础设施建设

【概况】 至 2016 年底,全市城市实有道路总长 294.3 千米,道路面积 487.7 万平方米,桥梁 50 座,排水管道 560 千米。其中,2016 年新增城市道路 1.9 千米,改造城市道路 11.9 千米,新建桥梁 1 座,安装排水管道 15.3 千米、铺设人行道板 4.5 万平方米、铺设沥青路面 9.4 万平方米,建设自行车站点 18 处。

【市区实施 10 条道路建设工程】 2016 年,对市区 10 条道路实施新建、续建及改造,包括青山路中段综合改造工程、沿河北路综合改造工程、黎明北路道路改造工程、建华北街建设工程、马成街综合改造工程、蒲头村道路建设工程、海洋职业学院西侧道路建设工程、桑干河综合改造工程、明珠北路土方建设工程、邹泰北街北段建设工程。当年除邹泰北街北段建设工程外,其他工程均建设完工。

【市区道路排水系统改造工程】 在 2015 年对全市汛期易积水点进行大规模改造的基础上,2016 年重点对市区富耕路易积水点进行改造,埋设排水管道 1480 米,砌筑检查井、铸铁雨水井各 60 座,砌筑排水涵洞 50 米。市区道路排水改造完成后,防汛排涝载体功能进一步提升,将有力保障市民安全出行。

【湿地公园崖头河桥梁工程】 为提升城市湿地公园功能,年内在湿地公园新建桥梁 1 座。工程位于湿地公园漫水桥南侧,全长 64 米,宽 6.75 米,累计填土围堰 3879 立方米,桥桩基础 5 个,桥面面积 394 平方米。

【对 15 条道路安装盲道板】 以创建全国文明城市为契机,打造“全覆盖、无障碍”的盲道公共体系。对南山路、幸福街、台上路等 15 条道路安装盲道板,铺设盲道 4.3 万平方米。

【市政设施维护工程】 2016 年,市城乡建设局市政管理处克服巡查面积大、管理人员少等诸多困难,将专项维护与创城标准结合,强化城区市政道路及配套设施改造维护,实现市区所有主次干道、背街小巷的巡查维护工作全覆盖。全年组织实施桥梁维修养护、道路盲道改造、沥青补道、雨水井修整、路沿石维修、人行道板维修等多项市政设施专项维护工作,改造危桥 1 座,改造盲道 4.3 万余米,修补破损人行道 5500 平方米、路沿石 5000 米、花坛石 1850 米、沥青路面 12 万平方米,修复雨水井 1600 座、检查井 500 座。

【青山路改造全线竣工】 青山路改造工程西起南山路,东至桑干河,全长 6780 米,路宽 20 米。工程涉及排水排污管网、供热管道、弱电管道等地下管线的建设及梳理,沥青路面铺设,路沿石及人行道板铺装等,改造后对缓解、改善青山路沿线交通情况起到重要作用。改造过程中,在沿线新建公交站亭 28 座;修建府新小学停车场。工程于 6 月底全部完工。

【对市区 1.9 万个窨井安装防坠网】 为进一步消除道路安全隐患,8 月上旬,市政处联合多家管线单位,对城区范围内通讯、广电、交警、供热、市政、污水、自来水、电业等部门的管线窨井安装防坠网,避免大雨期间道路井盖损坏或冲走出现“坑人”现象。安装 1.9 万个窨井防坠网,确保市民出行安全。为确保安装质量,安装前,市政处组织移动、联通、电业、热电、燃气等 16 家管线单位召开防坠网安装动员会,要求各管线单位在安装前对安装人员进行安全防护和质量管控方面的技术交底;安装过程中的每一步都要采取自检、技术人员巡检的方式进行质量监督考核。安装结束后,对防坠网逐个进行检测,确保防坠网的安装质量和效率。

【市政道路工程扬尘治理专项检查】 年初,出台新的《市政道路工程扬尘治理管理办法》，规定相关施工单位要做好建筑围挡、工地撒水等扬尘管理。市政管理处同各施工单位签订扬尘治理责任状，每月不定期对监管对象进行2—3次专项检查，调度工作情况，督导整治进度，要求相关单位逐一落实具体责任，严格执行各项控尘措施。切实加强扬尘治理考核，并做好参建人员的扬尘控制知识及技能培训。

【健全行政审批与行业监管工作机制】 2016年，市政管理处审批道路挖掘申请和过路顶管申请84项、新开路口及埋设广告牌申请手续57项，对全市21家市政、园林资质企业进行四次安全生产检查，并开展两次普法培训，有效地提升全市行业企业的管理水平和生产人员的安全意识。

【建设公共自行车慢行系统】 在成山大道、青山路铺设长约36千米的彩色陶瓷防滑自行车道，并按照交通枢纽、住宅小区、商业区、学校等人员出行密集区域的选点原则，在市区建设18处公共自行车站点，配备450辆自行车供市民骑行。7月22日，荣成市公共自行车租赁系统启动试运行，该系统与荣成市36千米城市绿道共同组成城区公共自行车慢行系统，为"自由呼吸·自在荣成"再添靓丽一笔。该系统正式运营5个月以来，有1万人次通过租车卡、支付宝扫码等形式享受到公共自行车绿色健康的骑行生活。

（李晓岩）

园林绿化

【概况】 2016年，荣成市园林绿化工作紧紧围绕"在城区绿化上出精品，在通道绿化上提档次，在镇街绿化上造亮点"这一目标，继续加大园林绿化建设力度，统筹城市及周边山体、水系，营造特色鲜明的城市大园林格局。至年底，建成区绿地总面积达1482公顷，比上年末增长0.05%；建成区公共绿地面积477公顷，与上年末持平，建成区绿化覆盖率46.5%，绿地率44.41%，人均公园绿地面积26.5平方米。

【荣乌高速公路绿化工程】 结合荣乌高速公路荣成段的全面开通，着眼于打造一流的公路沿线景观带，提升荣成对外窗口形象，在荣乌高速公路荣成境内主线及引线西段实施绿化工程。该绿化项目东起威石辅路，西至荣文交界，长约17340米，绿化总面积约125.36万平方米，累计栽植乔灌木144702株，地被宿根1050.47万株，冷季型草坪33.04万平方米。其中主线段注重对两侧绿化带进行微地形塑造，充分利用多种植物的不同形态、色彩结合地形做组团式种植，地被以自由曲线方式种植，力求达到自然生态的种植效果；引线西段注重与实施东段绿地的整体风格相协调，并结合因地制宜和景观特色等原则，营造适宜的道路绿地景观效果。

【海湾南路绿化提升工程】 该工程北起斜口岛大桥，南至八河港，全长约8045米，两侧绿化带宽30～40米，绿化面积约50.8万平方米。整条道路突出"疏林草地、花海、枯山水"的设计理念，在保留原有大树基础上新增大规格花灌木约3000株，播种草坪30万平方米，形成疏林草地景观；工程南段，种植9万平方米薰衣草、地被福禄考、天鹅绒紫薇等宿根花卉，形成壮观的花海景观；全线选择15个位置，利用白沙、景石、球和造型黑松打造枯山水景观。栽植乔灌木13765株，地被及宿根158.67万株，冷季型草坪35.5万平方米。

【城区绿地升级改造工程】 着眼于改善城区原有绿地效果，荣成市有计划地组织实施城区道路绿化改造工作，至5月底完成青山路、黎明北路、桑干河上游等7项绿化改造。绿化设计主要采用自然群落式种植手法，营造四季皆景的道路绿地景观效果，绿化栽植以国槐、银杏等乔木为行道树，部分节点绿地采用造型黑松搭配草坪的种植方式，营造生机盎然的城市绿阴道路景观。累计栽植乔灌木4294株，地被及宿根197.51万株，草坪10000平方米。

【新世纪广场改造工程】 为更好地给市民提供一个环境优美的休闲空间，缓解广场所处路段交通拥堵情况，完善广场服务功能，2016年3月，荣成市启动实施位于老城区中心地段的新世纪广场改造工程。工程占地3.8公顷，分为地上和地下两部分，地上广场建设项目包括儿童游乐场地、老年门球场、健身场地、篮球场、网球场、足球场等，改造铺装约2.34万平方米；地下停车场总面积约为1.7万平方米，采用智能化视频车位检测功能，泊车位达350个，建有10个步行楼梯直达地面广场，实现人车分流，打造集城市景观、活动娱乐、休闲健身、停车服务功能为一体的综合

成山大道绿化改造工程 （市城建局提供）

城市广场公园。2016年11月全面改造完成并对外开放。

【市民文化中心景观改造】 为更好地打造市民文化中心生态景观效果，完善配套服务功能，2016年3月荣成市启动实施该中心景观改造项目。改造范围包括体育馆、体育场、行政服务大厅周边及悦湖路东段，绿化改造面积约6.6万平方米，更换足球场地草坪约1.22万平方米，安装座椅25组，栽植大树1080株，地被及宿根约34.5万株，冷季型草坪2400平方米。

【崂山山体小游园绿化工程】 为进一步提升城市景观效果，2016年2月22日，经荣成市政府批准，决定将位于荣乌高速引线东段路北、崂山山体南侧山脚的公路搅拌站收回并重新进行改造。3月正式启动游园建设工程，铺设混凝土路面约960平方米，修建嵌草停车场约2000平方米，嵌草小广场约1000平方米，条石汀路约150平方米，摆放景石约100吨，栽植雪松、法桐、樱花等乔灌木约778株，组团小灌木15082株，草坪1.1万平方米。

【花卉彩灯景观营造管理】 为提高市区园林绿化水平和档次，美化亮化城市观景，丰富绿地色彩和夜间效果，提升城市品位，2016年对市区花卉彩灯景观效果营造进行重点管理。主要是以“五一”、“十一”、春节等法定节假日的环境美化为切入点，兼顾春夏秋冬四季景观效果，在市区重要地段实施花卉景观营造，体现城市发展成果，彰显人居城市特色。“五一”东方广场郁金香组团摆花，“十一”东方广场“文明荣成”组团摆花、成山大道沿途桥梁挂花、春节重要节点悬挂彩灯等景观既美化亮化城市环境，又烘托浓郁的节日氛围。

【园林植物养护管理】 为明确各绿化队养护责任，研究建立长效机制，全民提高园林养护管理质量和水平，6月22日，市风景园林管理局印发《关于开展园林绿化“质量提升月”活动的实施方案》，明确园林植物的养护标准，研究建立工作台帐、情况报告、检查通报、限期整改等一系列长效机制，有效地解决市区养护管理工作中的界定不明、细节模糊等问题，苗木养护标准及质量得到明显提升，各类缺失、缺损的苗木得到及时补栽和养护，市区养护管理水平得到有效提升。

【参加第一届山东省城市建设博览会】 11月9日至11日，第一届山东省城市建设博览会在临沂市举办，集中展示17地市城市建设成果及在城市建设管理方面的新技术、新产品、新材料、新设备。荣成市青山路绿化改造工程获“省园林绿化示范工程”称号、成山大道绿化工程获“省精细养护示范绿地”称号。

（王术亮）

公用事业

【概况】 2016年，全年发电11.5亿千瓦时，增长18.6%。全年全社会用电量计25.8亿千瓦时，增长2.9%，其中工业用电量达13.2亿千瓦时，增长0.6%。全市城市供水总量2608万立方米，比上年增长7%，全市天然气供应量1466万立方米，增长42.5%；集中供热面积1020万平方米。

（王怀洲　赵锦竹）

【城乡供电】 2016年荣成市全社会用电量完成25.8亿千瓦时，比上年增长2.9%；其中工业用电量完成13.2亿千瓦时，增长0.6%。国网山东省电力公司荣成市供电公司获“国网山东省电力公司先进基层党委”“荣成市创业明星四星级企业”“上级驻荣优质服务单位”称号。

电网建设 全年建设投运“110千伏玄镇站扩建工程”“石岛—黄山—邱家35千伏线路工程”“35千伏王连站扩建工程”3项电力基建工程，完成3座变电站主变更换，新增变电容量50.2兆伏安、输电线路33千米，解决8座变电站“N—1”问题。110千伏蜊江站扩建工程获省公司优质工程。全年完成大修投资4700万，技改项目投资810万元，完成35千伏凤凰站等4座变电站、35千伏崖西线等3条线路改造。投资1.26亿，安装环网柜12台、分段（分界）开关230台，新建线路10千伏线路34千米，低压线路110千米，安装变压器99台，安装下户线300千米，有效缓解原有布点不合理、供电半径长、配变重过载问题。综合电压合格率累计完成99.9942%，居民端电压合格率达到99.44%，10千伏公用线路拉手率达到90.86%，10千伏公用线路配电自动化覆盖率达56.7%，低压户均容量1.329千伏安，比上年提高0.129千伏安。

电力供应 开展安全生产月活动，

电力基建工程高空作业现场　（国家电网荣成供电公司提供）

对电网安全进行全面诊断分析和“地毯式”隐患排查，八级及以上电网设备事件比上年减少 22%。与经信局沟通，促成了《电力用户用电管理办法(试行)》的下发，同时开展编制《关于高压电力客户并网设备安全检查实施意见(试行)》，为高压客户设备治理提供依据。开展防汛和防寒潮、防冰冻应急演练，确保迎峰度夏、迎峰度冬期间电网设备安全稳定运行。完成 2016 年中高考、重要节假日等重大节日的保电工作。

优质服务 推广“掌上电力”手机 APP、“电 e 宝”APP、95598 智能互动网站等自主电子服务渠道的推广应用，为用户提供更便捷高效的“互联网+”服务。全面推行“五个一”(一个用户报修、一张服务工单、一支抢修队伍、一次到达现场、一次完成故障处理)标准化抢修，创新开展手持终端处理“95598”工单，平均到达现场时间由 20 分钟缩短至 13 分钟；平均故障处理时长由 78.3 分钟缩短至 40.9 分钟，故障报修率下降 41.91%。全市 12 个营业厅窗口实行“无周休、无午休”制度，全部实现视频音频监控，“一柜通”覆盖率到达 100%。

行风建设 开展“两学一做”学习活动后，公司优质服务理念贯穿公司创新发展的全过程，狠抓政风行风建设，通过过程管理、环节管理、细节管理，开展同业对标等活动，建立常态化、流程化的工作管理机制，以提供差异化贴心服务为策略，以满足客户个性化服务需求为目标，开辟多元化服务通道，受到社会各界一致好评，在荣成市政风行风评议中公司连续十四年获公共服务类第一名的好成绩，大力培育和践行社会主义核心价值观，多名员工获得地市级以上荣誉。

(王怀洲)

【城市供排水】 2016 年，全市城市供水总量 2608 万立方米，比上年增长 7%，最高日供水量 8 万立方米；售水 2170 万立方米，增长 7%；供水漏水率 17%。全年生产用水量 1157 万立方米，增长 6%，生产用水量占全部供水量的比例为 42%。全年居民家庭用水量 1008 万立方米，增长 9%，居民家庭用水量占全部供水量的比例由上年的 45% 下降(或增长)到 42%。用水人口 20 万人，用水普及率 100%。人均日常用水量比上年增长 7%。全年生产用水量 1157 万立方米，增长 6%，生产用水量占全部供水量的比例由上年的 54% 下降(或增长)到 58%。处理污水量 2580 万吨，与上年基本持平，污水处理率为 100%。铺设各类管道 25.1 千米。

供排水设施建设 2016 年，投资 2942 万元实施城区污水管网工程 10 项，敷设管网 16 千米。

城市供水应急保障 不断加大供水设施和配套市政供水管网的建设改造力度，年内在城区建设改造供水管道 12 千米。编写出台《荣成市城区应急供水实施方案》，并根据方案组织实施 2 座应急水厂和 35 千米配套供水管网工程。同时，创造性地提出利用城区污水处理厂升级改造的优势，铺设中水管道，将中水用作沿途绿化灌溉和工业用水，提高水资源的使用效率，节约用水。

城区泵站和管网维护 为确保城区污水管网顺畅、污水泵站正常运转，每天对城区 12 处截流口进行垃圾清理，每周对城区 11 座泵站、200 多千米管网进行检查维护。全年维护保养设备 240 多台套，维修更换检查井 70 多座，更换维护污水管道 200 多米，加固崖头河新庄段堤坝 100 多米，保证城区泵站设备和管网完好。

服务质量和社会满意度持续提高 对于市委市政府的批示件、督办件，均在第一时间与当事人联系，到现场进行调查处理，同时对市长信箱、市长热线、民心网和民心 110 等渠道反映的问题及时进行办理，全年完成 60 多件督办件的办理工作，办结率 100%。

(刘家熔)

【荣成市水务集团有限公司】 成立于 2006 年 10 月 24 日，是中国水务投资有限公司在山东省县级市成立的第一家专业化经营企业，主要从事原水开发和供应，区域间调水，城市供排水和苦咸水淡化等水务行业经营管理及相应增值服务。2016 年，公司全面推进各项工作提档升级，圆满完成全年的目标任务，全年供水量 2483 万吨，实现公司经济效益和社会效益的双丰收。2016 年，公司先后获得“威海市文明单位”“荣成市诚信示范单位”“荣成市文明单位”“荣成市包扶村工作先进单位”“荣成市优秀基层党支部”等称号。

供水工程建设 启动八河水厂、沽河供水站、抽取死库容等应急供水工程，工程相继投入使用。全年实施供水工程建设 14 项，包括北外环输水管道工程、青山路管道改造工程、一水厂原水管道改造工程、高落山水厂高密度沉淀池和 V 型滤池工程、港西原临港路管网铺设工程、老旧管网改造工程、荣乌高速管网延伸工程、中水管道建设工程、黄海北路管道改造工程、俚岛南线管道铺设工程、沽泊阎家至幸福街管网工程、八河水库管道建设工程、行政审批中心西管网改造工程，总投资 6536 万元，新铺供水管网 31890 米，中水管网 17000 米，改造供水管网 14384 米。

水务服务品牌打造 打造 24 小时服务热线，开展接水、安装、维修、咨询、投诉、反馈的一站式服务，解决用户在用水当中的实际问题。全年办理用户接水申请 242 份，配套小区内部管网 8500 米。严格执行《国家生活饮用水卫生标准》。通过加强水处理流程管理，水质综合合格率始终保持在 99.9% 以上。全年参加市纪委组织的行风热线活动 4 次，现场解决用户难点 17 次。聘请优质服务顾问 41 名，定期以座谈会的形式对水务工作进行建言献策。通过民生“110”热线电话、水务服务热线电话、民心网等平台，接受社会监督，全年解决民生诉求 457 件。

供水市场管理 围绕违章用水查处、接水面积测量、供水工程验收、供水设施保护等展开常态化的督查。全年查处违规接水面积 58687 平方米，催收工程款、配套费 124 万元，收取供水设施破坏赔偿 2.1 万元。在用户主动提出申请的基础上，开展一户一表改造工作，实现抄表收费到户，全年完成一户一表改造 921 户，安装远传水表 1400 多块，预埋户表管线 7 万多米。通过采取管网普查、测漏与管网监控、旧管改造、快速处理管道故障等措施，严格控制水损。全年抢修283次，强制检定水表5636块，综合供水产销差率保持在17.2%左右。

城市排污治理 污水处理分公司按照设备运行要求定期对污水处理设备进行保养维护，全年保养78次，维修设备200台套。每小时对污水处理单元的运行情况进行巡查，记录仪表数据，确保设备处于正常运转状态，每天对出水的污泥浓度、溶解氧、悬浮物等检测一次，制定水质应急预案，确保全年污水处理达标排放。为保证第二污水处理厂提标改造项目和新建的人和齐山河污水处理站投入运营，污水处理分公司加快设备调试，协调环保部门对污水厂进行采样化验、资料报送，仅20天的时间就完成加药量和处理指标的优化，实现既保证出水达标又最大程度地节省耗药量。6月，两个污水厂顺利通过环保部门的验收，出水水质达到一级A类标准。推进中水回用项目，与荣成市风景园林管理局、长青能源环保有限公司、荣成市化工总厂等多家单位签订中水使用意向书，为中水回用项目打下良好的基础。针对人和齐山河污水处理站进水超标，特别是上游鱼粉厂、冷藏厂排放的污水中含有高浓度有毒物的情况，污水处理分公司第一时间对排水井取样化验，对鱼粉厂进行24小时监控取样，及时联系环保部门对排放超标水企业进行监管，避免了生化反应系统受到影响，保证污水处理站的正常运行。加强镇街污水处理设施管理。全年维修保养设备260次。为聚隆、上庄、崖西、新兴等7处污水处理设施安装了流量计，监控设施的运行情况。完成大疃镇、夏庄镇等5个镇街新建污水处理设施前期摸排和新建村级户型处理器的前期移交运营工作。配合市政府、环保局对各企业污水处理设施实施第三方运营。

企业管理 注重强化制度的执行力，以绩效考核来促进工作落实，全年开展4次季度考核1次年终考核，并以此为基础，加强生产调研，汇总、分析、研判生产指标数据，严格审批流程管理，确保供水、污水处理业务正常开展。大力实施改造挖潜，提质增效。在打造优质资产、保障设备运行的同时实现生产成本的下降。

安全生产 落实安全生产责任制，按照履职清单要求，层层签订《安全生产目标责任状》和《安全生产责任状》，编制《安全生产责任清单及履职要点表》和《重大危险源及其控制统计表》，组织相关人员参加安全生产培训班，邀请威海技师学院、通泰培训学校、威海居安防火知识宣传中心等机构专业人士为职工授课，制作、发放《安全生产知识手册》，全年举办安全教育培训7期，参加培训人员达180人次。经市政府应急办的审核、备案，邀请消防、水利、建设等相关部门参与，开展二氧化氯泄漏事故演练、水质异常应急预案演练、触电事故应急救援预案、办公楼应急疏散演练、防汛及紧急撤退演练、供水管线抢修应急预案、硫化氢中毒实战演练等7次安全生产应急演练，提高了抵御和应对突发事件的技能。

（李忠伟）

【城市供气】 2016年，全市天然气供应量1466万立方米，比上年增长42.5%；液化气供应量0.76万吨，增加5.56%。其中，城区天然气供应量1046万立方米，比上年增长35.8%；液化气供应量0.387万吨，下降15.5%。至年底，全市管网总长度为823.9千米，居民用户22.3万户。

燃气延伸工程 对全市17项燃气工程进行调度，并将工程推进及完成情况纳入镇街和企业年度考核范畴，到9月底，燃气工程全部提前完成，铺设燃气管道35千米，新增用户1.2万户，管道燃气普及率达62.7%，极大满足镇街居民对供气的需求。

全市燃气安全大检查活动 市燃气热力管理处在全市范围内开展4次燃气安全大检查活动，查处各类隐患227项。对全市所有燃气经营企业进行全方位、无缝隙排查整治。检查对象包括全市所有燃气经营单位，检查内容主要是企业落实燃气设施设备的检查保护、检测检修、更新维护的情况，燃气储存输配、调压计量、灌装和经营场所的安全管理情况，落实安全生产条件情况以及开展安全隐患排查治理情况等。

液化气站达标整治工作 对完成达标改造的气站，通过现场观摩会、不定期抽查等方式，督促企业进一步做好气站现场的封闭管理、制度标识、上墙等方面工作，促进企业规范化管理；对未按规定时限完成改造的气站，联合市场监督管理局、公安消防大队、石岛城建局、好运角建设交通局对全市液化气站企业达标改造情况进行执法检查；按照市政府要求，组织专家对实施达标整治的气站，多次进行现场技术指导，督促企业限期整改。截至2016年底，全市29家液化气场站，有10家完成场站改造，并取得燃气经营许可证。

预案演练 在完善燃气突发事件应急预案的基础上，结合工作实际，制定应急预案操作手册，并针对燃气泄漏、消防等情况组织开展燃气事故应急预案演练26次，参加演练300多人次。

2016年荣成市城区供气（天然气）情况表

表71

供气管道长度（米）	供气总量（万立方米）	家庭用量（万立方米）	用气户数（户）	家庭户数（户）	用气人口（万人）
656.1	1046	646.05	92001	88614	30.69

【城市供热】 2016年末，全市供热能力为792兆瓦，供热管网长度1000多千米，集中供热面积1020万平方米，供热设施覆盖面积1800万平方米，热电联产企业全部实现低温循环水改造，全市形成以热电联产供热为主、区域锅炉房为调峰和辅助的供热模式，供热保障能力得到有效保障。

供热区域调整 为充分利用生活垃圾焚烧发电循环水余热，促进节能减排，10月，市政府将崖头城区观海中路以南、黎明北路以西供热区域；河阳东路向东至云光路、沿绿岛湖北岸、自在澜湾小区北侧至海边一线以南，沽河以东，沿凭海路至海边一线以北供热区域，包括高阳小区、杨格庄小楼及黎明西区、海崖小区、自在澜湾等原属荣成市热电燃气集团管辖的供热区域，划给荣成市长青供热公司经营管理。

集中供热实行“看天”供热 为进一步提高供热服务质量，2015—2016年度采暖期，根据天气情况，提前延后供热，2015年11月10日开始，2016年4月12日停止，比原来多供一个多月；2016—2017年度采暖期，自11月1日开始启动供热，及时应对寒流，社会反响良好。

供热设施升级改造 为保证供热设施正常运转，检修、维护供热锅炉25台，改造老旧管网30多千米，有效提高供热保障能力。同时，根据未来几年供热面积快速增长、供需矛盾逐步加大的实际，聘请威海专业设计单位制定市区供热设施建设实施方案，并邀请省供热专家对实施方案进行论证，根据论证意见对实施方案进行重新调整、完善。本年建设供热站25座，市区供热管网平衡得到进一步优化。

落实供热企业安全生产责任 按照“政府抓监管、专家查隐患、企业抓整改”原则，积极开展供热安全生产大检查活动，尤其是在淄博周村管道施工事故、江西丰城热电厂冷却塔坍塌事故后，城建、安监、消防、市场监管等部门组织专家联合对供热企业开展一次全面的安全检查，及时消除安全隐患，安全保障得到强化。

理顺供热工程建设程序 为进一步理顺供热工程建设程序，提高供热工程质量安全，市城乡建设局印发《关于加强燃气供热工程管理的通知》，要求供热企业严格按照通知规定事项进行施工。

5月9日，市环卫处多车编组清洗道路 （市城建局提供）

供热扩面工程 按照供热城乡一体化发展的工作思路，继续加大对镇街供热设施建设的投入力度，进一步扩大供热设施的覆盖面，在全市16个镇街铺设供热管道70多千米，新增供热入网面积180多万平方米，满足更多居民用热需求。

（梁健美）

【城市公共交通】 （详见《交通·邮政·城市公共交通》第225页）

【城市环境卫生】 2016年，全市城市道路清扫面积580万平方米，其中机械化清扫面积533万平方米，机械化清扫率92%；机械化清洗551万平方米，机械化清洗率95%。清运生活垃圾32.7万吨，实现日产日清，生活垃圾无害化处理率100%。公厕34座，水冲公厕比率100%。

城乡环卫一体化管理 年内，市政府办公室修订《城乡环境卫生一体化管理实施意见》，运行机制更加完善，财力投资大幅增长，整治力度明显加强，村容村貌上档升级，总体实现环境改善和群众满意双赢。上半年和下半年在全省城乡环卫一体化群众满意度电话抽查中分别取得第一名、第八名（132个市县区），先后两次在中环协组织的会议上介绍经验做法。

城区道路保洁 为提高城区道路保洁质量，进一步美化城市形象，市城乡建设局环卫处创新街道保洁模式，在机械化洗扫方面推行“多车编组压茬清洗”“借雨刷道”法，对道路进行深度洗扫作业，达到节约用水、提高质量的效果。在人工保洁方面，进一步细化“网格”管理方案，将原来的“15分钟巡回圈”提升为“5分钟巡回圈”，全面提速人工保洁效率，严控道路白色污染、细小杂物等。

生活垃圾清运 年内，荣成市投资60万元，更换旧垃圾桶2180个、调整摆放位置1800处，并逐街建档，统一颜色、统一型号、统一管理。结合多年运行经验创新实施“4+1”清运模式（凌晨班、上午班、下午班、夜间班+巡回班），每天运行时间达18小时，垃圾清运及时率达98%。建立“生活小区清运专线”避免凌晨作业扰民，为每辆垃圾车量身制作污水接漏槽防止沿街遗撒，市民投诉率较上年降低12%。

公厕管理 年内，荣成市投资390万元，对22座公厕进行升级改造，全部达到国家二类标准，并将原来的管理间改为环卫工人休息点，并统一配备桌椅、电磁炉等设施，方便环卫工人工间休息、组织会议、加热饭菜等，既节省财

城铁荣成站站前街西侧海洋雕塑公园海草房公厕　　（市城建局提供）

政开支又解决用房难题，实现多功能使用价值。

引进 PPP 模式　为加快荣成市生活垃圾处理“无害化、减量化、资源化”进程，市城乡建设局与威海昊阳集团合作，建成荣成市固废综合处理与应用产业园，该项目含 14 个子项目，特许经营期 28 年，根据 PPP 协议约定，总投资约 23.26 亿元，项目实施真正意义上实现垃圾变废为宝、节能减排，全年无害化处理生活垃圾 32.7 万吨、上网电量 5306 万千瓦时。

链接： PPP（Public－Private－Partnership）模式（一种融资和项目管理模式），是指政府与私人组织之间，为了提供某种公共物品和服务，以特许权协议为基础，彼此之间形成一种伙伴式的合作关系，并通过签署合同来明确双方的权利和义务，以确保合作的顺利完成，最终使合作各方达到比预期单独行动更为有利的结果。

（黄晓东）

建筑业

【概况】　2016 年，全市建筑企业完成总产值 57 亿元，新签合同额 6.1 亿元，实现利润 2.7 亿元，比上年下降 5%、46%、6.8%。在建工程建筑面积 423 万平方米，下降 12%；其中新开工工程建筑面积 161 万平方米，下降 12.5%。收缴建筑业企业养老保障金 8032 万元，拨付建筑企业养老保障金 7487 万元；收缴新型墙材基金 556 万元，拨付 540 万元。申报省级装饰装修泰山杯 1 项；创建省级文明小区 1 项，省级文明工地 2 项，威海市级安全文明工地 6 项，荣成市级文明工地 18 项。

【建筑行业征信监管】　建立健全建筑市场各方主体信用评定考核办法，加强信用信息采集和报送，并将单位和个人信用评定结果与招投标、建筑用工管理等实行联动管理，促进各方主体依法、规范、诚信经营。全年更新征信信息 26 次，录入信息 325 条，对 68 项政府投资建设项目使用企业信用报告制度，对 109 家建筑业企业进行诚信等级评定，对连续两年征信考核评定为 D 级的 1 家企业申请上级主管部门注销其资质。

【起重机械安全监管】　从装拆备案、人员持证、技术交底、过程控制、使用管理等五个环节严格把关，建立“起重机械装拆监督管理微信群”，实施掌握起重机械装拆过程，确保在场人员履职尽责；不断完善施工升降机重点监控档案，跟踪监控 39 台施工升降机使用情况确保安全。全年，对 217 台起重机械安装和 156 台起重机械拆除行为进行重点监管，委托有资质的检测企业对 252 台起重机械进行检测，252 台达到合格标准，合格率为 100%。

【临建设施专项检查】　下发《关于切实加强施工现场临建设施安全管理工作的通知》，对在建工程施工现场使用芯材为苯板的活动板房，责令限期拆除、更换芯材或更改使用用途。查处不合格临建设施 17 处，面积约 2400 平方米，全部督促企业按照要求予以拆除、更换芯材或更改使用性质。

【建筑施工企业应急救援演练】　结合安全生产月活动，在石核馨园二期工程举办全市建筑施工企业应急救援演练现场观摩会，对安全体验区、施工升降机指纹锁控制系统的经验做法及施工现场触电事故及消防安全事故应急救援演练进行现场观摩，提升作业人员应急处置和协调救援的反应能力。全市有 89 家建筑施工企业、15 家监理企业 180 余人参加。

【强化建筑业企业资质监管】　采取网上申报、书面资料审查、实地检查等方式，开展建筑业企业资质动态考核，考核 131 家企业，对存在问题的企业负责人进行约谈，下发《责令改正通知书》19 份。同时加大建筑业企业扶优扶强支持力度，完成 2 家资质升级、5 家新申请资质、5 家资质增项申报工作，为全市 96 家施工企业办理资质证书变更手续。

【建筑行业职工职业技能大赛】　5 月 20 日—25 日，市城建局联合市委组织部、市人社局、市财政局、市总工会等部门举办 2016 年荣成市建筑行业职工职业技能竞赛。16 家企业 75 名选手报名参加砌筑工、装饰镶贴工、钢筋工、管道工等 4 个竞赛工种比赛，经过笔试和实践操作，有 33 名选手获奖，获奖选手被授予“荣成市技术能手”称号；对成绩合格的 27 名职业资格低于高级工的选

5 月 25 日，荣成市建筑行业职工职业技能大赛闭幕　　（市城建局提供）

手，给予晋升高级工资格。6 月，推荐 6 名优秀选手参加威海市职业技能大比武，获得镶贴组二、四等奖；10 月，组织 2 名选手代表威海参加山东省电焊工、管道工比赛，取得团体第三名。

（姜明锋）

【预拌混凝土生产企业规范化生产专项检查】　11 月，市城乡建设局质监站印发《关于开展 2016 年下半年预拌混凝土生产企业规范化生产专项检查的通知》，对全市范围内预拌混凝土生产企业的生产资质、质量保证体系、安全生产管理、绿色搅拌站建设进行专项检查。对存在严重问题的违法违规预拌混凝土企业，责成立即按照《威海市建设市场责任主体信用档案管理办法》《荣成市预拌混凝土企业征信管理办法》规定限期整改，对拒不整改的予以全市通报批评，并扣除相应诚信分值。

【住宅工程质量样板引路制度】　自 5 月 28 日起，荣成市建设工程质监站在全市范围内新开工的保障性住房、商品住宅小区推行样板引路制度，要求施工现场均要制作质量样板，主要包括：建筑材料样品库、实物样板、工程实体样板和工程质量看板。对未实施样板引路制度的工程项目和单位，取消各类评先选优资格，对责任单位和责任人按《威海市建设市场责任主体信用档案管理办法》记录不良行为。

【建设工程质量治理两年行动】　4 月，在全市范围内集中开展 2016 年工程质量治理两年行动执法检查，检查对象包括建设、勘察、设计、施工、监理、施工图审查、质量检测和建材生产供应等各方主体，检查内容包括工程实体质量是否平稳向好，工程质量监督和监理机制是否完善，工程渗漏、裂缝和水暖、电气、节能保温等住宅常见问题治理覆盖率能否达到 95%以上。

【预拌砂浆推广使用】　按照先中心城区、后向外辐射的原则，加快推进预拌砂浆的使用。自 2016 年 3 月 1 日起，要求镇驻地区域的在建工程必须全部使用预拌砂浆，禁止现场搅拌。将使用预拌砂浆情况作为重要监督抽查内容，加大监管力度，对未按规定选用预拌砂浆的建设单位和未使用预拌砂浆的施工单位，工程不予竣工验收并依据有关法律法规予以处罚。

【商砼工厂化改造】　围绕生态城市建设，下大气力加强商品混凝土污染治理。研究制定《商品混凝土企业考核办法》及《考核细则》，对所有商品混凝土企业实行工厂化改造，以签订责任状、信誉扣分、罚款等方式进行制约，实现生产场地全部硬化、堆料场全部覆盖，16 家商品混凝土企业安装砂石分离机，205 辆混凝土运输车辆全部安装卫星定位系统、转弯报警和防洒漏装置。部分企业投资 2000 多万元建立全封闭的堆料厂区，完成喷雾式生产，基本达到零污染、零排放。

（杨　萌）

2016 年建筑业企业生产情况及施工机械设备情况表

表 72

企业类型	企业家数	建筑业总产值（万元）	从业人员平均人数（人）	施工面积（平方米）	竣工面积（平方米）	利润总额（万元）	年末自有施工机械设备总台数（台）	年末自有施工机械设备总功率（千瓦）
合计	102	576128.2	26964	4239684.47	1783277.4	27487.83	11516	299881.09
按照企业资质类别								
建筑工程总承包	72	539539.55	24785	4239684.47	1783277.4	25492.36	9933	282972.55

企业类型	企业家数	建筑业总产值（万元）	从业人员平均人数（人）	施工面积（平方米）	竣工面积（平方米）	利润总额（万元）	年末自有施工机械设备总台数（台）	年末自有施工机械设备总功率（千瓦）
其他总承包	1	485.45	90			30	6	35
建筑装饰装修工程专业承包	12	16316	1099	0	0	848.8	766	4831
其他专业承包	17	19787.05	990	0	0	1116.67	811	12042.54
按照企业资质等级								
施工总承包								
一级	2	201470	7035	1409254.7	643361	9521	1081	31660
二级	33	303376	13219	2350452.77	897769.4	14337	6237	190962
三级	38	35179	4621	479977	242147	1664.36	2621	60385.55
专业承包								
一级	2	6192	282	0	0	372	113	1116
二级	16	17262.2	1229	0	0	982.5	962	6581
三级	11	12648.85	578	0	0	610.97	502	9176.54

环境保护

【概况】 荣成市环境保护局内设办公室、计划财务科、综合管理科（行政许可科与其合署）、法制宣传科、生态科5个科室，下辖荣成市环境保护局石岛分局、荣成市环境保护局好运角旅游度假区分局、荣成市环境监察大队、荣成市环境保护监测站、荣成市主要污染物排放总量控制办公室、荣成市核事故应急管理中心。有工作人员98人。2016年，荣成市环保系统围绕“自由呼吸·自在荣成”品牌建设，狠抓治污减排，强化环境宣传，创新监管手段，提升执法效能，全市全年空气质量优良以上的天数达到349天，优良率达到95.4%，PM2.5下降8.6%，PM10下降3.4%，在全省率先实现环境空气质量全面达到国家二级标准的目标；主要河流和近岸海域水质全部达到相应功能区划要求；城市集中式饮用水水源地水质达标率保持100%；区域环境噪声和交通噪声平均值远远低于国家标准。编制了《荣成市环境保护“十三五”规划》《荣成市“十三五”主要污染物减排计划》《荣成市农村集中式饮用水源地保护规划》等系列环境保护规划。实施14个减排项目建设，圆满完成主要污染物减排目标任务。严格落实建设项目环评及“三同时”管理制度，全年审批各类建设项目100个，环评和“三同时”制度执行率达到100%。

【大气污染防治】 市政府与各区、镇街及市直部门签订《大气污染防治目标责任书》，将治理任务落实到基层。先后发布了《荣成市2013—2015年大气污染防治行动计划》《荣成市重污染天气

8月5日，大气污染防治——扬尘腥水整治专项行动现场 （市环保局提供）

应急预案》《荣成市人民政府关于划定高污染燃料禁燃区的公告》《荣成市环境空气质量全面优化行动计划》等多个文件。市环保局会同交警部门划定黄标车禁行区，会同经信局等6部门推进油气回收治理，会同城建部门全面推行规范化建筑施工场地管理，并成立扬尘腥水综合整治办公室加强道路运输扬尘管理。荣成天熙热电有限公司4台锅炉、荣成市热电厂有限公司240吨锅炉湿法静电除尘改造、低氮燃烧改造、脱硫设施改造、监控设施改造和煤场规范化建设已全部完成，全部达到超低排放要求，并通过省环保厅组织的验收。在市政务服务中心设立了"黄改绿"环保标志发放窗口，2016年发放"黄改绿"环保标志787套。

【总量减排】 确定减排重点工程，及时分析、分解威海市环保局下达的减排目标，筛选出发挥减排效益的重点项目14，重点管理，定期调度。至年底，14个项目全部完成并投入运行。全力推进脱硫脱硝设施建设，热电企业全部完成脱硫脱硝设施建设，基本能够正常运行。严把项目总量核定关，注重提高审批效率，服务于基层和企业。

2016年主要污染物总量减排重点项目

表73

序号	单位名称	项目内容	工作要求	污染物	完成时间	计划投资（万元）
1	荣成市天颐热电有限公司	#1—#4锅炉超低排放改造项目	污染物达到超低排放标准	SO_2、NO_X、烟尘	2016年10月	2800
2	赤山集团有限公司鱼粉厂	新建脱硫设施	综合脱硫效率达99%	SO_2	2016年5月	160
3	荣成市恒发鱼粉有限公司	新建脱硫设施	综合脱硫效率达99%	SO_2	2016年5月	160
4	荣成市海丰海洋生物科技有限公司	新建脱硫设施	综合脱硫效率达99%	SO_2	2016年6月	90
5	荣成市东渔水产有限公司	新建脱硫设施	综合脱硫效率达98%	SO_2	2016年6月	100
6	山东鸿海生物科技有限公司	新建脱硫设施	综合脱硫效率达98%	SO_2	2016年9月	160
7	荣成市河口渔业公司	新建脱硫设施	综合脱硫效率达98%	SO_2	2016年9月	80
8	威海格蓝鱼粉饲料有限公司	新建脱硫设施	综合脱硫效率达98%	SO_2	2016年9月	80
9	荣成市龙威渔业有限公司	新建脱硫设施	综合脱硫效率达98%	SO_2	2016年9月	80
10	王门河污水处理项目	污水处理项目	建设日处理能力2万吨污水生化处理项目	COD、氨氮	2016年10月	6068
11	齐山河污水处理项目	污水处理项目	建设日处理能力5000吨污水生化处理项目	COD、氨氮	2016年8月	3000
12	荣成市博海禽业有限公司	养殖场综合整治项目	干湿分流，实现污染物0排放	COD、氨氮	2016年6月	100
13	荣成市寻山鑫盛养猪场	养殖场综合整治项目	干湿分流，实现污染物0排放	COD、氨氮	2016年5月	15
14	荣成市民兴生猪养殖专业合作社	养殖场综合整治项目	干湿分流，实现污染物0排放	COD、氨氮	2016年6月	1000

【生态文明建设】 开展《荣成市生态文明建设规划》编制工作,夯实生态建设工作基础。组织完成7家企业的清洁生产审核工作。编制下发《荣成市农村集中式饮用水源地保护规划》,对全市集中式饮用水水源地实施严格保护措施。积极开展"河长制"工作。对辖区内鱼粉、理石、冷藏、海带加工、干海产品加工等重点污染行业开展专项整治工作。完成全市113个村的农村环境综合整治工作。

【环境安全防控】 加强环境安全监管,召开一次"危险废物规范化管理"现场会,通过以会代培的形式,使企业明确当前全市危险废物环境管理工作形势和任务。对危险化学品企业、涉危险废物企业等开展摸底检查,出动执法人员60次,排查环境风险企业30家,确保环境安全。与公安部门开展联合行动6次,向公安部门移交1起涉及环境犯罪的案件。组织开展饮用水水源地、河流、近岸海域、土壤、噪声、辐射、重点污染源等常规监测工作。加强环境信访工作,受理信访案件994个,信访查处率100%,办结率100%,按时回复率100%。

【环境宣传】 结合3·15主题纪念活动,开展了环境法律法规的宣传咨询,倡导绿色、低碳消费模式,发放宣传材料,提供咨询服务。在4·22世界地球日来临之际,一方面带领实验小学的学生参观实验室,另一方面组织环保志愿者20多人同宝威幼儿园的孩子们共同到海边捡拾垃圾。"6·5"世界环境日期间,开展环保进校园活动,展出宣传挂图20副,开展低碳环保知识讲座。官方微博发帖1400篇,粉丝数达到600人;加大对违法违规企业的曝光力度,对违法排污的企业在电视台和报纸进行曝光,在荣成电视台、电台、报纸等传统媒体发稿67篇,在山东环境和威海环境网站分别投送稿件34和35篇。

【环境质量】 加强大气污染防治,制定应急预案和大气污染防治行动计划,加强对主要废气排放企业治污设施进行监管,加大机动车污染检测治理力度,开展燃煤小锅炉治理,定期发布环境空气质量日报和预报,全市空气质量优良天数349天,优良率95.4%,4项主要污染物指标全省优先。加强水污染防治,组织开展饮用水水源地、河流、近岸海域、重点污染源等常规监测,饮用水水源地、主要河流水质达标率均为100%。

"六·五"环境宣传日活动现场 (市环保局提供)

【环保世纪行】 9月,市环保局启动"优化空气质量,保护蓝天白云"为主题的2016年威海环保世纪行活动,对重点行业大气污染治理情况、扬尘污染防治情况、机动车排气污染防治情况、露天焚烧监管情况,能源结构调整等情况进行检查。对荣成市《大气污染防治法》贯彻实施情况给予肯定,强调要强化监督管理,切实做好大气污染治理工作,不断改善空气质量。

【环境保护专项检查整治行动】 加强生态荣成建设,切实解决一批损害群众健康和阻碍经济社会绿色发展、循环发展、低碳发展的突出问题,荣成市委办公室、市政府办公室联合下发《关于深入开展环境保护专项检查整治行动的通知》,利用一年的时间,在全市范围内开展环境保护专项整治行动,提升生态环境质量。针对工业企业、市域河流、施工工地等14大项整治内容,各环境监管职能部门按照"谁牵头,谁负责"的要求,制定相应的检查方案,确保责任到位、任务到人。排查各类环境问题1321个,创新工作方法,通过机制创新、制度保障、方案跟进、强化队伍、丰富手段等手段和方法,督导相关职能部门和各镇街完成整改1236个。

【鱼粉企业综合治理】 2016年加大对鱼粉行业执法力度,成立环保、公安、城管等部门参加的专项执法行动小组,下达鱼粉等行业污染整治公告,制定了夜间巡查、考核约谈机制,环保联合执法组对辖区内鱼粉企业实行"5+2,白加黑"执法模式,对辖区鱼粉厂进行24小时无缝巡查;实现环境监管网格化、常态化。在执法过程中,制定污染源日常随机抽查工作计划和工作措施,加密"零点"执法行动频次,综合运用联合执法、案件移送、限产停产、刑事拘留、媒体曝光等多种手段严厉打击各类环境违法行为。克服节假日、天气、人员少等因素,坚持每天对鱼粉企业进行巡查,出动巡查人员5500人次,其中夜查人员1100人次,累计夜查时间2100小时,人均累计夜查时间110小时。2016年累计查处违法鱼粉企业41家次,罚款418万元,下达限期整改通知书17家次。对严重违法生产的鱼粉企业实施断电停产17家次,实施查封停产10

家,移交公安部门处理5家,其中2名当事人被公安部门处以行政拘留3天的处罚。鱼粉企业积极落实相关环保要求,加强有组织和无组织排放的臭气治理,鱼粉企业全部新增并安装完成尾气治理设施。

附:2016年荣成市环境质量简报

2016年荣成市环境保护工作着力解决人民群众关心的问题,环境质量在经济稳定发展和社会事业不断推进的同时继续保持优良状态。

1、城市生活饮用水水源地水质监测

荣成市主要饮用水源地水质保持良好状态,逍遥水库、后龙河水库、湾头水库和八河水库的监测结果均符合《地表水环境质量标准》(GB3838—2002)的标准要求,营养状态分级均为中营养。

2、近岸海域水质监测

荣成市近岸海域布设了8个监测站位,分别为成山头、俚岛湾、桑沟湾1号、桑沟湾2号、桑沟湾3号、石岛湾、靖海湾、王家湾,从2016年的监测结果可以看出,近岸海域8个站位的水质均达标,成山头水质达到《海水水质标准》(GB3097—1997)中的第一类标准,其余点位达到《海水水质标准》(GB3097—1997)中的第二类标准。总体上看,近岸海域水质状况良好,能够满足各海域环境功能区的水质要求。

3、城市降水质量监测

在环保局办公楼设1个监测点,大气降水pH值平均为6.42,未出现酸雨。

4、海水浴场水质

7、8、9月份对海水浴场的水质进行监测,海水浴场2个站位均达到一级海水标准,水质优,海水浴场水质状况很好,非常适宜游泳。

5、城市环境空气质量监测

荣成市空气质量优良率为95.4%,优良天数349天,大气中主要污染物二氧化硫年平均值为12μg/m^3,达到国家环境空气质量一级标准;二氧化氮年平均值为16μg/m^3,达到国家环境空气质量一级标准;一氧化碳日平均第95百分位数为1.005mg/m^3,日评价达标天数366天,达标率100%;臭氧日最大8小时滑动平均第90百分位数为132μg/m^3,日评价达标天数364天,达标率99.5%;可吸入颗粒物日平均第95百分位数为122μg/m^3,日评价达标天数358天,达标率97.8%;细颗粒物日平均第95百分位数为74μg/m^3,日评价达标天数353天,达标率96.4%。

6、城市环境噪声监测

(1)道路交通噪声

荣成市城市道路交通噪声监测的总覆盖长度为28.31千米,2016年荣成市道路交通噪声平均等效声级为67.4dB,所测的6个测点道路交通噪声的平均等效声级均在70dB以下,低于国家规定的标准。

(2)区域环境噪声

荣成市区域环境噪声监测点202个,平均等效声级昼间为52.3dB,夜间为44.8dB,结果符合标准规定要求。

(3)功能区噪声

荣成市在1、2、3类区各设1个测点,在4类区设2个测点(荣安路测点,成山大道测点),从2016年的监测结果可以看出,荣成市各功能区噪声均达标。

2016年荣成市城市道路交通噪声、区域环境噪声及功能区噪声全部达到国家标准。

(韩　蓉)

商 务
Commercial Affairs

◎ 综　述
◎ 利用外资及港澳台资
◎ 境内招商促进
◎ 对外及港澳台贸易
◎ 中韩自贸区建设
◎ 服务贸易
◎ 对外及港澳台经济技术合作
◎ 电子商务
◎ 国内商贸流通
◎ 粮食购销与加工
◎ 供销合作
◎ 烟草专卖
◎ 石油供应

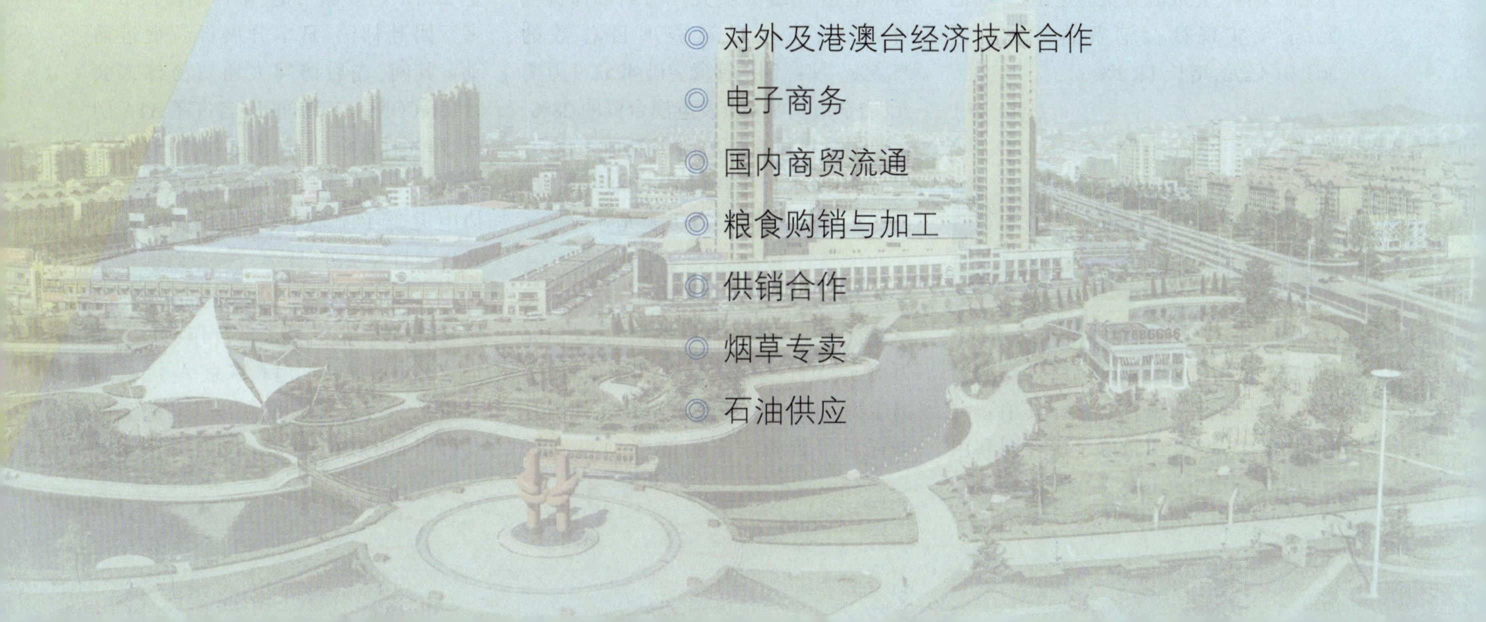

综　述

【概况】 荣成市商务局主要承担招商引资、外经外贸、商贸流通、加工贸易等版块业务，随着近年来对外开放形势的不断发展，新增中韩自贸区建设、服务贸易、电子商务等工作。负责起草、实施商务领域的各类规范性文件草案、发展规划和政策，调度督导全市招商工作，组织举办国内外招商和贸易促进活动，加强行业内企业管理，以及承办荣成市委、市政府交办的其他事项。内设办公室、对外贸易管理科、外资管理科、加工贸易与服务贸易管理科、对外经济合作科、综合科 6 个科室。下设事业单位 6 个，其中正科级事业单位 4 个（荣成市经济合作局、荣成市政府驻韩国办事处、荣成市招商促进中心、国际商会荣成市商会）；副科级事业单位 2 个（荣成市国内贸易办公室、荣成市电子商务服务中心）。有工作人员 45 人。2016 年，面对错综复杂的国内外经济形势，荣成市实施全方位大开放战略，搞活流通扩大消费，商务经济主要指标实现稳步增长，全市实际利用外资 10.1 亿元，比上年增长 2.8%；实际利用内资 224.1 亿元，增长 15%；完成外贸进出口 203.8 亿元，增长 9.9%；实现电子商务交易额 306 亿元，增长 50.7%；全市新备案及增资境外投资项目 11 个，中方计划投资额 1.7 亿美元；实施 4 个中韩地方经济合作标志性项目；完成服务贸易进出口 40 亿元；全年实现社会消费品零售总额 363.01 亿元，增长 11.2%。

（李　静）

利用外资及港澳台资

【概况】 2016 年，荣成市新批及增资外资及港澳台资项目 37 个，其中新批项目 31 个，增资项目 6 个。合同利用外资及港澳台资 10.3 亿元，比上年增长 8.6%；实际到账外资及港澳台资 10.1 亿元，增长 2.8%。全市到账外资及港澳台资主要来自韩国、日本、美国和中国香港、台湾地区，其中，韩资到账 4252.9 万美元，占全市到账外资及港澳台资的 28%；港资到账 1.05 亿美元，占全市到账外资及港澳台资的 69%；台资到账 330 万美元，占全市到账外资及港澳台资的 2.2%；其他国家外资到账 109 万美元，占全市到账外资及港澳台资的 0.8%。

【港资项目到资实力突出】 全市保持多年来利用港资的优势，通过增资、股东借款、股权转让等多种方式吸收利用港资，全年新批及增资港资项目 14 个，其中合同外资过千万美元大项目 7 个，利用港资项目占全市新批及增资项目总数的 37.8%，合同额达 1.3 亿美元。全年到账港资项目 14 个，占全市到资项目总数的 45.2%。实际利用港资突破 1.05 亿美元，比上年增长 51%，占全市到账外资及港澳台资的 69%。主要包括剑正房车配件制造 1223.7 万美元、祥源设备制造 430 万美元、佳和生物科技 346 万美元、雅创电子增资 334 万美元、东渔水产增资 196 万美元、中磊石材股东借款 200 万美元等。

【自贸区政策优势带动】 通过中韩自贸区招商工作推动，积极捕捉韩资项目招商机遇，加大对韩招商力度，全市完成新批和增资韩资项目 17 个，其中合同外资过千万美元大项目 2 个，合同韩资总额达 7823 万美元。已到账韩资项目 11 个，占全市到资项目总数的 35.5%。实际利用韩资突破 4252.9 万美元，占全市到账外资及港澳台资的 28%。主要到账项目有韩盛触屏制造 1900 万美元、菊好永和海洋食品 1500 万美元、高丽钢线股东借款 379 万美元等。

【增资项目到资势头猛劲】 全年有 6 家外资企业完成增资，增资额达 3196 万美元，其中 5 个项目有实际到资，宇昌生物、佳和生物等项目更是实现当月增资当月到资。全年增资项目到资 1376 万美元。

【服务业利用外资比重提升】 全市完成新批商贸类服务业项目 9 个，合同外资额 3520.5 万美元。第三产业外资到账 342.5 万美元，比上年增长 10.5%。其中，通过股权并购方式新设立的德宇贸易项目到资 200 万美元，被列为重点商贸服务业韩资项目。此外，新逻纳米科技、正术机电科技、大光纳米技术研究所、未来纳米科技、纳友通信科技 5 个韩资技术研发类项目，落户经济开发区科技创业服务中心，合同外资总额达 604.8 万美元，经营范围涉及碳素纳米材料技术、机械电子设备技术、碳复合材料及金属层状复合材料技术和无线局域网广域网设备的研发，以及软件开发、产品包装设计服务等，标志着全市外资技术研发类项目实现零的突破。

（于畅游）

【境外招商活动】 3 月 22 日至 26 日，市委常委、副市长王洪晓带队赴韩开展招商引资和友城合作交流促进活动。考察团先后拜访韩国国家品牌振兴院、日东制药、ELLA 化妆品公司、百利纸尿布会社、ECO 包装等企业，举办荣成市与莞岛郡建立友好城市签字仪式，并参观莞岛农工园地、考察香啊食品、海林盐藻多糖等企业和海洋生物研究中心，洽谈储备 ELLA 化妆品生产、ECO 新型包装材料、日东制药保健品等项目，向韩国相关企业推介荣成海洋食品产业，进一步加深荣成与韩国地方政府、相关协会和企业的交流与合作。5 月 15 日至 22 日，市委副书记、市长刘昌松带领考察团赴韩国、日本开展经贸促进活动。其间，先后访问大通贸易株式会社、MeCONOMY 新闻社、名古屋 ATA 制药、藤光株式会社、岸上品物（AS）株式会社等一批韩日重点企业以及韩国农协中央会、南洞区议会、巨济市水协以及省驻日经贸处、日本长门市政府等机构，洽谈推动海洋生物保健品、水产品贸易、化妆品生产等一批合作项目。参加威海市政府在仁川和东京举办的“服务贸易创新发展说明会”，推动荣成市与韩国 MeCONOMY 新闻社签署战略合作协议,出席荣成在日本福冈首个公共海外仓揭牌仪式。此外,考察团还访问日本福冈商工会议所、九州地区中小企业会、九州华人华侨友好联谊会,重点宣传推介荣成跨境电商和服务贸易优势,吸引企业到荣成投资合作。11 月 14 日至 18 日,市委常委、副市长王洪晓带领考察团赴日本开展冷链物流考察活动。其间,先后访问永旺物流中心、永旺梦乐城幕张新都心、武藏野物流株式会社琦玉县食品物流中心、CGC 集团、玛鲁哈日鲁株式会社宇都宫工厂等机构,学习日本冷链物流在技术、设备系统、运营管理、市场成熟度等方面的经验做法,推动泰祥集团与日本 KSP 公司、SUCCESSWAY 株式会社及中国物流与采购联合会合作,建设依附三同平台的冷链物流中心,打造生产领域与流通领域的“双三同”标准。

(李 静)

境内招商促进

【概况】 2016 年,荣成市累计储备在谈项目 300 个,其中当年新增在谈项目 248 个,过亿元大项目 69 个;累计实施域外客商在荣投资项目 94 个,其中过亿元大项目 16 个。全市累计开展小分队外出招商 566 批次,接待来访客商 1496 批次,实际利用内资达 224 亿元,增长 15%。

【挖掘招商信息】 完善招商政策支撑体系,修订招商引资工作考核办法,在全民招商和专业招商的基础上,开展差异化考核,出台《荣成市关于鼓励企业创新发展转型升级的若干规定》《荣成市关于鼓励支持海洋生物科技产业发展的若干规定》等扶持政策,编制荣成市海洋生物科技、高端装备制造、旅游和健康养老 4 大产业招商指导意见,加速推进荣成产业结构调整和升级。积极走出去对接,全市各级紧盯国内行业发展动态,利用“中国民企发展双月座谈会”“青岛国际海洋科技展览会”等展会、行业会议、主题推介会等契机,先后组织开展国内专题招商促进活动 8 次,主动对接天津天士力集团、青岛明月海藻集团、北京九鼎投资等行业内重点企业,掌握企业的投资意向和扩展需要、产业转移方向,洽谈项目合作,成功引进华夏幸福空间家与威海(荣成)海洋高新技术产业园开展代理运营和招商合作,与中国国际投资促进会签署战略合作协议。开展中介招商和代理招商,积极借助招商中介和代理、老乡会、联谊会、展会以及网络搜索等途径,广泛挖掘投资动态,先后邀请平安集团、浙江颐高集团、北京圆石文化等大企业和专业基金公司到荣考察对接,储备一批优质项目。

【招商引资管理】 聘请北京恩源科技有限公司搭建“荣成市招商资源共享平台”,设置闲置资产、企业对外合作需求、专家智库和重点项目 4 个数据库,实现全市招商资源信息共享;建设“荣成市招商项目管理平台”,实现招商项目日常调度平台化。与此同时,着手策划建设功能更加强大的“荣成市智慧招商平台”,通过深入摸排本地需求信息,多渠道搜集域外投资意向,解决当前招商引资工作中存在的本地需求与域外投资意向之间信息不对称的问题,实现需求信息与投资意向的精准匹配,开展专业招商;通过对招商活动和招商项目全程信息化跟踪和平台化管理,解决招商引资日常管理不规范的问题,提升政府招商工作效能。

【闲置资产招商】 深入摸排全市范围内的闲置资产,形成管理台账,并将闲置资产信息发布到“荣成市招商资源共享平台”,通过网络对外公开,积极向投资客商推介。2016 年全市累计统计闲置土地 301 公顷,当年盘活 32.6 公顷;其中闲置厂房 111.5 万平方米,当年盘活 16.7 万平方米;闲置商贸设施 61.7 万平方米,当年盘活 28.1 万平方米。全市累计储备 95 个盘活闲置资产项目,占全部在谈项目的 32%;实施 34 个盘活闲置资产项目,占全部实施项目的 36%。

(周 斌)

对外及港澳台贸易

【概况】 2016 年,荣成市实现对外及港澳台贸易进出口总额 2037919 万元,比上年增长 9.9%。其中,有出口实绩的企业 366 家,出口额 1515792 万元,增长 6.1%,进口额 522127 万元,增长 22.6%。从企业性质看,有 129 家三资企业有进出口实绩,进出口总值 1111471 万元,增长 7.3%。其中,有出口实绩的企业 120 家,出口额 769854 万元,增长 7.7%,占全市出口总额的 50.8%;进口额 341617 万元,增长 6.6%。有 293 家外(工)贸企业有进出口实绩,进出口总值 926448 万元,增长 13.2%。其中,248 家企业有出口实绩,出口额 745938 万元,增长 4.6%,占全市出口总额的 49.2%;进口额 180510 万元,增长 71.3%。从贸易方式看,有 136 家企业开展加工贸易业务,进出口贸易总值 1168439 万元,增长 24.7%。其中,出口 821289 万元,增长 28.7%,占全市出口总额的 54.2%;进口额 347150 万元,增长 16.3%,占全市进口总额的 66.5%。有 385 家企业开展一般贸易业务,进出口贸易总值 869480 万元,下降 5.2%。其中,出口 694503 万元,下降 12.1%,占全市出口总额的 45.8%;进口额 174977 万元,增长 37.2%,占全市进口总额的 33.5%。从贸易市场看,荣成与 156 个国家和地区有贸易往来。其中,与韩国贸易额 751600 万元,增长 3.5%,占全市进出口的 36.9%;与日本贸易额 344814 万元,增长 21.7%,占全市进出口的 16.9%;与欧盟贸易额 164823 万元,增长 8.6%,占全市进出口的 8.1%;与美国贸易额 138344 万元,下降 12.4%,占全市进出口的 6.8%。从大类出口商品看,农副产品出口 641861 万元,增长 31.5%,占全市出口的 42.3%;机电产品出口 622071 万元,增长 17.7%,占全市出口的 41%;橡胶制品出口 153016 万元,增长 1.5%,占全市出口的 10.1%。

2016 年荣成市对外及港澳台贸易出口主要市场情况表

表 74　　　　单位:万元

国别(地区)	出口额	比上年增减(%)	占全市比重(%)
合　　计	1515792	6. 1	100. 0
亚洲	988294	2. 8	65. 2
中国香港	62272	6. 5	4. 1
日本	306234	21. 6	20. 2
韩国	473105	-4. 0	31. 2
东南亚	90344	5. 7	6. 0
南亚	10315	-34. 5	0. 7
中近东	38044	-5. 7	2. 5
非洲	64773	48. 3	4. 3
南非	6865	-18. 6	0. 5
欧洲	120733	2. 9	8. 0
欧盟	104082	-1. 6	6. 9
英国	19009	-19. 2	1. 3
德国	10052	-33. 8	0. 7
意大利	6660	-18. 0	0. 4
西班牙	32640	129. 4	2. 2
独联体及东欧	18337	33. 5	1. 2
南美洲	123649	137. 4	8. 2
北美洲	137546	-20. 4	9. 1
美国	123776	-16. 7	8. 2
大洋洲	77464	52. 5	5. 1
澳大利亚	73466	54. 8	4. 8

2016 年荣成市主要商品出口情况表

表 75　　　　单位:万元

商品种类	出口额	占出口总额(%)	比上年增长(%)
农副产品	641861	42. 3	31. 5
其中,水产品	522015	34. 4	34. 1
水产品原料	323512	21. 3	46. 5
加工水产品	198503	13. 1	17. 9

商品种类	出口额	占出口总额(%)	比上年增长(%)
水　果	0	0.0	
蔬　菜	12854	0.8	53.3
花生及制品	18290	1.2	0.1
其　他	88702	5.9	22.8
工业产品	864718	57.0	-6.6
其中,机电产品	622071	41.0	17.7
造船	414572	27.4	55.9
整船	173359	11.4	213.6
船段	241213	15.9	14.5
电机	14884	1.0	-13.7
橡胶制品	153016	10.1	1.5
纺织服装	22454	1.5	-67.5
塑料制品	10251	0.7	-41.3
其　他	56926	3.8	-64.5
其他	9213	0.6	-36.6

【创新外贸发展方式】 培植山东省级外贸综合服务企业——皇朝马汉外贸综合服务平台,通过各类媒体及展会、推介会等渠道对皇朝马汉外贸综合服务平台进行宣传,全年平台共服务企业143家,其中年内新增38家,实现进出口4.7亿元。依托皇朝马汉平台承建国家认监委出口日韩食品"同线同标同质"公共信息服务平台,平台公示企业达到1162家,入驻企业58家,上线产品268种,北京体验店、威海体验中心分别投入运营。推动跨境电商快速发展,制定跨境电商扶持政策,成立荣成跨境电子商务产业联盟,累计实现跨境电商进出口550万元,并在日本福冈、韩国仁川设立公共海外仓,跨境电商产业园获青岛海关批复建设。实施韩国参鸡汤产品全国进口第一单。

【国际市场开拓】 全年组织203家次企业的417个展位参展日本千叶食品展、欧洲国际水产展、威海国际食品展、青岛渔博会等境内外展会30个,其中,以"荣成展团"形式参展武汉良之隆食材展、欧洲国际水产展、威海食品展、日本国际海产品与技术博览会、中国国际渔业博览会等5个展会。企业通过参加展会促进全市出口不断回升,特别是水产品等优势产品出口保持较快增长。

【优化外贸服务环境】 举办各类外贸政策培训班10次,编印发放相关资料2000份,在各类媒体刊发知识及政策宣讲30次。组织开展促外贸发展专题调研活动,通过现场走访、召开座谈会、发放调查问卷等方式对全市进出口过100万美元的外贸企业进行调查,全面了解企业外贸经营环节遇到的困难,摸清企业全年进出口计划,挖掘一批新的外贸增长点。贯彻落实国家及省出台的稳定外贸发展的政策,组织企业参加稳定外贸增长政策会议,跟踪了解海关、检验检疫、税务等部门政策落实情况。结合荣成实际,联合财政部门出台有针对性工作措施,鼓励企业深度拓展国际市场、参加国际市场宣传推介活动、投保出口信用保险、建设电子商务公共服务平台。做好贸易摩擦应对及纠纷处理,组织成山集团有限公司等轮胎企业参加应对美国双反调查。加强运行分析及监测,建立重点企业联系制度,及时跟踪了解重点外贸企业进出口情况,准确及时编制全市外贸情况通报和报表。

(周大伟　刘　宪)

【"2016中国·荣成国际海洋食品博览会暨互联网+海洋产业发展峰会"召开】 8月13日—15日,荣成市举办以"携手合作、创新发展"为主题的"2016中国·荣成国际海洋食品博览会暨互联网+海洋产业发展峰会"。此次博览会由中国食品工业协会、中国农产品流通经纪人协会、中国电子商务协会、国家农产品现代物流工程技术研究中心、中国物流与采购联合会冷链物流专业委员会、中国藻业协会、亚洲食品商务协会、韩国食品产业协会、中国台湾农产品流通经纪人协会共同主办,中国农产品流通经纪人协会海洋食品分会、荣成市食品协会承办,旨在进一步推动荣成海洋食品产业转型升级,扩大荣成海洋食品市场影响力,叫响荣成"中国海洋食品名城”品牌。博览会期间,在荣成海洋食品博览中心设置展区,设有标准展位113个,其中韩国展位26个,大陆地区展位25个,中国台湾地区展位26个,荣成市内企业展位36个,此外还增设电子商务和跨境电商、威海国际海洋商品交易中心、皇朝马汉外贸综合服务平台、沙窝岛国家远洋渔业基地等4处特装展区。与往届相比,该届海博会展区更加新颖、内容更加充实,各种海洋特色、“互联网+”、韩国元素随处可见。同时,得益于中韩自贸区建设和服务贸易工作推进的成效,本届韩国参展企业踊跃,韩国展区规模达到历届最高,展位较上届增加16个。参展商品琳琅满目,除展示荣成市各种冰鲜、干海产品,海参、鲍鱼等海洋珍品,海洋休闲食品,海洋生物制品及深加工产品等海洋食品以外,更有来自中国台湾的干贝酱、海藻等各种休闲海洋食品和凤梨酥等风味小吃,以及来自韩国、日本的海产品、休闲食品等进口商品,来自国内部分地区的各种海产品以及调味品。除展区展示以外,还组织130名国内外采购商赴泰祥集团、好当家集团、鑫发集团等荣成重点海洋食品龙头企业实地观摩洽谈采购。本届海博会达成贸易合作意向180项,意向金额8.6亿元。此外,博览会期间还举办“互联网+海洋产业发展峰会”“海洋食品网货节”“海洋食品区域品牌创意设计大赛颁奖仪式”“亚洲食品产业发展专题报告会”“国内外采购商实地考察”等14项研讨、推介、对接、洽谈、考察活动,邀请国内外知名专家围绕发展荣成海洋食品产业提出新思路新思维,启动淘宝特色中国·荣成馆,荣成海味供销平台上线,达成电商合作协议75项,与阿里巴巴1688、京东商城、苏宁易购、飞牛网、京拍档、中国电商基地联盟6家电商平台达成战略合作框架协议,发布荣成海洋食品区域品牌创意设计大赛获奖作品,通过专家授课、展示展览、品牌创意等形式与荣成海洋食品企业开展互动交流,共同推动荣成海洋食品产业转型升级、做大做强。

（李　静）

【加工贸易】 2016年,荣成市有进出口实绩的加工贸易企业136家,占全市外贸进出口实绩企业总数的32.3%,完成实际进出口额116.8亿元,比上年增长24.7%,占全市外贸进出口总额的57.3%。其中进口额34.7亿元,增长16.3%;出口额82.1亿元,增长28.7%,进、出口额一直保持两位数、双增长的态势,对全市外贸的平稳增长具有不可替代的主导作用。从行业上看,造船、海洋食品、轮胎橡胶及电子机械4大行业是加工贸易发展的龙头支柱产业,进出口额分别为56.8亿元、23.2亿元、18.8亿元、16.6亿元,分别占全市加工贸易进出口总额的48.6%、19.9%、16.1%、14.2%,其中出口额分别为40.7亿元、14.2亿元、15.1亿元、11.2亿元,分别占全市加工贸易出口总额的49.6%、17.3%、18.4%、13.6%。从贸易方式上看,来料加工进出口额57.5亿元,增长14.0%,占全市加工贸易进出口总额的49.2%,其中出口额36.8亿元,增长14.8%,占全市加工贸易出口额的44.8%;进料加工进出口额59.3亿元,增长37.3%,占全市加工贸易进出口总额的50.8%,其中出口额45.3亿元,增长42.7%,占全市加工贸易出口额的55.2%。从企业性质看,全市有进出口实绩的外商投资企业74家,完成进出口额82.2亿元,增长7.7%,占全市加工贸易进出口总额的70.4%;外工贸企业59家,完成进出口额34.6亿元,增长99.8%,占全市加工贸易进出口总额的29.6%。从地域分布来看,全市从事加工贸易的企业主要集中在石岛管理区、经济开发区和好运角旅游度假区及虎山、人和、俚岛3个沿海镇,出口额总计为81.8亿元,占全市加工贸易出口总额的99.7%,其中出口额前三位的区镇为经济开发区、石岛管理区、俚岛镇,出口额分别为25.1亿元、24.5亿元、24.4亿元,分别占全市加工贸易出口总额的30.5%、29.8%、29.7%。

（邱俊丽）

中韩自贸区建设

【概况】 2015年12月20日,中韩自贸协定正式生效,协定中将威海与韩国仁川自由经济区作为地方合作示范区,在贸易、投资、服务、产业合作等领域发挥示范和引导作用。2016年3月,荣成市出台《关于加快对接中韩自贸区建设的实施意见》,该《意见》立足荣成对韩区位优势突出、产业合作基础良好的实际,推动荣成与韩国在文化旅游、海洋生物科技、装备制造等产业深度融合发展,进一步提升贸易便利化水平,打造中韩商品交易的重要集散地。2016年,全市充分发挥政策红利和资源优势,在对韩产业合作、韩国商品交易集散地建设、发展对韩外贸新业态等方面取得明显成效。

【对韩招商和产业合作】 积极与韩国思潮集团、斗山集团、日东制药等企业以及韩国中小企业协会、旅游美容医疗行业协会等机构进行对接,开展海洋生物科技、海洋医药及高端装备制造等方面的招商。泰斗健康产业园中,利用韩国最新生物技术从牡蛎壳提取活性钙、从海带中提取岩藻聚糖硫酸酯、从低脂鱼和鱼骨等原料中提取高钙药膳产品等5个海洋生物保健品项目投入中试生产。新逻纳米科技、正术机电科技、纳友通信科技等5个韩资科技项目落户荣成科创园和孵化器。全年有古伦石业、静熙贸易等16个韩资项目获批,全市实际利用韩资4252.9万美元,占全部到账外资的28%。

【韩国商品交易集散地建设】 好运渔乡获批山东省首家海关、检验检疫局现场监管水生动物中转场资质,水产品对韩出口超过3000万元。盛泉中韩国际文化产业园启动运营,与韩国LTG株式会社签署合作协议,韩方组织50家企业入驻。中韩边贸城、大疃“韩国小镇”等纷纷成立贸易公司,与80多家商铺签订合作协议,统一进口韩国商品。九利正经营的威海市首家韩国商品工厂店落户时尚东方购物中心。2016年,荣成市实现对韩贸易额75.16亿元,比上年增长3.54%,其中,一般贸易对韩商品进口8.97亿元,增长34.3%。

【对韩港口建设】 山东省电子口岸软件系统基本建成,石岛港、龙眼港电子口岸部分模块投入使用。荣成海关、荣成检验检疫局共同发出查验指令,货物“一次查验、一次放行”比例达到100%。石岛港口岸扩大开放通过国家验收正式对外启用,荣成市基本实现沿海水域全方位对外开放格局。荣成口岸增加韩国冰鲜水产品至47种,石岛新港进口肉类指定口岸通过质检总局验收,正式获得进口资质,进一步丰富口岸进口商品种类。韩国大山港基础设施已完工,中韩海运会谈同意2017年开通龙眼港至韩国大山港的航线。

【对韩外贸新业态】 2016年7月1日,首批由荣成皇朝马汉外贸综合服务有限公司进口的80箱韩国参鸡汤顺利抵达荣成,实现中国参鸡汤进口第一单,标志着中韩参鸡汤贸易正式开始。积极打造韩国鲜奶第一进口口岸,实现对韩鲜乳企业进口注册采信HACCP(危害分析与关键控制点)认证结果。培育内外贸结合新模式,在全国率先建设出口日韩食品“同线同标同质”平台。成立跨境电商产业联盟,在跨境电商出口业务上引入外贸综合服务元素。跨境电商国际物流园海关监管场所获批筹建,荣成市对韩跨境电商格局进一步优化。德宇贸易、皇朝马汉、蔼喜电子等企业在韩国京畿道、仁川、釜山设立海外仓,通过建立海外物流枢纽,构建覆盖中韩的物流、仓储和运营网络体系。

【对韩文化旅游金融】 2016年,新引进中韩文化创意产业园项目,与韩国KBS电视台协商合作,组织韩国文化公司入驻,计划与韩国合作拍摄影视剧。金石湾艺术园区同韩国阿里奥画廊相互合作,探讨建设韩国艺术品保税库。赤山景区与韩国青少年联盟签署协议,韩方组织近百名青少年到赤山修学旅游。着力推进中韩文化旅游产业园建设,在好运角规划中韩文化商业品展示、影视创作制作、西霞口旅游文化等八大版块,打造环海文化旅游产业链。荣成农商行为本市企业成功办理首笔韩元贷款业务,荣成市成为省内继青岛市之后第二个办理中韩货币互换项下韩元贷款业务的城市。

(高玉龙)

服务贸易

【概况】 2016年,荣成市抢抓威海服务贸易创新发展试点机遇,深入挖掘服务贸易产业基础和发展优势,持之以恒抓重点项目建设、专业平台搭建、发展环境打造,推动服务贸易成为全市更高层次开放型经济的重要增长极。全市实现服务贸易进出口额39.94亿元,比上年增长20%;有266家企业完成商务部服务贸易和服务外包信息管理系统注册,实现服务外包合同额9087万美元、执行额7365万美元,服务贸易合同额7316万美元。

【完善顶层规划设计】 聘请安永(中国)企业咨询有限公司深度参与全市服务贸易顶层设计,制定《荣成市服务贸易创新发展实施方案》,确定培育壮大海运及相关服务、旅游服务两大特色产业,拓展跨境电商信息服务、文化娱乐服务和医疗养生三大服务领域,突破软件及信息服务外包、技术贸易和技术服务两大短板领域的发展思路;出台《荣成市促进服务贸易创新发展暂行办法》,重点围绕服务贸易出口、特色出口基地建设、服务贸易项目引进等11个方面给予鼓励扶持,为全市服务贸易企业发展营造良好的外部环境。

【项目支撑作用突显】 海运、旅游、外轮维修等传统领域发展稳定,是全市服务贸易发展的支柱。石岛港口岸扩大开放正式获批,成为全国唯一获批增加查验编制的口岸开放项目;龙眼港—韩国大山港航线获中韩海运会谈同意,2017年内即可开通;蔼喜电子(荣成)在日本设立威海市首个公共型海外仓;鑫汇公用型保税仓库已通过验收,正式对外经营;规划建设沙窝岛国家远洋业基地项目,并纳入国家战略规划,为荣成海洋经济转型升级搭建更高平台;石岛管理区获批全省首批服务贸易特色服务出口基地,也是全省唯一一个海运特色服务出口基地。

7月1日,首批80箱、1200袋韩国参鸡汤抵达荣成　　(市商务局提供)

【新领域发展迅猛】 金融服务、信息技术服务、文化娱乐服务等新兴领域服务贸易发展迅速,成为全市服务贸易创新发展新的增长点。威海国际海洋商品交易中心正式上线运行,打造成为集商品贸易、物联网金融、商品投资于一体的海洋商品交易平台;由韩国 ECO 投资 500 万美元建设的新逻纳米科技项目正式签约落地,成为荣成首个设计研发类服务贸易项目;中韩影视交流中心、中韩文化创意基地等项目加快推进,引进多个剧组来荣拍摄电影;金石湾艺术园区与韩国阿拉里奥画廊达成初步合作意向,建设韩国艺术品保税库、韩国艺术品展示展销中心。

(龙俊宇)

对外及港澳台经济技术合作

【概况】 2016 年,荣成市新核准境外企业(机构)11 家,荣成市协议投资额 1.7 亿美元,9 家企业实际投资 812.6 万美元;荣成市有对外劳务合作企业 7 家,2016 年派出各类劳务人员 288 人,比上年增长 6.3%。

【境外投资快速发展】 全市备案资源合作项目 6 个,荣成市投资额为 15985 万美元,分别是山东宝马渔业集体有限公司在乌拉圭投资 15000 万美元,开展远洋渔业基地建设;荣成烟墩角水产有限公司在中国香港投资 600 万美元开展船舶租赁、货物运输业务;山东沙窝岛远洋渔业有限公司在斐济投资 200 万美元开展海洋捕捞、渔获贸易;荣成市嘉鹏渔业有限公司在乌拉圭投资 200 万美元开展深海捕捞、渔船代理业务;荣成市远洋渔业有限公司在加纳投资 450 万美元开展渔业养殖、深海捕捞等业务;全市备案优势产能转移项目 1 个,即威海市世代海洋生物科技有限公司在美国投资 10 万美元从事批发、零售常温及冷冻食品、生物肥料等业务。

【境外投资方式多样化】 从行业领域看,国际产能合作步伐加快,服务业走出去更趋活跃。荣成市围绕建材和塑料制品、橡胶轮胎、食品加工、房车设备等领域国际产能合作推动企业走出去。威海高登旅游休闲用品有限公司在中国香港投资 12.87 万美元开展房车销售,荣成市荣飞塑料制品有限公司在日本投资 1.5 万美元开展塑料制品的加工及销售,荣成市恒运装饰工程有限公司在尼泊尔投资 500 万美元从事各种建筑材料的生产与销售。服务业实现新突破,山东霱喜电子商务有限公司投资 80 万美元在日本设立海外仓,开展仓储物料及配送业务,成为荣成市首个海外公共仓。从国别分布看,"一带一路"沿线国家吸引力不断增强,荣成企业走出去涵盖中国香港地区和巴基斯坦、加纳、乌拉圭、斐济等国家。乌拉圭、中国香港、加纳是荣成企业走出去主要目的地,投资额分别为 15200 万美元、612 万美元、450 万美元,占全市 2016 年投资总额的 94.9%。

【外派劳务市场平稳发展】 荣成市有对外劳务合作企业 7 家,2016 年外派 288 人,年末在外 657 人,完成营业额 1061.53 万美元,主要外派国家为日本、新加坡。

(许袁杰)

电子商务

【概况】 2016 年,荣成市电子商务交易额达到 306 亿元,比上年增长 50.7%,全市电子商务应用主体(包括企业、个体工商户和个人用户)已突破 7000 家,各类网店总数达 2000 余家,规模以上电子商务应用企业 352 家,占规模以上企业总数的 60.6%。全年举办各类电商培训 80 场次,参训人员 1 万多人次。10 月份被评为"山东省电子商务示范县",泰祥集团、百合生物被评为"山东省电子商务示范企业",奇点电商的奇点创客空间被认定为"山东省众创空间",友商网络、奇点电商分别被省电商促进会评为"山东省最受欢迎电商服务机构""山东省优秀网络零售企业";泰祥集团、百合生物、好当家集团、南光食品 4 家企业被评为"威海市电子商务示范企业",人和镇电商产业园、科创中心电商基地等 2 个园区被评为"威海市电子商务示范基地",人和镇、俚岛镇被评为"威海市特色电商小镇"。

【营造电商发展氛围】 先后举办"2016 中国·荣成互联网+产业转型升级高峰

8 月 13 日,中国·荣成互联网+海洋产业发展峰会开幕式 (市商务局提供)

论坛”“阿里巴巴集团全网诚信通峰会”“中国·荣成互联网+海洋产业发展峰会”等高级别论坛活动,中国电子商务协会、阿里巴巴、京东等机构和企业的20位一流电商专家学者,先后走进荣成,传播电商发展理念,凝聚电商发展共识,在全市掀起发展电商的热潮。承办2016齐鲁电商节山东电子商务优秀县域媒体行活动,人民网、新华网、央视网、新浪、搜狐等35家国家省市新闻网站及知名商业门户网站走进荣成,农村淘宝年货节“土货触网,线上飘香”、电商“双十一”创佳绩、电商精准扶贫农民触电增收等报道在《人民日报》《大众日报》及省市电视媒体上发布,集中宣传报道电子商务发展成绩。组织泰祥集团、百合生物、好当家等重点电商龙头企业,奇点电商、金角湾电商等电商服务企业,亮相中国国际电子商务博览会、山东农商互联峰会、山东精品电商年货博览会等展会。

4月25日,阿里巴巴农村淘宝荣成服务中心开业　　（市商务局提供）

【打造电商集聚园区】　重点推进威海海洋职业学院电子商务孵化基地、科创中心电子商务基地、镇域电商公共服务中心,着力提升电商载体服务功能。荣成市电子商务孵化基地项目正式启动,依托威海海洋职业学院的人才、场地和师资优势建立市级电商孵化基地,场地面积2000平方米,推进与新迈尔(北京)科技有限公司的合作,引入中关村孵化基地的管理模式。科创中心电子商务基地,引入菜鸟物流、电商协会等电商服务机构,建设电子商务市级服务中心,打造荣成市电子商务众创空间,为1700名电商创业者进行培训,为300名网商提供前期办公场地,入驻电子商务类企业37家,电子商务交易额超8000万元。人和镇电子商务产业园,依托人和镇作为全省最大的海洋干制品生产镇区的资源优势,打造镇级海洋食品特色产业集聚区,入驻电商累计75家,开设店铺130家,日发货500单,交易额超2400万元。俚岛镇电商基地,依托辖区内海带产业资源,广泛开展与阿里巴巴1688等批发平台和淘宝、京东等零售平台的合作,入驻企业22家,实现销售额1100万元。埠柳镇电商公共服务中心,依托辖区内无花果、地瓜、苹果等优质农产品资源,建设300平米的特色农产品展示交易中心,推进特色农产品的规模化、标准化、品牌化建设,与中国电商基地联盟达成初步合作协议。

【电商平台建设】　1月启动农村淘宝项目,4月阿里巴巴农村淘宝市级服务中心开业,开业当天,31处村级服务站完成交易额突破1200万元,名列全省第一名,进入全国前三名。全年建设农村淘宝村级服务站42处,累计交易额超过5000万元,其中本地产品上行交易额1020万元。在本地电商平台建设上,威海国际海洋商品交易中心以市场化方式运作荣成海鲜供销平台,主要分为“鸡鸣超市”和“海驴集市”等模块,海驴集市上线海带、鱿鱼、鱼粉等三大类10个品种。在地方特色馆引进上,与阿里巴巴、京东商城、飞牛网、苏宁易购等国内电商平台开展合作,签订合作协议,开通淘宝特色中国荣成馆,苏宁易购、阿里巴巴1688等电商平台入驻荣成。

【电商人才培育】　坚持引进与培育并举,多渠道、多层次培训电商人才,全年举办各类培训80场次,培训1万多人次。邀请阿里商学院博士裘涵、对外经贸大学教授陈进、易观国际总裁杨彬、阿里研究院高级政策专家郝建彬等电商专家学者先后为全市海洋食品企业1500人次讲授传统企业电子商务转型之道,举办阿里巴巴全网诚信通培训系列活动7场,累计培训400家企业。引进上海途歌专业电商服务机构,通过实施“千店计划”“双百工程”、百名电商导师成长计划、电商沙龙运营、线上直播培训等一系列活动,采取“手把手”培训、全天候辅导的方式,提升全市电商人才专业能力,累计举办各类培训班25场次,参训人员3764人次,新增店铺718家,月销量过300单的网店达到195家。

（王晓明）

国内商贸流通

【概况】　2016年,全市商贸服务业稳步发展,全市实现社会消费品零售总额363.01亿元,比上年增长11.2%。从城乡领域看,城镇消费品零售额335.05亿元,增长11.2%;乡村消费品零售额27.96亿元,增长10.7%。从行业分类看,批发零售业实现零售额333.46亿元,增长11.3%;住宿餐饮业实现零售额 29.55 亿元，增长 9.7%。从经济成分看，非公有制经济实现零售额 345.20 亿元，增长 11.3%；公有制经济实现零售额 17.81 亿元，增长 8.6%。从企业规模看，限额以上企业零售额 182.22 亿元，增长 13.6%；增福分别比限额以下企业和个体户高 3.2 和 5.6 个百分点。

【冷链物流项目建设】 紧盯国家、省冷链物流发展扶持方向，多措并举指导冷链物流企业开展标准化建设，成功将 7 家冷链物流企业建设项目纳入“威海市 2016 年冷链物流发展示范项目”。引导冷链物流企业参与中国物流与采购联合会和山东省物流与采购协会组织的冷链物流标准化建设活动，好当家、靖海集团、广润、鑫汇、连海渔业、齐东海通冷 6 家企业获评首批《水产品冷链物流服务规范》国标试点企业。

【肉菜流通追溯体系项目和市场监测工作】 完成一期 2 个屠宰厂、5 个种殖基地和 77 个家家悦超市追溯子系统建设及数据上传，家家悦超市肉菜实现扫描可追溯，顺利完成商务部及省商务厅专家组对追溯节点的实地验收。完善生活必需品、重点流通企业市场运行监测体系，以节假日为重点，严格执行每周监测制度，及时更新商务预报网信息，被商务部商务预报网主网采用 25 篇。完成山东好当家海洋发展股份有限公司、天津和治友德制药有限公司山东分公司和山东福瑞达医药集团公司山东分公司等 3 家公司在荣成市设立直销网点的实地审核，威百商厦成功申报威海市境外游客购物离境退税商店，凤凰湖社区被威海市商务局评为威海市“智慧便利示范社区”。

【商务诚信体系建设】 在商超企业开展创建全国文明城市工作，制定工作实施方案，督导 36 家商超企业落实创城标准要求，悬挂刊播核心价值观、健康教育宣传栏标语，开展“做商务诚信典范”倡议活动，挖掘企业 120 条好人线索，督导商超企业整改各类问题 28 个。进一步修订《荣成市商务领域信用体系建设管理办法》，制定商务领域负面清单、商务领域主体承诺书、商务领域红黑名单管理办法，落实日常奖励、扶持资金等信用信息查询制度，全年提报 11 篇信用信息查询报告，查询企业信用等级超过 100 家。开展商贸流通行业安全生产检查，会同消防部门组织 15 家商超企业开展消防应急疏散演练，督促企业整改隐患问题 15 处。开展单用途商业预付卡和典当行专项整治，落实省、市 2016 年打击侵犯知识产权和制售假冒伪劣商品工作要点，组织成员单位开展农村及城乡结合部市场专项整治、车用燃油专项整治、互联网打击侵权假冒专项整治、旅游纪念品市场整治等一系列专项行动。

（于春广）

粮食购销与加工

【概况】 荣成市粮食局，履行管理和服务全市粮食流通职能。内设办公室（行政事务管理科与其合署）、政工科、财务科（审计科与其合署）、调控储备科（挂监督检查科、行政许可科牌子）、产业发展科（挂经济运行管理科牌子）5 个职能科室，下属荣成市储备粮管理中心，为副科级公益一类财政拨款事业单位，下辖荣成市粮食购销中心、荣成市粮食中心储备库、荣成市军粮供应站 3 个国有企业。荣成市粮食局被荣成市委市政府授予“2016 年度落实目标责任制先进单位”和“2016 年包扶村工作先进单位”称号。2016 年末，全市粮食系统在职职工 130 人，资产总额 1.5 亿元。在确保全市粮食安全的基础上，国有粮食购销企业全年实现销售收入 4336 万元；完成粮食经营量 3.3 万吨；加工业完成加工总量 10 万吨，实现销售收入 3.6 亿元，分别比上年增长 8%、11%。

【粮安工程建设】 实施粮食收购惠民工程，围绕最大限度地掌握当地粮源，在发挥中心粮库龙头作用的同时，依托基层粮所和经纪人进一步延伸收购网络，在各中心镇（街道）、村设立固定和流动收购点 40 个，确保 98% 以上农民出售余粮不出村，国有企业年内收购当地商品粮 1.4 万吨，占社会收购总量的 56% 以上。与黑龙江、山西、辽宁、内蒙古、宁夏等 5 个外地粮源基地的合作，以市场为导向，及时组织优质大米、杂粮的采购，弥补荣成市需求缺口，全年外采优质粮食 8000 吨。把握国家实施粮安工程机遇，通过落实专项资金、开展资产置换和企业自筹等方式，多渠道筹措资金，扎实推进基层粮食收纳库的

6 月 19 日，上庄粮管所夏粮收购现场　　（市粮食局提供）

建设改造，较好地解决了市场化改革后基层国有企业收储设施“欠账”多、危仓老库比重大的问题。年内，完成国家县域粮仓维修改造项目1个，投资资金60万元，维修改造危仓老库8幢、仓容5840吨；筹措资金400万元，新建仓容6500吨，购置储粮设备器材10台(套)。全市年内新建和维修改造粮库资金总投入500多万元。积极探索加强粮食仓储管理的新途径，提升全市仓储规范化、科学化管理整体水平，全市各类库存粮油账实相符，管理规范，市粮食中心储备库达到省级“示范粮库”标准。完善落实市场预警监控机制，在及时开展全市社会粮油供需平衡调查基础上，定期对全市主要粮油品种价格和6家骨干粮油企业库存情况进行调度，及时发布价格信息，全面落实“保供稳价”措施，引导粮食有序流通；加快建设应急加工、供应与放心粮油工程相结合的应急保障体系，全市应急供应网点发展到26个，认定应急加工企业1家、储运企业1家，应急网点实现对全市所有镇(街道)的全覆盖。深入开展行政执法效能提升深化年活动，依托建立独立和联合执法机制推进监督检查常态化，；对粮食行政权力项目进行梳理，保留行政权力事项15项；接入全市行政处罚系统，粮食行政处罚案件全部上网公开，增强执法透明度；加强粮食经纪人管理和服务，完成对全市300名经纪人的培训，并进一步完善经纪人信息管理系统，引导其依法参与粮食流通。2016年，全市组织监督检查活动50次，出动行政执法人员150人次，检查各类粮食经营主体62家次，纠正和查处各类违规行为5件。

小粮仓项目加工现场　　(市粮食局提供)

【民生服务工程】 实施放心粮油工程按照市委、市政府关于“推动全域城市化、市域一体化发展”的总体部署，以品牌建设为核心，以质量监管为手段，以放心粮油生产企业和放心粮店为载体，通过整合优势资源，进一步推进放心粮油工程提档升级，服务网络实现对城区、镇(街道)、农村全覆盖。全市认定放心粮油示范企业10家、放心粮油产品15个；累计改造建设放心粮油服务网点26个，其中配送中心1个、居民主食厨房1个。全年销售放心粮油8000吨，实现销售收入1400万元。实施农户科学储粮工程。从减少粮食产后损失、促进农民增收出发，积极落实各级政策和资金支持，在全市农村大力推广农户科学储粮示范仓。全市年内加工、发放示范仓652个，累计推广1.1万个。实施粮食质量监管工程。落实粮食质量安全“一票否决”制度，进一步完善流通各环节质量、卫生安全管理措施，加强质检能力建设，启动2016年度新收获粮食质监工作，杜绝不合格原粮入市；采取与有关部门联合执法的形式，加强放心粮油工程监管，净化粮油消费环境，全年抽检原粮和粮油及其制品样品20个，合格率100%。

【粮食产业提质增效】 以“转调创”(转方式、调结构、创效能)为重点，提高产业发展质量。履行产业发展指导、协调和服务职能，通过组织开展全市涉粮企业专题调查，将2家涉粮企业列为重点培植对象，研究制定产业发展指导意见，引导企业充分利用已有土地和厂房、网点设施引进资金、技术，推进技改创新，较好地解决产业层次不高、发展方式粗放问题。协助企业筹措资金100万元，全市粮油加工企业完成加工总量10万吨，实现销售收入3.6亿元。以激发活力为重点，做强国有粮食企业。建立健全企业年度经营目标责任制和费用开支预算审批等制度，将费用开支、盈利水平、职工年均收入等指标与企业干部选拔任用、经营者年薪挂钩，调动企业搞活经营的积极性；指导企业进一步优化购销网络、加工能力和仓储设施等资源配置，加快向粮食产加销和军需民用一体化经营转变，提高市场竞争力。全市国有购销企业实现销售收入4336万元。以专项整治为重点，抓好安全生产工作。完善安全生产责任制，组织开展全行业安全生产大检查“百日行动”“打非治违”和隐患排查整治专项行动，杜绝安全生产事故发生。年内，组织开展安全生产检查4次，检查企业8家，消除各类隐患10处。

(赵　宇)

供销合作

【概况】 荣成市供销合作社联合社属参照公务员法管理单位，有工作人员20人。内设办公室、政工劳资科、财务统计科、审计科、业务科、综合管理科、资产管理科7个科室。系统有干部职工1901人，社属企业51家，其中基层供销

12月20日，省供销社监事会副主任王立来(中)、威海市供销社理事会主任隋秀敏(右)一行，到荣成市供销社考察验收供销社综合改革工作

(市供销社提供)

社13家(含中心社5处)，市直企业38家，总资产8.4亿元，所有者权益3.2亿元。全资企业19家，参股企业15家，控股企业5家，开放办社企业12家。2016年，荣成市供销社准确领会把握当前供销社改革发展的形势和任务，认真履行为农服务职责，夯实为农服务基础，突出体制改革和机制创新，进一步完善农业社会化服务体系和农产品流通服务体系，打造服务农民生产生活的生力军和综合平台。2016年完成销售收入31.7亿元、利税6324万元、利润2895万元，比上年分别增长18.1%、5.6%、10%，争取上级为农服务中心项目专项扶持资金100万元。被全国供销合作总社评为2015年“百强县级社”，1家基层社被评为“基层社标杆社”。

【农业社会化服务体系】 结合区域产业特点、找准市、镇、村的中间节点，对全市为农服务中心进行统一规划，打造北部以崖西、夏庄为农服务中心为重点、中部以滕家、上庄为农服务中心为重点、南部以虎山为农服务中心为重点的“跨南北、连东西”为农服务中心建设布局。在为农服务中心建设上，挖掘自身优势，吸引社会资源，做好结合文章，从“资金如何筹措减轻压力、土地如何解决化解制约、机制如何运行保证持续”三个方面入手，采取“龙头企业+基层社”“合作社+基层社”“优势产业+土地托管”三种模式，积极推动为农服务中心的建设。以圣农花生、虎山种植、学福地瓜等合作社为主体，依托已建的崖西、虎山、上庄为农服务中心为载体，深入总结开展规模化服务经验，大力推广“保姆式”“菜单式”等多种形式的托管服务，围绕着龙头企业从原料需求、质量保障出发，从良种良法推广、测土配方施肥、标准化生产、病虫害统防统治、机械化种植收获、产品储存加工等服务环节入手，在重点服务种粮大户、家庭农场、龙头企业等新型农业经营主体全程机械化服务同时，推进托管服务向蔬菜、果类、苗圃、养殖业等覆盖，因地制宜地积极探索不同品类、不同地貌现代农业社会化服务新途径。

【农产品流通服务体系】 适应“互联网+供销社”发展新要求，突出供销社为农服务特点，依托供销社海洋食品展销中心、农资配送中心两个载体，将电子商务中心作为促进农村现代流通、提升农村电子商务环境的重要平台，实行网上平台直营、线下店铺加盟的形式，推销具有荣成鲜明特点的海产品、农副产品等，多种模式推进电子商务的发展。已通过在“供销e家”、1号店、淘宝商城等第三方电商平台建立海洋食品网店5家、线下体验店1家。全力参与海洋食品博览会的筹备，发挥系统上下贯通、联合合作的独特优势，借力中国农产品流通经纪人协会平台，畅通与中国台湾农产品流通经纪人协会对接，深入开拓客户资源。

【农资惠农扶贫】 落实省社全面参与脱贫攻坚工作会议精神，与市扶贫开发办公室对接、磋商，立足行业优势，结合系统实际，制定详细开展扶贫工作计划。将花生基地、紫薯基地向贫困村延伸，让贫困户优先享受到基地各项惠农政策。开展“放心农资惠农家”活动。针对扶贫工作重点村开展农资供应和技术服务相结合的“放心农资惠农家”活动，通过缩减生产资料成本、加大技术支持力度等措施，实现为农、惠农。

【推进依法治社】 围绕着深化供销社综合改革，以建立现代企业制度为目标，健全社有企业法人治理结构，健全社有企业财务、预算、资产处置等管理制度，促进社有企业集约化、精细化管理。对系统内26个独立法人单位实行财务托管，进一步规范企业财务管理工作，推进租赁企业减费增效，促进社有资产保值增值，提高依法治社水平。

【供销社综合改革】 贯彻落实中央及各级党委、政府“三农”工作方针，落实好新发展理念，围绕海产品、花生、果品等具有比较优势的富民产业，最大限度凝聚各种为农服务资源，加快构建农村现代经营服务新体系和新时期供销社组织体系，推动系统工作由流通服务向全程农业社会化服务延伸、向全方位城乡社区服务拓展。12月20日，省供销社监事会副主任王立来、威海市供销社理事会主任隋秀敏一行，到荣成市供销社考察验收供销社综合改革工作。考核验收小组先后视察崖西、虎山、上庄为农服务中心建设，滕家孔家社区服务中心运营，海洋食品博览中心、泓达集团海臻一品公司、伟德生态农业有限公司经营情况，供销电子商务服务中心服务情况，召开系统代表座谈会，听取综合改革情况汇报，对综合改革试点工作进行验收。

（周婷婷）

烟草专卖

【概况】　荣成市烟草专卖局（营销部）有职工85人，内设综合办公室、财务科、法制科、内管办、专卖科、营销科6个职能科室，辖1个稽查大队（含10个稽查中队）。2016年，累计实现销量3.12万箱，完成单箱销售额2.62万元，实现利税2.13亿元。全年查获涉烟违法案件140起，查获案值157.27万元，查获违法卷烟303.08万支；其中查获万元以上案件66起，刑事拘留7人，行政拘留1人，逮捕1人，判刑5人。完成市标网络案件1起，国标网络案件1起。市烟草专卖局（营销部）被威海市烟草专卖局（公司）授予“2016年度全市系统政务信息与新闻宣传工作先进集体”“2016年度创新先进奖”，被市直机关工委评为“2016年度先进党支部”，被荣成市总工会授予“2016年度五星级职工之家”“2016年度先进女职工委员会”称号，连续5年保持“市级文明单位”。

【卷烟营销】　持续巩固特类市场开发成果。开展“婚庆消费示范店”“旅游消费示范店”评比、启动临海市场开发课题、大企业走访、空白村摸排等多项活动，深挖卷烟市场消费潜力。优化终端消费环境。坚持“高端引领”“理念提升”“以点带面”三项原则，在石岛客户服务部区域内打造6家精品终端，指导35户零售户开展店面改造，发放各类展示烟柜215个用于改善农村户陈列条件。持续提升客户服务水平。新设客户培训基地1处，自编学习教材、影音宣传片等学习材料55套，全年开展“小班制”培训、“一对一”指导、客户跨区交流25次，客户培训面达90%。年内以发生在零售户身边的文化故事为切入点，进行总结、归纳、提炼，组织编写《你我身边的故事》内部学习培训资料，向辖区客户发放700本。

【专卖管理】　完善联合执法机制，发挥规范烟草市场秩序联席会议协作职能，加大物流、客运等渠道及“带工”群体的查验力度，堵住卷烟假私非流通渠道。推进零售户征信管理，将卷烟零售户的守法、违法经营信息录入荣成市公众联合信用征集管理系统进行统一管理，实现年内零售市场案件比上年下降27.47%。开展专项整治，将“齐鲁之盾”（2016）专项行动与日常市场监督检查紧密结合，开展打击互联网和物流快递渠道涉烟违法犯罪活动、打击卷烟经营市场专项整治行动以及交叉检查，提高“打假破网打私断源”打击精度。加强专卖制度建设，通过印发《荣成市烟草专卖局执法装备使用管理制度》和《荣成市烟草专卖局行政执法文书管理制度》等制度文件，强化专卖执法人员的法制和证据意识。坚持做好法制宣传，开展“3·15”法制宣传、“七五”普法、“送法进村”、发放《烟草守法经》系列活动，持续扩大烟草普法受众面。

【精益管理】　编制实施《“做实真细精管理先行者、树基层全面精益新标杆”工作规划》，全面落实7个精益子规划，构建涵盖卷烟营销、市场监管、企业管理全面精益的长效机制。强化规范宣传，筑牢思想防线，年内开展内部规范经营教育培训2次，零售户规范经营及法律法规培训19次。健全“12313”投诉咨询服务双向沟通机制，充分发挥服务职能，年内受理举报、投诉、咨询事项30项，群众满意率100%。推进“两公开工作”，年内形成办事公开目录215项，保证办事流程公开透明、干部职工应知尽知。开展QC科技创新活动和学术理论探索研究，年内，单位严谨QC小组及其研发课题分别被评为“2016年度山东省优秀质量管理小组”和“全系统第五届优秀质量管理小组成果三等奖”；1篇论文被评为山东省烟草学会2016年度学术年会交流论文；1组精品课获得专卖管理和内部监管类标准课程优秀奖。完善定额管理控制体系，严控各类消费性支出，重点可控费用比上年下降38.84%，可控费用比上年下降2.57%。完善实物资产季度清查制度和电子台账制度，做到账账相符、账实相符。开展安全维稳工作，实现全年零事故、零信访。

【和谐建设】　践行“品”文化，以扶贫济困为己任，开展各类公益活动。2016

5月10日，开展烟草普法宣传　　（市烟草专卖局（营销部）提供）

年，持续开展生态村富民工程和对口帮扶工作，为港西镇巍巍村投资 40 万元用于建桥后期修设拦河坝、桥体护栏；为埠柳镇埠柳村投入 5 万元用于村内路面硬化；向夏庄镇圈杨家村派驻"第一书记"谋发展，形成符合村庄发展实际的《海藻烘干加工厂建设项目可行性报告》，并向上争取资金投入 38.5 万元建设 400 平方米海带烘干厂房。关注关爱教育事业和弱势群体，开展"送温暖送清凉"系列走访活动、志愿者服务社区活动、植树绿化活动、"深入零售客户、预备党员帮扶老党员"活动、"慈心一日捐""真情助学·爱心扶危"等活动，捐助爱心款 32600 元，为 47 名特困客户解决生活困难。

（丛颜雯）

1 月 8 日，向困难客户赠送"量身定制"的卷烟展示柜

（市烟草专卖局（营销部）提供）

石油供应

【概况】 荣成市成品油供应的主渠道是中国石化销售有限公司山东威海荣成石油分公司（以下简称中石化荣成石油分公司）、中国石油天然气股份有限公司山东威海荣成销售分公司（以下简称中石油荣成销售分公司），社会成品油经营企业作为重要补充。2016 年末，全市从事成品油批发企业 3 家（荣成市明盛石油有限公司、荣成市西方石油有限公司、威海石油有限公司）；从事成品油零售经营的企业 116 家（中石化荣成石油分公司 29 家、中石油荣成销售分公司 14 家、其他公司加油站 73 家），全市全年销售成品油汽油 7 万吨，柴油 8.2 万吨，其中中石化荣成石油分公司销售汽油 4.8 万吨，柴油 4 万吨；中石油荣成销售分公司销售汽油 0.99 万吨，柴油 1.1 万吨。

（张路春）

【中国石化销售有限公司山东威海荣成石油分公司】 中国石化销售有限公司山东威海石油分公司为威海市成品油经营主渠道，下辖文登、荣成、乳山三个县公司。中国石化销售有限公司威海荣成石油分公司分为荣成和石岛两个片区。2016 年，加油站 29 座，从业人员 178 人，全年实现销售汽油 4.8 万吨，柴油 4 万吨，销售额分别为 35530 万元和 23329 万元。

（张永琳　胡学博）

【中国石油天然气股份有限公司山东威海荣成销售分公司】 中国石油天然气股份有限公司于 2000 年进入威海市场，先后在荣成市、威海市成立控股公司和销售分公司，实施"一拖二"的管理模式。2004 年 7 月，由威海中油油品销售有限公司、荣成中油油品销售有限公司两个控股公司和中国石油山东威海销售分公司、文登分公司、荣成分公司、乳山分公司整合成为中国石油天然气股份有限公司山东威海销售分公司。2016 年，加油站 14 座，从业人员 75 人，全年销售汽油 0.99 万吨，柴油 1.1 万吨，实现收入 9184 万元和 5184 万元。

（陈　红　李承科）

荣成 RONG CHENG 自由呼吸 自在荣成

口岸
Port

- ◎ 综　述
- ◎ 海　关
- ◎ 出入境检验检疫
- ◎ 海　事
- ◎ 船舶检验
- ◎ 边防检查

综　述

【概况】　荣成市口岸办公室主要负责口岸开放、外轮承修、新航线开辟、外供等审查报批管理，协调服务口岸通关建设及文明共建工作，内设综合科和管理科，有工作人员7人。2016年，全年完成港口吞吐量1593.85万吨，出入境集装F箱16.38万标箱，出入境旅客33.37万人次，出入境船舶3265艘次，出入境货物总值98.70亿美元。

【口岸扩大开放】　10月8日，历时十年之久的石岛港口岸扩大开放至好当家和俚岛港区通过国家验收正式对外启用，新增三星、伽耶、好当家、荣喜、远通、和兴6个开放港口码头，一次验收启用开放泊位32个，开放泊位总数达到66个，基本实现沿海水域全方位对外开放。10月12日，组织举办石岛港口岸扩大开放正式对外启用首航仪式，邀请相关新闻媒体进行宣传报道，宣传稿件和视频先后在《人民日报海外版》、中央电视台、山东卫视、凤凰网、腾讯网、搜狐网、今日头条等10家重要媒体刊发和转播。

10月12日，石岛港口岸扩大开放对外启用头首航仪式　（市口岸办提供）

【特色口岸建设】　9月，石岛新港口岸通过国家验收正式获批为进口肉类指定口岸，荣成市申报的石岛新港股份有限公司和荣成泰广进出口有限公司获批冷链查验和储存一体化设施资质，跻身同期全国30个进口肉类指定海港口岸、82家冷链和储存一体化设施资质企业行列。肉类口岸的启用，不仅降低企业的通关、仓储和物流成本，而且能促进肉类加工等食品产业的发展。10月，石岛新港通过国家评估验收获批为进口澳牛屠宰口岸，这是继重庆、河南空港口岸后全国第三个取得进境澳牛屠宰权限的口岸，也是中国在中澳自贸区协议框架下，第一个通过评估验收的进境屠宰肉牛海港口岸。澳牛屠宰实行“口岸、隔离场、屠宰场”一条龙全配套的运营模式，选择石岛新港作为进境肉牛入口，泰祥集团建设的屠宰牛隔离场和屠宰厂为终端，对比空港运输每头牛可节省费用9000元，在运输数量和竞争成本上更具优势。至2016年底取得进口冰鲜水产品、进境食用水生动物、进口肉类、进境澳牛屠宰6个指定口岸资质，特色口岸功能更加突出。

【“大通关”建设】　查验费改革试点率先推行。配合威海口岸办在全省率先试行查验配套服务费改革政策，以市政府文件拟定并印发试点实施方案和操作细则，2016年1月1日起对海关查验没有问题的集装箱由市财政承担补贴费用，补贴35.6万元。4月6日起，对接执行省政府出台的《关于印发山东省关于免除查验没有问题外贸企业吊装、移位、仓储费用全面试点工作实施方案的通知》，免除费用由中央财政负担。2016年，查验没有问题进出口集装箱20英尺950个，40英尺2760个，厢式货柜车1个。

【口岸服务】　配合国口办和省口岸办完成全市开放港口的查验配套设施基础数据的调查摸底，为国家制订新的查验设施标准提供参考；调度分析口岸业务数据，完成《中国口岸年鉴》荣成市口岸资料的整理上报；陪同上海口岸办考察团一行调研石岛港口岸监管通关模式，交流探讨渔港进靠远洋船舶作业监管；接待烟台口岸办两批调研组调研新建联检楼等查验设施；牵头办理市人大代表提出《关于加大俚岛口岸开放扶持力度》的建议，会同交通、渔业、财政、海事部门落实服务措施，并做好面对面答复工作。

【电子口岸建设】　按全省电子口岸建设计划安排，组织全市40家报关报检、船代货代、原产地证备案等企业业务人员，参加全省首批国际贸易“单一窗口”业务培训会议，集中收听收看了检验检疫申报培训视频会议，为国际贸易“单一窗口”正式投入使用做好准备。

【口岸发展】　在开通3条客货班轮、多条全集装箱航线和外贸内支线业务的基础上，口岸运营能力得到进一步提升。8月，龙眼港口岸成功获批2017年开通至韩国大山港客货班轮航线。10月，石岛新港新建首艘1500客位豪华客滚船（华东明珠8号）正式投入运营，成为全国中韩航线上运力最大的船舶；同月，石岛新港新开至日本东京货物滚装船航线。外轮进靠承修实现新动态。召开协调会议12次，为开放水域内未验收的多家修造船企业，解决临时进靠和承修外轮业务。主要包括黄海造船进靠韩国籍货轮卸泊船用主机、造船工业进靠承修新中瑞7号外籍轮船、石岛新港试运行泊位进靠"南海七号"钻井平台和停靠华东明珠6号、龙眼港东区进靠"维多利亚号""永霞号"外轮、荣喜港承修外轮等,有效支持修造船企业外向型业务拓展。

【查验设施】 以"查验设施建设攻坚年"为抓手,围绕国家和省级验收建立周调度、月通报、季观摩的"台帐式"管理制度,高质量完成以三星航道清养、扫测、核查为代表的通航安全规范整治,高标准完成拟验收码头的办公用房、视频监控等标准化配套设施建设,累计完成整改事项240项,确保6个码头查验设施全部达到开放验收标准。

(薛良萍)

海　关

【概况】 中华人民共和国荣成海关(以下简称荣成海关)是国家设在山东省荣成市的进出境监督管理机关,担负着对进出境运输工具、进出口货物和进出境旅客行李物品的监督管理,征收关税及其他税费征管,查缉走私,编制海关统计和办理其他海关业务的职责。下辖驻石岛港办事处、驻龙眼港办事处2个办事处(副处级)机构,内设办公室、通关科、物流监管科、稽查科、审批备案科、综合保障科,荣成海关缉私分局下设缉私科、法制科、情报技术科,实有关警员79人。2016年,荣成海关全年受理进出口报关单16.4万票,监管进出口货运量177万吨、集装箱15.1万标箱、船舶3265艘次、旅客33万人次,审批备案加工贸易合同1350份、3.7亿美元。

【助推口岸扩大开放】 围绕助推石岛港口岸扩大开放,成立由关领导牵头的专项核查组,召开辖区监管场所负责人会议,督导做好港口码头基础设施建设工作,完善港口承载功能;加强对监管场所的视频监控和实地巡查力度,制定《荣成海关视频监控管理细则》,优化风险综合防控中心参数设置和"远程视频监控指挥平台"异动监测,提升监管场所船舶进出港、修造船等业务风险预警和巡查监控效能。10月8日石岛港口岸扩大开放正式通过国家级验收,涉及好当家、荣喜、远通船厂、和兴船厂、三星、伽耶6个开放港口码头、32个泊位。荣成市开放作业港口码头增加至10个,启用开放泊位增加至66个,成为全国开放岸线最长、水域最广、港口最密集的县级区域。

【服务地方贸易】 关领导带队赴沙窝岛国家远洋渔业基地项目建设现场开展现场办公,积极协助解决保税仓库和保税油库的不动产登记证、土地证、消防验收备案登记许可证等难题。促成山东"海之都"鲜活水产品监管场所、荣成跨境电商产业园海关监管库、泰祥跨境电商监管场所以及6家保税仓库、出口监管仓库、保税油库等项目相继获批,6家企业列入荣成"旅游购物贸易"试点。推广加工贸易掌上资讯平台,促进加工贸易升级发展。2016年,加工贸易进口总值6.9万美元,比上年增长9.52%,实际出口总值57435.13万美元,增长40.28%,内销征税2131.96万元,增长48.99%。

【海关业务改革】 落实上级对威海、荣成海关启动政府支付口岸查验配套服务费改革试点有关批示要求,协同荣成市政府以及口岸、财政等部门研讨建立适合口岸特点的政府购买服务模式。口岸查验配套服务费改革自1月4日启动以来,涉及320家企业的3535个集装箱,政府支付企业因人工查验产生的吊装、移位、拆箱及装箱费等费用78万元。推进通关业务现场整合,实现"改革不减速、多地办公不脱节"。整合后,荣成海关两大现场进出口业务统一申报、审核,平衡执法尺度,降低一线执法风险,进一步统筹考虑进行全关机构平衡设置,顺应通关一体化改革的总体精神。

【海关监管】 对进出境船舶根据不同风险程度,实施分类监管,通过加大对远洋渔业等高风险船舶的登轮检查比例,查获2起远洋渔业船舶进境携带国外红酒和1起携带淫秽书刊案件,还利用远程视频监控,查获3起国际航行船舶擅自靠港案件。全年监管进出境船舶3265艘次,征收船舶吨税217.4万元。挖掘H986系统非侵入式查验模式效能,现场机检集装箱标箱量80箱次,查验效能显著提升;严格查验作业,全面运用查验单兵系统,有效降低关员执法风险。进出口查验率分别为6.17%和2.33%,进出口查获率分别为19.71%和13.3%。严格执行海关总署

10月17日,工作人员对船载货物进行检查　　(荣成海关提供)

1996 年第 58 号公告、全国海关加强行邮监管工作电视电话会议精神和《青岛海关加强关区行邮监管工作实施方案》的总体要求，加强进出境旅客及其行李物品的监管，旅检渠道查获旅客走私香烟、化妆品等案件 160 起，移交法规部门案件 238 起，刑事立案 1 起。

【打击走私联合行动】 深化关警协作，召开监管、缉私风险研判处置联席会 3 次，举办 2 次办理“两简”案件培训班，办理“两简”案件 44 起，办案质量不断提升。密切与公、检、法、安全等部门的合作，建立常态化交流沟通机制。协同烟台分局民警携缉毒犬在石岛口岸旅客通关现场，对出境韩国的旅客及行李物品进行突击检查，对防控毒品走私起到极大震慑作用。全年立案各类走私违规案件 275 起，案值 1.44 亿元，涉税 3899 万元。其中，刑事立案 5 起，案值近 5726 亿元，涉税 1910 万元，抓获犯罪嫌疑人 13 名，涉案走私成品油 1.112 万吨、冷冻牛肉 1104 吨等。

（乔俊杰　宋明超）

出入境检验检疫

【概况】 中华人民共和国荣成出入境检验检疫局内设办公室、法制与综合业务科、检务科、动植物检验检疫科、食品检验监督科、卫生检疫与机电检验鉴定科、财务科、政工科、后勤科 9 个行政科室。下辖龙眼办事处、石岛港办事处 2 个副处级单位，在职人数 82 人，其中行政编制 42 人，事业编制 40 人。2016 年，检验检疫出入境货物 32672 批，17.2 亿美元，比上年分别增加 13.47% 和 13.15%。其中，出境货物 25160 批，11.95 亿美元，分别增加 7.27% 和 21.9%；入境货物 7512 批，5.25 亿美元，分别增加 40.73% 减少 2.75%。通过检验检疫，检出不合格货物 3448 批，货值 9930 万美元。签发普惠制原产地证书 2379 份，货值 1.04 亿美元；一般原产地证书 4301 份，货值 3.19 亿美元；区域性优惠原产地证书 6314 份，货值 3.14 亿美元。查验出入境人员 31.55 万人次，传染病监测体检 3295 人次，发现病例 707 例。检疫出入境船舶 1979 艘次、集装箱 13.81 万标箱。

7 月 1 日，全国首批参鸡汤进口，荣成检验检疫局工作人员现场查验

（荣成检验检疫局提供）

【业务改革】 E-CIO 全面上线运行，在 186 家企业中推行无纸化报检，实现出口产品和出口企业全覆盖，出口报检无纸化报检占总批次的 97%。组织完成 12 家代理报检企业安装“一次申报”系统。全省率先启动区域原产地签证一体化，申请中韩优惠原产地证书“一体化”签证 300 份。在全国率先探索“前期认证采信+口岸快速核放+事后严格监管”的进口巴氏杀菌乳监管新模式，检疫放行流程缩短 5 天。探索推行“随到随验、随验随放”模式，进口水产品检验检疫周期比全省平均缩短 38.5%。“两证合一”改革试点得到总局和山东局认可，并在全国推行。

【口岸执法】 通过加强对疫情、来源地等的风险分析，提高查验的针对性和有效性。完成传染病体检 3220 人次，查获违禁入境旅客携带物 1566 批次，其中截获一般性有害生物 125 批次，检疫性有害生物 7 种类 72 批次。进出口农副产品 31273 批，货值 16.66 亿美元，比上年增加 13.64% 和 13.6%。食品 20336 批，货值 6.52 亿美元，增加 14.07%和 17.48%。动植物产品 11254 批，货值 10.15 亿美元，增加 13.47%和 11.25%。组织开展“绿蕾行动”，重点打击非法携带植物种子、苗木进境，截获了梨树苗、金达莱花苗、茶花、菊花种子等。

【服务发展】 出台《适应外贸发展新常态做好帮扶九条工作措施》，促进贸易便利。推荐企业国外注册扩大出口市场，出口食品企业对外注册 377 厂次，其中水产品企业对韩国注册 113 家，均居全省系统前列。帮助 40 艘远洋渔船通过欧盟备案，占全省的 46.5%，促使全国首批来自韩国的参鸡汤在荣成口岸通关。对接中韩自贸区、半岛蓝色经济区等区域发展战略，支持口岸扩大开放。6 个港口通过国家验收升级为一类开放口岸。积极协调石岛、龙眼口岸取得进境活食用水生动物、进境冰鲜水产品、进口肉类等 3 个指定口岸资质，石岛港还取得进口肉牛指定口岸资格。全方位推进进口冰鲜水产品指定口岸建设,成为全省最大进口冰鲜水产品口岸。帮扶皇朝马汉公司建成国内首家出口日韩食品“同线同标同质”信息服务平台,建成首家公共海外仓,为其争取市财政1000万元支持。引入“同线同标同质”食品企业21家,包括肉类、水产品、保健品等70多种产品;创出“泰祥”等10个高知名度食品品牌,内销产品货值达4亿元。

【实验室建设】 科研工作取得新突破,联合泰祥集团获得中国轻工业协会科技进步一等奖,获得2016年威海市科技进步二等奖。实验室顺利通过中国合格评定国家认可委员会的CNAS、资质认定和食品检验机构资质认定“三合一”评审和认可项目扩项,扩充检测项目48项,变更检测项目4项,扩项后总计认可项目18个检测领域,532个检测项目。

(王敬祥)

海　事

·石岛海事处·

【概况】 2016年,威海石岛海事处辖区进出港船舶3373艘次、比上年减少4.26%。其中散货船1921艘次,减少14.4%,中韩客箱班轮606艘次,危险品船480艘次,减少21.2%。办理行政许可(报备)4023艘次(项)、减少15.7%。实施行政处罚52起,罚款金额20万元。代征港口建设费453.85万元,增加15.1%,征收油污损害赔偿基金3.4万元,减少10.29%。2016年,辖区运送旅客31.64万人次,增加28.8%;港口货物吞吐量272.68万吨,增加11.61%。其中,危险货物67.04万吨,减少3.57%;固体散装货物108.74万吨,增加40.96%,外贸货物72.15万吨,增加7.77%。

年内,组织进行船舶检查531艘次,查处缺陷1680项;船旗国监督检查44艘次,安检覆盖率14.3%;现场巡查403次,巡查里程9970千米,出动执法人员845人次,纠正各类缺陷380项。全年辖区发生海上险情7起(其中较大等级险情2起,一般等级险情5起),减少22.2%。辖区发生水上交通事故5起,增加2起;一般事故及小事故5起,增加2起。2人受伤;经济损失约101万元,减少19万元。水上交通事故4项指标呈现“一增一减两平”态势。

【平安海区创建】 2016年,石岛海事处发挥海上搜救中心办公室职能,协调召开荣成市首次全市海上搜救工作会议,建立海上搜救联席会议制度和联络制度,组织开展辖区海上应急演习两次。有效运行并不断完善“联防控救评”机制,会同海洋渔业部门认真组织开展商渔船防碰撞工作,加大对商渔船防碰撞宣传工作力度,认真做好相关宣传材料的发放工作。在休渔期开展多次渔民安全知识培训活动。在休渔期开始前及渔汛季节,通过开展联合巡航执法等活动及时查处商、渔船各类违章行为。与威海港引航站石岛分站签署“平安引航·高效共建”合作协议,就定期会商、信息直通等5个方面达成合作共识。持续开展“平安船舶”创建、“安全生产月”“客运船舶大检查”等各项专项活动,集中全处执法力量加强对涉客、涉危、试航船舶等重点船舶监管,确保辖区重点船舶监管到位,全年未发生责任事故。

【客船安全监管】 石岛海事处始终把客船安全监管作为重中之重,牢牢客运监管“牛鼻子”。有效运行“五制五关”安全监管长效机制,狠抓“七防两禁”关键性举措落实。全力推动“华东明珠8”轮更新换代并顺利上线,组织开展中韩客箱班轮综合应急演习。利用现有信息化监管手段认真落实客船全程监控要求,同时督促各公司加强所属客运船舶的监控工作。科学采取船舶禁限航措施(全年禁限航53艘次,其中涉客船舶5艘次),保证了28.85万人次的安全便捷出行。

【安全隐患治理】 2016年,石岛海事处有效治理辖区安全隐患。针对“帝健”等4艘长期锚泊船舶配员不足问题,通过咨询法律顾问、走访海事法院、开展主题研讨等方式理清工作思路,通过加大船舶监护力度、安置助航设施、多次函告当事各方并及时约谈督促等手段有效加强了管理。针对辖区“三无”非法砂石运输船参与海上运输、“TOP WIN”轮打捞等监管难题,通过走访地方政府、确定协调联系机制、加强联合检查等方式,不断推动各项工作得到落实。

【推动港航经济发展】 年内,石岛海事处支持保障荣成市6个口岸完成扩大开放,为荣成市“海洋牧场”安全监管问题建言献策。针对“鲁荣渔58398”沉没险情,派员赴浙江宁波协助地方政府做好险情处置相关工作。认真贯彻简政放权、执法事权层级调整要求,落实了取消船舶进出港签证、船舶海事声明签注等要求。探索实施政务服务均等化,顺利承接原先由威海海事局办理的船舶名称申请、临时船舶国籍登记、船员证书签发等业务,极大的方便了当事人。

【海事管理现代化示范区建设】 2016年度,石岛海事处大力推进海事管理现代化示范区建设。建立运转协调的动态指挥体系,通过中心统一联络和下发任务、每日早调度会调派适任执法人员开展现场执法的方式,有效避免选择性执法和重复登轮情况发生,且现场执法更有针对性。全力推进海上执法能力建设,以过往锚泊船为海上巡查工作重点,通过船舶AIS信息并结合选船工作机制,提前选取需要重点检查的过往锚泊船名单,连续查处多起过往锚泊船违章行为。同时,充分利用好电子信息化手段协助进行违章查处,全年通过信息化手段查处违章案件18件,有效提升执法效率和震慑力。

(梁　鹏)

·龙眼海事处·

【概况】 2016年,中华人民共和国威

海龙眼海事处辖区进出港船舶 24357 艘次，比上年增长 42.65%；货物吞吐总量 111.4461 万吨，减少 4.71%；安全运送旅客总量 100.2717 万人次，增长 32.36%，日均载客 2740 人次。办理各类行政审批业务 1736 件，减少 5.25%。开展船舶港口国监督检查 28 艘次，增长 7%，滞留 2 艘，滞留率 7%；实施船员违法记分 3 人次，扣分 12 分，增长 100%。实施船舶危险品检查 36 艘次，查纠各类缺陷 71 项；实施船舶防污染检查 72 艘次，查纠各类缺陷 89 项，单船缺陷 1.23 项，与上年持平。辖区发生水上交通事故 6 起，险情 15 起。参与救助 8 次，成功救助 18 人，救助船舶 3 艘次，人命救助成功率 100%。

【打造平安滨海旅游】 截至 11 月底，龙眼辖区年安全运送旅客总量首次突破“百万”大关，100.0115 万人次，比上年增长 32.36%，最大日运送旅客近 2 万人。涉客船舶进出港 22696 艘次，增长 43.69%。针对困扰多年两个涉客旅游码头无经营资质和“欢乐鸭”违章冒险航行的老大难问题，威海龙眼海事处不等不靠，主动作为，向地方政府汇报，寻求支持；深化与港航、安监、旅游等部门对接，形成合力；督促指导陆岛航线公司落实安全生产主体责任，提高安全意识。11 月 28 日，鸡鸣岛、海驴岛两旅游码头同时取得《港口经营许可证》，两艘“欢乐鸭”驶离辖区，彻底停止营运。辖区困扰多年的两大客运安全隐患得到彻底整改。同时针对旅游船配员问题，在局船员处的支持下，协调参加适任培训 32 人，小证 41 人次。

【助推俚岛口岸顺利开放】 2016 年 10 月 8 日，包括三星重工、伽耶船厂在内的石岛港口岸扩大开放项目通过国家验收在三星重工船厂举行仪式正式对外启用。临时开放期间，威海龙眼海事处服务地方蓝色经济发展，全力推进俚岛口岸开放工作。针对俚岛口岸在通航环境、防污染设施及监管查验设施配备等方面的不足，督导企业制定整改时间表；主动向地方政府汇报非法养殖碍航的实际情况，引起政府高度重视，成立以市长为组长的专项整治组，下发实施方案，开展荣成市清理非法养殖的专项活动，有效清理非法养殖 200 公顷。同时协调航标及扫测等部门做好拟开放港口开展航标布设及航道扫测工作。

【船舶安全监管】 把握“四重一关键”（重点监管对象、重点时段、重点气象海况、重点区域和关键环节）监管规律，抓好春运、两会、暑期旅游旺季、节假日等重点时段的监管工作。现场检查和行政处罚力度持续加大，对危险品船及重点船舶检查率达 100%，2016 年实施行政处罚 30 起，罚款 9.25 万元，比上年分别增长 328.57% 和 285.42%。查处了威海辖区首起船舶未按规定持有《船舶防污底证书》缺陷。加强进出港签证取消后的船舶动态控制工作，查处首艘进港不报告船舶，并深入检查，进行处罚。

【海上安全预警预防】 与安监、旅游、消防等部门联合开展安全生产活动，提升公众海上安全意识，取得良好效果；加强应急资源建设，大力发展社会救助力量，走访调研搜救志愿渔船，探索建立近海搜救志愿组织，提升辖区应急搜救水平。主动邀请地方政府及渔业、引航等部门召开商渔船防碰撞工作座谈会，探讨商渔船防碰撞措施，有效遏制商渔船碰撞事故发生。利用休渔期，联合渔业部门组织开展渔船海上安全警示教育；走访并指导养殖户做好养殖区域航行通告的发布工作。向到港船发放养殖区域分布图，提醒船舶做好海图标绘，注意避让安全。加强安全信息服务，关注气象变化，及时发布预警信息。主动作为，积极做好险情的处置，有效应对“2·6”永霞轮坞修爆炸事故，配合地方政府做好应急处置工作，得到地方政府的充分肯定。

【海事“三化”建设】 持续推进海事革命化、正规化、现代化（简称“三化”），健全实施海事“三化”建设标准规范。推进管理与服务体系修订，以体系运行为抓手，推进内部管理规范化、精细化。开展“海事现代化管理示范区建设，不断丰富和完善政务窗口“三化”建设内容，加大政务公开力度，提升海事优质服务能力。履行规费征收职责，经多方努力，积极工作，龙眼港港建费征收 8 月 24 日起走上正规，受到山东海事局征稽处的表扬。加强队伍建设，严格执行学习培训、人才培养制度，全面提升依法行政的履职能力。

（苗　敏）

船舶检验

【概况】 2016 年，威海船舶检验局石岛分局进行各类营运船舶检验 41 艘次（油船 12 艘，货船 10 艘，客船 8 艘，拖船 9 艘，起重船 1 艘，公务船 1 艘），累计 81085 总吨，主机功率 48057 千瓦，其中建造检验 2 艘次，换证检验 8 艘次，中间、年度检验 18 艘次，其他检验 13 艘次，签发船检证书 70 余套，出具检验报告 40 余份，船舶图纸审查 6 套，船用产品图纸审查 4 套；吨位复核 3 艘次，未发生船舶检验责任事故和质量事故。

【业务素质提升】 组织验船师认真学习《国内航行海船法定检验技术规则》（2016 修改通报），全面掌握新增以及部分修改条文的情况，逐条对比新规范与旧规范的变化，对新规范一些不易理解的条款进行了重点讨论，并将相关的追溯条款传真给有关船舶公司。

【船舶安全检验】 加强老旧船舶，特别是老旧油船的检验力度，重点对油船货油管路及船体构件的测厚检查，开展专项活动，狠抓船舶安全。依照上级要求，对辖区的老旧油船和客船开展专项检查，发现不合格项 18 项并限期整改，确保船舶航行安全。

（胡　颢）

边防检查

·石岛边防检查站·

【概况】 2016年，中华人民共和国石岛边防检查站检查出入境（港）人员370458人次，检查入出境（港）船舶1871艘次，查处各类案件15起23人次，圆满完成各项边防检查任务。站党委被山东边防总队党委评为“先进党委”，被荣成市委市政府表彰为“优质服务单位”“服务口岸开放工作先进单位”。

【完善管控体系】 紧紧围绕口岸维稳管控实际，扎实开展“固边”系列行动，全面整合口岸管控力量，积极打造党政军警民“五位一体”口岸管控体系，口监岸管率达到100%，警力投放率整体下降23%。在9月份召开的山东省海陆一体管控体系建设现场会上，石岛边检站被选定为重要观摩点，石岛口岸管控体系建设成效受到各级与会领导充分肯定。建立“边检+”口岸联动机制，与边防支队、公安及联检单位建立执法、情侦合作协议，定期联合开展口岸秩序整治、锚地管理、打击违法违规等行动，强化了联管力度。进一步完善“远洋渔船1+X联动管理机制”，将出入境全程信息纳入通报和联管范畴，落实联席会议、自管承诺等制度，提升了远洋渔船管理规范化水平。新配108B型执勤艇1艘，从根本上解决边检海上管控力量薄弱等问题。扎实开展反恐宣传和大排查活动，组织开展教育宣传9场次，发放宣传资料1800余份，有效夯实口岸反恐维稳根基。

【健全服务举措】 紧跟口岸扩大开放和“大进大出、快进快出”的新形势，加强与港区企业沟通交流，指导各临时开放口岸完善相关功能设置，积极向地方政府争取支持，协调解决存在困难，10月石岛港4个新增口岸全部通过检查验收。进一步加大勤务改革步伐，顺利建成旅检自助查验通道2条，推出“一室两队三级”分区执勤模式，通过在各港区建立勤务指挥室、警企复合巡逻队和综合执法服务队，实施三级动态管理，提升管理和服务效能。全年服务晚点班轮30余艘次，实施紧急救助9次。其中，“8·22”海上救援受伤船员的行动，受到中央电视台、新华社等30余家主流媒体高度关注。

【增强基础实力】 着眼部队长远发展，全面实施五大战略工程，不断提升部队发展潜力，增强部队长远发展能力。实施“政治建警”工程，召开第三届党员大会，顺利完成党委班子换届选举，明确未来五年发展规划；扎实开展“两学一做”学习教育，通过手抄党章、专题民主生活会、亮身份作表率，提升党员队伍建设水平。实施“素质强警”工程，确定全年为“素质提升年”，集中开展警务实战技能轮训2次，定期组织证件鉴别、口岸查缉、执法办案等专题培训，有效提升官兵综合素质。实施“文化育警”工程，建成文化长廊和红色教育影院，积极打造以“清风苑”廉政教育示范点和“水滴”警营文化品牌为核心的红色主题教育基地，在码头开设“海疆书屋”，年内被省文化厅、边防总队联合表彰为“边疆万里”数字文化长廊建设先进单位和先进示范点。实施“民生惠警”工程，进一步完善官兵医疗、健康、住房、休假等保障机制，租赁3.67公顷土地打造集采摘、休闲一体的“生态农场”，不断改善官兵工作生活条件。实施“科技强警”工程，全面建成机关实战化指挥中心和一线勤务指挥室，完成142路高清监控探头的安装调试，通过前端高清监控、超短波数字集群及无线图传等技术，实现对一线作战单元的点对点指挥和可视化调度，确保口岸管控更加便捷高效。

（戴逢波）

·龙眼港边防检查站·

【概况】 2016年，中华人民共和国龙眼港边防检查站检查出入境船舶1034艘次、出入境人员120241人次，查获在控人员1人次、违法违规案件3起8人次，救助伤病旅客6人，获赠锦旗4面。年内，被山东边防总队评为“安全工作先进单位”，1个基层单位被公安部边防管理局表彰为“基层建设标兵单位”并立集体三等功，1个基层单位被山东边防总队表彰为“基层建设先进单位”，获评荣成市“服务口岸开放工作先进单

8月22日，石岛边防检查站边检官兵救助口岸受伤船员

（石岛边防检查站提供）

位”“上级驻荣优质服务先进单位”。

【口岸管控工作】 构建口岸反恐“大情报”体系，与口岸联检部门签订《口岸反恐维稳合作框架协议》，与国安、国保、边防支队、驻荣部队建立情报合作机制，情报信息资源高效共享，口岸预警管控能力有效提升；将口岸安全稳定作为第一保障，打造集远程监控、驻点执勤、快速处警、警情研判、勤务督导于一体的勤务指挥模式，创新开展科队联动、上下联动、点面联动、内外互动的“微勤务”，组建集旅检、船检、巡查、办证、执法办案为一体的综合型执勤科队；坚持内外结合、整体联动，建立以检查员、安保人员、边检信息员、船员为主体的“四员共管机制”，推行分区域执勤、“科队联勤”的综合执勤模式，全面提升用警效能，构建“边检主导、多方联动、群防群治”的口岸反恐体系，实现在港重点船舶监管和反恐联动机制的多领域、深层次、常态化运行。

【边检服务工作】 紧紧围绕驻地经济社会发展的总体部署，坚持创新服务和严密管控并举，以“智慧边检”建设为工作主线，启动龙眼港旅检现场智能升级改造工程，高标准建成双向智能验证台、自助查验通道、限定区域管理及智能验讫章柜等综合性、信息化执勤保障体系，边检服务智能化水平大幅提高。大力支持，靠前保障，确保俚岛港正式对外开放，服务大局，精心组织，全力抓好赴石岛港定向勤务支援工作，积极打造“诚信直通车”“五个一”家庭式服务品牌，服务口岸发展和对外支援能力全面提升，“五个一”家庭式服务品牌受到威海市文明办、口岸办联合表彰，1 个服务窗口获评威海市“文明示范窗口”。

龙眼港边防检查站应急处突小分队在码头巡逻 （龙眼港边防检查站提供）

【警务实战建设】 坚持“实战第一、能打胜仗”的目标要求，全力应对口岸安全维稳新形势，组建口岸应急处突小分队，配备反恐装备 10 大类 130 余件套，配发数字对讲机、执法记录仪 18 部，制定出台《执法视音频记录工作规定》，先后组织开展处突演练、反恐培训和模拟执法训练等 20 余场次，官兵执勤执法能力有效增强；配置单警臂盾、网枪、防暴盾牌等警用器材 38 类 456 件(套)，开展实战理论、徒手防卫与控制等 6 大类 17 个科目的实战化训练，组织 G20 峰会、国庆安保等实战演练和常态化应急拉动 30 余次，官兵实战能力明显提升。年内，1 人入选公安部边防局实战教官团、5 人入选公安部常备维和警队，2 人被评为公安部边防局“优秀实战教学能手”。

【部队基础建设】 着眼全局，立足长远，大力夯实部队基层基础建设根基，高标准打造集“信息报送处理、应急处突指挥、警情分析研判、网上舆情监测、远程监控督察、辅助领导决策”六大功能于一体的新型指挥中心，顺利完成站主机房扩建和梅沙系统主备服务器更换，推广使用图片网络存储系统，信息化硬件水平和服务保障能力实现大提升；圆满完成机关、基层两个办公楼的节能改造、外墙真石漆粉刷和更换窗工程，如期完工，机房防雷改造、机要室监控升级和楼体排水工程；全面启动农副业生产基地建设，顺利完成农副业生产基地选址和合同签订工作；树立“环境舒心、美味开心、健康放心”伙食保障新理念，对机关、中队食堂进行合理规划和重新改造，开展厨艺技能培训，就餐环境、膳食搭配和美食创新“三个水平”全面提升，机关食堂被公安部边防管理局表彰为“公安边防部队先进食堂”，并获评山东边防总队唯一一个“五星级食堂”。

（郭惠君　冯瑞林）

荣成 RONG CHENG 自由呼吸 自在荣成

旅　游

Tourism

综　述

【概况】 荣成市旅游局内设办公室、市场开发科、规划发展科、政策法规与监督管理科,有工作人员 11 名,荣成市旅游公共服务中心,有工作人员 8 名。2016 年,全市旅游业持续健康发展,接待海内外游客 1148 万人次,旅游总收入 86.1 亿元,比上年分别增长 9.1%和 13.2%。2 月成功入选国家旅游局公布的首批创建全域旅游示范区名单,全年获评国家 AAA 级景区 2 个、省级原生态景区 2 个、旅游强镇 1 个、旅游特色村 3 个、工农业旅游示范点 3 个、精品采摘园 3 个、省级开心农场 1 个、省级四星级好客人家农家乐 7 家。

【全域旅游发展大会召开】 10 月 28 日,全域旅游发展大会在市机关礼堂召开,全市各镇街主要负责人、市直有关部门、上级驻荣单位以及全市重点旅游景区、旅行社、星级饭店、乡村旅游示范点、工业旅游示范点、省级旅游特色村等 300 人出席会议。市委副书记、市长刘昌松主持会议。会议邀请中国旅游智库秘书长、南开大学教授博士生导师石培华就如何认识全域旅游,如何抓好全域旅游,如何以全域旅游推进荣成旅游创新跨越进行深度解读。

【创建国家全域旅游示范区工作方案出台】 10 月 27 日,市委、市政府出台《关于印发荣成市创建国家全域旅游示范区工作方案的通知》(荣办发〔2016〕45 号)。《方案》对创建工作做出详细部署,空间布局上,作为一个大景区来谋划建设,以 500 千米海岸线和内陆生态走廊为轴线,以特色小镇为节点,重点打造市中心、石岛、好运角三大板块和滨海旅游、乡村旅游两条廊道,形成"一心两翼、两廊发展"的旅游格局。

【全省旅游执法现场会召开】 8 月 4 日,全省旅游执法机构负责人现场会召开,全省 17 市及重点县市旅游执法机构负责人 41 人与会。会上宣读最高人民法院和国家旅游局下发的《关于进一步发挥审判职能作用促进旅游业健康发展的通知》,总结 2016 年上半年全省各地市的旅游执法工作开展情况,布置下半年旅游执法工作任务。威海市、荣成市在会上做典型交流发言。同时与会人员实地观摩市旅游指挥调度中心,听取关于智慧旅游建设和旅游服务体系建设的介绍,到石岛赤山景区进行现场执法。

【乡村旅游精准扶贫】 经过向上级部门积极争取滕家镇鲍村、小落,埠柳镇东姚家山、大梁家,夏庄镇战家村、北山杨家,崖西镇后高,大疃镇西塔后,上庄镇西旗杆石,荫子镇北流水 10 个村纳入全国首批 1 万个乡村旅游扶贫重点村,上级部门将在旅游规划编制、基础设施建设、旅游产品开发、市场宣传营销、扶贫人才培训等方面进行对口帮扶,其中大疃西塔后村、埠柳东姚家山村、上庄西旗杆石村被列入了 2016 年度省级旅游精准扶贫重点支持计划,全年无偿争取上级资金 240 万元。同时积极协调成山友谊宾馆与西塔后村结成帮扶对子,协议价收购西塔后村种植的蜂蜜罐地瓜、蔬菜、葡萄和跑山鸡,开展"周末去哪儿"等旅游采摘活动。

旅游规划与项目建设

【概况】 2016 年,与杨振之来也有限公司合作编制完成《山东省荣成市全域旅游规划》,推动智慧旅游建设,建成威海市第一家旅游景区智慧 Wi-Fi 平台,开通荣成旅游直播网,累计访问量达到 10 万次,粉丝 6 万人。拓宽乡村旅游发展渠道,完成《荣成市乡村旅游情况汇报》和《关于加快乡村旅游统筹发展的情况汇报》,至 2016 年底全市有国家级农业示范点 1 个、省级休闲工农业旅游示范点 27 个,省级旅游特色村 20 个,省级旅游强镇 9 个,乡村旅游示范点 4 家,省级乡村旅游品牌示范户 5 家,省级精品采摘园 4 家,五星级好客人家农家乐 1 家、四星级好客人家农家乐 36 家。

【《山东省荣成市全域旅游规划》编制完成】 与杨振之来也有限公司合作,编制完成《山东省荣成市全域旅游规划》,召开《山东省荣成市全域旅游规划》评审会,将全域旅游规划与城市发展规划有机结合,策划"自由呼吸 · 自在荣成"的城市旅游宣传语,将全市作为一个整体景区来打造。空间布局上,依托山脉、湿地、海湾等资源,在好运角旅游度假区、荣成市区、石岛管理区三个区域之间,打造 53.33 公顷生态连接带,既作为全域城市化的生态功能区,也作为生态旅游的重点发展区。产业布局上,依托中国海洋食品名城品牌,推动沿海休闲渔业、内陆观光农业、园区工业旅游集群发展,形成种养殖、加工和销售全产业链与旅游深度融合,打造城乡统筹、三产融合、全域旅游的格局。要素布局上,推动核心景区、星级酒店、特色民俗村、旅游商品市场连点成线,同步完善旅游标识和配套设施,提升全域旅游接待服务能力。

【威海市第一家旅游景区智慧 Wi-Fi 平台建成】 引导西霞口景区与同程网合作,投资 100 万元建成威海市第一家旅游景区智慧 Wi-Fi 平台,实现神雕山野生动物园、成山头、隆霞湖三个景点 Wi-Fi全覆盖。

【新增 3 家省级工业旅游示范点】 2 月开始,先后对好当家、海之宝、海洋时代 3 家省级以上工业旅游示范点和百合生物、泰祥食品、宋家猪蹄 3 家食品企业进行实地调研,听取相关企业意见,提出发展措施,经过 3 个月的创建,泰祥食品股份有限公司、百合生物技术股份有限公司、国香斋食品厂 3 家企业顺利通过省旅发委评审组评审,获评省级工业旅游示范点。截至 2016 年底全市有国家级农业示范点 1 家、省级休闲工农业旅游示范点 27 家。

【乡村旅游】 结合新农村建设，实施八村百户旅游富民工程。初步培植各类民俗村（示范点）60 个，接待户 1000 家，接待床位 5000 张，餐间 1050 个，接待人数达 120 万人次，直接从业人员 8000 余人，乡村旅游直接收入 1.2 亿元，其中旅游扶贫直接带动 4 个村 60 户贫困户发展乡村旅游，实现收入 600 万元。至年底有省级旅游特色村 20 家，乡村旅游示范点 4 家，乡村旅游品牌示范户 5 家，省级精品采摘园 5 家，省级旅游强镇 9 家。

省级旅游特色村（20 家）

成山镇西霞口村
俚岛镇烟墩角村
寻山街道神岭湖
寻山街道蔡家庄
港湾街道大鱼岛村
成山镇河口村
崂山街道雨夼村
港湾街道南车脚河村
崂山街道宁家村
宁津街道东楮岛村
港西镇鸡鸣岛村
港湾街道牧云庵村
崖西镇山河吕家村
大疃镇西塔后村
崖西镇朱埠村
成山镇东岗村
上庄镇西旗杆石村
寻山街道嘉鱼汪村
夏庄镇战家村
宁津街道东墩村

省级乡村旅游示范点（4 家）

玉兔牧业有限公司
成山林海休闲旅游专业合作社
大田牧歌果蔬专业合作社
宁津街道东楮岛村

省级精品采摘园（4 家）

崮山无公害采摘园
贵临葡萄种植专业合作社
阳光水乡果蔬采摘园
赤山凤凰湖生态园有限公司

省级旅游强镇（9 家）

成山镇 虎山镇 寻山镇
俚岛镇 崂山街道 港西镇
港湾街道 宁津街道 夏庄镇

【新增 2 家 AAA 级旅游景区】 挖掘和整合旅游资源，积极引导景区走标准化发展道路，促进景区建设提档升级。12 月经威海市旅游景区质量评定委员会组织评定，荣成成山森林公园景区、宁津街道东楮岛风景区获批 AAA 国家级旅游景区。至此，石岛区域内 AAA 级以上旅游景区达到 4 家。

【重点旅游项目建设】 推进那香海度假花园、歌尔生态庄园、西霞口与北部湾旅·新毅控股战略合作等项目开发，顺利完成年度计划，16 个省级在建重点旅游项目全年总投资达 8000 万元。积极引导渔业企业大力发展以赶海垂钓、海上观光采摘、休闲海钓、海洋科普、旅游购物、海鲜美食、渔家乐为主要内容的休闲渔业旅游，培植西霞口、赤山、好当家、马山、泓泰等一批规模性休闲渔业企业。泓泰海洋牧场新建一处放鱼平台和可容纳 200 人同时就餐的海上餐饮平台，旅游接待能力和水平得到提升。充分发掘自然生态、田园风光和民俗文化等特色资源，重点打造北部无花果，中部葡萄、猕猴桃，南部草莓、大樱桃三大板块，初步培植起伟德山生态葡萄采摘园、湖海田园采摘园、别洞天休闲乐园、沽水汀畔休闲园、大田牧歌采摘园等一批休闲农业项目，新增上报省级精品采摘园 4 个，省级开心农场 1 个，四星级农家 7 户。

旅游宣传与促销

【概况】 策划包装“鲁韩连线”旅游产品，努力打造国内游客赴韩旅游的桥头堡和韩国游客来华旅游的第一站。市旅游局先后两次赴韩与韩国企业、社团开展旅游交流合作。韩国汉拿通讯社 7 月带领韩国电视台采编人员到荣成拍摄制作 4 期旅游节目，并在韩国的 KBS（韩国广播公司）播出。同时邀请韩国佛教协会祖印道澈大师（曹溪宗）长老团一行到访赤山景区进行佛教文化交流活动，邀请韩国 M 经济新闻社社长赵在性一行 3 人考察投资环境。鼓励企业在新常态下创新发展，引导景区以“娱”留客，以娱乐业助力旅游产业发展。携手山东电视影视频道拍摄《一起趣玩吧》真人秀活动，携手湖南电视台走进西霞口神雕山野生动物录制《童趣大冒险》，协助对接《咱村的女消防官》《温暖的村庄》取景拍摄，通过镜头的视角宣传荣成旅游资源。组织旅游企业参加首尔国际旅游展、高雄旅展、鲁苏豫皖电视台联盟战略会等国际国内重要旅游展会，累计达成合作协议 30 份，

3 月 6 日，旗袍秀荣成行活动 （市旅游局提供）

输送客源2万余人次；邀请鲁苏豫皖电视台联盟56家电视台台长、"孔子家乡·好客山东"摄影团、"品冬韵齐鲁·游好客山东"2016融媒体荣成行及中国台湾豪迈山东联盟到荣成考察采风。

【"大海见证、天鹅做伴"婚纱摄影荣成行活动】 2月，联手北京幸福久久婚礼学院组织举办"大海见证、天鹅做伴"北京10对新人婚纱摄影荣成行活动。此次活动历时两天，在烟墩角村，10对来自北京的新人在大海和天鹅的做伴下，共同拍摄婚纱照。10对新人先后到渔村、海滨公园等地拍摄，良好的生态环境，清新的空气、淳朴的民风，让来荣的新人们流连忘返。

【"自由呼吸·自在荣成"旗袍秀活动】 3月6日，在烟墩角村组织举办旨在宣传"自由呼吸·自在荣成"城市形象品牌为主题的"旗袍秀荣成行"活动。此次活动是"大海见证、天鹅作伴"首都10对新人婚纱摄影荣成行"活动之后，再一次以天鹅为媒、以旗袍为介举行的文化与旅游相融合的城市形象品牌旅游推广活动。

【策划全国大天鹅摄影活动】 11月以来，联合中国摄影报策划组织"自由呼吸·自在荣成"全国大天鹅摄影大展活动，该活动从12月开始至明年5月份，前期主要通过腾讯网图片频道、新华网摄影频道、影像中国网、央广网、中国网图片中心、中国新闻图片网等网络媒体进行持续宣传，期间举行"自由呼吸·自在荣成"开机仪式、知名摄影家荣成采风、摄影家讲座互动等活动，2017年3月份组织资深摄影家在北京进行评选，最终评选出入围作品100幅，奖金1000元，入展作品颁发荣誉证书，并按中国摄影家协会规定盖章作为入会积分，活动结束后将汇编成册通过网络进行发布。

【"乘高铁、游荣成"活动】 11月10日，省旅发委和中国铁路总公司在威海市举行了"好客山东旅游推介会"，借此契机，配合省旅发委，联合举行了"乘高铁、游荣成"活动，来自全国18个铁路分局负责人、重点旅行社、铁路媒体以及全国主流媒体150人先后考察动物园、成山头、烟墩角、泓泰海洋牧场、东楮岛和赤山风景区，与会嘉宾对荣成优美的滨海风光、良好的自然生态赞不绝口。

【2016融媒体采风活动】 为持续宣传冬季旅游产品，强化大天鹅的对外宣传，12月19日，应市旅游局的邀请，由省旅游发展委员会和省互联网传媒集团主办的"品冬韵齐鲁、游好客山东"2016融媒体采风团一行应邀到荣成采风。这次"品冬韵齐鲁、游好客山东"2016融媒体采风活动，是全省冬季旅游的一次重大的主题宣传活动，来自新华社、中新社、《中国旅游报》、《大众日报》、山东电视台、山东人民广播电台、大众网、新浪山东等媒体的编辑记者以及自媒体大咖、旅游达人和旅行社代表70人走进荣成市。

12月19日，融媒体采风活动 （市旅游局提供）

【"孔子家乡·好客山东"摄影采风活动】 8月1日，配合省旅发委举行2016"孔子家乡·好客山东"国际旅游摄影大赛暨跟着名家拍山东摄影采风活动。此次活动特邀国内知名摄影师、大画幅专业摄影师、媒体记者、网络达人等20余人，采风团一行先后对成山头、东楮岛、赤山等地进行实地采风，用自己的视角来拍摄记录"自由呼吸·自在荣成"的夏日魅力，摄影作品和旅游攻略在山东省旅游发展委网站和旅游世界杂志公开发表，对城市形象品牌起到积极的宣传作用。

【旅游企业参加首尔国际旅游展】 6月9日—12日，组织石岛赤山风景区、赤山国际旅行社、中韩边贸城3家旅游企业参加在韩国国际会展中心举行的韩国首尔国际旅游展和亚洲旅游营销节，与韩国各大旅行商及与会的各国旅游专业机构进行专业洽谈，达成合作协议20份，发放旅游宣传资料5000份。

旅游行业管理

【概况】 2016年，市旅游局开展为期1个月的全市旅游市场专项整治工作，严厉打击"不合理低价""强迫购物""虚假旅游宣传"等违法、违规行为。与全市44家旅游企业签订《2017年荣成市旅游安全目标责任书》。加快智慧旅游建设，着重围绕"旅游服务的智慧""旅游管理的智慧"和"旅游营销的智慧"三条主线进行规划建设，建设11处旅游

5月20日,工作人员向行人发放宣传材料 （市旅游局提供）

公共服务中心,开通荣成旅游直播网。提升旅游服务质量,促进旅游商品开发,威海市文明旅游先进单位和个人评选中,赤山旅游有限公司和石岛宾馆有限公司获威海市文明旅游先进单位,9人获全市文明旅游先进个人。大天鹅海草房系列旅游纪念品入选首届山东省新品牌旅游商品,旅游人才和旅游商品开发取得新突破。

【旅游市场专项整治】 5月16日至6月16日,市旅游局联合相关职能部门开展为期1个月的全市旅游市场专项整治工作,打击"不合理低价""强迫购物""虚假旅游宣传"等违法、违规行为。期间,机关干部深入22个镇街大集发放旅游宣传材料10万多份,对13家有资质旅行社进行督导检查,对存在安全隐患和违规问题的旅行社下达整改通知,对存在黑车、黑导等违法经营的2家黑旅行社予以取缔。

【旅游安全生产大检查】 先后开展15次旅游安全生产检查专项工作,检查烟墩角、西霞口、鸡鸣岛、泓泰等易发生旅游安全事故的单位和地段,重点检查消防设施安全、农家乐食品卫生、景区最大承载量、环境保护等方面。全年检查问题36个,下达整改通知21个,现场整改15个。

【智慧旅游建设】 2015年规划建设7处旅游咨询服务中心,2016年新增大疃、宁津、东楮岛、鸡鸣岛4处,形成覆盖城区、石岛、好运角三大片区的旅游咨询服务体系。开通荣成旅游直播网,打造智慧旅游阵地,游客可运用电脑及手机终端,实时游览荣成景点、了解旅游信息,累计访问量达到10万余次,粉丝6万余人。

【乡村旅游培训】 5月至6月,组织各旅游企业、乡村旅游点党员和部分村支部书记开展乡村旅游培训,累计培训达9批350人次。培训班邀请中国台湾观光学院副教授崔震雄和山东大学商学院副教授等专家举行两天讲座,并赴环翠、文登等地观摩学习,采取理论培训、技能培训和岗位指导相结合的方式进行,以实训为主,主要围绕农家菜制作、餐饮服务、客房服务、面点制作、旅游安全、市场营销、种养殖技术等方面开设课程。

【入选首届山东省新品牌旅游商品】 威海来威玩具公司生产申报的"大天鹅海草房系列旅游纪念品"从申报的200余件作品中脱颖而出,入选首届山东省新品牌旅游商品。大天鹅海草房系列旅游纪念品创意主要来源于荣成独有的、代表仙境海岸文化的海草房和大天鹅资源。在荣成,现存海草房民居2万余户、9万多间,是极富地方特色的民居。垒石为墙,海草为顶,古朴的门檐两头翘向天空,像渔船的样子,寄托着世代与海为伍的渔家人的企盼。

【获评"第四届山东饭店金星奖"】 在山东省旅游饭店协会举办的"2016年度山东省饭店行业表彰大会"上,荣成石岛宾馆获"第四届山东饭店金星奖"。

【获评"首届中国金牌旅游小吃"】 中国旅游协会,中国旅游饭店业协会共同举办的"首届中国金牌旅游小吃颁奖仪式"上,石岛宾馆的"胶东鲅鱼水饺"获"首届中国金牌旅游小吃"。至年末有四星级饭店4家、三星级饭店7家、二星级饭店1家。

【威海市文明旅游先进单位和先进个人评选】 威海市旅发委、文明办联合组织的2016年度全市"文明旅游先进单位""最美导游(领队)""最美员工""最美志愿者"评选活动中,赤山旅游有限公司和石岛宾馆有限公司获"威海市文明旅游先进单位"称号,石岛宾馆有限公司张杰、赤山大酒店有限公司汤雷、天都大酒店有限公司姜红娜和赤山旅游有限公司何红娟4人被评为"最美员工",石岛国际旅行社有限公司刘文娟、石岛赤山旅游有限公司周秀丽、荣成市海洋食品博览中心李英波3人被评为"最美导游(领队)",石岛赤山旅游有限公司田园和槎山旅游有限公司荣玉静被评为"最美志愿者"。

景区景点

【概况】 荣成旅游资源丰富,自然景观独特,具备国际公认的"阳光、沙滩、海水、空气、绿色"五个旅游资源基本要素。拥有石岛湾、好运角两处省级旅游度假区,3处AAAA级景区、9处AAA级景区。主要景点有:被誉为"中国好运角""中国最美的八大海岸之一"的成

成山头景区　　（市旅游局提供）

山头 AAAA 国家级风景区；一寺连三国、情系中日韩的石岛赤山 AAAA 国家级风景区；集海洋科普教育、海洋食品展览展示、物流配送和韩国商品集散于一体的中韩边贸城 AAAA 国家级景区；全国村办最大的放养式野生动物园-西霞口野生动物园；大东胜境九顶铁槎山；道教发祥地之一、“五虎圈阳地”圣水观；“中华第一大奇石”花斑彩石；伟德山、槎山两处国家级森林公园；《爸爸去哪儿》实景拍摄地——鸡鸣岛。

【成山头景区】　位于荣成市成山镇，因地处成山山脉最东端而得名。景区内最高点海拔 200 米，东西宽 0.75 千米，南北长 1 千米，占地面积 2.5 平方千米。这里群峰苍翠连绵，大海浩瀚碧蓝，峭壁巍然，巨浪飞雪，气势恢宏，是理想的避暑胜地。1988 年被国务院批准为“国家级风景名胜区”。2005 年 10 月，在由中国《国家地理》杂志社主办并与全国多家媒体联合评选“中国最美的地方”活动中，成山头风景区被评为“中国最美的八大海岸”之一。区内有花斑彩石、俚岛海滨、成山林场、始皇庙、秦代立石、拜日台、秦桥遗迹、望海亭、观涛阁和镇龙石等景点。

【赤山景区】　地处荣成市石岛港西北方，方圆 12.8 平方千米，因山石颜色发红而得名，是国家 AAAA 级旅游景区。景区内赤山法华院位于赤山南麓，始建于唐代，是唐代胶东地区最大的寺庙之一，距今有 1000 多年的历史，是 AAAA 国家级景区赤山景区的重点景点。据史书记载，赤山法华院创始人为新罗人（今韩国）张保皋。唐开成四年（839 年），圆仁法师一行入唐求法，客居此院 2 年 9 个月。赤山法华院在唐代享有盛名，现在的法华院是 1988 年重新修建的，并于 1990 年 5 月正式对外开放。重建的法华院，全系仿唐建筑，与圆仁法师《入唐求法巡礼行记》描述的一致。大雄宝殿是法华院的主体建筑，院中的“张保皋纪念塔”由韩国诚信女子大学教授、世界韩民族联合会长崔珉子筹资修建，韩国前总统金泳三题写塔名，是中韩人民友谊的象征。法华院是威海地区最早的开放式佛教寺院，也是中国唯一传承中日韩三国友谊的佛教圣地，被誉为“一寺连三国”。

【中韩边贸城】　坐落于荣成市凭海西路与将军路交汇处，是 AAAA 国家级旅游景区，占地面积 14 万平方米，毗邻青荣高铁和汽车总站，位于全市公路网交通枢纽，距离荣成黄金度假海岸仅 3 分钟车程。景区内分海洋食品博览中心主题展馆及特色购物街区两部分。特色购物街区中分别有海洋食品区、边贸产品区、濮院羊毛衫区及海宁皮草区。

【槎山风景区】　槎山是国家级森林公园、山东最具代表性的省级地质公园、中国原始地迹遗产保护区，1992 年被山东省政府批准为省级风景名胜区，2007 年被山东省旅游局评定为 AAA 级旅游景区。槎山风景区位于荣成南部黄海之滨，总面积 45 平方千米，海岸线 86 海里，主峰清凉顶海拔 539.8 米。槎山的“槎”字，古代作“筏”字解，船的意思。春夏季节，时有海雾随风漫上岸

赤山景区　　（市旅游局提供）

来，翻卷升腾，形成雾海。有时槎山的部分峰顶浮于茫茫雾海之上，婉如叶叶扁舟，“山如海上槎”，故名槎山。又因槎山有九座峻美的峰顶，并且满山的岩石其色如黛，似铁的颜色，所以槎山又被称为“铁槎山”或“九顶铁槎山”。槎山雄伟壮美，道教遗迹众多，自古便被称为“大东胜境”。主要景点有云光洞、咸水洞、龙泉井、仙人桥、石雕坟、千真洞、九龙池等。

【圣水观景区】 位于荣成市崖西镇朱埠村，是国家级森林公园，AAA国家级旅游景区，系道教全真派发祥地之一，因观内有一泓圣水而得名，此水偏硅酸含量高，具有消炎化淤、明目祛病之神奇功效。《荣成县志》记载：1164年全真道七子之一王玉阳建观于此，后得道成仙，并广收门徒弘扬全真教，圣水观也成为古圣先贤隐居和道士修炼的洞天福地。圣水观山势坐北朝南，宛如一把太师交椅，被古风水学称为“五虎圈阳”之宝地。30多处自然景观鬼斧神工，还有气势磅礴的荣成伟德将军碑廊，记载150多位荣成籍将军的丰功伟绩，成为“山东省爱国主义教育基地”“国防教育基地”。

【荣成市博物馆】 位于荣成市成山大道东段28号，是AAA国家级旅游景区，山东省农业旅游示范点。该馆总展览面积2100平方米，以荣成六七千年的历史变迁为主线，围绕荣成人与海洋的关系，挖掘荣成人与海的深厚文化底蕴，书写荣成人与海共生的历史，彰显荣成儿女创造的历史奇迹。展馆分家园、史事、古港、作舟、业渔、海产、民俗、海魂八大展示板块，展览面积2000多平方米，陈列文物1000多件，展示老照片1500余幅，复原古场景3处、运用视频及投影技术8处，各种鱼类标本50余件。充分运用文物、图片、场景复原、多媒体等多种手段，展示丰富多彩的渔家文化，以及荣成厚重的文化积淀。

【荣成石岛朝阳山旅游区】 位于荣成石岛管理区朝阳山南麓，由石岛集团有限公司斥资3亿元投资建设，占地253.33公顷，是融合四星级多功能会馆、高尔夫练习场、高尔夫别墅、朝阳山森林公园、36洞高尔夫球场、苗木绿化采摘、朝阳山泉等，集高尔夫运动和休闲度假为一体的综合性旅游度假区，是AAA国家级旅游景区。

【荣成海洋食品博览中心】 位于荣成市凭海西路88号，是AAA国家级旅游景区，展厅面积5000多平方米，展示中心包括：产业综合展示区、重点企业展示区、商品销售区三部分组成，为游客提供“游、观、娱、学、品、购”六项一体化服务。

【荣成金石湾艺术园区】 位于山东半岛最东端的荣成市好运角旅游度假区内，因拥有一条金色的石湾海岸而得名，是AAA国家级旅游景区。园区由威海金石湾文化艺术产业发展有限公司（原威海今阳集团有限公司）领衔打造，集艺术家工作室、美术馆群、艺术品交易基地、艺术教育写生基地、艺术主题商业街区及艺术主题旅游度假基地六大功能性区域于一体，是融合各种高品质生活元素的中国当代文化艺术类主题园区。园区规划占地50公顷，建筑面积45万平方米。自2008年开工建设以来，先后投入3亿多元，完成建筑面积5万平方米，其中4000平方米的金石湾美术馆、1200平方米的画廊和12000平方米的艺术酒店建设完成，60余栋艺术家工作室部分建成。

【荣成成山森林公园景区】 位于荣成市好运角旅游度假区成山镇国营成山林场驻地，是集餐饮、住宿、会议、娱乐、休闲养生为一体的综合性森林旅游度假公园，是AAA国家级景区。园区有客房55间，实现了Wi-Fi全覆盖，可接待120人住宿及用餐、150人会议及聚会，设有素质拓展、真人CS野战、射箭、赶海、垂钓等娱乐项目。此外，公园内保存有全国最为完整的五七干校旧址，建有沈秀芹纪念馆、非遗展示馆等场馆，免费对游客开放。

【荣成东楮岛风景区】 位于荣成市石岛管理区最东端，优美的自然环境、丰富的海产资源、浓郁的渔家文化、众多的民间传说、别具特色的海草房民居、悠久的地方特色文化，使东楮岛成为中国最美渔村之一，是AAA国家级景区。风景区主要以滨海休闲类、民族风情类、历史文化类为主，景区分为海草房观赏园、唐乡主题酒店、乡村记忆馆、赶海钓鱼体验区、浪漫沙滩休闲区、海钓采摘体验区、渔家乐特色餐饮区、海草房住宿体验等几大特色体验项目和人文历史资源。

【花斑彩石景区】 位于荣成市东北海岸，离岸50多米，是一座长方形海蚀柱，长约35米，宽约20米，高约9米，总体积7000立方米，是AA国家级旅游景区。由于它体积巨大，造型奇特，色彩艳丽，花纹多变，自古以来就被誉为大东胜景，清朝道光年间被列为荣成八大景之一，近年来更被誉为“中华第一大奇石”。

2016年荣成市AA国家级以上旅游景区一览表

表76

景区名称	级别	地 址	电话
成山头景区	AAAA	荣成市成山镇	7834888
赤山景区	AAAA	荣成市石岛管理区	7287365

景区名称	级别	地 址	电话
中韩边贸城	AAAA	荣成市凭海西路 88 号	7698973
槎山风景区	AAA	荣成市人和镇	7456789
圣水观景区	AAA	荣成市崖西镇朱埠村	7636666
凤凰湖景区	AAA	荣成市石岛管理区	7315258
荣成市博物馆	AAA	荣成市成山大道东段 28 号	7569106
荣成石岛朝阳山旅游区	AAA	荣成市石岛管理区	7356010
荣成海洋食品博览中心	AAA	荣成市凭海西路 88 号	7501234
荣成金石湾艺术园区	AAA	荣成市成山镇	7857777
那香海景区	AAA	荣成市港西镇	7860088
荣成成山森林公园景区	AAA	荣成市成山镇	7821126
荣成东楮岛风景区	AAA	荣成市宁津街道	7348688
花斑彩石景区	AA	荣成市俚岛镇	7846228

特色旅游线路

【海滨休闲度假之旅】 荣成市是充满活力的滨海旅游城市，海岸线占山东省的 1/6、全国的 1/36，千里黄金海岸蜿蜒曲折、岬湾相连，置身大海怀抱，千里岸线到处是美不胜收的风景、运动健身的宝地、休闲度假的天堂。

线路特点：畅享黄金海岸，感受海岛风光，品味渔家风情。

一日游：

A 线：神雕山野生动物园→成山头→博霞山庄/河口渔村午餐→返程

B 线：石岛赤山风景区→素食斋午餐→宁津东楮岛村出海垂钓/九顶铁槎山→返程

C 线：花斑彩石→神雕山野生动物园/成山头→河口渔村/成山林场午餐→圣水观→返程

二日游：

D1　神雕山野生动物园→博霞山庄/河口渔村午餐→成山头；晚上入住博霞山庄或河口渔村

D2　石岛赤山风景区→素食斋午餐→宁津东楮岛村出海垂钓/石岛海滨公园→返程

三日游：

D1　神雕山野生动物园→博霞山庄/河口渔村午餐→成山头→摩天岭；晚上入住博霞山庄/河口渔村

D2　花斑彩石/圣水观→荣成渔家傲展馆→市区午餐→海滨公园→海之宝→海洋食品博览中心；晚上入住市区

D3　石岛赤山风景区→宁津东楮岛村午餐→宁津东楮岛村/九顶铁槎山→返程

【大天鹅、海草房摄影之旅】 荣成是“中国大天鹅之乡”，每年冬季 11 月至次年 3 月，都有数以万计的大天鹅飞临荣成栖息越冬，使荣成成为世界上名副其实的大天鹅越冬栖息地。具有“民居活化石”之称的海草房也是荣成最为特色的旅游资源，海草房冬暖夏凉，以石为墙，海草为顶，最具胶东民居特色风韵。荣成有海草房 2 万多户，9 万多间，每年都吸引着来自全国各地的知名画家、摄影爱好者前来写生创作。海草房以其厚重的历史文化，丰富的地域特色，被列为省级非物质文化保护遗产。

线路特点：寻找高贵与真爱的创作之旅，品读正在消失的海边童话。

海草房摄影之旅

俚岛镇烟墩角村、大庄许家村、中我岛村→宁津街道办事处东楮岛村、留村、东墩村

【乡村民俗之旅】 荣成是全国有名的农业大市、渔业大市，热情好客的胶东风情在这里体现得淋漓尽致。全市拥有国家级、省级农业旅游示范点 24 家，涌现出一大批旅游强村、强镇，是全国首批 32 个“休闲农业与乡村旅游示范县”之一。“吃住在渔家，娱乐在渔村，览胜在景点，游乐在海上”是荣成渔家乐最大特点，游客可从中领略荣成渔民的盛情和豪爽，真真切切地体验好客山东纯朴的渔家风情。

线路特点：吃住在渔家、做一回海上“神仙”。

民俗摄影之旅

北线：西霞口村→河口渔村→成山林场→纹石宝滩→那香海→鸡鸣岛

南线：石岛大鼓→渔民祭海→石岛南车村（花村）→牧云庵村（画村）→宁津街道办事处东楮岛村→谷牧旧居→留村元代古墓群

提示：石岛大鼓（每逢重要节庆活动）；渔民祭海（每年谷雨节，地点：石岛天后宫、大鱼岛村、人和镇院夼村）。

（齐　鹏）

财政·税务

Public finance · Tax

◎ 财　政

◎ 国　税

◎ 地　税

财　政

【概况】　2016年9月，荣成市财政局下属正科级事业单位——市国有资产管理局调整为市政府直属正科级事业单位，原行政事业单位资产管理职能保留在市财政局，新设立行政事业单位资产管理处。到年末，荣成市财政局内设办公室（信息科与其合署）、政工科、预算科（国库科与其合署）、行政政法科（教科文科与其合署）、社会保障科、农业科、经济建设科、综合科（行政许可科与其合署）8个行政科室，1个股级事业单位——行政事业单位资产管理处，政府采购管理处、基层财政管理处、财政监督监察办公室、财政投资评审中心、非税收入管理处、政府和社会资本合作管理中心、国库集中支付中心、政府债务管理办公室8个副科级事业单位，城市资产经营管理中心、会计事务管理处、农业综合开发办公室、农村综合改革办公室4个正科级事业单位。2016年，荣成市一般公共预算收入688339万元，完成预算的100.02%，可比增长10.03%。一般公共预算收入，加各项税收返还、转移支付补助、上年结转收入和上级专款、地方政府债务收入等627299万元，收入1315638万元。一般公共预算支出957567万元，完成预算的102.81%，可比增长11.9%。一般公共预算支出，加上解支出、地方政府债务还本支出、结转下年支出等358071万元，支出1315638万元。按现行财政体制全市统算，累计收支平衡。

2016年荣成市一般公共预算收入表

表77　　　　单位：万元

项　目	2016年
一般公共预算收入合计	688339
一、税收收入	550871
增值税	77686
营业税	98668
企业所得税	18937
个人所得税	8693
资源税	11382
城市维护建设税	20765
房产税	100677
印花税	15884
城镇土地使用税	104444
土地增值税	28351
车船税	4598
耕地占用税	15449
契税	45337
二、非税收入	137468
专项收入	25545
行政事业性收费收入	53137
罚没收入	27642
国有资本经营收入	15000
国有资源（资产）有偿使用收入	15742
其他收入	402

2016 年荣成市一般公共预算支出表

表 78　　　　单位:万元

项　目	2016 年
一般公共预算支出合计	957567
一、一般公共服务	43939
二、国防	444
三、公共安全	29568
四、教育	271035
五、科学技术	32183
六、文化体育与传媒	11663
七、社会保障和就业	98527
八、医疗卫生与计划生育	58137
九、节能环保	22330
十、城乡社区	49117
十一、农林水	245405
十二、交通运输	26884
十三、资源勘探信息等	4553
十四、商业服务业等支出	4992
十五、金融支出	361
十六、援助其他地区支出	
十七、国土海洋气象等支出	22181
十八、住房保障支出	30332
十九、粮油物资储备	439
二十、债务付息支出	5012
二十一、其他支出	465

【支持经济转型调整】　聚焦重点产业结构调整。拨付 3.6 亿元,落实鼓励企业创新发展转型升级、鼓励支持海洋生物科技产业发展等涉企优惠政策。拨付 8770 万元,加快发展新兴现代服务业。拨付 1655 万元,支持发展海洋经济产业。拨付 1959 万元,向企业发放生产性设备投入补贴、展会补助、广告促销奖励、农村淘宝扶持补助以及电子商务发展奖励资金。优化创新创业环境。拨付 4717 万元,设立创业带动就业专项资金,支持推进大众创业万众创新、创业载体建设、"互联网+"产业创新等。发放 325 笔创业担保贷款、4960 万元,发放各类创业、培训补贴 1038 万元,为企业办理临时还贷扶持资金 15.5 亿元。发挥科技引领作用。拨付人才建设专项资金 2760 万元,专项用于兑现引进总部经济、创业明星、高层次人才补贴、创业启动扶持等奖励政策。拨付 810 万元用于落实泰山产业领军人才工程、现代农业产业技术体系创新团队建设、传统产业创新建设、战略性新兴产业创新、科技创业等。支持现代农业发展。拨付 2840 万元,实施国家级现代农业示范区、现代农业苹果项目、三品标准化基地建设,提升农业标准化水平,对休闲观光农业、特色高效农业和设施农业基地给予奖补。拨付 2700 万元,推动农村一二三产业融合发展,发展新型农业经营主体。拨付 631 万元,发放小麦、玉米、花生等农业保险保费补贴。

【促进收入平稳增长】　全面推行"营改增"改革。市财税部门构建协同推进机制,着力加强政策宣传、税务辅导、风险防控等工作,及时测算"营改增"对全市企业税负、财政收入和产业结构的影响，平稳实现改革过渡。全市4个“营改增”试点行业纳税人达5800户，纳税2.6亿元。聚力加强税收征管。建立税收保障工作部门联席会议机制，统筹协调推进收入调度、税收征管以及企业纳税分析工作。支持国税、地税联合办税，建立市、区和镇街三级齐抓共管的企业信息系统平台，形成社会综合治税合力。加大税收欠缴、漏缴等稽查力度，加快推进税式支出管理，累计查补税收8000多万元。规范非税收入管理。在威海市率先开通网银缴费业务，实现足不出户缴费。理顺供热、供水和燃气等配套费收缴管理，统一纳入财政非税收入征收管理系统。加快镇级非税收入收缴电子化管理改革，全市9个镇财政所开通新版非税收入和财政票据管理系统。

链接：营改增”——营业税改增值税是指以前缴纳营业税的应税项目改成缴纳增值税，增值税只对产品或者服务的增值部分纳税，减少重复纳税的环节，是中共中央、国务院根据经济社会发展新形势，从深化改革的总体部署出发做出的重要决策。目的是加快财税体制改革、进一步减轻企业赋税，调动各方积极性，促进服务业尤其是科技等高端服务业的发展，促进产业和消费升级、培育新动能、深化供给侧结构性改革。2016年3月18日召开的国务院常务会议决定，自2016年5月1日起，中国将全面推开营改增试点，将建筑业、房地产业、金融业、生活服务业全部纳入营改增试点，至此，营业税退出历史舞台，增值税制度将更加规范。这是自1994年分税制改革以来，财税体制的又一次深刻变革。

【民生保障】 推动社会保障提档升级。拨付4.4亿元，用于基本保障提标扩面工程。拨付9100万元，加快推进社会救助体系建设，搭建社会救助管理平台，扩大困难家庭救助范围，解决城乡群众突发性、紧迫性、临时性基本生活困难问题。拨付6793万元，落实各项计生惠民政策。深化医药卫生体制改革。拨付3003万元，将基本公共卫生服务补助标准由40元提高到45元。拨付1.1亿元，发放基本药物、社保缴费以及医疗硬件更新和基层医疗机构及村卫生室等补助。拨付441万元，用于H型高血压防控服务管理平台建设。拨付1006万元，发放老年乡村医生生活补助。将全市458名离休干部医药费列入市财政预算单独统筹，实施定点医院即时结算。促进教育文化事业发展。推进义务教育均衡发展，继续完善学生资助体系，确保各项教育法定支出。拨付3146万元，推进农村义务教育经费保障机制改革，解决“大班额”难题，推动教育资源均等化。拨付1620万元，用于公共文体设施免费或低收费开放，举办城乡文化活动、体育赛事以及传统文化保护等。加快精准扶贫开发。加大各类涉农资金统筹整合力度，将支持产业发展、帮助就业创业、改善基础设施条件、改善生活环境、完善教育脱贫和社保兜底政策6大类26项、2.1亿元政策资金整合投入，形成扶贫合力。拨付专项扶贫资金1482万元，用于60个省定贫困村精准扶贫工作，全面带动贫困人口脱贫。加快城乡一体发展。拨付8346万元，完善污水处理设施，加快美丽宜居村镇建设。落实一事一议财政奖补资金4292万元，用于生态文明、美丽乡村示范创建。拨付1.6亿元，推进城乡公交一体化和城乡公路改造工程。整合资金1.1亿元，完成7.2万户的农村无害化厕所改造。投入6.4亿元，全面推动实施八河水库等水利设施项目建设。加快推广运用PPP，固废综合处理和应用产业园、城区教育基础设施建设项目入选国家级第三批示范项目。发挥财政资金的杠杆作用，拓宽基础设施和公共服务领域投入渠道，在财政部PPP项目信息平台储备项目9个，成功签约4个项目。征集全市潜在PPP项目，4大项、13个子项纳入市PPP项目储备库。

【财政财务管理】 构建预决算公开长效机制。除涉密部门和涉密项目外，部门预决算以及“三公”经费预决算公开率达到100%。基本支出和项目支出公开细化到功能分类和经济分类的末级科目，并对“三公”经费增减等重要事项进行了详细说明。全市12个区镇与市直部门同步公开部门预决算。深化国库集中支付改革。公务卡保有量达到5200余张，公务卡结算2817万元，现金结算2050万元，提现率下降28.3个百分点。监控预算单位大额提现、同名账户转账等行为，拦截提取现金业务537万元。拓展“支付包”业务，优化支付流程，简化支付手续，提高支付效率，规范财务支出行为。加强结余结转资金管理。对整体支出进度慢、存量资金规模较大的部门，原则上不再安排项目资金增量；将部门2013年等结余两年以上的资金全部予以收回，将2014—2015年不需按原用途使用或项目形成的净结余资金及时收回市级统筹使用，累计收回40个部门的85笔资金、4085万元。大力压减往来资金规模，暂存、暂付款压减1个多亿。严格财政支出管理。加强公务经费常态监控，“三公”经费压减10.1%。针对市纪委两轮巡视反馈问题，督促指导部门整改落实，对巡视发现“五项经费”问题的单位，下一年按该项经费预算的5%予以核减。保障市级重点工程项目建设，评审政府投资工程10.14亿元，审定额8.46亿元，审减率达16.6%。完善高效透明采购运行机制，完成政府采购2.62亿元，节支率为9.4%。加强财政监督检查，扩大专项资金检查范围，完成14个专项、5亿元资金检查任务，对18个项目、2.7亿元财政资金开展综合绩效评价工作。

（孙　磊）

国　税

【概况】 荣成市国家税务局设11个内设机构（办公室、政策法规科、税政科、纳税服务科、征收管理科、收入核算科、人事教育科、监察室、财务管理科、税源管理一科、税源管理二科），1个直属机构（稽查局）、1个事业单位（信息中心）、10个税务分局（经济开发区分局、石岛湾旅游度假区分局、天鹅湖经济技术开发区分局、城区分局、虎山分局、人和分局、俚岛分局、崖西分局、滕家分局、宁津分局）。2016年，荣成市国税系统组织国内税收收入22.02亿元，较上年增长14.87%，增收2.85亿元；地方级收入完成8.79亿元，较上年增长54.33%，增收3.1亿元。年内，市国税局城区税务分局被国家税务总局授予“全国税务系统先进集体”称号。

5月22日，市国税局“营改增”试点纳税人税收政策培训班（市国税局提供）

【组织收入】 市国税局结合各基层单位辖区税源实际科学安排税收任务，及时跟进考核完成进度，定期召开组织收入工作讲评会，以月保季，以季保年，确保计划与收入齐头并进。如石岛湾税务分局全面分析辖区税源状况，对增减幅度较大的企业逐户写出分析报告，并精准调度税收任务，全年完成税收收入3.73亿元，比上年增长26.03%。风险防控中心全年获取各类涉税数据信息11万条，累计下发各类涉税风险任务23期，开展营改增“精准巡查”、冷链仓储行业治理等项目化风险管理，各基层分局做好风险解除、约谈评估等工作，全局全年纳税评估入库税款4600余万元；大企业风险管理、风险提醒、非居民企业风险管理等工作累计增加税款等1800余万元；稽查部门加大税收违法行为查处力度，以加大打击虚开发票作为工作重点，推进国地税联合稽查，开展所得税三低企业、成品油行业等6个专项检查，全年立案查处违法案件31户，组织自查124户，实现稽查收入3548万元。税政科经过近两年与国际著名会计师事务所数次谈判，完成一起跨国集团公司股权转让反避税案件，在威海市国税系统首次实现通过“国外汇款”征收税款。

【税收法治】 通过办税服务厅、门户网站等向社会公开税收执法权力清单和权力运行流程，严格落实公示告知、双人入户、集体评议等执法工作制度。加大执法监督力度，组织2次执法督察活动，提醒或纠正执法程序、文书使用不规范等问题24项。增强纳税人责任意识，强化依法申报义务，加大对延迟申报、未申报处罚力度，对102户次纳税人罚款5.4万元。在稽查局与市公安局联合成立“税警联络办公室”，畅通联络机制，共同打击涉税违法犯罪活动。年内，市国税局被山东省国税局评为“全省国税系统法治国税机关示范点”。

4月11日，工作人员开展税收知识宣传讲解（市国税局提供）

【纳税服务】 加强对纳税人的培训辅导，借助实体培训班和网络“纳税人学堂”等载体，以解读最新税收政策文件为重点，全年组织纳税人培训44期，培训人数1200余人次。提升办税服务厅工作效能，对全市3个办税服务厅有办税区域及窗口设置进行理顺，减少或避免办税厅的拥堵；按照营改增工作要求在厅内增设营改增综合服务、发票管理、首次申报、绿色通道等窗口，配备营改增专家咨询、预审坐席，实行值班局长带班制度。加强纳税信用等级评定，按照《山东省纳税信用管理实施办法》规定，对全市范围内符合本次评定条件的2625户国地税共管纳税人进行纳税信用等级评定，评出A类纳税人288户，B类纳税人2118户，C类纳税人185户，D类纳税人34户。扩大国地税纳

6月19日，市国税局成立“党员先锋队”　　（市国税局提供）

税服务合作范围，按照《国地税合作工作规范》要求，推进联合办税服务、税收宣传、培训辅导、权益维护等纳税服务合作事项的贯彻落实，打造国地税联合办税服务厅，设置全职能国地税办税区域，满足纳税人进一家门、办两家事的需求。进一步落实简政放权，取消纳税人报送资料42种，前移受理环节70项，下放审批权限19项，减少办税环节86个。

【国地税合作】　将强化国地税合作作为贯彻《深化国税地税征管体制改革方案》的切入点和抓手，开展国地税合作示范区建设，协调市政府印发《荣成市国地税合作办税工作实施方案》，成立联合办税领导小组，组织开展4次国地税联席会议，协调解决合作工作中出现的12项问题，34项基本合作事项全部开展；建立国地税信息交换机制，从地税部门取得各类涉税数据信息近700条，补征税款347万元。

【服务经济发展】　研究落实促进外贸稳增长、支持辖区企业走出去的相关税收支持措施，与13户境外投资企业开展座谈会，对走出去企业进行纳税宣传、政策辅导等工作；按照荣成市“银税互动”活动方案，协调商业银行等金融机构，为纳税人提供税收信用证明服务等贷款、融资支持；撰写《国税视角下对荣成市抢抓中韩自贸区建设机遇的思考》，对国税部门如何助力地方抓住发展机遇进行了认真的分析；对荣成市依托区位优势做好中韩跨境电子商务及推进制造企业主辅业分离发展现代服务业进行了全面调研，并形成相关建议性报告。全面落实各项税收优惠政策，落实企业所得税税收优惠7630万元，落实增值税税收优惠6772万元，审核完成出口退税7.61亿元，免抵退税4.65亿元。

2016年荣成市缴纳国税前30家企业表

表79

序号	企业(集团)名称	法定代表人
1	成山集团有限公司	车宏志
2	山东达因海洋生物制药股份有限公司	张兆亮
3	山东荣成农村商业银行股份有限公司	卢均平
4	荣成泰祥食品股份有限公司	于建洋
5	石岛集团有限公司	尹远华
6	好当家集团有限公司	唐传勤
7	国网山东荣成市供电公司	刘守彬
8	赤山集团有限公司	王玉春
9	荣成市鸿洋神集团总公司	刘新力
10	威海味岛食品有限公司	陈云仪
11	西霞口集团有限公司	田文品
12	国华中电(荣成)风力发电有限公司	宫宇飞

序号	企业(集团)名称	法定代表人
13	黄海造船有限公司	赵建平
14	青岛啤酒(荣成)有限公司	燕争光
15	山东华鹏玻璃股份有限公司	张德华
16	荣成信诚电子有限公司	朴正雄
17	山东荣城建筑集团有限公司	于海国
18	山东华力电机集团股份有限公司	曲云凯
19	山东凯丽特种纸股份有限公司	王本昌
20	山东泓达集团有限公司	王黎明
21	荣成市石岛张家渔工商总公司	汤序亭
22	荣成东亚汽车配件有限公司	赵奉学
23	靖海集团有限公司	郭俊岭
24	山东万恒置业投资有限公司	徒宽勇
25	碧陆斯光电(山东)有限公司	裴起福
26	三星重工业(荣成)有限公司	李奇宁
27	山东中船线缆股份有限公司	王祥生
28	山东鑫发渔业集团有限公司	王少波
29	荣成浦臣水产有限公司	卞新建
30	荣成飞尔可电子有限公司	崔容硕

(刘恒涛)

地　税

【概况】 2016 年,荣成市地税局内设办公室、收入核算和财务科、监察室、人事科、法规税政科、征管与科技发展科、税源管理科。辖石岛分局,下设直属征收局、稽查局、纳税服务中心及崖头、荫子、夏庄、滕家、俚岛、成山、虎山、人和、斥山、宁津中心税务所,有工作人员 224 名。全年组织各项收入 51.61 亿元,比上年减少 5%,扣除"营改增"因素,增长 16%。其中中央级完成 2.50 亿元,比上年增长 42%,县(市)级完成 49.1 亿元,降低 6%,扣除"营改增"因素,增长 10%。被山东省总工会授予"模范职工之家"称号,被威海市地税局授予"绩效管理示范单位",被荣成市委市政府授予"上级驻荣优质服务单位"称号。

2016 年荣成市地方税收分税种入库情况表

表 80

税种分类	入库金额(万元)	税种分类	入库金额(万元)
营业税	115076	车船税	4598
企业所得税	9514	耕地占用税	15449
个人所得税	21732	契税	45337
资源税	11382	教育费附加	8859
城市维护建设税	20766	罚没收入	6
房产税	100677	地方水利建设基金	2951
印花税	15884	文化事业建设费	8

税种分类	入库金额(万元)	税种分类	入库金额(万元)
城镇土地使用税	104444	地方教育附加	5802
土地增值税	28351	残疾人就业保障金	1150
总计	511986		

【组织收入】 建立税收分析长效机制，对重点税种、地区、行业和企业的税收进行监控与分析。重点税种管理方面，企业所得税在严格查账征收的同时，对375户长亏不倒、账簿不健全企业进行核定征收管理，开展税收政策宣传辅导，引导督促企业建账建制，入库税款1200万元，比上年增长28%，1509家企业汇算清缴入库税款948万元。做好年收入12万元以上个人所得税自行纳税申报工作，建立高收入者专项信息库，重点抓好利息、股息、红利所得个人所得税管理，个人所得税全员全额申报率达98.5%，入库税款21732万元，增长30.52%。抓好土地增值税预缴、清算管理，土地增值税入库28351亿元，增长36%。强化关联企业申报审查，深入开展反避税工作，以资金融通为调查主线，通过对集团公司融资方式、资金池等问题进行案头审计分析，检查应计利息收入1477万元，补缴营业税及附加133万元。做好跨境税源管理，对6户重点“走出去”企业实施动态监管。委托10家单位进行代征，入库税款1265万元。代收工会经费1775万元，残疾人保障金1150万元，相关经验作法得到市政府主要领导的批示，并在《威海通讯》第3期以《主动顺应改革要求 强化规费征收管理》为题刊发。对建筑、房地产等重点行业进行营业税清缴，深化后续管理，调整1.5万余户纳税人税(费)种认定申报期限，确保税款应收尽收。

【税政管理】 应对“营改增”税制改革，做好税收经济预测分析，为党委、政府领导决策提供参考。审核862户小微企业享受优惠政策资格，减免税款190万元；两家企业享受固定资产加速折旧税收优惠政策，享受优惠金额21万元；为2家企业办理高新技术企业有关减免税优惠，减免税款1566万元。

【征管改革】 实行税源专业化管理，将直属征收局负责管理的1000余户小型微利企业以及账簿不健全企业，调整至崖头中心所，进行精细化管理，税款入库增幅超过60%。针对石岛湾核电项目特点，探索推行核电税收一体化管理，入库税款6959万元，比上年增长15%。创新工作方法，深化完善所长(分局长)联系重点税源企业制度，得到市委主要领导的充分肯定，并做出批示。12个所长(分局长)直接管理纳税企业31户，对企业实行专业化、精细化管理，入库税款2.9亿元，增长17%。做好涉税信息采集、加工、分析、比对工作，强化部门配合，实行重点环节重点把关，与房管、土地、公安等部门交换企业涉税信息2.4万条，实施部门联审、先税后证、以地控税等措施，新增税款6500万元。

【执法管理】 认真梳理税款征收、税收管理、税收优惠、税收法制等内容，对50余种税收执法文书进行规范。加强对规范性文件的合法性审核，统一涉税规范性文件的发文文种、字号。修订完善政务公开指导性意见，规范地税系统政务公开的内容、范围、方式等。结合执法360系统预警提示功能，充分利用内控监管平台，以大企业税收风险管理为重点，对1460家企业开展执法数据核查落实，查找执法风险28类，提出风险解决建议98条，查补税款612万元。对106家企业实施纳税评估，查补税款283万元。对50余家企业进行税收专项检查，入库税款329万元。开展村居和重点工程税收专项整顿，查补税款2107万元。规范大企业千户集团信息维护管理，落实99家企业数据信息。催办307家企业补办税务登记，清查漏征漏管户214户，清理陈欠376万元，清理非正常户62户。深入开展税收普法宣传教育，网络申报率比上年增长

5月12日，开展所长(分局长)联系走访重点税源企业活动

(市地税局提供)

12%，有效提升依法治税水平。制定税收执法重点管理办法，开展重大税收政策落实情况和税收管理薄弱环节的监督检查。对纳税人举报投诉、纳税争端、对税务处理决定的异议等事项提前介入，及时发现和处理执法隐患。组织税收执法风险防范专题讲座，对税收执法疑点难点问题进行了统一规范。

11月18日，“海洋蓝色经济税收服务队”到风景区开展税收宣传服务（市地税局提供）

【服务发展】 立足税收看经济，开展个人股东转让限售股涉税问题、土地使用税缴纳范围专题调研，上报市政府。开展“便民办税春风行动”，国地税实行干部挂职交流，建设国地税合作示范区，联合对551户注销业户、119户非正常户开展信息核对，传递纳税人信息3000多条。选派纳服人员7人进驻3处国税大厅，重点就税务登记、发票管理、征收代开发票税费附加税等业务合作办理，税收宣传和执法工作紧密结合，示范区建设经验被省局编发推广。完善规章制度，制定《机关工作人员履职尽责负面清单》61条，健全一站式、延时式、首问式、同城通办、免填单等服务措施，开展“星级服务人员”评选，定期组织业务技能考试，全面提高纳税服务人员业务素质。加强硬件建设，对办税服务厅进行综合管理系统改造，对老旧设备进行更换。完善自助式信息化服务区，配备自助办税终端3台，增加便民伞、饮水机、工作时间提醒牌、轮椅等设施，增加电子大屏幕，滚动播放税收政策、纳税公告以及税收宣传片，打造五星级办税服务厅。完善绩效考核管理指标，明确细化岗位流程，实行主、辅业务联动，规范服务礼仪，完善服务质量评价机制，使纳税服务更阳光、更透明。

【征信管理】 联合国税对2500多家企业进行纳税信用等级评定，开展“银税互动”，将企业信用信息及时传递征信、银行等有关部门，协助21户A级企业获得信用贷款1500多万元。严格落实失信“黑名单”制度，将3户失信企业及时录入荣成市征信系统管理平台，降低信用等级。对“两代表一委员”及评先资格严格把关，对有不良记录的取消评选资格。

【信息化建设】 做好“金三”优化版的上线工作，干部职工72人加班加点468天次，开展系统操作培训，规范数据。开通服务热线，启用叫号机服务系统，根据现场业务量灵活增减办理窗口。在办税窗口张贴涉税事项“二维码”，挂立一次性告知易拉宝，方便纳税人获取税收业务办理指南。大力推进网上办税、自助办税，推广使用山东地税企业综合办税平台、金三个税客户端，实现了办税网络化，推动线上线下融合发展，网络申报率达85%以上。利用“荣成地税”微信公众号，向纳税人发布税收政策、提示申报纳税、风险提醒、通知公告，2016年累计发送图文消息600多条。

6月20日，工作人员深入小微企业开展“问需求”活动（市地税局提供）

2016 年荣成市缴纳地方税款前 30 家企业表

表 81

序号	企业(集团)名称	法定代表人
1	成山集团有限公司	车宏志
2	山东达因海洋生物制药股份有限公司	张兆亮
3	赤山集团有限公司	王玉春
4	黄海造船有限公司	赵建平
5	山东荣成农村商业银行股份有限公司	卢均平
6	好当家集团有限公司	唐传勤
7	山东荣城建筑集团有限公司	于海国
8	靖海集团有限公司	郭俊岭
9	石岛集团有限公司	尹远华
10	广发证券股份有限公司荣成石岛证券营业部	高　飞
11	三星重工业(荣成)有限公司	李奇宁
12	国核示范电站有限责任公司	王　俊
13	山东华鹏玻璃股份有限公司	张德华
14	华能石岛湾核电开发有限公司	张廷克
15	国网山东省电力公司荣成市供电公司	刘守彬
16	荣成泰祥食品股份有限公司	于建洋
17	西霞口集团有限公司	田文品
18	中国人民财产保险股份有限公司荣成支公司	张启强
19	山东万恒置业投资有限公司	徒宽勇
20	国核工程有限公司荣成分公司	赵建忠
21	威海冠通路桥建设有限公司	房志儒
22	寻山集团有限公司	李长青
23	荣成市市政工程有限公司	肖模军
24	荣成市石岛张家渔工商总公司	汤序亭
25	荣成汇众房地产开发有限公司	彭文晓
26	荣成盐业公司	梁洪斌
27	中国农业银行股份有限公司荣成市支行	洪志强
28	荣成华泰汽车有限公司	苗小龙
29	山东华力电机集团股份有限公司	曲云凯
30	山东佳华实业集团有限公司	李忠会

（高志强　王　筱）

荣成 RONG CHENG 自由呼吸 自在荣成

金　融
Finance

综　述

【概况】 2016年全市有银行业金融机构24家,全市银行业本外币存款余额692.28亿元,比年初增加81.69亿元,增长13.4%;本外币贷款余额465.19亿元,增加49.07亿元,增长11.8%。有证券机构4家,交易额2103亿元,开户数逾6万户,全年各类证券交易额1202.98亿元。有保险机构32家,实现保费收入15.96亿元。有融资性担保机构2家,有小额贷款公司6家。民间融资机构规范化发展,有民间资本管理公司3家、民间融资登记服务公司1家。至2016年末,全市上市挂牌企业累计达36家,其中上市企业2家,新三板挂牌企业5家,区域股权市场挂牌企业29家。

【民间融资机构发展】 年内,市金融办组织开展4次民间融资机构管理联席会议,按照"把握标准、严格程序、密切协同、稳中求进,成熟一家、批复一家"的原则,对4家民间融资机构的设立申请材料及1家民间融资服务机构变更材料进行审核。年末全市有民间资本管理公司3家、民间融资登记服务公司1家,注册资本总额1.45亿元。加强风险防控,引导民间融资机构将"不以贷多出资、不非法集资、不吸收银行信贷资金、不违法高利放贷、不暴力催债"等作为经营前提,科学设置岗位职责,优化人员要求配置,建立从项目初审、收益评估、风险审查、项目跟踪等环节的全过程风险控制流程,杜绝违法违规和高风险经营行为。

【净化金融市场环境】 为解决处非工作中普遍存在的监管主体不明确、监管手段缺失等问题,市金融办牵头制订《关于进一步明确防范和打击非法集资工作职责的通知》,以文件形式明确各部门职责。为深入推进互联网金融风险专项整治工作,16个职能部门对各自分管领域的76家企业进行摸底排查,未发现风险隐患。为摸清实际情况,消除非法集资隐患,市金融办、市场监督管理局、公安局、人民银行、银监办等部门组成联合执法组,对全市65家投资理财信息咨询类公司、813家农民专业合作社、138家投资(咨询)机构重点排查,并对1家新闻媒体,204家广告制作、设计、发布单位进行日常监测,全方位切断非法集资的宣传途径。排查出名称及住所与登记情况不符的公司19家,对于问题单位责令其限期整改。

【"防范打击非法集资"宣传】 搭建立体化的宣传网络体系,通过各种途径加强宣传教育。市金融办联合市电视台制作公益短片进行专题宣传;利用广场、信访局接访大厅、市区交通路口LED显示屏及全市金融机构网点的电子显示屏滚动播放公益广告和动漫视频,进行长时间、多频次、全方位的宣传教育;会同公安局经侦大队、市场监管局、24家商业银行、4家证券公司及各保险公司多次在滨海广场、哈尔滨理工大学、海洋职业学院、东方广场、步行街、新世纪广场、镇街大集等人口密集区进行案例警示,发放各类材料5万份。年内,市金融办印制58万份打非宣传材料,结合机关大走访活动和农业普查发放到户,加大打击非法集资宣传教育力度。

(陶占勇)

宏观调控

【概况】 2016年9月,中国人民银行荣成市支行内设机构调整,设置4科1室,即:办公室(纪检监察室)、货币信贷调统科、金融稳定科、金融服务管理科、外汇管理科,有在职员工26人。2016年,人行荣成支行坚持"夯实基础,优化服务,突出创新",全面提高支行干部队伍综合素质,提升金融服务水平,提高支行履职能力和水平,有效支持地方经济发展。

【推进金融产品创新】 以支持皇朝马汉平台为切入点,解决小微企业融资难问题。"皇朝马汉"外贸综合服务平台由泰祥食品股份有限公司建设,集原料采购、融资担保、收汇退税、检测服务、网络推介等服务功能于一身,主要服务于小微海洋食品进出口企业。小微企业加入平台后,可以借助泰祥集团的龙头地位,实现低价原料采购、快速融通资金、快速出口退税、提高质量管控能力和产品推介效率等"一低两快两高"目的,抱团参与国际市场竞争。银行支持平台发展,不但解决了支持小微企业面临的平均施力成效不明显的问题。同时由于龙头企业的介入,把控行业风险更为准确,通过对平台企业的有效监督,实现风险控制的合理"服务外包",解决困扰银行业机构的小微企业风险防控难问题。辖内5家银行业机构为平台核批授信1.6亿元,通过担保链向平台企业转移1.3亿元坚持银企和谐共赢发展的目标,优化渔船抵押贷款流程。引导农业银行创新"渔船抵押+龙头企业保证担保"方式,通过引入龙头企业提供担保,由龙头企业监控个体渔船经营,实现信贷风险防控的合理"外包",提高风险防控的效果。在出现风险时,由龙头企业直接收购抵押的渔船,代偿银行贷款,解决因渔船处置时间长、相关费用高、或有损失增加等因素导致的银行贷款损失上升的问题。

【加强经济运行监测】 制订造船、轮胎两个行业监测制度,选取辖内5家造船企业和2家轮胎企业作为样本,按季组织行业运行情况进行分析,从监测的情况看,造船行业"去产能"措施有效落实,荣成市神飞船舶制造有限公司重组工作基本完成,荣喜水产集团重组工作正在稳步推进。轮胎行业积极寻求向外发展,通过提高出口比例谋求产能利用率提高。

【维护金融安全稳定】 2013年制订实施的《荣成市重点企业经营状况监测制度》,将出现贷款金额超过5亿元、担保方式融资占比超过50%等3种以上情况的企业确定为重点监测企业，每半年对其涉及偿债能力、盈利能力等9项指标进行监测。分析通过当期数据与上年同期数据比较、当期数据与行业平均数据比较的方式，综合判断企业风险。

【服务涉外经济】 创新开办中韩本币互换项下韩元贷款业务。利用荣成市中韩经贸合作基础好、交往密切、对韩贸易额高的优势。人行荣成支行加强与上级行的汇报沟通，于2016年3月促成2亿韩元资金落户荣成，并成功投放企业。荣成农村商业银行成为全省首家开办中韩本币互换项下韩元贷款业务的县级地方法人机构。针对集团企业内部的进、出口成员企业分别到银行办理购汇和结售汇业务，汇兑成本较高的问题，结合《跨国公司外汇资金集中运营管理规定》的出台，引导辖内涉外企业——山东鑫发渔业集团积极完善内控制度，规范资金运作，成功列入跨国公司外汇资金集中运营业务试点企业名单，使该企业成为2016年度威海市唯一一家获批享受试点政策的企业。

（于　彬）

金融监管

【概况】 荣成银监办作为威海银监分局在县域的派出机构，负责监管辖内银行业金融机构的准入管理和业务合规性监管。重点负责监管辖内农村商业银行、汇丰村镇银行两家农村中小法人金融机构的经营活动和风险管理。2016年末，辖区各类银行机构19家，营业网点163个，辖区银行业各项存款692.28亿元，较年初增长13.38%；各项贷款465.19亿元，增长11.79%。

【风险监管】 落实银行机构主体责任和监管责任，全力做好风险防控和化解工作，明确提出信用风险化解任务和时间要求，并与银行机构高管履职考核等挂钩，压实压牢信用风险防控责任，督促机构切实大幅盘活、核销不良贷款，开展“两个遏制两个加强”综合整治，推行债权人委员会制度落实。同时，联合市金融办等有关部门组成专项整治工作领导小组，对辖区网贷机构进行拉网式清查，开展打击治理电信诈骗专项活动，整治社会融资风险，坚决守住风险底线。2016年末不良贷款余额14.03亿元、不良率3.02%，分别较年初增加3.15亿元和0.40个百分点。全年无案件和重大风险事件发生，整体实现稳健运行。

【助推地方经济发展】 坚持以金融服务实体为导向的金融发展战略，推动经济金融协调发展。引导银行业金融机构围绕服务供给侧结构性改革、以“强服务、去杠杆、降成本”为目标，与政府部门积极对接，为中韩自贸区建设提供银行信贷支持，确定走访市重点项目的走访名单，要求银行机构对照走访名单逐户列计划、定目标，切实做到“重点项目全覆盖、名单企业有拓展、创业园区能签约”。支持民生领域和薄弱环节发展、提高金融消费者满意度三大重点，建立高管定期约谈、联合接访等消保工作措施，进行银行营业室专区双录建设的验收，开展“防范和处置非法集资宣传教育”“3·15银行业消费者权益保护宣传活动”和“金融知识进万家”等宣教活动，提升消费者自我保护意识，提高金融服务质效，为地方经济发展注入金融活力。

【金融改革】 坚持农村中小法人机构改革为重点的银行管理，深化农村金融改革。推动农村中小金融机构经营机制转换、治理架构、合规制度建设，督促2家农小机构修订完善合规及风控制度，提出合规审核意见，法人机构合规管理水平明显提高。指导荣成农商行制定2016年主要风险类别管理政策，修订流动性风险应急处置预案，实施风险压力测试，推动全面风险管理体系建设，推动该行成功发行同业存单业务4亿元，负债管理能力进一步提升；以申设为突破，引进新型银行机构的经验和做法，年内引进兴业银行、齐商银行，恒丰银行3家股份制银行，丰富农村金融产品供给结构，合理农村金融市场竞争环境；持续推进银行业改革，小微企业贷款实现“三个不低于”目标，定期召开小微企业金融服务工作推进会，通报任务完成情况，及时约谈小微贷款增长不达标的机构主要负责人，强化考核小微和涉农指标，确保涉农贷款保持增长势头；加大“三农”金融服务力度，落实小额信贷扶贫政策，确保金融扶贫精准投放。

（丛明滋）

金融服务

【概况】 荣成市金融工作办公室，为财政全额拨款正科级事业单位，内设综合科、证券投资科、体改监督科、银行保险科4个科室，有工作人员10人。2016年，市金融办积极贯彻落实各级关于防范和处置非法集资文件精神，认真理顺工作机制，大力开展宣传教育，持续加大查处力度，创新金融产品，加强宏观监测，优化服务管理，强化风险管控，全市金融业实现了健康稳定发展。

【扩大信贷投放规模】 开展多种形式的银企沟通会、座谈会、协调会，“一对一”“多对一”的解决企业融资需求。重点调度金融机构投向实体经济信贷情况，不断调整优化信贷结构，满足实体经济融资需求。出台《荣成市钢结构资产抵押授信管理办法》《关于开展科技支行工作的意见》，探索开展钢结构、知识产权、股权质押贷款等新型抵质押业务，解决科创型、成长型小微企业普遍存在抵押、担保不足的问题。与建设银行合作开展“助保贷”业务，授信规模可放大至10倍，2016年末贷款余额为5760万元。依托全市信用体系建设工作，农商行创新开发出“个人荣誉贷”，对获得市级以上荣誉的企业和个人推

12 月 26 日，荣成市华东锻压机床股份有限公司挂牌　　（市金融办提供）

出无抵押信用贷款，由市政府安排 1000 万元风险补偿金用于引导和激励，2016 年末贷款余额为 2721 万元。加强指导与服务，引导荣成农商行为荣成市成华机械制造有限公司办理 9557 万韩元贷款，这是威海市首笔韩元贷款业务，也是继青岛农商行后全国第一笔地方法人机构直接与央行开展中韩本币互换项下韩元贷款业务，中韩自贸区威海示范区内金融创新业务实现了新的突破，贷款总额达到 2.8 亿韩元。制订《荣成市金融扶贫工作专项方案》《2016 年金融助推脱贫攻坚宣传方案》《荣成市扶贫开发担保基金使用管理办法》等一系列指导性文件，引导金融机构有序开展扶贫工作，2016 年全年投放各类扶贫贷款 9 笔，金额 1215.5 万元。2016 年，本外币各项贷款余额 465.19 亿元，较年初增加 49.07 亿元，存贷比达到 67.20%，增量和存贷比均位于威海各区（市）之首。

【推动资本市场发展】　重新修订完善企业上市挂牌优惠政策，进一步提高企业上市挂牌的积极性。加强对拟上市重点企业分类指导，推动企业尽快进入上市程序，对上市企业跟踪服务，推动企业实现资本融通。积极支持企业挂牌融资，鼓励挂牌企业开展直接融资，拓宽融资渠道。对企业规模实力、行业地位、发展潜力和上市挂牌意愿等因素进行综合考察，筛选建立上市挂牌企业后备资源库，实行动态管理、跟踪服务、分类指导、定期培训，不断壮大资源企业队伍。组织企业参加荣成市企业上市挂牌培训班、威海对接资本市场培训班等培训，对后备资源企业高管 200 多人进行培训。推进规模企业改制，拟定《关于加快推动规模企业规范化公司制改制的实施方案》《关于鼓励支持规模企业规范化公司制改制的意见》，切实降低企业改制成本，开设“规模企业规范化公司制改制绿色通道”，及时解决企业改制中遇到的难题。威海国际海洋商品交易中心于 2016 年 8 月 13 日正式开业运营，成为山东省首家介于现货和期货之间的海洋商品交易平台，截至 2016 年底，现货贸易额突破 1.44 亿元，注册企业突破 110 个，上市产品 3 大类（海带、鱿鱼、鱼粉）20 个品种；取得“金融仓储”监管资质，为泰祥仓单质押融资 400 万元，实现贸易链融资零突破。2016 年，山东华鹏再融资 6.3 亿元，丰泰新材、三土能源、中船线缆 3 家企业新三板挂牌，华东锻压、壮发泵业、宏丰汽配等 9 家企业在区域股交中心挂牌，新三板挂牌企业达到 5 家，区域股交中心挂牌企业达到 37 家。全市企业实现直接融资 8.5 亿元，完成改制企业 163 家，改制比例达到 30%。

荣成市上市挂牌企业一览表（2016 年 12 月）

表 82

上市挂牌地	序号	企业名称	所属区镇	上市挂牌时间	股权代码
上交所（2 家）	1	好当家	虎山镇	2004 年 4 月	600467
	2	华鹏玻璃	石岛管理区	2015 年 4 月	603021
新三板（5 家）	1	华东修船	石岛管理区	2014 年 10 月	831236
	2	青木高新	经济开发区	2015 年 6 月	832640
	3	丰泰新材	石岛管理区	2016 年 3 月	836126
	4	三土能源	经济开发区	2016 年 8 月	838067
	5	中船线缆	石岛管理区	2016 年 12 月	870373

上市挂牌地	序号	企业名称	所属区镇	上市挂牌时间	股权代码
齐鲁股交中心（23家）	1	华力电机	市属	2012年12月	000010
	2	金辰机械	荫子镇	2013年11月	100185
	3	大鱼岛港	石岛管理区	2014年01月	300037
	4	富帅技术	经济开发区	2014年1月	300038
	5	伟德农业	崖西镇	2014年12月	300151
	6	盛茂农业	虎山镇	2014年12月	300159
	7	好运通	石岛管理区	2015年06月	300190
	8	康派斯	经济开发区	2015年12月	300287
	9	波海连杆	经济开发区	2015年12月	300342
	10	智慧城市	经济开发区	2015年12月	300395
	11	菲林倍特	经济开发区	2015年12月	300396
	12	富智电机	经济开发区	2015年12月	300397
	13	云商电子	经济开发区	2015年12月	600079
	14	蓝天智能	经济开发区	2015年12月	600058
	15	海食优品	经济开发区	2015年12月	600073
	16	航卓科技	经济开发区	2015年12月	600078
	17	爱士玻钢	经济开发区	2015年12月	600080
	18	家和网络	经济开发区	2016年10月	100343
	19	壮发泵业	人和镇	2016年11月	300885
	20	宏丰汽配	石岛管理区	2016年11月	300985
	21	海之润食品	石岛管理区	2016年12月	300996
	22	流连紫云	崖西镇	2016年12月	300990
	23	华东锻压	经济开发区	2016年12月	100558
青岛蓝海股交中心(3家)	1	隆泰石油	石岛管理区	2015年10月	800333
	2	三星印刷	石岛管理区	2016年8月	800527
	3	石岛食品城	石岛管理区	2016年8月	800526
上海股交中心(2家)	1	盛泉养老	虎山镇	2013年5月	100065
	2	盛泉文化	虎山镇	2015年10月	100528
深圳前海股交中心(1家)	1	广信食品	石岛管理区	2016年9月	365714

说明:上市挂牌企业36家。上市企业2家,新三板挂牌企业5家,区域股交中心挂牌企业29家

【完善金融服务体系】 2016年新引进银行2家,增设网点3家,引进保险支公司1家。推进新型农村合作金融试点工作,引导符合条件的农民专业合作社开展信用互助试点,全年4家合作社获批开展业务,互助总规模736万元,2016年办理业务8笔,金额36万元,有效解决社员季节性、周期性资金短缺问题。至年末,全市有小额贷款公司6家,贷款余额8.48亿元,实现营业收入6278万元,营业利润3265万元,上缴税金1339万元。有融资性担保公司2家,在保责任余额6628亿元,上缴税金42万元。有民间融资机构4家,其中民间资本管理公司3家,2016年投资43笔9015万元,民间融资登记服务公司1家,2016年对接金额54万元。

（陶占勇）

银 行

3 月 26 日，齐商银行威海荣成支行开业　　（市人民银行提供）

【概况】　2016 年末，辖内有银行业金融机构 24 家。政策性银行机构 1 家，为中国农业发展银行荣成市支行；商业性银行 23 家，为工行荣成支行、工行石岛支行、农行荣成支行、中行荣成支行、中行石岛支行、建行荣成支行、建行石岛支行、交行荣成支行、招商银行荣成支行、中信银行荣成支行、中信银行石岛支行、浦发银行荣成支行、兴业银行荣成支行、民生银行荣成支行、民生银行石岛支行、恒丰银行荣成支行、青岛银行荣成支行、青岛银行石岛支行、齐商银行荣成支行（3 月开业）、商行荣成支行、邮储银行荣成市支行、荣成农商行、汇丰村镇银行荣成支行。2016 年全市社会融资规模 513.5 亿元，比上年多增 41.80 亿元。全年全市本外币各项贷款余额为 465.2 亿元，比年初增加 49.1 亿元，增速为 11.79%；全市本外币各项存款余额为 692.3 亿元，比年初增加 81.7 亿元，增速为 13.38。

2016 年末荣成市各金融机构存贷款情况表（本外币合并）

表 83　　单位：万元

机构	各项存款	各项贷款
中国农业发展银行荣成市支行	130541	283065
中国工商银行荣成支行	338678	216662
中国工商银行石岛支行	100615	224924
中国农业银行荣成市支行	786407	493575
中国银行荣成支行	286521	69241
中国银行石岛支行	224911	224651
中国建设银行荣成支行	321642	199234
中国建设银行石岛支行	109296	124584
中国交通银行荣成支行	141226	94214
招商银行荣成支行	52448	169701
中信银行荣成支行	124812	59941
中信银行石岛支行	86069	138019
浦发银行荣成支行	154272	118020
兴业银行荣成支行	135509	74314
民生银行荣成支行	66831	43908
民生银行石岛支行	41427	33898

机构	各项存款	各项贷款
恒丰银行荣成支行	7585	14608
青岛银行荣成支行	165709	171044
青岛银行石岛支行	77598	190483
齐商银行荣成支行	60001	35444
商行荣成支行	623553	254790
中国邮政储蓄银行荣成市支行	698555	81435
荣成农村商业银行	2134291	1320485
荣成汇丰村镇银行	21069	15685
合计	6889566	4651925

【中国农业发展银行荣成市支行】 成立于1996年10月,2016年末有员工20人。年末,中国农业发展银行荣成市支行各项贷款余额28.31亿元,比年初增加13.31亿元,增长88.7%;各项存款日均余额12.5亿元,增加8.04亿元。全年实现中间业务收入180万元,比上年增加157万元;实现账面利润5690万元,增加4439万元。立足于政策性银行职能,全力支持地方粮食储备工作,全年发放贷款1684万元,收购小麦8000吨。大力支持当地农业农村基础设施建设,全年发放水利建设贷款5000万元,支持小落河、车道河、沽河及支流的整治工作;发放整体城镇化建设中长期贷款158000万元,支持荣成市崂山片区和石岛管理区整体城镇化项目;发放农村公路贷款30000万元,支持桑梓至大疃、刁家沟至哈山村、孤石杜家至西龙家三条农村道路的改造;发放海洋资源开发与保护中长期贷款5000万元,支持成山大道东段至寻山青鱼滩村沿线海岸线整治修复工程。年末贷款余额25.98亿元,比年初增加14.53亿元,增长126.9%。支持自营业客户发展,全年累放产业化龙头企业渔业短期流动资金贷款17000万元。办理基金20000万元,支持荣成沙窝岛国家远洋渔业基地三次产业融合发展示范园区项目建设。全力营销社保基金存款和一般财政存款,扩大下游客户存款,挖掘现有贷款客户存款资源,动员全员营销县域存款,实现存款大幅度增长。年末,全行各项存款余额13.36亿元,比年初增加6.39亿元。利用当地同业多、资源广的优势,密切关注同业利率市场,全年成功办理同业存款1亿元。

(毕华锋)

【中国工商银行股份有限公司荣成支行】 1988年12月10日,荣成撤县设市,支行名称也相应由"中国工商银行荣成县支行"改为"中国工商银行荣成市支行"。2016年,内设市场营销一部、市场营销二部、风险部、办公室四科室,辖营业室、崖头分理处、蜊江分理处、市府分理处、城南支行、成山支行六个基层营业网点,员工88人。截至年末,本外币各项存款33.87亿元,各项贷款21.66亿元,中间业务收入2967万元,实现拨备前利润8712万元,不良贷款率控制在0.19%,实现了全年安全运营。持续施行大零售战略,切实发挥其应有作用。年末储蓄存款余额15.56亿元,日均余额全年增加1.33亿元,客户资产总额增加3.09亿元。提升个人产品综合营销力度,以产品和服务吸引客户。个人有效客户较年初新增14643户,日均存款1万元以上客户新增1960户,商友卡新增782张,三方存管客户新增3584户,私人银行客户新增6户。加快互联网金融业务发展,不断拓宽服务渠道。借助电子银行发展优势,不断提升电子渠道业务承载能力,扩大电子银行客户群。企业网银证书版客户新增186户,个人手机银行客户新增13130户,工银e支付客户数新增15977户,融e联新增12500户。积极应对复杂经营环境,不断强化风险管控,力促良性发展,2016年,贷款投放进度明显放缓,通过优化客户结构提质升效,使资产运作继续维持高效。严格坚守信贷资产质量底线,不断化解不良信贷资产,实现法人贷款零不良的目标,全行不良贷款比率控制在0.19%。锁定对公增存目标,提升客户营销成效。在源头上把握主动,多方营销提升对公账户综合贡献度。全年新增有效对公结算户286户,新增金融资金池客户10户,现金管理达标客户141户。票据累计贴现量14981万元,余额9307万元,较年初增加8549万元,保证金存款增加2201万元。法人理财日均余额达到6887万元,有效优化客户结构,使各项业务继续保持稳健良性发展。

(王永新)

【中国农业银行股份有限公司荣成市支行】 成立于1980年7月1日,2016年底,内设综合管理部、运营财会部、公司业务部、个人金融部、国际业务部、风险管理部,员工79人。下辖17处分理处,员工总数244人。2016年末,中国农业银行股份有限公司荣成市支行各项存款余额78.6亿元,各项贷款余额48.4亿元。全年缴纳税款1350万元。持续推进"扩户提质"工程,支持大型企业和重点项目,全年投放法人贷款30.82亿元,重点支持荣成华能石岛湾核电、荣成泰浩棚户区改造等大型项目和鑫发集团新增流动资金贷款。扶持小微企业客户，小微企业贷款比年初增加 7375 万元，小微企业贷款重点业务达到监管要求。加大对“三农”领域的支持力度，积极推动“三农”金融服务提质升级，年末发放项目贷款 4.88 亿元，省级以上农业产业化龙头企业服务覆盖率为 65%。主动介入新型农业经营主体，将专业大户、家庭农场作为服务支持重点，努力破解贷款难、贷款贵的问题，年末农户贷款净增 2000 万元，办理融资增信贷款 1500 万元。持续推进“普惠”金融特色品牌建设，完善创新金融惠民服务模式，推进农村支付服务环境建设，创新推出“龙头企业+合作社+服务点”模式的惠农服务平台，2016 年新开业惠农通服务点 86 家。设立金穗“惠农通”服务点 104 个，发放惠农卡总量 17825 张，电子机具覆盖率为 86%。

（孙大伟）

【中国银行股份有限公司荣成支行】 前身是 1989 年 1 月成立的中国银行石岛支行崖头办事处，2003 年 3 月 12 日正式升格为中国银行荣成支行。2006 年 6 月 1 日，中国银行在中国香港上市后更名为中国银行股份有限公司荣成支行。2016 年内设三个部室（综合管理部、业务发展部、营业部），下辖两个经营性支行（荣成东城支行、荣成西城支行），在岗员工 57 人。年末，本外币存款余额 30.17 亿元，较年初新增 1.29 亿元；其中本外币储蓄存款余额 15.95 亿元，较年初增长 1.72 亿元。中小企业新模式贷款余额 1.89 亿元，较年初新增 8671 万元。办理国际结算业务量 3.89 亿美元。年末不良贷款余额 690 万元，较年初减少 668 万元，不良率 0.99%。实现拨备前利润 4518 万元，税后净利润 1926 万元。创新发展新思路，以核心大客户为中心，以供应链贷款和贸易融资业务为介入点支持当地中小企业发展。依托地方政府支持，以逆周期行业营销公益性贷款项目。2016 年末，中小企业新模式贷款余额 1.89 亿元，较年初新增 8671 万元。不断提升服务意识，坚持柜台服务延伸，以突破网点设置设限、服务农村市场为己任，截至 2016 年末，建设助农服务点超过 100 家，借记卡客户数达到 2126 户。

（丛　琳）

【中国建设银行股份有限公司荣成支行】 1978 年 12 月，中国人民建设银行荣成县支行成立；1988 年 11 月，国务院批准荣成县改为省辖县级市，荣成支行改名中国人民建设银行荣成市支行；1996 年 3 月，中国人民建设银行更名中国建设银行，支行名称变为中国建设银行荣成市支行；2005 年 3 月，按照总行改制上市的要求，荣成支行更名为中国建设银行股份有限公司荣成支行。2016 年末有员工 96 人，本部下设三部一室：营业室、公司部、个人部、综合部，下辖 4 个网点：中国建设银行股份有限公司荣成崖头支行、中国建设银行股份有限公司荣成成山支行、中国建设银行股份有限公司荣成支行黎明小区分理处和中国建设银行股份有限公司荣成支行成山大道分理处。年末，中国建设银行股份有限公司荣成支行存款余额 32 亿元，各项贷款余额 20 亿元。全年投放各类贷款 11.6 亿元，实现利税 7610 万元。坚持风控优先理念，加强信贷风险管理。加强信用风险防控，无公司类不良贷款，个贷不良余额实现“双降”，实现安全运营无案件、无事故。支持地方经济发展，跟踪当地经济亮点、热点，加大对全市重点项目、支柱企业、小企业以及民生领域的信贷支持力度。政府购买服务贷款、棚改项目贷款取得进展，全年申报大中型客户授信项目 7 个，授信金额 12 亿元。支持小微企业发展，创新推出供应贷、助保贷、信用贷等新品种；与荣成市政府签署助保贷协议，助保贷资金池实现全覆盖，政府风险补偿金到位 1300 万元；全年完成小企业人民币贷款综合申报 36 户，贷款投放达 1.67 亿，年末小企业贷款余额 1.3 亿元，实现“两个不低于”（贷款增幅不低于各项贷款增幅、贷款增量不低于上年）的监管要求。全年个人住房贷款发放 246 笔 6163.55 万元，个人再交易住房贷款发放 57 笔 1213.90 万元，个人商业用房贷款 9 笔 521.60 万元，个人消费贷款发放 20 笔 447 万元，个人助业贷款 11 笔 639 万元。公积金贷款年发放 600 笔，计 1.7 亿元。至年末，全年实现国际结算量 1.5 亿美元。

（杨建华）

【交通银行股份有限公司威海荣成支行】 成立于 2010 年 12 月 22 日，2016 年内设办公室、营销、会计、个人金融部 4 个部门，有员工 30 人。年末，交通银行股份有限公司威海荣成支行人民币各项存款余额 14.12 亿元，比年初增加 3.56 亿元，人民币各项贷款余额 9.42 亿元，比年初增加 1.15 亿元，无不良贷款，秉承“一个交行、一个客户”的服务理念，行始终坚持以客户为中心，不断优化服务流程，提高服务效率，打造“好客交行”服务品牌，为客户提供优质高效的金融服务。2016 年，交通银行股份有限公司威海荣成支行获中银协“千佳网点”称号。

（姜燕燕）

【中国邮政储蓄银行股份有限公司荣成市支行】 于 2008 年 4 月 30 日正式挂牌成立，2012 年名称变更为“中国邮政储蓄银行股份有限公司荣成市支行”。2016 年，内设机构为综合业务部、三农金融部和综合管理部，员工 90 人。辖营业部 1 处，支行 5 个分别为南山路支行、石岛支行、人和支行、俚岛支行、港西支行。年末，中国邮政储蓄银行股份有限公司荣成市支行各项存款余额 22.58 亿元，较年初增加 4.66 亿元，增幅为 26%，其中个人储蓄存款余额 17.60 亿元，较年初增加 2.65 亿元，增幅为 17.76%，单位存款余额 4.98 亿元，较年初增加 2.01 亿元，增幅为 59.5%。各项贷款余额 8.14 亿元，较年初增加 0.61 亿元，增幅为 8.05%，不良贷款率 0.34%，较年初下降 0.54%。累计实现营业收入 5777 万元，还原增值税后收入为 6000 万元，较上年同期增加 143 万元。创新信贷产品，推出“家庭农场”贷款、烟草贷、农机购置补贴贷款、再就业担保贷款等多项惠农小额产品，将资金直接反哺农村经济，年内发放小额贷款 6381.7 万元，其中再就业担保贷款 240 笔 3486.7 万元；助力小微企业发展，形成了包括小企业快捷贷、增信贷、税贷通、经营性车辆贷款、医院贷、鲁青贷、供热贷、发票贷等一系列产品链，同时大力引入互联网因素，推出了优享贷、优企贷等网贷产品，丰富贷款品种，便捷贷款流程。全年发放小微企业贷款 8.18 亿元，小微企业贷款结余达到 3.69 亿元；加大对重点项目的资金投放力度，公司授信业务实现突破，针对当地重点企业授信 1.5 亿元，支持当地城镇化建设，为棚户区改造项目授信 8.4 亿元。持续提高网点服务的覆盖范围，每月累计为 11.84 万户城乡居民代发养老金 1.30 亿元。加快电子渠道建设，在网点布设存取款一体机、多媒体自助服务终端、自助发卡机等新型机具，并强化网上银行、手机银行、微信银行等新型网络银行的建设，电子银行用户达到 53987 户，电子银行交易替代率接近 91.34%。

（林玉丛）

荣成农村商业银行办公大楼　（荣成农村商业银行提供）

【山东荣成农村商业银行股份有限公司】　成立于 2010 年 12 月，2016 年，内设综合部、人力资源部、合规风险部、财务会计部、业务管理部、国际业务部、公司业务部、资产管理部、同业事业部、审计稽核部、科技部、监管保卫部、后勤服务中心、营业部等 14 个部门。下辖 26 家支行、41 家分理处（含两处扁平化管理分处），员工 738 人。2016 年末，资产总额 252 亿元，比年初增长 2.2 亿元；各项存款余额 213.43 亿元，比年初增加 15.74 亿元，增幅 7.96%。各项贷款余额 132 亿元，比年初减少 8.5 亿元，降幅 6.88%，不良贷款占比 2.12%，比年初增加 0.14 个百分点。2016 年实现利润 3.16 亿元，比上年增加 952 万元。纳税连续 6 年过亿元，达 1.4 亿元。资本充足率 12.63%，比年初提高 0.38 个百分点，各项监管指标持续达标，年内继续保持监管二级评级，是全国农商银行 61 家“标杆银行”之一。扶持环保、科创型新兴产业发展，为沙窝岛国家远洋渔业基地、康派斯新能源、青木高新材料、市固废综合处理与应用产业园等重点项目授信近 10 亿元。持续开展信用评定工作，评定信用户 25588 户，发放贷款 49 亿元；上门为 356 家企业评级授信，投放信贷资金 77 亿元。助力中韩自贸区建设，在全国第二家、威海首家开办韩元贷款，累计发放贷款 2.82 亿韩元，威海市委书记孙述涛作重要批示，全年外汇结算量 3.62 亿美元，增加 8205 万美元，增幅 29%，市场占有率 12%，在荣成市金融机构中排名第三。大力推进普惠金融，在全市城乡安装布设各类自助设备 127 台、农金通 323 台、电话 POS1066 台、商户 POS2778 台。开展金融扶贫、送金融知识下乡、捐资助学、扶贫帮困、打击和防范非法集资、电信网络新型违法犯罪等活动。作为市金融扶贫的主办银行，率先在全市发放“脱贫贷”，将符合信贷准入条件的 200 余户贫困户和 60 个贫困村经营实体纳入“开发式扶贫”范围，创新发放“脱贫贷”1216 万元，惠及 248 名贫困人口。银团合作工作受到各级表彰，被团省委授予“五四红旗团委”，被中央金融团工委同时授予“2015-2016 年度银团合作优秀派出机构”“2015-2016 年度银团合作优秀项目”，成为全省唯一一家同时获得两项荣誉的金融机构。在全国地方金融论坛 2016 年会上被评为“中国服务小微企业最佳县域银行”。

（赵　霖）

【威海市商业银行股份有限公司荣成支行】　成立于 2000 年 12 月 8 日，2016 年内设综合管理部、风险管理部、公司银行部、零售银行部、营业室、业务科六个部门，辖荣成支行营业部、石岛支行、崖头支行、荣成市中支行、荣成宁津支行、荣成好运角支行、市北社区支行，员工 107 人。截至 2016 年末，各项存款余额 62.06 亿元，较年初增加 9.58 亿元，其中对公存款余额 20.89 亿元，较年初增加 3.87 亿元；储蓄存款余额 41.17 亿元，较年初增加 5.71 亿元。坚持以服务地方经济发展为宗旨，继续做好对地方基础设施贷款和大中型企业金融支持的同时，加大对小微企业贷款的拓展力度。适时推出符合本地实际情况和符合消费者需求的小企业产品如“积金易贷”“网易贷”“房易贷”等，并将发展小额担保贷款作为扶持小微发展的亮点产品，常抓不懈，大力发展个人按揭贷款业务，重点加强对优质楼盘的营销力度。严格执行贷款“三查”制度，严把准入关，规范业务操作流程，信贷资产质量总体水平提高。至 2016 年末，各项本外币贷款余额为 25.48 亿元。

（王恩茂）

保 险

【概况】 2016年,全市有1家保险公司批准开业,至年末,有保险支公司32家,其中财险21家,寿险11家。2016年实现保费收入159603.19万元,其中保险寿险保费收入110447.99万元,财险保费收入49155.20万元(机动车保费收入36789.57万元,农业险保费收入849.91万元)。支付各项赔款71849.31万元,其中财产险赔款32179.77万元,人身险赔款39669.55万元。

【中国人民财产保险股份有限公司荣成支公司】 人员编制46人,经营范围:财产损失保险、责任保险、信用保险、意外伤害保险、短期健康保险、保证保险等人民币或外币保险业务;与上述业务相关的再保险业务;各类财产保险、意外伤害保险、短期健康保险及其再保险的服务与咨询业务;代理保险机构办理有关业务;国家法律法规规定的或国家保险监管机构批准的其他业务。2016年全险种实现保费收入13445万元,市场份额35.27%,赔款9107万元;公司是威海市财险行业第一家保费破亿的县支公司。荣成公司2016年实现税收2005万元,其中车船税1005万元,公司营业税及附加税、增值税732万元,个人所得税及附加税250万元。2016年被荣成市政府授予2015年度"荣成市创业明星";被威海市分公司授予2015年度"威海人保财险先进单位";被山东省分公司授予2015年度"山东人保财险经营管理银奖";2016年被中国人民保险集团授予"先进集体",被山东省分公司授予"优秀基层党组织"。

【中国人寿保险股份有限公司荣成市支公司】 内设客户服务部、综合部以及个险、团险、银保3大销售部门,下辖9个营销服务部,有内(后)勤员工68人,销售人员1200多人。公司向个人及团体客户提供人寿、意外和健康保险产品,涵盖生存、养老、疾病、医疗、身故、伤残等多种保障范围满足客户在人身保险领域的保险保障和投资理财需求。2016年实现保费收入4.4亿元,比上年增长18%,占荣成寿险市场份额达45%。公司有效保单超过20万份,服务的长期客户累计超过30万人次,年内为全市广大客户提供风险保障金额120亿元。全年给付各类生存金、满期金、养老金、理赔金等累计2.76亿元,其中受理理赔案件6770件,理赔金额2990万元。全年上缴税费656万元,为400多名毕业生及下岗职工提供就业机会。公司与政府相关部门联合开展"银龄安康"老年保险及计生家庭意外、女性安康保险、大型体育赛事意外保险等多项政策性保险。公司连续多年被授予山东省分公司先进单位和先进基层党组织,2015年被共青团中央授予"青年文明号",2015—2016年获总公司先进基层党组织。被威海市保险行业协会评为诚信示范单位。公司总经理张志柏被授予2015年度山东省分公司优秀共产党员、2016年度全省财贸金融系统五一劳动奖章。

【泰康人寿保险股份有限责任公司威海荣成支公司】 2016年8月18日,中国保监会做出批复,同意泰康人寿进行集团化改组,将泰康人寿更名设立为泰康保险集团股份有限公司。2016年11月28日,泰康人寿保险有限责任公司正式成立。泰康人寿保险责任有限公司山东威海荣成支公司成立于2002年10月,下辖俚岛镇、虎山镇、成山镇、人和镇等地设有服务部,代辖管理荣成市石岛管理区。

2016年,泰康人寿保险责任有限公司威海荣成支公司正式内勤7人。在2016年实现规模保费11425.53万元。其中,个险完成规模保费4431.33万元,银行保险完成规模保费6994.2万元。全年受理理赔案件557件,支付理赔款550余万元。

【新华人寿保险股份有限公司威海市荣成支公司】 新华人寿保险股份有限公司威海市荣成支公司成立于2003年4月,下辖1家营业部,新华保险荣成支公司有内外勤200人,2016年保费收入5408万元,完成利税额10.1万元。

【中国平安财产保险股份有限公司荣成支公司】 成立于2003年。分设多个部门渠道,包括综合管理部、客服理赔部、车商渠道、综合开拓渠道、新渠道、直销渠道、代理渠道。有正式员工20人,保险代理人100人。公司各渠道共同努力,促进公司发展。公司经营范围涵盖机动车辆保险、财产保险、船舶保险、信用保险、责任保险、货运险、意外伤害保险等主险种127个、附加险种270个。公司为荣成市政府采购机动车辆定点保险单位,2016年实现保费总计收入3795.21万元,占荣成保险市场份额9.96%,增速超市场10%,其中车险保费收入3321万元,比上年增长9.8%,非车险保费收入474万元,比上年增长30%,赔款支出1888万元,赔付率49.7%,2016年度上缴税金588万元。

【中国太平洋人寿保险股份有限公司荣成支公司】 中国太平洋人寿保险股份有限公司荣成支公司,有员工4名。公司为社会各界提供下列保险服务:火灾保险、安居保险、运输保险、盗窃保险、现金保险、商业综合险、雇员赔偿保险、家佣保险、汽车保险、旅游保险、医疗保险、人身意外保险、公众责任险、建筑工程综合险、安装工程综合险及其它各种特约保险等。公司自成立以来,积极开展关爱孤残、捐资助学、扶贫赈灾等公益活动,自2015年承办居民大病项目以来,理赔款累计过亿元。2016年纳税41万元。全年理赔174.76万元

【中国太平洋财产保险股份有限公司荣成支公司】 成立于2002年,下辖员工19名,经营范围涵盖机动车保险、财产保险、船舶保险、信用保险、责任保险、货运险、意外伤害保险等险种。2016年,完成保费收入2406万元,其中车险入账保费2044多万;非车险入账保费362万元其中农险保费184万元。赔款

支出1735万元，赔付率82.4%。

【中国平安人寿保险股份有限公司威海市荣成支公司】 成立于2003年8月14日，公司经营范围包括整个荣成行政区域，可承保人民币和外币的各种人身保险业务，可办理各种法定人身保险业务，可经营证券投资基金销售业务以及经中国保监会批准的其他业务等。有内、外勤员工95人，内设经理室、综合管理室、运营督导室、综合开拓室4个科室，下辖有成山、石岛二个营销服务部。2016年实现保费收入6381.97万元，实缴税金56.29万元。

（陶占勇）

证 券

【概况】 2016年末，全市有4家证券分支机构，开户数逾6万户，全年各类证券交易额1202.98亿元。

【中信证券(山东)有限责任公司荣成成山大道证券营业部】 成立于2010年10月，2014年4月15日，公司更名为中信证券(山东)有限责任公司荣成成山大道证券营业部，有员工21人。营业部代理A股、B股、各类证券投资基金、融资融券、债券、代办股份转让、固定收益类产品和中国保监会批准的财产保险和人身保险等。2016年，投资者开户人数逾17794户，沪深A股、基金交易总额125亿元。

【中泰证券股份有限公司荣成成山大道证券营业部】 成立于2001年6月，是经中国证监会批准的荣成境内合法的证券经营机构，其前身是齐鲁证券有限公司荣成成山大道证券营业部。经营证券经纪、证券投资咨询、融资融券、证券投资基金代销、代销金融产品、为期货公司提供中间介绍业务。营业部下设综合营运、理财服务、零售业务部等3个部门。荣成成山大道证券营业部有员工18人，投资者开户人数逾3万，托管客户资产近40亿元，2016年实现证券交易逾260多亿元。

【中泰证券股份有限公司荣成石岛黄海中路证券营业部】 成立于2013年11月8日，是经中国证监会批准的荣成境内合法的证券经营机构，前身为齐鲁证券有限公司荣成石岛黄海中路证券营业部。营业部位于荣成石岛黄海中路（赤山法华寺风景区入口对面），地理位置优越，交通方便。与中国工商银行、中国银行、中国农业银行、中国建设银行等多家银行开办第三方存管业务。主要业务包括沪深AB股、新三板、基金等。截至2016年12月31日开户数3031户，2016年交易量516.98亿。

【广发证券股份有限公司荣成石岛证券营业部】 位于威海荣成市石岛黄海南路118号，成立于2013年，有员工27人，经营范围涵盖证券经纪；证券投资咨询；与证券交易、证券投资活动有关的财务顾问；代销金融产品；证券承销与保荐。2016年纳税总额达到2944万元，被荣成市人民政府授予2016年“创业明星二星级企业”，被石岛管理区委员会授予2016年度“三星级创业明星”。2016年末开户9186户，沪、深A股，基金交易总额284亿元，托管客户资产总额达到17亿元。

（陶占勇）

营造安全用卡环境　维护和谐金融秩序

持卡人在使用银行卡过程中应注意事项

1.办理银行卡最好是本人直接到银行亲自办理，如有特殊情况也要通过正规渠道，不要委托他人或非法中介机构代办银行卡，避免个人资料被盗用。

2.办银行卡时，最好绑定手机号码，可随时通过短信掌握银行卡账户资金的动态变化。设置密码时，不要使用出生日期、电话号码、连续或重复的数字等易被他人猜测得悉的有规律数字。密码需牢记，或用他人不易破解的特殊方式记录并妥善保存，不要告知他人。

3.要妥善保管好自己的身份证、银行卡、网银U盾等账户存取工具，保护好登录账号和密码等个人信息，对于废弃不用的银行卡，应及时办理销户业务，并将卡片磁条毁损。

4.不出租、出借、出售个人银行卡、身份证和网银U盾等账户存取工具，以免造成更大的经济损失，并承担法律责任。

5.谨防各类套取个人信息的电话与短信：接到所谓的“银行客服电话”或短信时应当多加注意，不向对方透露个人信息。上网时应注重个人信息保护：个人在网络上注册成为各类网站用户，网上消费、预订服务等都可能导致个人信息泄露。

防范金融诈骗小知识

识别10类常见骗术

1.电话欠费诈骗：不法分子在互联网电话上安装任意显号软件，然后群拨电话，显示国家公安、电信机关的电话号码，冒充电信公司、公安机关等单位工作人员，以受害人电话欠费、被他人盗用身份涉嫌洗钱犯罪，以没收受害人银行存款进行威胁恫吓，欺骗受害人将自己的银行账户资金转到“公安机关”指定账户。

2.引诱汇款诈骗：不法分子以群发短信方式，将“请把钱存到××银行，××账号，××先生”等短信内容大量发出。如果碰巧事主正打算汇款，收到此类汇款诈骗信息后，可能未经仔细核实，将钱直接汇到不法分子提供的银行账号上。

3.刷卡消费诈骗：不法分子通过手机短信提醒手机用户，称该用户银行卡刚刚在某地(如××商店)刷卡消费×××元，如用户有疑问，可致电××××号码咨询，并提供相关的电话号码转接服务。不法分子通过冒充银行、银联工作人员诱骗持卡人将资金转入其指定的银行托管账号以套取资金。

4.虚假中奖诈骗：预先大批量印刷精美的虚假中奖刮刮卡，通过信件邮寄或雇人投递发送；通过手机发或互联网发送中奖短信。受害人一旦与犯罪分子联系兑奖，即以“需先汇个人所得税”“转账手续费”“公证费”等各种理由要求受害人汇钱，达到诈骗目的。

5.汇钱救急诈骗：不法分子通过网聊、电话交友等手段掌握受害人的家庭成员信息后，通过反复骚扰或其他手段使受害人手机关机。利用受害人手机关机时间，以医生或警察名义给受害人家属打电话，谎称受害人生病或遭遇车祸住院正在抢救，或谎称遭到绑架，要求汇钱到指定账户救急以实施诈骗。

6.ATM机告示诈骗：犯罪分子预先堵塞ATM机出卡口，并在ATM机上粘贴虚假服务告示，诱使银行卡用户在卡被吞后与其联系，套取密码，待用户离开后到ATM机取出银行卡，盗取用户卡内现金。

7.低息贷款诈骗：“我公司在本市为资金短缺者提供贷款，月息3%，无须担保，请致电××经理”，此类诈骗短信，是骗子利用一些企业和个人急需周转资金的心理，以低息贷款诱人上钩，然后以预付利息名义骗钱。

8.骗取话费诈骗：不法分子通过拨打“一声响”电话，诱使您回电，“赚”取高额话费；或以短信形式发送“您的朋友为您点播了一首××歌曲，以此表达他的思念和祝福，请你拨打9×××收听，”一旦回电话听歌，就可能会造成高额话费，或定制某项短信服务，造成手机用户的财产损失。

9.利用互联网假冒亲友诈骗：利用木马程序盗取对方QQ密码，截取对方聊天视频资料后，冒充QQ账号主人对其亲友或好友以“患重病、出车祸”等紧急事情为名实施诈骗。或下载对方的微信头像，把昵称改成对方的名字，再屏蔽朋友圈不让对方看见，然后完全冒充对方，进行微信诈骗。

10.互联网金融诈骗：利用金融类钓鱼网站进行宣传，以创业投资为名义，举办理财讲座，以年化收益率远远高于银行存款利率甚至银行理财产品利率，且超低风险为诱饵，并称有高额回报，通过各种途径非法吸收公众存款。

电信诈骗上当后五招补救措施

1.一旦汇款后发现自己被骗了，可在第一时间拨打中国银联专线95516请求帮助。

2.及时拨打110报警或向派出所报案。

3.看对方的账号是哪家银行的，然后用电话拨打该银行的客服电话，输入你汇款的目标账号(骗子的账号)，在提示输入密码时连续5次输入错误，这时该账号会自动锁定，时间是24小时，这宝贵的24小时将使对方无法将钱转移，避免损失扩大，也为警方破案提供时间。

4.防止骗子用网上银行转账，可及时登录该银行的网上银行，登录时输入目标账号(骗子的账号)，密码连续输错5次，该账号网银将被锁定24小时。

5.及时和要汇款的银行柜台联系，将被骗的情况向银行工作人员反映，请求帮助，或直接打报警电话110。

科学技术

Science and Technology

◎ 综　述

◎ 科技成果

◎ 专利工作

◎ 科技合作与交流

◎ 气象工作

◎ 地震工作

综 述

【概况】 荣成市科学技术局是荣成市人民政府综合管理全市科技工作的职能部门,内设办公室、政策法规科、规划与科技条件科、高新技术发展及产业化科、农村与社会发展科技科5个科室,有工作人员11人。下设荣成市知识产权局、荣成市地震局、荣成市综合技术转化中心、荣成市科学技术情报研究所、荣成市新技术应用研究所5个事业单位,有工作人员29人。2016年,荣成市开展科技创新活动,组织实施科技计划26项,争取省级以上科技项目14项,争取省级以上无偿资金2310万元,取得重要科技成果15项,促成技术合同236项,成交金额4.45亿元。

【高新技术产业】 2016年全市高新技术产业产值1124.89亿元,占规模以上工业总产值的比重为35.4%,比上年提高1.13个百分点。新认定高新技术企业6家,总数达27家。其中,规模以上高新技术企业19家,产品销售收入过1亿元的企业11家,利税过1亿元的企业2家。

【科技计划】 组织实施市级以上各类科技计划26项,新获批省级科技项目14项,其中省重点研发计划项目10项,省重点产业关键技术创新工程项目1项,省创新公共服务平台专项计划1项,省泰山产业领军人才工程项目2项;新获批威海市级科技项目7项。

2016年荣成市获批省级科技项目表

表84

序号	项目类别		项目名称
1	山东省重点研发计划项目	重大关键技术	贝壳类废弃物的高值利用技术开发与产业化
2			海带遗传繁育及高效养殖
3			贝类加工副产品高附加值功能制品关键技术研发与产业化
4		军民科技融合	军民科技融合项目
5		海洋医用食品专项计划	以海洋生物资源为原料的高附加值医用食品制备及检测关键技术研究
6			基于海洋功能肽和多糖的医用食品开发与示范
7			恶性肿瘤病人用金枪鱼胶原肽基医用食品的开发及其产业化
8		海洋生物与制品创新性产业集群专项计划	海洋微生物发酵生产PuFAs的关键技术研究及应用
9			贝类全基因组选择技术建立和良种培育
10			海参多糖、多肽的研究及产业化
11	山东省重点产业关键技术创新工程		海产贝类全产业链精准化作业及管理关键技术集成与示范
12	山东省创新公共服务平台专项计划		创新公共服务平台
13	泰山产业领军人才工程(高效生态农业类)		刺参优良性状精准鉴定利用与产业化示范
14	泰山产业领军人才工程(战略新兴产业类)		高性能加工制造机器人装备

【创新孵化】 对现有孵化器资源进行整合,修订完善入孵项目管理办法,推动孵化器一体化管理,星源孵化器获批国家级小型微型企业创业创新示范基地和省级孵化器,慧谷创客空间和U创空间获批国家级创客空间,奇点创客空间、U创空间被认定为省级众创空间,慧谷创客空间和U创空间被认定为省级创客之家。

【创新人才】 寻山集团李长青入选国家万人计划,世代海洋李健获批科技部创新人才推进计划,寻山集团刘涛、华通海洋王彦波列入科技部创新人才推进计划公示名单,锻压机床刘辛军、好当家集团李成林获批省泰山产业领军人才;管理12名第三批科技镇长团,提升基层科技创新水平,促成校企产学研合作项目7项,达成合作意向10项。

科技成果

荣成经济开发区科技创业中心　　（市科技局提供）

【概况】　2016年，全市取得重要科技成果15项。长青海科、海之宝获山东省科学技术奖，好当家集团“海珍品养殖与深加工关键技术研发及产业化”项目获威海市科学技术一等奖，锻压机床“EL4B-2250闭式四点多连杆压力机”等9个项目获威海市科学技术二等奖、百合生物“一种新型排毒减肥保健食品的生产技术”等3个项目获威海市科学技术三等奖。

【科技创新综合服务平台】　荣成市科技创新服务平台正式上线运行，建成孵化器协同管理、技术转移、公共技术服务、智库服务、政产学研金介贸媒、科技金融服务6个子平台，录入宏观数据2万多条，新增科研仪器、专利成果等数据7000条以上；启动建设海洋生物与食品、装备制造、品牌和创意服务三大协同创新中心以及藻类产业技术公共研发中心，逐步实现研发、中试、产业化全链条发展。

【科技企业孵化器】　2016年以来，星源科技企业孵化器入驻企业31家，其中电商类企业15家，先进制造领域企业11家，新材料企业1家，新能源领域企业2家，文化传媒领域企业2家，建成电商苗圃基地，为电商创业者提供“货源对接、快递服务、运营指导、技术支持”四位一体的创业孵化服务；慧谷科技企业孵化器的海洋生物公共创新平台项目以及在孵企业荣泰健康科技公司的创新团队项目，列入威海科技计划支持名单，分别获批项目资金50万元、15万元。

【重点实验室】　依托山东达因海洋生物制药股份有限公司建设的“威海市儿童用药新制剂重点实验室”被威海市科技局批准立项，成为威海市首批9家重点实验室之一。

【院士工作站】　院士工作站自2016年起实行备案制管理，2016年，山东好当家海洋发展股份有限公司院士工作站等4家企业院士工作站成功备案。

【产业技术创新战略联盟】　由山东达因海洋生物制药股份有限公司牵头发起成立的儿童健康产业技术创新战略联盟获批威海市产业技术创新战略联盟。全市市级以上产业技术创新战略联盟总数达到5家，其中国家级产业技术创新战略联盟1家，省级产业技术创新战略联盟1家，威海市级产业技术创新战略联盟3家。

【工程技术研究中心】　全市新认定省级工程技术研究中心3家，威海市级工程技术研究中心6家，市级以上工程技术研究中心总数达到29家，其中，国家级工程技术研究中心1家，省级工程技术研究中心12家。国家海产贝类工程技术研究中心列入2016年山东省国家工程技术研究中心资助名单。

【创新方法推广】　2016年10月，组织全市相关单位参加山东省生产力促进中心举办的2016年创新方法（TRIZ）普及培训班，20多家企业的技术负责人及研发骨干40多人参加培训。

2016年荣成市获批威海市级以上工程技术研究中心情况表

表85

序号	级别	平台名称	依托单位
1	省级	山东省儿童药物工程技术研究中心	山东达因海洋生物制药股份有限公司
2		山东省海洋特色膳食营养食品工程技术研究中心	威海百合生物技术股份有限公司
3		山东省船舶控制工程与智能系统工程技术研究中心	威海海洋职业学院

序号	级别	平台名称	依托单位
4	威海级	威海市数字化节能环保轮胎工程技术研究中心	成山集团有限公司
5		威海市高效加氢反应装备工程技术研究中心	威海石岛重工有限公司
6		威海市高分子结构泡沫工程技术研究中心	威海维赛新材料科技有限公司
7		威海市贝类副产物高值加工利用工程技术研究中心	恒茂实业集团有限公司
8		威海市海洋功能食品绿色酶法生产工程技术研究中心	威海市桢昊生物技术有限公司
9		威海市微藻种质资源开发工程技术研究中心	威海海洋职业学院

专利工作

【概况】 2016 年，全市专利申请 1761 件。其中发明专利申请 984 件，占总申请量的 55.9%；实用新型专利申请 548 件，占总申请量的 31.1%；外观设计专利申请 229 件，占总申请量的 13.0%。专利授权 696 件，其中，发明专利授权 116 件，占总授权量的 16.7%；实用新型专利授权 380 件，占总授权量的 54.6%；外观设计专利授权 200 件，占总授权量的 28.7%。

【知识产权运用】 大力实施知识产权战略，加快创新型城市建设，形成市、镇街、企业三级知识产权工作网络。安排专项资金，用于专利申请的资助和专利项目的实施与转化，大力提升荣成市的知识产权创造、保护和运用能力，促进专利申请数量和质量的稳步增长。全面有序推进知识产权工作，荣成市通过山东省知识产权试点市验收，并列入省知识产权示范市序列，在企业中积极贯彻《企业知识产权管理规范》标准，加强企业运用知识产权的水平，提高企业核心竞争力，培育国家级知识产权优势试点企业 1 家，省级知识产权示范企业 2 家，省级知识产权优势企业 3 家。

【知识产权保护】 制定专利行政执法案件信息公开工作制度，规范执法行为，建立查处假冒专利行为流程和处罚依据及标准，构建与威海知识产权局联合执法机制，深化与公安、市场监管、版权、海关、农业、林业等部门的执法协作机制，加强跨部门执法信息共享与沟通，加大知识产权执法检查力度。在荣成市商贸流通领域开展专利专项执法 2 次，检查家电、日用品、食品、酒类、保健品等 10 多类商品 300 余件，查处假冒专利产品 1 件，在相关信息平台公开专利行政执法行政处罚案件信息，进一步净化专利市场环境。

4 月 26 日，威海市知识产权局与荣成市知识产权局联合执法

（市科技局提供）

【知识产权宣传】 利用“4·26”世界知识产权日宣传周等重大活动和日常执法时机，采取发放宣传资料、现场宣讲、文字报道等多种形式，向广大公众和经营业主、生产厂家进行知识产权知识宣传，发放宣传资料 500 余份。针对企业层面的负责人、技术人员举办培训班 2 次，培训人员 200 多人。通过宣传与培训，营造全社会尊重和保护知识产权的氛围，提高公众的知识产权保护意识。

【知识产权服务】 加强知识产权服务机构建设和人员培养，引进 2 个专利代理服务中介分支机构，形成以专利代理、专利信息服务、专利技术咨询等为主要内容的知识产权服务体系，促进知识产权工作与现有经济、科技管理工作的有机融合。

科技合作与交流

【概况】 2016 年，荣成市先后组织开展中国·荣成海洋科技创新发展研讨会暨海洋科技成果展、企业院所行、高校院所荣成行等系列科技合作与交流

6月24日，与北京物资学院物流学院开展产学研对接研讨会

（市科技局提供）

活动，促成以色列蓝色经济中心与荣成市就合作组建蓝色经济孵化器合伙制基金签订合作备忘录。

【国内科技合作与交流】 10月29日至30日，荣成市政府和中国海洋大学联合主办中国·荣成海洋科技创新发展研讨会暨海洋科技成果展，邀请中国海洋大学、中科院青岛生物能源与过程研究所、厦门大学、中科院南海所、水科院黄海所、中科院海洋所等高校院所的30多名专家教授出席，荣成市政府与中国海洋大学就“共建海洋生物产业技术协同创新中心”签订合作协议，聘请水科院黄海所王清印等8名专家学者为荣成市首批科技智库专家。期间围绕海洋蓝色产业发展需求，举办中国·荣成海洋科技创新发展论坛，引导企业主动对接应对新常态经济发展；举办海洋科技成果展，全市16家企业以及全国近20家高校院所约300项成果参展，涉及水产养殖、海洋食品加工、保健品药品研发、海洋装备制造等多个领域。

【企业院所行活动】 6月12日至7月2日，市科技局组织海洋高新园、达因制药、寻山集团、海之宝、海臻一品等15家重点单位和星源、慧谷、海珂3家科技企业孵化器，分省内园区、工业高新技术、海洋生物技术3条路线，分别走访清华大学、复旦大学、厦门大学、中国海洋大学等19家高校院所以及青岛蓝色硅谷创业中心、黄三角国家级农业高新区，推介荣成市企业技术难题96项，收集最新科研成果1000多项，达成合作意向70个，与山东大学、中国海洋大学签署产学研合作方案，海珂孵化器与中国海洋大学就联合共建具有中试功能的公共实验室达成合作意向，上海理工大学与海臻一品结成项目申报联合体，引进鞠建华、柯才焕等高端人才9人。

【高校院所荣成行活动】 2016年，有针对性的邀请哈尔滨理工大学、山东大学、水科院东海所等学科与荣成市产业相近的高校院所来荣成市开展学术交流，实地走访锻压机床、黄海造船等企业，就海藻酸钠静电纺丝、鱼油浓缩提炼等项目达成合作意向，促成中国海洋大学、厦门大学、山东大学等高校合作项目在海洋高新园落地。

【国际科技交流与合作】 11月19日，以色列蓝色经济中心沙龙·达斯卡尔和尤瓦尔·拉宾来荣成市进行科技考察及合作洽谈，推介波浪能发电和甲壳类水产养殖等以色列成熟的先进技术，促成以色列蓝色经济中心与荣成市就合作组建蓝色经济孵化器合伙制基金签订合作备忘录。

（王韶华）

气象工作

【概况】 荣成市气象局内设办公室、气象台、财务科气象服务中心。2016年被威海市气象局授予“2016年度威海市预报预测业务先进单位”“2016年度威海市网络与装备保障业务先进单位”“2016年度基层台站综合目标管理优秀达标单位”“2016年度全市气象服务先进单位”。

人工增雨作业现场　　（市气象局提供）

【气象现代化建设】 进一步完善气象探测站网建设。升级改造区域自动站5个,新建土壤自动水分站1个。完成荣成本站和成山头大监站降水现象仪和集中控制器安装调试。完成对已改造区域站温度和风等仪器设备的年度核查。各探测装备、通信网络、业务系统和服务平台运行良好。加强对周边探测环境的保护,及时协调周边建设方严格落实保护条例,督促其上报避免影响探测环境申请。做好气象标准应用工作。认真组织学习贯彻《中国气象局关于贯彻落实国务院〈深化标准化工作改革方案〉的实施意见》。积极组织参加“气象标准应用优秀论文评选活动”,报送1篇对现行有效气象标准应用情况的署名文章。

【气象服务】 重点加强对农时季节、转折性天气和大型社会活动开展气象服务。全年制作气象情报367期,决策气象服务情报16期。海带服务专报7期,无花果专报2期,制作高考气象服务5期,春运气象服务情报40期,五一气象情报5期。制作发布一周滚动麦收期天气预报25期。为供电公司达成服务协议,并将供电公司各岗位负责人加入决策短信平台。

【人工增雨】 开展增雨作业10次,发射增雨火箭弹124枚,特别是4月16日、5月15日、5月23日和7月15日4次增雨过程,为改善土壤墒情、缓解农业旱情、增加水库蓄水、涵养水源、降低森林火险等级,促进全市经济发展和社会稳定提供服务。

【防灾减灾】 启动一次应急服务。1月21日—25日寒潮天气过程,1月21日15时20分启动重大气象灾害(寒潮)Ⅳ级应急响应。局领导班子全员到岗,值班员密切监测天气演变趋势,服务产品以传真、邮件等各种方式不间断向政府和相关部门发送,及时为政府和相关部门开展应急处置工作提供决策依据。重点服务8月14日强雷雨过程,及时发布雷电预警和暴雨预警。

【气候概况】 降水:2016年荣成全市降水量540.6毫米,比历年(744.9毫米)偏少27.4%。其中2016年1月—5月全市降水量180.1毫米,较常年(142.9毫米)偏多26%,6月—9月全市降水量250.1毫米,较常年(521.9毫米)偏少52.1%,全市大部分地段出现了中等程度以上的干旱现象,部分山地丘陵地区出现重度干旱。10月降水偏多,大大缓解前期的旱情,对小麦播种尤为有利。11月至12月中旬,全市降水量呈明显偏少趋势,但12月21日—22日的降水过程(全市降水量39.2毫米)使全市墒情适宜,有利于小麦安全越冬。气温:2016年荣成市平均气温13.2℃,比历年(12.0℃)偏高1.2℃。日照:2016年荣成市日照时数为2593.9小时,较常年偏多96.0小时。

【社会管理】 加强行政审批受理后技术服务规范化管理,实行一个窗口服务、一个平台审批;完成县级气象主管机构行政权力和责任清单编制并向社会公布;联合安监对涉氨制冷企业开展防雷执法检查,全年检查涉氨制冷企业330家,督促整改80家。同时加强对加油站、液化气站、易燃易爆场所及其他危化品企业的防雷安全检查。

(陈晓静)

地震工作

【概况】 2016年,荣成市把防震减灾工作列入国民经济和社会发展总体规划,坚持“经济建设与防灾减灾一起抓”的工作方针,大力加强地震监测预报、震灾御防和应急救援三大体系建设,改造荣成地震台、石岛地震台和鲁32号井在内的全数字化地震监测网络体系。

【地震监测预报】 荣成市有地震台2处、地震观测点4个、专业观测设备16套,2016年监测到荣成市范围内地震12次,其中1.0-1.9级9次,2.0-2.9级2次,3.0-3.9级1次,均属无感地震。除ML1.3、ML1.6两次发生在荣成市陆地之外,其余震源均位于荣成市附近海域中,最大震级为3.2级。加强群测群防队伍建设,筛选更新畜牧防疫网地震宏观观测员队伍,利用在校学生科学兴趣小组组建荣成一中、石岛实验小学等10所学校做为地震群测群防宏观观测站点,并推行补贴激励机制。通过与威海、省地震台网互联互接,实现资源共享,有效提高荣成市地震监测、分析、震情会商等综合能力。

【震害防御工作】 勘选省级预警一般站14处,作为预警项目山东分项的组成部分。在荣成市第三中学校园内选址、新建威海市市级观测井一处,作为水流体监测站点,编号威06#。2016年,现场踏勘60余处,完成建设工程抗震设防审批事项52件,开展科普宣传、法律法规宣传进学校、进社区、进机关、进企业、进农村、进家庭、进高校活动,加快推进崖头街道河东社区、青木新材料危化品、实验中学3个应急综合示范项目建设,完善城区学校、广场、公园应急避难场所标识。

【地震应急救援】 完成荣成市抗震救灾指挥部成员单位、各类学校、重点企业地震应急预案编修报备,统计更新各镇、街道933名灾情速报员姓名、电话、家庭住址(经纬度)等信息。5月12日,荣成市应急办等10多个部门联合举行防灾减灾宣传教育活动。5月24日,荣成防空防灾警报试鸣,组织在市机关和所属企事业单位、学校、社区、医院、人员密集场所开展应急疏散演练活动。7月28日,在寻山街道开展防震减灾宣传活动,设立宣传咨询台,发放宣传资料,宣传防震减灾知识,提高群众应对地震突发事件的应变能力。10月26日,组建现场工作队参加以模拟威海市环翠区羊亭镇发生6.0级地震为背景的地震系统实兵应急演练,开展观摩、评比、交流。加强地震灾害应急救援力量建设和志愿者队伍建设,组建500人的志愿者队伍。

(王韶华)

教　育

Education

综　述

9月1日，市第三十七中学塑胶操场投入使用　（市教育局提供）

【概况】　2016年末，全市有幼儿园81所，其中公办幼儿园57所、民办幼儿园24所，在园幼儿1.46万人。全市有普通中小学54所，其中小学22所，市直小学8所，独立小学14所，在校生25691人；初中24所，市直学校4所，学区学校20所（其中九年一贯制学校11所），在校生20177人；高中6所，在校生8606人。各类中等职业学校2所，在校学生3118人；其中公办中职学校1所，在校生2671人；民办中职学校1所，在校生447人。特殊教育学校1所，在校生134人。荣成市中小学生综合实践教育中心1处。高职院校2所，在校生7000人，高校1所，在校生8000人。教育局内设科室11个，工作人员40人；局属事业单位5个，其中荣成市教育教研培训中心61人，荣成市招生委员会办公室8人，荣成市职工教育办公室4人，荣成市人民政府教育督导室2人，荣成市教育会计核算中心9人。全市学前三年幼儿入园率为99%，小学和初中适龄人口入学率均100%，小学和初中在校生巩固率均为100%。

11月20日，华东师范大学教授“基于思维可视化的中小学生学习力提升策略”讲座　（市教育局提供）

【办学条件标准化提升工程】　根据《关于加强全市教育布局规划的意见》《荣成市教育专项规划（2015—2030年）》《荣成市校舍设施三年建设规划》《荣成市学校基本建设管理实施意见》，全年完成投资6.5亿元，启动实施14个列入省平台的解决大班额问题项目建设，年底荣成市好运角中学、荣成市好运角小学、荣成市石岛实验中学、荣成市第二实验小学、荣成市靖海中心完小、荣成市寻山中心完小、荣成市虎山中心完小、荣成市第二十五中学8处学校完工并投入使用，新增班级66个，新增学位3120个，全市大班额比例由25.8%降低到10.5%。全年投资2500万元，对荣成市蜊江中学、荣成市第三十一中学、荣成市府新小学、荣成市蜊江小学、荣成市上庄中心完小、荣成市中小学综合实践教育中心、荣成市第三十二中学、荣成市第二十一中学8处学校的9幢校舍进行加固。全年投资5400万元，为18所学校新建塑胶操场，完成威海市目标责任制考核要求，实现全市中小学塑胶操场全覆盖。

【教师队伍建设】　严格教师职称评选审及招聘工作，全市评审中小学高级教师130人，通过104人，通过率为80%；评审中小学一级教师154人，通过133人，通过率86.4%；晋升初级教师106名，招聘新教师115人，核定幼儿教师编制151名。推进校长职级制改革，出台《关于推行中小学校长职级制改革的实施意见》，全面取消54处中小学校长的行政级别；改革校长选聘机制，校长、副校长的职数由原来的118人压缩到114人。推进“县管校聘”管理机制改革，出台《荣成市中小学教职工竞聘上岗工作实施方案》，依托7个学校联盟，组织缺岗学校公开招考教师 69 人;引导 41 名教师到缺岗学校任教;全员竞聘上岗,学区内、学区间、全市中小学间转岗、分流、落岗竞聘 223 人。全面推行干部教师交流轮岗制度,通过坚持政策引导和强化激励措施,全市参加交流轮岗的领导干部 35 人,教师 351 人,交流比例达到 16.9%;参加交流轮岗的骨干教师有 106 人,占交流教师的 27.5%。加大教师培训力度,新增培训专项资金 100 万元,开办 9 期教育大讲堂、各类专题培训 74 批次、2 万多人次。开展"树典型、扬正气、传递正能量"活动,评选表彰师德标兵、优秀班主任等 700 人;组织首届"最美教师"评选,20 名教师获"最美教师",20 名教师获"提名奖"。

【教育教学研究】 召开荣成市第三届教育科研工作会议,表彰 12 个科研先进集体、24 名先进个人。开展"一师一优课、一课一名师"及优质课评选,完成 1200 多件优课的创课、录制、评选以及资源的上传,获得威海市级优课 243 节、省级优课 25 节;获得威海优质课 128 节、省级优质课 25 节。推进智慧教育环境建设,投入 1174 万元用于基础设施建设、改建荣成市教育局中心机房、升级改造 15 所学校校园网络;投资 148 万,建成 8 个智慧课堂试验班,探索智慧课堂教学方式变革。

【招生考试】 组织专升本、初中理化生实验技能操作、体育与健康课程、英语听说、信息技术、夏季高考、初中学业及高中学业水平考试等 9 次报名考试,入考考生 24733 人。其中,夏季高考报考 3324 人;春季高考报名 400 人;高中学业水平考试报考 5889 人;参加初中毕业生升学的考生 4955 人,参加初三学业考试的考生 5164 人,初二学业考试的考生 4804 人;普通高中录取学生 2702 人,录取率为 54.5%。"3+4"师范本科录取 38 人,"3+4"高职本科 11 人。成人高考报名 768 人,其中专科升本科 507 人,高中起点本科 31 人,高中起点专科 230 人;组织高教自学考试报名 2 次,报考 41 人次,101 科次。组织各类社会证书考试 2 次,报考全国公共英语等级考试 283 人;组织初中学业考试信息技术考试 1 次,4806 人报考,4512 人获得 C 级以上等级。

【学校安全稳定】 建立校园安全联合督查和通报制度,通过落实相关部门联合检查、领导班子成员月度安全巡查、学校自查三项机制,督导 803 处安全隐患的整改;加大对校车运营监管力度,联合公安部门开展 2 期安全教育培训会;加强校车安检工作,为 207 辆校车重新核发标牌;对校车运行进行实时监控,发放整改通知书 66 份。做好应急演练工作,开展各项应急演练 1200 多场;完善安全预警信息通报制度,发布预警信息 32 期。全面实现校园保安公司化,为全市公办中小学、幼儿园配足配齐正式保安 198 名,添置防爆器械 1000 多件;及时更新完善监控设施设备,监控存储时间达到标准要求 30 天。加强饮食安全管理,制定《荣成市学校食堂及饮食安全监督管理办法》,对学校食堂重点检查,对校外送餐进行整治,28 个学校食堂量化分级等级达到 A 级,5 所评为省级示范食堂;全年进行 2 次水质检测。2016 年未发生安全事故,1 所学校被评为全省校园安全文化建设先进学校,3 所学校被评为全省校园安全文化建设示范基地。

【贫困学生资助】 2016 年全年发放各项资助资金 2209.99 万元,受助学生 1.86 万人。其中,学前教育政府助学金 180.9 万元,受助学生 1508 人;普通高中国家助学金 190.4 万元,受助学生 952 人;普通高中减免学费 93.98 万元,受助学生 1100 人;普通高中特困学生就餐补助 64.95 万元,受助学生 433 人;义务教育寄宿生补助 6.81 万元,受助学生 55 人;义务教育乘校车补助 148.29 万元,受助学生 4943 人,义务教育学生装补助 21.69 万元,受助学生 2915 人,义务教育午餐补助 230.5 万元,受助学生 2305 人;中等职业学校国家助学金 109.5 万元,受助学生 548 人。推进生源地助学贷款工作,为 164 名贫困大学生贷款 127.41 万元。发放 2016 年度大病救助款 14.35 万元,受助学生 54 人。

【教育经费】 全市地方教育经费总收入 28.27 亿元,比上年增加 2.54 亿元,增长 9.9%;地方教育总支出 28.27 亿元,增加 2.54 亿元,增长 9.9%,地方公共财政预算安排教育经费 27.1 亿元,增加 2.5 亿元,增长 3.82%。生均公共财政预算教育事业费支出,普通高等学校达到 2.33 万元;普通中等职业学校达到 2.65 万元;普通高中由 4.71 万元增加到 6.74 万元,增长 42.82%,;普通初中由 4.41 万元增至 5.15 万元,增长 16.59%;普通小学由 1.95 万元增至 2.11 万元,增长 7.86%。生均公共财政预算公用经费支出,普通高等学校达到 1.83 万元;普通中等职业学校达到 1.45 万元;普通高中由 3.19 万元增至 5.07 万元,增长 59.06%;普通初中由 2.58 万元增至 3.24 万元,增长 25.74%;普通小学由 1.18 万元增至 1.43 万元,增长 20.96%。生均公共财政预算日常公用经费,普通高等学校达到 2362.7 元;普通中等职业学校由 3759 元增至 3761 元,增长 0.07%;普通高中由 903 元增至 905 元,增长 0.2%;普通初中由 1763 元增至 1764 元,增长 0.05%;普通小学达到 1557 元,与上年基本持平。公共财政教育事业费支出,全市教育部门及其他部门公共财政教育事业费拨款支出为 27.1 亿元,较上年增加 3.82%,其中人员经费支出 8.73 亿元,占总支出的 32.2%;公用经费支出 18.37 亿元,占总支出的 67.8%。

2016 年荣成市教育经费收入情况表

表 86　　单位:千元

项　　目	收　　入
总计	2,827,021
一、国家财政性教育经费	2,712,953
1. 公共财政预算安排的教育经费	2,710,350
(1)公共财政教育经费	2,710,350
①教育事业费	2,621,750
②教育费附加	88,600
2. 政府性基金预算安排的教育经费	2,430
其中,彩票公益金	2,430
3. 企业办学中的企业拨款	173
二、民办学校中举办者投入	3,398
三、捐赠收入	1,018
四、事业收入	103,899
其中,学费	92,138
五、其他教育经费	5,754

2016 年荣成市教育经费支出情况表

表 87　　单位:千元

项　目	支　出
总计	2,828,393
一、高等学校	86,541
1. 普通高等学校	86,541
二、中等职业学校	190,019
1. 中等专业学校	132,346
2. 技工学校	57,673
三、中学	1,732,145
1. 普通中学	1,732,145
普通高中	621,959
其中,农村	395,580
普通初中	1,110,186
其中,农村	861,601
四、小学	558,195
1. 普通小学	558,195

项 目	支 出
其中,农村	425,610
五、特殊教育	10,607
1. 特殊教育学校	10,607
六、幼儿园	203,160
其中,农村	128,195
七、教育行政单位	4,374
八、教育事业单位	36,910
九、其他	6,441

学前教育

【概况】 2016 年,全市有幼儿园 81 所,其中公办幼儿园 57 所、民办幼儿园 24 所,教职工 1509 人,专任教师 958 名,专任教师中大专及以上学历 622 人,占总数的 64.9%。在园幼儿 1.46 万人,学前三年教育普及率 99%。全年有 11 所幼儿园由威海市级示范园升格为山东省省级示范幼儿园,全市有省级示范幼儿园 31 所,占幼儿园总数 38%;1 所幼儿园由威海一类园升格为威海市级示范园,全市有威海市级及以上示范园 66 所,占幼儿园总数的 81%。

【公益普惠园建设】 推进城区公办园建设,列入威海目标责任制考核任务的南沽、台上林家、寻山 3 所幼儿园年内完成建设任务。列入荣成民生工程的 8 所幼儿园(第二实验幼儿园、双泊园、崂山中心园、马道中心园、人和二园、18 中学区幼儿园、邹家幼儿园、城西幼儿园)按计划推进;其中 5 所(第二实验幼儿园、双泊园、马道中心园、18 中学区幼儿园、城西幼儿园幼儿园)主体完工。推进小区配套园建设,出台《荣成市关于加快推进小区配套幼儿园建设与使用的实施意见》,采取"一园一策"的方式,对 11 所小区配套幼儿园的责任主体、建成时间及使用管理,进行明确规定。

【幼儿园规范管理】 根据新的《山东省学前教育机构登记注册管理办法》,联合公安、消防、卫生、建设等部门,对幼儿园提交的证件进行逐一审查,对 78 所证件不合格的民办幼儿园,下发责令限期整改通知书;对及时整改到位、证件齐全的 11 所民办幼儿园,换发《登记注册合格证》。将 7 处市直小学幼儿园和 26 处镇街中心园设为公益二类事业单位,核定幼儿教师编制 151 名,成为威海首个完成幼儿教师核编的市区;将荣成市工业幼儿园更名为荣成市第三实验幼儿园,划归教育局管理;将荣成市供销社幼儿园合并到荣成市第一实验幼儿园。

【开展特色主题教育活动】 围绕"乡土资源利用"和"自主游戏开发"两大主线,做好幼儿特色创建工作,4 所幼儿园在山东省教育厅举办的第四届幼儿园特色活动展评中获奖,1 所学校在山东省教育学会举办的"2016 年山东素质教育论坛"上进行典型发言交流。每月围绕一个主题进行活动展示,组织幼儿开展"讲绘本故事"比赛,幼儿建构比赛,幼儿跑跳爬、跳绳、排球等体能展示与比赛、幼儿绘画比赛等特色活动。举行"荣成市 2016 年学前教育宣传月活动启动仪式",开展以"幼小协同,科学衔接"为主题的学前教育宣传月活动。

【幼儿教师能力培训】 组织 20 多所优秀幼儿园园长参加在成都举办的"幼儿园自主游戏活动与幼儿发展专题研讨会",分两期组织 36 名镇中心园及村办园园长参加威海市教育局在北京师范大学举办的"农村幼儿园园长专题培训班",组织全体优秀园长参加山东省教育厅基教处在山东省龙口市举行的研讨会。

基础教育

【概况】 2016 年,全市有普通中小学 54 所,其中小学 22 所,初中 24 所(其中九年一贯制学校 11 所),高中 6 所,特殊教育学校 1 所,中小学生综合实践教育中心 1 处。22 所小学中有市直小学 8 所,独立小学 14 所;24 所初中有市直学校 4 所,学区学校 20 所。2016 年,全市有教学班级 1272 个,在校学生 54608 人,其中小学一年级 4909 人,小学二年级 4984 人,小学三年级 5211 人,小学四年级 5330 人,小学五年级 5257 人;初中一年级 5242 人,初中二年级 5088 人,初中三年级 4734 人,初中四年级 5113 人;高中一年级 2735 人,高中二年级 2850 人,高中三年级 3030 人;特殊教育学校 134 人。2016 年,全市有在职教职工 5551 人,其中音乐教师 176 人,体育教师 331 人,美术教师 175 人,音体美教师计 682 人;卫生专业技术人员 3 人,保健教师 52 人。

【德育综合改革启动】 研究制订《荣成市中小学德育综合改革行动计划(2015—2020 年)》《关于加强中小学养成教育的意见》,启动中小学德育课程一体化体系培训和试点活动，举行“创文明城市，做文明市民”启动仪式。开展心理健康特色学校创建活动，在教研中心挂牌成立家庭教育指导中心，系统开展家庭教育培训指导工作。绘制荣成市中小学生社会实践基地版图，拓展学生社会实践平台，全年完成综合实践培训 19 期，7066 名学生参加培训。

【促进学校内涵发展】 制订 2016 年内涵发展年度重点工作，努力提高学校内涵发展实效。采取“一带四”共建发展模式推进特色学校建设，第二实验中学、蜊江中学 2 所学校创建为第三批威海市特色学校；蜊江中学、府新小学、世纪小学 3 所学校创建为全国足球特色学校。2016 年底全市有 8 所山东省体育传统项目学校，6 所威海市体育传统项目和艺术传统项目学校。

【学生身体素质提升工程】 完成山东省及国家学生体质测试调研及数据上传工作。深入实施学生身体素质提升工程，坚持“普及与提高相结合”“规范与特色相结合”，推进“足球进校园”“游泳进校园”“帆船进校园”等活动，邀请亚足联职业教练，分两期对全市 60 名体育教师、700 名学生进行集中培训；对 4 所学校的 600 名学生进行游泳集中培训；对 52 名学生进行帆船培训，参加威海市帆船、游泳比赛。举办全市中小学生足球、排球等项目的“六大联赛”，在威海市 6 大体育联赛中夺得 20 个冠军，13 个亚军。17 件科技作品在省第 31 届科技创新大赛中获奖，3 件在全国获奖；书画比赛获得两个山东省一等奖；2 所学校获得山东省戏剧合唱大赛一等奖，1 所学校获得山东省经典诵读一等奖，获得全国第五届中小学生艺术展演活动优秀组织奖。组织开展医务室、保健室达标复评活动，硬件设施完成率达到 100%。

【初中学生学业考试改革】 为弱化应试教育、减轻学生课业负担、深入实施素质教育，按照“两个转变，两个强化”的思路，对初中学生学业考试进行改革，着力建立“分数+等级”“多次考试、择优使用”和“综合评价”为主要特点的初中学生学业考试机制。“两个转变”即从单纯的“分数”考核转变为“分数+等级”相结合，将学业水平考试科目分为考试科目和考查科目两类，其中语文、数学、英语、物理、化学、体育健康等 6 个考试科目成绩用分数呈现，思想品德、历史、生物、地理、信息技术等 5 个考试科目成绩用分数表达、等级呈现，音乐、美术等考查科目成绩使用等级呈现，更加科学、更加务实；从“只有一次机会”转变为部分学科实行“多次考试”，部分对初二、初三参加的历史、地理、生物等学科考试成绩不满意的考生，可以申请初三、初四时再考一次，学生可以选择最好的成绩参加高一级学校的招生录取，减轻学生的考试压力。“两个强化”即强化对学生应用能力的考查力度，将理化生实验技能考查、英语口语考查纳入考试范畴，理化生实验技能考试成绩采取等级呈现方式，英语口语考试占学科总分 10%计入学科总成绩，引导教师更加注重学生应用能力的培养；强化体育与健康教学力度，将体育与健康成绩的比例提高到中考总分的 10%以上，引导教师更加重视学生的体质健康素质。2016 年，荣成市参加初中毕业生升学的考生 4955 人，高中录取率为 54.5%。

【责任督学挂牌督导】 全市划分 6 个督学责任区，聘任责任督学 37 名，重点从 3 个方面推进改革：实施行政督导与专业督导相结合，荣成市人民政府教育督导室从行政人员以及老校长中选聘责任督学，确保督学队伍年龄、专业和能力结构的优化组合。实行终结性督导和过程性督导相结合，建立每月 1 次专项督导制度，定期制发教育督导通报，逐一曝光违规办学行为，对亮点工作、经验做法进行推广，将督导通报报至市政府领导。市政府常务会议每半年听取 1 次教育督导工作汇报，对存在的问题进行专题研究。创新教育督导方式，结合教育工作评估，推行“问诊式”督导，通过选聘有经验的专业督学，每月 1 次入校会诊、研究会商，对好经验进行推广，对坏行为进行纠偏。在督导内容方面，根据社情民意，主动增加学校实施素质教育、规范办学行为、教育重点工作等方面的专项督导；在督导形式方面，由自上而下的单项督导转变为交叉督导，实现教育督导的全方位推进。年内，全市开展规范办学专项督导 6 次，通报学校 22 所。

10 月 20 日，市第二实验中学代表队在省经典诵读比赛中获一等奖
（市教育局提供）

【小学生课后托管】 城区 8 所市直小学全部设立课后托管班，与 118 名小学

生家长签订托管协议，采取接力托管的方式，为托管时间较长的家长解决后顾之忧。

特殊教育

【概况】 全市有特殊教育学校1所，教职工61人，教学班13个，在校生134名。全市随班就读生161人，分布在46所学校，158个班级，以“让每名残疾儿童都能享受优质教育”为目标。荣成市特殊教育学校全年深入推进各级特殊教育提升计划。

【提高特殊教育办学条件】 按照每生每年不低于4000元标准，2016年全年财政拨付60万元，实现学校在校生吃、穿、住、行、用全免费；投入380万元用于完善学校内部设施，配备自闭症康复训练室、心理咨询室、录播教室和语言康复训练设备等，满足教育教学、康复训练和技能培训需要。

【建立医教康教结合服务体系】 联合卫生计生局、民政局、财政局等6部门印发《关于开展特殊教育医教、康教结合工作的实施意见》，构建完善医疗、康复与特殊教育相结合的服务体系。建立残疾儿童入学鉴定和咨询委员会，由教育、卫生计生、残联等部门及专业机构人员组成残疾儿童入学鉴定和咨询委员会。建立定点医疗机构和顾问医生制度，卫生计生部门指定荣成妇幼保健院、康宁医院为残疾儿童确诊、出具报告定点医院，由专科医生按照相关专业标准作出准确判断，出具诊断报告。在特殊教育学校设立幼儿特教班，将招生范围扩大到学前教育阶段，形成融学前教育、义务教育、职业教育为一体的特殊教育格局。

【送教上门服务】 启动送教上门工作，联合财政局、残联等部门研究制定《荣成市义务教育阶段重度残疾儿童送教上门实施方案》，确立“家庭自愿、定期入户、免费教育”送教原则，选派4名教师组成送教团队，首批筛选8名重度适宜残疾儿童实行“送知识”“送技能”“送爱心”送教上门服务。

【职业技能培训】 立足于学生自身特点及社会实际需求，面向市场，科学定位，从加强师资培养、调整专业布局、拓宽实践基地、探索就业门路等入手，利用学校2800平方米职业教育实习中心，多种形式培养适应社会和市场需要的人才，毕业生就业率达到100%。

【完善随班就读支持保障体系】 结合《关于进一步加强残疾儿童少年随班就读工作的实施意见》，按每生不低于义务教育生均公用经费10倍的标准拨付随班就读经费，将随班就读工作提升到新的发展阶段。建立由市教育局、特教学校、各学区、随班就读学校构成的四级管理网络，由荣成市教育局基教科特教干部、荣成市特殊教育学校巡回指导教师、随班就读学校骨干教师组成的三级教学研究和指导网络，举办6期全市随班就读工作培训活动，培训骨干教师400多人次，指导残疾儿童少年接受良好的学校教育。不断加强无障碍设施建设，在4所随班就读生较多的学校重新建设高标准的资源教室，在20所随班就读学校建成无障碍出入口、无障碍厕所和洗手间，方便残疾儿童日常活动。完善学生档案体系：随读生基本情况档案包括基本情况表、社会适应能力简易测查表、筛查鉴定表、素质发展情况表等。随读生个人成长档案包括个别教学计划、观察记录、考核与评价、活动记录等，做到一人一袋，动态记录随读生的成长轨迹。

（郭志勇）

职业教育和民办教育

【概况】 2016年全市有各类中等职业学校2所，招生909人，在校学生3118人。其中公办中职学校1所(威海市水产学校)，招生780人，比上年减少141人，在校生2671人，比上年减少400人；民办中职学校1所(好当家集团海洋学校)，招生129人，比上年增加16人，在校生447人，比上年增加114人。各类中等职业学校有教职工368人，其中，专任教师338人，专任教师中本科及以上学历332人，学历达标率98.22%。全市有教育部门审批管理的民办教育机构56所，分为3类：学历教育学校1所，即好当家集团海洋学校(属于中等职业学校)；非学历教育培训学校29所，主要集中在崖头和石岛城区；民办幼儿园26所，全年招生1410人，在园幼儿4551人。

【完成两所民办职业学校合并】 经威海外事翻译学校和荣成市好当家集团海洋学校协商，并经威海、荣成两级教育行政部门批准，5月19日，威海外事翻译学校顺利合并至荣成市好当家集团海洋学校。

【通过省职业教育专项督导】 2016年2月，威海市水产学校通过验收，成为山东省首批规范化中等职业学校。10月，山东省职业教育督导团通过座谈汇报、查阅资料、实地考察等形式对职业教育建设发展进行督导检查。

【职业学校招生制度改革】 2016年，扩大学校的招生自主权，中等职业学校招生计划不再具体到学校各专业，只申报招生总量，学校可根据市场需求、教学设备、实训设备和专业师资等情况，在招生计划总量内，自行调节各专业的招生人数。

（郭志勇）

【规范民办职业培训机构】 人力资源与社会保障局审批管理的全市民办职业培训机构25所，在职教职工211人，其中，教师127人；另有兼职教师78人。进一步规范各民办职业培训机构的办学行为，加强学校管理、促进其提高办学质量，通过年检审阅资料、听取汇报、实地查看等方式，博雅职业培训学校、富民职业培训学校、荣德职业培训学校、祥烨职业培训学校4家职校因生源、师资等原因申请终止办学。

（战荷洁）

技工教育

【威海技师学院】 威海技师学院是经国家人力资源和社会保障部、山东省人民政府批准成立，以培养技师和高级工为主要目标，同时承担企业在职职工高技能人才和各类职业教育培训机构师资培训任务的全日制高等技工院校。学院成立于1986年5月。2012年9月，威海工程技术学院经山东省政府批准改建为“威海技师学院”。学院位于荣成市学院路2006号，占地面积50公顷，建筑面积9.8万平方米，建有办公区、教学区、实习教学区、生活区和休闲活动区等现代化校园。2016年末有教职工124人，其中高级职称40人，中级职称44人，“双师型”教师比例达到75%以上。2016年招生总人数达到1275人，在校生总人数达到2522人。

课程和专业设置 学院开设数控技术专业、汽车装配与修理专业、工业机器人应用专业、烹饪与营养专业（中西面点方向）、烹饪与营养专业（中式烹调方向）、计算机平面设计专业、电子商务与会计电算化专业、机电一体化专业、电工电子专业、农业机械化专业、农村经济管理专业等专业。

构建德育系统工程 成立德育部，挑选优秀教师通过开展心理辅导、美学教育对2016年新生开展德育教育，全面构建德育系统工程，形成系统化、标准化的“齐抓共管、人人参与”的德育工作新格局，提升学生的综合素质。

实施标准化管理 制订“千分考核标准”，通过设置部门职能、岗位职责、岗位标准，量化教学工作和行政工作，实行千分考核，鼓励多干实干创新，调动教职工工作积极性。

加强教师队伍 通过荣成市人社局统一招考录取4位公益岗教师和汽车修理、酒店管理、机电一体化、会计4位专业课教师，同时分别从荣成市第一中学、荣成市新闻中心调入两名教师，为教师队伍注入新的力量。

4月28日，第44届世界技能大赛威海选拔赛比赛荣成现场

（威海技师学院提供）

创新“技工教育”方式 威海技师学院与盛泉集团深度合作共同开发养老护理专业，设立盛泉集团养老学院，实现招生85人；与威海广泰空港股份公司合作建立“新型学徒制”培养试点，在维修电工、机修钳工两个工种开展合作培养，首批计划培养120人，成为山东省16个合作试点之一，紧密型合作办学迈出新的步伐。2016年威海技师学院完成“金蓝领”技师培训306人、高级工培训1476人，创业培训354人。承办2016年山东省“金蓝领”技师鉴定考试工作，圆满完成荣成市技能大赛的各项考试鉴定工作。

承办赛事活动 承办“世界技能大赛威海赛区选拔赛”“威海市技能大比武”活动及大比武活动开幕式和“技能威海开放日”活动、“家长开放日”活动。省人社厅副厅长刘杰亲临比赛现场给予极高的评价。在“世界技能大赛威海赛区选拔赛”比赛中，获得电气装置第一名和汽车检测第二名的成绩，代表威海市参加了山东省赛区选拔赛，取得优异成绩。

落实省级示范专业群建设 充分利用省财政专项资金，强化平台硬件设施建设，完成电工专业、数控专业、焊接专业、计算机房设施的设备投资，建成高水平加工中心实训车间。投资30万元完善提高教学多媒体设施，实现网络数字化教学。开发校本教材，参加各级各类教学科研比赛，提升学院的科研水平。

校际间交流合作 开展与文登技师学院、威海机械工程高级技工学校、威海海洋职业学院、威海职业学院、山东交通学院、哈尔滨理工大学荣成学院等学校之间的交流合作，建立教学资源库，实现技工院校教学资源互通共享。

（张芝芹）

高等教育

【哈尔滨理工大学荣成校区】 2006年，经黑龙江省和山东省人民政府批准，哈尔滨理工大学与山东省荣成市政府签订协议，组建哈尔滨理工大学荣成校区。校区占地面积51.33公顷，建筑面积25万平方米，投资数亿元先后建设了图书馆、各类多媒体教室、实验室、语音室、微机室、制图室、实训车间、国际标准400米运动场等教学设施，2016年底有教职工512人，其中教授18人，副教授15人，博士12人，在读攻读博士学位43人。在校生8403人，2016年毕业生1949人。校区坚持以工为主，理、经、管、文、艺相结合的多科性学科特点，开设23个本科专业。有12个教学系（部），与75家企业建立实训基地。

校区全貌　　（哈尔滨理工大学荣成校区提供）

教育教学　2016年，经总校审核通过的2015版人才培养方案正式实施；食品科学与工程本科专业成功获批，并于2016年开始招生。校区购买八百余套实验设备，补充各系部实验教学设备，基本满足教学需要；对现代教育技术中心、经济管理系、软件工程系、艺术系、基础部的实验室进行调整，新增实验室面积1200余平方米。校区完成2015年度创新创业训练计划项目验收，结题21项，获批2016年度创新创业训练计划项目校级42项、省级10项、国家级2项；开展各类学习与科技竞赛，主要包括数学建模比赛、沙盘模拟经营大赛、全国机器人锦标赛、MOS全国大赛、全国互联网+大学生创新创业大赛等。2016年获得国际级二等奖10项，获得国家级特等奖2项，国家级一等奖7项，国家级二等奖12项，国家级三等奖5项，获得地区一等奖8项，地区二等奖2项，获得省级一等奖8项，省级二等奖13项，省级三等奖6项，73人次获奖。2016年获批黑龙江省教育科学规划重点课题1项，是校区首例；获批黑龙江省高教学会青年专项课题3项；获批学校教学研究项目13项；黑龙江省高教研究课题结题1项。

师资队伍建设　2016年招收26名教职工，校区专任教师256名，外籍教师7名；有博士研究生12名，在读博士43名；着手校内分配体系改革，根据学校大方案组织对校区分配制度改革进行总体设计，对讲课酬金、各类补助等再行分类规范，最大限度实现"同工同酬"和"按劳分配"。

科研建设　组织完成各类科研项目申报15项，其中纵向课题12项（省部级3项），横向课题3项；发表学术论文49篇，其中SCI检索5篇；授权专利29项；筹建"荣成创业大学"和"威海创业大学哈理工创业校区"并已挂牌运行，平台先后通过威海市首批创业孵化示范基地审批、山东省首批众创空间备案并获重点支持、科技部火炬中心众创空间备案纳入国家级科技企业孵化器管理服务体系。

产学研合作　规划成立"海洋智能装备研究所""海洋生物技术研究所"和"创意设计研究所"等；成立"外国语言与文化研究所"；外语系探索建立校内跨境电商创业实践孵化基地，与中博诚通合作开设ACCA方向班；与烟台百纳集团、苏州亨通集团、百胜管理公司、锐聘科技公司、烟台海颐软件、北京尚学堂、威高集团、南山集团、泰开集团等建立合作关系，成立部分实践基地；参加荣成市科技周活动；组织参加"2016中国国际渔业博览会"；组织教师赴中国海洋大学、浙江大学、浙江工商大学和大连海洋大学等知名高校学习调研；聘请阿里巴巴国际站培训师进行跨境电商的操作技术理念培训；邀请威海家和网络技术股份有限公司来校进行就业培训讲座；与东软睿道公司和中兴通讯亚太区实训部建立联系，探索校企共建课程设计、毕业设计等方面的合作。

国际交流　2016年校区与韩国庆南大学签订《友好关系协议书》《合作项目细节协议书》，与韩国清州大学签订《国际交流协议书》，与新西兰商校区签订《3+1+1专本升硕交流合作项目协议书》；接待韩国庆南大学、中国台湾中华大学2所国内外大学来访；利用校际学生交换项目派出26名学生赴韩国和俄罗斯学习，派出4名学生赴中国台湾中华大学进修，派出4名学生参加美国暑期实习项目，派出5名学生赴新西兰学习；组织赴日学生夏令营活动，并开展赴日带薪实习项目的推介工作。成立了国际班，起草《国际班招生简章》，首次完成国际班宣传与招生工作。

学生工作　完成2016年大学生征兵工作，23名学生投身国防事业；荣成校区被评为"2015年度山东省无偿献血先进高校"；举办第五届大学生文化艺术节、第六届大学生社团文化节和第六届大学生科技节等校园文化活动；组织暑期主要社会实践活动50余次，3000余学生参与其中；与山东省青岛市、济南市、江苏省扬州市、无锡市、泰州市等多地人社部门建立友好合作关系；与盐城市合作建立市级大学生实习（实训）基地，获政府就业奖励经费；举办2016届毕业生春季双选会和2017届毕业生秋季双选会，先后邀请省内外300余个用人单位参加，为毕业生提供就业岗位近8200个。2016届毕业生1949人，升学率为7.85%，就业率为89.89%。其中，本科毕业生升学率为6.92%，就业率为89.92%，专科毕业生升学率为28.57，就业率为89.29%。

（谭　畅）

【威海海洋职业学院】　威海海洋职业学院于2013年12月30日正式建立，是经山东省人民政府批准、国家教育部备案的国有公办全日制普通高等专科学校，被列为山东半岛蓝色经济区科技人才支撑体系重点建设项目。学院占地53.33公顷，总建筑面积26万平方米，总投资12亿元，分两期建设。一期工程建筑面积11.5万平方米，已投入使用；二期工程建筑面积14.5万平方米，分三年建设，将于2018年8月全部竣工并投入使用。2016年，学院有教职工583人，高职在校生4700人，中职在校生2660人，电视大学远程教育学员2680人。2016年，学院被授予"山东省渔业行业职业技能鉴定站威海海洋职业学院工作站"，被评为"2016年度山东最具办学特色高职院校"；水校被评为山东省首批规范化学校；电大被国家奥鹏中心授予"A级学习中心"。

5月13日，学院第一届董事会成立大会召开　（威海海洋职业学院提供）

构建治理体系　制定《威海海洋职业学院十三五发展规划》，明确"十三五"时期发展的指导思想、发展目标、发展战略。设立学院学术委员会，建立"教授治学"的学术治理体系。成立学院第一届理事会，对学院发展进行咨询、协商、议事与监督。修订学院章程，确立21类、90项与章程相配套的制度规定。

教学改革　制定专业建设五年发展规划，重点打造海洋渔业类、船舶工程类、机电工程类、信息工程类和经济管理类五大专业群，开设专业总数达到19个。成立"山东省移动云教学大数据研究中心"，将"蓝墨云班课"用于教学和管理。实施"双证书"制度，成立大学生考证服务中心。加强技能大赛的组织和指导，将创新创业就业教育、第二课堂活动纳入人才培养之中。

师资队伍　制定《十三五师资队伍建设规划》，2016年新招聘专任教师74名、引进行业专家3名、外聘兼职教师9名，职称评聘中新晋升教授1名、副教授11名、讲师20名。选派60名教师参加省级各类培训、18名教师到企业顶岗实习锻炼，分类组织岗前培训、全员培训和专项培训，促进教师素质提升、专业成长和职业发展。

文化育人　成立"明德学院"，其中"德雅学馆"已经开设课程11门，1500名学生参加研修和学习；"敦行学苑"对500名大学生进行创新创业教育培训；"朝舞学社"发展社团组织40个，社团总人数达1300人。

招生就业　2016年，学院计划招生2250人，报到2066人。成功举办首届高职毕业生就业校园双选会，为首届716名毕业生提供的岗位供需比例达到15∶1。水产学校、电视大学也圆满完成招生任务，电视大学被山东省广播电视大学评为"全省电大开放教育招生先进单位"。

社会服务　学院的"威海市船舶运动控制与系统工程技术研究中心""威海市微藻新种开发和应用工程技术研究中心"获威海市政府科技项目支持资金60万元；"山东省船舶控制工程与智能系统工程技术研究中心"，被山东省科学技术厅立项。牵头成立"荣成市大学生电子商务创业孵化基地"，为电商创业的大学生、社会青年、初创小微企业及转型发展企业提供技能实训和创业服务。组织开展全省基层渔业技术人员培训等各级各类培训班19期，培训人员2600人次。

合作办学　与南京55所、惠普公司、北京中关村新迈尔科技有限公司等进行校企合作招生、合作培养、合作就业，与好当家集团、山东省渔业技术推广站、威海天力电源科技有限公司合作共建实验实训室，与百步亭船业有限公司合作建造"海院号"综合实训船。与威海联桥国际合作集团有限公司、中国台湾大仁科技大学、墨西哥湾水产集团有限公司达成合作，围绕人才培养、师资交流、教学科研、留学就业等开展境内外交流与合作。

质量保证　启动内部质量保证体系建设工程，顺利通过教育厅教学诊断检查专家组对学院的检查和山东省职业教育专项督导组对水校的检查工作；成功承办"中国职教学会职教质量保障与评估研究委员会"2016年会暨学术研讨会。

（张　涛）

文　化

Culture

综　述

【概况】 2016年，全市拥有各类艺术表演团体1个，文化馆1个，公共图书馆1个，公共图书馆藏书28万册。博物馆1个，影院4座，广播电台1座，电视台1座。2016年，荣成市以发展和繁荣先进文化为主线，以服从大局、服务经济建设为出发点，以公共文化服务体系建设为重点，进一步创新思路，整合资源，不断加强公共文化基础设施建设，繁荣城乡公共文化，全力推动全市文化大繁荣大发展，文化建设各项工作持续取得新进展。以“文化四季·自在荣成”为主题，组织开展“三下乡”、百场戏曲进农村进社区、一村一年一场戏、百日广场文化、传统文化公益讲座、农村数字电影放映以及各大节日纪念日庆祝活动等大型惠民活动1.2万多场次，形成“一年四季活动不断，市镇村同步推进”的良好局面。突出文化活动、文艺作品的“荣成味道”，深入基层培训渔家锣鼓、渔家秧歌和广场舞爱好者5000多人次，在全省广场舞大赛中获得一等奖和最佳风采奖。先后有30多件美术、摄影、书法和文学作品参加省级以上展赛，一人获省泰山文艺奖舞蹈类三等奖，两人获得威海文化名家称号。文化产业发展方面，发挥资源优势，确定市级写生拍摄艺术创作基地32处，先后有《温暖的村庄》《丽人保镖》《咱村的女消防官》等10余部影视剧在荣成拍摄。金石湾艺术园区创新推行了艺术品质押业务，三星印刷股份有限公司在青岛成功上市，为文化产业开拓新的发展路径。

一村一年一场戏演出　　　　（市委宣传部提供）

【公共文化服务】 突出文化惠民，实现文化服务全覆盖。开展覆盖全市943个村（居）的“一村一年一场戏”惠民演出，全年完成送戏下乡1300多场；按照每村每月1场电影的政策要求，完成农村电影放映9912场，观众达70万余人次。开展优秀影片进校园活动，放映138场，观看学生达10万人次。突出均等化，构建完善公共文化服务体系。制定《荣成市关于加快构建现代公共文化服务体系的实施意见》，大力推进提升22处综合文化站、943个村（居）级综合性文化服务中心服务水平，镇（街）综合性文化服务中心达到国家一级标准5个，二级标准5个，三级标准3个，全市943个村（居）级综合文化服务中心建设达标率达到100%，户籍人口300人以下的村建成健全的村级综合文化服务中心建设达标率达98%，60个省定贫困村达标率100%。完成“郭永怀事迹陈列馆”的建设工作以及“世纪荣成”展览馆的改造工程，新增展出文物1500余件。提升图书服务模式，市图书馆力推“总分馆”制，建立市、镇、村三级图书网格化管理体系，对全市镇街文化中心、村、社区的图书实行统一编号，为图书办理“身份证”，实现全市图书资源流通共享共通；通过发放有声读物，举办全民阅读征文比赛、演讲比赛等形式，广泛调动群众阅读兴趣。博物馆举办美术、书法、摄影、剪纸、科普、民俗等门类展览，接待观众超过10万余人次。市图书馆拓展服务项目，推进全民阅读。实施“信用阅”方式、创建“图书馆微信服务平台”方便读者随时随地查阅、续借、反馈问题。以尼山书院为载体，举办3期“儒家养生与心脑血管疾病预防知识讲座”，受到中老年人喜欢，举办4期雷泽快速阅读培训项目，提高读者阅读速度。打响文化培训品牌。以“百姓课堂”公益培训为载体，开展锣鼓广场舞下乡普及式培训班，将全市943个行政村（社区）分成120个培训点，培训人次达7万人次。举办5期全市基层管理人员文化大培训，培训2000人次；开办礼仪、声乐、剪纸、写意花鸟画等专业艺术培训，培训2万人次。

【优秀文化传承】 **加强海草房保护** 按照突出保护、有利开发和永久传承的原则，围绕全市海草房民居保护范围、保护政策和保护措施，争取省文物局专项资金120万元，委托山东建筑大学乡土研究院编制完成《荣成海草房整体保护规划》。完成东楮岛海草房修缮一期工程验收，争取国家文物保护基金485万元启动二期工程。争取省级文物资金160万元，启动东墩村、烟墩角等村海草房保护。加强文物保护。争取国家文保资金921万元，完成留村石墓群一期保护工程，争取70万元专项资金对石岛天后宫进行修缮。

加强非物质文化遗产保护 在全市开展非物质文化遗产项目普查，排查非物质文化遗产线索60余项，其中有5项被争取为威海市级非物质文化遗产项目。截至年末，全市有国家级非物质文化遗产项目1项、省级非物质文化遗产12项、威海市级29项、荣成市级42项；“海草房民居建筑技艺”被评为山东省十大非物质文化遗产亮点；在文化遗产日期间，开展特色非物质文化遗产项目进校入企，举办活动20余场，吸引群众3万余人次。举办3次大型技艺展示活动，邀请传承人现场展演，并组织传承人外出学习交流，提供发展的平台。

（王伟波）

文学艺术

【概况】 荣成市文学艺术界联合会为正科级事业单位，有工作人员5人，是荣成市委直属的全额财政拨款单位，下设办公室、组织联络部。有1件作品获得“泰山文艺奖”，1幅美术作品获韩国仁川市长奖；5部文学作品获第四届“威海文学艺术奖”，在国家级刊物上发表作品6篇，省级刊物上发表作品4篇，地级刊物上发表作品102篇；举办庆祝中国共产党成立95周年艺术作品展，展出美术、摄影、书法、剪纸作品400幅；出版文学刊物《荣成文艺》4期2万册；4月12日，山东省“泰山文艺奖”评选组织工作研讨会在荣成市召开；5月23日，由市委宣传部举办的第二届“荣成市文艺精品奖”表彰大会召开；在威海市文联公布的33家威海首批艺术写生基地名单中，荣成市获批15家。

【文学创作】 王华英的诗歌《黄河入海》获“2016黄河口金秋诗会”征文活动二等奖，组诗《远航之诗》获得山东省地方税务局征文大赛一等奖，诗集《侧面的海》获第四届“威海文学艺术奖”一等奖，诗歌《我们说起想念就像说起潮汐》《潮汐》入选《中国诗歌》2016年4月号，诗歌《墓畔沉思》《盐碱滩》《扎伊尔》发表于《诗潮》2016年5月号，组诗《我们说起想念就像说起潮汐》发表于《诗歌风赏》2016年第2卷，诗歌《甜蜜而危险》等6首发表于《延河》2016年第6期，组诗《细小的事物里暗藏光芒》发表在《时代文学》下半月刊2016年八月号，诗歌《甜蜜而危险》《遇见传说》《危险指出》发表于《山东文学》下半月刊2016年七月号。王华英于8月24日作为闻一多诗歌奖候选人应邀参加第二届武汉诗歌节，9月10日参加由山东省作协和山东文艺出版社共同举行的“文学鲁军新锐文丛”第三辑专家座谈会，9月24日，携新书《泅渡与邂逅》参加“山东书城与读者见面会”，10月12日，参加山东省第十七届青年作家高级研讨班并作为学员代表在会上发言。王艳秋的散文《遗落的王朝——西递》获首届蔡文姬文学奖散文类一等奖，散文《一城厚土千年风华》获中国大众文学学会、中国文联《神州》杂志社主办的首届蒲松龄散文奖诗词奖二等奖，散文《俗人多泛酒》获“剑南春杯”庆祝醉里挑灯文学网站创办十周年征文大赛优秀奖，散文集《炊烟里的日子》获第四届“威海文学艺术奖”三等奖。宁筱琳的散文《陶(淘)在博山》获中国大众文学学会、中国文联《神州》杂志社主办的首届蒲松龄散文奖诗词奖二等奖，散文《遇见坝上草原》获首届蔡文姬文学奖散文类二等奖。殷汝金的散文《刘公岛回声》获首届蔡文姬文学奖散文类一等奖，散文集《海的味道》获第四届“威海文学艺术奖”获得三等奖。初中生于秋雨的散文《闲谈小调不成赋》获首届蔡文姬文学奖散文类三等奖，《又见昨日一剪秋》获首届蒲松龄散文奖诗词奖三等奖。张可财的长篇小说《穿越荆棘》获第四届“威海文学艺术奖”二等奖。梁仁军的诗集《唐突的你》获第四届“威海文学艺术奖”三等奖。

【摄影】 马世民的《聆听人与自然的对话》荣成大天鹅摄影系列作品，在北京国际摄影周特邀展出，并应邀在广东连州国际摄影年展及河南三门峡白天鹅—野生动物摄影大展展出。在威海市“幸福威海 我的梦”威海市摄影艺术展评选中，荣成获得2个一等奖，2个二等奖，6个三等奖，优秀奖若干个，获奖数量和质量列威海各区市之首。先后举办庆祝中国共产党成立95周年摄影作品展、“荣成玉玲花”摄影大赛、“自在香滨”杯手机摄影大赛、“赤山杯·老家荣成”摄影大赛、“文明荣成”手机摄影大赛、“最美家乡·印象华悦”摄影大赛、“最美荣成农业”摄影大赛及“首届摄影学员班毕业作品展”，展出作品700余幅。

【书法】 出版书法作品集《同心同德、共圆中国梦》。王玉文《书论一则》入展山东省第三届“牡丹奖”书法展。在威海市中国共产党成立95周年书法展中，荣成市入展20幅，获奖12幅，在文展中心举办庆祝中国共产党成立95周年书法作品展，展出作品100余幅；举办书法家胡向明“情系桑梓·荣成”书法作品展，展出作品100幅；举办“谢智愚、阎晓、于富强三人行”作品展，展出作品90幅。

【美术】 许青的《海浪》《渔村一》《渔村二》《老家》，于永才的《风景》，董英玲的《田园》6幅作品被《中国油画》2016年第4期选登。毕建国的水墨人物画作品《彝乐声声》、路志香的国画作品《清风傲骨》入选中国美术家协会主办的“翰墨青州·2016全国中国画作品展”入会资格展，路志香的国画作品《故园有声》入选中国美术家协会主办的“丹青扬州”第二届全国中国画（花鸟画）作品展，孟庆波的国画作品《春雪无声》入选中国美术家协会主办的“翰墨丹青·2016全国中国画作品展”。初华君的国画作品《流泉飞瀑入松云》入选山东美协新人新作展、《水阁清幽》入选山东省首届山水画学术大展。先后在文展中心举办了庆祝中国共产党成立95周年美术作品展，展出作品100幅；“威海市油画家荣成写生作品展”，展出作品77幅；“中国美术学院、同济大学学生美术作品展”，展出作品60幅；画家刘坤国画作品展，展出作品100幅；刘建平、王坤油画作品展，展出作品63幅；齐鸣柏轩工笔画展，展出作品61幅；“五月的春风——荣成女画家九人联展”，展出作品70幅；荣成市少年儿童美术作品展，展出作品400幅。

【戏曲舞蹈】 李荣喜的《欢乐的大海洋》获泰山文艺奖舞蹈类三等奖。戏曲协会组织会员先后参加威海市中国共产党成立95周年京剧大奖赛、威海市少儿京剧大奖赛、威海市京剧展演三大展赛，参赛节目5个，获得金奖2个、银奖 2 个，优秀奖 1 个，团体优秀奖 1 个。电影协会彭守梅拍摄公益微电影《义工的成长》《哥哥的相亲遭遇》及《小陈的婚事》，曲艺家协会张边疆创作编导红色话剧《少年英雄张晶麟》及《欢乐草原》等系列原创歌舞作品。

（王宏伟）

1 月 29 日，非物质文化遗产项目进社区活动　（市文广新局提供）

群众文化

【概况】　荣成市文化广电新闻出版局，简称文广新局，内设办公室、文化艺术科、文化市场产业科（行政许可科）、广播影视科（新闻出版科）4 个科室。下辖荣成博物馆、荣成市文物管理局、荣成市图书馆、荣成市文化馆、荣成市群众文化活动中心、荣成市书画院、荣成市艺术团、电影公司 8 个单位。2016 年，全市文化设施建设和文化活动成果丰硕。全年用于农村文化设施建设 800 万元，截至 2016 年底，有 856 个村（居）建成集宣传文化、党员教育、科技普及、普法教育、体育健身、农家书屋等内容于一体的综合性文化服务中心。新建的郭永怀陈列展馆、龙山革命纪念馆、东楮岛乡村记忆馆等一大批展馆为群众免费参观提供新的载体，全年“三馆一站”免费开放接待群众 30 万人次；群众文化活动丰富多彩，积极开展文化三下乡活动，全面完成免费送戏下乡 1300 多场次，完成公益电影下乡 9912 场次；免费培训群众约 5 万人次；百日文化活动影响广泛，服务群众 20 万人次，开展活动 200 场次。

（田　淼）

【非遗保护】　在全市开展非遗项目普查，排查非遗线索 60 项。截至年末，有国家级非遗项目 1 项、省级非遗 12 项、威海市级 29 项、荣成市级 42 项；“海草房民居建筑技艺”“渔家锣鼓、渔家秧歌、渔民号子”的三渔文化被评为山东省十大非遗亮点；在文化遗产日期间，开展特色非遗项目进校入企，举办活动 20 场，吸引群众 3 万人次。举办 3 次传承人展演大型技艺展示活动，组织传承人外出学习交流，为他们提供发展平台。

（徐子懿）

【农家书屋】　2016 年，按照公共文化均等化的原则，2016 年，根据百姓需求，全年采购图书 123280 册，分配落实到 826 个行政村。

（汤天伟）

2016 年荣成市非物质文化遗产（威海市级以上）项目情况表

表 88

项目名称	级别	获批时间	批次	传承人
渔民开洋、谢洋节	国家级	2008 年 6 月 7 日	第二批	王巍岩
渔民开洋、谢洋节	省级	2006 年 12 月 30 日	第一批	王巍岩
海草房民居建筑技艺	省级	2006 年 12 月 30 日	第一批	刘玉启
海洋渔号（荣成渔民号子）	省级（第一批扩展名录）	2009 年 9 月 27 日	第一批	李永喜
秦始皇东巡的传说	省级	2009 年 9 月 27 日	第二批	田文沪
蜢子虾酱制作技艺	省级	2009 年 9 月 27 日	第二批	唐进安
石岛渔家大鼓	省级	2009 年 9 月 27 日	第二批	王明亮

项目名称	级　别	获批时间	批 次	传承人
桷蓬制造技艺	省级	2012年12月25日	第三批	王巍岩
赤山明神传说	省级	2012年12月25日	第三批	张永强
海参传统加工技艺	省级	2012年12月25日	第三批	唐传勤
胶东饺子食俗	省级	2012年12月25日	第三批	于建洋
胶东回水咸鱼干传统制作技艺	省级	2015年11月13日	第四批	张　智
成山祭日	省级	2015年11月13日	第四批	田文沪
渔民开洋、谢洋节	威海市级	2008年6月10日	第一批	王巍岩
海草房民居建筑技艺	威海市级	2008年6月10日	第一批	刘玉启
海洋渔号	威海市级	2008年6月10日	第一批	李永喜
渔家锣鼓	威海市级	2008年6月10日	第一批	李永喜
秦始皇东巡的传说	威海市级	2008年12月4日	第二批	田文沪
槎山传说	威海市级	2008年12月4日	第二批	连桂江
蜢子虾酱制作技艺	威海市级	2008年12月4日	第二批	唐进安
石岛渔家大鼓	威海市级	2008年12月4日	第二批	王明亮
彭调大鼓	威海市级	2008年12月4日	第二批	胡兆生
盛家火烧制作技艺	威海市级	2008年12月4日	第二批	盛元淑
王连豆面灯制作技艺	威海市级	2008年12月4日	第二批	王林才
渔民跑蓬操作技艺	威海市级	2008年12月4日	第二批	曲光荣
民间根艺	威海市级	2008年12月4日	第二批	刘毓竹
祭祀海神娘娘仪式	威海市级	2008年12月4日	第二批	张永强
威海海参传统加工技艺	威海市级	2011年12月14日	第三批	唐传勤
威海海蜇传统加工技艺	威海市级	2011年12月14日	第三批	唐会亭
桷蓬制造技艺	威海市级	2011年12月14日	第三批	王巍岩
赤山明神传说	威海市级	2011年12月14日	第三批	张永强
胶东海鲜饺子制作技艺	威海市级	2011年12月14日	第三批	于建洋
胶东回水咸鱼干传统制作技艺	威海市级	2014年7月4日	第四批	张　智
胶东民居灶炕囱制作技艺	威海市级	2014年7月4日	第四批	辛　斌
荣成海带食俗	威海市级	2014年7月4日	第四批	唐文松
荣成渔家蛋雕技艺	威海市级	2014年7月4日	第四批	于文政
成山祭日	威海市级	2014年7月4日	第四批	田文沪
荣成面塑	威海市级	2016年10月14日	第五批	宋春永
荣成青陶传统制作技艺	威海市级	2016年10月14日	第五批	王善本
荣成面花传统制作技艺	威海市级	2016年10月14日	第五批	吕晓霞
胶东沿海八仙筵习	威海市级	2016年10月14日	第五批	张蓬勃
荣成民间剪纸	威海市级	2016年10月14日	第五批	席英爱

（徐子懿）

文 博

10月16日，郭永怀事迹陈列馆开馆　　　　（市文广新局提供）

【概况】 荣成博物馆总建筑面积2.8万平方米，展览面积1.4万平方米，国家三级博物馆、AAA国家级旅游景区。2016年成为中国科学院力学研究所党员教育基地、中国科学技术大学党员教育基地、全国军工文化教育基地、全国“双有”教育活动基地 、山东省国防教育基地，分别与青海原子城纪念馆、中国工程物理研究院科技馆、中国两弹城建立友好合作馆际关系。年内举办各类展览活动29项，内容涵盖美术、书法、摄影、剪纸、科普、民俗等门类。通过这些展览，极大丰富市民的精神文化生活，接待观众超过15万人次。

【“世纪荣成”展厅改造完成】 为庆祝中国共产党成立95周年，进行“世纪荣成”展览改造工程，该展厅改造6月底前完成，“七一”期间对外开放。对原有图片、文物进行调整，丰富展览内容，增加文物展示。更换荣成题材照片200幅，增加文物100件，增加多媒体视频2处。新增荣成籍将军资料4人，荣成籍省部级领导4人，再现175位荣成籍共和国将军、53位副部级以上荣成籍领导干部及荣成儿女取得的丰功伟绩，是荣成市重点打造的红色教育基地之一。

【郭永怀事迹陈列馆开馆】 郭永怀事迹陈列馆位于荣成博物馆一层，展览面积2000平方米，分8个部分，用400张图片，200件珍贵文物资料、4个视频展示荣成籍“两弹一星”功勋科学家郭永怀的家国情怀和大师风范。组织举办“永怀精神”演讲、征文比赛，“永怀讲堂”开讲等系列活动。10月16日，郭永怀事迹陈列馆开馆仪式、郭永怀夫人李佩画传首发仪式在荣成举行。展馆开馆后，受到社会各界人士的广泛关注，截至2016年底接待省部级领导及普通观众600批5万人次，得到社会各界的高度评价。

【精品展览】 荣成博物馆在充实丰富原有展览内容的同时，面向社会开放办馆，不断丰富展示内容。2016年主抓精品展览，在省文物局的统一协调下，从省博物馆引进高水平展览2项，主要包括：山东籍台湾著名学者、书画家姜一涵书画艺术展；山东省博物馆馆藏鲁绣精品展。同时积极推介荣成籍画家，展示荣成籍画家的风采，全年举办彭昭俊、徐孟海、胡向明等荣成籍艺术家展览5项。

（龙美蓓）

【“国保”维修保护工程】 邀请天津大学建筑系对国家级文物保护单位留村墓群做了整体的保护与展示方案规划——《留村石墓群保护与展示方案》，留村石墓群保护一期工程于2016年5月完工，二期工程造价621万，本体维修、绿化工程。

【海草房维修保护工程】 2016年，市财政局拿出专项资金30万对海草房进行抢救性维修，维修67间；同时争取省级专项资金编制《荣成市海草房总体保护规划》，对东楮岛村、东墩村、烟墩角3个省级文物保护村进行重点保护。规划大庄许家海草房、巍巍村海草房保护方案。

【可移动文物普查】 2016年底，完成全国可移动文物普查工作，完成文物基本信息采集数量为15268件（套），登录平台文物信息数量15268件（套），并全部通过省级审核。

2016年荣成市文物保护单位（威海市级以上）情况表

表89

名　称	地　址	年　代	保护级别
留村石墓群	宁津街道留村	元代	国家级

名　称	地　址	年　代	保护级别
石岛天后宫	港湾街道	清代	省级
成山头遗址	成山镇成山头	秦至清	省级
河口遗址	人和镇西河口村	新石器时代	省级
槎山千真洞石刻	人和镇铁槎山	金、元、明	省级
东楮岛海草房	宁津街道东楮岛村	清至中华人民共和国	省级
小西海草房	港西镇小西村	清康熙年间至现代	省级
东墩海草房	宁津街道东墩村	清至现代	省级
烟墩角海草房	俚岛镇烟墩角社区	清至现代	省级
巍巍海草房	港西镇巍巍村	明至现代	省级
马栏耩海草房	宁津街道马栏耩村	清至现代	省级
大庄许家海草房	俚岛镇大庄许家社区	清至现代	省级
陈冯庄海草房	俚岛镇陈冯庄村	清至现代	省级
荣成县五七干校旧址	成山镇成山林场	1968 年	省级
成山卫故城	成山镇	明朝	省级
赤山法华院	石岛管理区法华路	唐朝	威海市级
双石周家摩崖石刻	大疃镇周家村	元代	威海市级
西藏村墓群	崖西镇西藏村	明代	威海市级
三家泊墓群	荫子镇三家泊村北	汉代	威海市级
王家山石刻	俚岛镇王家山村	汉代	威海市级
罗山军寨	寻山镇罗山寨村	明代	威海市级

（张美环）

图　书

【概况】　荣成市图书馆位于悦湖路文体中心 7 号入口，占地面积 7500 平方米，馆舍为两层圆弧式建筑，使用面积 3500 平方米。有工作人员 18 人，内设办公室、公共电子阅览室、技术部、外借部、多媒体室、盲人阅览室；参考咨询部、成人阅览部、儿童阅览部、采编部、辅导部 7 部 4 室。2016 年，开辟休闲阅览区 400 平方米，新增电子借阅机 6 台。开展绘本阅读推广活动 28 次，古琴推广活动 23 次，雷泽快速阅读推广活动 8 次，培训 1624 人次。全年书刊外借 18.9 万册次，读者流通 20.4 万人次。

【“信用阅”办证模式】　2016 年，推出“信用阅”办证模式，综合信用等级在 A+以上的，免费办理；综合信用为 A、B 级的，收取 100 元押金；综合信用为 C、D 级的，收取 200 元押金；在一个信用等级评定年度中，押金不作变动。借书卡常年有效，每证限借图书 2 本。

【全民阅读活动】　开展以“倡导全民阅读、推进文化强市”为主题的系列宣传活动，到商业旺地的步行街发放明白纸，现场咨询，解疑答惑；通过宣传栏、微信等手段长期进行免费阅读宣传。创建“图书馆微信服务平台”方便读者随时随地查阅、续借、反馈问题，开办半年来，微信用户突破 1000 人。

【尼山书院建设】　举办 3 期“儒家养生与心脑血管疾病预防知识讲座”，受到中老年人喜欢，参加人员 120 多人。为了让读者了解海洋常识，开展系列“探秘海洋”——趣味知识讲座。国庆节期间开展雕版印刷活动，让孩子在自画、自刻、自印过程中感受汉字艺术魅力。开展绘本阅读推广活动 16 期，参与人员 1120 人次。

【“边疆万里数字文化长廊”建设】　在不断完善原有海疆哨所 13 处的基础上，新增服务单位有石岛海警支队、伟德山海军雷达站、龙眼港边防检查站、石岛边检站、西霞口旅游服务中心、人民医院、中医院、博物馆，发放 E 播宝 5 台、电子借阅机6台，更新图书10000册。

（汤天伟）

文化产业

【概况】 2016年，文化产业在GDP中的比重达到3%，打造省级文化产业示范园区1处，威海市级文化产业基地12处，威海市优秀文化企业14处，威海市十大文化产业品牌1项。

【影视产业】 影城产业蓬勃发展，全市10处景区被威海市评为特色影视拍摄外景地。《大街小巷》《少年中国梦》《丽人保镖》《咱村的女消防官》《温暖的村庄》等多部作品在荣成市开拍。

【文化交流】 3月，盛泉中韩国际文化交流中心招商推介会在韩国仁川·威海馆隆重召开，仁川市副议长禹炫直等嘉宾及多家韩国影视公司代表出席了活动。5月哈尔滨理工大学与韩国庆南大学合署办学、缔结友好城市，举办中韩大学生“端午情意长”文艺晚会。6月份，韩国影视公司动感韩国株式会社代表理事尹泰皓一行4人到荣成考察，双方达成多部影视作品合作意向。7月，举办韩国大邱美术作品交流会活动和首届中韩书画家笔会。

【打造文化写生基地】 全市打造17处写生基地、4大展览馆、40多家书画类民办非企业组织。积极争取金石湾打造艺术品“保税库项目”。

（张玲玲）

【图书发行】 2016年山东新华书店集团有限公司荣成分公司全年图书销售总额2998万元。积极履行社会责任，倡导全民阅读，为读者提供集阅读学习、文化服务等功能的场所。认真做好中、小学教材发行工作，做到送书到学校，分书到年级，调书到班级，保证“课前到书、人手一册”政治任务的顺利完成。开通“新华阅购”电商平台、智慧书城，微信公众号链接微书城和新华阅购电商平台，通过线上平台和实体门店的双向对接，实现线上线下商品资源共享，方便读者选书、购书。推动全民阅读活动，年内开展“闻书香 强素质 提内涵”寒假读书活动、“4·23书店狂欢节”优惠活动、“2015中国好书展”“好书·钜惠购”等活动，最大限度让利读者。定期开展“美术公益课堂”活动，邀请书画老师到店讲授绘画技巧，不同年龄段的读者陆续走进新华书店感受国学的魅力，爱上中国传统文化。做好政治理论读物的征订工作，2016年4月，发行《习近平总书记系列重要讲话读本（2016年版）》1.92万册；9月，发行《胡锦涛文选》1000套；11月，发行中共十八届六中全会学习资料4.7万元。2016年5月，与荣成石岛实验中学联手建设“新华悦读吧”，提供图书品种1000多种，价值11万元，为未成年人的健康成长开辟一条绿色通道。配合荣成市委宣传部开展送书下乡活动，依托农村大集，采取送书上门、图书展销等方式，将大量图书及时送到农村。2016年送书下乡达20余次，展销各类图书10000余册。

（原　玮）

报刊·网络

【《荣成时讯》】 《荣成时讯》是中共荣成市委机关报，由中共荣成市委主办，荣成市新闻中心编辑。荣成市新闻中心成立于2003年12月，为正科级全额拨款事业单位，有工作人员28人，其中中级职称以上8人，副高级职称1人。内设办公室、总编室、要闻部、经济部、政文部、副刊部、通联部、照排室、摄影部、审读部、网络工作部11个部室和工会、妇委会、团支部3个群团部门。主要职责为编辑、出版市委机关报《荣成时讯》，负责荣成市人民政府网站新闻栏目、“掌上荣成”微信平台、“掌上荣成”APP新闻客户端的信息上传。自2016年1月1日开始，刊期由每周三期增为每周四期，周一、周二、周四、周五出版，版式、栏目设置、报道方式等同步做出相应调整，发行量每期1.15万份。

增期改版后的《荣成时讯》，为对开四版大报、单面彩形式。始终坚持高举旗帜，引领导向，紧跟中心，服务大局，贴近基层，反映生活，着力讲好荣成故事，传递荣成声音。

要闻版 坚持以“自由呼吸·自在

9月28日，“千里海疆巡礼”采访活动启动　　（市新闻中心提供）

荣成”为引领，进一步改进时政新闻报道。践行“政治家办报”理念，统筹做好党的大政方针和市委决策的深入宣传。围绕贯彻落实中共十八届六中全会精神、创新型城市建设、全国文明城市创建、“自由呼吸·自在荣成”城市品牌形象宣传、“两学一做”学习教育等重点工作，开设专栏12个。同时推出“时讯时评”“时讯关注”“记者在基层”3个全新栏目。在醒目位置开设“曝光台”栏目，对失信行为、污染企业、非法占地、不文明行为等负面现象加大曝光力度，全年刊发相关稿件60余篇，强化党报舆论监督作用。启动“千里海疆巡礼”大型采访活动。该活动跨时1年，于2016年9月28日开始，至2017年10月结束，计划采写相关稿件150篇以上，持续关注荣成千里海疆发展进程，综合反映荣成市全面贯彻五大发展理念、建设创新型城市和智慧城市的做法及成效，集中展现荣成市深厚的海文化底蕴和优美的人文环境。报道形式力求做活版面“加减法”和版式创新，强化权威性、及时性和独创性，用更加灵活的形式，把党和政府的声音传递到基层，使之更接地气、更具人气。

经济版　关注全市经济建设和民生建设，进一步细化刊期版性。周一为“生态”专刊，侧重城乡统筹发展、生态环境建设；周二为“三农”专刊，侧重农业、渔业发展；周四为“创新”专刊，侧重产业转型、大众创业万众创新等方面；周五为“财经”专刊，侧重民生普惠、休闲旅游、财经动态、创业故事等。其中，“创新创业·财富故事会”先后刊发《袁博士的绿色农业梦》《冬夏兼收渔家乐》《“老公社”的“新社员”》等报道，受到读者好评。荣成市农村改厕报道，得到省委领导亲笔批示，促成《大众日报》、山东电视台、山东广播电台对农村改厕工作的集中采访报道，在全省引起较好反响。

政文版　深度聚焦文明城市创建，建设性开展社会监督，求证社会疑点和网络热点。周一、周二、周四、周五分别为“创城”“教育”“健康”“法治”专刊，保留“创城在行动”“百姓故事”“回音壁”“新闻观察”“政策(法律)直通车”“法庭内外”“检察官说法”等栏目，全面加大以人为本、创建文明城市的宣传报道力度，开设“名师风采”“教子有方”“健康新发现”等新栏目。其中，“百姓故事”先后刊发《“她比亲闺女还亲!”》《与天鹅相伴的日子》《美德传家》等报道，用图片“说话”，强调图片表现力，受到读者好评。

副刊版　以“挖掘荣成历史、繁荣地方文化”为己任，提升报纸的文化品位和人文厚重感。周一为“海韵”专刊，设“凭海观澜”“书润心灵”“经典诵读”“书画荣成”“光影荣成”“芳草地”等栏目，重点刊发本地文学作品；周二为“文化”专刊，设“荣成民俗”“古代名人”等栏目，突出“乡村记忆”，反映荣成人文风情；周四为“三区”专刊，刊发经济开发区、石岛管理区、好运角旅游度假区经济社会新闻；周五为专刊，以专版形式反映各部门工作。围绕进一步叫响“自由呼吸·自在荣成”城市品牌形象，组织开展“我心中的荣成”主题征文活动，收到来自北京、河北、山西、新疆等10个省、市、自治区的6368篇来稿。在微信平台“掌上荣成”开展的为期5天的网络投票评选优秀作品活动中，收到186万次访问量、10.4万张有效投票，评出97名获奖者。

2016年荣成市新闻中心编辑出版《荣成时讯》208期，刊发各类新闻稿件3400多件，新闻照片300张。荣成市政府网站4个窗口栏目、“掌上荣成”微信平台、APP客户端推送消息4200多条。在2016年度山东省县市报工作会议上，《荣成时讯》获山东“十强”县市报称号，9件作品获新闻奖，列威海市第一，宣传报道工作得到省委和市委主要领导批示表扬。

（王华丽　孟庆波）

【《威海晚报·今日荣成》】　由威海报业集团荣成传媒公司主办，是荣成一张综合性都市生活类平面媒体。创刊于2005年，每周五期。2016年《威海晚报·今日荣成》以时效性、原创性、贴近性和服务性赢得读者喜爱。

文明城市创建报道　围绕荣成提出要创建全国文明城市这个目标，作为县域主流媒体，《今日荣成》积极与有关部门对接，确定报道思路和重点。对各部门、单位、社区文明创建的新做法及时予以报道，先后刊发《让文明之花尽情绽放》《让保障的阳光温暖更多群体》《向全国文明城市昂首迈进》等诸多稿件，先后开设“创城进行时”“身边好人”“城事放大镜”等栏目，并就创城活动开展刊发述评5篇，同时把握创城关键节点进行报道，在全社会营造良好氛围。与此同时，做好“文明荣成在行动”全媒体大型主题新闻宣传行动，刊发60个版面。

典型人物报道　按照宣传部门要求，采写《以德治村 茂柞今春别样艳》《在乡村播下爱的种子》《心系百姓爱送万家》3个典型的报道及反映荣成生态建设和城乡建设成就的《12个城中村融城“蝶变”》《万盏华灯点亮“新不夜城”》《让天更蓝空气更清新》《成山大道 巨变之后尽显风采》《跨越发展 成就五年巨变》报道。同时，记者采写的《5年18万 大义弟弟替兄还债》不仅得到荣成宣传部门的肯定，替兄还债的张晓东还当选为中国好人。

中韩自贸区报道　先后刊发《荣成拿到中韩电商业务“准生证”》《首份中韩自贸区原产地证书签发》《荣成迎来首批降税韩货》《荣成跨境直购业务正式启动》《荣成对韩海运电商发出第一单》等稿件，并开设“中韩自贸区之荣成机遇”专栏。

媒体融合　威海报业集团荣成传媒公司还拥有“荣成全搜索网站”“今日荣成快报微信公众号”，公众号粉丝量两万人左右。

（刘新刚）

【《齐鲁晚报·荣成资讯》】　为齐鲁晚报在荣成的县域地方版，旨在宣传展示荣成社会、经济发展的精彩亮点。2016年，《齐鲁晚报·荣成资讯》每周出版1期，每期分设时政、城事、关注、教育四版，在全市发行量达到15000份。它秉持大众报业的”打造新闻精品超市，满足读者高尚需求”的核心发展理念积极与读者、市民、各部门以及各单位互动和联动，竭力宣传和展示荣成各行各业的成绩，以更好地服务当地社会、经济发展，发挥宣传作用。

重点报道 重点报道紧扣全市民生要闻 重点做好关于市委、市政府重要决策新闻宣传和舆论引导工作，对全市范围内政治、经济、文化、社会、教育、医疗、交通等各部门的政策动态进行及时报道，刊发《经济开发区独辟新径招大商》《“两清单一平台”提升服务效能》《精准施策助力贫困村脱贫致富》《荣成大力创建全域旅游示范区》等40多篇头版头条；设荣成市石岛管理区专版，对石岛管理区城市建设、文化和旅游产业项目、工业经济、城乡环卫、用工服务等进行全方位报道，并刊发《石岛本年度民生重点工程启动》《石岛打响首季项目建设“开局战”》《打造“尖兵利器”，建智慧平安城》等40多篇专版头条；设教育专版，报道全市各级学校教育、教学和慈善活动，开展《齐鲁晚报·荣成资讯》小记者活动，刊发《市府新小学23名教师受表彰》《世纪小学开展“善行银行”活动》《荣成400名特困高考新生获救助》等40多篇专版头条；组织美德、先进人物展示，刊发荣成市公交集团《最美公交人》、荣成市供电公司《电力先锋》4篇专版头条；设人才招聘、社区速读专栏，每期及时更新招聘信息及社区动态，助力民生就业、展示社区精神风貌。打造《荣成资讯传媒》官方微信公众号，每天推出1期，每期6条内容，粉丝5万人，日均阅读量2000人次。

活动策划 自2016年1月起，举办了四期“缘在香滨里，邂逅浪漫情”大型联谊活动；2016年5月22日，承办《举起您的手机，拍下美丽瞬间》首届“自在香滨”杯全市手机摄影大赛。

（曲振平）

【荣成市人民政府门户网站】 荣成市人民政府门户网站是市政府对外统一发布各类政务信息、提供国内外人士在网上办理有关事务的大型门户网站。网站以全新视角及时、准确、全方位介绍荣成市的投资环境、政策法规，报道荣成市委、市政府的政务动态，是世界认识荣成、市民了解政府的重要窗口。

网站改版 2016年，网站进行了整体改版。在改版过程中坚持“高起点规划、高标准建设、高效能运营”原则，针对政府网站建设的评测标准和国家政府网站普查标准，借鉴外地优秀政府网站的工作做法，结合荣成本地特色，以政府信息为主线，以便民服务和政务公开为中心，从用户需求及政府提供的公共服务角度出发进行设计。根据上级要求，政府网站向下延伸到县一级政府，县级之下的各镇、街道及部门不设立专门的政务网站，将全市所有的镇、街道及部门网站于上半年进行全面关停。为便于信息公开与查询，此次改版将原有的政府信息公开网站和政府门户网站进行合并，新版的政府门户网站设立了“机构、资讯、公开、服务、问政、专题、市情”七大板块，面向社会提供政务信息和与政府业务相关的服务，逐步实现政府与企业、公民的互动交流。至年底，网站日平均访问量2000余人次，总访问量600万人次，在威海市2016年政府网站年终考核中取得各市区第一名的成绩。

信息公开 将原政府信息公开网站中的140余个部门的公开信息全部转入新版网站的“公开”板块中，及时发布政府信息，新增公开信息4200余条，累计收录公开信息3.2万条。为100余个部门、单位新增财政预决算公开、重点领域信息公开栏目。

便民服务 设立“服务”板块，直连山东政务服务网荣成站点，提供办事服务、办事咨询、办件查询等服务。强化互动交流。设有“市长信箱”“在线访谈”“意见征集”等栏目，公众参与途径多样化，2016年发布在线访谈77条，意见征集13条，网上调查4条。

（邹积岭）

【荣成民心网】 荣成民心网2013年5月16日开始试运行，6月16日正式开通，是荣成市委市政府主导纪委牵头推进、部门协作联动、群众广泛参与的一个综合性网络监督服务平台。2016年12月12日前，隶属原中共荣成市委、荣成市人民政府主题活动办公室。12月12日后，隶属荣成市民生110指挥中心办公室。有111个与群众生活、企业生产密切相关的政府部门和企事业单位上线，开通民生新闻、民生政策、咨询求助、建言献策、网民反馈等版块，每天24小时受理群众咨询，成为24小时不下班的“网上政府”。2016年，民心网点击量达到1250万人次，日均点击量3.6万人次，受理各种问题32310件，已办结32005件，实地检查问题216件，民心网总体群众满意度由年初的70.17%提高到81.6%。

提高办件质量 规范工作流程、强化问题审核力度、严把回复质量关，督办企业欠薪、非法集资、物业管理、违章建筑、违章停车、旧村改造、农村环境治理、黑出租治理、驾校管理、畜禽养殖污染等市民关注的热点问题。升级改造民心网问题办理功能，增加退回重新办理的时间节点。定期组织现场检查，每周抽出一至两天时间进行实地检查。

完善服务功能 网上调查栏目，进行市区集中供热、驾校管理、残疾人基本状况、旅游状况等6次网上调查，参与群众9700人次，并对调查结果进行汇总整理，及时反馈到相关部门。开展惠民政策宣传，上传民生新闻1859条，行风热线88期，民生视频46期，汇总群众关注的热点问题20条。信息发布平台发布停水停电通知、公交线路开通通知等信息110条。法律援助平台发布律师在线解答、典型案例分析、公益法律援助信息665条。

健全制度流程 完善荣成民心网运行管理办法、民心网上贴审核处理办法、民心网考评办法、民心网管理员工作规范等工作制度，在办理流程、办结时限、办结要求、督查督办、责任追究等程序上作出明确规定。在荣成市委党校举办民心网民生诉求培训班，对民心网上线单位分管领导进行专题培训，对办理流程、办结时限、办结要求、回复质量、群众满意度评价等程序做明确要求。对民心网工作人员进行业务培训，组织开展部门权利清单、2016年工作要点、非法集资、行政审批事中事后监管等专题学习39次，提高工作人员的问题审核把关能力。

（王凤羽）

广播电视

全台网建成后，制作人员在使用新系统剪辑新闻　（市电视台提供）

【概况】 荣成市广播电视台下设11个中心，有工作人员179人，其中事业编制80人，非事业编制99人。2016年，市广播电视台紧扣“建设创新型城市、争当走在前列排头兵”的宣传主线，以打造“自由呼吸·自在荣成”城市品牌为宣传重点，不断创新宣传方式，提高新闻宣传引导力和社会影响力。“全台网”建设正式投入使用，运行平稳、高效。开通了地面无线数字电视，传送8套数字电视节目，用户无需缴纳“收视费”。年内获“山东省电视宣传先进集体”“山东省广播宣传先进集体”“威海市文明单位”称号。

【新闻宣传】 《荣成新闻》《今日荣成》和《时事解读》等自办节目，围绕“建设创新型城市 争当走在前列排头兵”“创建全国文明城市”“和谐荣成民生行”主题，以开设专栏、专题报道和电视访谈等多种形式，将创建文明城市、“自由呼吸·自在荣成”城市形象塑造、大众创业万众创新、招商引资等作为全年宣传重点，进行多角度、全方位地深度报道，全年推出主题性专栏报道200多期，专题报道96期，新闻评论类报道48期。民生新闻节目——《民生360°》，先后策划开设《不文明行为曝光台》《监控下的斑马线》等专栏，进行正确的舆论引导。《最美荣成人》栏目，把镜头对准普通人，弘扬正能量，歌颂真善美。《空中148》《法治在线》等专栏，做好普法和防诈骗等方面工作。围绕创建文明城市、整治鱼粉污染等重点工作，拍摄制作《礼让斑马线》《越界捕捞终将人财两空》等公益广告14条，在各频道黄金时间段循环播放。广播电台——“私家车广播”以节目为载体，打造动听精品栏目，对节目进行科学设置，以音乐+即时资讯为主，频率风格定位轻松、时尚、愉快。广播电台《行风热线》栏目是沟通政府和百姓的桥梁，也是展现部门、行业风采的平台。2016年，全年播出行风热线节目116期，接听热线电话231个，在线解答200多个，听众满意度达到99%。微信公众号“FM107.5”开通两年来，粉丝数量达到22000人。

【对上宣传】 2016年，荣成市广播电视台在中央电视台发稿27篇，山东电视台发稿50多篇，在威海电视台发稿1000多篇。其中《全球首台高温气冷堆主设备正式吊装》《荣成农村改厕与污水治理齐步走 惠及七万户》《山东首家海洋商品交易市场在荣成上线》等重头稿件在中央电视台和山东电视台新闻节目中播出。

【技术事业】 **全台网建设** 全台网是打通节目制作、媒资管理、广播电视播出、办公互联网、资源发布等各环节，实现广播电视节目高效生产、资源共享的系统工程。该项目于2014年10月开始实施，2016年6月13日《民生360°》栏目、7月11日《荣成新闻》栏目开始转入新系统制作节目，运行正常。全台网的建成使用，为提高广播电视节目制作的质量和效率提供强大的技术保障。

地面无线数字电视 2016年10月26日，开通地面无线数字电视。依托青山广播电视发射塔向全市范围覆盖。传送8套数字电视节目：山东电视台3套、威海电视台1套、荣成电视台4套。老百姓只需购买一个无线数字机顶盒就可收看，不收取“收视费”。

2016年荣成市广播电视台在中央电视台发稿情况表

表90

序号	新闻标题	播出栏目	播出时间
1	多地迎来降雪降温天气【山东 A2：寒潮来袭】22日还将迎来一波强冷空气	中央电视台《朝闻天下》	1月19日

序号	新闻标题	播出栏目	播出时间
2	【山东】部分地区遭遇降温降雪天气	中央电视台 17：00 新闻	1月19日
3	荣成：普降中到大雪万人上阵齐扫雪	中央四套《中国新闻》	1月20日
4	【年货市场新气象】电商+年货 出口企业获内销机遇	中央电视台《朝闻天下》	2月4日
5	春运回家路——【山东荣成】保障 务工人员安心安全回家过年	中央电视台《晚间新闻》	2月5日
6	【山东荣成（A2）今天是植树节】警民同植树	中央电视台《朝闻天下》	3月12日
7	山东荣成：春回大地 万只海鸥提前回家	中央电视台2套《第一时间》	3月13日
8	【山东荣成】春回大地 大天鹅回迁西伯利亚	中央电视台《朝闻天下》	3月17日
9	（联播快讯）全球首台高温气冷堆主设备正式吊装	中央电视台《新闻联播》	3月20日
10	清明祭 英烈魂	中央7套《军事报道》	4月1日
11	【山东荣成】一夜偷窃10副车牌 敲诈车主钱财	中央电视台《朝闻天下》	4月9日
12	【山东荣成】为捡矿泉水瓶 男子掉进海边石缝	中央电视台 14：00 新闻	4月9日
13	【山东荣成 世界读书日】流动书屋 船员身边的图书馆	中央电视台 13：00 新闻	4月23日
14	《山东荣成：包粽子慰问抗战老兵》	中央电视台《新闻直播间》	6月9日
15	山东荣成：越冬大天鹅飞抵自然保护区	中央电视台《朝闻天下》	11月6日
16	央视新闻频道直播荣成大天鹅	中央电视台《新闻直播间》	11月1日
17	山东荣成：40天盗窃30起 四人盗窃团伙落网	中央电视台《新闻直播间》	8月22日
18	山东荣成：疯狂盗窃四人组 40天作案30多起	中央电视台《第一时间》	8月23日
19	冬日营救暖人心	中央电视台《晚间新闻》	12月10日
20	山东荣成：工人落水 战士跳海施救	中央电视台《中国新闻》	12月11日
21	山东荣成 养殖工不慎落水 边防战士急救援	中央电视台《新闻直播间》	12月11日
22	新闻现场·山东 养殖工不慎落水 边防战士急救援	中央电视台《共同关注》	12月11日
23	山东荣成 养殖工不慎落水 边防战士急救援	中央电视台《朝闻天下》	12月12日
24	正月十五闹元宵 军营欢庆过佳节	中央电视台《军事报道》	2月22日
25	重温民族利益 汲取信念力量	中央电视台《军事报道》	4月3日
26	警钟犹在耳畔 矢志强国兴军	中央电视台《军事报道》	9月18日
27	边防官兵为天鹅打造良好生态环境	中央电视台《军事报道》	12月17日

（张晓宁）

【城乡网络建设】 山东广电网络威海有限公司荣成分公司（以下简称“广电网络荣成分公司”）于2012年3月9日成立，隶属山东广电网络威海有限公司。设综合部、人力资源部、财务资产部、运行维护部、市场运营部5个行政保障部门和26个基层服务站，有230名员工。设1个党总支、4个党支部，党员118名。2016年，围绕“企业服务效能提升”，优化网络、强化服务，提升广电网络的多业务承载功能，开通高清互动、视频监控、互联网接入、数据专网等多项功能，构建荣成智慧党建，搭建智慧党建应用平台321个，增强服务地方党委政府及广大用户的综合水平；开展“用户大走访”和“送服务进社区、送服务到乡村”活动，走访用户18万户、开展服务357场次，广泛征集用户对广电网络服务的意见和建议。2016年，有线电视网内传输的数字电视节目由原先的200套增加到236套，宽带网速免费升级，极大满足21万数字及宽带用户的“视”“听”“用”的综合享受，2016年度被评为威海市文明单位、山东省服务名牌。

智慧党建平台建设应用 2016年，广电网络荣成分公司搭建的智慧党建应用平台在寻山街道赵家村试点成功后，迅速在全市进行推广建设，先后在22个镇（街道）建设开通321个应用平

搭建寻山街道赵家村智慧党建应用平台　（市广电网络荣成分公司提供）

台。荣成智慧党建应用平台主要包括村情档案、镇村动态、民主公开、远程教育、便民服务、电视会议、互动评议等7大栏目，可以实现六大功能，即市委组织部可以通过红色影像、文明荣成、法制天地、致富桥、生活广角、国学讲堂等子栏目上传视频资源，供党员远程学习；对政府、党委相关会议进行直播，并可实现分会场的视频回传；对涉及民生等服务项目指南等相关信息进行公示，方便村民；可以进行互动评议和问卷调查，高效征集民意，提高办事效率；对镇街通知等动态要事进行公布；对该村干部配备情况、村务、财务等予以公开，随时接受村民监督。

广电网络实现光纤入户　年内，广电网络荣成分公司投资1000多万元用于城网升级、农网改造，进一步提升有线电视网络的多业务承载能力，先后对宁津9个村、寻山30个村、城西3个村进行农网改造，对崖头、石岛城区77个老旧小区的架空光缆进行了重新敷设和升级改造。截至2016年底，荣成广电网络主干光缆总长度达到6000多千米，全市有15800多个光接点，平均每个光点覆盖10—20户，实现光纤到户，有线电视传输网络高标准建设，能够承载收视、宽带等多功能业务传输。

服务下乡活动　在全市范围内开展“用户大走访”和“送服务到农村”活动，全市26个基层服务站、200多名员工深入到每家每户进行走访，历时10个月，走访用户18万多户，全面收集用户在有线电视服务等方面的意见和建议，切实解决用户收视服务问题。自2016年3月起，每月3天集中进驻31个村落（社区）为用户送服务。

扶助社会弱势群体　进一步扩大社会弱势群体优抚范围，对民政部门认定的“社会优抚对象”数字电视收视费减半收取。全年为老年户、低保户等弱势群体减免收视费6.1万户、803万元。

（车晓晖）

档案工作

【概况】　2016年，荣成市有综合档案馆1个，专业档案馆1个。市档案馆内设办公室、管理科、指导科、文档信息公开服务中心4个科室，有工作人员17人。荣成市机关事业单位全部建立档案室，其中专职档案人员57人，兼职档案人员234人，各部门投入档案工作经费217.6万元。市档案工作按照《档案法》《山东省档案条例》的要求，围绕档案收集、整理、保管、利用工作提供人力和财力支持，加强“三个体系”建设，不断提高基层档案管理水平和服务质量。年内，市档案馆被评为威海市档案工作先进集体、全省档案宣传工作先进集体。

【档案资源体系建设】　加强与媒体合作，通过《威海日报》、荣成电视台、《荣成时讯》等多渠道发布档案资料征集通告，形成纵横到边的立体宣传网络，为扩大征集工作营造良好舆论氛围。突出特色档案资料征集，围绕服务红色教育展馆建设开展档案资料征集，征集上报威海市、荣成市委组织部馆藏革命历史档案31份、照片135张；为寻山青安

10月11日，与克拉玛依区档案局签定档案数据备份异地保管协议

（市档案馆提供）

5月19日，在市委党校举办全市档案管理暨保密培训班　　（市档案馆提供）

屯英烈馆、荣成县抗日民主政府展馆、龙山革命纪念馆、沈秀芹纪念馆征集提供档案资料45份、照片150张。开展以"甲午国殇·民族复兴"为主题的胶东革命史档案征集活动，征集到包括解放东北纪念章、东北军政大学毕业证章、1948年军上衣、渡江支前光荣证等珍贵实物、照片资料10件。围绕民生整合档案资源，接收全市农村主管会计任职、妇女主任任职（妇代会组织史）档案、农村两委换届"四职干部"任职档案进馆。与市婚姻登记处对接，将2014—2015年度婚姻档案接收进馆，接收139盒13004件。荣成市1987年至2015年的婚姻档案全部接收进馆，3240盒156530件，成为馆藏利用率最高的民生档案。创新方式提升征集档次，赴中央文献研究室、山西等地开展档案征集，征集到清朝荣成籍进士陈秉信乡试朱卷（1835年，道光十五年）1册，《人民日报》中有关"两弹一星"的相关报道6份12版，并从文献书店购进一批极具珍藏价值的文献图书资料，丰富和优化馆藏结构。立足长远开展档案编研，编写《荣成市大事记》《档案利用典型实例汇编》等资料，完成《山东档案年鉴》和《荣成市志》（1996-2015年）有关部分的编写。全年接收617个重大活动照片7616张，并就海上销鲜、跨海维权、省海藻协会创建等方面对市渔业协会会长唐厚运进行口述访谈。

【档案利用体系建设】　完善工作机制，开展公开文件利用，重点加强现行公开文件的接收工作，督促各单位向档案馆移交政府公开信息，做好现行文件接收、整理、保管、提供利用等服务工作。创新档案服务方式，改进服务水平，开展电话查档、预约查档等多种形式的查档服务，满足群众的利用需求，打造快捷、便民的档案服务窗口。全年接待查档人员1399人次，利用档案1904卷（件），复制档案7484页。

【档案安全体系建设】　加大硬件设施投入，购置激光打印机及电脑等设备，改善硬件设施，提高工作效率和管理水平。开展档案异地异质备份工作，确保档案数据安全。10月赴新疆与克拉玛依市克拉玛依区档案馆签订双方互为重要档案数据备份异地保管基地合作协议，2017年将完成首次异地异质备份工作。完善档案安全保管和库房管理各项制度，健全档案信息公开审查制度，落实安全责任，加强物防、人防、技防、联防体系建设，强化全员安全防范意识，确保档案安全。加快推进县级综合档案馆建设，贯彻《省委办公厅、省政府办公厅印发〈关于加快推进县级国家综合档案馆建设的意见〉的通知》精神，梳理存在的问题，全面整改落实，与发改局、财政局、城建局、国土局、规划局等部门协同配合，按照《档案馆建设标准》和《档案馆建筑设计规范》要求，做好新馆建设的前期准备工作，积极推进新馆建设。

【档案宣传】　围绕"6·9国际档案日"开展档案宣传。与荣成电视台《时事解读》栏目合作录播专题节目，就面向社会公开征集档案资料及群众关心的热点问题进行解释和说明；以"档案与民生"为主题，在《荣成时讯》刊发国际档案日宣传专版；6月9日走上街头、走进社区开展档案宣传，向群众讲解民生档案知识，现场发放宣传材料1700份。开展档案宣传和学术研讨，全年在各类新闻媒体上发表稿件20余篇，在《中国档案报》《山东档案》等档案专业期刊上发表档案理论文章和史料研究文章12篇。

【基层档案科学化管理体系建设】加强基层档案人员的业务培训，先后举办档案管理暨保密工作培训、档案工作科学化管理培训、城市社区档案规范化管理培训、公安系统档案管理培训，累计培训人员230多人次。开展档案科学化管理示范单位创建工作。年内，市人民法院、公路管理局、检验检疫局3个单位通过省测评组测评验收，山东省档案工作科学化管理示范级单位数量达到4个。推进城市社区档案规范化管理工作，按照国家档案局、民政部第11号令《城市社区档案管理办法》的要求，结合城市社区档案特点，制定了城市社区档案分类方案，并组织召开了城市社区档案工作现场会，将曙光社区档案规范化管理经验在崖头街道15个城市社区推广，以点带面，推动城市社区档案管理规范化水平。加强对机关文书档案和电子档案归档工作的指导，采取集中培训与巡回指导相结合，指导基层单位在完成纸质档案整理的同时，全部达到增量档案电子化的要求。开展行政执法检查，对20个机关事业单位进行执法抽查，就档案法律法规的落实、档案归档情况、档案安全保管等方面进行重点检查，对存在的问题提出具体整改要求。

（周洪蔚　杨　杰）

荣成 RONG CHENG 自由呼吸 自在荣成

卫生·计划生育

Health · Family planning

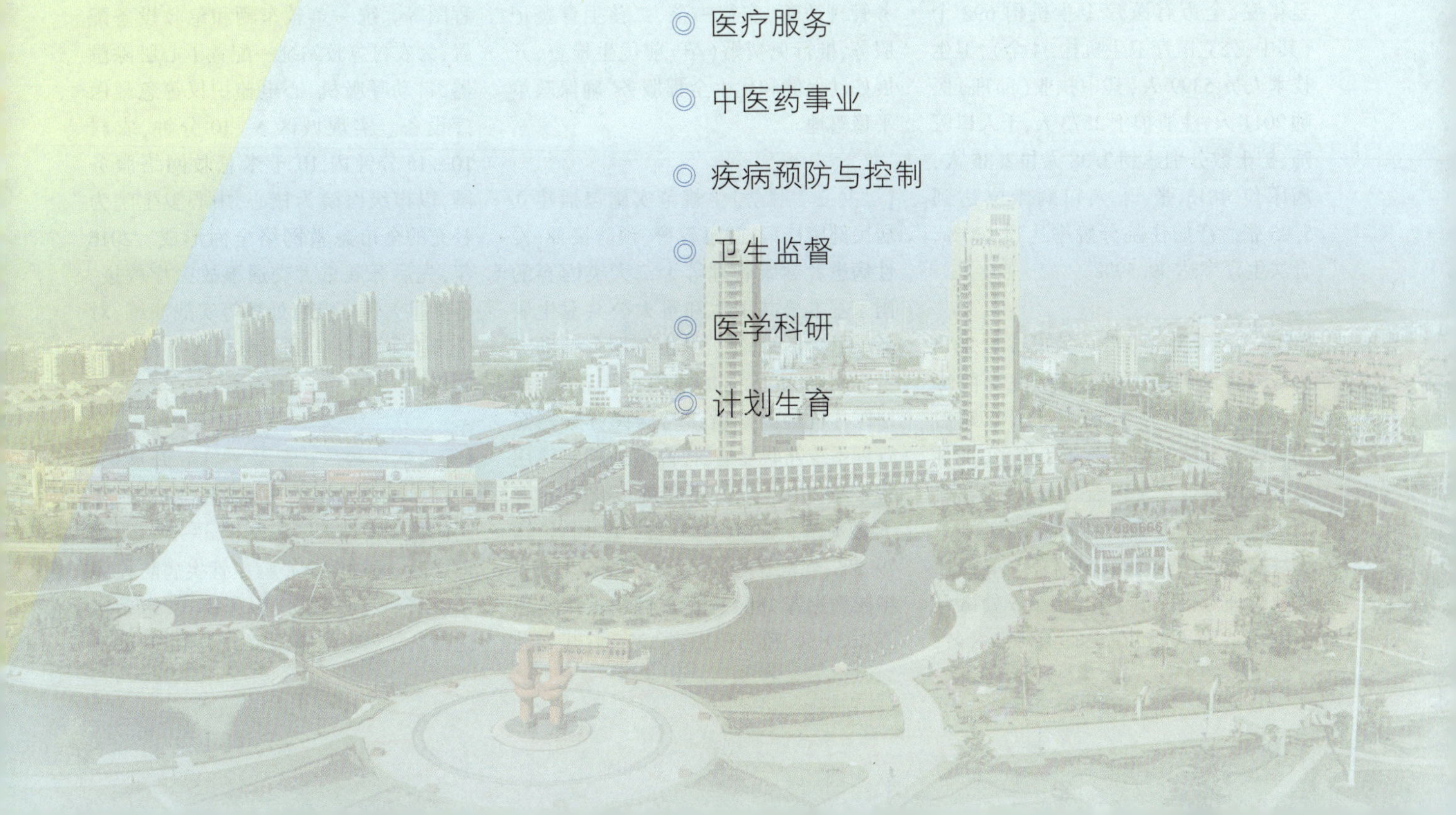

综　述

【概况】 荣成市卫生和计划生育局内设办公室(挂宣传督查科牌子)、政工科、财务科(挂审计科、药物政策与基本药物制度科牌子)、政策法规与综合监督科(挂行政审批科牌子)、医政医管科(中医药管理科,挂卫生应急办公室牌子)、基层卫生计生和妇幼健康服务科、计划生育指导管理科(计划生育家庭发展科)、药具管理科。实有工作人员 23 人。下辖 34 个公立医疗卫生机构,其中二级及以上医疗机构 4 个、乡镇卫生院 24 个、城市社区服务中心 2 个,其他卫生单位 4 个。有职工 4058 人,其中,在编职工 2231 人。2016 年,市卫生和计划生育局创新工作方式,强化监督考核,各项工作稳步推进。妇幼保健工作获“国家级妇幼健康优质服务示范县(市、区)”称号;H 型高血压与脑卒中防控惠民工程成效明显;县级公立医院综合改革取得实效,全市 5 处试点医院均达到 A 档;国家基本公共卫生服务项目全面开展,健康保障水平持续优化;健康扶贫工作全面开花,精准扶贫工作温暖人心;计划生育各项工作规范开展。至年底,全市有医疗卫生机构 692 个(其中,公立医疗卫生机构 34 个),卫生技术人员 5399 人,其中执业(助理)医师 2011 人,注册护士 2573 人,千人口医师、护士数分别达到 2.38 人和 2.85 人,病床位 4813 张,千人口病床位达到 5.85 张。产妇住院分娩率达到 100%。合法生育率达 99.59%。

【医药卫生体制改革】 荣成市于 2014 年被列为全国第二批县级公立医院综合改革试点市,并于 10 月 1 日正式启动县级公立医院综合改革工作,实现县级公立医院改革全覆盖。2016 年,在巩固已有成果的基础上继续推进医改工作。实施县级公立医院综合改革目标绩效管理考核评估工作,全市 5 处试点医院均达到 A 档,在全省位列第六名;实施目标绩效管理考核,与各试点医院签订责任书,提升医院综合服务能力和管理水平;探索县级公立医院多种运营模式,在石岛人民医院试点,允许其在保障国有资产和医疗质量安全的前提下,以特许经营方式开展与社会资本合作;继续完善临床路径管理试点工作,扩大临床路径管理试点实施范围和病种数量,确保 2016 年度,临床路径管理患者占出院患者的比例≥30%;强化城乡医院对口支援工作,每处基层医疗机构分别与 2 处市级医院建立帮扶关系,推进医疗重点下移,优质资源下沉;启动二级医院与基层医院“医联体”建设项目,市人民医院分别与市第三人民医院、人和中心卫生院签订合作框架协议书,逐步实行区域内医疗资源整合。

【“全面两孩”政策】 2016 年 1 月 22 日,山东省第十二届人民代表大会常务委员会第十八次会议,审议通过了《关于修改〈山东省人口与计划生育条例〉的决定》,按照决定精神,荣成市同步启动实施“全面两孩”政策。至年底,全市出生 5894 人,其中二孩 1903 人;再生育审批 48 例,办结率 100%。全市合法生育率达 99.59%。在政策实施过程中,市镇两级卫生计生部门积极回应社会关注,开展政策宣传和培训,建立人口出生监测和预警机制,推进计划生育服务管理改革,实行一孩、二孩生育登记服务,推行免费婚(孕)前优生检查,开展妇幼保健和优生全程服务,确保政策平稳落地。

【公共卫生服务】 规范实施包括建立居民健康档案、健康教育、预防接种、慢性病患者健康管理等十二大类内容的国家基本公共卫生和重大公共卫生服务项目,人均基本公共卫生服务补助经费提高到 45 元。加强信息化建设,基层医疗机构门诊就诊与居民健康档案管理系统互联互通,提高健康档案使用率。至 2016 年底,建立规范化居民电子健康档案 528988 份,建档率达 79.3%;规范管理高血压患者 56873 例、糖尿病患者 18649 例、重性精神疾病患者 2629 例、肺结核患者 127 例;开展健康教育活动 3000 多场次,发放宣传材料 50 万份;分别管理孕产妇和儿童 3000 多人,管理率达 85%以上;开展关爱老年健康免费查体 209644 名,占目标人群 95.3%;开展国家计划免疫预防接种 13 万人次,接种率达 95%以上;继续实施农村妇女增补叶酸预防神经管缺陷、住院分娩补助、预防艾滋病、梅毒和乙肝母婴传播及农村妇女“两癌”检查等重大项目,年内农村妇女“两癌”筛查 3.2 万人;实施新生儿 52 种遗传代谢性疾病免费筛查和产前血清学免费筛查项目,年内筛查人数分别为 4718 人和 3569 人。传染病与突发公共卫生事件报告和处理、中医药健康管理、卫生监督协管等其他工作均按项目要求规范开展。

【卫生应急】 本着“保基本,强基层,建机制”的原则,2015 年制定《荣成市院前急救网络建设规划(2015—2017 年)》,不断加大院前急救站投入力度,促进提档升级,推进农村急救站标准化建设。按照“就近、安全、迅速、有效”的原则,合理规划设置院前急救站 10 处,其中二级及以上医疗机构设置急救站 4 处,中心卫生院设置农村急救站 6 处。按照国家标准,规范设置急诊室、治疗室、抢救室、输液室、留观室,并统一设计农村急救站标牌、各室制度、抢救流程图等。统一急救车辆和急救设备配置,为农村急救站统一配置了心脏除颤器、自动呼吸机、心电监护仪等急救医疗设备。实现城区 5—10 分钟、农村 10—15 分钟内 10 千米急救网络服务圈,以市级医院为核心,中心卫生院为补充的全市急救网络全面形成。2016 年,先后开展重大交通事故医疗救援、各类重大传染疫情处置等实战演练,对全市卫生应急队员及急救人员进行专题培训。

【慢性病防控“荣成模式”】 开展“H 型高血压与脑卒中防控”惠民工程,在国内首创慢性病防控新模式——“荣成模式”。通过健全心脑血管疾病防控体系、创新“三级联动”服务模式、启动实施高血压患者危险因素分类干预、创新

1月7日,“中国H型高血压控制与心脑肾保护系列研究”交流会在市妇幼保健院举行 (市卫生和计划生育局提供)

个性化签约服务模式、搭建健康管理信息平台等措施,在全市形成科学、合理、高效、有序、便捷的高血压诊疗与健康管理相结合的服务体系,逐步建立起慢性病防控长效机制,有效降低了慢性病发病率。据山东省慢性病监测信息系统统计,荣成市2013年按户籍人口统计脑卒中确诊病例4086例,2016年同期为3458例,下降15.4%,而全国同期数据每年增加了8%以上。2016年在全国两会上,全国政协委员、北京大学第一医院心内科主任霍勇教授联名28名政协委员将在全国推广“荣成模式”写入提案,得到国家卫生计生委领导的高度重视与支持;2016年,北京、哈尔滨、连云港等6批来自全国各地的考察观摩团到荣成考察。原卫生部副部长王陇德院士、前世界高血压联盟主席刘力生教授、国务院国家医改专家咨询委员会委员刘国恩教授、北京大学第一医院心内科主任霍勇教授、中华医学会心血管病分会主委葛均波院士、中国科学院院士侯凡凡教授、解放军总医院李小鹰教授等100余名专家先后到荣成考察指导慢病防控工作。2016年1月7日在荣成举办“中国H型高血压控制与心脑肾保护系列研究”荣成基地考察交流活动,10月27日在荣成举办“H型高血压与脑卒中防控民生工程研讨会”,再次将“荣成模式”推向全国;在2016年12月16—18日举办的亚洲心脏病学会年会上,鉴于荣成市在“H型高血压与脑卒中防控惠民工程”项目实施中取得的成绩,大会将荣成市列入国家十三五重大专项“H型高血压精准医学与中风防控”队列,这是荣成卫计系统首次参与国家重大项目研究。“2016中国脑卒中大会暨第六届全国心血管病论坛”“第二届中俄青年学者心脏病学会议、第八届中俄医药学会议暨第六届国际寒地心脏病学会议”等学术活动以及《健康报》《医院报》等媒体详细介绍荣成慢性病防控模式。“荣成模式”引起国际国内有关专家的广泛关注。

【行业作风建设】 开展纠正医药购销和办医行医中不正之风专项整治活动,坚决纠正损害群众利害的行为,加强医疗卫生行风建设“九不准”(不准将医疗卫生人员个人收入与药品和医学检查收入挂钩;不准开单提成;不准违规收费;不准违规接受社会捐赠资助;不准参与推销活动和违规发布医疗广告;不准为商业目的统方;不准违规私自采购使用医药产品;不准收受回扣;不准收受患者“红包”),开展医疗门诊“三增一禁”(全年增设无假日门诊、增设错时门诊、增设夏季夜间门诊,严禁医院工作人员带熟人插队加塞、挂人情号)便民正风活动,加强医德医风建设,强化监管考核,推进行业作风转变。在全市二级以上医疗机构安装“反统方”软件、完善廉洁双向承诺制、医患双方互签不收不送“红包”承诺书、建立违规促销情况通报及惩戒制度和行贿企业“黑名单”制度,规范医药购销和医疗服务行为。建立善行义举四德榜,弘扬卫生职业精神,树立医务工作者的良好形象。开展诚信医疗体系建设,将医疗从业人员和民营医疗机构纳入征信管理,联合中国人民银行荣成支行、国土资源局、财政局、市场监督管理局、公安局等部门对出现严重失信行为的个人和法人进行联合惩戒,打造“守信光荣、失信可耻”的行业风气。以荣成民心网、“两个全覆盖”大走访工作、市长公开电话为平台,接受群众的监督和投诉,2016年受理并解答民生求助、政策咨询、意见建议和投诉举报等895条。

医疗服务

【概况】 2016年,荣成市推进医疗改革工作,明确功能定位,优化资源布局,推动医疗机构有序、健康发展。完成了8个镇卫生院和1个社区服务中心的“国医堂”项目建设任务。免费为全市60周岁以上农村居民、65周岁以上城镇居民和慢性病患者健康查体21万人次。

2016年荣成市医疗卫生机构、床位、人员数一览表

表91

机构分类	机构个数(个)	实有床位数(张)	在岗职工合计(人)	卫生技术人员					
				小计	执业(助理)医师	注册护士	药师(士)	技师(士)	其他
总计	692	4813	7119	5399	2011	2573	211	182	422
一、综合医院、中医医院、专科医院	16	3282	4063	3069	1065	1562	100	103	239
综合医院	13	2164	2898	2298	750	1210	70	66	202
中医医院	2	1058	802	732	297	336	28	34	37
专科医院	1	60	53	39	18	16	2	3	0
口腔医院	0	0	0	0	0	0	0	0	0
耳鼻喉科医院	0	0	0	0	0	0	0	0	0
妇产(科)医院	0	0	0	0	0	0	0	0	0
精神病医院	0	0	0	0	0	0	0	0	0
传染病医院	0	0	0	0	0	0	0	0	0
其他专科医院	1	60	53	39	18	16	2	3	0
二、妇幼保健院	1	208	348	304	99	148	7	19	31
三、基层医疗卫生机构	670	1223	2323	1879	767	833	103	46	130
社区卫生服务中心	3	153	200	180	61	90	5	4	20
社区卫生服务站	16	38	77	81	39	36	3	3	0
乡镇卫生院	23	1032	1179	1100	408	480	63	39	110
中心卫生院	8	500	544	514	205	222	27	20	40
乡卫生院	9	294	407	378	128	158	25	12	55
街道卫生院	6	238	228	208	75	100	11	7	15
村卫生室	437	0	589	44	12	32	0	0	0
门诊部	6	0	60	60	30	30	0	0	0
综合门诊部	5	0	50	50	25	25	0	0	0
专科门诊部	1	0	10	10	5	5	0	0	0
诊所、卫生所、医务室	185	0	370	370	185	185	0	0	0
诊所	170	0	340	340	170	170	0	0	0
卫生所、医务室	15	0	30	30	15	15	0	0	0
四、专业公共卫生机构	2	0	117	80	59	2	0	13	6
疾病预防控制中心	1	0	77	59	38	2	0	13	6
专科疾病防治院(所、站)	0	0	0	0	0	0	0	0	0

机构分类	机构个数（个）	实有床位数（张）	在岗职工合计（人）	卫生技术人员					
				小计	执业（助理）医师	注册护士	药师（士）	技师（士）	其他
健康教育所（站、中心）	0	0	0	0	0	0	0	0	0
采供血机构	0	0	0	0	0	0	0	0	0
卫生监督所（中心）	1	0	40	21	21	0	0	0	0
五、护理院	2	100	88	43	14	27	1	1	0
六、其他卫生机构	2	0	28	24	7	1	0	0	16
爱卫会	1	0	6	2	0	1	0	0	1
卫生学校	1	0	22	22	7	0	0	0	15

【便民惠民服务】 组织开展2016年"服务百姓健康行动"大型义诊活动周活动。义诊周期间，各医疗机构参加义诊医务人员339名，义诊5000人次，为54名红军老战士进行义诊，并提供家庭医生签约服务，发放宣传资料20000份，减免患者费用78998元。实施疾病应急救助政策，申报疾病应急救助基金63余万元。做好全市离退休干部医疗保障工作，在离退休干部聚集区内设置"流动医生工作站"，满足离退休干部的基本医疗服务和基本公共卫生服务；在市级医院设立干部保健门诊；开展签约服务并发放医疗保健卡，为离退休干部开展以慢性病管理为核心的个性化签约式服务；年内为1000余名离退休干部提供签约服务，签约服务率达到90%以上。

【医疗质量管理】 落实医疗护理质量和安全核心制度、优化服务流程、开展延伸服务、强化医患沟通等10个方面的举措，提升医疗服务水平。对临床重点专科建设工作进行全面梳理，重点突出人才梯队建设、科研工作、新技术新项目引进、专项经费管理与使用等，提升临床重点专科的管理水平。全市拥有威海市临床重点专科8个，荣成市临床重点专科18个，医疗质量控制分中心11个。依托市医院感染管理质控中心，对全市市级医院、基层医疗机构和社会办医疗机构医院感染管理工作进行拉网式专项督导检查，并随机抽取部分村卫生室进行督导检查，对检查过程中发现的问题，均给予现场指导、限期整改。针对全市医院感染管理专项督导检查发现的问题，组织市医院感染管理质控中心对社会办医疗机构、口腔诊所和基层医疗机构组织专题培训3期。加强临床路径管理试点工作，各市级医疗机构结合自身实际制定2016年度工作方案，增加管理病种数量，完善路径表单，逐步扩大临床路径管理病人比例。至2016年底，市人民医院、石岛人民医院、市中医院、妇幼保健院分别制定82、43、124、25个病种纳入临床路径管理。

9月3日，2016年"服务百姓健康"行动义诊周活动启动

（市卫生和计划生育局提供）

【医疗机构标准化建设】 2016年，市人民医院综合病房楼建设工程、崂山卫生院改造工程、荫子卫生院扩建工程、"国医堂"建设项目均被列入市级民生工程。人民医院综合病房楼建设项目是荣成2015、2016年连续两年的重点民生工程，也是威海市卫生计生系统重点民生项目。至2016年底，完成投资3.3亿元，完成总工程量的78%，预计2017年5月投入使用；投资148万元的崂山卫生院综合楼扩建工程完工并投

入使用；累计投资 160 万元的 9 处“国医堂”建设项目全部完工并投入使用；荫子卫生院扩建工程完成总工程量的 39%，预计 2017 年底完工。俚岛中心卫生院、上庄中心卫生院获 2016 年度全国群众满意的卫生院称号。

【健康精准扶贫】 印发《关于印发荣成市农村卫生扶贫开发工作方案的通知》《关于开展健康扶贫巡回义诊活动的通知》《关于开展“精准扶贫——中医药进农村”活动的实施方案的通知》《荣成市精准健康扶贫实施方案（试行）》等系列文件。完成贫困村医疗服务点建设任务，对设有村卫生室的贫困村，进行修缮改造，确保达到标准化卫生室要求。对没有设置村卫生室的贫困村，全部设置“流动医生工作站”；组织市级医院参与健康扶贫工作，全年开展“健康扶贫巡回义诊”“精准扶贫——中医药进农村”活动 151 场次。开展贫困人口慢病随访 9353 人次。开展贫困村适龄妇女免费“两癌”检查工作，检查人数 1959 例。为贫困村免费检测 HCY3802 人，确诊并管理 H 型高血压患者 1599 例，对确诊为 H 型高血压的贫困居民，优先办理慢性病卡并签订个性化服务协议，提高依那普利叶酸片的购药优惠政策，同时免费提供其它降压药物；将全市 15799 名贫困居民纳入到健康扶贫工作覆盖人群范围，建立并完善健康档案，实行跟踪服务，每年免费开展 1 次健康体检，每季度进行 1 次心理指导；对确诊患有疾病但未达到因病致贫的贫困居民，实行健康扶贫“暖心工程”。至 2016 年底，已组织医务人员对 3189 名患病贫困居民的病情及病种进行精准识别，逐一建档立卡，开展市级会诊 627 人次，为 2600 名患病贫困居民确定家庭医生 264 名，开展免费查体、签订服务协议书、发放健康联系卡、随访和健康教育等工作；对 1119 名因病致贫居民实施“点对点”精准健康帮扶工程，分类管理、分类救治。组织市级医院 49 名专科医师、镇卫生院 104 名全科医生分别对 240 名病情较重、879 名病情较轻的因病致贫居民，实施“点对点”精准健康帮扶，签订服务协议书，开展个性化签约服务，并根据病情需要进行分类救治，全市完成大病分类救治 958 人。

【乡医管理】 根据《乡村医生从业管理条例》《山东省卫生和计划生育委员会关于做好乡村医生执业证书有效期满再注册工作的通知》要求，组织对全市有效期满的 566 名乡村医生换发执业证书，并进行公示，完善乡村医生管理档案。根据国家卫生计生委等部门印发的《村卫生室管理办法》（国卫基层发〔2014〕33 号）第三十四条规定，组织对村卫生室开展静脉给药服务进行核准，经过基层医疗机构初审、培训和考核、复审核准，全市 108 处村卫生室通过了静脉给药服务项目核准。

【卫生科技】 加强临床研究、科技申报工作。2016 年，市卫生计生系统通过山东省医药卫生科技发展计划项目 1 项，获得山东省科技成果二等奖 1 项，威海市科技进步二等奖 2 项，威海市科技进步三等奖 2 项。

【卫生教育】 继续实施住院医师规范化培训制度，2016 年，全市有 44 名住院医师参加培训。荣成市中医院通过中医住院医师规范化培训基地的考核，招收培训学员 18 人；继续实施基层全科医生转岗培训项目，有 19 名基层医疗卫生机构全科医师参加全科医生转岗培训结业考核；加强医学继续教育，年内，全市开展省级中医药继续教育项目 9 个，市级继续教育项目 9 个；开展医务人员技能培训，2016 年医务人员外出进修学习 76 人次，开展县级公立医院和民营医院医务人员技能培训 15283 人次。

中医药事业

【概况】 荣成市卫生计生系统高度重视中医药服务工作，以加快提升基层卫生服务队伍的中医药应用水平和服务能力为重点，大力发展中医药事业，重点中医项目建设进展顺利，中医服务水平得到全面提升，中医药服务在群众中和社会上的地位显著提高。

【基层中医药服务能力提升工程】 加强基层医疗机构中医药标准化建设。强化市中医院龙头建设兼顾综合医院中医科建设。2016 年，对市级医疗机构各类大中型医疗设备进行提档升级，完善信息化建设和远程医疗信息系统建设，不断加强医院内涵建设，改善就医条件，增强中医药服务能力。同时，24 处镇卫生院和 2 处社区卫生服务中心均按标准设置了中医科和中药房，设置率为 100%；根据中医临床科室设置配备了针灸器具、火罐、刮痧板等基本设备及不少于 4 类中医诊疗设备；并将中医临床科室集中设置，形成体现中医药文化特色的中医药综合服务区，崖西、成山、上庄等 7 处镇卫生院被评为“山东省中医特色乡镇卫生院”。

【“三名工程”】 自 2011 年实施“三名工程”以来，按照“以人带科、以科带院、发展专科、科技兴院”的新思路，通过实施“育名医、创名科、建名院”等工程，全市中医药工作取得明显成效，成功创建为“全国农村中医药工作先进单位”。在名院建设方面，以荣成市中医院顺利通过“三级甲等中医医院”等级评审和获评“山东省中医药预防保健中心”及荣成市人民医院被评为“全国综合医院中医药工作示范单位”“山东省中医药预防保健中心”等为契机，完善市级医院中医药特色专科、中医“治未病”和中医康复“三位一体”的中医药特色服务体系；在名科建设方面，借助市中医院推拿科被列入国家中医药管理局“十二五”重点学科建设单位，针灸推拿科被评为“全国农村医疗机构中医特色专科”“山东省八大名中医专科之一”“山东省中医重点专科”，中医药预防保健康复中心、中医儿科被评为“山东省中医重点专科”，心病科、脑病科、双腺科和市人民医院腰腿痛科评为“威海市中医重点专科”等专科优势，加强打造重点专科专家团队，形成起点高、起步快、重点突出、成效显著的业务发展态势；

在名医建设方面，加强中医药人才培养和引进力度，积极开展在岗卫生技术人员外出进修、在岗培训、"西学中"、中医药适宜技术培训、中医药师承带徒、"中医中药中国行"、医学继续教育等活动，全面提升医疗机构中医药人员服务水平。至2016年底，全市拥有山东省名中医药专家1名，威海市名中医药专家8名，高层次临床中医人才8名，县乡级中医药师承带教老师8名。强化中医药适宜技术培训和推广，建立市镇医疗机构对口支援长效机制，全面提升基层医疗机构中医药服务能力。

【国医堂建设】 按照山东省卫计委《关于实施山东省基层中医药服务能力提升工程的意见》(鲁卫中业务发〔2013〕2号)，《威海市国家中医药综合改革试验区建设实施方案》，威海市卫生计生委、威海市中医药管理局、威海市财政局《关于开展全市基层医疗机构国医堂项目建设工作的通知》等文件要求，荣成市卫生计生局、财政局联合印发《荣成市基层医疗机构国医堂建设项目实施方案》，全面开展基层医疗机构"国医堂"建设项目。计划利用三年(2015—2017年)时间，在全市镇卫生院、城市社区卫生服务中心建立起中医临床科室集中设置、多种中医药方法和手段综合应用、中医药文化氛围浓郁并相对独立的高标准"国医堂"。2015、2016年17处基层医疗机构均完成建设任务并通过验收。2017年将按计划在7月底前完成建设任务。最终实现基层医疗机构项目全覆盖，全市中医药事业将实现全面、协调和可持续发展。

【中医药科普宣传】 大力宣传普及中医药知识和文化，加强人民群众对中医药的了解和认识，满足广大人民群众日益增长的中医药科普文化需求。通过健康教育知识讲座、宣传栏、电子宣传工具、发放健康教育宣传单等形式，分期宣传《常见病多发病中医药适宜技术应用》及中医药的历史及现代贡献等内容，进一步了解中医药知识、中医药在社区卫生服务工作中的广泛应用以及在日常生活中利用中医药进行保健的养生之道。使人民群众对中医保健知识有较为全面、系统的了解，对亚健康的诊治有基本的认识。2016年，通过中医药健康宣传，受益群众30余万人次，社区居民对中医药常识知晓率和对社区卫生服务机构中医药服务满意率达90%以上，组织中医药讲座、义诊160余场次，赠送书籍1000余本，发放中医药宣传资料5万余份。

疾病预防与控制

【概况】 2016年，全市报告法定传染病17种，总计3493例，传染病发病率487.308/10万，较2015年下降1.27%，因手足口病处于低流行状态，发病数较上年略有下降。疫情监测网络更加完善，疫情报告及时率达99.98%，报告准确率达99.50%。疾病监测网络安全性大幅提高，疾病监测系统直报用户全部实现SSLVPN通道登陆。艾滋病、结核病继续保持低流行状态，霍乱、乙肝等传染病得到有效控制，疟疾、布鲁氏菌病防制工作扎实有效。免疫规划管理水平稳步提升，预防接种成效明显，健康教育、慢性病防制工作扎实开展，爱国卫生工作进展顺利。

【霍乱、手足口病防控】 调整腹泻病、手足口病防治领导小组和霍乱防治应急处置机动队，组织开展医院、学校防治工作专项督导以及疾控人员、临床医生、检验人员和学校保健教师的业务培训，加强腹泻病、手足口病等肠道传染病的疫情监测、流行病学调查及预警预测。对发生手足口病的学校、托幼机构及时进行调查处理，落实晨检、缺课原因追踪、消毒等制度措施，最大限度减少聚集病例的发生。5月—10月，全市腹泻病门诊登记腹泻病人2842例，快检霍乱弧菌443例，培养霍乱弧菌34例，未发现霍乱弧菌阳性。全年报告手足口病病例303例，现场调查244例，采样送检61例，无重症病例和死亡病例发生，建议17处托幼机构的22个班落实了停班措施。

【寄生虫病防治】 继续巩固消除疟疾成果，加强境外输入性病例管理，维持无本地感染疟疾病例状态。全面落实"三热"病人镜检、报告治疗、流行病学调查及疫点处置等防治措施，举办消除疟疾技术培训班，提高全市疟疾防治工作水平。全年完成"三热病人"血检1506人，市疾控中心复检278人，复检率为18.4%，对检出的4例阳性病例开展了网络报告、流调处置和规范治疗，检出病例全部为境外输入性病例。11月，抽取5个乡镇开展人体土源性肠道寄生虫病调查工作，采集1004份粪便样本进行制片镜检，检出阳性样本87份，其中鞭虫感染83份，鞭虫和蛔虫混合感染2份，蛲虫感染2份，总感染率为8.67%。

【流感、人感染禽流感等呼吸道传染病防治】 强化技术培训，着重加强对流感、人感染禽流感和不明原因肺炎病例的监测报告、流行病学调查及预警预测，对全市50个公共卫生监测点落实旬报制度，调查处置1起学校流感暴发疫情，对学校防控措施提出合理建议，有效控制疫情的蔓延。全年监测门诊病例266186人，发热病例2351例，未发现不明原因肺炎病例、人禽流感病例及聚集性流感疫情。开展天鹅湖等野生禽类栖息地候鸟禽流感病毒监测，采集送检样本296份，其中大天鹅等野禽类粪便标本210份，污染水标本86份，未发现阳性标本。

【艾滋病防治】 完善艾滋病防治工作机制，组织召开"防艾委"成员单位联络员会议，加强信息沟通。健全检测服务网络，建有4个艾滋病筛查实验室、29个快速检测点，覆盖所有的城、乡卫生机构。规范开展大众人群、重点人群咨询、检测和宣传工作，全年监测、筛查各类目标人群5万多人次。进社区、进企业、进重点场所等，针对大众人群开展宣传活动。完成了全市100%的感染者和病人的CD4检测和随访，对所有符合治疗条件的病人，进行治疗前的依从性教育，并及时纳入抗病毒治疗。

【麻风病、性病防治】 顺利通过十二五期间《全省消除麻风病危害规划(2011—2020)》《预防与控制梅毒规划(2010—2020)》中期评估工作，全面完成各项指标和任务。完成麻风病中央转移支付项目，做好病例的早期发现、愈后者的随访管理、重症麻风病人的救治及医学处置。完善麻风病、梅毒的网络数据建设，加强医疗机构对麻风病、性病的诊断、治疗工作，病例诊断准确率、报告率、及时率均达到100%。

【结核病防治】 完善并加强结核病三级防治网络建设，对全市32家医疗机构分管院长、感控办主任、防疫科医生进行专题培训，提高基层医务人员结核病防治工作能力。狠抓病人的全程督导管理和重点人群的筛查与防治，全年接诊疑似肺结核病人1126例，确诊肺结核病人127例，对其密切接触者1028人进行筛查，对涂阳病人进行家庭访视72人次。疑似病人报告率、转诊率、病人系统管理率、密切接触者筛查率都达到100%，总体到位率达到98.8%，病人治愈率达92.5%。对高、中、小学校13657名入学新生进行了结核菌素试验，对筛查出的强阳性学生进行预防性治疗。

【免疫规划】 推进数字化预防接种门诊建设，启动17处预防接种门诊的数字化规划建设，促进全市预防接种门诊数字化全覆盖。全年报告出生儿童5508名，儿童建卡建证率达到100%。完成脊髓灰质炎疫苗策略转换，全年接种国家免疫规划疫苗132802针次，单苗报告接种率均在99%以上，2—3岁国家免疫规划疫苗八苗全程接种率考核值达到92%；接种二类疫苗54277针次，二类疫苗供应沿续省——市——县的主渠道供应模式；完成大中专新入校学生及外来务工人员麻疹疫苗补充免疫4199针次，开展麻疹疫苗应急接种362针次；AFP、麻疹等疫苗相关传染病的监测率、调查及标本采集率、规范化处置率等各项指标均处于全省前列。

2016年荣成市接种门诊预防接种情况统计

表92　　单位：针次

单位	常规免疫	麻疹应急免疫	查漏补种	查验接种证	麻疹补充免疫	合计
俚岛	3735	0	80	36	1	3852
马道	1345	0	12	3	35	1395
成山	4095	0	85	187	77	4444
龙须	2794	0	51	10	25	2880
埠柳	1097	3	66	46	9	1221
港西	3312	4	86	33	3	3438
崖西	996	0	8	1	9	1014
夏庄	879	0	6	1	0	886
荫子	835	7	0	0	0	842
大疃	939	0	6	6	0	951
上庄	1910	15	42	0	0	1967
人和	6521	0	54	208	0	6783
靖海	3971	0	35	22	0	4028
滕家	1982	15	49	2	0	2048
黄山	1090	0	49	4	0	1143
虎山	3377	0	19	2	0	3398
人民医院	17653	98	34	10	2744	20539
中医院	10091	0	51	5	59	10206
东城	9998	0	119	73	0	10190
城西	2282	0	9	0	0	2291
寻山	4730	55	38	3	0	4826
崂山	3211	0	54	15	1217	4497

单位	常规免疫	麻疹应急免疫	查漏补种	查验接种证	麻疹补充免疫	合计
宁津	3996	128	49	19	0	4192
港湾	17238	34	146	68	0	17486
王连	2159	0	41	25	0	2225
东山	2983	3	57	11	0	3054
斥山	6942	0	50	118	20	7130
二院	1738	0	0	0	0	1738
妇幼	4138	0	0	0	0	4138
合计	126037	362	1296	908	4199	132802

【其他重点传染病防治】 强化对全市27处狂犬病暴露处置门诊的规范管理，6月份对门诊专业人员进行技术培训，9月份对各门诊进行现场考核和资质换证。开展“9.28世界狂犬病日”宣传活动，加强狂犬病防治知识的宣传普及。全年狂犬病暴露处置门诊处置狗、猫等动物咬抓伤6308人，规范接种狂犬病疫苗6308人，接种率为100%，近5年未发生狂犬病病人。按照“三早一就”原则，开展流行性出血热病例流行病学调查和疫点处置，对病人住宅及周围环境进行防鼠灭鼠处理，加强重点人群宣传教育，使出血热疫情得到有效控制。积极落实布鲁氏菌病免疫、监测、扑杀和无害化处理等综合防控措施，及时开展疫点处置，对重点人群做好个人防护指导和宣传教育，并同畜牧兽医部门配合，加强畜牧养殖场综合防疫管理，及时淘汰处理感染布鲁氏菌病的病羊，防止疫情蔓延。

【慢病防治】 以进一步完善慢性病、死因监测，提高监测质量为重点，强化慢病综合防控示范区动态管理，做好国家基本公共卫生服务项目的技术指导，积极推动以“健康山东”为主题的全民健康生活方式行动深入开展。强化部门协作，落实减盐防控高血压项目各项工作。全年完成慢性病、死因监测报告1.3万人，开展减盐防控高血压百日行动，完成减盐防控高血压项目终期评估，组织参与“山东省职业人群万人健步走激励大赛”，多渠道开展慢性病防治知识宣教工作。

【地方病防治】 以中央补助地方病防治项目为引领，以加强碘缺乏病病情、人群碘盐监测和健康教育为重点，进一步加强工作力度，推动地方病防治工作精细化管理、信息化建设和能力建设进程，持续巩固防治成果。开展200名8～10岁学生尿碘、家中盐碘、甲状腺体积监测，开展100名孕妇尿碘、家中盐碘监测工作，开展辖区1125户居民碘盐消费现状调查工作及100户食盐销售网点食盐销售情况调查工作，组织辖区医疗机构开展辖区重点人群的碘缺乏病宣传教育工作。

【爱国卫生】 抓好农村无害化卫生厕所改造。为无害化卫生厕所改造工作提供技术指导，配合市委农工办对农村改厕工作进行验收，2016年全市完成无害化卫生厕所改造7.2万户；开展春季爱国卫生运动暨爱国卫生月活动。宣传贯彻国务院《关于进一步加强新时期爱国卫生工作的意见》，开展春季爱国卫生运动，并利用4月爱国卫生月的契机广泛动员全社会参与到爱国卫生运动中来，张贴宣传明白纸20000余份，利用1个月的时间开展大环境综合整治；深入开展卫生先进单位创建。全年创建国家卫生乡镇1个，省级卫生先进单位1个、省级卫生镇街4个、省级卫生村74个；扎实开展健康城市创建活动。整理创建健康城市所需各种材料和注意事项，给政府当好参谋。通过政府公文平台，向有关单位下发通知，公布办公电话、电子邮箱以及QQ工作交流群，编制健康城市建设办公室预算，开展建设省级健康村、健康镇街试点工作，确定崂山街道办事处为省级卫生健康镇街试点，崂山街道办事处河南村和南沽村为省级健康村试点；认真做好省级卫生城复审工作。及时向市委市政府汇报，协调召开迎审动员大会，布置复审省级卫生城市相关工作，迎审过程中多次进行督导调度。针对12月28日省爱委会反馈的荣成市迎接省级卫生城市复审暗访问题，及时汇总上报，于12月30日召开整改工作会议布置整改工作，加强督导调度，拍摄整改视频，整理相关整改材料及时上报省爱卫会。经过多方努力，荣成市本期省级卫生城市复审工作圆满完成；全面抓好病媒生物防治。组织开展春季集中灭鼠活动和夏秋季节集中灭蚊蝇活动，利用报纸、微信等平台广泛宣传除“四害”知识，提高群众防病意识，发放各类宣传手册3000余份，发放灭鼠药物20余箱，灭蚊蝇药物60余箱。针对近两年蟑螂滋生迅速的情况，对灭蟑知识进行宣传，发放灭蟑药物60余千克，张贴宣传知识单页1000余份。

【健康教育】 结合各种宣传日、宣传周，开展健康促进活动，举办大型主题宣传活动17次，各类知识讲座19期，发放各种宣传品20万余份。开辟《荣成时讯》疾控专栏，定期登载疾病预防知识和工作新动态；与各媒体密切合作，刊登、播出通讯报道、节目54个。开展健康促进示范县创建，全面推进以“居民健康素养66条”和“全民健康生活方式”为主题的健康促进与健康教育工作，新建健康主题公园1处，市区健康主题公园达到4处，园区内设健康知识长廊、健康步道、健康知识宣传牌等，使健康生活理念融入市民日常生活中。

卫生监督

【概况】 2016年，全市卫生监督体系建设快速发展，开展卫生计生综合监督提升年活动，打击"非法行医"医疗卫生专项行动成效明显。公共卫生监督稳步推进，生活饮用水卫生监督监管能力显著提升，学校卫生和传染病防控监督扎实有效，卫生监督执法水平明显提高，人民群众健康权益得到有力保障。

【卫生监督体系建设】 完善综合监督体系，推进行业内综合执法。2016年9月，经荣成市机构编制委员会办公室批准，荣成市卫生和计划生育监督执法大队设立计划生育监督科，完成卫生监督和计划生育机构、职责、人员整合，进一步完善综合监督体系，推进行业内一支队伍综合执法。加强卫生计生监督基础设施建设，创新执法模式。2016年4月，市卫生和计划生育监督执法大队搬迁新建的办公大楼，建筑面积达2000平方米，规划布局、科室设置、辅助用房等均符合卫生部关于县级卫生监督机构的设置要求；申请财政专项资金10万元建设移动执法平台，监督执法科室均拥有一套移动执法终端，提高现场监督检查的准确性和时效性。

【卫生监督执法】 以树立队伍形象、提高整体素质为目标，开展卫生计生综合监督提升年活动。针对监督执法队伍中在思想、作风、纪律、执法活动水平等方面存在的突出问题，集中开展了为期1个月的思想教育、业务学习整顿活动。7月份，配合上级支队成功举办了《山东省医政监督专业案卷评查培训班》。1人获威海市"三八红旗手"称号、1人获荣成市"三八红旗手"称号。荣成市卫生和计划生育局驻市政务服务中心窗口全年办理各类行政许可申请1097件，均在规定时限内办结，未发生群众投诉和不满意事件，被市卫生和计划生育局评为"诚信建设示范窗口"，1人被市政务服务中心评为"诚信标兵"。

【打击非法行医专项工作】 年内，全市出动执法人员832人次，出动执法车辆300多台次，取缔"黑诊所"和"假医"2家，责令当事人拆除违法医疗广告牌匾33个，没收医疗器械33箱，药品100多公斤；监督检查各类医疗机构530余户次，药品零售企业112家次，计划生育技术服务机构22家次；查处违法违规案件18件，处理群众举报投诉属实案83件，罚没款117701元。

【医疗市场监督】 年内，日常检查530户次，对辖区内32户管理相对人进行了卫生协管稽查，签订《医疗机构依法执业承诺书》140户次，监督覆盖率达100%，对检查中所提整改意见全部督促整改落实；调查群众举报案件83件，实施行政处罚18起。制作医疗市场监管电视宣传片2部。开展了推拿按摩场所专项整治活动，对检查发现存在违规宣传的30余家推拿按摩场所下达了卫生监督意见书，责令其限期撤除违规宣传。

【放射卫生监督】 全年完成36家医疗机构放射诊疗设备安全防护与质量安全控制监测，监测放射诊疗设备159台，监测率为100%。组织3家医疗机构放射诊疗建设项目评价审核及竣工验收，放射诊疗建设项目评价审核率为100%。对医疗机构开展放射诊疗专项整治，规范了全市放射诊疗行为，保证公众和放射工作人员的健康权益。

【传染病防治卫生监督】 按照《2016年威海市传染病防治监督重点检查计划》《2016年威海市血液安全重点监督检查计划》要求，对辖区29家医疗机构的传染病疫情报告、传染病疫情控制，消毒隔离制度执行情况、医疗废物处置情况、病原微生物实验室管理情况、临床用血安全管理情况和预防接种情况开展了专项监督检查，针对现场检查发现的问题，下达卫生监督意见书26份，提出监督意见85条。

【学校卫生监督】 组织卫生监督员对辖区115所学校及托幼机构开展了传染病防控工作专项检查，完成10所学校卫生监督综合评价，建立完善了学校卫生监督档案。做好高考保障工作，考前对各考生住宿地点生活用水和宿舍教室等场所进行监督检查和现场监测，采集自备水样4份次，现场空气质量检

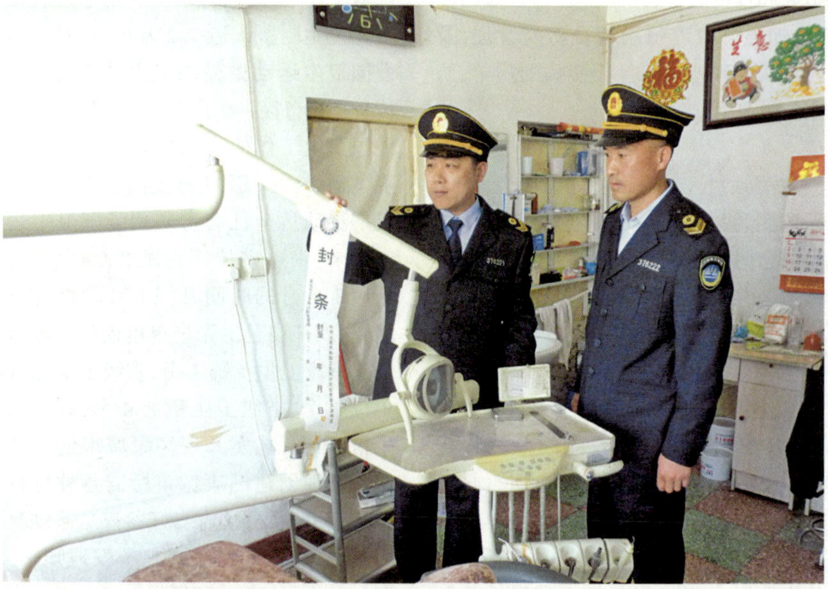

4月19日，卫生监督人员对无证开展口腔诊疗活动场所进行查处

（市卫生和计划生育局提供）

测 18 份次，确保考生饮水和考试环境卫生安全。加强对学校饮用水卫生安全检查，举办荣成市学校饮水卫生安全管理员培训班，对学校生活饮用水卫生管理和水质检测做了具体规定要求。跟踪检查全市 274 台学校直饮水机水质检测情况，确保师生饮用水卫生安全。

【公共场所卫生监督】 以创建国家级文明城和健康促进市为契机，以推行量化分级管理为手段，加强公共场所事后事中监管。对辖区内 859 家公共场所经营单位，免费发放“禁止吸烟”标识及“健康知识”宣传画；对 554 家公共场所经营单位进行量化分级复核；加强公共卫生重点行业抽检工作，抽检公共卫生用品 86 份，合格率达到 95.3%。开展集中空调通风系统专项监督检测活动，辖区 13 家集中空调通风系统使用单位通过检查、整改、复核达到卫生要求。

【生活饮用水卫生监督】 年内，对 12 处集中式供水单位监督检查 36 次，采集出厂、末梢水样 28 份，下达监督意见书 13 份，审核水质抽检报告 186 份。参与 2015 年度 63 处农村饮水安全改造工程初审验收。开展二次供水专项检查，检查单位 34 家，监督覆盖率 100%；开展水质处理器专项监督检查，检查经销单位 16 家，涉及 16 个品牌 77 种型号产品，下达卫生监督意见书 16 份；开展现制现售饮用水卫生监督专项检查，检查 10 处生活小区 18 台现制现售饮用水机，抽检 11 份水样符合国家饮水卫生标准。

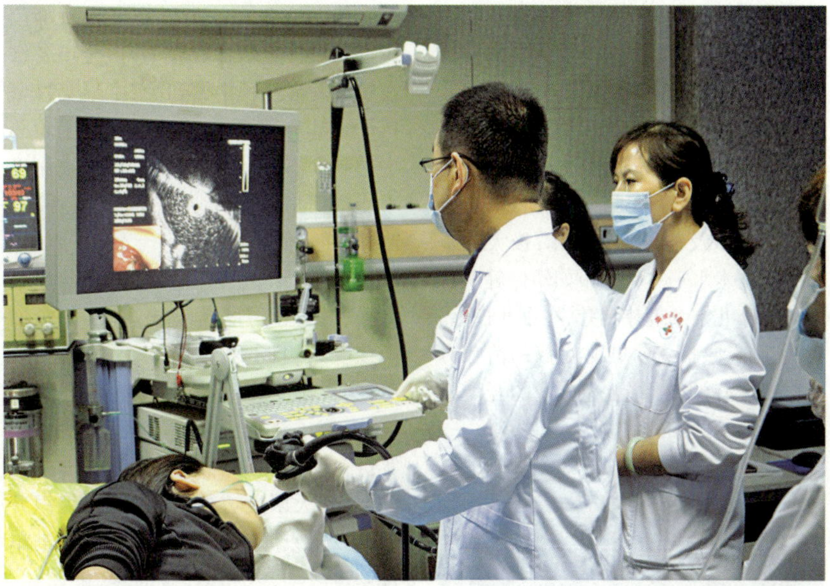

8 月 19 日，市中医院胃镜诊疗技术临床应用 （市卫生和计划生育局提供）

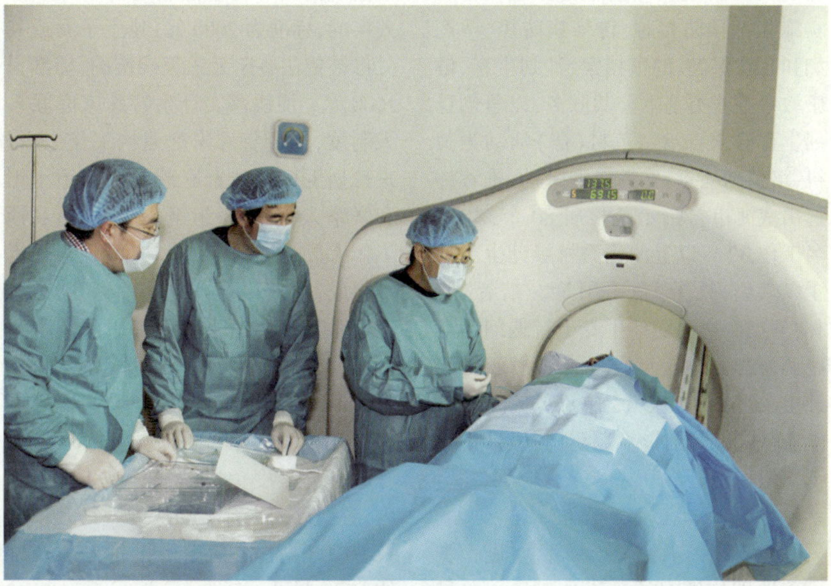

4 月 15 日，市人民医院微波消融技术诊疗临床应用
（市卫生和计划生育局提供）

医学科研

【概况】 2016 年，市卫生计生系统通过了山东省医药卫生科技发展计划项目 1 项，获得山东省科技成果二等奖 1 项，威海市科技进步二等奖 2 项，威海市科技进步三等奖 2 项。

【技术成果】 荣成市人民医院开展的急性心肌梗死的急诊介入治疗，取得良好的临床效果，极大提高急性心肌梗死的抢救成功率，其部分病历在 2016 年中国介入心脏病学大会上被收录为电子参展病历；脑梗死 rt——PA 超早期静脉溶栓治疗开展顺利，获得威海市卒中质控中心的一致认可。荣成市中医院开展的“芪藤胶囊结合雷火灸并一穴多针透刺法治疗肩周炎的临床研究”项目获得山东中医药科学技术奖励委员会颁布的科技成果二等奖；《体外冲击波碎石疗效的影响因素》被列为山东省医药卫生科技发展计划项目。

【医疗新技术应用】 2016 年全市开展医疗新技术应用 45 项。荣成市人民医院积极开展新的内镜诊疗技术，并在微创治疗、微波消融治疗方面取得新的进展。荣成市中医院积极开展消化内镜诊疗技术，并提升妇科手术能力，开展胎儿畸形超声筛查。石岛人民医院与青岛心血管病医院合作，开展冠脉造影、支架植入、起搏器安装等介入治疗；积极开展椎间孔镜技术及输尿管镜技术，极大地提高医疗技术水平。荣成市妇幼保健院积极开展小儿推拿理疗治疗，在小儿夜啼、腹泻、肺炎咳嗽等小儿常见病的治疗方面取得良好的效果；无痛分娩的开展极大地减轻了产妇的痛苦。

计划生育

【概况】 2016年，全市计划生育工作围绕国家、省、市卫计委的总体部署，以开展新一轮全国计划生育优质服务先进单位创建活动为契机，以实施好全面两孩政策为重点，改革完善服务管理，基层服务管理工作水平得到进一步提升，全市计划生育工作继续保持健康发展的良好态势，荣成市被国家卫生和计划生育委员会授予首批新一轮“全国计划生育优质服务先进单位”。

【统筹解决人口问题】 结合贯彻落实《中共中央、国务院关于实施全面两孩政策改革完善计划生育服务管理的决定》(中发〔2015〕40号)和《中共山东省委、山东省人民政府关于实施全面两孩政策改革完善计划生育服务管理的意见》(鲁发〔2016〕14号)、《中共威海市委、威海市人民政府关于实施全面两孩政策改革完善计划生育服务管理的意见》(威发〔2016〕26号)，市人口和计划生育领导小组印发《关于实施全面两孩政策改革完善计划生育服务管理的实施方案》，将生育政策调整、服务管理改革和计生惠民政策列为计划生育转型发展和民生实事重要内容，纳入各级各部门目标绩效管理考核，市委、市政府与两区、13个镇街和37个市直部门分别签订了《2016—2017年度人口目标管理责任书》《2016—2020年度市直部门履行人口计生职责责任书》。全市各级在转型发展过程中做到“三个不变”(坚持计生基本国策不变、党政一把手负总责的制度不变、计划生育一票否决制度不变)，严格执行计划生育“一票否决”制，严格责任追究。

【计划生育基层服务管理】 实施全面两孩政策，推行生育服务管理制度改革，实行了生育一孩、二孩生育登记制度；实施了流动人口婚育证明电子化，实行在现居住地为流动人口办理生育登记，最大限度方便群众办证；组织开展第二轮威海市计生优质服务先进单位创建活动，人和镇、俚岛镇、港西镇、东山街道办事处、崖头街道办事处被威海市人口与计划生育领导小组授予首批“威海市计划生育优质服务先进单位”；开展计划生育工作转型发展大学习大调研活动，通过系列集中培训学习和针对性调研活动，为改革转型发展储备了基础知识、提供了科学依据；会同市总工会开展了岗位练兵和技能竞赛活动，使广大计生干部在学与练、练与赛中提升基础业务素质和实战技能；按照《国家基本公共服务体系“十二五”规划》和户籍制度改革深化实施居住证制度的要求，将流动人口基本卫生计生服务纳入社区卫生计生服务体系。组织实施儿童预防接种、传染病防控、孕产妇和儿童保健、健康档案、计划生育、健康教育等6类基本公共服务；以争创计划生育群众自治示范村(居)活动为契机，培植新亮点，发挥典型带动，推荐评选出威海市自治示范村居80个，对33名工作30年以上的优秀村级计生主任予以表彰，授予“执手国策奉献者”奖杯；开展乡村退职计生专干待遇问题专题调研，至2015年底全市有退职村级计生主任5017人，已有869名离任计生主任领取“退休金”，保证村级计生干部队伍稳定。

【出生人口性别比综合治理】 进一步完善性别比综合治理工作制度。督导各助产机构、卫生单位严格落实对孕14周以上终止妊娠对象实行查验登记《终止妊娠手术证明》制度，严格执行住院分娩个案登记直报、B超管理使用和终止妊娠药品管理制度等相关法律法规和各项工作制度，在很大程度上阻断“两非”行为的路径。1月和8月两次接受威海计划生育领导小组对全市性别比的专项检查，对照考核要求，完善了相关制度和档案资料，并沟通妇联、公安、药监、市场监督等职能部门做好综合治理工作的述职总结，圆满完成督查考核任务。

【计划生育便民服务】 开展“计生助福”活动，帮助计划生育困难家庭，发放人口关爱基金3.6万元，为计生家庭投保意外伤害保险47万元。为新婚家庭发放“计生服务礼包”3700个。在崖头、石岛城区设立24台免费计生药具自助发放机，最大限度地方便群众。

【计划生育利益导向机制建设】 加大对计生特殊家庭的扶助力度，对2014年1月1日之后计划生育特殊家庭成员因疾病或意外事故死亡或残疾，且独生子女母亲年满35周岁的，以家庭为单位，给予一次性临时救助。对符合救助条件的计划生育特殊家庭，独生子女或其父母死亡的，标准为3000元；独生子女或其父母被依法鉴定为二级以上残疾的，标准为2000元；独生子女或其父母被依法鉴定为三级残疾的，标准为1000元。加快落实计生特殊家庭联系人制度，结合特殊家庭建档工作，为每户计划生育特殊家庭落实好联系小组和联系人，联系小组至少3人，由乡镇工作人员、村干部、计生协会员、志愿者等组成。进一步落实好特殊家庭“绿色通道”定点医疗机构职责、服务流程和责任人，组织下发《计划生育特殊家庭就医证》，开通“绿色通道”。组织开展对女方年满49周岁的计划生育特殊家庭成员的年度免费健康查体工作。年内，各项计划生育奖励扶助救助政策惠及10万余人，各级财政拨付专项资金约6790万元。

(苏晓明)

荣成 RONG CHENG 自由呼吸 自在荣成

体 育
Sports

◎ 综 述

◎ 群众体育

◎ 竞技体育

◎ 品牌赛事

◎ 体育设施

◎ 体育产业

综　述

【概况】　荣成市体育局位于市崖头街道悦湖路东首的奥林匹克中心体育馆，局机关内设办公室、群体科、竞训科3个科室，下辖荣成市竞技体育运动学校、荣成市体育中心2个事业单位。有工作人员82人。倡导“运动健康”的理念，2016年组织、承办和参与各级各类赛事活动千余场，带动活动人群十万人。2016年，成功举行“国际帆船帆板邀请赛”和“2016年中国乒乓球协会会员联赛”，并在全市范围内广泛开展全民健身活动。

【荣成市竞技体育运动学校】　位于市崖头街道悦湖路东首奥林匹克中心体育场，有工作人员52人，其中文化教师24人，教练员20人，后勤人员8人。高级职称9人，中级职称24人，中高级职称占教职工总数的63%。学校常年开设田径、篮球、柔道、摔跤、乒乓球、跆拳道、散打、举重、手球、足球、自行车和划船12个运动项目，设有8个训练馆、2个标准田径训练场、8个篮球训练场、2个手球训练场和6个排球训练场，配有科研所。学校秉承“为国家培养高水平体育后备人才”的办学宗旨，坚持“向选材要人才，向训练要金牌，向管理要效益”的办学理念，探索“读训并重、以训为主、以读塑人”的办学模式，先后为各级运动队输送优秀运动员1000多人，其中有15人入选国家队，30人达到国家级运动健将标准；学校培养输送的运动员先后有3人参加奥运会，2016年市体校输送的竞走选手于伟获得里约奥运会的入场券，是年内威海市唯一一名奥运选手。

（李　穹）

群众体育

【概况】　2016年，利用各级体彩公益金500多万元，打造埠柳镇、崖西镇、夏庄镇、俚岛镇、东山街道、桃园街道、港湾街道、人和镇、上庄镇、滕家镇等10处镇级全民健身活动中心，并为这10处镇级全民健身中心配备运动器材；资助建设省级示范镇健身广场1处，省级示范农村新型社区1处。全市各镇（街道）文化服务中心更名为文化体育服务中心。采购发放健身器材1359件，其中为村居配套、更新1010件，根据社区需要，发放健身器材349件。招标器材维护企业，为全市坏损器材进行维修，完成维修636件；为46个扶贫重点村配备篮球架25副、健身路径278件，为17个重点贫困村维修136件健身器材。成立市级网球、社会体育指导员2个单项体育协会，成立荣成市自行车运动俱乐部、荣成海岸明珠游泳健身俱乐部、荣成市崖头陈氏太极拳健身俱乐部3个体育俱乐部，市级体育协会20个、体育俱乐部34个。覆盖城乡的晨晚练站点949个、健身气功站点67个。围绕“运动、健康、快乐”主题，努力打造全社会“齐参共享”活动格局，与市妇联、老年体协、柔力球协会等单位联合培训三级社会体育指导员1000名；举办荣成市第六届全民健身运动会乒乓球、羽毛球、篮球、中国象棋等16个项目比赛，继续举办农村体育惠民活动，每村举办广场舞和趣味运动会至少2场，镇级举办5场活动，基层健身活动1500多场，直接带动参与人数10万以上；会同有关部门举办职工乒、羽、工间操比赛、广场舞等赛事活动25项次。市乒乓球协会与韩国开展交流活动。全市组织开展大中型全民健身活动50项，活动直接带动人数超过40万人次。荣成市体育局连续3年被评为“山东省全民健身运动会先进单位”。

市级社会体育指导员柔力球培训班　　（市体育局提供）

【健身设施】　投资80万元建设10处镇级全民健身中心。投资400万元，采购新国标健身路径150套，塑木器材12套，篮球架、乒乓球台各50副，发放给各镇街、村居、城市小区及便民服务中心，维修更新老旧健身器材1006件。市体育场馆对社会全面开放，实验中学、第二实验中学、蜊江中学、实验中学、第二实验小学、青山小学、幸福街小学、世纪小学、蜊江小学、府新小学、石岛实验小学、石岛实验中学等12所学校限时开放。

【全民健身知识讲座】　4月22日，举办全民健身知识讲座，邀请国家体育总局运动医学研究所主任医师黄光民作专题报告，全市200多名社会体育指导员参加。

【体育健身活动】 举办第六届全民健身运动会、全民健身月、全民健身日、职工乒乓球、羽毛球比赛等市级大中型群众健身赛事近50项，开展各级健身活动1600场。除此之外，举办滨海健步走、环湖自行车、市民运动会、社区健身节、登山节等涵盖全市机关、企事业单位、社会居民的大型综合健身赛事活动，直接参与人数近2万人。依托优越海岸线资源，国庆期间举办有来自国外及国内各地100名帆板精英参加的国际帆板精英邀请赛，举办有乒乓球世界冠军和来自全国各地500名乒乓球爱好者参加的全国乒乓球协会会员联赛。

【社团组织】 新增网球协会、社会体育指导员协会、自行车运动俱乐部、崖头陈氏太极拳健身俱乐部等体育社团组织4个。至2016年底全市社会体育组织总数已达到47家，其中单项体育协会17家，俱乐部、培训中心30家，有会员1.4万人。

【人才培训】 举办市级社会体育指导员广场舞、柔力球、太极拳等培训7次，发展三级社会体育指导员600多名，总数已达2300多人。开展青少年阳光体育活动，建立游泳、OP帆船、足球等特色培训体系，在校园培训足球780人、游泳640人、OP帆船60人、乒乓球900人、羽毛球400人、围棋500人。

【国民体质监测】 国民体质监测中心新增血压脉搏检测装置、心肺耐力测评系统、脊柱电子测量仪、平衡能力评估分析系统等4件大型设备，全年免费为2000名市民进行体质监测，出具运动处方，科学指导健身。

（李 磊）

竞技体育

【概况】 2016年，荣成竞技体育蓬勃发展，里约奥运会获得第五名；国家级比赛获金牌6枚；省级比赛获金牌18枚；市级比赛获金牌105枚，团体冠军13项。举办、承办各类赛事9项，其中承办国家级赛事1项、威海市级比赛3项。组织1920多人次参加威海市锦标赛及威海市中小学生体育联赛。举办本级赛事5项，组织2488人次参赛，为培养输送高、精、尖优秀运动员打下基础。举办各类校园培训班六项，培训3000人。向省级以上专业运动队推荐、输送优秀运动员10名，向威海市级输送优秀人才10名。

3月26日，市中小学生田径比赛现场 （市体育局提供）

【威海市锦标赛】 4月—11月，威海市体育局主办的“中国体育彩票杯”威海市锦标赛，设20个大项。荣成市选派1177人次参加威海市18项锦标赛，获得金牌68枚，团体冠军5项。同时还承办篮球、摔跤、跆拳道三项赛事

【威海市中小学生体育联赛】 3月—7月，威海市体育局、教育局联合主办的“中国体育彩票杯”威海市中小学生体育联赛，设乒乓球、篮球、排球、健美操、足球和田径6个比赛项目。荣成市组队743人次参赛，获得金牌37枚、团体冠军8个、5项团体总分第一名，联赛总成绩位列威海市区之首。

【荣成市中小学生体育联赛】 3月—7月，荣成市教育局和体育局联合主办“中国体育彩票杯”荣成市中小学生体育联赛，设乒乓球、篮球、排球、足球和田径5个比赛项目，有来自全市52个中小学校2488人次参加比赛。

【威海市国际跤锦标赛】 9月27日—29日，由威海市体育局主办，荣成市体育局承办的2016年“中国体育彩票杯”威海市国际跤锦标赛，在荣成市体育馆成功举行。有来自两区两市4个单位的204名运动员参加比赛。市代表队取得金牌13枚、团体总分309分。获得金牌团体总数第一名、团体总分第二名。

【威海市跆拳道锦标赛】 9月27日—29日，由威海市体育局主办，荣成市体育局承办的2016年“中国体育彩票杯”威海市跆拳道锦标赛，在荣成市体育馆成功举行。有来自两区两市4个单位的112名运动员参加比赛。荣成市代表队取得金牌8枚，获得金牌总数团体第二名。

【威海市篮球锦标赛】 9月18日—20日，由威海市体育局主办，荣成市体育局承办的2016年“中国体育彩票杯”威海市篮球锦标赛，在荣成市体育馆及实验中学成功举办。有来自五区两市7

个单位的279名运动员分别参加甲、乙,男、女四个组别的比赛。荣成代表队夺得了男子乙组,女子甲、乙组三项团体冠军,男子甲组获得团体亚军。

【运动项目进校园培训】 4月11日—29日,由市体育局、教育局联合主办的2016年市足球进校园培训班,在体育中心及六所相关学校举办,全市700多名中小学生参加培训;7月5日至8月30日,OP帆船培训班在市滨海公园举行,培训中小学生70名。7月10日至8月25日,在石岛宾馆游泳馆及清江水都游泳健身中心举办市游泳进校园培训班,培训640名中小学生。

(韩小丽)

2016年荣成市培养输送的运动员参加全国比赛获金牌情况表

表93

姓名	比赛名称	项目	金牌数(枚)
刘忠旭	全国古典式摔跤冠军赛	71公斤	1
林豪文	全国男子青年手球锦标赛	手球	1
宫磊	全国女子青年手球锦标赛	手球	1
孙钊	全国田径大奖赛总决赛	跳高	1
刘成成	全国小轮车总决赛	小轮车	1
于伟	全国田径锦标赛	竞走	1

品牌赛事

【概况】 以承接影响力大的赛事活动为契机,组织举办一系列品牌赛事,如乒乓球比赛、滨海健步走、环湖自行车、市民运动会、国际帆板精英邀请赛和全民健身登山节等多项适宜荣成市特色的大型体育活动,直接参与人数1.5万人。

【"李宁·红双喜杯"2016年中国乒乓球协会会员联赛第六站(山东荣成站)】
5月27日—29日,由中国乒乓球协会主办,山东省乒乓球羽毛球运动管理中心、威海市体育局、荣成市体育局承办,北京中乒体育文化发展限责任公司执行推广的"李宁·红双喜杯"2016年中国乒乓球协会会员联赛第六站(山东荣成站)在荣成市体育馆举行。此次比赛有来自全国13个省、32个市区、67支代表队的547人参加。

(韩小丽)

【"美利达杯"荣成市城市自行车比赛】
7月24日,由荣成市体育局主办、荣成市美利达自行车承办的荣成市城市自行车比赛在市体育场举行,本次环湖赛吸引来自全国各地的500多名车手参加。

【"农商行·家庭银行杯"2016年荣成市市民运动会】 由荣成市人民政府主办,荣成市体育局、荣成市市直机关工委、荣成市总工会承办,荣成市农村商业银行协办的"农商行杯"2016年荣成市市民运动会比赛,于9月13日至10月14日在市体育场举行,有来自全市各区镇、街道、市直部门、企事业单位、社团组织等95个单位的5000多人参加了机关A组、机关B组、企业组、镇街组4个组别的比赛。

【滨海绿道健步走活动】 4月23日由荣成市人民政府主办,市体育局、市文明办联合承办的"自由呼吸·自在荣成"2016荣成市民运动会滨海绿道健步走活动在市体育中心隆重启动,来自全市区、镇、街道、市直机关、企事业单位、社团组织等单位活动人员5500多人参加。

【全民健身登山节活动】 11月12日,由市体育局、市总工会、市直机关工委、市旅游局联合主办,登山协会承办的2016年全民健身登山节活动在槎山风景区隆重举行,有来自全市机关、企事业单位、社会民众近1500人参加。

【2016中国·荣成全民健身城市帆板邀请赛暨国际风帆精英联盟赛】 10月1日—3日,由市帆船帆板运动协会联合三亚、上海、青岛等帆板运动俱乐部举办的全民健身活动暨帆板国际精英邀请赛在滨海公园举行,有来自国内外帆板运动爱好者100多人参加。

(李 磊)

体育设施

【概况】 2016年,组织相关镇街新建、续建、改建10处镇级全民健身中心工程,为10处镇级全民健身中心配备运动器材。采购160套室外健身器材，配合社会体育指导员培训工作，按实际需求发放至相应的村（居）。资助建设成山镇省级示范镇工程、寻山街道青鱼滩社区新型农村社区健身工程；对各镇街农村和公园、广场、社区破损健身器材进行维修、更换，年内维修、更换健身器材1000余件。对市体育中心内场地足球场进行场地改造。完成对市体育馆内功能区域的划分樱花湖体育公园建设启动。打造奥林匹克中心1处，含体育馆1座、体育场1座，位于崖头街道悦湖路东首。形成“10分钟健身圈”，基本实现农村体育设施全覆盖。投资390万采购并发放健身器材1359件，其中为村居配套、更新1010件，根据社区需要发放349件。对全市坏损器材进行维修，完成636件。为46个扶贫重点村配备篮球架25副、健身路径278件，为17个重点贫困村维修健身器材136件。

市体育场　（市体育局提供）

【荣成市奥林匹克中心】　位于荣成市桑沟湾畔，主要由体育场、体育馆和市民健身中心组成。2008年被国家体育总局命名为山东荣成国家队夏训转训基地，被山东省体育局命名为山东省优秀运动队训练基地、山东省体育后备人才训练基地。

荣成市体育场　2007年竣工，位于桑沟湾畔，总投资3.2亿元，建筑面积5.82万平方米，可容纳观众3万人。场内设400米标准橡胶跑道、足球场、体育运动学校、运动员公寓及文化设施。体育运动学校主要设施有教室、实验室、餐厅，及举重、摔跤、柔道、跆拳道、武术、体操训练房等设施，总面积为7430平方米。运动员公寓面积3780平方米，配备客房105间，多功能厅1200多平方米，设有宴会厅、接待室及休闲娱乐设施等。2016年市体育局对体育场内的足球场地进行了改造，并申请了国家发改委的补助资金，完成旧草皮铲除、新草坪栽种工作，将维修改造场地的排水系统。整个改造项目预计于2017年8月完成。

市体育馆外景　（市体育局提供）

荣成市体育馆　2007年竣工，位于桑沟湾畔，总投资2.4亿元，建筑面积3.04万平方米，建筑高度45米，可容纳6548人。2016年，市体育局对体育馆内的运动区域进行重新划分：设置乒乓球活动区、排球活动区、篮球活动区、羽毛球活动区、手球活动区。2017年拟馆内主席台进行改造，增设网球活动区。

荣成市民健身中心　2008年竣工，位于桑沟湾畔，体育场西侧，投资1800万元，占地面积6万平方米，设田径、网球、篮球、手球、排球、羽毛球和链球等标准场地。

【镇级全民健身中心工程】　根据威海市政府办公室《关于印发2016年〈政府工作报告〉目标任务分工方案的通知》（威政办发[2016]1号）关于“威海市建设镇级全民健身中心30处”的要求，荣成需于年内建设镇级全民健身中心10处。为保证年内完成建设任务，选取场地面积充裕的10个镇街作为发展对象。镇级全民健身中心场地为室内外结合的形式，室外场地标准：建筑面积2000平方米以上；至少能长期开展5个体育活动项目，以球类和操舞类活动为主，且能够实现功能转换。推荐设计1

个篮球和1个门球场地，可根据需要转换成武术、健身操、广场舞等场地；配置健身路径7—15件。室内场地标准：总建筑面积不少于200平方米；至少可以开展5个室内运动项目，可以设计为：1个独立大空间运动单元，场地能够满足多种运动项目的转换；至少5个小空间运动单元的组合；1个大空间单元和至少4个小空间运动单元组合。推荐设计1个室内操舞练习场地、1个室内器械健身房（5件以上健身器械）、1个棋牌室、1个台球室、1个乒乓球室。10个镇级全民健身中心按上级要求建设完成并投入使用。

【成山镇省级示范镇工程】 按照《关于2015年度省级体彩公益金资助建设省级示范镇、省级示范农村新型社区健身工程的通知》《乡镇体育健身工程体育设施建设指导手册》要求，体育局与成山镇人民政府共同投资建设成山镇省级示范全民健身工程。该工程包含一片综合活动场地，面积6000平方米，15件室外健身器材，两块标准塑胶篮球场地，一块笼式足球场地，两块标准塑胶羽毛球场地，附属用房面积300平方米，主要功能是乒乓球室、台球室、储藏室、小卖部，两处独立的公用卫生间，广场四周及广场内穿插全长1000多米的塑胶健身步道。2016年底，该工程按建设要求完工并投入使用。

【青鱼滩社区省级示范农村新型社区工程】 按照《关于2015年度省级体彩公益金资助建设省级示范镇、省级示范农村新型社区健身工程的通知》的要求，与寻山街道投资25万元（含2015年度省级体彩公益金20万）建设新型示范农村社区。该工程包含室内、室外两部分：室外部分包含两处改建的社区多功能运动场，每处面积2000多平方米，具有篮球、气排球、羽毛球等活动功能，安装1套15件塑木健身器材，配置1套儿童游乐设施；室内部分利用原青鱼滩小学校址，配置乒乓球室、台球室、有氧活动室、健身室、棋牌室，总面积200平方米。2016年底，该工程按建设要求完工并投入使用。

【体育器材维修、更换】 利用体彩公益金，通过购买社会服务的方式，公开招标确定1家体育器材维修单位对全市各镇街农村和公园、广场、社区损坏的体育器材进行维修，更换超出使用年限、破损严重、无维修价值的体育器材。年内维修、更换体育器材1000件。维修后的体育器材，外观如新，安全性有保障，及时弥补广大群众利用体育器材锻炼的需求。

【农民体育健身工程】 利用体彩公益金购买室外健身路径1200件、篮球架100支、室内乒乓球台50张，按各镇街上报的村（居）安装需求，结合实际调研情况，为全市160个村居及48个小区，按照实际需要，配备相应的健身器材。年末所有村（居）及社区达到了体育器材全覆盖，全市社区达到了“10分钟健身圈”的标准。计划用4年的时间，将全市所有的旧国标标准的器材更换成新国标标准器材，保证器材的安全性。

【樱花湖体育公园正在建设】 打造1个以樱花为主题的体育公园，公园傍水而建，打造环湖运动景观带，因此被称作樱花湖体育公园。樱花湖体育公园以“望湖、痴海、看花开”为设计理念，植物种植以樱花为主，并栽植大树、花灌木、球类、组团小灌木、宿根花卉等。计划打造人文运动区、生态体验区、体育中心区，按照承办国际自行车公路赛的标准修建一条6千米的环湖自行车赛道，主要打造以“湖”为主题的涵盖环湖自行车、步行健身、垂钓、水上运动、儿童娱乐等功能于一体的城市休闲健身场所。同时，增加户外运动场地与设施，如健身广场、老年活动区等，各功能区布局合理。公园建设计划于2017年6月完工。

（王大鹏）

体育产业

【概况】 2016年底全市有体育产业标准企业和俱乐部71家，体彩实体销量达到1.227亿元。

【体育产业调查】 6月—7月，市体育局对全市303家在市工商局注册的体育相关类企业、俱乐部进行走访调查，确定符合体育产业定义标准的企业、俱乐部71家，筛除体育无关类企业、俱乐部232家，初步掌握全市体育产业基础情况。10月—11月，市体育局在体育产业大库中抽查体育产业样本35家，逐家进行信息采集，并将调查结果上报体育总局全国体育产业专项调查系统。

【体彩实体销量】 全年体彩实体渠道销量达到1.227亿元，超额完成全年目标任务，其中电彩销售1.16亿元。全市体彩销售站点达到110个，建成商超店4个。

【房车制造业发展迅速】 有7家房车生产企业，其中，100人以上3家，30—70人以上4家。产品主要为拖挂帐篷式房车及拖挂硬顶式房车，主要销往澳大利亚、新西兰等澳洲国家，“荣成拖挂式房车”在澳洲国家具较高知名度，约占澳大利亚房车市场份额的1/5。2016年全市拖挂帐篷式房车年销售量达到10000辆，拖挂硬顶式房车年销售量600辆，实现销售收入5亿元，出口创汇6000万美元。

（王大鹏）

荣成 RONG CHENG 自由呼吸 自在荣成

社会生活

Social life

- 人力资源和社会保障
- 住房公积金管理
- 民　政
- 慈善事业
- 红十字事业
- 老龄工作
- 民生诉求
- 信用建设
- 残疾人事业
- 人民生活
- 社会风尚

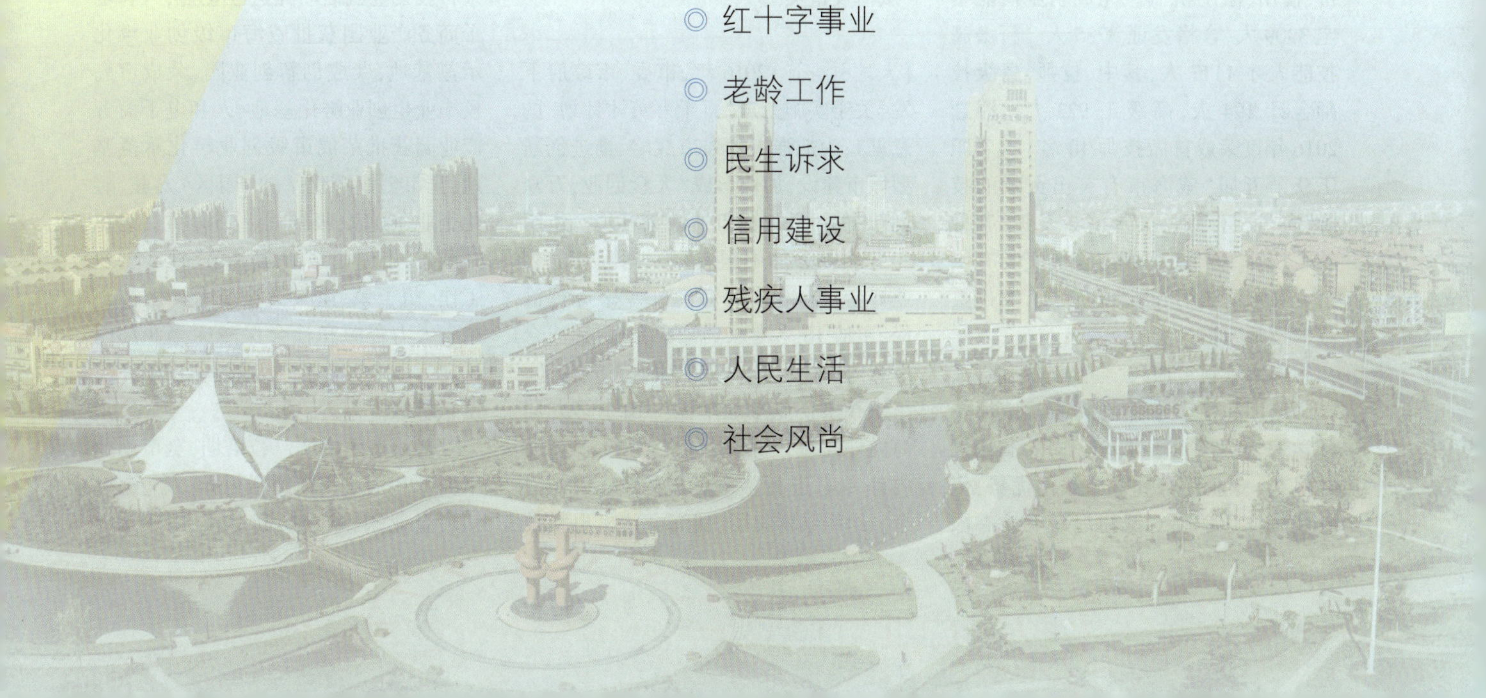

人力资源和社会保障

·人才队伍建设·

【专业技术人才队伍建设】 2016年，全市专业技术人才队伍建设稳步推进，全年组织783名专业技术人员申报职称，为220名正规全日制院校毕业生办理职称确认手续。举办为期两个月的《专业技术人员权益保护》公需科目培训，培训8181人。选拔2015年荣成市有突出贡献的中青年专家11名，修订出台《荣成市有突出贡献的中青年专家选拔管理办法》。引进博士后2人，协助成山集团有限公司、泰祥集团申请威海市博士后项目资助资金35万元。威海百合生物技术股份有限公司获批设立全市第一家山东省博士后创新实践基地。

【高技能人才队伍建设】 **技能大比武** 携8家企业参加"2016年威海市职业技能大比武"开幕式技能展示和展位布展，选派54名选手参加威海市职业技能大比武，参赛项目19个，14名选手分获一、二、三等奖，晋升职业资格17名。

高技能人才培养 明确高技能人才工作的战略定位，完善人才培养、评价、使用、激励机制。完成职业技能鉴定3909人，合格发证3735人。新增高技能人才1117人，其中，技师、高级技师合计194人，高级工923人。评选2016年度荣成首席技师10名。5名职工获第五届"威海市有突出贡献的技师"称号，赵寿建、吴永清2人获"齐鲁首席技师"称号，荣成市建筑安装有限公司吴永清获第五届"山东省有突出贡献的技师"称号。

职业培训 加大"金蓝领"高级工、技师培训和鉴定力度，充分发挥威海技师学院"金蓝领"培训基地作用，利用人才优势、专业优势和设备条件优势，依托威海技师学院对威海海马毛纺有限公司、荣成市双利海水养殖有限公司、山东华鹏玻璃股份有限公司等9家企业制定切实可行的"金蓝领"高级工培训鉴定方案，积极解决企业职工培训工作中遇到的师资匮乏、工种分散、报名人数少、调配难等棘手问题，努力探索出适合企业特点的培训鉴定工作模式。全年开展培训"金蓝领"高级工1413人、"金蓝领"技师314人。

技师工作站建设 严格按照威海市局下发的《关于做好2016年度威海市技师工作站和示范技师工作站申报工作的通知》，审核企业申报材料，确保申报质量。新增赤山集团有限公司威海市技师工作站，浦林成山(山东)轮胎有限公司威海市示范技师工作站。

【引进国外智力】 全年获批国外智力引进项目3项，其中，山东海之宝海洋科技有限公司申报的"褐藻寡糖的高效制备技术创新与功能性产品开发及产业化"列入国家高端外国专家项目，浦林成山轮胎有限公司申报的"半钢子午线绿色国信通配方设计技术项目"和荣成市广兴苹果种植专业合作社申报的"苹果高效栽培关键技术引进推广"2个项目列入省外国专家项目，分别获得20万元和30万元的资助资金。通过申报《外国专家需求项目》，引进德国、以色列高端人才5名到荣成技术指导。山东海之宝海洋科技有限公司聘请的德国慕尼黑工业大学教授威廉·马迪亚斯·温迪施博士工作业绩突出，获"威海友谊奖"。

【人才引进】 2016年，市委、市政府下发《关于实施荣成"百千万英才计划"的意见》，为加强人才强市战略、推进创新型城市建设，加快形成"大众创业、万众创新"的生动局面打造政策环境。组织20家企业参加中国威海·国际英才创业峰会，与40多名海内外专家进行洽谈，邀请16名专家到荣成考察，达成合作意向10个，其中3个项目正式落地。组织6家企业参加中国·山东第九届海内外高端人才交流会，与10多名海内外专家进行洽谈，达成合作意向1个。组织泰祥集团、威海金涛机电科技有限公司2家企业及科技创业园到韩国进行人才环境推介及项目引进，引进项目4个。组织恒顺集团山口惠申报海外创业泰山产业领军人才类，组织企业申报威海人才产业项目工程。靖海集团有限公司"沙窝岛中心渔港建设"项目入选优秀项目，获得扶持资金10万元。组织企业申报重点产业紧缺人才，山东达因海洋生物制药股份有限公司引进的王文笙总监被评为威海市2016年重点产业紧缺人才，获安家补助8万元。为山东海之宝海洋科技有限公司德国专家Wihelm Matthias Windisch(威廉·马迪亚斯·温迪施)办理绿卡。组织23家企业前往西安、东北高校进行专场招聘，组织66家企业赴省内高校招聘，达成意向1216人。全年引进各类人才1806人，其中，博士1人，硕士144人。加强人才代理工作，全年新增托管档案2723份，档案总量达2.9万份。

·就业工作·

【创业带动就业】 **创业资金扶持** 加大创业扶持力度，增加创业担保贷款基金至2000万元，全市发放创业担保贷款325笔、4962.2万元，发放各类创业补贴140.7万元，成功扶持创业575人，带动吸纳就业2000人。

创业载体建设 推进孵化基地和平台建设，哈理工U创空间、慧谷创客空间、奇点众创空间正式投入运营，盛泉科技创业园启动并进驻企业，人和电子商务产业园获批威海市级创业孵化示范基地，荣成创新创业园、荣成市高校毕业生创业孵化基地、人和电子商务产业园获批荣成市级创业孵化示范基地，全市创业孵化基地(园区)入驻、孵化企业300家，吸纳就业9500人。组织开展省、市创业型街道(镇)、社区创建工作，荫子镇、崖头街道5个社区被山东省人力资源和社会保障厅等8部门认定为山东省首批省级创业型街道(乡镇)、社区。

创业大学建设 经培训，全市创业培训师和创业咨询师增至60人。遴选知名企业家、风险投资专家、创业指导专家、商业咨询专家、高等院校专家学者25人，组建荣成市创业创新指导专家委员会，制定《荣成市创业创新指导专家委员会管理办法》，为创业者提供更高水平的创业服务。与威海创业大学合作，成立威海创业大学荣成分校，在哈尔滨理工大学（荣成校区）、威海海洋职业学院、威海技师学院分别设立创业学院和培训基地，完成创业实训1260人。

助推全民创业 举办“荣成市首届‘创客青春’创新创业项目评选活动”大赛，设创新组和创业组两个比赛组别，12家初创企业、4支创新团队参赛，决出一、二、三等奖和优秀奖，对创新组和创业组冠军分别奖励扶持资金1万元和3万元。组织全市22个项目参加威海人社局举办的“发现威海地道乡味”创业大赛，获地道威海招牌菜4项、招牌面点4项、创新创业一等奖1项、优秀奖2项。

5月19日，荣成市首届“创客青春”创新创业大赛决赛现场

（市人社局提供）

【高校毕业生就业】 **实名制登记服务** 实施离校未就业毕业生就业促进计划，将回生源地离校未就业毕业生就业工作下放到镇街，通过网站、报纸等方式为未就业毕业生宣传就业政策，提供政策咨询、岗位推荐、信息服务、创业实训等就业创业服务。全年接收2016届离校未就业高校毕业生1698人，实现就业1698人，就业率100%。

毕业生招聘 举办各类高校毕业生专场招聘会13场，110家用人单位提供岗位2886人，现场达成就业意向1234人。与哈尔滨理工大学（荣成校区）、威海海洋职业学院联合举办校园招聘会，在山东高校毕业生就业信息网、荣成人才网等网站发布单位招聘信息3085条，为1111名大学生发布求职信息。为41名优秀大学生发放生活补贴85.2万元，为新招37名高校毕业生的小微企业发放社保补贴36.5万元。

2月17日，荣成市高校毕业生专场招聘会人力资源市场现场

（市人社局提供）

实施基层服务项目 组织实施“三支一扶”计划招募工作，全年招募“三支一扶”大学生28名。全市2016年服务期满“三支一扶”大学生10人，其中，4人考录机关事业单位，6人安置在原岗位继续工作。

就业见习基地建设 规范毕业生就业见习基地管理，征集见习岗位564个，组织110名毕业生上岗见习，发放见习补贴51万元。

大学生创业培训 加强荣成高校毕业生创业孵化基地建设，拨付大学生创业引领资金23万元。全年组织496名大学生参加创业培训，156名大学生实现自主创业。

【城乡劳动力就业再就业】 全市新增城镇就业7996人，“3545”等大龄就业困难人员群体实现就业再就业456人，就业转失业人员实现再就业2310人，城镇登记失业1737人，失业率1.57%，低于2%的年度控制目标。为5280名职工发放职业培训补贴552.3万元，为3902名职工发放职业技能鉴定补贴57.5万元，为2209名灵活就业人员发放灵活就业社保补贴532.25万元；为

124家招用就业困难人员企业发放社保补贴367人、339.57万元,岗位补贴343人、513.94万元。定期通过电视台发布用工信息192期,通过镇村、媒体、网站、微信平台累计发布494家企业用工信息1714条。开展"就业援助月""春风行动""农民工恳谈日"等就业服务专项活动,举办招聘会109场,帮扶3121人实现就业。组织21家重点企业先后赴河北邯郸县、费县、肥乡县等地开展异地招聘活动,与河北邯郸等地开展实质性劳务对接合作,全年引进外工1万人。贯彻实施新的就业培训五年规划,举办各类培训班112期,培训5280人,其中,技能66期、2882人;创业46期、2398人。免费培训农村居民3560人。

【贫困群体就业】 实施"就业扶贫暖心工程",制订《荣成市人社局2016至2018年扶贫协作三年规划实施方案》,建立就业扶贫数据库,建档立卡1.48万人,劳动年龄内3691人。加强与枣庄市山亭区协作,三年帮扶山亭区600名贫困人口实现就业。

·社会保险工作·

【养老保险】 **企业职工基本养老保险** 2016年,全市企业职工基本养老保险参保16.2万人。连续第12次提高企业退休人员养老金水平,全年为8.4万名企业离退休人员发放养老金17.2亿元。

机关事业单位养老保险 完成机关事业单位养老保险征缴方面的改革工作,建立个人养老账户和职业年金账户,启动统筹外项目改革。全市机关事业单位参保1.64万人,收缴养老金2.86亿元,职业年金1.1亿元。完成机关事业养老保险制度改革后第一次退休人员养老金调整工作,全年为8915名离退休人员发放养老金5.96亿元。

居民基本养老保险 扎实保障实施居民基本养老保险制度,加大财政支持力度,全市居民养老保险基础养老金待遇标准为110元。做好民办教师、乡村医生、计生人员、老放映员、国防民工补贴代发工作。全市参保居民28万人,适龄人口参保率达100%,为11.6万名老年居民发放养老金1.8亿元。

被征地农民养老保险 调整完善被征地农民保障政策,召开市级被征地工作专题会议,开展落实被征地农民保障政策专项活动,加强同市国土资源局、财政局等部门的沟通协作,落实市级、各镇政府、街道办事处主体目标责任,明确工作要求,履行工作职责,规范工作流程,拟定工作方案,完善工作预案,制定应对措施,妥善处理被征地农民保障的历史遗留问题。

【医疗保险】 **职工基本医疗保险** 全市职工基本医疗保险参保20.5万人,为3.1万名参保职工支付医疗费7.25亿元。将离休干部医疗保障工作纳入医保系统,单独列账支付。实施医保卡个人账户支付健身消费实施办法,设9家社保卡定点健身消费场所。

居民基本医疗保险 居民基本医疗保险政府补助标准由390元提高到420元,缴费标准为一档140元和二档290元,未成年居民和高校学生120元,享受二档待遇,特殊困难群体个人缴费享受政府补贴。居民医保最高支付限额根据缴费档次不同分别为20万元和30万元,药品目录、诊疗项目目录等与职工医保相同,扩大保障范围,体现医疗公平。全市居民基本医疗保险参保43万人,为9.95万名居民支付医疗费3.69亿元。

居民大病保险 大病保险基金由人均32元提高到52元,直接从居民基本医疗保险基金中划拨,参保居民个人不缴费。大病保险实行威海市内定点医院即时报销,全市大病保险为6806人补偿金额4963万元。制定实施医疗保障精准扶贫政策,对全市贫困人口大病保险起付标准减半,医疗费用每段补偿比例提高5%,年度大病保险最高支付限额提高到50万元。

医疗费用结算 推行单病种定额结算,定额结算医疗服务项目增至90个,年内为4465名参保人员减负1.3亿元。完善参保人员转外就医管理制度,参保人员6个月内在同一所医院多次治疗同一种疾病不需要重新办理转院手续。综合定点医疗机构基金拨款方式由统筹金总额预付改为总费用总额预付,变经办机构监管为医院主动控费。

【工伤保险】 全市工伤保险参保职工14万人,为1350名工伤职工和478名供养亲属支付各项工伤费用7025万元。全年认定工伤案件1098起,组织劳动能力鉴定8次,鉴定伤残等级507人。1—4级工伤人员三项待遇连续11年调增。对全市参保企业按行业类别进行重新划分,实行8档浮动工伤保险费率政策,将公务员和参公管理工作人员纳入工伤保险。

【失业保险】 全市失业保险参保10.4万人。强化失业动态监测,实时监控18家企业用工岗位变化情况,对符合政策条件的287家企业发放稳岗补贴707.68万元,受益职工3.98万人。失业保险扩大支出1384万元,创业带动就业资金支出1508.8万元。通过实地核查在岗情况、工资凭证审查等多项措施严控主动失业、挂靠单位失业、隐性失业等现象,保障失业保险基金安全。将失业保险金发放标准由每人每月950元提高至1000元,全年为6368名失业人员发放失业保险金及支付医疗保险费5883万元。

【生育保险】 全市职工生育保险参保11.8万人,全年为3034名女职工支付生育待遇3331万元。将企业单位生育保险费率由1%降为0.5%,年可为企业减轻负担1900万元。

2016年荣成市社会保险参保情况表

表94

保险类别		人数	参保率	断保率	收缴金额	支付金额	参保费率	参保标准
医疗保险	职工医保	205218	100%	无法统计	60053万元	73536万元	单位按8%比例缴纳，个人按2%比例缴纳。	缴费基数
	居民医保	430496	99%	不存在该标准	32085万元	31242万元	无	一档140元 二档290元 未成年居民及高校学生120元
养老保险	企业职工	159876	无法统计	22%	177039万元	172889万元	以单位职工身份缴费：18%+8% 以自谋职业（个人）身份缴费：12%+8%	缴费基数
	机关事业	16438	100%	无	28571万元	62080万元	28%	缴费基数
	居民	270813	99.30%	12.30%	26817.7万元	20895.3万元	无	300—5000元10个档次，300元只适用重度残疾人、困难家庭
机关事业单位职业年金		16438	100%	无	10171万元	无	12%	缴费基数
工伤保险		142596	100%	无法统计	6712万元	7025万元	8大类：0.32/0.64/1.12/1.44/1.76/2.08/2.56/3.04	缴费基数
生育保险		118326	100%	无法统计	1995万元	3331万元	企业单位0.5%，事业单位0.2%	缴费基数
失业保险		104228	100%	无法统计	6009万元	5883万元	企业1%、个人0.5%	缴费基数

【社会基金监督】 加强基金网络平台核对管理，处理网络对比预警信息803条，核对15日内重复住院情况23条，查处异地重复参保人员6人，挽回基金损失金9.2万元。开展企业职工退休审批审核专项自查，委托第三方机构进行专项检查，在社保平台系统中调取疑点问题178条，确定退休人员基本信息录入错误18条，养老金分类项目归类

错误9人。强化社会监督作用,设立“社会保险基金违规违纪举报平台”,处理举报案件4起,办理市级督办案件1起。建立完善经办机构内部控制制度,强化经办机构在组织机构、业务运行、基金财务、信息管理等方面的内部控制管理。全年社会保险长期待遇领取人员资格认证20.8万人,认证率达99%。

·劳动关系协调和权益维护·

【和谐劳动关系构建】 2016年,调整全市最低工资标准,由最低每月1600元调整为1710元,发布275个职位(工种)的人力资源市场工资指导价位,督促指导企业依据效益合理增加职工工资。开展2016年企业薪酬调查工作,完成125家样本企业薪酬调查任务。依据劳动关系和谐企业创建综合考评打分,新创建及上档升星劳动关系和谐企业30家,创建劳动关系和谐镇街2家,复查劳动关系和谐企业80家,评选模范劳动关系和谐企业10家。

【劳动保障执法监察】 联合市公安局、城乡建设局、海洋与渔业局、市场监督管理局、总工会等部门,在全市开展劳动保障书面审查、日常巡查、农民工工资支付情况、清理整顿人力资源市场秩序、用人单位遵守劳动用工和社会保险法律法规情况、规范职业中介市场秩序严厉打击“黑中介”等违法违规行为专项整治行动,检查用人单位822户次,书面审查用人单位261户,受理各项举报投诉案件826起,预警处置各类突发性群体案件13起,为3566名劳动者追讨工资1509.5万元。对食品加工、建筑施工、职业中介等行业的390家企业进行劳动保障法律法规培训,设立约谈企业及欠薪周报告制度,全年为67家企业用工行为提出科学化建议568项。

【劳动人事争议处理】 全年立案受理劳动人事争议案件483起,涉及劳动者619人,结案率99.3%,为企业和劳动者挽回经济损失1454.07万元。开辟集体争议案件劳动仲裁“绿色通道”,实施劳动争议联动化解机制,联合法院、工会及企业所在地政府部门第一时间介入,协调处理。启动省劳动人事争议调解仲裁办案系统,实现网上同步办案。

基层调解组织 区、镇(街)等各类基层调解组织处理劳动争议案件265起,结案调解成功率达100%,为劳动者挽回经济损失370.58万元,42.6%的劳动争议化解在基层。

(战荷洁)

住房公积金管理

【概况】 威海市住房公积金管理中心荣成管理部,是隶属于威海市住房公积金管理中心的正科级事业单位,在编人数5人。主要负责荣成市行政区域内住房公积金的归集、使用和管理工作。2016年,荣成管理部加大对职工住房消费的支持力度,调整放宽资金使用政策,发挥住房公积金制度的住房保障作用,促进全市房地产市场健康发展。截至2016年底,全市开立住房公积金账户并正常办理业务的单位1519个,缴存职工9.3万人,住房公积金覆盖率为86.3%。全年完成住房公积金归集额6.3亿元,比上年增收1.4亿元;全市累计归集总额为38.1亿元,比上年末增长19.8%。全年向1122户职工家庭发放住房公积金个人购房贷款3.2亿元,全市累计向8778户职工发放住房公积金个人购房贷款18亿元。全市12725人次提取使用住房公积金3.5亿元,增加1亿元,占当年归集额的55.5%,全市累计提取住房公积金16.1亿元,占累计归集额的42.2%。

【阶段性降低缴存比例】 2016年3月28日,威海市住房公积金管理中心印发《关于调整威海市2016年度住房公积金缴存基数和比例的通知》,对2016年住房公积金缴存基数和比例进行调整:缴存基数为2015年度职工个人的月平均工资,但最高不超过13300元,最低不低于1700元;按照威海市住房公积金管理委员会提出的“低门槛、广覆盖、先进入、再规范”的指导思想,允许企业根据实际,在8%~12%的弹性区间内自主选择确定缴存比例。有困难的企业可以申请降低缴存比例,最低不低于5%,或申请暂缓缴存住房公积金,待企业经济效益好转后,再提高缴存比例或恢复缴存并补缴其缓缴的住房公积金。

【职工住房消费支持】 根据山东省委、省政府《关于推进供给侧结构性改革的实施意见》(鲁发〔2016〕12号)的有关要求,结合住房公积金管理职能和工作实际,调整放宽管理政策:将申请贷款的缴存时限由12个月缩短为6个月;将购买第二套自住住房的最低首付款比例由原60%降低至20%;将贷款最高额度由40万元提高到50万元;将贷款最高年限放宽至申请人法定退休年龄后10年。全面推行异地贷款和商转公贷款业务,全年办理38笔1235万元的异地贷款业务,支持荣成市房地产市场;办理18笔446万元的商转公业务,减轻职工贷款利息负担。开展委托冲抵还贷业务,全年签约4645户,占到需签约户数的52.9%,有效提高住房公积金的使用效率。2016年,全市发放贷款3.2亿元、户数1122户,分别比上年增长68.4%、52.2%。

(孙晓阳)

民　政

【概况】 荣成市民政局位于荣成市明珠路69号,正科级单位。内设办公室、政工科、财务科、优抚安置科、基层政权和农村社区建设科、社会福利和社会救助科,下设市老龄工作委员会、市慈善总会办公室、市双拥工作委员会办公室、市地名工作委员会办公室、市民间组织管理办公室、市民政局婚姻登记处、市革命烈士陵园管理处、市军队离休退休干部休养所、市元宝山公墓管理处、市殡仪馆10个事业单位,有工作人员77人,其中行政16人,事业61人。2016年荣成市民政局被山东省委省政府授予“双拥模范城”称号；被威海市委市政府授予“双拥模范单位”称号；被荣成市委授予“先进基层组织”称号等。

【社会救助】 推进城乡低保统筹发展，年初农村低保标准由每人每年的3300元提高到3700元，10月份再次上调至3850元，城乡低保标准比进一步缩小。前三季度将5313户，6678人纳入城乡最低生活保障体系，发放低保金1294万元。落实低保教育、医疗、住房救助及适度普惠儿童福利制度，对低保高龄群体实行二次补贴救助，认真做好农村留守儿童摸底工作。扩大慈善助学覆盖面，将困难家庭的收入标准由原来的低于低保标准120%放宽到150%，帮助192名困难学生圆大学梦。提高高龄补贴标准，80—89周岁、90—99周岁老年人高龄补贴标准分别由每人每年100元、480元提高到120元、600元，惠及28727名老年人。进一步完善困难残疾人生活补贴和重度残疾人护理补贴制度，将救助对象由符合规定残疾等级的几类特定残疾人群扩大到符合规定残疾等级的所有残疾人，并提高重度残疾人护理补贴标准。继续实施慈善大病救助活动，进一步降低救助门槛，首次将支出型大病困难家庭列入救助范畴，2016年救助大病困难患者1302人，发放救助金662.7万元。全力参与脱贫攻坚工作。对因病因残贫困户予以精准救助扶贫，先后将4名因大病导致生活困难人员纳入临时救助范畴，将19名因病因残贫困户纳入生活救助范围，将28户因病因残贫困户纳入第四季度低保保障范围，对摸底排查的1289名困难户建档立卡，逐一确定帮扶对象、具体责任人，确保扶贫救助对象一个都不少。

9月30日，荣成市烈士纪念日公祭活动在荣成革命烈士陵园举行（市民政局提供）

【社会养老】 调整农村五保供养标准，分散供养由每人每年4000元提高到4600元，集中供养由每人每年6500元提高7000元。全市有4209名五保对象，其中有1544人由分布在各镇街18处敬老院或福利机构集中供养。加强敬老院规范化建设，从标准化服务、信息化管理上入手，建立健全敬老院服务、考核体系，每季度对全市敬老院服务管理进行1次考核评定，结果直接与经费拨付挂钩。研发集视频监控、人员定位、信息集约管理于一体敬老院信息管理平台，以“互联网+”手段对敬老院服务管理情况进行实时监管。加快社会养老服务体系建设。结合市委市政府发展健康服务业有关要求，重点发展医养结合、旅游养老服务模式。5—10月全市养老机构入住旅居老人3200人次，占全市养老床位总数37%。设置床位230张的万福苑老年公寓老年护理院投入使用，医疗设施达到二级以上医院标准，年末收住患有各种慢性病老人192名，入住率达83%。盛泉老年公寓、市社会福利中心也都设立专门医疗机构，基本实现医养一体。其他社会化养老机构根据规模大小，分别设立巡诊室或医疗室，与周边临近医疗机构签订互助协议，形成20分钟医疗圈。注重发展社区互助型小微养老服务机构，年内新建城市社区日间照料中心17家，农

5月27日，组织志愿者到社会福利中心为老年人包粽子（市民政局提供）

村幸福院45家，城市社区老年人日间照料中心总数达到119家、农村幸福院150家，实现城市社区全覆盖，农村社区覆盖率达到70%以上。年内全市可提供养老床位数8565张，平均每1000名60周岁以上老人拥有养老床位46张，提前达到并超过山东省“十三五”末40张以上的标准。

【优抚安置】 优抚安置政策全面落实，优抚对象抚恤补助发放、危房改造、医疗保障、精神抚慰、退役士兵接收安置等工作有条不紊。先后组织1000余名优抚对象进行健康查体或外出疗养，重要节日期间还对部分伤残军人、重点优抚对象进行走访慰问，适时传达党和国家的关怀和温暖。建成并开通荣成英烈网，为群众祭奠、缅怀先烈提供平台。进一步充实完善烈士史料，新建、修缮纪念设施，增强红色底蕴，成功举办9·30烈士公祭日大型纪念活动。建立优抚对象数据库，对全市8600名优抚对象情况实行定期核实、动态管理，确保优抚资金精准发放，全年发放抚恤补助资金5296万元。积极做好退役士兵安置工作，按时足额发放义务兵优待金1254万元、一次性经济补助金631.35万元，为退役士兵提供免费职业培训，与人社部门联合举办退役士兵就业专场招聘会，为个企双方提供双向选择平台。与财政、建设、国土等部门联合出台实施《关于抚恤定补优抚对象住房优待实施意见》。有30户优抚对象进行危房改造，发放补助资金17万元。

【专项社会管理】 学习贯彻《中华人民共和国慈善法》，加强内部培训与外部普法宣传，做好慈善制度的改、废、立工作，提高慈善规范化水平。克服经济下行压力，“慈心一日捐”活动募集金额再创新高，达到1759.02万元，比上年增加73.9万元，比上年增长4.3%。加强城乡社区建设管理。重点抓好农村社区服务设施达标，出台《关于规范农村社区服务中心服务事项的意见》。深化社会组织登记改革。将原来社会组织登记需要提供法人登记证书、组织机构代码证、税务登记证集合成一本社会信用代码登记证书，极大地节省社会组织登记时间，提高服务效率。突出加强社会组织事中事后监管，将社会信用评价作为年审必要指标，凡是信用等级达不到C级以上，一律不予年检通过，引导社会组织诚信经营。壮大专业社会工作者队伍。全年新增持证社工39人，持证社工总数达到66人。开展首届“荣成和谐使者”评选活动，有4人当选“荣成和谐使者”，各有1人当选“威海和谐使者”及“齐鲁和谐使者”。扶持创建荣成第一家社工机构“荣成市好运角旅游度假区青少年社工服务中心”，指导“荣成市引航志愿者协会”筹建“荣成市引航社工服务中心”，着力打造综合性社工服务机构。加强对公益类社会组织扶持力度，年内新增入园组织8家，争取省级扶持资金30万元。开展“公益创投”“公益项目进社区活动”，各类公益性社会组织进社区活动70多次，参与志愿者800多人次，惠及群众近万人。优化婚姻登记服务。按照民政部“3A”婚姻登记等级评定标准对婚姻登记处相关服务设施进行改造，增设颁证大厅和婚姻家庭辅导室等功能区域，免费开展婚姻登记颁证服务和婚姻家庭辅导。规范殡葬行业管理。出台《荣成市公益性公墓管理办法》，制订《荣成市公墓发展规划（2016—2035年）》，加大查处整治力度，将公益性公墓建设与管理引入法制化、规范化轨道。倡导节地生态安葬，元宝山公墓建设骨灰长廊。新建无烟化遗物焚烧设施，为火化炉加装尾气处理设备，积极打造零排放、零污染殡仪馆。

（吕竹青）

7月29日，市庆祝建军89周年双拥晚会举行 （市民政局提供）

慈善事业

【概况】 开展慈善募捐工作，全年接受捐赠1759.02万元。接收“慈心一日捐”捐款1711.37万元；企业、个人慈善冠名基金47.65万元。全市2016年支出1577.98万元，相继开展困难高考新生救助、慈善大病救助、年底困难户救助等活动，救助困难群众13894人。

【走访慰问困难户】 2016年春节前救助12400户困难家庭，救助较为困难家庭5000户，救助标准为1160元/人；救助一般困难家庭7400户，救助标准352元/人。投入慈善资金840.48万元。

【慈善助学】 开展“慈善·福彩”特困高考新生救助活动，全市救助困难高考新生192名，发放救助款74.8万元。开展了“技能扶贫”助学，首次联合中国荣成微信平台，对应届、往届248名受助困难高考新生进行免费的电子商务培训，鼓励与帮助有创业想法的大学毕业生或者在校大学生提升创业知识水平与实战能力，依托荣成市丰富的海洋水产资源优势，以及荣成海味微商城平台开展，为大学生创业人才提供发展平台，进而推动荣成海洋食品电商产业的发展。从长远看，"技能扶贫"助学对提高困难学生的创业技能，解决家庭负担还是很有帮助的。

【慈善大病救助】 2016年首次将支出型社会困难家庭(年人均收入高于最低生活保障标准200%低于上年度城乡人均可支配的大病患者家庭)纳入救助范围内。2016年救助大病困难患者1302人，发放救助金662.7万元。

(董子宇)

红十字事业

【概况】 荣成市红十字会成立于2006年12月，为全额拨款事业单位，规格为正科级，有工作人员5人。2008年经审核批准为参照公务员管理的事业单位，内设办公室和业务部。2016年，被威海市红十字会授予"红十字宣传传播工作先进单位""募捐救助工作先进单位""应急救护培训工作先进单位""造血干细胞捐献工作先进单位""遗体角膜器官捐献工作先进单位""红十字志愿服务队伍建设先进单位"。

【红十字宣传工作】 联合各级媒体在报纸、电视、广播、网络刊发播放红十字志愿服务活动相关新闻30余篇。利用"5·8世界红十字日""防灾减灾日""世界急救日"等重大节日深入社区，分发宣传材料，普及红十字知识，广泛进行宣传。5月为全市造血干细胞志愿者集中采样月，为保证活动实效，通过发布公告、网络宣传、发放宣传资料等方式进行经常性和阶段性宣传，对王军华、毕建彩、丁海涛3名造血干细胞捐献志愿者的先进事迹进行持续报道，弘扬志愿者无私奉献精神。

【社会救助工作】 2016年春节结合红十字"博爱在齐鲁，温暖送万家"活动，向敬老院发放莲花清瘟胶囊800盒价值11840元，温暖箱15个，价值2940元，棉被20个，价值1590元。下发省会下拨送温暖奶粉价值64800元。救助12名贫困学生23600元，4名白血病患儿申请小天使基金14万元。

11月25日，市红十字会组织参加威海市"大威石油杯救护技能大赛"

(市红十字会提供)

【应急救护培训】 组织救护师资深入机关、企业、社区、学校开展应急救护知识公益讲座30多期，收益群众10000人次，培训红十字急救员100名。11月25日组织市直3家医疗机构的南丁格尔志愿服务分队参加威海红十字会举办的"大威石油杯救护技能大赛"并取得优秀组织奖及参赛二、三等奖。

【造血干细胞捐献】 通过媒体广泛宣传发动，招募社会志愿者，同时走进高校，面向高校师生动员招募，圆满完成招募计划，计采集血样71人份，毕建彩、王军华、丁海涛3名志愿者成功实施捐献，荣成市造血干细胞累计成功捐献13例。荣成市成功捐献造血干细胞志愿者数量位于山东省县级市的前列。

【遗体捐献】 进行遗体(角膜)、器官捐献的宣传动员、报名登记、捐献见证、救护激励等相关工作。年内，实现遗体捐献1例。至年末累计办理遗体(角膜)、器官捐献登记62人。

【志愿服务活动】 完善志愿者管理体系，实现网络平台管理。年内，组织志愿者开展筹资劝募、应急救护进社区、扶老助残、慰问环卫工人、救助贫困学生等志愿服务活动20次。"红十字应急救护学雷锋志愿服务进社区"项目被荣成市文明办、荣成市志愿服务联合会评为2016年度优秀志愿服务项目。

(梁　鹏)

老龄工作

【概况】 全市有60周岁以上老年人19.43万人，占总人口的比重为29.10%。有42家养老机构，其中18家敬老院、24家老年公寓，养老床位数9550张，投入使用床位数为8630张，每千名拥有养老床位数量46张。2016年阎基艳、宋华兰被评为第三届"威海市十大孝星”，检察院派驻经济开发区检查室面向老年人设立的老年人法律维权站，被省老龄办授予“山东省老年人维权示范站”称号。

【老年人福利制度落实】 2016年80周岁以上的28727名老年人落实高龄津贴566.28万元，比上年增加138.52万元。高龄津贴标准80－89周岁老年人，每人每年120元；90－99周岁老年人，每人每年600元；百岁以上老年人，每人每月400元。为全市172名失能老年人发放护理补贴61380元。针对50－80周岁老年人开展以“银龄安康”工程为主题的意外伤害保险工作，保障老年人的基本权益，提高老年人及其家庭的抗风险能力。全市有4万多名老年人参保，其中，市政府投入12万元为适龄低保对象、优抚对象、五保对象投保。

【关爱老人活动】 开展走访百岁老人活动。各镇街走访慰问全市百岁老人，为每名百岁老人送去慰问金和蛋糕等节日慰问品。走访慰问全市社会养老机构、敬老院，为全市养老机构送去慰问品价值18万元。开展关爱孤寡老人活动。组织全市社区志愿者、青年志愿者、青年企业家等协会组织，“荣成大姐”“阳光户外”“牙医世家”等公益服务队伍，走进敬老院，为老人提供精神抚慰。开展志愿送温暖活动。11支志愿者队伍、总计500多名志愿者参与“敬老月”期间的为老人免费理发、修脚、查体、看牙等活动。组织开展“敬老月”文艺演出活动，全市养老机构各自编导节目，进行巡回演出；自发开展老年人喜闻乐见的自编节目、观看老电影、京剧演出等活动。

【发展养老服务业】 2016年全市有敬老院、老年公寓等各类养老机构42家，其中社会福利中心3家（三星级社会福利中心1家），农村敬老院15家，老年公寓24家（四星级老年公寓1家）。机构全年新增养老床位1600张。所有养老机构进行消防设施整改，取得消防合格证。全市525名养老护理员先后参加专业培训，9人取得高级护理员资格，126人取得中级护理员资格，154人取得初级护理员资格。推进城市社区老年人日间照料中心和农村幸福院建设，全市建成城市社区老年人日间照料中心119家，农村幸福院150家。城市社区日间照料中心及农村幸福院运营率达到40%，实现城市社区全覆盖、农村社区覆盖率达到70％。

【探索新兴养老模式】 发展公建民营、医养结合、互助养老、购买服务等多种养老模式。“互联网+养老”模式。依托“12349”居家服务平台，面向崖头、石岛城区65周岁以上的老年人，其他镇街驻地村、村改居村60周岁以上的老年人，60周岁以上的低保、五保、优抚对象，计生特别扶助家庭，中华人民共和国成立前入党的老党员，威海市级以上劳动模范等老年人群体，开展家政、医疗、送餐、维修等居家养老信息服务工作。为平台入网对象每人发放手机一部，市政府为入网对象每人每月补助基础话费10元，用于免费拨打“12349”热线，获取便捷、优质的平台服务。全年发展平台入网对象24713户，政府补贴基础话费286万元。“养老+医疗”模式。在500张床位以上的养老机构中设立医疗服务站，由卫生系统安排专业医疗设备和专职医生进驻，并纳入医疗保险定点范畴，如荣成市社会福利中心、万福苑老年公寓、盛泉老年公寓等养老机构中的医疗机构投入用；规模较小的镇街敬老院、老年公寓设立卫生室或巡诊室，并与医院签订相关巡诊协议，实现医疗全覆盖。“养老+旅游”模式。进一步挖掘荣成的旅游资源优势，开发休闲、养生、保健等旅游养老项目，推出旅游养老、分时度假养老等新模式，为异地老人提供充足的养老床位和多样的消费服务。旅游床位达到1926张，其中盛泉老年公寓1500张，市社会福利中心170张，万福苑老年公寓130张，海悦老年公寓120张。“养老+保险”模式。探索实施养老机构综合责任保险制度，为14家养老机构的1313名老人投保。针对养老机构老年人出现的意外跌倒、哽噎、坠床、烧烫伤等意外情况进行理赔，避免养老机构独自负担老人治疗费、赔偿费等问题，降低机构运营风险。

（王　波）

民生诉求

【概况】 荣成市民生110指挥中心办公室是隶属市委、市政府的正科级事业单位，全权代表市委、市政府，负责指挥、调度、协调社会管理和公共服务单位开展民众求助办理工作。内设指挥调度室、信息研判科、综合督查科。12月12日，《荣成市机构编制委员会关于调整市主题活动办公室等有关机构设置的通知》（荣编发〔2013〕1号）明确撤销市社会管理服务研判中心，其职责及管理的“民心网”和相关工作人员划归市民生110指挥中心办公室，编制由10名调整至16名。整合后的市民生110指挥中心办公室，内设科室调整为：指挥调度科、信息研判科、综合科、督查科、民心网管理科。2016年，民生110受理有效民生诉求5.5万起，其中，处结率达到98%，满意率达到95%。城区油烟噪声问题、渔船欠薪问题等专题研判进入市政府决策。

【服务中心工作】 服务大项目建设。市重点工程开工，第一时间召开专题会议研讨，超前掌控工程项目坐落位置、承办单位、工程进展等信息，预判工程推进中可能发生的各类诉求，处置涉市政建设、交通改造、征地拆迁等重点工程的民生诉求360多起。服务重点民生工程。对涉及旧城改造等民生诉求实行联合督办、一线督办、快捷督办，受理处置小区停车位和绿化带改造、垃圾清运、建筑扬尘、施工噪音等民生诉求200多起。服务“争创文明城市”工作。超前掌控创城工作推进过程中涉及民生问题重点，将随意张贴小广告、乱停车、占道经营、小区内毁绿种菜等不文明行为纳入关注重点，强化即时督导、

1月10日，“民生110热线开通三周年”主题宣传活动

（市民生110指挥中心办提供）

协同督导措施，处置民生诉求162起。服务城乡公交一体化建设。详细汇总群众反映问题，协调交通局与群众沟通，安排人员现场查看线路，对部分线路、班次、站点进行优化调整，受理处置相关民生诉求150起。服务“创新型城市”和“平安荣成”建设。处置冬天“供暖季”、春节期间“欠薪季”、夏天“烧烤季”、海带收割期“扬尘腥水治理季”以及伏季休渔、高考中考期间噪音等重要节点民生诉求578起，向市府办和综治办上报违章建设、征地拆迁、涉访涉稳等重大敏感诉求218起。

【打造高效平台】 开展综合研判和专题研判。每月将群众反映的“大事小情”汇总、整理和分类，强化综合研判和分类指导，围绕治理城区油烟噪声扰民问题，提出规划先行“管新建”、前置审批“管已建”、厘清职责“管治理”3项对策建议，为领导决策提供一手资料。制定联动机制和工作预案。将全市供水、供电、供热、供气企业和各大银行、金融代办机构纳入民生110一级联动单位，制定居民住宅楼漏水需破门处置、小区乱搭乱建、废水废气污染等50多个民生诉求处置预案，处置水、电、气、暖等各类紧急求助638起。开展宣传培训。1月10日，在市区步行街举办主题宣传活动，现场为群众提供政策咨询，发放为民服务明白纸12000多份。年内，举办全市综治干部培训班，培训各区镇街综治干部100余名。规范工作流程。制定《民生110办公室重大敏感事项清单》《应急突发事件指挥调度程序》，修改完善《2016年民生110工作目标责任考核办法》。

【加强机关建设】 出台《民生110办公室机关干部考核管理办法》，完善《民生110办公室首问负责制工作规范》，制定《民生110办公室工作人员履职尽责负面清单》。开办“民生学堂”。利用周二、周五两个集中学习日，采取班子成员讲党课、机关干部人人当讲师、组织“两学”知识考试、观看专题片等形式，组织12次理论业务研讨、4次政治理论考试、系统学习60多个理论和业务专题。组织机关干部走访120多户农户，资助包扶村3万多元搞好自来水管道维修、村容环境综合整治。

（王凤羽）

信用建设

【概况】 2012年12月成立中共荣成市委、荣成市政府主题活动办公室，2013年12月成立荣成市社会信用信息征集管理办公室，是隶属主题办的副科级事业单位。2016年12月撤销市委、市政府主题活动办公室，人员编制并入市社会信用信息征集管理办公室，市社会信用信息征集管理办公室更名为荣成市社会信用管理办公室。2016年，市级平台征集各类信用信息269685条，提供公务查询61633起次，出具信用报告2887份，公示行政许可信息66053

11月25日，以北京大学为代表的第三方创城评估组到市城建局观摩城建领域信用建设工作

（市信用管理办提供）

条,行政处罚信息 2641 条。

【信用建设"荣成模式"】 2016 年,市社会信用办以创建国家社会信用体系建设示范城市为主线,以打造全覆盖的社会征信系统为核心,完善社会征信制度体系,深化重点领域信用建设,积极推进信用信息应用,全面深化"信用荣成"建设,率先在党政机关、村居组织、村居居民等领域创新开展信用管理,形成信用建设的"荣成模式"。先后出台市级征信规范性文件和配套制度 34 个,联合 40 多个部门在 13 个领域签订《联合惩戒合作备忘录》,在建筑及房地产、农产品安全追溯、教师学生、出租车、鱼粉行业等重点领域开展示范创建活动。信用结果被广泛应用于评先选优、发展党员、项目申报、工程招投标、职称评聘、干部使用及公益岗考试资格审核等方面。

【获批创建国家信用体系建设示范城市】 山东省省长郭树清、威海市委书记孙述涛、市长张惠等领导先后作出重要批示,省全面深化改革领导小组办公室刊发荣成市信用体系建设情况,并列为全省改革交流案例。省联合调研组专门到荣成就信用体系建设工作进行调研考察。2016 年 4 月,荣成获批创建国家社会信用体系建设示范城市,成为山东省唯一、全国仅有的 3 个县级创建示范城市之一。6 月召开的全国社会信用体系建设工作会议上,荣成市作为县域典型作了书面交流。11 月,以北京大学为代表的第三方创城评估组对荣成市社会信用体系建设工作给予高度评价,认为工作措施实、制度体系全、覆盖范围广、应用效果好,很多做法走在了全国前列,相关经验值得在全国推广。

(何俊宁)

残疾人事业

【概况】 荣成市残疾人联合会内设办公室、康复部、基金部、维权部,下设荣成市残疾人劳动就业服务部,有工作人员 12 人,其中行政 10 人,事业 2 人。2016 年,市残联围绕残疾人基本需求,切实加强残疾人康复扶贫救助工程和社会保障工作,被表彰为"全省残疾人工作先进单位、全省基层残疾人组织建设示范县(市、区)",两个镇街被表彰为"全省基层残疾人组织建设示范乡镇(街道)",毕大好同志被评为"全国残疾人工作先进个人"。

6 月 10 日,中康医院为康复儿童组织趣味活动　　(市残联提供)

【康复服务】 市残联出台《关于做好 0—12 岁残疾儿童康复训练交通和生活费补助发放工作的通知》,对在定点康复机构接受康复训练且康复训练周期出勤率达到 80%以上的 19 名的残疾儿童,按照每人每年 4000 元标准给予交通和生活费补助。根据《关于做好 2016 年度全市 0—12 岁残疾儿童康复救助工作的通知》的文件精神,对 3 名儿童进行人工耳蜗移植手术,为 54 名残疾儿童在定点康复机构提供康复训练。助残日期间,联合市总工会、民政局、司法局为残疾儿童送去礼物;与电视台联合制作、播放公益广告《关注孤残儿童,让爱洒满人间》。全市 22 个镇(街道)全部建立康复指导站,90%以上村(社区)建立社区康复站,为残疾人提供就近便利的康复服务。新建 22 个示范性残疾人社区康复站,对全市各康复指导站、康复机构和中心卫生室按照不低于 15000 元的标准进行康复器材配备,投入 33 万元配备 220 件康复器材。

【就业扶贫】 组织岗前培训和技能培训 5 期,培训残疾人 185 人次;农村残疾人技能培训班 6 期,培训农村残疾人 500 人次。新增残疾人就业 197 名。其中,按比例就业 70 名,集中就业 29 名,个体就业 4 名。征收残疾人就业保障金 1750 万元。开展"基层党组织助残奔康"项目,投入资金 60 万元,扶持 300 户农村贫困残疾人开发适合自身特点的种植、养殖、简单加工项目。投入资金 10 万元,建立市级扶贫基地两个,辐射带动农村贫困残疾人 100 户脱贫,1 处被评为省级优秀扶贫基地,自主创业标兵 1 名,致富能手 1 名。改造 117 户农村贫困残疾人危房。

【社会保障】 春节救助走访全市 150 户特困残疾人家庭,并为每户送上 1000 元救助金。实施医疗保险补贴政策,全市 3491 名重度的贫困残疾人参加居民基本医疗保险,每人每年补贴 140 元。实施养老保险补贴政策,全市重度残疾人参加居民基本养老保险政府为其补贴 150 元。实施重度残疾人提前享受居民养老金政策,重度残疾人领取居民养老金的年龄由 60 周岁调整到 55 周岁,年内全市新增75名。

【托养服务】 实施政府购买家政服务,为19户孤残独居的重度残疾人提供家政服务。开展社区托养服务,新建社区残疾人托养所5个,托养残疾人72名。开展"12349"民生服务平台,将重度残疾人居家服务纳入民生服务平台,为48名有需求的残疾人每人缴纳120元通信费。

【扶残助残】 完成白内障免费复明手术780例。其中,"威高光明行动"免费白内障手术190例,自筹资金免费完成白内障手术590例。根据威海残疾人联合会和威海市财政局关于《残疾人辅助器具适配补助工作的通知》的精神,开展残疾人辅助器具个性化适配,为176名低保重度残疾人免费发放辅助器具218件,为5名贫困成年人免费适配了助听器,为185名低视力患者配发助视器,为13人补贴人工耳蜗电池补贴费,为6名残疾儿童免费配发轮椅。

(梁海波)

人民生活

【城乡居民收入持续增加】 全年城镇居民人均可支配收入38084元,增长8.3%;农村居民人均可支配收入19231元,增长7.7%。城镇居民人均消费支出23607元,增长8.9%;农村居民人均消费支出10781元,增长8.5%。

【完善社会保障体系】 全市有26.1万人参加城镇基本养老保险,比上年增加4.1万人;有63.6万人参加基本医疗保险;参加工伤保险的人数达到14.3万人,比上年增加210人;参加失业保险的人数达到10.4万人,比上年增加500人;参加生育保险的人数达到11.8万人,比上年增加107人;居民基本养老保险投保人数达到27.2万人。

【加大社会救助力度】 全市投入资金1735万元,将6586名城乡低保对象纳入保障范围;投入资金2759余万元,保障全市五保老人4235人,敬老院18所。城市居民最低生活保障标准为每人每月550元,农村居民最低生活保障标准由每人每年3300元提高到3700元,10月1日提高到每人每年3850元,农村五保集中供养标准由每人每年6500元提高到7000元,分散供养标准由每人每年4000元提高到4600元。全市全年救助贫困大学生192名,发放救助金74.8万元。低保教育救助城乡困难家庭学生190名,发放救助金28.5万元。

荣成市2016年住户收支与生活状况调查年报表

表95

指标名称	单位	城镇	幅度(%)	农村	幅度(%)
可支配收入	元	38084	8.3	19231	7.7
消费支出	元	23607	8.9	10781	8.5
(一)食品烟酒	元	7063	3.9	3331	2.5
(二)衣着	元	2788	6.7	760	7.2
(三)居住	元	4062	9.2	1730	7.5
(四)生活用品及服务	元	2041	8.9	671	13.7
(五)交通通信	元	2863	15.2	1805	12.2
(六)教育文化娱乐	元	2507	14.1	887	14.0
(七)医疗保健	元	1731	14.2	1441	14.7
(八)其他用品和服务	元	553	16.8	157	15.6

(周媛媛)

社会风尚

【概况】 2016 年,荣成市以培育和践行社会主义核心价值观为根本,以创建全国文明城市为统揽,扎实做好市民素质提升工程,营造良好的社会风尚。

【教育实践活动】 突出抓好社会主义核心价值观、中国梦等教育实践活动,扎实开展清明、端午、"七一"、"十一等"重要时间节点的道德教育实践,注重从未成年人抓起,深入推进未成年人思想道德建设,中小学生对社会主义核心价值观知晓率达 100%。健全村居红白理事会,大力倡导移风易俗,在省文明办组织的专项督查中,获得满分的佳绩。加大"讲文明树新风"公益广告投放力度,在主干道、公园广场等重点区域安装公益广告牌 1100 多处,在公交站点、公交车、出租车上设置公益广告 6000 多幅。发动宾馆、商超、银行、沿街商铺刊载创城公益广告,市区 LED 电子显示屏公益广告刊播率达 100%。印制创城明白纸、倡议书 26 万份。

【加强"四德"建设】 广泛开展"四德工程"建设,全市善行义举四德榜覆盖率 98%。在省级网络平台上传总数达到 922 个。个人优秀品德典型 11114 名、孝德典型 27585 名、诚德典型 41057 名、爱德典型 45344 名;深入开展身边好人评选,每月评选"荣成好人",大力弘扬宣传"最美荣成人"、群众身边的"平民英雄"和"凡人善举",从生活、就业、医疗等方面给予抚恤救助,2009 年至 2016 年末 1 人获全国道德模范提名奖,2 人当选省道德模范,6 人省道德模范提名奖,12 人当选"中国好人",35 人当选"山东好人"。在全市组织开展"树典型、扬正气、传递正能量"活动,组织开展了诚信示范户、好婆媳、好儿女、最美家庭等评选及"好家风好家训"征集等活动,并通过"家风家训"宣传进村居、进学校,不断向社会传播家庭美德,推动核心价值观在家庭中落地生根。着力打造可学、可信、可复制、可推广的先进典型,挖掘各类典型 2.3 万个,组织媒体宣传典型 600 多个,引导市民向上向善。

【助人为乐】 宋忠华,男,1945 年 7 月出生,荣成市虎山镇黄山王家村村民。他经过 12 年的培育,累计捐赠 2400 多棵红松,价值约 50 万元,将爱心播撒到威海驻军和多所学校。2016 年入选"中国好人榜"。

【见义勇为】 于志强,男,1980 年 5 月出生,山东省荣成市赤山大酒店员工。他每天主要任务就是做好酒店及海滨公园的巡逻、安保工作。几年来,他救过多名落水群众,抓过偷车贼,并热心的为外地游客做向导,他的一举一动,改变了人们对保安严肃无情的印象,获得更多的尊重。2016 年,于志强被授予威海市"见义勇为"先进个人称号,并入选"中国好人榜"。

【孝老爱亲】 慕桂卿,女,1937 年 12 月出生,荣成市王连街道乔子头村村民。多年来用实际行动向世人阐释着"孝老爱亲"的深意。2016 年入选"中国好人榜"。

【孝老爱亲】 连夕庆,男,1949 年 12 月出生,荣成市人和镇朱口村村民。1984 年,连夕庆的妻子患类风湿关节炎,手部关节萎缩,下半身瘫痪。连夕庆带着妻子辗转全国各大医院求医,为妻子撑起生命的天空,诠释着不离不弃、相濡以沫的真挚感情和夫妻和睦的中华民族传统美德。2016 年入选"中国好人榜"。

【诚实守信】 连建祝,男,1969 年 4 月生,山东省荣成市虎山农业种植专业合作社理事长。连建祝秉承"诚信经营、服务至上、共同致富"的理念,在品种选取、农资配送、技术指导方面向农户提供优质服务,带领广大乡亲走上共同富裕的道路。在他带领下,虎山农业种植专业合作社获得国家级示范社等称号。他被中国科协、财政部授予"全国科普惠农兴村带头人"称号。2016 年入选"中国好人榜"。

荣成市 2016 年"中国好人榜"一览表

表 96

(按入选时间先后排序)

姓名	性别	出生年月	单位及职务	类别
连建祝	男	1969 年 4 月	虎山农业种植专业合作社理事长	诚实守信
于志强	男	1980 年 5 月	赤山大酒店职工	见义勇为
连夕庆	男	1961 年 9 月	人和镇朱口村村民	孝老爱亲
慕桂卿	女	1937 年 12 月	王连街道乔子头村村民	孝老爱亲
宋忠华	男	1945 年 7 月	虎山镇黄山王家村村民	助人为乐

(张振泉)

荣成 RONG CHENG 自由呼吸 自在荣成

功能区建设

Function area construction

◎ 荣成经济开发区

◎ 荣成市石岛管理区

◎ 荣成市好运角旅游度假区

◎ 威海(荣成)海洋高新技术产业园

荣成经济开发区

【概况】 荣成经济开发区成立于1992年6月，是山东省首批8家省级开发区之一，1998年12月与崖头镇实行“镇区合一”的管理体制。2006年5月理顺体制。2016年辖区总面积227平方千米，海岸线长50千米，辖崖头、寻山、崂山、城西4个街道、129个村、32个社区，户籍人口19.3万人，常住人口22.45万人。设有党政办公室、组织人事局、经济发展局、投资促进局、建设局、社会管理局、财政局7个工作机构。2016年实现地区生产总值352.8亿元，一般公共预算收入13.84亿元，固定资产投资290.42亿元，实际利用内资66.3亿元，进出口总额49.68亿元，实际利用外资3574.7万美元。辖区内有农业人口9万人，农村经济总收入267.5万元，增长9.8%，农民人均可支配收入20177元，增长13%。渔业总收入69亿元，增长8%，完成水产品产量21.3万吨。区内交通条件十分便利，境内公路四通八达，集青荣城际铁路起点、荣乌高速起点、309国道起点于一体，距威海机场仅20千米。综合实力连续15年位列省级开发区前十强，2014—2016年列第三位。重点打造生物科技、新材料、装备制造、房车4大产业，有工业企业963家，其中规模以上企业134家，销售收入过百亿企业1家，过10亿元的企业5家，过亿元的企业15家。有AAAA国家级景区1处，2016年接待中外游客56万人次，比上年增长9%；旅游及相关产业总收入1.2亿元，增长11%。有省、市级规范化学校16所，高中两所，初中5所，小学9所，在校生2.3万人。设有各类医疗机构171处，有床位1480张，卫生技术人员1870人。

科技创业园鸟瞰实景图　　（荣成经济开发区提供）

【招商引资】 推进“产业强区、工业带动”发展战略，将二产和医养结合服务业作为产业招商的重点，以生物科技、新材料、装备制造、房车为4大招商主攻方向。抓住北京六环以内生产性企业外迁机遇，成立驻京招商窗口，与丰台科技园、北京民营经济研究中心等专业机构建立合作关系，先后引进项目25个。其中，投资15亿元的深圳奥萨制药产业园项目，主要生产马来酸依那普利叶酸片、缬叶片两个创新药，用于治疗H型高血压，其中马来酸依那普利叶酸片，是九年来中国在心脑血管领域，唯一批准上市的国家一类新药，被欧洲和美国脑卒中防治指南列为重要证据。

投资16亿元的固废综合处理与应用产业园，主要升级扩容生活垃圾卫生填埋场渗滤液处理系统、处理生活垃圾焚烧发电炉渣；新建固废综合处理、应用科普馆等设施2.9万平方米；新上天然气锅炉4台、生物质锅炉两台，为园区企业提供过热蒸汽1330吨/小时。投资2亿元的康派斯房车专用零部件电商平台项目，将建成国内首家房车零部件直销平台，把荣成打造成全国最大的房车及零部件生产基地和集散地，并同步建设保税库和10—15个海外仓。投资1.8亿元的世纪博康仿制药中试申报和生产基地项目，主要建设仿制药技术孵化服务、产业化落地服务和投融资服务三位一体的生物医药创新创业公共平台，为全区医药产业发展奠定基础。投资1.3亿元的青木VC新材料项目，主要生产新能源电池介质，年设计生产能力2.4万吨。投资7500万元的中科阅芯项目，主要生产超高压大电流器件的动静态参数测试系统、大功率PC检测系统等大型设备。投资8000万元的长青国家级海洋文化体验中心，主要开展科普参观、休闲垂钓、亲海采摘等活动，打造新型旅游产业。投资7000万元的美康姆生物科技项目，主要研发生产调节人体肠胃道、免疫系统、精神方面的功能性食品。投资3800万元的宇能节能空调科技项目，主要研发生产新能源汽车用环保型冷媒空调、冷凝器和蒸发器。投资4000万元的佐耀智能装备项目，主要研发生产节能环保型空气源热泵系列产品。投资5000万元的山东省科学院大功率LED灯项目，主要研发远洋用大功率LED灯，比传统金卤灯节能70%以上。投资3500万元的森芃生物科技项目，主要研发生产核酸纯化试剂，用于刑侦破案DNA检测。投资5000万元的金达科技装备项目，主要从事海洋生物自动化加工设备制造。投资5000万元的凯普生物科技项目，主要研发生产果蔬、农作物用无公害有机海藻生物肥。投资1.5亿元的康元功能性食品项目，主要以海带、海参为原料，研发生产保健品。

【旧村改造】 抢抓国家鼓励棚户区改造的政策机遇，继续实施好2015年启动的双泊、三环、城西3个片区、6个村改造工程，建设的107栋、93万平方米安置楼基本完工，启动内外装修和基础设施配套建设，受益群众6815户。实施新庄、南耩、黎明、杨格庄、刁家沟、岗西6个村改造工程，受益群众4556户，开工建设安置楼85栋、67万平方米。对道南姜家、碌对岛、小迟家、阎家庄、柳家庄、清河6个由开发商主导实施的历史遗留改造村，积极借鉴外地先进经验，加强与农发行沟通对接，逐村拿出推进方案组织实施，受益群众7126户。

【园区开发】 成功获批国家级小微企业创新创业示范基地和山东省第二批智慧园区专业特色园区。重点启动全市高新技术企业承接主要平台——科技创业园建设，占地63.8公顷，投资18.8亿元，建筑面积48万平方米，主要重点承接具有自主知识产权、核心技术，尚处于起步阶段，未来可以培植为高新技术企业的产业项目，涵盖功能性食品、保健品、化妆品、生物医药、智能装备、医疗设备等领域，打造一个集设计研发、产品生产、展示销售、品牌营销、商务办公于一体的现代化高科技园区。截至2016年底，起步区车间及配套用房16万平方米全面开工建设，建成2.5万平方米，整个园区计划于2018年年底前全部建成投用，届时园区可承接高新技术企业100家。

【项目建设】 实施市级重点项目26个，其中新建16个、续建10个，总投资81亿元，当年投资38亿元。天科电机、华东锻压、高盛科技、化工总厂、康派斯车业、中食生物科技、玖环车辆配件、雅丝佳房车装饰、海奥斯抑菌液、永达仓储物流、广源批发市场二期、恒信物流等12个项目投产；恒顺海洋生物项目安装设备；深圳奥萨制药产业园原料药厂项目工程已完工；科盛新材料项目开工车间3栋，其中1栋完工、1栋主体施工完成30%、1栋开挖基槽，另有1栋办公楼主体完工；达因三期扩建项目综合制剂车间主体完工；吉上国际商品城项目1号商务中心投入使用，2—5号商务中心及西侧4层购物广场主体完工；森森超高压生物提取项目西侧车间基本完工，设备订购完成，东侧车间主体施工；和丰时代项目13栋电子商务中心、3栋物流库及2栋物流中心基本完工，另有3栋电子商务中心主体完工；西海冷链物流项目东侧仓储交易中心基本完工，西侧仓储交易中心主体完工；盛泉科技园4栋22层6.6万平方米总部经济大厦、2栋17层3.5万平方米的孵化大厦、1栋19层1.2万平方米专家公寓、5栋6层1.4万平方米职工公寓完工；利群购物广场商业街2、3号内砌砖完成85%，住宅楼5号楼9层施工，6号楼8层施工；红星美凯龙南侧商城开始试营业，北侧商城装修基本完成，4栋写字楼主体完工，正在内外装修；麒麟商务广场主体完工。

（杨胜宇）

荣成市石岛管理区

【概况】 石岛管理区（石岛湾省级旅游度假区）成立于1992年8月，1998年12月与石岛镇实行“镇区合一”的管理体制。2005年1月进行理顺体制。2016年辖区总面积270平方千米，海岸线长125千米，辖港湾、斥山、宁津、东山、王连、桃园6个街道，140个村，41个社区，户籍人口15.24万人，常住人口20万人。设有党政办公室、组织人事局、宣传群团办公室、经济发展局、社会管理局、投资促进局、城乡建设局、交通运输局、财政局、审计局、农业综合局、政务服务中心管理办公室12个工作机构。2016年实现地区生产总值280.9亿元，一般公共预算收入17.1亿元，固定资产投资338.6亿元，实际利用内资66.6亿元，进出口总额77.1亿元，实际利用外资4482.4万美元。全区粮食播种面积6200公顷，粮食总产4.57万吨。海上养殖面积6666.67公顷，渔业码头19处，各类渔船2793艘，水产品总产量38万吨，占全市30.2%。全区规模以上工业企业168家，规模以上主营业务收入942.8亿元、利润总额53.1亿元，分别增长10.3%、12.7%，三次产业比重6.6∶46.7∶46.7。拥有国家级一类开放港口——石岛港，开通至韩国仁川、群山的客滚班轮航线，至日本东京的滚装船班轮，至日本关东、关西的全集装箱班轮航线，至青岛港外贸内支航线。2016年石岛口岸吞吐量14万标准箱、散货200万吨，出入境旅客37万人次。城市化率69%，城市公共绿地面积512.6万平方米，绿化覆盖率42.2%。AAA级及以上旅游景区4处，年内接待中外游客196.3万人次，比上年增长

11月25日，石岛管理区污水处理厂进入主体施工 （石岛管理区提供）

7.1%,旅游总收入 13.4 亿元,增长 7.8%。有省、市级规范化学校 13 所,高中 1 所,初中 6 所,小学 6 所,在校生 1.6 万人。设有各类医疗机构 172 家。2016 年被威海市委、市政府授予"先进省级园区"称号。

【社会公益事业】 实施总投资 17 亿元的 22 项民生工程,港湾社区综合服务中心等 25 处便民服务设施全部建成投用。开展 H 型高血压与脑卒中防控等 10 项医疗惠民服务,受益群众近 10 万人;实施二中、斥山完小扩建等 7 项教育设施提升工程,全区 18 所中小学、幼儿园全部达到威海市级以上规范化标准;投入 2 亿元,实施 17 项社会保障和救助工程,全面提高养老、医保、低保等保障标准,2900 多名残疾、大病困难、低保、五保户得到及时救助。

【城乡基础设施】 实施 23 项市政设施提升工程、19 项道路建设改造工程、12 项园林绿化工程,新建或改造道路 30 条 35 千米、铺设管网管线 57 千米,环山路南线正式通车,张家村等 5 处棚改工程拆除危房、旧房 22 万平方米,新建安置楼 44 栋 15 万平方米;总投资 2.2 亿元的新汽车站顺利投用,新开通公交线路 23 条,建设城区公共自行车租用系统及 2.5 千米自行车慢道;投入 2.3 亿元,将 57 个老旧小区、22 个规模小区全部纳入物业管理,完成 553 栋住宅楼、1.6 万户、195 万平方米外墙保温改造,新增供热面积 39 万平方米;完成亲海公园建设和 5 万平方米城区及驻地沿街外墙粉刷,更新广告牌 600 多面,新增绿化 41 万平方米。

【脱贫攻坚】 全区 91 个单位累计投入帮扶款物 367 万元,"慈心一日捐"筹集善款 387 万元;实施光伏发电等 26 个扶贫开发项目,设立扶贫专项资金,涉及的 3930 名贫困人口及低收入群体率先脱贫。

【美丽乡村建设】 投资 2.3 亿元实施西王门河生态修复、八河污水处理厂建设等 8 项生态治理工程,完成 581 家规模养殖场排污治理,结合美丽乡村建设,投入 2000 万元实施 2.2 万户旱厕改造等"绿美亮净"工程,港湾街道办牧云庵社区、宁津街道办所后王家村、所后卢家村、止马滩村获批省级传统村落,东楮岛获评 AAA 级景区。

【项目建设】 实施当年投资 142 亿元的海都海洋食品产业园、华鹏科技园、泰斗健康产业园等 26 个市级重点项目,其中,海都海洋食品产业园等 12 个项目完工投用。新增规模以上企业 29 家、市场主体 2822 个,比上年分别增长 19.7%、10.2%。争创省以上名牌商标、高新企业及创新计划 27 项,7 家企业在新三板和区域市场挂牌。

海都海洋食品产业园项目,投资 5 亿元,总占地 29.33 公顷,建筑面积 12 万平方米,建设 20 万吨冷链物流库、精深加工车间、电子商务中心及附属设施,主要从事冷链物流、鱿鱼精深加工、电子商务服务等,产品涵盖 9 大类 120 个品种,当年启动,当年投产。

华鹏科技产业园项目,总投资 11 亿元,引进欧洲高档玻璃器皿生产线,主要产品为高档玻璃高脚杯、平底杯、大容器(大花瓶、醒酒器)等各类玻璃器皿。分两期建设,一期 3 万平方米高端玻璃器皿生产车间已投产,1.8 万平方米的研发中心及商务中心进入内外修。二期总投资 5 亿元,新建 2 万平方米的高档玻璃器皿加工车间和自动化物流库。

泰斗健康产业园项目,总投资 5 亿元,按照"一园多企"思路,实施了岩藻聚糖、柠檬酸钙提取等 11 个产业链条项目。其中,皇朝马汉跨境电商及"同线同质同标"平台、产品研发中心、检测中心、工业旅游健康体验中心 5 个项目已入驻投用,电商平台入驻企业 193 家,年交易额 8000 万美元;获批威海首家出口型保税库,并率先实现澳牛海运进口、参鸡汤韩国进口和鱼骨酱、鲅鱼饺子出口欧美 4 个国内"第一单"。

隆泰科技装备项目,总投资 1.5 亿元,占地 9.33 公顷,建筑面积 4 万平方米,建设办公楼、车间、研发中心等,采用独家专利技术生产撬装式防爆加油罐,产品广泛应用于安全间距不足、防爆要求高的大型物流园区、厂矿等企业。

德宇保税物流项目,与韩国韩马路集团合作,总投资 1500 万美元,建筑面积 1.5 万平方米,建设现代物流库、办公及附属设施,主要从事对韩贸易、通关及保税商品仓储配送等。

八河污水处理厂项目,投资 1.8 亿元,建设日处理 4 万吨污水处理厂,配套铺设管网 20 千米,采用二级生物处理 A2O 工艺和曝气生物滤池(BAF)工艺对污水进行综合处理,出水水质达到一级 A 类标准。年末,综合池完成基础施工,两个泵站基本完工。

(林超亿)

荣成市好运角旅游度假区

【概况】 好运角旅游度假区成立于 2012 年 11 月,总面积 280 平方千米,海岸线长 92 千米,辖成山、港西、埠柳 3 个镇,至 2016 年底有 110 个村、16 个社区,户籍人口 7.4 万人,常住人口 9.7 万人。设有党政办公室、组织人事局(与党政办公室合署)、经贸旅游局、投资促进局(与经贸旅游局合署)、建设局、财政局、社会管理局、政务服务中心管理办公室 6 个工作机构。2016 年实现地区生产总值 160.2 亿元,一般公共预算收入 6.3 亿元,固定资产投资 104.99 亿元,实际利用内资 32.7 亿元,进出口总额 20.1 亿元,实际利用外资 2014.3 万美元。年末金融机构本外币各项存款余额 76.35 亿元,其中居民储蓄存款余额 46.31 亿元。城镇居民人均可支配收入 38084 元,农村居民人均纯收入 19231 元。全区粮食播种面积 0.43 万公顷,粮食总产 2.38 万吨,水产品总产 35.43 万吨,全年新增造林面积 0.011 万公顷,林木绿化率 42.25%,人均绿地面积 223 平方米。规模以上工业企业 84 家,实现增加值 507.73 亿元,实现利润 28.3 亿元,实现利税 39.72 亿元。其中,第一产业增加值 18.1 亿元,第二产业增加值 80.28 亿元,第三产业

9月28日,好运角旅游度假区首批获得“中国慢生活休闲体验区”称号
(好运角旅游度假区提供)

增加值61.8亿元。资质以上建筑企业4家。全年渔业总收入177亿元。城市化率达到44.6%。AAA级及以上旅游景区5家,全年实现旅游总收入7.8亿元。普通中小学9所,在校生0.61万人,医疗卫生机构72个,有床位390张,卫生技术人员384人。城镇最低生活保障人数8人,农村最低生活保障人数1222人,各类福利院床位316张,收养175人。大力推进生态环境保护、生态文明建设工作,取得显著成效,凭借良好的生态、文化、产业等优势首批获得“中国慢生活休闲体验区”称号。

【基础设施建设】 全年基础设施投资6.46亿元,完成汉龙路、港西工业园和龙眼港出口加工区园区路等22条30千米道路新建和升级改造,配套铺设雨污管网17.7千米、路沿石38千米、自行车绿道5.3千米,安装改造路灯652基、铺设电缆24千米,铺设7条12.5千米污水管网、新建2处污水提升泵站、完成北城河一体化污水处理设施建设,铺设供热管网10.1千米,供汽管网2.2千米。

【旧村改造工程】 继续实施旧村改造工程,在建面积17万平方米的荣礼博苑、裕兴文苑、荣义佳苑、王官庄改造4个安置小区,拟安置成山五村、车祝沟、肖水河、窑上村、王官庄等10个村(社区)。年末,荣礼博苑旧村改造项目14栋6万平方米安置楼主体工程竣工,正在进行室内安装及装修和室外配套建设;裕兴文苑项目6栋3.7万平方米安置楼主体工程竣工,启动室内安装及装修和室外配套建设施工;荣义佳苑项目5栋3.8万平方米安置楼启动基础施工;王官庄改造项目4栋1.1万平方米安置楼主体工程竣工,启动室外配套建设收尾施工。

【招商引资】 加大专业招商、精准招商力度,重点引进健康养老、滨海旅游、现代海洋生物、新材料等项目,全年新引进产业项目15个,其中投资额过亿的4个,合同投资额33.07亿元。健康养老产业,引进投资16亿元的恒大福仁置业养老项目;滨海旅游业,引进投资6亿元的西霞口旅游股权融资项目、投资0.2亿元的卓越东方精品木屋酒店项目、投资0.7亿元的亚太度假酒店项目;现代海洋生物及食品加工产业,引进投资2亿元的悦康冷冻调理食品加工项目、投资0.1亿元的瑞升果品出口基地项目、投资0.1亿元的鲜达食品项目;新能源产业,引进投资5.6亿元的北京润森生物质热电联产项目、投资0.75亿元的农光互补光伏发电示范项目;制造业,引进投资0.7亿元的宏达纺织加工项目、投资0.1亿元的滑雪服加工项目;新材料产业,引进投资0.12亿元的威海荷斓小子新型建材加工项目、投资0.6亿元的启程新材料项目;装备制造业,引进汽车连接线、晨光机械等项目。

【项目建设】 实施重点项目27个,其中新开工项目17个、续建项目10个,总投资92.4亿元,当年投资20.9亿元。截至年末,完工投产投运项目10个。那香海项目区,由南京明月集团当年投

龙眼港出口加工区路网工程 (好运角旅游度假区提供)

资7亿元实施那香海度假花园、皓月五星级国际酒店、梅尔斯堡温泉酒店、海水浴场东扩等6个项目,其中那香海度假花园,新建的3万平方米海景公寓,年末主体18层施工、另有4栋开工建设;皓月五星级国际酒店,投资2亿元总建筑面积3.8万平方米,6月主体完工,同步推进砌体和样板房装修,7月一层16间商铺完成对外招商,年末内部装修完成25%;梅尔斯堡温泉酒店,建筑面积1.1万平方米,年末20个温泉浴池完工、砌体完成80%;海水浴场东扩,投资9000万元在原有基础上向东拓展1千米、总长达到2.5千米,配套绿化、公共服务及景观工程,8月完工;青少年帆船基地,投资3000万元,水面面积4.67公顷,5月完工试运营。韩国精品展销中心,投资7000万元、建筑面积1.8万平方米,年末进行室内外装修,同步谋划推介招商。环海路商业综合体,投资1.2亿元,建筑面积8500平方米,年末挂瓦完工,外墙抹灰。好运渔乡国际商业中心,总投资3亿元,规划建设6个各1万平方米的鲜活水产品交易市场,以及海关监管场所等,总建筑面积7万平方米,5月底获批鲜活水产品进出口资质并部分投运,其中1号市6月1日完成"第一单"2吨鲜活章鱼出口韩国;2号市场,10月从俄罗斯进口首批55吨、价值90万美元的帝王蟹,年末6个帝王蟹进口车间全部完工交付;11月,海关监管场所通过青岛海关验收。中韩园艺博览园,投资5000万元,打造一处集生态旅游、休闲度假、婚纱摄影等于一体的体验式生态观光旅游基地,4月完成花卉种植,6月完成地形和水系打造。港通仓储物流,投资8000万,建筑面积2万平方米,年末办公楼及仓库封顶。天元商贸综合体,总投资5亿元,建筑面积13万平方米,10月2栋主体完工,年末室内砌体。大开文化传播中心,投资1.3亿元,建筑面积2.5万平方米,10月内外装修。渔家风情海鲜一条街,投资4000万元,建筑面积8000平方米,年末,6栋完工、2栋主体施工。友和汽车电器,投资5000万元,盘活厂房9000平方米,引进生产设备50台套,从事汽车电器连接线等部件的生产与销售,4月份完工投产。宏河纺织,投资7000万元,盘活厂房5000平方米,7月完工投产。悦康冷冻调理食品,总投资2亿元,建筑面积2.5万平方米,7月投产。健怡口服液车间,由威海百合生物技术股份有限公司投资8000万元,建筑面积1万多平方米,引进全自动化原料提取设备和全智能化口服生产设备50多台套,年末完成设备安装调试,试生产。春伟瑶海藻精深提取,投资3000万元,盘活闲置厂房3000平方米,新增2条海藻精深加工流水线,9月完成设备安装调试,年末正式投产。埠柳镇休闲旅游示范区项目,投资1.2亿元,建设长7.2千米的汉龙路,进行河道石砌、摆放景观石和高标准绿化,增上自行车健身步道和各类景观设施,8月汉龙路完工,进行沿线绿化,并大力实施推介招商,引进4个观赏园项目,流转土地20公顷,栽植各类苗木7万株。华林农产品电商交易中心项目,投资3000万元,建筑面积1.2万平方米,8月交易中心主体完工,10月产品物流库投入使用。

(张法林)

威海(荣成)海洋高新技术产业园

【概况】 威海(荣成)海洋高新技术产业园位于石岛管理区和人和镇,规划总面积37平方千米,陆地范围为:东至蚧口码头,西至槎山北入口,北至何家村,南至槎山,与槎山通过景观带进行对接,面积为17平方千米;海上范围为:王家湾东沿、朱口西圈西沿各自向南,15米等深线以内连线区域,面积为20平方千米。园区于2014年12月获批山东省级农业高新技术产业示范区,2015年12月获批第七批国家农业科技园区,是山东省内唯一的海洋生物科技产业特色园区。2016年4月18日,荣成市委、市政府召开海洋高新园筹建工作调度会议,公布成立威海(荣成)海洋高新技术产业园临时筹备领导小组,标志园区正式投入运行,进入高位推进阶段。按照打造荣成海洋生物科技产业发展主战场、荣成市千里海岸线新节点的发展定位,2016年通过"定规划、建机制、搭平台、抓招商"4个方面发力,全面拉开海洋科技产业新城发展框架。

【完善顶层设计】 高标准完成总规、控规、产业发展等系列规划编制,依据聚焦发展海洋生物科技产业定位,聘请中规院规划"一心一环·三区两带"的空间规划格局,实施总建筑面积36万平方米的合村并区改造项目,并率先建设园区0.98平方千米核心区,规划建设行政服务、商业配套、创新孵化等核心区设施,全力推动以产业为基础的产业优化发展区、产业重点拓展区和产业服务配套区发展,加速建设现代海洋科技新城。

【构建创新孵化体系】 启动总投资2亿元的科技创新平台建设,搭建8000平方米的科技孵化器和技术成果网上交易平台,建设海洋生物技术创新中心、创业服务中心和产业化基地等平台设施,构建"科技研发+人才服务+企业孵化+产业加速"的全服务创新链条。2016年,依托总面积1.5万平方米的海洋生物技术创新中心,引进建设海洋医用食品研发平台、新型基因载体产业化中心等科研载体,吸引行业前沿技术成果交易转化。

【创新园区开发模式】 按照互联网+分享经济等新业态新模式,成立国有独资公司,主导开展土地开发、规划建设、科技创新和招商运营各项工作,并通过PPP合作、股权合作、平台承接等方式多举措引导社会资本参与,放大专业化运作优势。与华夏幸福空间家采取政府购买服务方式合作,建设专业招商服务体系,以前沿高新技术为先导,驱动海洋生物医用食品、海洋生物新材料、海洋生物医药三大产业集群化、规模化发展,着力构建以海洋生物科技为核心的现代特色海洋科技产业体系。

(梁育玮)

镇街概况

Towns and Subdistricts

- 俚岛镇
- 成山镇
- 港西镇
- 埠柳镇
- 夏庄镇
- 崖西镇
- 荫子镇
- 大疃镇
- 上庄镇
- 虎山镇
- 人和镇
- 滕家镇
- 崖头街道
- 寻山街道
- 崂山街道
- 城西街道
- 港湾街道
- 斥山街道
- 东山街道
- 王连街道
- 桃园街道
- 宁津街道

俚岛镇

鸿源水产有限公司海带养殖区 (俚岛镇提供)

【概况】 俚岛镇位于荣成市东部,东、南两面临黄海,西南与寻山街道交界,西与夏庄镇、埠柳镇接壤,北与成山镇毗邻,镇政府驻大庄许家村。内设党政办公室、经济发展办公室、社会事务办公室、乡村规划建设监督管理办公室、安全生产监督管理办公室;下设文化体育服务中心、财政经管服务中心、计划生育服务中心、农业综合服务中心、社会保障服务中心。有工作人员 68 人。1984 年 4 月撤销俚岛人民公社,设立俚岛镇。2001 年 4 月撤销马道镇,将其行政区域并入俚岛镇。2002 年底成立全国乡镇企业科技园区,2006 年 9 月更名为山东荣成工业园区(与俚岛镇合署办公)。俚岛镇总面积 106.14 平方千米,海岸线长 40 千米。辖 60 个村,14 个社区,户籍人口 3.6 万人,常住人口 5 万人。2016 年实现地区生产总值 59 亿元,一般公共预算收入 2.81 亿元,固定资产投资 23.58 亿元,进出口总额 40.23 亿元,农村居民人均纯收入 10200 元。有初中 1 所,小学 2 所,在校生 2410 人。该镇名优特产有海带、海参、牡蛎、鲍鱼。依托食品产业园、船舶配套园等优势产业平台,形成了海洋食品加工和修造船两大产业齐头并进的集聚效应,全镇有工业企业 268 家,其中规模以上企业 34 家,产值达 303 亿元。海带养殖面积 2533.33 公顷,年产量 45.6 万吨,占全国海带总产量的 1/6,被誉为“中国海带第一镇”。拥有海草房、渔家文化等人文资源和大天鹅、纹石滩、花斑彩石等自然资源,形成以南部爱连湾区域、北部烟墩角区域和西部生态农业区域为中心的三大旅游功能区,年接待游客 30 多万人次。2016 年 11 月东崮村入选中国传统村落名录。

三星重工业(荣成)有限公司陆地建造厂 (俚岛镇提供)

【项目建设】 实施重点项目带动战略,列入市级调度的重点项目 8 个,总投资 11.8 亿元,已投资 7.3 亿元。聚大洋褐藻胶提取、高润海洋生物科技、恒欣源水务科技、烟墩生物科技、伽耶船业升级改造、世昌生物海带复合提取项目等项目,全部达到预期进度,打造世纪博康海带精深提取中试车间和海藻生物技术研究中心。其中烟墩生物科技有限公司生产的功能性红曲年产量 500 吨,年可实现产值 6000 万元,是威海乃至山东地区最大的功能性红曲供应商。依托三星重工等域内造船巨头的链条带动优势,加快伽耶船业升级改造,实施 5 个船舶制造配套项目,推动产业集群化发展。成立园区产业发展示范基地,建设普及全镇企业的电商平台,从电子商务、商会党建、招商引资、科技研发、旅游推介等 5 个方面入手,配套咨询培训、物流配送等服务,促进企业发展。自 2015 年 7 月正式开园以来,截至 2016 年底有 17 家企业入驻,成交额达 1134 万元。三星、伽耶 2 处港口码头均在 2016 年 10 月份通过国家验收,正式对外启用。抓好资源整合,盘活存量资产,对闲置厂房和闲置土地进行摸底,排查出闲置厂房148000平方米、闲置土地2.67公顷,建立招商数据库,绘制《俚岛镇现状用地调研图》,实施准招商,与10余家企业进行对接盘活,实际利用外资456万美元,实际利用内资15亿元。

【城镇化建设】 完成聚隆、聚福两个集中生活区配套设施建设;两村及六村安置区建设推进顺利,推进山后王家、桥子沟等8个村群众搬迁上楼,惠及群众720户;投资500余万元推进农村无害化厕所改造,年内完成改造6000户;投资700余万元为4个村安装高端污水户型处理器,更新颜家河排污管道,完成聚隆社区污水设施改造。持续优化驻地配套设施,投资300万元对主干路沿线地上道板、路沿石、地下管廊设施及园林绿化、环卫保洁等进行维护改造,在镇区安装公交车候车厅14个。对花斑彩石路2千米路面进行改扩建,安装中瓦线路灯88个;铺设燃气管道8000米,新增用户1300户;铺设供热管道3千米,新增供热面积2.2万平方米,提高了区域公共服务水平。投资1600多万元,实施马道幼儿园、马道完小操场工程。

【生态安全】 开展大气污染专项整治行动,逐一排查整改镇内136处污染隐患点;制定村内及村周边50米内畜禽养殖治理方案,完成整治160户,实现畜禽养殖废弃物循环和无害化处理;把海带漂烫水治理作为工作重点,关停违规海带加工流水线3条。加强安全生产网格化管理,完成38处涉氨企业消防改造,排查小微经营场所56家,整改隐患31处;特种作业排查人员1753人,组织培训无证人员70多名。加强护林防火工作,建设生物隔离带2.7千米,投资20多万元购置一批消防设备,设置防火牌及宣传语516处。

(孙艳丽)

成山镇

【概况】 成山镇位于荣成市东北部,三面环海,北、东、南三面濒临黄海,与朝鲜、韩国、日本隔海相望。西与港西镇、埠柳镇接壤,南连俚岛镇,镇政府驻成山四村。内设党政办公室、经济发展办公室、社会事务办公室、乡村规划建设监督管理办公室、安全生产监督管理办公室;下设财审统计服务中心、农业综合服务中心、民生保障服务中心、便民服务中心。有工作人员67人。1984年4月撤销成山卫人民公社,设立成山卫镇,2000年6月撤销龙须岛镇,将其行政区域并入成山卫镇。2002年7月成山卫镇更名为成山镇。成山镇总面积109平方千米,海岸线长80千米。辖52个村,14个社区,户籍人口3.8万人,常住人口3.4万人。2016年实现地区生产总值98.7亿元,一般公共预算收入2.73亿元,固定资产投资总额45.88亿元,进出口总额1.96亿元,农村经济总收入124亿元,农村居民人均纯收入1.3万元。有高中1所、初中1所、小学3所,在校生3700人。该镇特色物产有海带、海参、茶叶等,特色经济为休闲旅游和海洋生物产业。辖区内拥有世界四大天鹅越冬栖息地之一的天鹅湖;国家级AAAA级风景区——成山头风景区;中国北方最大的村办野生动物园——神雕山野生动物园;鸥鹭王国——海驴岛。主要农作物有小麦、玉米、花生、水果、蔬菜等。渔业以海上养殖和海产品加工为主。拥有西霞口集团、马山集团、鸿洋神集团等几家大型渔业集团公司,总资产超过29亿元。形成了以"化工、食品、保健品、建材、饲料"等行业为主体的工业体系。主要产品有保健品、海洋食品、海藻肥、造船、轴类模具等80多个品种。全镇拥有规模以上企业36家。2016年,成山镇被住建部等7部委授予"全国重点镇"称号,获得"威海市爱国拥军模范单位"等称号。

【项目建设】 2016年成山镇与中介机构、专业招商公司对接,采用政府购买服务、PPP项目库等方式招商,在推进好西城健康养生基地、威海华源生物质热电等7个市级重点项目和圣铭海洋科技、科创中心等9个区级重点项目建设的基础上,盘活闲置土地和厂房10万平方米,重点抓好4个板块。东部临港物流板块,整合龙眼港周边、临港物流产业园、万通冷链物流等项目,用足用活各类政策,发挥龙眼港带动作用,

鸥鹭王国——海驴岛　(成山镇提供)

金石雕塑文化园一角　　　　（成山镇提供）

立足物流产业配套，引入商贸物流、电商服务等项目。海角小镇板块，抓好打造金石湾、河口、巴厘林海特色文旅项目的同时，规划建设 26.67 公顷的雕塑文化园，引进相关产业项目，实现文旅地产开发、文化产业项目经营、特色小镇景区融合发展。马山岛、天鹅湖板块，整合天鹅湖湿地和 15 千米岸线资源，对周边区域进行综合开发和生态保护，发挥西城康养基地、旗民民宿旅游等项目的带动作用，吸引高端养生养老、休闲度假、摄影文化小镇等项目入驻。龙须南岛板块，对龙须南岛周边 100 公顷土地进行高标准规划，引进汽车营地、浅海垂钓、休闲游艇、旅游地产等高端休闲旅游项目。

【全域旅游】　按照全域旅游规划，对北环海路到成山头“一环”进行整体提升，推动由“单一游”向“吃住行游娱购”转变。在配套提升上，对龙须区域景观标识、道路指示牌、渔家乐门头进行统一规划设计，建设高标准的旅游公共服务中心。年内海鲜风情街，车祝沟、环海路等 4 处旅游驿站休憩区投入使用。在特色旅游培植上，车祝沟村打造大天鹅摄影基地和渔家乐民宿，东岗村开发沿街民俗特色游，成山头西侧规划建设 66.67 公顷休闲农业采摘区，卧龙村打造房车营地和海洋生物景区，礼村盘活高尔夫酒店，建设游艇酒店，使乡村游串点连线、整体提升。

【民生工程】　推进旧村改造和驻地改造，对王家疃、吴家疃、袁家庄、李家庄 4 个村进行拆迁并点，在镇区新建 4 栋、1.6 万平方米安置楼；完成驻地村成山五村 14 栋安置房建设。实施荣礼路、成山北大街、天鹅湖中路和西路等道路升级改造，完成 2 万平方米人行道板、5 千米路沿石铺设。2016 年进行基础设施提标扩面工程。先后调整土地 140 公顷，拆除违建 43 处，铺设燃气、供热、自来水、污水等各类管网 60 多千米，更换路灯 332 盏，20 个村完成了集中供水自来水改造。新增垃圾桶 450 个、户用垃圾桶 4580 个，实现垃圾密闭化收集，全镇 66 个村居环境整治全部达标。

（柳　玮）

港西镇

【概况】　港西镇位于荣成市北部，东与成山镇接壤，南邻埠柳镇，西与威海市经济技术开发区泊于镇交界，北濒黄海，镇政府驻大岚头村。内设党政办公室、经济发展办公室、社会事务办公室、乡村规划建设监督管理办公室、安全生产监督管理办公室；下设文化体育服务中心、财政经管服务中心、计划生育服务中心、农业综合服务中心、社会保障服务中心。有工作人员 46 人。1984 年 4 月由埠柳公社划出 22 个自然村设立港西乡。1993 年 10 月改为港西镇。总面积 49.14 平方千米，海岸线长 12 千米。辖 21 个村、1 个社区，户籍人口 1.5 万人，常住人口 2.1 万人。2016 年实现地区生产总值 47.6 亿元，一般公共预算 2.81 亿元，固定资产投资 46.47

5 月 24 日，鸡鸣岛村自来水工程海上施工现场　　　　（港西镇提供）

亿元，进出口总额 17.62 亿元，农村经济总收入 227 亿元，农村居民人均纯收入 1.53 万元。有初中 1 所、小学 1 所，在校生 1100 人。该镇特色物产丰富，是重要的商品粮和花生、水果生产基地，有“无花果之乡”的美誉，无花果种植面积 480 公顷。水产品养殖和滩涂养殖资源丰富，盛产深海刺参、鲍鱼、飞蟹和海带等海产品。该镇是山东省有名的“外商独资镇”，有韩资企业 23 家，形成以光电子、旅游地产、海洋食品、汽车船舶配件 4 大主导产业。港西镇有规模以上工业企业 42 家，服务业企业 4 家，住宿餐饮企业 3 家，房地产企业 4 家。2016 年规模以上工业总产值 356.2 亿元，总收入 356.7 亿元，利税 25 亿元。规模以上服务业和住宿餐饮业总收入 5.63 亿元，利税 6507 万元。

【民生工程】 在好运角旅游度假区的协助下，积极申请省级扶持资金，建设鸡鸣岛跨海饮水工程，可满足至少 2 万人的饮水需求，工程于 2016 年 10 月竣工通水；全年完成改厕 1859 户，超额完成年初制定的任务；投资 4000 万元完成纹石宝滩公园沙滩修复工程，将使西起茅子草口大桥、东至香庭海岸区域沙滩连为一体，全面提升区域旅游水平；实施环海路沿线升级改造，关停 5 家采砂洗砂企业。

【生态旅游】 镇内旅游资源丰富，巍巍村、小西村被列入“山东省传统村落名单”，鸡鸣岛村在《爸爸去哪儿》登岛录制节目后迅速成为国内知名旅游目的地，年收入 350 余万元，那香海旅游度假区建有威海市面积最大、条件最优越的国际海水浴场，2015 年获批为 AAA 国家级景点，年接待游客 20 万人次。旅游地产业发达，建有五星级酒店 1 座、四星级酒店 6 座，酒店式公寓 70 栋，客房总数达到 1 万间。

【鸡鸣岛自来水工程】 2016 年 10 月 4 日，港西镇鸡鸣岛村自来水工程全部竣工通水，结束了鸡鸣岛村无自来水的历史。工程为荣成第一个跨海饮水工程，日供水能力可达 3000—7000 吨，可满足至少 2 万人的饮水需求。鸡鸣岛距离陆地约 2 千米，常驻居民 70 多户，是荣成市唯一有人居住的海岛村，几百年来，村民们一直依靠收集雨水生活，遇到旱季吃水就无法保障。近几年，随着群众生活水平的提高和海岛旅游业的发展，改变岛上靠天饮水现状的需求变得尤为迫切。对此港西镇在好运角旅游度假区的协助下，对上争取省级扶持资金 830 万元，建设跨海饮水工程，用于陆上取水点、陆岛自来水管网及泵站等设施建设。鸡鸣岛跨海自来水工程管道长约 2480 米，大部分位于海上。由于鸡鸣岛附近暗流比较多，若采用传统的技术将自来水管网直接铺设在海床上，极易造成管网不稳定，进而影响供水效果。为达到最佳供水效果，工程施工方江苏神龙海洋工程有限公司采用集沟槽开挖、管道铺设、GPS 定位桩、管道保护一体化施工工艺。施工人员还对管道实行 GPS 定位，一旦出现问题，可及时找到并解决。鸡鸣岛自来水工程从港西镇供水主管网取水，经码头泵站加压后通过海底管道输送至岛上，从而保障岛上自来水水压达到要求。

（殷丰润）

埠柳镇

【概况】 埠柳镇位于荣成市北部，东邻成山镇、俚岛镇，南隔伟德山与崖西镇、夏庄镇接壤，北与港西镇毗邻，西与威海市经济技术开发区桥头镇、泊于镇交界，镇政府驻埠柳村。内设党政办公室、经济发展办公室、社会事务办公室、乡村规划建设监督管理办公室、安全生产监督管理办公室；下设文化体育服务中心、财政经管服务中心、计划生育服务中心、农业综合服务中心、社会保障服务中心。有工作人员 45 人。1984 年 4 月撤销埠柳人民公社，设立埠柳镇。总面积 96.55 平方千米。辖 37 个村，1 个社区，户籍人口 2.1 万人，常住人口 2.1 万人。2016 年实现地区生产总值 13.8 亿元，一般公共预算收入 0.27 亿元，固定资产投资 12.64 亿元，进出口总额 0.53 亿元，农村经济总收入 23.4 亿元，农村农民人均纯收入 9492 元。有初中 1 所、小学 1 所，在校生 535 人。埠柳镇以果业闻名，特色物产有苹果、草莓、蓝莓、无花果和樱桃等，是威海地区最大的果品交易集散地，拥有果品种植基地 2000 公顷，果品贮藏加工企业

白龙河生态景观带 （埠柳镇提供）

8 月 12 日，沙楼村太阳能光伏发电项目施工现场　　（埠柳镇提供）

20 多家，年果品生产、加工销售总量达到 30 多万吨，拥有烟富 1、烟富 3、2001 富士、皇家嘎拉、黄金梨等 20 多种优质水果，果品销往东南亚、俄罗斯、欧盟等 30 多个国家和地区，拥有“凤山”“星星”等多个国际知名品牌。2014 年 10 月被国家环保部授予“国家级生态乡镇”称号。

【产业项目建设】　观光休闲业是埠柳镇的优势产业，有别洞天休闲采摘园、天润红豆杉产业园、丽明生态观光园等近 30 个成规模的观光农业休闲项目，流转土地 433.33 公顷，带动就业 500 多人，休闲农业初具规模，对外吸引力进一步增强。2016 年来重点打造白龙河生态景观带，并以此为纽带，将周边各休闲采摘园穿在一起，进行统一风格、统一口号、统一品牌包装打造，发展特色旅游，进一步延长产业链条，带动群众增收致富，实现由农业一产到旅游三产的提升转变。

近年来埠柳镇坚持创新驱动、加快产业转型，先后引进实施东之海食品、华林农产品电商交易中心、元盛生物科技、春伟瑶海藻精神提取等一批中高端产业项目，经济结构进一步优化，镇域综合实力有序提升。

【精准扶贫项目建设】　成立五人驻村工作队，建立“两规划、两督查、两考核、一承诺和一剪影”工作机制，对驻村工作进行调度考核。扶贫产业项目实施方面，2016 年内重点抓实 8 个贫困村产业项目，投入扶贫资金 303 万元发展光伏发电项目。积极争取扶贫政策，通过各方努力，争取扶贫政策十多项，上级部门单位累计投入资金 800 多万元，涵盖基础设施建设、农村电商、医疗卫生等各个领域，极大改善贫困村、贫困户生产生活条件，增加就业岗位，有效带动群众增收致富。安排专人分头对接好运角区内部分重点企业，从资金、就业、信息、产业等方面进行扶持，帮助贫困村和贫困群众脱贫致富。

【民生工程】　协助管区对白龙河埠柳区域 5.7 千米河道进行综合整治，提高抗旱防汛能力，增强旱涝保收功效，投资 1.2 亿元打造重要的水利设施和民生工程。同时争取上级资金 5500 万元，对 11.1 千米的埠柳河河道进行清淤疏浚，河岸进行护砌加固，新建涵洞、拦水堰、生产桥等工程。对 301 镇区路段、农村公路等进行高档绿化苗木补栽，栽植各类苗木 4 万株。投资近 500 万元，对从成山交界至桥头交界路段安装路灯 500 盏。同时借助申报国家卫生镇的有利契机，加强基础设施建设，对广场、沿街绿化进行升级改造，新上污水处理设施，户外明沟铺设沟盖板，平交路口全部硬化，街区外墙断壁、破损拐角重新修复粉刷，对镇区原有老旧旱厕进行综合改造，全面提升镇区环境面貌。抓好农村改厕。累计改造完成 6882 户，基本实现户用厕所改造全覆盖，在方便群众生活的同时改善农村环境，保证群众健康。大力开展环卫一体化。实行环卫一体化镇村户三级网格化管理，制定镇级环卫一体化考核办法，实行动态考核、星级管理，有效提升镇域整体环境面貌。

（王　婧）

夏庄镇

【概况】　夏庄镇位于荣成市中北部，东邻俚岛镇，南与崖头街道、寻山街道相接，西与崖西镇相连，北与埠柳镇为界，镇政府驻小夏村。内设党政办公室、经济发展办公室、社会事务办公室、乡村规划建设监督管理办公室、安全生产监督管理办公室；下设文化体育服务中心、财政经管服务中心、计划生育服务中心、农业综合服务中心、社会保障服务中心。有工作人员 45 人。1984 年 4 月撤销夏庄人民公社，设立夏庄乡。1989 年 12 月改为夏庄镇。总面积 50.33 平方千米，辖 33 个村，1 个社区，户籍人口 1.2 万人，常住人口 1.2 人。2016 年实现地区生产总值 16.4 亿元，一般公共预算收入 0.22 亿元，固定资产投资 3.92 亿元，进出口总额 0.32 亿元，农村经济总收入 1.22 亿元，农村居民人均纯收入 7385 元。有初中 1 所，小学 1 所，在校生 320 人。该镇名优特产有红豆杉、荣成大花生、板栗，盛产富士苹果、丰水梨、猕猴桃、葡萄、桑葚等水果。各类种植专业合作社达到 15 家，入社群众 3000 多人。夏庄镇背靠伟德山，森林覆盖率 41.8%，自然资源丰富，享有“天然氧吧”的美誉；水利资源充足，河网密布，以发源于夏庄镇的荣成市第二大河流—车道河及夏庄河为中心形成了山水交融的生态资源优

乐时香草博览园　　（夏庄镇提供）

势。特色产业为生态休闲农业。2016年，山东省旅游发展委员会授予夏庄镇“山东省旅游强乡镇”称号、授予战家村“山东省旅游特色村”称号。

【项目建设】　以“自由呼吸·自在荣成”为引领，围绕建设“环城内陆工业强镇”的目标定位，抓项目、增税源、惠民生、保稳定。拥有占地面积33.33公顷的中小企业工业园，入驻企业20多家，包括元烨锻造、宏丰建材、恒力电机、凯华纺织等龙头企业，涵盖食品加工、机械制造、冷链物流、工艺加工等13个门类300多个品种，形成以机械、化工、建材、纺织、食品、电器和工艺品等门类齐全的工业生产格局。年内实施工业项目8个，其中，投产和在建项目6个，跟踪推进项目2个，盘活闲置厂房8.53公顷、3.4万平方米。盘活闲置土地近2公顷，引进了投资3000万元的悦多冷链物流项目；盘活双兴集团闲置厂房3处，引进了投资1000万元的电机配件项目、2000万元的盛泉缘机械加工项目及1000万元的环科院重金属项目；盘活工业园2处闲置厂房，新上投资8000万元的元烨锻造项目、2000万元的恒昶电力项目。跟踪推进恒力电机与鲁东大学的仪表合作项目和中粮花生厂房盘活项目。

【镇村建设】　坚持以打造“生态宜居环城镇”为目标，主动加强对接，融入市区一体发展。重点实施广厦建筑砖厂、农机门市、夏庄完小开发三大区域改造项目；完成了9栋、建筑面积3.5万平方米的商住楼建设；实施驻地庙东河河道两侧、三角花园等高档次绿化等工程；建成了占地1.2万平方米的规范化农贸市场。投资2000多万元完成32个村新农村建设、旧村改造工程；累计投资100多万元，配齐配全垃圾运输车、洒水车、垃圾桶等。全年投资400万元，完成总长2000米的河道升级改造工程；修建方塘8处、塘坝4处、蓄水池6个、大口井1处，可增加蓄水量20多万方，节水灌溉146.67公顷。完成镇级文化活动中心及25个村文化大院改造升级工程，开展夏季文化广场、趣味运动会等各类文体活动，丰富群众精神文化生活。深化低保户、五保户、大病救助、困难户家庭救助等社会救助工程覆盖面，全年发放各类优抚优待和救济款270多万元，城乡低保保障金35万元，新型农村养老保险、新型农村合作医疗投保率分别达到75.1%和100%。

【休闲农业】　坚持土地规模化流转、集约化经营，累计流转土地933.33公顷，引进过百亩的生态园有19个，过500亩的有6个。其中，悦多果业总投资4000多万元，面积140公顷，该园区整体档次位于荣成首位。在2016年中国苹果年会上，悦多果业在全国现代苹果产业发展上处于领先位置。乐时香草博览园由荣成市健康集团投资打造，规划总面积266.67公顷，总投资3.8亿元，获批2015年农业部、国家旅游局“全国百家生态农业休闲旅游示范点”、2016年全国休闲农业和乡村旅游四星级示范园区。依托乐时香草园、悦多果业、天景遨游峰等几个大的休闲农业板块，充分发挥夏庄的生态资源优势，着力打造特色休闲旅游小镇，形成千亩香草、千亩果园、万亩自然风光旅游大格局，叫响休闲夏庄旅游品牌。

（于　荃）

崖西镇

【概况】　崖西镇位于荣成市中北部，伟德山南麓，东与夏庄镇为邻，南与荫子镇接壤，北与埠柳镇毗邻，西与文登区天福山镇交界，镇政府驻北崖西村。内设党政办公室、经济发展办公室、社会事务办公室、乡村规划建设监督管理办公室、安全生产监督管理办公室；下设文化体育服务中心、财政经管服务中心、计划生育服务中心、农业综合服务中心、社会保障服务中心。有工作人员41人。1984年4月撤销崖西人民公社，设立崖西乡，1989年12月改为崖西镇。崖西镇总面积84.02平方千米，辖49个村，1个社区，户籍人口1.9万人，常住人口1.9万人。2016年实现地区生产总值13.5亿元，一般公共预算收入0.16亿元，固定资产投资3.65亿元，进出口总额0.76亿元。农村经济总收入15.22亿元，农村居民人均纯收入7393元。有技校1所、初中1所、小学1所，在校生526人。该镇特色物产有花生、苹果、玉米、小麦等农作物，尤其以葡萄、草莓为特色，建立葡萄、草莓种植采摘园，2016年举办首届“伟德山葡萄节”。工业主要以机械电子、服装加工、食品精深加工三大产业为主，工业企业

8 月 20 日，首届“伟德山葡萄采摘节”在崖西镇举办　　（崖西镇提供）

171 家，职工 7000 多人，重点企业有吉欧吉化妆品、迪尚华悦水洗、鼎颐木业、莹泰机械电子、一展石材、精益食品、北崖西工业等。旅游资源有伟德山国家级森林公园、圣水观国家级名胜风景区，抗日民主政府遗址、伟德将军碑廊、金鼎九龙亭等。

【项目建设】　加快项目建设和招商引资步伐，树立“经济主业、工业主体、税源主责”意识，建立班子成员联系企业制度，狠抓经济发展。前 10 个月完成两税收入比上年增长 38.9%，居全市第一，各项主要指标平稳增长。先后引进吉欧吉化妆品、山东城市技术服务学院威海校区，盘活闲置厂房 1.1 万平方米，闲置校区 4.2 公顷，闲置商业设施 1990 平方米。全镇完成土地流转 120 公顷，重点打造千亩元宝枫基地和 500 亩的金银花种植基地，形成“一核四片区”现代农业发展新格局。

【“1+X”产业扶贫模式】　加大对民生工程的投入力度。按照因村制宜、因户施策的原则，采取“1+X”产业扶贫模式（即 1 个主导产业项目+多个小型增收项目），重点实施以工代赈、整村推进、产业扶贫等专项扶贫工程，通过发展产业、自主致富、部门帮扶、入股分红、政策兜底等方式帮助群众脱贫致富，先后完成后高等 6 个省定扶贫村 788 户、1369 人的脱贫攻坚任务。

【民生建设】　实施西埠前村、埠东夼村、西藏村桥梁修复工程，完成 1.5 千米的河道治理、3 个塘坝的除险加固、5 个村的农村自来水改造、2 个千亩小农水和 3 个村 3000 亩的高标准基本农田项目。完成 3800 户农村厕所无害化改造。切实抓好社会安全，重点抓好非煤矿山、涉尘、涉爆等企业的安全生产监管，截至 2016 年底 4 家企业完成安全标准化创建，每月对全镇企业、个体工商户进行一次安全生产常规检查及安全生产应急演练，每季度组织 1 次多部门联合检查，全面提高镇域企业安全生产意识和应急救援能力。投资 20 多万元对森管中队装备进行升级，全面提升崖西镇防火保障能力和应急处置能力。

【举办首届“伟德山葡萄采摘节”】　伟德山生态葡萄采摘园于 2013 年 8 月规划建设，占地面积 33.33 公顷，引进 9 家种植大户，主要发展冬暖式、春暖式大棚葡萄及露天葡萄种植。园内有贵妃玫瑰、红巴拉多、A17、夏黑、辽峰、金手指、户太 8 号等 10 余个优良品种。其中益永葡园、流连紫云农场完成品牌注册，益永葡园完成绿色认证。采摘园于 2015 年 5 月对外开放，年接待游客 2 万人。2016 年 8 月 20 日，市旅游行业协会、荣成市崖西镇商会在崖西镇伟德山生态葡萄采摘园联合举办首届“伟德山葡萄采摘节”活动，各区市市民及部分游客 500 多人参加当天的开幕仪式，葡萄节期间接待游客 5000 多人。

（丛林慧）

荫子镇

【概况】　荫子镇位于荣成市西北部，东邻后龙河水库及崖头街道，南与城西街道接壤，北与崖西镇毗邻，西与文登区大水泊镇和文登营镇交界，镇政府驻耩上姚家村。内设党政办公室、经济发展办公室、社会事务办公室、乡村规划建设监督管理办公室、安全生产监督管理办公室；下设文化体育服务中心、财政经管服务中心、计划生育服务中心、农业综合服务中心、社会保障服务中心。有工作人员 45 人。1984 年 4 月撤销荫子人民公社，设立荫子乡。1993 年 10 月改为荫子镇。总面积 47.63 平方千米，辖 43 个村，1 个社区，户籍人口 1.3 万人，常住人口 1.2 万人。2016 年实现地区生产总值 13.7 亿元，一般公共预算收入 0.13 亿元，固定资产投资 3.7 亿元，进出口总额 0.39 亿元。农村经济总收入 6.99 亿元，农村居民人均纯收入 7800 元。有初中 1 所、小学 1 所，在校生 324 人。该镇特色特产有茶叶、草莓、蓝莓、西洋参。境内地势北部较高，由东北向西南倾斜属丘陵区（占 80%）。境内矿产资源主要为花岗岩，地质储量丰富。近年来，该镇以园区建设为突破口，加快工业项目引进和建设进度。建成占地 17.33 公顷的马家岭和占地 22 公顷的姚家两个小微企业园，有 32 个项目入驻。截至 2016 年底全镇企业 42 家，初步形成机械制造、食品加工、机电配件、建材生产和船舶配套五大产业集群，小企业聚集效应初步显现。境内三家泊村北有汉墓群和“昌阳严”石阙，是威海市级重点文物保护单位。

海臻一品海带丝自动生产线车间　　　　（荫子镇提供）

【经济发展】　抓住园区建设这个突破口，坚持传统产业升级和新兴产业培植“双轮驱动”。年内引进4个项目，引进内资7600万元，到账外资35万美元。盘活闲置厂房2万平方米，商住设施2000平方米，完成4个项目的技改，获得各项专利6项，佳鑫农机生产的西洋参播种机获得国家专利，产品深受好评。引导辖区内的海臻一品、宋家食品等企业发展工业旅游，扩大企业知名度，提高企业效益。

【民生改善】　开展阳光低保，大力提倡移风易俗文明节俭办丧事新风尚，2016年为老党员、老模范、老干部发放生活补贴45.7万元；对100户低保户、247户五保户、411户困难群众、80名大病患者、430名残疾人及315名优抚对象实施救助，支出314.4万元，比上年增长16.7%；拥有敬老院1家，床位150张，收养农村五保人员81人；深入开展“两个全覆盖”活动，帮助解决群众实际困难，走访群众5020户，解决问题67个；积极稳妥处理民心网、市长热线、民生110等渠道反映的问题，处结率达到100%；扎实做好精准扶贫工作，实施黑木耳、光伏发电、苗圃、养鹅等20多个产业项目，每个村有2—4个产业项目，每户都有帮扶措施，466户贫困户全部实现脱贫；全镇10个农村中心社区全部成立志愿服务队，其中前荫子社区志愿服务队，有队员145名，骨干队员60名。年内开展志愿服务21次，参加人员358人次，累计服务时间556.6小时，捐款捐物13700元。队长姚洪波先后获得省“学习雷锋、志愿服务”先进个人、省第二届助人为乐道德模范、威海市十佳文明市民、“最美威海人”特别奖等称号。

【城乡建设】　引导辖区良田尚品草莓、沃林蓝莓等采摘基地开展自媒体营销，吸引游客，建设高标准展销大厅3个，休闲垂钓园5个，蓝莓、葡萄、草莓等休闲采摘园10个；老镇区规划建设7栋住宅和15栋商贸设施，完成4幢1.3万平方米商住楼的主体施工；对城铁沿线地堰、荒山进行绿化，栽植黑松、龙柏等苗木1.2万棵；每个村配备1~3名专职保洁员，负责村内外卫生保洁，每个村全部配备垃圾桶，方便群众生活；年内完成改厕2442户，改善群众生活条件。

（邹　瑜）

大疃镇

【概况】　大疃镇位于荣成市西部，北与城西街道为邻，东与滕家镇接壤，南与上庄镇相望，西与文登区高村镇相连，镇政府大疃村。内设党政办公室、经济发展办公室、社会事务办公室、乡村规划建设监督管理办公室、安全生产监督管理办公室；下设文化体育服务中心、财政经管服务中心、计划生育服务中心、农业综合服务中心、社会保障服务中心。有工作人员48人。1984年4月撤销大疃人民公社，设立大疃乡。1989年12月改为大疃镇。大疃镇总面积70.72平方千米，辖45个村，1个社区，户籍人口1.6万人，常住人口1.6万人。2016年实现地区生产总值13.7亿元，一般公共预算收入0.19亿元，固定资产投资3.72亿元，进出口总额0.035亿元。农村经济总收入6.1亿元，农村居民人均纯收入8848元。有初中1所、小学1所，在校生270人。该镇是胶东地区花生和果业大镇，传统农业一直非常发达，花生、小麦、玉米等传统作物产量大、品质优，苹果、草莓、葡萄、西洋参、苗木、蔬菜等特色作物种植总量已达到万亩以上。特色产业为乡村旅游业、休闲农业，已建设大田牧歌采摘园（山东省乡村旅游示范点）、普利姆玉兔休闲园（山东省乡村旅游示范点）、隆高路葡萄园、一亩三分地休闲农场、果香缘休闲农业园、朋言农场、横山高效农业带、顺通高效农业园等8个休闲农业示范园，年接待游客10万人以上。

【项目建设】　重点打造招商引资特色项目“韩国小镇”的建设。盘活镇区6718.5平方米闲置商贸设施，吸引韩国客商投资，25家韩国客商投资入驻，32家沿街商铺完成正式对外营业。总投资2.5亿的威海机动车驾驶人考试中心及蔬果佳农业科技园项目，完成办公楼及其附属主体建造，旧办公楼楼顶改造已完工，大型车、小型车考试场地及园林苗木移栽与农业科技园苗木栽植全部建设完成。提升新兴投资产业项目鑫海园的建设力度。盘活厂房3800平方米，基础车间改造完成。

【乡村旅游】　果香缘综合性生态农场建设项目，完成33.33公顷农场土地平

韩国小镇风情街全貌　　（大疃镇提供）

整以及苗木栽植、水库塘坝整修、滴管系统、外围网安装等基础设施建设，建设完成6个高端水果种植采摘冬暖大棚。隆高路葡萄园项目，总投资2000万，建成冬暖棚18个，钢架棚50个。以“韩国小镇”为媒介，打造乡村旅游特色产业，叫响“小镇大疃”品牌。发挥韩国小镇项目的资源优势，发展韩式文化旅游产业，采取政府主导、企业参与的市场化运作模式，促成韩国小镇与玉兔园“商旅”结合，打造集吃、喝、玩、乐于一体的综合性文化旅游园区，新建韩国民俗馆、祈福台、民宿小院3处旅游景点。加大特色小镇宣传力度，提升服务水平。规划“韩国小镇”购物、韩式文化体验、休闲采摘以及特色民宿一条龙的旅游线路，累计接待各地游客1万余人次，带动各行业务工人员50人务工就业。

【城镇化建设】　镇区层面，累计投入50万元完成镇区隆高线东段、宏大路北段660米绿化升级，对沿街80平方米破损道板及老旧广告牌进行更换；扩充原文化综合服务中心200平方米，完成了内部装修与器材配置，对2000平方米镇区文化广场进行翻新，重新铺设大理石板；累计投入300多万元，对驻地商贸楼门前道板4000平方米进行改造；完成8000平方米沿街门市墙面和1200平方米门头广告美化；完成1000米沿街污水管道改造；投入11万元扩建老干部门球场；投资360万元，实施建筑面积2200平方米的第十五中学校舍改造工程，新建规范化幼儿园工程正在有序推进中。村居层面，推进大珠玑和洛家庄村庄改造，总投入1300万元，完成大珠玑和洛家庄的村庄改造任务，完成大珠玑27户搬迁任务；完成洛家庄安置楼建设，实现整村搬迁。结合美丽乡村建设，高标准完成贺家庄至姜家屯650米连村路、双石周家至双石董家400米连村路、大泥沟等4个村进村路的硬化工程；完成北湾头至贺家庄等8条农村公路绿化工程；完成双石周家1.2万平方米双石公园土地平整；完成诵庄至双石于家等4条农村公路绿化，栽种龙柏等各种苗木4000多株。

【民生工程】　组织全镇机关干部联系走访群众1493户，实际解决群众问题96个。河道清淤工程，完成全长1600米的大疃河清淤，保障沿河居民的用水。农村厕所改造，全镇完成厕所改造2399户，采用三格式砖砌化粪池改厕的村基本全部完工，其中回里、东塔后、南疃等11个村实现了整村改造。农村幸福院，大泥沟村幸福院正式运行，规划的黄庄社会养老中心、6个农村幸福院以及华锋老年公寓扩建全部完成。环卫一体化工作，投入800余万元，用于19个新农村环境整治及环卫一体化工作，并为全镇53个村及镇区配备垃圾清理保洁员82名，配备环卫管理员2名、垃圾清运车2辆。全镇基本形成由镇党委政府主导，农村属地管理，保洁员各负其责，环卫管理员督导检查的环卫一体化管护运行机制。细化镇环卫一体化考核办法，成效显著，全市城乡环卫一体化群满意度达到98.96%。夏日文化广场汇演活动，成立桃花屯、大珠玑等4个庄户剧团，结合全镇“一年一村一场戏”文化惠民工程，在节假日等时间参与本村和其他单位组织的演出，活跃了群众业余文化生活，深受百姓欢迎。精准扶贫工作，通过产业脱贫、就业脱贫、设施脱贫、保障脱贫、帮扶脱贫五项措施，实现全镇589户、929人全面脱贫。

（傅振华）

上庄镇

【概况】　上庄镇位于荣成市西南部，东与滕家镇、王连街道接壤，南与虎山镇为邻，北与大疃镇交界，西临文登区，镇政府驻东上庄村。内设党政办公室、经济发展办公室、社会事务办公室、乡村规划建设监督管理办公室、安全生产监督管理办公室；下设文化体育服务中心、财政经管服务中心、计划生育服务中心、农业综合服务中心、社会保障服务中心。有工作人员40人。1984年4月撤销上庄人民公社，设立上庄镇。总面积84.93平方千米，海岸线长5千米。辖45个村，1个社区，户籍人口2.4万人，常住人口2.34万人。2016年实现地区生产总值22.7亿元，一般公共预算收入0.25亿元，固定资产投资4.12亿元，进出口总额0.28亿元，农村经济总收入0.116亿元，农村居民人均纯收入6900元。有初中1所，小学1所，在校生605人。该镇名优特产有西洋参、“三优”富士苹果、葡萄，特色经济

7月15日,上庄镇公共法律服务中心启用 （上庄镇提供）

【项目建设】 投资5500万元,新上合顺海洋食品精深加工项目,建设万吨冷库及食品加工车间,建筑面积约1.3万平方米,从事出口日韩高端即食类海洋食品生产,完成厂房和办公楼主体施工;投资3000万元,新上鲁迪新型建材项目,建设厂房7000平方米,从事新型建筑材料的生产与销售,完成厂房建设和设备安装;福建景翔红豆杉科技有限公司投资7000万元,新上天一红豆杉项目,流转槐树底下、牛山前、西上庄村土地100公顷,完成红豆杉栽植53.33公顷,建设节水灌溉设施66.67公顷;投资1000万元的西洋参精深加工项目,10月份投产。

【基础设施建设】 投资200万元对项目区进行基础设施改造,硬化道路1.2万平方米,污水铺设管网800米,栽植绿化苗木5800株。完成威石路—刘家店村等5条农村公路的绿化工作,栽植龙柏、蜀桧、樱花等各类绿化苗木1.2万余株,实现全镇38条进村路的绿化全覆盖;完成滕墩线—刁家村等4条总长4850米路段硬化工作,硬化面积2.47万平方。进一步完善环境管护长效机制,实现农村环境卫生常洁常新。

【民生建设】 投资240万元,在西上庄、院前等村实施覆盖800公顷的高标准农田建设项目,硬化道路2.6万平方米;投资400万元,实施小农水建设项目,修建泵站14座,整修塘坝13座,开挖平塘3个,铺设管灌290公顷;投资45万元,对中古章、庙东武家、刘家店3个村375户居民进行自来水改造;投资40万元,在北盛家、西旗杆石等5个村实施惠及800余户居民的净化水工程;整改农村公路隐患7处,安装信息化标志牌37座;农村无害化厕所改造完成3699户。投资100万元建成上庄镇公共法律服务中心,整合司法、综治、法律援助等资源,为群众提供综合性法律服务;将上庄镇文体服务中心、老干部文化中心及老年人日间照料中心进行整合,实现便民服务资源共享。

【生态建设】 投入40万元,新上一体化膜处理设备,对镇区生活污水进行处理,实现镇区生活污水处理全覆盖;投入280万元,在北项目区建设一处日处理污水500吨污水处理厂,处理3家冷藏加工企业产生污水;计划在南项目区新上日处理污水500吨的污水处理厂,对南项目区及小李家村周边冷藏加工企业污水进行处理,完成规划设计。农村散养畜禽污染整治完成全部245户整治任务;对全镇7家石材加工企业,全部安装环保设备。对全镇贫困群众和省定贫困村实施精准扶贫,实现贫困群众全部脱贫和6个贫困村集体脱贫。

（张洪博）

虎山镇

【概况】 虎山镇位于荣成市西南部,东与斥山街道、王连街道为邻,北与上庄镇交界,南与人和镇接壤,西与威海南海新区隔海相望,镇政府驻东峰山后

9月1日,市第二十五中学新建教学楼投入使用 （虎山镇提供）

村。内设党政办公室、经济发展办公室、社会事务办公室、乡村规划建设监督管理办公室、安全生产监督管理办公室;下设文化体育服务中心、财政经管服务中心、计划生育服务中心、农业综合服务中心、社会保障服务中心。有工作人员55人。1984年4月撤销黄山人民公社、邱家人民公社,设立黄山乡、邱家乡。1989年12月,改为黄山镇、邱家镇。2001年4月撤销黄山镇、邱家镇,以原黄山镇和邱家镇人行政区域设立虎山镇。虎山镇总面积115.25平方千米,海岸线长30千米。辖46个村、5个社区,户籍人口3.8万人,常住人口4.2万人。2016年实现地区生产总值53.7亿元,一般公共预算收入1.57亿元,固定资产投资23.1亿元,进出口总额7.57亿元,农村经济总收入11.9亿元,农村居民人均纯收入16233元。有初中1所,小学1所,在校生1575人。该镇特色物产有刺参、鲍鱼、对虾、杂色蛤、梭子蟹、蛤蜊、海蜇等。初步形成以海洋食品、生物制药、滨海旅游、针织加工、健康养老等等为重点的支柱产业,重点企业两家,规模以上企业30余家,拥有国内面积最大的海参养殖基地。有老年公寓两家,床位1500张。其中,盛泉养老服务股份有限公司是山东省第一家在上海股权托管交易中心挂牌的企业。2016年获山东省文明乡镇称号。

【项目建设】 按照"产业强镇、工业带动"的发展理念,把工作重点放到产业发展上,推动产业优化升级。好当家港口扩建完成疏港大道硬化5万平方米,完成500米长渔业码头围堰建设,建成联检办公大楼,完成内外部装修及办公设备配备,通过国家一类开放港口作业区验收;好当家集团投资3000万元,启动天海湾水城7栋1.12万平方米闲置房产进行改造,打造健康养老公寓,接待大厅、海鲜捞饭、中餐厅、海珍品超市、老年活动中心等投入使用;投资3000万元建设建筑面积6000平方米的海珍品交易中心,服务涉及海参的参观、体验、品尝、销售等功能。投资3800万元新建日处理污水能力1万立方米的污水处理厂,完成工程总量的50%;投资3500万元的热电厂环保升级改造项目新增脱硫、脱硝的循环流化床锅炉4台,新增烟气增压风机、湿电除尘、静电除尘等环保设备7台,完成工程总量的40%。盛泉集团投资2亿元建设养老服务中心和医养服务中心,同时为1000名老年人提供旅游养老服务和医疗养生综合服务;投资1.5亿元,建造占地33.33公顷的天赐长寿山休闲度假区,完成6条景观路路基施工和6000平方米水系建设,种植中草药30多万株。投资6000万元建设5万吨华峰石材冷链物流库项目,从事水产品恒温储藏、运输和销售,项目主体完工,启动设备安装。

【民生工程】 提升基础配套水平,统筹城乡一体发展。投资2100多万元实施滕墩线、黄张线全长10.6千米道路升级改造工程,对各类管线、市政设施等升级改造,铺设地下管网3.8万米,投资200万元配套实施绿化、亮化工程,栽植石楠、紫薇等绿化苗木57万株,新增化带5.6万平方米,安装路灯100盏,安装监控摄像头103个。投资2200多万元,在全镇25个村实施高标准农田提质改造、小农水建设和土地整理等三大项目,增强土地综合生产能力。实施9条县乡道路绿化工程,栽植苗木90万株,新增绿化面积9万平方米。持续增进民生福祉,提高公共服务水平。投资800万元,在黄山镇区建设建筑面积4500平方米的为农服务中心一处。投资5000万元,新建1万平方米的虎山老年公寓,新增供养老人600人以上。投资1200多万元实施第二十五中学、虎山中心完小教学楼扩建工程,新建2栋总建筑面积7000平方米的教学楼,并全部铺设塑胶跑道,达到省级规范化教学标准。全力加快驻地改造,切实改善城乡环境。实施邱家村驻地改造项目,1栋商住楼和家家悦商城主体完工。完成5468户无害化厕所改造;启动23家石材厂标准化建设;完成34户小型养殖场污染和116家养殖户整治;开展占道经营、违法建设、露天烧烤等专项整治,督促商贩集中到农贸市场统一经营,拆除违法建设20多处,督促16家烧烤业户安装环保除烟设备。巩固扶贫攻坚成效,增强群众致富能力。完成406户、545名贫困人口建档立卡,为贫困户提供免费查体、危房改造、农厕改造、技能培训等系列服务;发挥针织产业优势,设立乡村车间46处,带动82户贫困户脱贫;积极开展"慈心一日捐",募捐善款26万元,成立岳家、梁家2家村级爱心基金会。

(张立学)

人和镇

【概况】 人和镇位于荣成西南部,东与港湾街道为邻,东北与斥山街道接壤,西北与虎山镇接壤,西、南临海,镇政府驻人和村。内设党政办公室、经济发展办公室、社会事务办公室、乡村规划建设监督管理办公室、安全生产监督管理办公室;下设文化体育服务中心、财政经管服务中心、计划生育服务中心、农业综合服务中心、社会保障服务中心。有工作人员71人。1984年4月撤销人和人民公社、靖海人民公社,设立人和镇、靖海镇。2001年4月,撤销靖海镇,将其行政区域并入人和镇。2012年12月成立靖海办事处。人和镇总面积120.68平方千米,海岸线长43千米。辖85个村、4个社区,户籍人口6.3万人,常住人口7.3万人。2016年实现地区生产总值67.1亿元,一般公共预算收入1.71亿元,固定资产投资24.61亿元,进出口总额6.52亿元,农村经济总收入214亿元,农村居民人均纯收入18230元。有高中1所,初中2所,小学4所,在校生2484人。该镇特色物产为海米、虾皮、鱿鱼、大理石、特种动物皮毛,形成了以渔业、石材、干制海产品加工、特种动物养殖为主导的产业结构。全年渔业总收入9.1亿,是闻名全国的渔业重镇。依托九顶铁槎山开发自然风光和民俗旅游,形成生态旅游、海洋旅游、民俗旅游等特色旅游相结合的滨海槎山旅游区。2016年,获山东省"幸

1月12日，齐山河污水处理厂建成　　（人和镇提供）

【产业发展】　践行大洋渔业战略，全镇远洋渔船达到113艘，作业区域远达印尼、大西洋。2016年10月，沙窝岛国家级远洋渔业基地成功挂牌，这是全国第二家、北方第一家国家级远洋渔业基地。全镇规模以上工业企业总数达35家，其中销售收入1亿元以上有4家。拥有朱口集团的宏秀山磁业，山东鑫弘重工有限公司和靖海集团远通修造船业，院夼集团的海龙王食品加工业。三产服务业蓬勃发展。镇内马沙、户沙、滕墩线3条公路主干线两侧闲置楼房基本实现有效使用，建成镇域标志性建筑鑫实实业大厦。商场超市、宾馆餐饮、休闲健身、汽车美容等经营业户突破400家。电子商务成为新的经济增长点。2016年，电商产业指导开店121家，注册企业71家。入园企业月平均销售额200万元，平均利润达40万元以上。

【环境改善】　投资600万元进行槎山路硬化，投资1880万元对滕墩线人和-石岛区域实施改造，完成二道港-南下河等8条农村公路硬化以及山西头-大庄等8条辖区内公路的绿化，实现镇域内路网全面升级。群众供水得到保障，投资3400元，实施自来水厂扩建，与市供水主管网对接，全镇日饮用水净化能力达到7000吨以上。城镇配套完善，投资2300万元，建成靖海小学，投资700完成靖海卫生院扩建和人和卫生院升级。投资3000万元建成日污水处理能力5000吨的齐山河污水处理厂，满足齐山河沿线28个村庄和企业污水排放需要。农村无公害厕所计划改造率达到95%。生态治理全面展开。全镇63家鱼粉企业已整治整合成17家；分三批次进行石材行业整治，第一批次整治基本完成，占地33.33公顷的标准化石材产业园建成投入使用；晒场整治方案出台，投资2亿元的干制海产品集中加工区开始基础建设；辖区6条河道全部按照要求实施整治。

【社会治理】　基层组织建设加强，排查理顺辖区85个村居、4326名党员组织关系。成立中小微企业、个体渔业协会、壮诚石材3个“两新”组织党支部。综合行政执法中心进驻环保、城管、食药监督、安监、扬尘腥水、农食品安全6个窗口，通过联动执法对101家生产经营单位进行了惩戒。投入400万元，在镇村主要路口及村庄、企业治安要害部位安装监控探头340个。倾斜关爱弱势群体，将所有农村特困户全部纳入低保，农村五保分散供养141户，集中供养93户，为386户低保提供救助金17万，为270户困难户提供大病救助18.3万元、为706名残疾人发放双向补贴62万元。

（王贞昌）

滕家镇

【概况】　滕家镇位于荣成市中南部，东邻崂山街道，南接王连街道，西与上庄镇、大疃镇交界，北与崖头街道毗邻，镇政府驻滕家村。内设党政办公室、经济发展办公室、社会事务办公室、乡村规划建设监督管理办公室、安全生产监督管理办公室；下设文化体育服务中心、财

茂柞村欢庆锣鼓队在镇文体活动中心义演　　（滕家镇提供）

政经管服务中心、计划生育服务中心、农业综合服务中心、社会保障服务中心。有工作人员 47 人。1984 年 4 月撤销滕家公社,设立滕家镇。总面积 84.03 平方千米,辖 41 个村,1 个社区,户籍人口 2.7 万人,常住人口 2.7 万人。2016 年实现地区生产总值 24.4 亿元,一般公共预算收入 0.26 亿元,固定资产投资 3.97 亿元,进出口总额 0.56 亿元,农村经济总收入 40.23 亿元,农村居民人均纯收入 10800 元。有高中 1 所,初中 1 所,小学 1 所,在校生 1800 人。特色物产有“三优”富士苹果、花生、草莓、西洋参等,是荣成市重要的商品粮、花生、果品及畜禽产品生产基地。逐步打造生态休闲、商贸物流、三优富士特色镇,通过推动工业园区建设,形成以现代物流和水产品加工为主的产业结构,一、二、三产业占比为 49 : 38 : 13。

【项目建设】 工业园位于马草夼村村西,烟石一级公路路东,荣莱高速入口南侧。截至 2016 年底入驻项目 25 家,总投资逾 10 亿元。2016 年对园区投入 1000 多万元打造基础设施建设,园区新增项目 5 个,建设厂房 2 万平方米。盘活项目 6 个,盘活闲置土地 5.6 公顷,利用闲置厂房达 2.5 万平方米。新建园区道路 2000 多米,修建绿化带 2000 平方米,新路灯 50 盏。市镇两级以及部分企业共同投资 500 多万元建设园区污水处理管网,2016 年铺设污水管网 4000 多米,沉淀池也建设完成。

【特色农业】 全年流转土地 1333.33 公顷,围绕高效农业、休闲观光产业,大力发展代耕代种农民合作社、蔬菜种植及苗木培育等规模农业产业项目。全镇果业种植面积达 666.67 公顷,尤其以生产“三优富士”享誉省内外。正大标准化养殖示范区占地 2.67 公顷,投资 3000 万元,建筑面积 1 万平方米,生猪存栏量 1.2 万头,采用现代化养殖技术,实现年产值 2000 万元。在西仙村规划建设景观园林育苗基地,占地 53.33 公顷,涉及河北杨、国槐等近 20 个品种。八河水库抬田工程涉及滕家镇 11 个村 286.67 公顷土地,2016 年全部完成土地平整验收工作。

【民生工程】 全年完成下回头至驻地等 5 条 8 万多平方米的道路整修硬化。全镇完成 16 个村改厕工作,惠及 3600 多户村民。2016 年单家、东初家、华纳 3 个庄户剧团及茂柞锣鼓队演出 52 场次,文化体育惠民活动连续 3 年实现 100%覆盖。有滕家村、大落、小落、单家、鲍村、东初、康家、桑梓、西河北 9 个省定贫困村,2016 年底全镇 1316 户 2073 人口全部实现脱贫,9 个扶贫产业项目均建成投产,其中东初、滕家、康家、大落村项目已产生收益 4.5 万元。

【“三资”管理】 探索形成“五双十步”工作法,通过资金账目“双理财、双记账”、合同管理“双备案、双查询”、资产资源“双盘点、双核实”、财务审计“双审计、双督导”、村务督查“双公开、双监督”的工作机制,重点突出村级集体资金、集体资产和集体资源三资管理与审计、督查的全面融合,杜绝拖账、懒账、无效合同、合同纠纷、资产空挂、公开不实等问题,实现对村级账目、合同、资产的有效管理,确保审计监督和村级监督各个环节公开透明、规范有序。截至 2016 年底全镇 41 个村全部完成中介审计、资产清查和合同电子档案录入。审计发现涉及 29 个村的包括不合规票据入账、开具虚假发票等在内的 7 类计 53 条村级财务不规范问题,并限时完成整改。全年接待宁夏、江西等省内外单位的观摩学习 80 余次,农村财务工作先进方法得以推广。

（张丽田）

崖头街道

【概况】 崖头街道位于荣成市市中心,东邻寻山街道,北接夏庄镇,西连城西街道,西南与大疃镇、滕家镇交界,南与崂山街道相连,东南濒临黄海,街道办事处驻崖头村。内设党政办公室、经济发展办公室、社会事务办公室、规划建设监督管理办公室、安全生产监督管理办公室;下设文化体育服务中心、财政经管服务中心、计划生育服务中心、农业综合服务中心、社会保障服务中心。有工作人员 78 人。1982 年 2 月黎明人民公社改为崖头镇。2000 年 6 月撤销城西镇,将其行政区域并入崖头镇。2001 年 4 月撤销寻山镇、崂山镇,将其行政区域并入崖头镇。2006 年 5 月,撤销崖头镇,设立崖头街道等 4 个街道。崖头街道总面积 58.71 平方千米,海岸线长 7.5 千米。辖 26 个村,26 个社区,

10 月 27 日,博隆时尚东方广场对外营业　　　　(崖头街道提供)

1月5日，崖头街道荣兴社区安置楼全面封顶　　（崖头街道提供）

户籍人口13.2万人，常住人口15万人。2016年一般公共预算收入11.65亿元，固定资产投资110.47亿元，进出口总额3.85万元，农村经济总收入102.1亿元，农民人均纯收入12960元。该街道名优特产有牡蛎、海带、扇贝、鹰爪虾、海参，依托北外环部分村庄的土地资源优势，全力打造海波生态农场现代休闲农业，主要建设苹果、葡萄、猕猴桃、草莓、桑葚、柿子、板栗种植园。青山烈士陵园属省级重点烈士纪念建筑物。年内获得山东省消防工作先进单位、山东省“两新组织”党建示范点、山东省崇尚科学关爱和谐示范社区、威海市农村集体“三资”管理示范单位、威海市农村集体“三资”管理示范单位、威海市安全生产先进单位称号。

【项目建设】　盘活闲置楼宇，大力发展楼宇经济。2016年，对全街道辖区闲置楼宇22.5万平方米，进行登记造册，通过各种途径推介招商。2016年，盘活工业园3000平方米厂房，建设豆制品加工标准化车间，投入使用；引进青岛客商注册3000万元，成立荣成市英路平行进口汽车有限公司，已对外营业；盘活金悦华府1600平方米，建设青岛范特教育幼儿园一处；6万平方米的博隆时尚东方广场对外营业；佳华购物中心盘活2000多平方米的闲置楼宇；秀水商业广场招商招租面积达1万多平方米。由永达运输公司投资7000万元，建设占地3万平方米的仓储物流综合大楼和仓库，5000平方米的仓库主体及附属设施安装已完工，综合大楼已经封顶。由崖头集团投资2.5万平方米的广源批发市场二期已开始营业。

【民生工程】　全力抓好城中村改造，加快推进城市化进程。借助市政府给予的城中村改造利好政策，启动了新庄社区、南耩村、杨格庄村、黎明村、刁家沟村、岗西村等6个村的城中村改造，其中新庄社区、南耩村、黎明村、岗西村的协议签订率都达到100%；围绕全市重点项目，狠抓征地拆迁进度。实验小学项目涉及的229栋民房已全部搬迁拆除；正稳步推进新一中项目、蒲头村木材市场、桑沟湾综合整治涉及的居民房屋、农业综合和建筑物的协议签订和房屋搬迁拆除工作；对17个生活小区进行整体改造，对8个生活小区进行基础设施改造。投资210万元，改造升级15个社区的基础设施和服务平台，调整6个社区办公场所，在101个生活小区设置宣传栏。推行街道——社区——基础网格三级网格化管理，建成网格化管理信息服务平台，将4.6万名住户信息全部纳入平台管理，15个城市社区全部成立社区党总支，举办社区党建联谊会等活动110次。在15个城市社区建立志愿服务站，列出98项服务项目，组织特色志愿服务活动280次，参与的在职党员和居民7100人次。

（宋　凯）

寻山街道

【概况】　寻山街道地处荣成市区东部，

12月10日，恒顺海洋生物科技项目设备安装完成　　（寻山街道提供）

东邻俚岛镇，南濒桑沟湾，西与崖头街道接壤，北与夏庄镇毗邻，街道办事处驻城后村。内设党政办公室、经济发展办公室、社会事务办公室、规划建设监督管理办公室、安全生产监督管理办公室；下设文化体育服务中心、财政经管服务中心、计划生育服务中心、农业综合服务中心、社会保障服务中心。有工作人员63人。1984年4月撤销寻山人民公社，设立寻山乡。1989年12月改为寻山镇。2001年4月撤销寻山镇，将其行政区域并入崖头镇。2006年5月，撤销崖头镇，设立寻山街道等4个街道。寻山街道总面积50.14平方千米，海岸线长16千米。辖37个村，4个社区，户籍人口2.2万人，常住人口2.2万人。2016年实现一般公共预算收入1.1亿元，固定资产投资46.75亿元，外贸进出口总额5.15亿元，农村经济总收入70.13亿元，农村农民人均纯收入10920元。有中学1处、小学1处，在校学生1643人。该街道海洋水产资源丰富，海上养殖面积2000公顷，盛产海带、龙须菜、鲍鱼、扇贝、牡蛎等。近年来，形成了北部农业休闲区，南部水产养殖、滨海旅游区，西部大学园区，东部食品加工园区四大经济板块。有规模以上工业企业35家，城乡集贸市场10个。2015年，嘉渔汪村入选“山东省级传统村落名录”。2016年，赵家村被省文化厅授予“乡村（社区）儒学示范点”称号。

【项目建设】 依托海洋资源优势，加大招商引资工作力度。引进总投资1500万元中食海洋生物科技项目，建设GMP车间3000平方米；引进总投资6000万元恒顺海洋生物科技项目，建设车间10000平方米；引进总投资8000万元凯普生物海藻生物肥项目，建设车间3000平方米。投资800万元，完成寻山工业园基础设施升级改造，吸引泰丰新材料、自由人房车等16家企业入驻，园区基本实现容积饱和。规划建成13.33公顷以上生态休闲采摘园14个，打造生态产业发展基础框架。启动4个农村淘宝服务站，吸纳包括电商在内的23家企业入驻寻山商会，运用互联网手段实现信息流和物流共享。抓住半岛环海路开通机遇，大力开展滨海文化旅游招商。加快长青国家级海洋牧场建设进度，进行陆基信息化控制室、展示厅、科技体验馆和研究院的规划建设，促进传统渔业转型升级。结合海洋牧场人工鱼礁建设，同步发展旅游度假、休闲海钓、海上观光采摘、科普展馆等海上休闲旅游项目，实现一二三产业相互贯通。

【城镇化建设】 投资2380万元，建设1.3万平方米的小学、幼儿园及配套设施；完成24个村3077户的改厕任务，先后迎接“山东省农村改厕及污水处理现场会”等各级观摩20余次；完成驻地4个老旧小区2.8万平方米的外墙保温改造，直接受益居民446户，同时在天成小区铺设彩砖3000平方米；铺设老冷藏厂、青鱼滩商贸中心等项目暖气管道4.4千米，延伸供热6.8万平方米；对工业园路灯进行检修，更换损坏线缆200米，灯头11个，驻地更换破碎景观灯灯罩5个，灯头6个；完成金地、昱林、润隆种植园滴灌80公顷，新建牛口石村平塘2座、泓达生态园平塘1座、润隆生态园塘坝1座、西迎驾机井1眼，完成前虎口拦水坝的修复及东龙家、菜园石砌河道350米；完成驻地老集、农机站、冷藏厂等改造项目，增加住宅面积5.8万平方米；启动大黄家、东北山等10个村居的美丽乡村建设，平整、硬化村内道路33500平方米，栽种各类绿化苗木3000株，安装、更换路灯106盏；建设天基花园城市综合体、青鱼滩商贸中心等项目，新增商贸服务面积2.8万平方米；完成后虎口至寨子耩等8条，3.5万平方米的路面硬化；完成北外环至青安桥、第十二中学至寻山所医院路破损修复，新修寻山所至学院东路南线、北线两条道路。做好半岛环海路拆迁工作，在充分调研的基础上，分陆地、海上两线开展整治工作。配合市政处、开发区对半岛环海路规划区域地上附着物进行清点评估，做好数据公示及补偿款兑付工作；配合渔政部门做好桑沟湾海域养殖情况的摸排工作，对1.4万海上养殖区、34个参池、13个渔港码头进行测量评估，涉及网箱1137个、平台11个、养殖房23个；稳妥推进搬迁工作，截至2016年底，完成11户民房、2处厂房、3户猪场及蔡家庄3户板房的拆迁工作。

（梁佳怡）

崂山街道

【概况】 崂山街道位于荣成市中部，东

爱尚国际家居建材市场 （崂山街道提供）

临黄海,南隔八河水库与东山街道相望,西与滕家镇交界,北与崖头街道毗邻,街道办事处驻二疃村。内设党政办公室、经济发展办公室、社会事务办公室、规划建设监督管理办公室、安全生产监督管理办公室;下设文化体育服务中心、财政经管服务中心、计划生育服务中心、农业综合服务中心、社会保障服务中心。有工作人员48人。1984年4月撤销崂山公社,设立崂山乡。1989年12月改为崂山镇。2001年4月撤销崂山镇,将其行政区域并入崖头镇。2006年5月,撤销崖头镇,设立崂山街道等4个街道。崂山街道总面积59.21平方千米,海岸线长16千米。辖29个村,1个社区,户籍人口2.1万人,常住人口2.05万人。2016年一般公共预算收入0.26亿元,固定资产投资110.16亿元,外贸进出口总额3.38亿元,农村经济总收入2.68亿元,农村居民人均纯收入13885元。有初中1所,小学1所,在校生752人。该街道特色物产有雨夼草莓、雨夼网纹瓜、宁家大樱桃、小迟家蓝莓等。主导产业为康复养老、海产品精深加工、商贸物流、房车及配套制造和高端机械制造等,特色产业发展以滩涂养殖牡蛎等为代表的贝类筏式养殖,草莓樱桃为代表的生态农业及赶海拾贝、休闲采摘、滨海观光为载体的旅游产业。海洋水产资源丰富,可开发养殖滩涂水域达到100公顷,盛产鲜蛤、牡蛎、扇贝、魁蚶等,其中斜口岛赶海拾贝成为区域特色。牡蛎养殖场被授予"农业部水产健康养殖示范场"称号。

【项目建设】 加快产业园区建设,加大招商引资力度。2016年度,为实现小微企业的集聚发展,投资1.5亿元打造中小微企业园,建筑面积4.8万平方米,入驻维达建筑、晟海机械、玉辉海洋生物等内资企业10家;围绕房车产业配套,引进投资3000万元的雅丝佳房车家具项目。依托毗邻汽车站、城铁站的交通优势,依据中韩边贸城、永康五金城入驻打造商业圈,已盘活4800平方米闲置厂房;先后引进总投资11.5亿元的好当家商城、爱尚国际家居建材市场、和丰时代商城、麒麟商务广场等项目,其中依托爱尚国际、好当家商城为载体的荣成红星美凯龙全球家居生活广场,可入驻商户400家,提供2000个工作岗位,年可实现营业额3亿元;希尔顿欢朋商务酒店项目,投资6000万元对1.5万平方米高端写字楼进行整体装修和运营,打造成烟威地区知名的集商务洽谈、娱乐休闲、高品质餐饮等功能于一体的高档商务项目。

【民生工程】 2016年度完成中埠、北埠、鲍家庄3个村538户群众回迁上楼,同时为3个回迁村及景园小区930余户居民提供卫生保洁、治安管理等服务;启动阎家庄、柳家庄、大疃村西、南埠村安置楼装修工程;小迟家村拆迁安置协议民房254栋,签约率达98%,后续工作有序推进;投资5500万元建设了13600平方米的崂山农贸市场,驻地商贸设施总量达到7.5万平方米,商贸设施招商工作全部完成;原灯具厂改造3600平方米的沿街商贸设施开展室内配套设施施工及地面硬化;投资150万元建设社区卫生服务中心,崂山医院投资200万元实施病房楼改造,拆除崂山医院原有平房200平方米,建设1栋3层630平方米病房楼,引进X光机、生化仪等设备,并建设标准化预防接种门诊;投资1500万元的中心幼儿园建设工程完成选址,基槽开挖已完成,投资100万元完善新艺幼儿园配套设施;投资27万元完成小河于家至将军路450米道路硬化,投资20万元完成脉埠村至二神线400米道路硬化;投资900万元铺设沿大疃河排污管道4200米,投资100万元完成古塔、脉埠两个村自来水管网的改造,投资379万元完成景园小区、海洋科技孵化基地、八河片区铺设供热管道9千米,投资60万元铺设柳家庄、闫家庄安置区覆盖310户燃气管道1000米;投资120万元完成船坞村500米河道治理,投资70万元完成大疃320米、古塔280米河道治理,投资27万元完成地宝圈、脉埠村塘坝除险加固;投资45万元完成新城一品阎家庄安置区绿化面积3000平方米,八河片区柳家庄安置区绿化面积2600平方米,农贸市场绿化面积700平方米。投资50万元完成52家养殖场、92家养殖散户整治,完成宁家、小河于家、雨夼等9个村2023户的改厕工程;投资40万元在科创园、柳家庄安置区各建设处理能力150吨/日污水处理设施1处;投资100万元对125户低保户、4户城市低保、157户五保户等生活困难对象进行救助,投资100万元完成二疃、雨夼、神道、大疃4个村的幸福院建设。

（谭向涛）

城西街道

【概况】 城西街道地处荣成市西入城口,东邻崖头街道,南与崂山街道、大疃镇交界,北与荫子镇毗邻,西与文登区大水泊镇接壤,街道办事处驻徐家村北。内设党政办公室、经济发展办公室、社会事务办公室、规划建设监督管理办公室、安全生产监督管理办公室;下设文化体育服务中心、财政经管服务中心、计划生育服务中心、农业综合服务中心、社会保障服务中心。有工作人员55人。1984年4月设立兰家乡。1993年10月改为城西镇,2000年6月撤销城西镇,将其行政区域并入崖头镇。2006年5月,撤销崖头镇,设立城西街道等4个街道。城西街道总面积53.23平方千米,辖40个村,1个社区、户籍人口1.8万人,常住人口1.8万人。2016年一般公共预算收入0.34亿元,完成固定资产投资23.04亿元,进出口总额1.16亿元,农村经济总收入27.17亿元,农村人均纯收入达11259元。街道名优特产有苹果、梨、樱桃、小麦、花生,是全市小麦、花生、玉米等重要产区和奶牛、生猪等重要畜牧养殖区。以休闲农业和养老服务业为特色,同步发展商贸物流等,抓实项目建设,全力打造城铁特色小镇。辖区内有全市最大的花生加工基地——圣农花生加工厂,最大的生猪屠宰基地——宝竹肉食品有限公司,第一个承接国家"星火计划"现代果园种植项目的重点研发牵头示范单位——华峰果品有限公司,威海市首批

万福苑老年公寓全景　　　　（城西街道提供）

星级养老机构评选中荣成市唯一获得“四星”殊荣的万福苑老年公寓。

【项目建设】 立足城铁优势，打造健康小镇招商板块，禾屹木业、亚洁能太阳光伏两个项目完成工商注册，总投资8000多万元；森芃生物、仲健欧德医疗科技两个项目落户建设，总投资8000多万元。吉上国际商品城总投资2.5亿元，建筑面积12万平方米，完成建设4万平方米，售楼处于10月正式开业。总投资2亿元、建筑面积5万平方米的物流园初步建成，其中恒信物流于11月正式投入运营；典跃物流进入收尾阶段。养老方面，万福苑老年公寓总投资2亿元，建筑面积4万多平方米，已入住500多位老人，三期工程开始内部装修，可容纳1500多人的入住，成为山东省、民政部批准的标准化示范养老基地。现代农业，华峰果品占地133.33公顷，总投资1.5亿元，进入收获期，每亩收入5000多元，得到国务院副总理汪洋的高度赞扬，远销俄罗斯、美国及上海、北京等地；汇洋休闲农业占地80公顷，总投资1300万元，主要进行高档水果种植、采摘、销售。

【城镇化建设】 驻地综合整治方面，总投资3亿元的动力街区小区，基本完成楼房建设，可容纳600户入住；完成城西山庄17栋楼房外墙保温工程。沿街整治方面，拆除乱搭乱建12处，整治流动商贩占道经营25次，规划停车位78个。总建筑面积2600平方米的农商行城西支行于12月正式投入运营。10月，启动城铁周边河西王家、郭家庄、大岳家、小岳家、沽泊姚家5个村的旧村改造工作，涉及1735户群众。其中，河西王家、大岳家、沽泊姚家签约率100%，郭家庄、小岳家签约率99%，房屋面积测量全部完成。

【民生工程】 总投资300多万元，完成街道25个村2705户改厕工作。总投资150多万元，完成墓地、河道、堤堰、道路、园区等绿化工程9项，栽植绿化苗木3.2万棵，形成一体式绿化格局。坦埠庄、东岭后、西岭后、河西等村积极开展“美丽乡村”创建活动，30个村庄进行全国首届“绿色村庄”评选申报工作。完成对266处畜牧污染源的治理，完成8家餐饮企业环保专项整治。公路方面。投资200万元，完成西岭后至滕家鲍村、棘子埠至804省道公路改造及绿化工程，硬化面积1.5万平方米，村内路、村间路硬化、绿化率提高10个百分点。投资250万元，完成12个村塘坝除险加固和河道治理工程。危房改造方面，投资28万元，完成12户农村危房改造工程。投资160多万元，保证垃圾清运车、专职保洁队伍的有效运转；严格考核管理，实现村村有保洁员、垃圾日产日清，村容村貌和生活环境得到全面改善，城乡环卫一体化工作再夺全市第一，新农村建设成果得到全面巩固。

（宋婉婷）

港湾街道

【概况】 港湾街道位于荣成市南部，东、南两面临海，西与人和镇接壤，北邻斥山街道，街道办事处驻西岚村。内设党政办公室、经济发展办公室、社会事务办公室、规划建设监督管理办公室、安全生产监督管理办公室；下设文化体育服务中心、财政经管服务中心、计划生育服务中心、农业综合服务中心、社会保障服务中心。有工作人员52人。1982年2月石岛人民公社改为石岛镇。2000年6月撤销斥山镇，将其行政区域并入石岛镇。2001年4月撤销东山镇、王连镇，将其行政区域并入石岛镇。2005年1月撤销石岛镇、宁津镇，设立港湾街道等6个街道。港湾街道总面积30.78平方千米，海岸线长21千米。辖21个社区，户籍人口5.1万人，常住人口7万人。2016年一般公共预算收入1.41亿元，固定资产投资22.63亿元，进出口总额13.03亿元，农村经济总收入4.95亿元，农村居民人均纯收入15000元。该街道名优特产有海产品、特种动物皮毛、花卉苗木，拥有海洋渔业、食品加工、修造船、港口和商贸物流五大支柱产业，拥有渔业公司8家，养殖场13个，滩涂面积100公顷，水面面积2133.33公顷，实际养殖面积146.67公顷，2016年渔业总收入94亿元，水产品产量达20万吨，产值25亿元；有冷藏企业48家，总库容21万吨；拥有24马力以上捕捞渔船713艘，各类养殖拖挂机渔船166艘，远洋渔船27艘。

【文化旅游】 拥有AAAA国家级风景

4月22日,玄镇首批安置楼封顶　　（港湾街道提供）

区—赤山风景区、荣成现存最古老的宗教建筑——石岛天后宫、以海滩海岸休闲为主题的海上牧场游乐项目。2016年启动打造桃树园、大鱼岛、西车、北车、牧云庵“一山一水一花一画”美丽乡村建设品牌,重点围绕石岛山,挖掘“画村”“花村”“海上大寨”等历史文化资源,建设书画堂、陶艺展示中心、花卉展示交易中心、百亩梯田花海等特色景点,发展乡村生态和文化旅游,被列入全市海港风情片区示范区。牧云庵社区被列入“山东省传统村落名单”。

【民生建设】　完成陀山、兴隆、纱帽顶等8个老旧小区改造工程和161栋楼宇外墙保温工程;引进向阳和安居2家物业公司,实现老城区物业管理全覆盖;投资500万元,建设3100平方米社区综合服务中心,统筹海上服务、社区服务、楼宇经济、矛盾调解、文化服务等各方面资源,利用社会力量解决社会问题;成立94人“港湾大妈”服务队伍,打造省级社区服务品牌;创新探索“以港管船”,建立8家渔港协会,全面推行母港管理;每年投资超过3000万元,完善农村道路、水利、污水处理等基础设施配套。

【生态建设】　完成200家貂场拆迁,调整土地40公顷,栽植观赏苗木万余棵;全面西王门河流域污染治理、35家鱼粉企业尾气治理、扬尘腥水治理和锅炉、海带加工整治5大生态治理工程,对城区西部、高新园周边及西王门河流域生态污染开展专项治理工作。全面加强生态绿化,平均年投入800万元以上,辖区松林面积增至1133.33公顷。启动“一山一水一花一画”美丽乡村建设,规划总投资3400万元,包括“花村”西车、北车、“画村”牧云庵、“水村”大鱼岛、“山村”桃树园,列入全市海港风情示范片区,其中“花村”列入全威海美丽乡村建设十大重点村,桃树园引进歌尔“引智小镇”项目,规划建设4.5平方千米特色文化旅游小镇,列入全市重点工程项目。全面加强城乡环卫一体化工作,配齐人员、设备,实行规范化考核管理,全市环卫考核成绩位列全市22个镇街第三名。

【城镇化建设】　先后启动姜家疃、西岚、南车、北车、石岛街、张家村、玄镇、东王门、西王门、蚧口、唐家夼等12个村居旧村改造工程,完工安置楼30栋,在建和计划建设安置楼50栋,改造村居占农村社区总数的70%。其中2016年新启动包括张家村594户和玄镇片区5个社区2500户棚户区改造工程,张家村7栋、8.7万平方米安置楼主体完工,石岛街9栋安置楼主体完工,玄镇安置区完成拆迁753户,33栋安置楼主体施工、4栋主体完工。全面推进沿街环境整治工作,更换破损广告牌25处,粉刷外墙1万平方米,清理占道经营、乱堆乱放千余处。

（郭晓日）

斥山街道

【概况】　斥山街道位于荣成东南部,北与王连街道、东山街道为邻,东与桃园街道接壤,南与港湾街道相望,西与虎山镇、人和镇相连,街道办事处驻东火塘寨社区。内设党政办公室、经济发展办公室、社会事务办公室、规划建设监督管理办公室、安全生产监督管理办公室;下设文化体育服务中心、财政经管服务中心、计划生育服务中心、农业综合服务中心、社会保障服务中心。有工作人员42人。1984年4月撤销斥山人民公社,设立斥山镇。2000年6月撤销斥山镇,将其行政区域并入石岛镇。2005年1月撤销石岛镇、宁津镇,设立斥山街道等6个街道。斥山街道总面积48.36平方千米,海岸线长7千米。辖22个村、8个社区,户籍人口3.3万人,常住人口3.3万人。2016年一般公共预算收入1.49亿元,固定资产投资29.07亿元,进出口总额11.85亿元。农村经济总收入107.9亿元,农民人均纯收入1.51万元。有中学1所、小学1所,在校生3471人。该街道特色物产有盛家火烧、喜饼、大饽饽、牡蛎、海带、苹果、草莓。在产业发展上形成海洋食品、先进装备制造等主导工业,海洋生物科技、商贸物流、电子商务等新兴产业格局。辖区AAAA国家级赤山景区和滨海公园、凤凰湖小区连点成线,构筑山海湖一体的旅游圈。2016年斥山街道被威海军分区授予“兴武建功先进单位”称号。沟姜家村、西火塘寨社区被省文明委授予“省级文明村”称号。凤凰湖居委会被省文明委授予“省级文明社区”称号。赤山集团被省文明委授予“省级文明单位”称号。凤凰湖社区

赤山集团海都海洋食品产业园全景　　（斥山街道提供）

党支部被威海市委组织部授予“威海市先进基层党组织”称号。

【项目建设】 赤山集团投资5亿元实施海都海洋食品产业园，建设精深加工车间2万平方米，储存仓库9万平方米，冷藏总库容达20万吨，保税仓库2.2万平方米，成为以鱿鱼精深加工为主的冷链物流基地。同时建有一处海产品保税库和大型电子商务平台，打造“买世界卖世界”的商贸格局。全行业预计实现销售收入110亿元，利税14亿元。新研海山机械投资2.5亿元的升级改造项目，引进国内领先的涂装及总装配生产线，新增焊接机器人、数控机床等尖端设备，年可生产大型农机3500台（套），成为中国北方最大的玉米联合收割机生产基地。丰泰新材料和宏丰汽车配套分别在新三板、齐鲁股交中心成功挂牌。在现代服务业方面。中港桃源酒店、世源数字文化中心、龙景山生态农业观光博览园、双利财富广场等项目进展顺利，引进九八卡丁车等项目，丰富业态。凤凰湖生态园、盛家生态园新增一批冬暖大棚，种植新品种，大力发展休闲采摘产业，凤凰湖生态园被评为“省级精品采摘园”。

【城镇化建设】 抓城镇服务功能提升。投资1亿多元实施基础设施升级工程，对黄海中路、马沙线等主干公路进行路面硬化、拓宽改造、污水管网配套和绿化、亮化升级；对黄海中路、凤凰湖两条主干路沿线部分破旧设施进行拆除和外观改造，新建了一批商贸服务设施。抓城镇环境整治。投资260多万元，对200多家沿街商贸设施的门头进行了更换，改造外墙1.2万平方米。全面加强沿街环境管理，建立街道班子成员包路段工作机制，组织市场监管、公安等单位，实行多方联动，联合执法，重点整治乱摆摊、乱搭建、乱停车、乱张贴等行为，整改露天烧烤21家，拆除违法经营摊棚94处，清除店前垃圾200余车，纠正乱停车500多辆次，清理非法小广告3000余条。抓旧村改造。范家、殷家、尹格庄、东泊子4个村旧村改造进程不断加快，建设安置楼15万平方米，上千居民喜迁新居。抓美丽乡村建设。按照“一场、两线、三园、四坊”的规划方案，突出抓好示范村建设，在盛家村打造集非物质文化遗产盛家火烧及生态园为一体的体验旅游项目，今年增加收入200多万元。2016年西火塘寨社区获得省级创新型社区、省级绿色社区、省级文明村称号。

【民生建设】 投资102万元，对大磨张家村至周家齐山村，全长2400多米，面积为1.2万平方米的道路进行硬化。夏家泊、南庙山等村投资对村内道路进行硬化。规划改厕3209户，全部完成。投资2000万元的石岛福利中心11层康复大楼，进入主体施工。投资920万元，在斥山完小新建教学楼1幢，面积为5200平方米，全部封顶。围绕解民忧，针对民心网、民生110等渠道征集的群众诉求，严格落实分类办理、及时处理、有效解决，使群众满意率达到98%以上。围绕帮民困，狠抓精准扶贫，创新工作思路，采取基地带动、资金帮扶脱贫、自主创业、结对帮扶“四种模式”，对2个贫困村，174个贫困户，265名贫困人口，将责任清单落实到主要领导，班子成员及机关干部身上，精选产业项目，逐村逐户逐人进行帮扶，确保贫困村年集体经济收入达到10万元以上，贫困户、贫困人口年人均收入达到5000元以上。向困难家庭、学生、残疾人、患者家庭发放各类补助400余万元。

（毕凌杰）

东山街道

【概况】 东山街道地处荣成市东南，北部隔桑沟湾与市区相望，东与宁津街道接壤，南与桃园街道相连，西与斥山街道、王连街道相连，街道办事处驻东山村。内设党政办公室、经济发展办公室、社会事务办公室、规划建设监督管理办公室、安全生产监督管理办公室；文化体育服务中心、财政经管服务中心、计划生育服务中心、农业综合服务中心、社会保障服务中心。有工作人员43人。1984年4月撤销东山人民公社，设立东山乡。1989年12月改为东山镇。2001年4月撤销东山镇，将其行政区域并入石岛镇。2005年1月撤销石岛镇、宁津镇，设立东山街道等6个街道。东山街道总面积43.24平方千米，海岸线长10.2千米，辖31个村，1个社区，户籍人口1.7万人，常住人口1.7万人。2016年一般公预算收入0.15亿元，固定资产投资16.33亿元，

沿街商铺诚信示范街公示栏　　（东山街道提供）

进出口总额2.2亿元，农村经济总收入39.24亿元，农村农民人均纯收入达到1.17万元。有中学1所、小学1所，在校生695人。该街道名优特产有河豚、牙鲆鱼、海参和藻类等各种海珍品，主产小麦、玉米、花生，经济作物以水果、蔬菜、苗木、茶为主。实施水产品精深加工企业和远洋捕捞船队产供销一体化发展初步形成船舶配套、食品加工、石材外贸、高科技、产学研合作及远洋捕捞等主导产业群。2016年被威海市委、市政府授予"2013—2015年度计划生育工作先进镇(街道)"称号。

【项目建设】　列入市区调度的5个重点项目全部建成投产，引进外资项目4个，到位外资815万美元，位列石岛管理区第一。2016年引进名人精品酒店、上海多佰利食品等总投资7亿元的4个重点项目。泰斗医用保健品项目建设完成；百佳海洋生物项目，开工建设；名人精品酒店和上海多佰利食品项目设计方案通过；鑫发食品工业园项目完成前期规划；广益海洋生物科技项目，与浙江海洋大学达成协议，将为区域海洋食品企业转型提供强力科技支撑。

【全域旅游】　结合全域旅游，开发"一岛、一地"。"一岛"，就是开发鹁鸽岛休闲旅游。规划投资2100万元，对鹁鸽岛及沿岸进行整体开发。陆上，完成1500米环岸护堤石砌、2万平方米路面硬化、3万平方米绿化、8500平方米停车场建设；岛上，建设观景亭台2座、环岛木质栈道1000米。"一地"，就是设立自驾旅游露营地。建设进入石岛的房车接待分流中心，打造全域休闲旅游重要窗口，提供租赁、集散、休憩等服务。

【驻地改造】　围绕全域城市化布局，实施总投资2亿元的4项驻地改造工程，开工商住设施2万平方米；水景公园室外健身广场、义乌二楼室内文体中心已完成；完成7千米长林家河和145家面源污染整治，治理排污企业68家，探索打造驻地1.8千米长的诚信示范街，将200多家商户纳入诚信管理，城乡一体化水平全面提升；完成153户散养户的集中圈养、2处养殖场污水零排放，进一步规范污水、粪便的集中收集和处理，提升区域生态管护水平。

【民生工程】　龙山湖采摘园申报省级精品采摘园，相关材料完成并上报威海市旅游局。240公顷小农水项目，完工并通过省里验收。66.67公顷八河水库增容抬田、田间路网及沟渠建设完成，启动新规划的333.33公顷高标准农田改造。31个村的农村改厕，完成18个村的三格化粪池改造、5个村的户型污水处理器改造。筹资50万元，清淤整治林家河道1.8千米，搬运土石3万多立方米，搬迁河道养鸭场2处；投资60万元，疏浚石砌崮山河道1千米。第三十七中学体育场改造及门前路面硬化完工。八河孔家村幸福院于4月投入使用，投资80万元、建筑面积3000平方米。驻地供热站项目，引进青岛金海浪公司建设的供热站项目，一期占地0.37公顷、建筑面积3200平方米完工投入使用，惠及驻地单位、商户、村和佳怡居、锦绣苑等4个小区。

（李志鹏）

王连街道

【概况】　王连街道位于荣成市南部，东临东山街道，西接上庄镇、虎山镇，南临斥山街道，北接滕家镇，街道办事处驻王家庄。内设党政办公室、经济发展办公室、社会事务办公室、规划建设监督管理办公室、安全生产监督管理办公室；下设文化体育服务中心、财政经管服务中心、计划生育服务中心、农业综合服务中心、社会保障服务中心。有工作人员41人。1984年4月撤销王连人民公社，设立王连乡。1989年12月改为王连镇。2001年4月撤销王连镇，将其行政区域并入石岛镇。2005年1月撤销石岛镇、宁津镇，设立王连街道等6个街道。王连街道总面积61.36平方千米，辖32个村，1个社区。户籍人口1.7万人，常住人口1.7万人。2016年一般公共预算收入0.17亿元，固定资产投资34.5亿元，进出口总额6.7亿元，农村经济总收入0.0711亿元，农村居民人均纯收入11474元。有初中1所、小学1所，在校生420人。该街道特色物产苹果、中药材、茶叶，主要粮食作物以小麦、玉米、花生为主，形成以远洋捕捞、水产品精深加工、汽车零配件制造、橡塑制品、船舶配件等五大产业为主工业发展结构。

【组织管理】　街道建立农村三资管理

5月16日，客岭村村民红旗山采茶　　（王连街道提供）

服务中心，开发农村三资大数据平台，对1700多份合同实行智能化管理，荣成市委组织部多次组织各镇街进行观摩学习。在沟曲家、马岭许家召开村级议事决策全程纪实现场会，规范各村资产资源发包的程序。完成32个村财务集中审计和资产清查，为农村干部换届选举理清了农村财务账。在南桥头等12个村推广红色征信，采取“征信+党员”管理的模式，全面提升党员先锋模范作用。上夼、刘家庄等6个农村软弱班子销号成功，涌现出优秀“第一书记”苑克胜和优秀“挂职党支部书记”秦先胜等一批先进典型。

【产业发展】　推进荣喜造船重组、隆泰石油装备科技、爱尔斯海洋生物二期、奥美嘉海洋生物科技等产业项目，涵盖装备制造业、修造船业及海洋生物三大产业。王连街道拥有蓝越远洋渔业公司、青岛远洋渔业公司两家远洋捕捞公司，拥有远洋渔船76条，远洋运输船4条，在斯里兰卡、秘鲁设有远洋捕捞基地，年捕捞量20多万吨，主要捕捞鱿鱼和中上层鱼类，全部回运加工处理。街道重点打造以特色物产苹果、葡萄、猕猴桃、茶叶为引领的现代休闲观光农业，街道占地20公顷以上的休闲观光农业园区7个。围绕东岛刘家村建设美丽乡村，主要种植郁金香打造“环湖花海”景观带；围绕红旗山采摘园，新上热带大棚8个打造休闲观光采摘基地。

【民生工程】　王连街道城乡环卫一体化全市考核勇夺第四名。阴亮滕家庵25户村民搬上新楼，峨石山、南桥头旧村改造稳步推进。刘家庄光伏扶贫项目并网发电，上夼通过内部挖掘、外部帮扶成立马岭山水果合作社，打造扶贫示范项目。完成东岛刘家、赵家山、阴亮、常家庄、店子等15个村133.33公顷土地的八河抬田增容工程。实施沟曲家、马岭许家等村133.33公顷小农水项目；开通自赵家山至东岛刘家的全长9千米的环湖路；完成东岛刘家、马岭孙家、常家庄等8处水库的除险加固工程；对南桥头、沟曲家等12村21条山路进行了硬化；完成客岭等66.67公顷农田节水管灌工程；对阴亮河、王连河等5条河流4000米实施石砌工程，全面提升区域土地规模经营能力。投资300万元初步完成日处理能力2000吨的新型污水处理厂建设。

（赵红阳）

桃园街道

【概况】　桃园街道位于荣成市南部，石岛湾北首，北与东山街道为邻，东北与宁津街道接壤，南濒黄海，西与斥山街道相连，街道办事处驻桃园村。内设党政办公室、经济发展办公室、社会事务办公室、规划建设监督管理办公室、安全生产监督管理办公室；下设文化体育服务中心、财政经管服务中心、计划生育服务中心、农业综合服务中心、社会保障服务中心。有工作人员43人。2005年1月由石岛镇划出9个村委会，1个居委会，由宁津镇划出6个村委会，

12月20日，红墅湾商贸街建设完工　　（桃园街道提供）

设立桃园街道。总面积19.79平方千米,海岸线长12千米。辖14个村,2个社区,户籍人口1.11万人,常住人口1.09万人。2016年一般公共预算收入0.70亿元,固定资产投资12.98亿元,进出口总额4.22亿元,农村经济总收入20.64亿元,农村居民人均纯收入12800元。有初中1所、小学1所,在校生1573人。该街道名优特产有海参、牡蛎、猕猴桃、无花果,形成以水产品加工、房地产开发、民俗旅游为主体的经济板块。重点发展幸福养老、休闲旅游、美丽乡村游产业等绿色特色经济。

【项目建设】 重点项目建设方面,年内新开工重点项目4个,投资18.3亿元。其中,投资1.2亿元、建筑面积3万平方米的中韩银发文化交流中心于8月份正式运营,该项目利用自贸区优势,大力发展中韩商贸,多次承接市级以上重点项目现场会;投资5亿元盛泉桃园健康城项目,在建设11万平方米健康城的基础上,引进文化交流、商贸、养老功能,带动盘活周边经济,吸引大批健康产业入驻;投资6000万元、建筑面积1.2万平方米的平和假日商务酒店项目,260个标准房间、餐饮、会议室、健身房、娱乐中心、楼顶运动场等酒店服务设施,交付使用;投资1.5亿元华海临港配套产业园项目,建设5万吨食品加工车间和配套的冷链物流库,西冷库地基完工。投资5亿元的红墅湾商贸街是桃园街道着重优化区域投资环境,提供优质配套服务的重要项目,完成1.5万平方米沿街商业区建设,形成独具特色的风情休闲一条街;投资2亿元的盛泉幸福公寓已于5月开业运营,入驻老人1000多人。科技企业投产方面,投资6000万元的领鲜生物科技项目,科技投入达到3000万元,12月正式生产,年可生产无添加海鲜调味品500吨。现代休闲旅游业方面,主抓由四川攀西物资开发有限公司投资2亿元建设的桃园民俗旅游及国际康养中心项目,调整整体方案,建成后将与华东生态庄园、东南海生态园连成一线,打造特色休闲旅游小镇。

【城镇化建设】 投资1500万元,建筑面积5920平方米的省级示范幼儿园经过多方筹措资金开工建设,封顶,计划2017年秋季开园;投资200万元建设,集问政大厅、便民服务、综合文化站等为一体的汇阳社区多功能综合服务中心,配备工作人员4名,方便社区居民;投资40万元整治沿街的西南海河道,重新砌河道、清理垃圾,综合提升街区环境;投资1000万元在驻地建设景观大道及中心广场,硬化路面10000平方米,铺设彩砖、理石、火烧板等,高标准绿化,工程计划2017年6月完工。提升街区综合管护水平,投资50万元动用工程车、铲车对重点部位进行清理作业,拆除乱搭乱建7000平方米,违法建设6处4000平方米,清理垃圾12000方。

【生态旅游】 以东南海生态园为生态旅游样板,突出高效农业主题,投资500万元新建无公害大棚两个,扩展板栗园、葡萄园2公顷,发展高效生态农业采摘园,打响网纹瓜、葡萄、无花果品牌,借助“科普教育基地”“海参采摘园”两处已成型的旅游媒介吸引游客,打造城乡居民休闲度假旅游的主要目的地。以华东生态庄园为农业旅游样板,投资2000万元建设水上婚庆拍摄基地,投资1000万元建设“海上采摘平台”,500万元打造“土窑烧烤”品牌,重点发展居家自助式旅游方式,通过接待房车、自驾游客等,培育成集休闲、体验、餐饮为一体的综合性农庄。以盛泉幸福公寓为健康旅游样板,投资1800万元新建综合性健康文化服务中心,设立健康疗养中心、文体健身中心、养生购物中心等5大类12小类功能,充分挖掘养生养老健康产业内置潜力,提升健康旅游竞争力。以领鲜生物科技为工业旅游样板,投资500万元建设一站式体验中心,通过配备开放式厨房,让游客从企业研发设计、生产加工到产品展示再到用户体验等环节都能亲身参与,做到产品销售—旅游收入“双赢”,培育全链条工业旅游经济。

(王　珏)

宁津街道

【概况】 宁津街道位于荣成市东南部,西临东山街道,东、北、南三面濒临黄海,西南与桃园街道毗邻,街道办事处驻宁津所。内设党政办公室、经济发展办公室、社会事务办公室、规划建设监督管理办公室、安全生产监督管理办公室;下设文化体育服务中心、财政经管服务中心、计划生育服务中心、农业综合服务中心、社会保障服务中心。有工作人员56人。1984年撤销宁津人民公社,设立宁津乡。1989年12月改为宁津镇。2000年6月撤销镆铘岛镇,将其行政区域并入宁津镇。2005年1月撤销石岛镇、宁津镇,设立宁津街道等6个街道。宁津街道总面积67.17平方千米,海岸线长55千米。辖41个村、8个社区,户籍人口2.33万人,常住人口2.78万人。2016年一般公共预算收入0.73亿元,完成固定资产投资221.08亿元,进出口总额3.31亿元,农村经济总收入100.82亿元,农村居民人均纯收入14665元。有初中1所、小学1所,在校生1415人。该街道盛产对虾、海参、鲍鱼、贝类、藻类及经济鱼等300多种海产品,也是省粮食基地和花生、水果的重点产区,金、铁、铜、锌、石英砂等地下矿藏储量丰富。海草房民居独具特色,全街道拥有海草房1.16万间,其中东楮岛村海草房保留最为完整,2002年被建设部、国家文物局命名为“中国历史文化名村”,2012年被列入首批“传统村落名录”。

【项目建设】 宁津东与韩国、日本隔海相望,临近国家一类开放港石岛港,形成了以渔业、核电、旅游及食品、房地产、修造船等行业为支柱的产业体系。华能山东石岛湾核电站由中国华能集团公司等投资735亿元建设,在建1台20万千瓦级高温堆示范工程,2台140万千瓦CAP-1400大型先进压水堆示范工程核电机组,同时规划建设4台百

东楮岛村一角　　　　　　　　　　　　（宁津街道提供）

万千瓦级商业化压水堆核电机组。国核示范电站投资770亿元一次规划、分期建设3台140万千瓦CAP-1400大型先进压水堆核电机组，规划容量420万千瓦。占地666.67公顷的核电产业园启动建设，第一个入园项目中能精密管件项目进入基础施工，大连大高阀门、核电五金配件等核电配套制造意向企业启动考察，同时对大型购物商场、商务酒店、影剧院等配套三产服务业实行精准招商，届时核电配套产业将成为宁津又一支柱产业；加快产业结构调整，依托工业园、海洋高新园两大平台，启动实施了4个高科技、高成长、高附加值的园区项目。总投资4.5亿元的碧海明珠项目年内将建成10栋住宅楼和1万平方米的附属设施，投资500万美元的创味食品项目主要进行高端食品加工，投资5000万元的钱海海带研发中心项目主要进行海带精深加工，投资2500万元与黄海研究所合作的东楮岛海洋研究所完成规划设计，3个项目加紧推进。

【民生工程】　围绕“人的城镇化”建设，街道在驻地改造及基础配套完善上不断加大投入，实施驻地、东墩2个5.3万平方米的集中生活区建设，配套实施商贸街改造、沿街墙体改造、巷道修复、污水处理站建设等12基础设施配套工程；对50个村居实施环境综合整治，集中清理村内杂物乱堆乱放和村周边卫生死角，投资33万元对驻地及各村的环卫设备上档升级，覆盖50个村居的重点部位；投资630万元对第九中学门前路、镆铘岛进岛路、南港头进村道、宁津所至前兴路、宏业门前路进行硬化整修；新建改造北山、富甲休闲公园2处；硬化绿化道路5条10千米，新增绿化面积7万平方米；将中片的9个村及镆铘岛的7个村接入供水大管网，铺设供水管网4400米，覆盖辖区驻地1200户居民，农村自来水管网达到2万米，覆盖31个村（居）；在街道原有日处理能力500吨的生物膜技术污水处理站基础上，新建林家流、东楮岛两处50吨的小型污水处理站和东墩居住区1处200吨的污水处理站；完成东墩、小岔河民生河治理和前王家塘坝除险加固工程，石砌加固河道1500米，配套建设排污管道等附属设施；新增供热管网2400米、供热面积2万平方米，总面积达到12万平方米，基本实现驻地供热全覆盖；驻地铺设天然气管道4.5千米，实现驻地用户全覆盖，具备通气条件；改造厕所6000多户，覆盖50个村居，实现城乡公共配套一体延伸和无缝覆盖。

【旅游开发】　依托丰富的旅游资源，规划建设北部亲海体验游、中部红色教育和传统民俗体验游、南部休闲自驾游三大旅游板块，形成南部呼应、山海互动的全域旅游新格局。同步推进美丽乡村示范村居和示范片区建设，“一次规划、分步实施”，北部东楮岛、泓泰海洋牧场及中部“六村一庄”包括抗日纪念馆、传统古街、谷牧传记馆、石岛民俗馆、六艺馆、朴树公园、留村祠堂、根雕盆景馆、元代古墓等系列节点“全面开花”、快速成型，被确定为全市八大片区之一的民俗文化体验板块。12月东楮岛风景区获批AAA国家级旅游景区。

（李雅雯）

荣成 RONG CHENG
自由呼吸 自在荣成

人 物

Figures

◎ 市领导简介(2016年12月)

◎ 先进人物

市领导简介

（2016 年 12 月）

·中国共产党荣成市委员会·

江　山　中共荣成市委书记、党校校长。山东威海人。1968 年 11 月出生。1991 年 8 月参加工作。1991 年 6 月加入中国共产党。1987 年 9 月至 1991 年 7 月，在山东大学威海分校中文系汉语言文学专业学习。1991 年 8 月至 1994 年 7 月，任威海市环翠区张村镇党委秘书。1994 年 7 月至 1994 年 8 月，任威海市环翠区张村镇党委组织委员。1994 年 8 月至 1997 年 1 月，任威海环翠省级旅游度假区党委组织委员、张村镇党委组织委员（其间：1996 年 9 月至 1996 年 12 月在威海市环翠区委党校第 5 期领导干部进修班学习）。1997 年 1 月至 1999 年 2 月，任威海环翠省级旅游度假区党委组织委员、党政办副主任，张村镇党委组织委员。1999 年 2 月至 2000 年 2 月，任威海市环翠区张村镇党委副书记。2000 年 2 月至 2001 年 2 月，任威海市环翠区张村镇党委副书记、环翠省级旅游度假区管委经贸局局长。2001 年 2 月至 2001 年 12 月，任威海市环翠区张村镇党委副书记、镇长，环翠省级旅游度假区党委副书记、管委会副主任、经贸局局长。2001 年 12 月至 2002 年 4 月，任威海市环翠区张村镇党委副书记、镇长，环翠省级旅游度假区党委副书记、管委会副主任。2002 年 4 月至 2003 年 1 月，任威海市环翠区张村镇党委副书记、镇长，环翠省级旅游度假区管委会副主任、党工委副书记。2003 年 1 月至 2004 年 2 月，任威海市环翠区委办公室主任。2004 年 2 月至 2005 年 2 月，任威海环翠省级旅游度假区党工委书记（副县级），环翠区委办公室主任。2005 年 2 月至 2006 年 12 月，任威海市环翠区委常委、区委办公室主任。2006 年 12 月至 2007 年 1 月，任威海市环翠区委常委、张村镇党委书记。2007 年 1 月至 2007 年 11 月，任威海市环翠区委常委、张村镇党委书记，环翠省级旅游度假区管委会主任。2007 年 11 月至 2009 年 3 月，任威海市环翠区委常委、张村镇党委书记、人大主席，环翠省级旅游度假区管委会主任。2009 年 3 月至 2009 年 9 月，任威海市环翠区委常委、张村镇党委书记，环翠省级旅游度假区管委会主任。2009 年 9 月至 2010 年 12 月，任威海市环翠区委常委、张村镇党委书记。2010 年 12 月至 2011 年 5 月，任荣成市委副书记。2011 年 5 月至 2011 年 11 月，任荣成市委副书记、纪委书记。2011 年 11 月至 2011 月 12 月，任荣成市委副书记。2011 年 12 月至 2012 年 2 月，任荣成市委副书记，市政府副市长、代理市长、党组书记。2012 年 2 月至 2014 年 2 月，任荣成市委副书记，市政府市长、党组书记。2014 年 2 月至 2015 年 8 月，任荣成市委副书记，市政府市长、党组书记，石岛管理区党工委书记。2015 年 8 月至 2015 年 9 月，任荣成市委书记，市政府市长、党组书记，石岛管理区党工委书记。2015 年 9 月至 2016 年 2 月，任荣成市委书记，市政府市长、党组书记，党校校长，石岛管理区党工委书记。2016 年 2 月至 2016 年 4 月，任荣成市委书记，党校校长，石岛管理区党工委书记。2016 年 4 月起任中共荣成市委书记、党校校长。

刘昌松　中共荣成市委副书记，荣成市人民政府市长、党组书记，荣成市石岛管理区党工委书记。山东文登人。1972 年 2 月出生。1996 年 8 月参加工作。2000 年 7 月加入中国共产党。1992 年 9 月至 1996 年 7 月，在山东工业大学动力工程系电厂热能动力工程专业学习。1996 年 8 月至 1998 年 10 月，为文登市热电厂职工。1998 年 10 月至 2001 年 5 月，任文登市埠口镇挂职副镇长。2001 年 5 月至 2003 年 3 月，任文登市小观镇副镇长。2003 年 3 月至 2005 年 2 月，任文登市小观镇党委副书记。2005 年 2 月至 2006 年 12 月，任文登市小观镇党委副书记、镇长。2006 年 12 月至 2007 年 7 月，任文登市小观镇党委书记。2007 年 7 月至 2007 年 8 月，任文登市小观镇党委书记、南海新区党委副书记。2007 年 8 月至 2011 年 11 月，任文登市宋村镇党委书记、人大主席。2011 年 11 月至 2012 年 2 月，任文登市政府党组成员。2012 年 2 月至 2014 年 1 月，任文登市政府副市长、党组成员。2014 年 1 月至 2014 年 3 月，任文登市委常委，市政府副市长、党组副书记。2014 年 3 月至 2015 年 4 月，任威海市文登区委常委，区政府副区长、党组副书记。2015 年 4 月至 2015 年 5 月，任荣成市委常委、市政府副市长。2015 年 5 月至 2016 年 1 月，任荣成市委常委，市政府副市长、党组副书记，汽车工业推进委员会党工委书记。2016 年 1 月至 2016 年 2 月，任荣成市委副书记，市政府副市长、党组副书记，汽车工业推进委员会党工委书记。2016 年 2 月至 2016 年 4 月，任荣成市委副书记，市政府市长、党组书记。2016 年 4 月起任中共荣成市委副书记，荣成市政府市长、党组书记，荣成石岛管理区党工委书记。

吕劭伟　中共荣成市委副书记、威海技师学院党委副书记。荣成崖西人。1964 年 4 月出生。1986 年 7 月参加工作。1986 年 7 月加入中国共产党。1983 年 9 月至 1986 年 7 月，在烟台农业学校农学专业学习。1986 年 7 月至 1993 年 1 月，任荣成县（市）农技推广站干部。1993 年 1 月至 1993 年 11 月，任荣成市农业局办公室副主任。1993 年 11 月至 1997 年 8 月，任荣成市农业总公司办公室主任（其间：1995 年 3 月至 1997 年 8 月，任荣成市上庄镇挂职副镇长）。1997 年 8 月至 1998 年 5 月，任荣成市上庄镇副镇长。1998 年 5 月至 2001 年 1 月，任荣成市龙须岛镇党委副书记（1996 年 9 月至 1999 年 7 月，在山东农业大学业余本科班农学专业学习）。2001 年 1 月至 2001 年 4 月，任荣成市成山卫镇党委副书记（正科级）。2001 年 4 月至 2003 年 2 月，任荣成市俚岛镇党委副书记、镇长。2003 年 2 月至 2003 年 4 月，任荣成市俚岛镇党委书记。2003 年 4 月至 2005 年 2 月，任荣成市俚岛镇党委书记、人大主席。

2005年2月至2005年3月，任荣成市政府副市长、党组成员、俚岛镇党委书记、人大主席。2005年3月至2005年12月，任荣成市政府副市长、党组成员。2005年12月至2007年1月，任荣成市政府副市长、党组成员，石岛管理区党工委副书记、管委主任。2007年1月至2007年11月，任荣成市政府副市长、党组成员。2007年11月至2009年12月，任荣成市政府副市长、党组成员，荣成经济开发区党工委书记、管委主任。2009年12月至2010年2月，任荣成市委常委，市政府副市长、党组成员，荣成经济开发区党工委书记。2010年2月至2011年12月，任荣成市委常委、荣成经济开发区党工委书记。2011年12月至2012年2月，任荣成市委常委，市政府党组副书记，荣成经济开发区党工委书记。2012年2月至2012年10月，任荣成市委常委，市政府副市长、党组副书记，荣成经济开发区党工委书记。2012年10月至2012年12月，任荣成市委常委，市政府副市长、党组副书记。2012年12月至2013年5月，任荣成市委常委，市政府副市长、党组副书记，威海技师学院党委副书记。2013年5月至2015年4月，任荣成市委常委，市政府副市长、党组副书记，汽车工业推进委员会党工委书记，威海技师学院党委副书记。2015年4月至2015年5月，任荣成市委副书记，市政府党组副书记，汽车工业推进委员会党工委书记，威海技师学院党委副书记。2015年5月起任中共荣成市委副书记、威海技师学院党委副书记。

王洪晓 中共荣成市委常委，荣成市政府副市长、党组副书记，荣成市海洋食品市场管理委员会党工委书记，威海(荣成)海洋高新技术产业园管理委员会主任。荣成俚岛人。1971年2月出生。1991年7月参加工作。1994年5月加入中国共产党。1989年9月至1991年7月，在山东师范大学体育系体育专业学习。1991年7月至1996年1月，任山东经济学院荣成分院科员、行政科长。1996年1月至1998年12月，任荣成市寻山镇党委宣传委员。1998年12月至2001年1月，任荣成市寻山镇副镇长(1996年8月至1999年7月，在莱阳农学院业余本科班经济管理专业学习)。2001年1月至2001年9月，任荣成市寻山镇党委副书记。2001年9月至2003年2月，任荣成市崖头镇党委副书记。2003年2月至2005年1月，任荣成市人和镇党委副书记、镇长。2005年1月至2005年4月，任荣成市人和镇党委书记。2005年4月至2007年11月，任荣成市人和镇党委书记、人大主席。2007年11月至2007年12月，任荣成市政府党组成员。2007年12月至2012年1月，任荣成市政府副市长、党组成员(2007年9月至2010年6月，在山东省委党校在职干部研究生班经济管理专业学习)。2012年1月至2012年12月，任荣成市委常委，市政府副市长、党组成员(2009年4月至2012年12月在哈尔滨理工大学工业工程领域工业工程专业学习，获工程硕士学位)。2012年12月至2015年4月，任荣成市委常委，市政府副市长、党组成员，市海洋食品市场管理委员会党工委书记。2015年4月至2016年4月，任荣成市委常委，市政府副市长、党组成员，市海洋食品市场管理委员会党工委书记，威海海洋职业学院纪委书记。2016年4月至2016年7月，任荣成市委常委，市政府副市长、党组副书记，市海洋食品市场管理委员会党工委书记，威海海洋职业学院纪委书记。2016年7月起任中共荣成市委常委，荣成市政府副市长、党组副书记，荣成市海洋食品市场管理委员会党工委书记，威海(荣成)海洋高新技术产业园管理委员会主任。

周承凯 中共荣成市委常委、政法委书记。荣成虎山人。1968年1月出生。1988年7月参加工作。1987年9月加入中国共产党。1986年9月至1988年6月，在烟台师范学院历史专业学习。1988年7月至1990年8月，任荣成二中教师。1990年8月至1993年11月，任荣成市委宣传部干事。1993年11月至1994年9月，任荣成市委宣传部理教科副科长。1994年9月至1995年3月，任荣成市委宣传部理教科科长。1995年3月至1998年5月，任荣成市委宣传部理教科科长、副科级宣传干事(其间，1994年9月至1996年12月，在山东省委党校业余本科班经济管理专业学习)。1998年5月至1999年9月，任荣成市成山卫镇党委副书记。1999年9月至2002年1月，任荣成市成山卫镇党委副书记、天鹅湖经济技术开发区社会事务管理局局长。2002年1月至2003年2月，任荣成市大疃镇党委副书记、镇长。2003年2月至2003年4月，任荣成市大疃镇党委书记。2003年4月至2005年1月，任荣成市大疃镇党委书记、人大主席。2005年1月至2005年2月，任荣成市港西镇党委书记。2005年2月至2005年4月，任荣成市港西镇党委书记、大天鹅自然保护区管委会主任(副县级)。2005年4月至2007年5月，任荣成市港西镇党委书记、人大主席、大天鹅自然保护区管委会主任(副县级)。2007年5月至2008年11月，任荣成市卫生局局长、党委书记、大天鹅自然保护区管委会主任(副县级)(其间，2005年9月至2008年6月，在山东省委党校在职干部研究生班经济管理专业学习)。2008年11月至2009年12月，任荣成市卫生局局长、党委副书记、大天鹅自然保护区管委会主任(副县级)。2009年12月至2010年1月，任荣成市石岛管理区管委会主任(副县级)，卫生局局长、党委副书记。2010年1月至2011年6月，任荣成市石岛管理区党工委副书记、管委会主任(副县级)。2011年6月至2011年7月，任荣成市政府副市长、石岛管理区党工委副书记。2011年7月至2015年2月，任荣成市政府副市长、党组成员。2015年2月至2015年4月，任荣成市委常委、政法委书记，市政府副市长、党组成员。2015年4月起任中共荣成市委常委、政法委书记。

张 勇 中共荣成市委常委，市纪委书记。山东文登人。1970年7月出生。1992年7月参加工作。1993年6月加入中国共产党。1988年9月至1992年7月，在北京物资学院经济系劳动经济专业学习。1992年7月至1994年8月，任威海高技区物资供应公司干部(其间:1992年8月至1994年8月，借调威海高技区劳动人事局帮助工作)。1994年8月至1998年6月,任威海市委组织部科员。1998年6月至2001年2月,任威海市委组织部副主任科员。2001年2月至2001年10月,任威海市委组织部干部科副科长。2001年10月至2004年11月,任威海市委组织部干部科副科长、主任科员。2004年11月至2007年8月,任威海市委组织部干部监督科科长。2007年8月至2008年8月,任威海市委组织部干部教育科科长。2008年8月至2009年7月,任威海市委工业工委纪工委书记、委员。2009年7月至2014年2月,任威海市纪委派驻第五纪检组(第五监察室)副组长(副主任)(其间,2007年3月至2009年12月,在北京航空航天大学公共管理学院公共管理专业学习,获公共管理硕士学位)。2014年2月至2016年12月,任威海市纪委第四纪检监察室主任。2016年12月起任中共荣成市委常委,市纪委书记。

郑跃文 中共荣成市委常委,荣成市好运角旅游度假区党工委书记、管委会主任。山东乳山人。1974年4月出生。1994年7月参加工作。2001年12月加入中国共产党。1990年9月至1994年7月,在青岛建工学院建筑工程系工民建专业学习。1994年7月至1997年10月,任威海市建筑培训中心干部。1997年10月至2001年9月,任威海市建委勘察设计科科员。2001年9月至2003年12月,任威海市建委勘察设计科副主任科员。2003年12月至2005年8月,任威海市建委城市建设科副科长。2005年8月至2006年6月,任威海市建委城市建设科主任科员。2006年6月至2006年8月,任威海市建委城市建设科科长。2006年8月至2008年3月,任威海市建委房地产开发办公室主任。2008年3月至2008年12月,任威海市政府办公室值班室主任。2008年12月至2009年9月,任威海市市政建设公用事业管理处副处长(主持工作)。2009年9月至2009年12月,任威海市市政建设公用事业管理处处长。2009年12月至2013年10月,任威海市园林管理局局长。2013年10月至2014年2月,任荣成市政府副市长、党组成员。2014年2月至2015年4月,任荣成市政府副市长、党组成员,经济开发区党工委书记。2015年4月至2016年4月,任荣成市委常委,经济开发区党工委书记。2016年4月起任中共荣成市委常委,荣成市好运角旅游度假区党工委书记、管委会主任。

曲卫伟 中共荣成市委常委、组织部部长。山东文登人。1974年3月出生。1996年7月参加工作。1995年12月加入中国共产党。1993年9月至1996年7月,在莱阳农学院农业工程系工业与民用建筑专业学习。1996年7月至1998年8月,任文登市泽库镇团委干事。1998年8月至1998年10月,任文登市泽库镇团委副书记。1998年10月至2000年4月,任文登市泽库镇聘用制副镇长。2000年4月至2000年5月,任共青团文登市委员会副书记。2000年5月至2003年3月,任共青团文登市委员会副书记、党组成员(1999年9月至2001年12月,在山东省委党校业余本科班经济管理专业学习)。2003年3月至2006年2月,任文登市汪疃镇党委副书记。2006年2月至2008年4月,任文登市汪疃镇党委副书记、汪疃镇镇长。2008年4月至2010年1月,任威海工业新区汪疃镇党委副书记、汪疃镇镇长(2006年9月至2009年6月,在山东省委党校在职干部研究生班法学理论专业学习)。2010年1月至2013年11月,任威海工业新区汪疃镇党委书记。2013年11月至2014年1月,任威海工业新区苘山镇党委书记。2014年1月至2015年9月,任威海临港经济技术开发区苘山镇党委书记(机构更名)。2015年9月至2015年10月,任荣成市委常委、组织部部长。2015年10月至2015年12月,任荣成市委常委、组织部部长、统战部部长。2015年12月至2016年12月,任荣成市委常委、组织部部长、统战部部长、社会主义学院院长。2016年12月起任中共荣成市委常委、组织部部长。

·荣成市人民代表大会常务委员会·

王秉伟 荣成市人大常委会主任、党组书记。荣成俚岛人。1959年10月出生。1984年12月参加工作。1983年12月加入中国共产党。1982年10月至1984年12月,任荣成县马道乡统计员。1984年12月至1986年1月,任荣成县马道乡统计员。1986年1月至1987年4月,任荣成县马道乡团委副书记(1984年5月至1987年4月,在中央农业广播学校农学专业中专班学习)。1987年4月至1988年11月,任荣成县马道乡团委书记。1988年11月至1989年12月,任荣成市俚岛镇党委组织委员。1989年12月至1992年8月,任荣成市俚岛镇副镇长(1989年8月至1992年6月,在中央党校函授学院经济管理专业大专班学习)。1992年8月至1994年11月,任荣成市俚岛镇党委副书记。1994年11月至1998年1月,任荣成市俚岛镇党委副书记、镇长(其间:1995年9月至1997年12月,在山东省委党校业余本科班经济管理专业学习)。1998年1月至2001年1月,任荣成市俚岛镇党委书记(其间:1999年4月至1999年10月,在威海党校中青年干部培训班学习)。2001年1月至2003年1月,任荣成市俚岛镇党委书记、大天鹅自然保护区党委书记、管委主任(其间:2002年9月至2002年12月,在山东省委党校乡镇党委书记进修班学习)。2003年1月至2003年2月,任荣成市政府副市长、党组成员、俚岛镇党委书记、大天鹅自然保护区管委主任、党委书记。2003年2月至2004年2月,任荣成市政府副市长、党组成员、大天鹅自然保护区管委主任、党委书记。2004年2月至2005年2月,任荣成市政府副市长、党组成员。2005年2月至2007年1月,任荣成市委常委、政法委书记。2007年1月至2008年11月,任荣成市委常委,政府副市长、党组副书记。2008年11月至2009年12月,任荣成市委常委,政府副市长、党组副书记,威海工程技术学院纪委书记、党委委员。2009 年 12 月至 2010 年 2 月,任荣成市人大常委会主任、党组书记,政府副市长、党组副书记,威海工程技术学院党委委员。2010 年 2 月至 2014 年 6 月,任荣成市人大常委会主任、党组书记。2014 年 6 月起任荣成市人大常委会主任、党组书记,威海海洋职业学院党委副书记。

于志平 荣成市人大常委会副主任、党组副书记。荣成俚岛人。1959 年 11 月出生。1978 年 12 月参加工作。1988 年 12 月加入中国共产党。1978 年 12 月至 1981 年 1 月,任福建三二五0六部队修理所战士、班长。1981 年 1 月至 1988 年 7 月,任荣成县马道乡文化站站长。1988 年 7 月至 1990 年 5 月,任荣成市马道乡司法助理员、司法所所长。1990 年 5 月至 1991 年 7 月,任荣成市俚岛镇司法所所长。1991 年 7 月至 1992 年 8 月,任荣成市俚岛镇党委委员、人武部长。1992 年 8 月至 1994 年 11 月,任荣成市俚岛镇副镇长。1994 年 11 月至 1996 年 1 月,任荣成市俚岛镇党委副书记。1996 年 1 月至 1998 年 5 月,任荣成市滕家镇党委副书记、镇长。1998 年 5 月至 2001 年 4 月,任荣成市滕家镇党委书记(1995 年 6 月至 1998 年 12 月,在省高等教育自学考试文秘专业大专班学习)。2001 年 4 月至 2005 年 1 月,任荣成市水利局局长、党委书记。2005 年 1 月至 2005 年 2 月,任荣成市石岛管理区党工委副书记。2005 年 2 月至 2006 年 1 月,任荣成市石岛管理区党工委副书记、石岛湾省级旅游度假区管委会主任。2006 年 1 月至 2006 年 2 月,任荣成市政府党组成员、荣成经济技术开发区管委会主任。2006 年 2 月至 2006 年 5 月,任荣成市政府副市长、党组成员、荣成经济技术开发区管委会主任。2006 年 5 月至 2007 年 1 月,任荣成市政府副市长、党组成员、荣成经济技术开发区党工委副书记、管委会主任。2007 年 1 月至 2010 年 2 月,任荣成市政府副市长、党组成员。2010 年 2 月至 2011 年 12 月,任荣成市政协副主席、党组副书记。2011 年 12 月至 2012 年 2 月,任荣成市政协副主席、人大党组副书记。2012 年 2 月起任荣成市人大常委会副主任、党组副书记。

刘书国 荣成市人大常委会副主任。山东威海人。无党派人士。1962 年 11 月出生。1981 年 7 月参加工作。1978 年 11 月至 1981 年 7 月,在烟台工业学校无机物工艺专业学习。1981 年 7 月至 1982 年 5 月,任荣成县橡胶厂化验员。1982 年 5 月至 1987 年 8 月,任荣成县化肥厂工艺技术员。1987 年 8 月至 1988 年 11 月,任荣成县化肥厂副厂长。1988 年 11 月至 1991 年 11 月,任荣成市化肥厂副厂长。1991 年 11 月至 1993 年 2 月,任荣成市化学工业公司副经理。1993 年 2 月至 1993 年 10 月,任荣成市政协副主席、化学工业公司副经理。1993 年 10 月至 1993 年 12 月,任荣成市政协副主席、化工总公司副总经理。1993 年 12 月至 1998 年 2 月,任荣成市政府市长助理、市政协副主席、化工总公司副总经理。1998 年 2 月至 2003 年 1 月,任荣成市政府副市长、政协副主席。2003 年 1 月至 2006 年 12 月,任荣成市政协副主席。2006 年 12 月至 2007 年 12 月,任荣成市政协副主席、工商联会长。2007 年 12 月至 2011 年 9 月,任荣成市人大常委会副主任、工商联会长。2011 年 9 月起任荣成市人大常委会副主任。

王凤阳 荣成市人大常委会副主任、党组成员。荣成虎山人。1962 年 2 月出生。1982 年 7 月参加工作。1984 年 12 月加入中国共产党。1980 年 9 月至 1982 年 7 月,在文登师范学校体育专业学习。1982 年 7 月至 1986 年 3 月,任荣成县体委秘书。1986 年 3 月至 1988 年 11 月,任荣成县政府办公室秘书。1988 年 11 月至 1990 年 11 月,任荣成县(市)政府办公室副科级秘书。1990 年 11 月至 1993 年 10 月,任荣成市人民政府法制办公室主任。1993 年 10 月至 1993 年 11 月,任荣成市政府办公室副主任、党组副书记。1993 年 11 月至 1994 年 8 月,荣成市政府办公室副主任、党组副书记、法制科科长。1994 年 8 月至 1997 年 5 月,任荣成市政府办公室副主任、党组副书记、法制办公室主任。1997 年 5 月至 2005 年 3 月,任荣成市政府办公室副主任、党组副书记、法制局局长。2005 年 3 月至 2011 年 12 月,任荣成市政府办公室副主任、党组副书记、法制局局长、新闻办公室主任。2011 年 12 月至 2012 年 2 月,任荣成市人大常委会党组成员。2012 年 2 月起任荣成市人大常委会副主任、党组成员。

慕林辉 荣成市人大常委会副主任、党组成员。荣成王连人。1962 年 9 月出生。1981 年 12 月参加工作。1983 年 10 月加入中国共产党。1981 年 12 月至 1984 年 4 月,任荣成县上庄镇团委干事。1984 年 4 月至 1984 年 9 月,任荣成县上庄镇团委副书记。1984 年 9 月至 1992 年 8 月,任荣成县(市)委组织部干事(其间:1987 年 9 月至 1989 年 9 月,在中国人民大学干部专修科档案学专业学习)。1992 年 8 月至 1993 年 12 月,任荣成市委组织部副科级组织员。1993 年 12 月至 1998 年 10 月,任荣成市委组织部副科级组织员、党政干部科副科长(其间:1995 年 9 月至 1998 年 7 月,在山东经济学院业余本科班经济管理专业学习)。1998 年 10 月至 2001 年 1 月,任荣成市委组织部党政干部科科长、副科级组织员。2001 年 1 月至 2003 年 4 月,任荣成市人事局副局长、党组副书记。2003 年 4 月至 2005 年 3 月,任荣成市人事局副局长、党组副书记、考试中心主任。2005 年 3 月至 2010 年 1 月,任荣成市委办公室副主任、市委市政府信访局局长。2010 年 1 月至 2010 年 4 月,任荣成市委建工委副书记,房管局局长、党组书记。2010 年 4 月至 2011 年 12 月,任荣成市委建工委副书记,住房保障和房产管理局局长、党组书记。2011 年 12 月至 2012 年 2 月,任荣成市人大常委会党组成员。2012 年 2 月起任荣成市人大常委会副主任、党组成员。

田永霞(女) 荣成市人大常委会副主任、党组成员。山东文登人。1971 年 10 月出生。1996 年 8 月参加工作。1997 年 5 月加入中国共产党。1992 年 9 月至 1996 年 7 月,在山东农业大学食品科学系农产品加工与贮藏专业学习。1996 年 8 月至 1998 年 9 月,任荣成市滕家镇科员。1998 年 9 月至 1998 年 12 月,任荣成市大疃镇党委委员。1998 年 12 月至 2002 年 1 月,任荣成市大疃镇党委委员、妇联主席。2002 年 1 月至 2006 年 12 月,任荣成市大疃镇党委副书记。2006 年 12 月至 2008 年 9 月,任荣成市桃园街道党委副书记、办事处主任。2008 年 9 月至 2011 年 12 月,任荣成市妇女联合会主席、党组书记(2007 年 9 月至 2010 年 6 月,在山东省委党校在职干部研究生班经济管理专业学习)。2011 年 12 月至 2012 年 2 月,任荣成市人大常委会党组成员,妇女联合会主席、党组书记。2012 年 2 月至 2012 年 6 月,任荣成市人大常委会副主任、党组成员,妇女联合会主席、党组书记。2012 年 6 月起任荣成市人大常委会副主任、党组成员。

卞庆军 荣成市人大常委会委员、党组副书记(副县级)。荣成港湾人。1965 年 10 月出生。1983 年 11 月参加工作。1986 年 11 月加入中国共产党。1983 年 11 月至 1985 年 9 月,任武警山东总队一大队二中队战士。1985 年 9 月至 1987 年 11 月,在武装警察部队济南指挥学校内卫专业学习。1987 年 11 月至 1990 年 8 月,任武警山东总队直属支队一大队排长。1990 年 8 月至 1993 年 12 月,任武警山东总队一支队一大队副指导员。1993 年 12 月至 1996 年 10 月,任石岛边防检查站业务处检查员。1996 年 10 月至 1999 年 8 月,任石岛边防检查站机要科副科长(1996 年 9 月至 1999 年 7 月,在武警工程学院电子技术专业大专班学习)。1999 年 8 月至 2002 年 3 月,任石岛边防检查站机要科科长。2002 年 3 月至 2002 年 8,任山东省龙眼港边防检查站司令部副参谋长(1999 年 9 月至 2002 年 7 月,在武警察部队工程学院电子技术专业本科班学习)。2002 年 8 月至 2002 年 12 月,任山东省龙眼港边防检查站司令部参谋长。2002 年 12 月至 2004 年 3 月,任山东省龙眼港边防检查站党委委员。2004 年 3 月至 2007 年 3 月,任山东省龙眼港边防检查站副站长。2007 年 3 月至 2008 年 2 月,任山东省龙眼港边防检查站代理站长。2008 年 2 月至 2009 年 6 月,任山东省龙眼港边防检查站站长。2009 年 6 月至 2012 年 10 月,任山东省龙眼港边防检查站站长、党委书记。2012 年 10 月至 2014 年 2 月,任荣成市人大常委会党组副书记(副县级)。2014 年 2 月起任荣成市人大常委会委员、党组副书记(副县级)。

·荣成市人民政府·

刘昌松 中共荣成市委副书记,荣成市人民政府市长、党组书记,荣成市石岛管理区党工委书记。(详见《人物·市领导简介(2016 年 12 月)·中国共产党荣成市委员会》第 396 页)

王洪晓 中共荣成市委常委,荣成市政府副市长、党组副书记,荣成市海洋食品市场管理委员会党工委书记,威海(荣成)海洋高新技术产业园管理委员会主任。(详见《人物·市领导简介(2016 年 12 月)·中国共产党荣成市委员会》第 397 页)

王继静(女) 荣成市人民政府副市长。山东烟台人。无党派人士。1981 年 6 月出生。2004 年 9 月参加工作。2000 年 9 月至 2004 年 7 月,在烟台大学法学院法学专业学习。2004 年 9 月至 2007 年 11 月,任文登市城市管理行政执法局科员。2007 年 11 月至 2009 年 4 月,任文登市南海管委劳动人事局副局长、小观镇副镇长。2009 年 4 月至 2009 年 11 月,任文登市南海管委社会事业局副局长、小观镇副镇长。2009 年 11 月至 2011 年 12 月,任文登市龙山街道办事处副主任。2011 年 12 月起任荣成市政府副市长(2010 年 3 月至 2014 年 4 月,在哈尔滨工业大学公共管理专业学习,获公共管理硕士学位)。

王　刚 荣成市人民政府副市长、党组成员。山东威海人。1967 年 11 月出生。1989 年 7 月参加工作。1989 年 7 月加入中国共产党。1987 年 9 月至 1989 年 7 月,在山东经济学院财税专业学习。1989 年 7 月至 1991 年 5 月,任荣成市寻山镇财政所科员。1991 年 5 月至 1995 年 5 月,任荣成市财政局科员。1995 年 5 月至 1997 年 11 月,荣成市财政局预算科副科长。1997 年 11 月至 2003 年 3 月,任荣成市财政局预算科科长(1999 年 9 月至 2001 年 12 月,在山东省委党校业余本科班经济管理专业学习)。2003 年 3 月至 2003 年 12 月,任荣成市财政局纪检组长、党组成员。2003 年 12 月至 2005 年 8 月,任荣成市财政局副局长、党组成员。2005 年 8 月至 2006 年 10 月,任荣成市财政局副局长、党组成员,城市资产经营有限公司经理。2006 年 10 月至 2007 年 5 月,任荣成市财政局副局长、党组成员,国有资产管理局局长。2007 年 5 月至 2010 年 1 月,任荣成市财政局副局长、党组副书记,国有资产管理局局长。2010 年 1 月至 2010 年 12 月,荣成市财政局党组书记、副局长,国有资产管理局局长(2007 年 9 月至 2010 年 6 月,在山东省委党校在职干部研究生班经济管理专业学习)。2010 年 12 月至 2012 年 6 月,任荣成市财政局局长、党委书记。2012 年 6 月至 2012 年 12 月,任荣成市政府党组成员,财政局局长、党委书记。2012 年 12 月至 2013 年 10 月,任荣成市政府党组成员,财政局局长、党委书记,威海市水产学校校长(副县级)。2013 年 10 月至 2013 年 12 月,任荣成市政府副市长、党组成员,财政局局长、党委书记。2013 年 12 月至 2015 年 2 月,任荣成市政府副市长、党组成员,财政局局长。2015 年 2 月起任荣成市人民政府副市长、党组成员。

于澎田 荣成市人民政府挂职副市长、党组成员,哈尔滨理工大学荣成学院副院长。1964 年 5 月出生。山东龙口人。1988 年 7 月参加工作。1986 年 10 月加入中国共产党。1984 年 9 月至 1988 年 7 月,在哈尔滨科技大学管理科学与工程专业学习。1988 年 7 月至 1996 年 1 月,任哈尔滨科技大学团委干事、组织部长、副书记。1996 年 1 月至 2001 年 1 月,任哈尔滨理工大学团委组织部长(其间:1996 年 9 月至 1999 年 5 月,在哈尔滨理工大学管理科学与工程专业学习)。2001 年 1 月至 2005 年 3 月,任哈尔滨理工大学测控技术与通信工程学院副书记、副院长。2005 年 3 月至 2008 年 10 月,任哈尔滨理工大学科学与工程研究院副院长。2008年10月至2014年6月，任哈尔滨理工大学科学与工程研究院院长（其间，2006年9月至2012年3月，在哈尔滨理工大学管理科学与工程专业学习，获管理学博士学位）。2014年6月起任荣成市人民政府挂职副市长、党组成员，哈尔滨理工大学荣成学院副院长。

徐志兵　荣成市人民政府副市长、党组成员。1965年6月出生。荣成大疃人。1984年7月参加工作。1987年6月加入中国共产党。1981年9月至1984年7月，在荣成教师进修学校普通班学习。1984年7月至1984年8月，任荣成二十一中学干事。1984年8月至1990年8月，任荣成县（市）委办公室科员（其间：1986年5月至1988年12月，在省高等教育自学考试党政干部专业大专班学习）。1990年8月至1992年2月，任荣成市委老干部局科员。1992年2月至1993年12月，任荣成市委组织部科员。1993年12月至1995年3月，任荣成市委组织部办公室副主任。1995年3月至1995年7月，任荣成市委组织部副科级组织员、办公室副主任。1995年7月至1998年10月，任荣成市委组织部副科级组织员、办公室主任（其间，1993年9月至1996年7在山东省经济管理干部学院业余本科班经济管理专业学习）。1998年10月至2003年3月，任荣成市委组织部副科级组织员、企业干部科科长。2003年3月至2003年12月，任荣成市政府办公室副主任、党组成员。2003年12月至2005年1月，任荣成市政府办公室副主任、党组成员、接待处副主任。2005年1月至2010年1月，任荣成市行政服务中心管理办公室主任、党组书记。2010年1月至2010年12月，任荣成市委组织部副部长、老干部局局长、电教中心主任。2010年12月至2011年2月，任荣成市委组织部副部长、老干部局局长。2011年2月至2011年12月，任荣成市委组织部副部长、老干部局局长，人大常委会委员。2011年12月至2012年12月，任荣成市委办公室主任。2012年12月至2015年4月，任荣成市委办公室主任、天鹅湖省级旅游度假区管委会主任（副县级）。2015年4月至2015年5月，任荣成市政府副市长、市委办公室主任。2015年5月起任荣成市人民政府副市长、党组成员。

张宗涛　荣成市人民政府副市长、党组成员，市委统战部部长，社会主义学院院长，荣成经济开发区党工委书记。1972年11月出生。荣成崖西人。1994年7月参加工作。1994年1月加入中国共产党。1990年9月至1994年7月，在安徽工学院金属材料与热处理专业学习。1994年7月至1997年12月，任荣成华力电机集团技术员。1997年12月至2003年12月，任荣成市建设局秘书、办公室主任。2003年12月至2004年1月，任荣成市建设局副局长。2004年1月至2008年9月，任荣成市建设局副局长、党委委员。2008年9月至2010年1月，任荣成市建设局副局长、党委委员、成山分局局长。2010年1月至2010年12月，任荣成市石岛管理区建设环保局局长、党委书记。2010年12月至2012年12月，任荣成市大疃镇党委书记、人大主席。2012年12月至2013年12月，任荣成市城乡建设局党委书记、副局长（其间，2009年04年至2012年12月，在哈尔滨理工大学工业工程专业学习，获工程硕士学位）。2013年12月至2014年2月，任荣成市城乡建设局局长、党委书记。2014年2月至2014年12月，任荣成市政府党组成员，城乡建设局局长、党委书记。2014年12月至2015年4月，任荣成市政府党组成员，住房和城乡建设局局长、党委书记（机构更名）。2015年4月至2015年10月，任荣成市政府副市长、党组成员，住房和城乡建设局局长、党委书记。2015年10月至2016年4月，任荣成市政府副市长、党组成员。2016年4月至2016年12月，任荣成市政府副市长、党组成员，经济开发区党工委书记。2016年12月起任荣成市人民政府副市长、党组成员，市委统战部部长，社会主义学院院长，荣成经济开发区党工委书记。

刘　伟　荣成市人民政府副市长、党组成员。山东乳山人。1980年9月出生。2004年10月参加工作。2006年4月加入中国共产党。1999年9月至2003年7月，为山东建筑工程学院学生。2003年7月至2004年10月，待分配（威海建设集团第四分公司实习）。2004年10月至2007年11月，任乳山市建设局建设工程质量监督站技术员。2007年11月至2010年1月，任乳山市建筑工程管理处副主任。2010年1月至2010年4月，乳山市建设局经济开发区分局副局长（主持工作）。2010年4月至2012年2月，任乳山市城乡建设局经济开发区分局副局长（主持工作）。2012年2月至2013年1月，任乳山市城乡建设局经济开发区分局局长。2013年1月至2013年12月，任乳山经济开发区党工委委员，乳山口镇党委副书记、镇长。2013年12月至2016年4月，任乳山经济开发区管委会副主任、党工委委员，乳山口镇党委书记、人大主席（2011年5月至2014年6月，在山东建筑大学土木工程学院结构工程专业学习，2014年6月获得工程硕士学位）。2016年4月起任荣成市政府副市长、党组成员。

·中国人民政治协商会议荣成市委员会·

战大海　政协荣成市委员会主席、党组书记。荣成港湾人。1962年9月出生。1981年11月参加工作。1988年6月加入中国共产党。1981年11月至1982年4月，任荣成县物资局职工。1982年4月至1988年5月，任荣成县金属公司文书、科长（其间：1984年1月至1987年7月，在中国逻辑与语言函授大学文秘专业学习）。1988年5月至1988年11月，任荣成县委办公室秘书。1988年11月至1991年11月，任荣成市委办公室秘书。1991年11月至1992年1月，任荣成市委研究室副科级研究员。1992年1月至1994年8月，任荣成市委研究室副科级研究员、督查科科长。1994年8月至1997年5月，任荣成市委办公室副主任。1997年5月至2003年3月，任荣成市委办公室副主任、市保密委员会办公室主任（其间，1995年9月至1997年12月，在山东省委党校业余本科班经济管理专业学习)。2003年3月至2003年12月,任荣成市委办公室主任、保密委员会办公室主任。2003年12月至2004年2月,任荣成市委办公室主任。2004年2月至2005年2月,任荣成市委办公室主任、石岛湾省级旅游度假区党委书记。2005年2月至2007年1月,任荣成市委常委、市委办公室主任。2007年1月至2007年3月,任荣成市委常委、市委办公室主任,市政府党组副书记。2007年3月至2007年5月,任荣成市委常委、市委办公室主任,市政府副市长、党组副书记。2007年5月至2009年12月,任荣成市委常委,市政府副市长、党组副书记。2009年12月至2010年1月,任荣成市委常委,市政府副市长、党组副书记,威海工程技术学院党委副书记。2010年1月至2012年12月,任荣成市委常委、政法委书记,威海工程技术学院党委副书记(其间,2010年9月至2010年11月,在山东省委党校第23期县委领导干部进修班学习)。2012年12月至2014年2月,任荣成市委常委、政法委书记(正县级)。2014年2月至2015年2月,任荣成市委副书记、政法委书记(正县级)。2015年2月至2015年4月,任荣成市委副书记,市政协主席、党组书记。2015年4月起任政协荣成市委员会主席、党组书记。

张积聚 政协荣成市委员会副主席、党组副书记。荣成港湾人。1962年6月出生。1989年1月参加工作。1991年6月加入中国共产党。1978年9月至1981年4月,任荣成县石岛镇玄镇小学民办教师(其间:1980年8月至1981年4月,在荣成县师范英语专业进修)。1981年4月至1985年8月,任荣成县石岛镇大渔岛联中民办教师。1985年8月至1988年7月,任荣成县石岛镇玄镇联中民办教师。1988年7月至1989年1月,任荣成县(市)石岛镇统计员。1989年1月至1992年12月,任荣成县(市)石岛镇统计员。1992年12月至1995年3月,任荣成市石岛镇党委组织委员。1995年3月至1997年11月,任荣成市石岛镇副镇长(其间,1994年4月至1996年12月,在山东省委党校业余大专班农业经济管理专业学习)。1997年11月至1998年12月,任荣成市石岛镇党委副书记。1998年12月至2001年4月,任荣成市邱家镇党委副书记、镇长。2001年4月至2003年2月,任荣成市虎山镇党委副书记、镇长(其间,2000年9月至2002年12在山东省委党校业余本科班法律专业学习)。2003年2月至2005年1月,任荣成市虎山镇党委书记。2005年1月至2010年1月,任荣成市水利局局长、党委书记。2010年1月至2010年12月,任荣成市教育局局长、党委书记。2010年12月至2011年12月,任威海工程技术学院院长助理(副县级)、教育局局长、党委书记。2011年12月至2012年2月,任威海工程技术学院院长助理(副县级)、荣成市政协党组副书记。2012年2月至2012年10月,任荣成市政协副主席、党组副书记,威海工程技术学院院长助理。2012年10月起任政协荣成市委员会副主席、党组副书记。

刘建忠 政协荣成市委员会副主席。山东烟台人。无党派人士。1958年11月出生。1977年7月参加工作。1977年7月至1978年9月,任牟平解甲庄镇西谭家泊联中教师。1978年9月至1982年7月,在曲阜师范学院生物专业学习。1982年7月1984年8月,任荣成县第六中学教师。1984年8月至1991年11月,任荣成县(市)教研室教研员。1991年11月至1998年2月,任荣成市教育局副局长。1998年2月至2014年8月,任荣成市政协副主席、教育局副局长(1997年3月至1999年9月在威海党校中青年干部培训班学习)。2014年8月起任政协荣成市委员会副主席。

郭光远 政协荣成市委员会副主席,荣成市人民医院院长。荣成夏庄人。无党派人士。1968年3月出生。1989年7月参加工作。1986年9月至1989年7月,在济宁医学院临床医学系临床医疗专业学习。1989年7月至1993年9月,在荣成市整骨医院任医师(其间:1989年11月至1990年11月,在文登整骨医院进修)。1993年9月至2002年1月,任荣成市人民医院医师、骨科副主任、骨一科科长(其间:1997年3月至1998年3月,在北京解放军304医院进修)。2002年1月至2007年11月,任荣成市中医院副院长。2007年11月至2007年12月,任荣成市中医院院长(2004年3月至2007年1月,在泰山医学院临床医学专业学习)。2007年12月至2010年12月,任荣成市政协副主席、中医院院长。2010年12月至2011年12月,任荣成市政协副主席,卫生局副局长、中医院院长。2011年12月至2014年6月,任荣成市政协副主席,卫生局副局长、人民医院院长。2014年6月至2015年1月,任荣成市政协副主席,卫生和计划生育局副局长、人民医院院长。2015年1月起任政协荣成市委员会副主席,荣成市人民医院院长。

孙建明 政协荣成市委员会副主席、党组成员。荣成崖头人。1965年5月出生。1981年11月参加工作。1985年7月加入中国共产党。1981年11月至1982年5月,任荣成县糖厂职工。1982年5月至1984年8月,任荣成县工业局文书。1984年8月至1990年12月,任荣成县(市)政府办公室文书。1990年12月至1992年8月,任荣成市政府办公室行政接待科副科长(1990年9月至1992年6月,在烟台市委党校党政管理专业学习)。1992年8月至1993年10月,任荣成市政府办公室副主任。1993年10月至1998年5月,任荣成市政府办公室副主任、党组成员。1998年5月至2000年6月,任荣成市政府办公室副主任、党组成员、主任科员。2000年6月至2001年4月,任荣成市政府办公室副主任、党组副书记、主任科员。2001年4月至2003年1月,任荣成市政府办公室主任、党组书记。2003年1月至2004年10月,任荣成市政府党组成员、政府办公室主任、党组书记2004年10月至2008年9月,任荣成市政府党组成员、办公室主任、党组书记,威海市水产学校党委书记(副县级)。2008年9月至2010年4月,任荣成市政府市长助理、党组成员,人事局局长、党组书记、编办主任,威海市水产学校党委书记(副县级)。2010年4月至2010年10月,任荣成市政府市长助理、党组成员,机构编制委员会办公室主任、人力资源局党委书记,威海市水产学校党委书记(副县级)。2010年10月至2011年12月,任荣成市政府党组成员、机构编制委员会办公室主任、人力资源局党委书记,威海市水产学校党委书记(副县级)。2011年12月至2012年2月,任荣成市政协党组成员,市委统战部部长,市社会主义学院院长,威海市水产学校党委书记(副县级)。2012年2月至2012年10月,任荣成市政协副主席、党组成员,市委统战部部长,市社会主义学院院长,威海市水产学校党委书记。2012年10月至2015年8月,任荣成市政协副主席、党组成员,市委统战部部长,市社会主义学院院长。2015年8月至2015年12月,任荣成市政协副主席、党组成员,市社会主义学院院长。2015年12月起任政协荣成市委员会副主席、党组成员。

毕天夫 政协荣成市委员会副主席、党组成员。荣成港湾人。1960年4月出生。1989年1月参加工作。1988年11月加入中国共产党。1976年8月至1987年7月,任荣成县石岛镇大鱼岛村养殖场、水产冷藏厂工人(其间:1983年10月至1986年10月,在山东省高教自学考试汉语言文学专业大专班学习)。1987年7月至1988年7月,任荣成县石岛镇法律服务站司法员。1988年7月至1989年1月,任荣成县(市)靖海镇党委秘书。1989年1月至1991年7月,任荣成市靖海镇党委秘书。1991年7月至1992年8月,任荣成市靖海镇党委组织委员。1992年8月至1996年1月,任荣成市靖海镇党委副书记(1994年11月录干)。1996年1月至1998年5月,任荣成市靖海镇党委副书记、镇长。1998年5月至2001年4月,任荣成市崂山镇党委书记。2001年4月至2002年1月,任荣成市统计局局长、党组副书记。2002年1月至2003年3月,任荣成市统计局局长、党组书记。2003年3月至2003年12月,任荣成市环保局党组书记、副局长。2003年12月至2007年12月,任荣成市环保局局长、党组书记。2007年12月至2011年12月,任荣成市环保局局长、党组书记、成山头省级自然保护区党委书记(副县级)。2011年12月至2012年2月,任荣成市政协党组成员,环保局局长,成山头省级自然保护区党委书记(副县级)。2012年2月至2012年10月,任荣成市政协副主席、党组成员,环保局局长,成山头省级自然保护区党委书记。2012年10月至2012年12月,任荣成市政协副主席、党组成员,环保局局长。2012年12月起任政协荣成市委员会副主席、党组成员。

张新颖(女) 政协荣成市委员会副主席。荣成崂山人。无党派人士。1962年11月出生。1980年12月参加工作。1980年12月至1985年6月,任荣成县政府机关招待所职工。1985年6月至1985年12月,任荣成县人民医院职工。1985年12月至2002年7月,任荣成县(市)人口和计划生育局科员(其间,1989年8月至1992年6月,在中央党校函授学院大专班经济管理专业学习)。2002年7月至2007年9月,任荣成市计生协会办公室副主任。2007年9月至2007年12月,任荣成市计生协会办公室副主任(正科级)。2007年12月至2010年1月,任荣成市计生协会办公室副主任(正科级)、市政协常委。2010年1月至2012年2月,任荣成市人口和计划生育局副局长、主任科员,市政协常委。2012年2月至2014年6月,任荣成市政协副主席、人口和计划生育局副局长。2014年6月起任政协荣成市委员会副主席。

(市委组织部提供)

先进人物

·省部级先进个人·

秦道战 荣成市林业局局长、荣成大天鹅国家级自然保护区管理处副主任、绿化委员会办公室主任、森林防火与林业有害生物防控指挥部副总指挥。荣成市人和镇人,硕士研究生文化程度,1967年9月出生,1989年参加工作,1994年5月加入中国共产党。该同志2006年6月调任荣成市林业局局长以来,始终坚持以保护生态、绿化荣成为重点,工作开拓创新,锐意进取,9年间组织完成造林16000公顷,使全市森林覆盖率达到42.8%,千里海岸线上建起比较完善的沿海防护林体系,山丘、海滩、道路、河岸、田间林网和城镇“六位一体”的绿化网络全面建成,荣成市先后获得全国绿化模范县(市)、全国绿化先进集体等称号。在威海市年终林业工作考核中,荣成市林业局连续9年位居第一;年年被荣成市委、市政府评为落实目标责任制先进单位。本人也先后获得“全国绿化奖章”“中国林业产业突出贡献奖”“斯巴鲁生态保护奖”“全国保护森林和野生动植物资源先进个人”、等称号,被荣成市委市政府记三等功4次。2016年2月被全国绿化委员会、国家人力资源和社会保障部、国家林业局三部委授予“全国绿化先进工作者”称号。

毕大好 荣成市残疾人联合会党组书记、理事长。荣成市东山街道人,大学文化程度,1958年10月生,1976年8月参加工作,1999年加入中国共产党。2010年任荣成市残联党组书记、理事长。任职以来,他始终敢于担当、勇于开拓,出色地完成各项目标任务,为促进荣成市残疾人事业发展做出突出贡献。荣成市残联多次被省残联授予全省基层残疾人组织先进集体称号;多次被威海市残联授予残疾人工作模范单位称号。毕大好多次被评为威海市残疾人工作先进个人,2014年被省委、省政府表彰为山东省助残先进个人,给予记一等功一次;2016年9月26日被国务院残工委评为全国残疾人工作先进个人。

唐国良 荣成市委老干部局副局长、市委离退休干部工委书记。荣成市虎山镇人,大学文化程度,1967年6月出生,1990年7月参加工作,1991年加入中国共产党。2007年任荣成市委老干部局副局长、组织部办公室主任,

2010年主持全面工作，任荣成市委老干部局副局长、老年大学校长，2016年任荣成市委老干部局副局长、市委离退休干部工委书记，继续主持全面工作。多年来，唐国良始终把老干部当成自己的亲人，把老干部的事当成自己的事，把老干部局当成自己的"家"，全心全意务实创新，使荣成市的老干部工作达到了"让党委放心，让老干部满意"的目标。荣成市委老干部局多次被省委、省政府授予全省老干部工作先进集体称号；多次被荣成市委、市政府评为全市招商工作先进单位、包村工作先进单位、诚信建设示范单位；荣成市老年大学先后被授予"首批全国老年远程教育实验区""省级老年大学先进示范校"等称号。本人获得"山东省组织部门信访工作先进个人"等称号，被荣成市委市政府嘉奖两次。2016年12月，被中共中央组织部、人力资源社会保障部授予"全国先进老干部工作者"称号。

于壮志 荣成大天鹅国家级自然保护区管理处科研科科长。荣成市上庄镇人，大学文化程度，1973年3月出生，1992年11月参加工作，2003年8月加入中国共产党。自调任荣成大天鹅国家级自然保护区管理处科研科科长以来，始终坚持以保护自然保护区生态、保护大天鹅为重点，工作开拓创新，锐意进取，多次受到省、市级表彰。2016年5月被环境保护部、国土资源部、水利部、农业部、国家林业局、中国科学院、国家海洋局七部委授予"全国自然保护区先进个人"称号。

刘政礼 荣成市司法局人和司法所所长兼法律援助工作站主任。荣成市王连街道人，大学文化程度，1965年8月出生，1988年7月参加工作，2006年7月加入中国共产党。2011年3月任司法局人和司法所所长兼法律援助工作站主任，指导管理人民调解工作，参与调解疑难、复杂民间纠纷，先后调解处理各种矛盾纠纷400余起，其中包括婚姻、邻里、家庭、劳资、群体性事件等矛盾纠纷，调解成功率达98%以上，较好履行工作职责。人和司法所连年被评为一类先进司法所，刘政礼也多次被省司法厅、威海市、荣成市评为平安建设先进个人、普法依法治理工作先进个人、优秀司法所长以及教育转化攻坚与巩固整体仗先进个人等称号，两次荣立三等功，2016年9月被司法部授予"第五届全国法律援助工作先进个人"。

·地厅级先进个人·

（按姓氏笔画排序）

表 97

姓名	工作单位及职务	称号	授奖部门
于显仁	荣成市供电公司工会主席	威海市劳动模范	威海市委、威海市政府
王云鹏	荣成农村商业银行副行长	威海市劳动模范	威海市委、威海市政府
王华强	荣成市华通塑胶有限公司总经理	威海市劳动模范	威海市委、威海市政府
王庆东	山东华力电机集团股份有限公司技术中心主任，高级工程师	第五批威海市有突出贡献的中青年专家	威海市政府
王红伟	荣成市公安局治安大队四中队中队长	2015年度全省优秀治安中队长	山东省公安厅
王宏伟	荣成市好运角旅游度假区宣传群团部部长	全省2015-2016年度优秀理论教育工作者	山东省委宣传部
王学强	荣成市城乡建设局党委委员、建筑工程管理处主任	2015年度全省安全生产工作先进个人	山东省政府安全生产委员会
王振强	荣成市公安局经侦大队二中队中队长	全省十大情报导侦能手	山东省公安厅
王　健	荣成市公安边防大队俚岛边防派出所干事	记个人三等功	山东省公安边防总队
王高阳	荣成市农业经营管理站站长	全省农业宣传暨科学普及工作先进个人	山东省农业厅
车明丰	好运角旅游度假区建设局规划科科长	威海市优秀机关工作人员	威海市委、威海市政府

姓名	工作单位及职务	称号	授奖部门
车明阳	山东凯丽特种纸股份有限公司公司总经理	威海市劳动模范	威海市委、威海市政府
石富涛	成山集团有限公司副总经理兼财务总监	威海市劳动模范	威海市委、威海市政府
卢军阳	荣成市检察院反贪局副局长	全省检察机关反贪部门“优秀侦查员”	山东省人民检察院
卢旺龙	荣成市公安边防大队干事	山东省万里数字边疆文化长廊建设先进工作者	山东省公安边防总队
曲　婷	荣成市人民法院民二庭庭长	威海市先进工作者	威海市委、威海市政府
吕红权	荣成市石岛医院院长	第五批威海市有突出贡献的中青年专家	威海市人民政府
吕宗文	荣成市公安局荣安派出所政治指导员	全省优秀人民警察	山东省公安厅
吕新义	赤山集团有限公司捕捞船队大车	威海市劳动模范	威海市委、威海市政府
刘桂华	荣成市滕家镇财政经管服务中心副主任	威海市优秀机关工作人员	威海市委、威海市政府
刘晓波	荣成市成山镇小石家泊村村党支部书记	威海市劳动模范	威海市委、威海市政府
汤　杨	荣成市崖头街道党委副书记、办事处主任	威海市优秀机关工作人员	威海市委、威海市政府
安大明	荣成文物局业务科副科长	山东省第一次可移动文物普查先进个人	山东省政府
许云同	荣成市公安局交通警察大队一中队中队长	全省公安机关对生命安全负责向交通事故宣战工作先进个人	山东省公安厅
许　友	中央农业广播电视学校荣成分校校长	农民教育培训工作先进个人	山东省农业广播电视学校
许　胜	荣成市城乡建设局局长、党委书记，市规划局局长	威海市优秀机关工作人员	威海市委、威海市政府
许　蛋	荣成市公安消防大队西城区中队二级士官	2016 年度全省公安消防部队红旗车驾驶员	山东省消防总队
孙永凤	荣成市图书馆副馆长	古籍保护先进个人	山东省文化厅
		公共电子阅览室建设先进工作者	山东省文化厅
孙　波	荣成市公安边防大队士官	红旗车驾驶员	山东省公安边防总队
孙　学	荣成市物价局行政许可科科长	2016 年度“价格宣传报道表现突出个人”	国家发改委中国经济导报社
孙建奎	石岛集团有限公司远洋渔业分公司捕捞船船长	威海市劳动模范	威海市委、威海市政府
纪会杰	荣成市康宁医院经精神科男病区主任	精神卫生岗位技术标兵	山东省卫计委、山东省总工会
李　卫	荣成市公安局滕家派出所政治指导员	公安基层工作银盾荣誉奖	山东省公安厅

姓名	工作单位及职务	称号	授奖部门
李　宁	荣成市成山镇妇联主席	山东省幸福进家活动先进个人	山东省妇联
李军战	荣成市档案馆馆长	2016 年度全省档案宣传工作先进个人	山东省档案局
李志业	荣成市公安局刑侦大队法医中队中队长	全省公安系统先进个人、个人二等功	山东省人力资源和社会保障厅、公安厅、公务员局
李　雨	好运角旅游度假区宣传群团部副部长	山东省边疆万里数字文化长廊建设先进工作者	山东省文化厅、山东省公安边防总队
李明华	山东华鹏玻璃股份有限公司电气主任工程师	威海市劳动模范	威海市委、威海市政府
李　波	荣成博物馆馆长	山东省第一次可移动文物普查先进个人	山东省政府
李宝科	荣成市人民政府信访局局长	全省信访工作先进个人，记一等功	山东省委、山东省政府
李俊峰	好当家集团有限公司副总裁	威海市劳动模范	威海市委、威海市政府
李　健	威海市世代海洋生物科技有限公司董事长	入选为创新人才推进计划科技创新创业人才	国家科技部
李莹莹	荣成市公安边防大队石岛边防派出所干事	记个人三等功	山东省公安边防总队
李钰金	泰祥集团总工程师	优秀博士后合作导师	山东省人力资源和社会保障厅
李海龙	荣成市检察院刑事执行监察局副局长	全省检察机关刑事执行检察人才库	山东省人民检察院
李斌臣	荣成市公安边防大队港西边防派出所干事	记个人一等功	公安部边防管理局
李　鑫	荣成市公安边防大队干事	优秀共产党员	山东省公安边防总队
冷　杰	荣成市工商联副主席	山东省工商联系统 2016 年度先进工作者	山东省工商联
杨丰钊	荣成市社会信用管理办公室主任	威海市优秀机关工作人员	威海市委、威海市政府
杨振刚	荣成市种子管理站站长	2016 年度全省种子市场监管和质量管理工作先进个人	山东省种子管理总站
连凤华	荣成市第一中学教师	威海市先进工作者	威海市委、威海市政府
连宏伟	荣成市卫生和计划生育监督执法大队副大队长	2015 年全省卫生计生服务监督年活动先进个人	山东省卫生和计划生育委员会
肖云翔	荣成市公安局指挥中心副主任	全省优秀人民警察	山东省公安厅
肖新强	荣成市上庄中心卫生院院长	山东省富民兴鲁劳动奖章	山东省总工会
宋卫平	中央农业广播电视学校荣成分校副校长	农民教育培训工作先进个人	山东省农业广播电视学校
宋俊杰	荣成市公安局情报信息中心主任	2015 年度全省优秀情报中心主任	山东省公安厅

姓名	工作单位及职务	称号	授奖部门
宋晓双	荣成市公安边防大队石岛边防派出所政治教导员	优秀共产党员	山东省公安边防总队
张玉朋	黄海造船有限公司项目经理部部长	威海市劳动模范	威海市委、威海市政府
张永安	荣成市公安局俚岛边防派出所民警	全省优秀人民警察	山东省公安厅
张华英	荣成市蔬菜生产办公室副主任	2015 年度全省农技推广先进个人	山东省农业技术推广总站
张宗华	荣成市公安局交警大队法治中队中队长	全省公安机关法制宣传教育和普法治理工作成绩突出个人	山东省公安厅
张宗霞	荣成市检察院控告申诉科科长	全省优秀检察官	山东省人民检察院
张春艳	寻山集团有限公司技术员	山东省富民兴鲁劳动奖章	山东省总工会
张　健	荣成大天鹅国家级自然保护区天鹅湖管理站站长	威海市优秀机关工作人员	威海市委、威海市政府
张海斌	荣成市公安局网安大队一中政治队指导员	全省公安机关网络扫毒专项行动成绩突出个人	山东省公安厅
陈　庆	荣成市公安边防大队桃园边防派出所所长	优秀共产党员	山东省公安边防总队
陈甄港	荣成市公安消防大队参谋	2016 年度全省公安消防部队优秀共产党员	山东省消防总队
邵俊波	荣成市成山镇党委委员	山东省双拥共建先进个人	山东省人力资源和社会保障厅、山东省民政厅、山东省军区政治部
岳凡刚	荣成市公安局刑侦大队大队长	记个人二等功	山东省公安厅
岳　涛	荣成市水利局副局长、党委副书记	威海市优秀机关工作人员	威海市委、威海市政府
周玉镇	荣成市公安局交通警察大队大队长	威海市优秀机关工作人员	威海市委、威海市政府
周俊英	威海百合生物技术股份有限公司车间主任	威海市劳动模范	威海市委、威海市政府
房志儒	威海冠通路桥建设有限公司董事长兼总经理	威海市劳动模范	威海市委、威海市政府
姜雨楠	荣成市公安消防大队西城区中队副中队长	2016 年度全省公安消防部队优秀基层指挥员	山东省消防总队
姜战强	荣成市公安局交通警察大队设施中队指导员	交通管理科技信息化应用标兵	山东省公安厅
娄　奇	荣成市公安边防大队港西边防派出所干事	记个人一等功	公安部边防管理局
高冠金	荣成市公安边防大队桃园边防派出所政治教导员	记个人三等功	山东省公安边防总队
郭俊岭	靖海集团有限公司董事长兼总经理	威海市劳动模范	威海市委、威海市政府

姓名	工作单位及职务	称号	授奖部门
席　军	荣成市环境卫生管理处街道管理科科长	威海市先进工作者	威海市委、威海市政府
陶润普	荣成市检察院侦查督察科科员	全省检察机关侦查监督业务能手	山东省检察院
曹　阳	荣成市检察院检查委员会办公室主任	全省检察机关案件管理业务标兵	山东省检察院
常　亮	荣成市公安局水利派出所所长	公安基层工作银盾荣誉奖	山东省公安厅
梁德华	荣成市实验中学校长,高级教师	第五批威海市有突出贡献的中青年专家	威海市政府
董永阳	成山集团有限公司技术中心副总经理	优秀博士后管理工作者	山东省人力资源和社会保障厅
董晓峰	武警荣成市中队中队长	记个人三等功	山东省武警总队
韩　炜	荣成市人民医院门诊部主任	威海市先进工作者	威海市委、威海市政府
韩　萍	荣成市妇联主席	山东省幸福进家活动先进个人	山东省妇联
蔡　琨	山东达因海洋生物制药股份有限公司部长	威海市劳动模范	威海市委、威海市政府
樊海英	恒茂实业集团有限公司副总经理	威海市劳动模范	威海市委、威海市政府
薛国珍	荣成市农业局信息科科长	2016 年度山东农业信息网优秀信息员	山东省农业信息中心
戴江周	荣成市城乡公共交通有限公司驾驶员	威海市劳动模范	威海市委、威海市政府
鞠　龙	荣成市城建局市政管理处主任	威海市先进工作者	威海市委、威海市政府

（各相关单位提供）

第十三届“荣成市十大杰出青年”事迹展示

王　洁　荣成市公共交通有限公司驾驶员。

荣成市公交公司四星级公交车驾驶员，113路班组长。从乘务员做起，以热情的服务、吃苦耐劳的工作态度，赢得了乘客和公司领导的一致赞扬。2009年，王洁从乘务员转变为驾驶员，积极向老驾驶员、修理人员学习驾驶技术和车辆维修技术。本着“一切为了乘客”的工作理念，工作中周到、细致，车厢里总备有两三把雨伞、晕车药、创可贴、时间表等，以备乘客不时之需，并把自身的一些服务经验总结成了一句句口诀，四稳、四忌、五心等，在职工之间广为流传，为车厢营造了和谐友善的氛围，使十米车厢充满了阳光。

刘新刚　威海报业集团荣成传媒公司采编部副主任。

多年来热心公益事业，帮助弱势群体，通过自己的奔走，带动更多的人参与到文明城市创建和公益事业中。十二年来，一直帮助曾经重病的外来务工人员鲍秀英，践行着自己最初对鲍秀英承诺的那句“要让好人不流泪”。在得知崖头街道蒲头村的王永杰面临着左腿截肢的困境时，多方联络奔走，联系国内顶尖医院为王永杰进行治疗，让他重新成为家庭的顶梁柱。对2016年新入职的100多名社区工作人员进行写作和摄影培训，报名成为自己所在的双泊社区志愿者，主动参与社区公益活动。联系多家赞助单位捐资12000多元，为多个社区的60多位居民和困难家庭免费订阅2015年度报刊，丰富他们的生活，捐资2000多元赞助社区文艺晚会，捐资4000元帮助残疾人治病。连续三年获“诚信示范户称号”“2015年度诚信建设先进个人”。

许云德　荣成市岗西村支部书记、村委主任。

上任之后，放下了自己的生意，把自己的设备全部调来用于改造岗西大集，半个多月的时间，吃住在工地，个人耗资17万元，把30万方的建筑垃圾清理得干干净净。2016年岗西村启动旧村改造工程。自市里下发岗西村被列入旧村改造名单的通知后，从签订协议到拆迁不过3周，400多户居民全部签署了同意书，并以最快速度搬了出去，丝毫没有影响工程进度，创造了崖头街道旧村改造拆迁史上的“岗西速度”。主持重修了村路，打通了“断头路”，重修祠堂让村民“有根可寻”，如今岗西村村风、村容和村貌都大幅改观。

何英萍　荣成市人民医院急诊科护士长。

1995年参加工作，先后在内科、外科、护理部、急诊科等多个岗位工作过，积累了丰富的管理和工作经验，2012年走上了急诊科护士长的岗位，作为前沿科室的护士长，总是冲在第一线，以严格的制度、认真的工作作风、严谨的科学态度带领护理团队完成日常及全市特殊急救任务；敢抓敢管，善抓会管，用共产党员的标准严格要求自己，用实际行为感染和带动着科室护士，在科室中形成了积极向上，团结协作工作氛围；致力于把科室打造成医院的优质服务窗口，诚挚地与患者及家属建立相互信任的关系，把最真诚的爱、最贴心的服务带给每一位患者。先后在山东省医学会、全国医学科普技能大赛获优秀奖，并获得“威海市优质护理服务工作先进个人”等称号，连续多年被评为局级先进工作者、院级十佳护士长。

张宗霞　荣成市人民检察院控申科科长。

自2006年5月从事控申检察工作，至今已有10个年头。工作中，处处以诚相见、事事以人为本，始终坚持执法为民的理念，力求让群众少跑一次腿、少等一分钟、少误一点工，让每一名到检察院的来访者都能“揣着问题来，带着笑容走”，让群众表达的利益诉求都能得到来自法律的回应，让群众从心底感受到来自法律的温暖。10年间，办理举报初核及刑事申诉案件80余件，接待来访1500余人次，阅处来信500余封，出色完成各项工作。所在科室连续两届被评为全国检察机关“文明接待室”称号。2010年获得威海市人民检察院嘉奖，2012年被威海市人民检察院记个人三等功。

张洪彬　荣成市社会劳动保险事业处退管科科长、团支部书记。

精通业务，作风扎实，面对服务对象，始终笑脸相迎，用真情打动服务对象。在其带领下每年市养老待遇领取资格认证人数及认证率都位列威海第一。2015年，我市开展了补缴养老保险工作，张洪彬加班加点，每天连续工作16小时，审核申报资料2万余份，由于申报的资料年代久远，再加上相隔时间太久，很多重要的证明信息难以辨识，凭借多年的工作经验及精湛的业务技能，从细处入手，缜密仔细地甄别判断真伪，使审核工作得以顺利的开展。作为单位的团委书记，积极组织单位团员青年深入社区进行志愿服务，参与共青团活动。所在的荣成市社会劳动保险事业处获得“威海市青年文明号”称号。

李晓刚 荣成市石岛实验小学校长。

注重特色发展，富于创新理念，领导学校先后获得“全国中小学心理健康教育特色学校”“威海市特色学校”“威海美德校园”“威海管理标准化示范校”等系列称号；注重队伍建设，凝聚干群关系，所在学校群众满意度节节攀升，师生幸福指数显著提高；关注民生问题，解决师生困难，成立荣成市首个爱心基金，为困难家庭孩子送去福音；扎根课堂，潜心科研，始终从事一线教学，指引学校科研方向，先后被授予多个称号，撰写多篇文章在国家、省市级等杂志发表或获奖，参与编写的专著已出版发行，多项科研成果获奖；务实肯干，勤于反思，多年来兢兢业业，无私奉献，所到学校均健康稳定，成绩斐然。先后获得“国家级竞赛优秀指导教师”“山东省中小学教师全员远程研修优秀学员”“山东省教育社教育宣传工作先进个人”“荣成市优秀教师”“荣成市师德标兵”等称号。

李雅楠 成山集团财务中心副经理。

爱厂如家，积极投身工作创新，不断推动改善公司流程，创造管理效益1800余万元，多次获得先进员工、优秀管理者称号。兼任企业文化讲解员，以饱满的精神状态、娴熟的讲解技术，接待了约500场中央、省、市级观摩。2005年参加省石化系统演讲比赛获二等奖，2012年代表成山集团参加荣成市诚信建设年活动，作为全市企业的唯一代表到各机关、区镇、电视台巡回演讲，得到社会广泛好评。注重团队建设，对成山置业人才梯队建设做了大量改进，公司大学生配置率超过70%。繁忙工作之余考取中级会计师并带动年轻大学生共同学习，本部门职称通过率达到75%，多次被评为先进部门。2008-2011年，连续获得“荣成市企业财务信息先进个人”称号，2009-2010年获得“山东省石化医药系统、荣成市总工会优秀女职工工作者”等称号。

邹卫平 荣成市第一中学副校长。

参加教育工作以来，业务精湛，业绩显著。作为一名英语教师教师，所任教班级成绩始终名列年级前茅。作为一名班主任，爱生如子、善于沟通，能够走进学生的心灵，所任教班级多次评为先进班级。在2012年高考中培养出威海市理科状元姜苏，2013年所带班级被评为荣成市优秀班集体。作为一名年级主任，爱校如家、敢于创新，管理能力强，工作实绩突出。通过人文管理，抓细节、促成绩。所撰写的稿件多次录入教育工作会材料，在2014年教育工作会上做了题为《重精细管理、促常态优质、在和谐共振中推进年级整体发展》的典型交流。他所带年级在2015年高考中上线率名列全市第一。先后被授予“荣成市优秀教师”“荣成市优秀班主任”“荣成市师德标兵称号”。

岳欣峰 荣成市妇幼保健院副院长。

从事儿科临床工作17年，积累了丰富的儿科医疗工作经验，在新生儿危重疾病救治方面成绩突出，2012年创建了荣成市妇幼保健院新生儿科，成立了荣成市第一家新生儿重症监护室，并在荣成市首先使用婴儿呼吸机治疗早产儿肺透明膜病、新生儿呼吸衰竭等疾病。成功救治了多例病危的新生儿，救治成功的早产儿最小胎龄为29周，体重仅为1.1千克，其中在2015年春节凌晨还成功抢救1例环卫工人在路边发现的心跳呼吸停止、脐带和胎盘还连在身体上的新生儿，被《直播威海》《荣成民生360》等多家新闻媒体报道。参与科研课题《育儿技能评估对意外伤害预防作用的研究》《小儿肠道病毒性脑炎基因分型在诊断中的应用价值》均获得2013年威海市科学技术进步奖二等奖。先后获得第二届“威海市优秀志愿者”“威海市妇幼保健工作先进个人”“威海市妇幼健康服务工作先进个人”等荣誉。

附　录

Appendices

◎ 统计公报

◎ 规范性文件

◎ 外地传媒中的荣成

◎ 交通时刻表

统计公报

2016 年荣成市国民经济和社会发展统计公报

2016 年，面对复杂严峻的经济形势，全市上下贯彻市委市政府的决策部署，以争当走在前列排头兵为目标，围绕稳增长、促转型、惠民生等重点工作，开拓创新、攻坚克难，全市经济社会发展保持稳中有进的良好态势。

综 合

初步核算，全市实现生产总值（GDP）1078.0 亿元，按可比价格计算，增长 8.5%。其中，第一产业增加值 87.5 亿元，增长 4.1%；第二产业增加值 481.0 亿元，增长 7.6%；第三产业增加值 509.6 亿元，增长 10.2%。三次产业结构由上年的 8.1 : 46.4 : 45.5 调整为 8.1 : 44.6 : 47.3。

全市实有市场主体 46251 户，增长 25.0%；其中，私营企业 10760 户，注册资本 515.8 亿元；个体工商户 32370 户，资金数额 23.2 亿元。

全市城镇新增就业 7996 人，其中失业人员再就业 2310 人；转移农村劳动力 3401 人。城镇登记失业率 1.57%。

一、农林牧渔业

全市实现农林牧渔业（含农林牧渔服务业）增加值 89.5 亿元，增长 4.2%；其中农业增加值 15.1 亿元，增长 3.0%；林业增加值 0.3 亿元，增长 21.3%；牧业增加值 8.1 亿元，增长 1.9%；渔业增加值 64.0 亿元，增长 4.6%；农林牧渔服务业增加值 2.0 亿元，增长 9.2%。

全年粮食总产量达到 22.2 万吨，下降 6.7%。其中，夏粮产量 9.1 万吨，下降 7.1%；花生总产量 5.8 万吨，下降 7.0%；果品总产量 15.2 万吨，下降 4.8%。全市奶牛存养量达到 1.6 万头。肉类总产量达到 3.7 万吨，下降 2.6%；禽蛋产量达到 4.2 万吨，增长 2.9%。

渔业生产稳中有升，水产品产量达到 126.1 万吨，增长 3.1%。渔业经济总收入达到 770.2 亿元，增长 7.1%。水产养殖产量 78.7 万吨，增长 4.8%；产值 140.6 亿元，增长 5.1%。全市拥有专业远洋渔船 307 艘，远洋运输船 6 艘。

年末全市农业机械总动力达到 219.6 万千瓦，拥有农用拖拉机 98910 台。其中，大中型 6839 台，联合收割机 2232 台，小麦联合收割机 1436 台，玉米联合收割机 796 台。机耕面积 3.5 万公顷，机收面积 5.4 万公顷，机播面积 5.6 万公顷，保护性耕作面积 1.4 万公顷，免耕播种面积 2.8 万公顷。

实施改造了 400 多项各类水利工程，农田灌溉能力继续加强；农田有效灌溉面积达到 4.6 万公顷，其中节水灌溉面积 3.3 万公顷。全年各类水利工程总投入 7.0 亿元，完成了八河水库增容工程。治理河道沟渠总长 24 千米，完成 51 座病险塘坝除险加固工程，新建防潮堤 2.8 千米。实施了 24 个村的移民扶持项目，受益群众 1.7 万人。

全市农业产业化重点龙头企业 78 家，其中，国家级农业产业化重点龙头企业 8 家，省级 25 家，威海市级 45 家。有国家地理标志农产品 19 个。新注册农民专业合作社 186 家，总数达到 1217 家。

二、工业和建筑业

规模以上工业企业实现产值 3139.8 亿元，增长 7.0%。其中，海洋生物食品产业完成产值 1321.0 亿元，增长 12.9%；造船及零部件产业完成产值 368.5 亿元，下降 0.1%；汽车及零部件产业完成产值 687.7 亿元，增长 2.7%。三大产业占规模以上工业总产值比重达到 75.7%。规模以上工业企业实现增加值 440.6 亿元，增长 7.7%。全年实现工业高新技术产业产值 1121.1 亿元，增长 8.2%，占规模以上工业总产值的比重达到 35.4%，比上年提高了 1.13 个百分点。

规模以上工业企业实现主营业务收入 2995.3 亿元，增长 6.0%；实现利润 165.3 亿元，增长 7.8%；实现利税 234.1 亿元，下降 5.3%。全年发电 11.5 亿千瓦时，增长 18.6%。全年全社会用电量共计 25.8 亿千瓦时，增长 2.9%，其中工业用电量达 13.2 亿千瓦时，增长 0.6%。

全市共有 77 家资质以上建筑业企业，实现增加值 28.8 亿元，与去年持平。

三、固定资产投资

全年共完成固定资产投资 828.3 亿元，增长 12.9%；其中工业完成投资 547.0 亿元；第三产业完成投资 257.9 亿元，占固定资产投资比重为 31.1%。房地产开发投资完成 47.9 亿元，下降 6.1%。民间投资总额 521.8 亿元，下降 5.5%。

四、国内外贸易与经济合作

全年共引进国内项目 94 个，实际利用内资 224.1 亿元，增长 15.0%。

全市新批外资项目（含增资项目）37 个，合同外资 10.3 亿元，增长 8.6%；实际利用外资 10.1 亿元，增长 2.8%。实现进出口总额 203.8 亿元，增长 9.9%；其中，出口总额 151.6 亿元，增长 6.1%；进口总额 52.2 亿元，增长 22.5%。

全市共实现社会消费品零售总额 363.0 亿元，增长 11.2%；其中，批发零售业 333.5 亿元，占总额的 91.9%，增长 11.3%；住宿餐饮业 29.5 亿元，占总额的 8.1%，增长 9.7%。非公有制经济占据着主导力量，共完成零售总额345.2亿元，增长11.3%。

五、交通运输、邮电和旅游业

全年完成港口货物吞吐量2455万吨，增长4.0%；其中集装箱吞吐量34.9万标箱，下降4.0%。海运共完成客运量33.2万人次，下降23.0%，旅客周转量13078万人公里，下降24.0%；完成货运量660.4万吨，增长1.0%，货物周转量111.5亿吨公里，增长1.0%。市内高速公路40.4千米；青荣城铁荣成站全年共发送旅客89.6万人。

年末全市公共汽车运营线路101条，运营线路总长度3140千米。公共汽车457辆，全年公共汽车客运总量2986.6万人次，农村客运车辆行政村通达率为99.9%。全市出租汽车325辆。全市新增机动车1.8万辆，机动车保有量达到19.9万辆；其中新增小型汽车1.5万辆，保有量达到15.7万辆。全市民用汽车拥有量18.2万辆。

完成邮政业务总量8771.7万元，增长8.7%；全年电信业务主营业务收入5.1亿元，增长3.3%。年末固定电话户数8.9万户，下降8.2%；移动电话用户96.8万户，增长2.8%；其中3G及4G用户达到49.3万户，增长36.2%。互联网户数19.5万户，增长15.1%。

全市拥有国家AAAA级景区3处、AAA级景区11处、AA级景区1处；4星级酒店4家、3星级酒店7家；国家级农业示范点1个、省级休闲农业旅游示范点28个；省级旅游强镇9个，省级旅游特色村20个，省级精品采摘园4个；省级乡村旅游示范点5家，省级乡村旅游品牌示范户5家；省级五星级好客人家农家乐1家、四星级好客人家农家乐36家。

六、财政、金融保险业

全年实现一般公共预算收入68.8亿元，增长10.0%，其中，税收收入55.1亿元。完成一般公共预算支出95.8亿元，增长11.9%。全市教育、科学技术、社会保障与就业、医疗卫生四项重点支出共完成46.0亿元，占一般公共预算支出的48.0%。

年末全市金融机构本外币存款余额692.3亿元，比年初增加81.7亿元，其中住户存款余额419.9亿元，比年初增加39.6亿元。年末金融机构本外币贷款余额465.2亿元，比年初增加49.1亿元。

全市银行业金融机构25家，证券营业机构4家，小额贷款公司7家，民间融资机构5家，典当行4家，融资性担保公司2家，创业投资机构1家。

全年保险分支机构33家，实现保费收入16.0亿元，增长17.3%；其中，财产险保费收入4.9亿元，下降1.5%；人身险保费收入11.0亿元，增长28.1%。共支付各项赔款和给付7.2亿元，增长26.9%；其中，财产险支付赔款和给付3.2亿元，增长7.0%；人身险支付赔款和给付4.0亿元，增长49.4%。

七、科教事业

全年获批各类科技计划项目21个，其中，省重点研发计划项目10项，省重点产业关键技术创新工程1项，省创新公共服务平台1项，省泰山产业领军人才工程2项，威海市级项目7项，争取无偿资金2917万元。全市取得重要科技成果13项，获省科学技术奖1项。全市专利申请1500件，增长8.3%，其中发明专利申请900件，增长37.0%，专利授权720件，其中发明专利授权110件。

全市新增省级以上创新平台6个，威海市级创新平台11个；新认定高新技术企业6家，总数达到27家。新增威海市千帆计划入库企业59家，总数达到259家。全年技术贸易成交额达到4.5亿元，增长了21.3%。

全市拥有国家工程技术研究中心27个，其中省级以上9个；企业技术中心33个，其中国家级2个；工程研究中心2个；省级重点实验室2个；工程实验室12个，其中省级5个；省级院士工作站9个；博士后工作站4个；产业技术创新战略联盟5个，其中国家级1个；省级中外合作研究中心3个；省级创新方法试点企业1个；省级创新型（试点）企业5个；省级工业设计中心2个；国家地方联合工程实验室1个。

全市共争创中国名牌产品4个，山东名牌产品73个，新增6个；山东省服务名牌19个，新增2个；威海市市长质量奖6个；创建山东省优质产品生产基地5个；创建山东省优质产品生产基地龙头骨干企业10个；全市企事业单位主持或参与制修订国家标准37项、行业标准59项、地方标准20项、团体标准2项。

年末，全市有各级各类学校61所。其中，高校1所，在校生0.8万人；高职院校2所，在校生0.7万人；普通高中6所，在校生0.8万人；初中24所（九年一贯制11所），在校生2.0万人；小学22所，在校生2.6万人；综合教育实践中心1处，年培训量1.1万人次；民办职业学校1处，在校生424人；特殊教育学校1所，在校生150人；幼儿园82处，在园幼儿1.5万人。

八、文化、体育和卫生事业

全市有各类艺术表演团体1个，文化馆1个，公共图书馆1个，公共图书馆藏书总量28万册。博物馆1个，影院4座，广播电台1座，电视台1座。国家级文物保护单位1处，省级14处、威海市级8处、荣成市级28处，拥有1个国家级非遗项目、12个省级非遗项目、29个威海地级非遗项目、35个荣成级非遗项目。

举办各类群体类活动54场次，开展各级健身活动1600场以上。举办大型综合健身赛事活动5次，直接参与人数近2万人。举办国际帆板精英邀请赛和全国乒乓球协会会员联赛。组队参加了市级、省级第六届全民健身运动会、百千万三大赛等上级群体类活动19场次，共获得6个团体第一；组队1920多人参加了威海市锦标赛暨威海市中小学生体育联赛，共获得金牌105枚，团体冠军13项，输送运动员获得国家级金牌4枚、省级金牌18枚。培训各级社会体育指导员近600人。

全市拥有等级医院37个，医院和卫生院拥有床位4813张，卫生技术人员5399人，其中医生2011人。产妇住院分娩率达到100%。完成了7处镇卫生院和1处社区服务中心的“国医堂”项目建设任务。免费为全市60周岁以上农村居民、65周岁以上城镇居民和慢性病患者健康查体21万人次。

九、城市建设、环境保护和安全生

产

实施了道路建设、园林绿化、市区污水设施建设、公益设施建设、新型城市化建设、市区供热供水基础设施建设、重点区域开发等 4 大类、41 项城建重点工程，新建改造道路 9 条、13.4 千米，活动土石 172.3 万方，铺设污水管网 16 千米，铺设排水管网 15.3 千米，砌筑涵洞 300 米，安装路灯 1046 基，新增改建绿化面积 240 万平方米，老旧小区改造 267.1 万平方米，改造外墙保温 20 万平方米，完成了 1 项专项规划、地下管线补测补绘及信息系统更新；新启动村庄改造 8 项、驻地改造 19 项，新建商贸设施 16.3 万平方米、安置楼 123 万平方米。改厕 7.2 万户，建设户型污水处理设施 450 台。84 项镇级设施建设工程共铺设地下管网 185 千米，其中供热管网 73.5 千米，供热覆盖率达到 82.7%。燃气管网 35.5 千米，燃气普及率达到 62.7%。污水管网 76 千米，新建 5 处镇级和 19 处村级污水处理设施，污水日处理能力达到 21.5 万吨。镇街增配压缩式垃圾清运车 16 辆、配套专用垃圾桶 1.2 万个，有 175 个村居实行“户集村收”模式，全市垃圾收运实现了专用车辆与密闭容器的一体化对接，密闭化收运率、无害化处理率均达到 100%。年末城市建成区绿化覆盖率达 46.5%，人均公园绿地面积达 26.5 平方米。

全市全年空气质量优良以上的天数达到 349 天，优良率达到 95.6%，PM2.5 下降 8.6%，PM10 下降 3.4%，达到国家二级标准；二氧化硫下降 7.7%，二氧化氮持平，达到国家一级标准，在全省率先实现环境空气质量全面达到国家二级标准的目标。主要河流和近岸海域水质全部达到相应功能区划要求，城市集中式饮用水水源地水质达标率保持 100%；区域环境噪声和交通噪声平均值远远低于国家标准。

年末全市环境保护系统共有环境监测站 1 个，环境监测人员 10 人。地表水集中式饮用水源保护区 4 个，面积 360 平方千米。

全年累计发生各类生产安全事故 9 起，死亡 8 人，直接经济损失 100.8 万元。

十、人口、民生和社会保障

年末全市总户数 24.3 万户，户籍总人口为 66.7 万人，全市出生人口 5423 人。

全年城镇居民人均可支配收入 38084 元，增长 8.3%；农村居民人均可支配收入 19231 元，增长 7.7%。

全市有 26.1 万人参加城镇基本养老保险，比上年增加 4.1 万人；有 63.6 万人参加基本医疗保险；参加工伤保险的人数达到 14.3 万人，比上年增加 210 人；参加失业保险的人数达到 10.4 万人，比上年增加 500 人；参加生育保险的人数达到 11.8 万人，比上年增加 107 人；居民基本养老保险投保人数达到 27.2 万人。

全市共投入资金 1735 万元，将 6586 名城乡低保对象纳入保障范围；投入资金 2759 余万元，保障全市五保老人 4235 人，敬老院 18 所。城市居民最低生活保障标准为每人每月 550 元，农村居民最低生活保障标准由每人每年 3300 元提高到 3700 元，10 月 1 日又提高到每人每年 3850 元，农村五保集中供养标准由每人每年 6500 元提高到 7000 元，分散供养标准由每人每年 4000 元提高到 4600 元。全市共救助贫困大学生 192 名，发放救助金 74.8 万元。低保教育救助城乡困难家庭学生 190 名，发放救助金 28.5 万元。

1. 本公报所列数字为初步统计数，正式数字以今后出版的《荣成统计年鉴》为准。

2. 地区生产总值、各产业增加值绝对数按现价计算，增长速度按可比价格计算。

3. 部分数据因四舍五入的原因，存在分项合计不等的情况。

规范性文件

·文件目录·

2016 年荣成市政府规范性文件列表

表 98

序号	规范性文件名称	文号	规范性文件登记号
1	荣成市自然人征信管理办法	荣政发〔2016〕1 号	RCDR-2016-0010001
2	荣成市社会法人征信管理办法	荣政发〔2016〕1 号	RCDR-2016-0010002

序号	规范性文件名称	文号	规范性文件登记号
3	荣成市自然人和社会法人信用信息评价规定	荣政发〔2016〕1 号	RCDR-2016-0010003
4	荣成市个人信用奖惩管理办法	荣政发〔2016〕1 号	RCDR-2016-0010004
5	荣成市行政许可处罚等信息双公示管理试行办法	荣政办发〔2016〕2 号	RCDR-2016-0020001
6	荣成市城乡集贸市场管理办法	荣政发〔2016〕2 号	RCDR-2016-0010005
7	荣成市有突出贡献的中青年专家选拔管理办法	荣政办发〔2016〕25 号	RCDR-2016-0020002
8	荣成市首席技师选拔管理办法	荣政办发〔2016〕22 号	RCDR-2016-0020003
9	荣成市和谐使者选拔管理办法	荣政办发〔2016〕23 号	RCDR-2016-0020004
10	荣成市信用服务机构管理暂行办法	荣政办发〔2016〕17 号	RCDR-2016-0020005
11	荣成市信用报告备案管理暂行办法	荣政办发〔2016〕17 号	RCDR-2016-0020006
12	荣成市乡村之星选拔管理暂行办法	荣政办发〔2016〕26 号	RCDR-2016-0020007
13	荣成市智慧城市建设项目审核管理暂行办法	荣政办发〔2016〕34 号	RCDR-2016-0020008
14	荣成市公益性公墓管理办法	荣政办发〔2016〕38 号	RCDR-2016-0020009
15	荣成市市级机关办公用房管理办法	荣政办发〔2016〕42 号	RCDR-2016-0020010
16	荣成市促进电子商务产业发展暂行办法	荣政办发〔2016〕49 号	RCDR-2016-0020011
17	荣成市政府投资项目管理办法	荣政发〔2016〕15 号	RCDR-2016-0010006
18	荣成市人民政府关于公布市政府规范性文件清理结果的通知	荣政发〔2016〕16 号	RCDR-2016-0010007
19	荣成市人民政府关于修改《荣成市建设项目一票制收费管理办法》等 17 件规范性文件的通知	荣政发〔2016〕17 号	RCDR-2016-0010008

·文件选编·

荣成市自然人征信管理办法

（2016 年 1 月 5 日　荣政发〔2016〕1 号）

第一章　总则

第一条　为规范公共信用信息的征集、披露和使用行为，加强自然人征信管理，推进社会信用体系建设，根据有关法律、法规的规定，结合我市实际，制定本办法。

第二条　本市行政区域内的自然人公共信用信息的采集、整理、保存、加工、使用及监督管理等活动，适用本办法。

从事经营性征信业务的征信机构对自然人信用信息的采集、整理、保存、加工和提供活动，适用《征信业管理条例》。

第三条　本办法所称自然人，是指本市行政区域内年满 18 周岁，具有民事行为能力的个人和相当于个人的经济组织,包括外来人口、个体工商户。

本办法所称的公共信用信息,是指各级党委政府、纪检监察机关、司法机关和经依法授权或者委托承担公共管理职能的组织(以下统称信息提供者)在履行职责过程中,以及自然人在社会经济活动中,形成的反映自然人信用状况的数据和记录。

第四条　荣成市社会信用信息征集管理办公室(以下简称市征信管理机构)负责我市公共信用信息管理系统的建设、管理和维护,并按照本办法规定进行自然人信用信息的归集、整理、保存、加工、数据维护以及提供查询服务等相关管理工作,协调公共信用信息的采集、上报、使用等工作。

第五条　有关机关和组织应当明确本单位信用信息工作的责任部门或者机构,负责采集、整理、保存、报送履行职责过程中形成的公共信用信息,承担本区域、本部门、本行业公共信用信息平台的建设、运行和维护,做好公共信用信息的披露、使用及相关工作。

第六条　有关机关和组织应当建立守信激励和失信惩戒机制,完善行业"红黑名单"和公共信用信息披露制度,推进信用评价、信用报告等信用服务的推广应用,依据信用状况实行分类监管,提高社会管理和公共服务水平。

第七条　征信管理工作应当遵循合法、客观、公正、审慎、准确、及时和"谁提供谁负责"的原则,保守国家秘密和商业秘密,保护自然人隐私。

第二章　信用信息的征集

第八条　市征信管理机构按照法律、行政法规的要求和国家标准,制定本市公共信用信息技术规范和《公共信用信息征集目录》,并向社会公布。

第九条　信息提供单位应当及时准确地提供公共信用信息,并保证实时或者至少每月更新一次,更新时间不得迟于次月 10 日,对公共信用信息数据实行动态管理,保证及时更新和录入信息的完整性,实现公共信用信息共享。

第十条　自然人信用信息包括下列内容:

(一)自然人基本信息:姓名、性别、出生日期、身份证号码、户籍所在地住址、居所、可能的联系方式、就业状况、家庭成员状况、受教育程度、婚姻状况、从业资格等身份识别信息与职业信息,以及其它反映个人基本社会状况的有关信息;

(二)商务信用信息:自然人与金融机构、住房公积金管理机构因信贷、担保关系而形成的信息;自然人与公用事业机构形成的自然人赊购、缴费信息;与商业机构之间形成的借贷、赊购、缴费等信息;

(三)社会管理信用信息:在企业经营活动中给社会造成不良影响信息,行政诉讼、行政处罚、行政强制等信息,执业(从业)人员受处罚信息,涉税、社会福利、缴纳行政事业性收费、社会保险费、住房公积金,以及学术不端、党纪政纪处分等方面的信息;

(四)司法信用信息:涉及刑事犯罪、民事判决以及虚假诉讼、逃避法定义务、扰乱诉讼秩序、拒不执行生效法律文书等信息;

(五)荣誉信息:受到表彰奖励及参与社会公益、慈善捐款、见义勇为等信息;

(六)法律、法规、规章规定的其他与自然人信用有关的信息。

第十一条　除法律、法规另有规定外,禁止采集下列自然人信息:

(一)种族、家庭出身、宗教信仰、政治归属;

(二)身体形态、基因、指纹、血型、疾病和病史等可能使被征集人受到歧视的信息;

(三)收入、存款、有价证券、商业保险、不动产及其它自然人财产状况;

(四)已经纳税、缴纳社会保险及住房公积金等的具体数额;

(五)法律、法规规定禁止采集的其它自然人信息;

(六)与自然人信用无关的其它信息。

前款(三)、(四)项中,涉及收入、存款、不动产、纳税数额、缴纳社会保险数额等与自然人资产有关的内容,自然人自愿提供或公开并书面同意的除外。

第十二条　自然人信用信息由基本信息、良好信息、不良信息和历史信息构成。

第十三条　自然人基本信息是指反映自然人身份证明的信息。包括:

(一)自然人身份证明信息:身份证号码、户口所在地、常住地址、可能的联系方式、自然人两寸以上彩色照片等;

(二)教育经历:受教育情况、取得社会资格证书情况、专业培训经历等;

(三)工作履历:工作简历和工作情况;

(四)其它身份识别信息与职业信息。

第十四条　自然人良好信息是指信息提供者依法依规认定的对判断信息主体信用状况起正面作用的记录。包括:

(一)荣誉记录:受到各级行政机关的表彰、授予的称号等;

(二)社会公德:助人为乐、见义勇为、慈善捐款、社会公益、志愿服务等方面的信息;

(三)职业道德:忠于职守、勤勉尽责、爱岗敬业、服务群众、奉献社会模范作用突出,以及工作有创新、取得显著成绩等信息;

(四)家庭美德:长期赡养年老体弱家庭成员、无偿照顾没有任何血缘关系的孤寡老人和残疾人等信息;

(五)自然人品德:爱护公共财产,同违法乱纪行为做斗争,防止或者消除事故有突出贡献等方面信息;

(六)法律、法规和规章规定可以记入的其他良好信用信息。

第十五条　自然人不良信息是指信息提供者依法依规认定的对判断信息主体信用状况起负面作用的记录(法律、法规规定可以免责的行为除外)。

第十六条　自然人不良信息,分为商务领域失信行为、社会管理领域失信行为、司法领域失信行为和重点职业人群失信行为。

第十七条　自然人商务服务领域失信行为包括:

(一)信贷活动中的失信行为;

(二)担保活动中的失信行为;

(三)自然人之间、自然人与商业服务机构之间发生的经济交易、消费、债权债务、合同履约等失信行为；

（四）在企业经营活动中，给社会造成不良影响的相关信息；

（五）商务领域的其他失信行为。

第十八条 自然人社会管理领域失信行为包括：

（一）破坏社会秩序、造成较为恶劣社会影响的、未实施行政刑事处罚等违反村规民约的不良行为；

（二）以不正当手段骗取社会福利的行为；

（三）在供水、供电、供热、供气以及物业、通信等缴费活动中形成的不良信用记录信息；

（四）提供虚假证明材料、作假证等的行为；

（五）违反劳动和社会保障法律法规的行为；

（六）不按规定缴纳行政事业性收费、政府性基金的行为；

（七）受到行政处罚或被行政机关实施行政强制措施和行政强制执行的行为；

（八）不依法纳税、未按规定办理税务登记、违反发票管理规定的行为；

（九）行政机关在行使职权过程中，自然人作为相对人发生的不履行法定义务等失信行为；

（十）在一般及以上安全生产、交通、火灾、中毒、医疗等事故中负有责任的行为；

（十一）在履行社会责任时产生的不良信用记录；

（十二）受到党纪政纪处分的行为；

（十三）组织或参加“法轮功”等邪教组织的行为；

（十四）利用微信、论坛等互联网技术发布、传播不良信息（包括文字、图片、视频等）造成不良影响的行为；

（十五）捏造事实、诬告诽谤等行为；

（十六）考试作弊、抄袭论文等学术不端行为；

（十七）社会管理领域的其他失信行为。

第十九条 自然人在司法领域中的失信行为，是指自然人作为诉讼参与人、协助义务人或提供特定服务的中介组织成员，在从事司法活动中的失信行为。主要包括：

（一）人民法院判决或者裁定信息主体履行义务以及强制执行的信息；

（二）虚假诉讼，侵犯他人合法权益的行为；

（三）恶意拖欠工资、劳动报酬，不履行赡养、抚养、扶养义务等逃避法定义务的行为；

（四）因违法被生效法律文书认定为构成犯罪的行为；

（五）不按规定申报财产，拒不履行生效法律文书确定义务的行为；

（六）向司法机关出具虚假报告或证明材料的行为；

（七）收到司法机关的协助通知，拒不履行协助义务的行为；

（八）违法实施扰乱诉讼秩序的行为；

（九）司法领域的其他失信行为。

第二十条 重点职业人群是指社会法人或者其他经济组织的法定代表人或者主要负责人以及重要岗位工作人员、依法应当取得执业资格的人员、金融行业从业人员、中介服务行业执业人员、从事诉讼代理的人员、机关事业单位工作人员。其失信行为除本章规定的自然人失信情形外，还包括造成恶劣影响或者严重后果，经有关部门或者机构认定的下列情形：

（一）吊销执业证书等行为；

（二）违反职业道德、执业纪律或者行业规范，受到行业惩戒的行为；

（三）被禁止市场准入或降低资质等级的行为；

（四）在资格认定、职务评审或者办理其他事项时，提供虚假材料或者故意隐瞒自然人真实情况的行为；

（五）为他人做假证明或者利用职务之便为自己、为他人谋取利益的行为；

（六）在考试录用、竞争上岗、公开选拔中受到违纪违规处理的行为；

（七）提供法律服务时，唆使、帮助当事人规避法律责任的行为；

（八）捏造、散布虚假事实，损害、诋毁行政机关、司法机关及其工作人员声誉的行为；

（九）因滥用职权、玩忽职守、徇私舞弊给用人单位造成损失的行为；

（十）其他违反职业道德、社会公德、工作纪律的失信行为。

第二十一条 历史信息是指评价年度之前和超过评价时效的信用记录，包括我市公共信用信息管理系统和其它各级公共信用信息管理系统的信息。

第三章 信用信息提供

第二十二条 自然人信用信息主要从以下途径采集：

（一）基本信息由公安、人社、民政、市场监督管理等部门提供；

（二）商务信用信息由各镇街、人民银行、金融办、各商业银行、威海公积金管理中心等部门，以及供水、供电、供热、供气、广电网络、通信等公用事业服务机构提供；

（三）社会管理信用信息由具有行政管理、行政执法、社会管理职能的部门提供，村居信息由各镇街提供；

（四）司法信用信息由人民法院提供；

（五）其它信息由相关部门、单位或自然人提供。

第二十三条 鼓励自然人主动申报信息，鼓励有关社会组织和市场主体主动提供信用信息。

第二十四条 市征信管理机构可以从有关机关和组织征集企业主要经营管理者、个体工商户和具有专业执业资格等人员的信用信息，逐步建立健全自然人信用信息系统。

第二十五条 国家、山东省、威海市及其它区域合作县市公共信用信息系统的信用记录，与我市自然人信用评价信息形成联动机制。

第二十六条 市征信管理机构可以通过信息提供者提供的信息、有关部门依法公开的信息、人民法院依法公布的法律文书，采集信用信息。

第二十七条 自然人信用信息首次采集时间为2014年1月1日。

第二十八条 信用信息的录入、更改、增减，应当以具备法律效力的文书或其它有效证明文件为依据。

第二十九条 信息提供者提交的

信息应当包括下列内容：

（一）自然人身份证号码等基本情况；

（二）需记录的信用信息具体内容；

（三）行政处罚决定书、实施行政强制措施和行政强制执行的文书；

（四）人民法院的生效法律文书；

（五）作出结论或决定的相关证明材料；

（六）作出结论意见或者决定的行政机关、组织机构名称；

（七）需要提交的其他材料。

以上材料可以用复印件的形式，但需要加盖公章验证。

机关岗位、重点人群、村居信息的采集、认定、审核、报送等工作按《中共荣成市委荣成市人民政府关于深化社会信用体系建设的实施方案》（荣发〔2015〕2号）的相关规定执行。

第三十条　市征信管理机构除从信息提供者归集自然人信用信息外，还可以约定方式向自然人、行业协会、金融机构以及经营征信业务的征信机构采集自然人信用信息。

第三十一条　信用信息的采集应保证信息来源渠道的正当性、合法性和信息的客观性。

禁止以欺骗、盗窃、胁迫、利用计算机网络侵入等不正当手段采集自然人信用信息。

第三十二条　信息提供者提供不良信息，应当事先告知信息主体本人。依照法律、行政法规规定公开的不良信息除外。

第三十三条　鼓励自然人主动向市征信管理机构提供本人的信用信息。主动提供本人信用信息的，应当提供相关证明材料。

第三十四条　信息提供者对所提供信息的真实性、合法性负责，对拟报送的信息数据应当加强报前审核，防止数据出现错漏。

第四章　信用信息的加工

第三十五条　市征信管理机构应当及时审核信用信息，保持其采集的信用信息内容的原始性和完整性，不得私自修改或者篡改。

第三十六条　市征信管理机构应当制定信息匹配规则，采用统一社会信用代码、居民身份证等识别标志匹配所采集的信用信息，确保信息录入的准确性。

第三十七条　市征信管理机构可对我市的社会法人和自然人信用记录进行整理、保存、加工、评级，为我市机关事业单位和社会法人、自然人提供党政管理需要的信用记录、信用评级。

自然人因工作调离、户口迁移等原因，调离本市的，其信用级别不再评价。

第三十八条　本着“有利于监管”的目的，对自然人进行政务管理领域信用等级评价。信用评价等级分为A、B、C、D四类级别，A类级别又按信用积分和信用记录分为三档子级别，分别为：A、AA、AAA；D类级别按降级前的级别以DA、DB、DC予以区别，分别表示由A、B、C级直接降至D级。其中，AAA为诚信模范级别、AA为诚信优秀级别，A级为诚信级别，B级为较诚信级别，C级为诚信警示级别，D级为不诚信级别。其中，AAA级为最高信用等级，依次递减，D级为最低信用等级。

第三十九条　我市党政管理需要的信用评价等级由计算机从公共信用信息管理系统信息数据库中提取数据，根据相关信用等级评价体系，自动形成评价结果，评价结果随信用信息数据库更新而更新。

第四十条　市征信管理机构应当为第三方征信机构获取信用信息提供便利，引导征信机构客观、独立、公正地开展业务。

第五章　信用信息的管理

第四十一条　市征信管理机构应当建立健全保障信息安全的规章制度，严格按照国家保密有关规定管理信息资源，制订信息安全等级保护措施，设置异地备份设施，加强信息安全管理，确保信息安全、可靠、完整。

第四十二条　市征信管理机构应当建立身份认证机制、存取访问控制机制和信息审计跟踪机制，对数据进行授权管理，设立访问和存储权限，防止系统被越权访问或者越权处理。

第四十三条　市征信管理机构应当对其工作人员查询信用信息的权限和程序作出明确规定，对工作人员查询信用信息的情况进行登记，如实记载查询工作人员的姓名、查询的时间、内容及用途。工作人员不得违反规定的权限和程序查询信息，不得泄露工作中获取的信息。

第四十四条　有关职能部门通过政务专网可以按权限登录公共信用信息管理系统，提交或者查询信息，实现各部门之间信息互通与共享。未联通电子政务系统的单位，应依照与市征信管理机构约定的方式提供信用信息。

第四十五条　市征信管理机构和信息提供者应签订信用信息资源安全保密协议，按约定方式储存和使用信息。涉及国家秘密的要报市保密部门备案。

第四十六条　市征信管理机构和信息提供者在信用信息提供活动中，对涉及商业机密和自然人隐私的信息负有保密义务，但法律、法规另有规定或者经被征信人同意提供的除外。

第四十七条　自然人基本信息的记录期限，至自然人死亡或终止为止。

良好、不良信用信息的保存期限，自信息形成或者事件终止之日起为1至5年；超过5年的，应当予以删除，转为档案保存。

在不良信息保存期限内，信息主体可以对不良信息作出说明，市征信管理机构应当予以记载。

第六章　信用信息的披露、查询和使用

第四十八条　有关机关可以根据《政府信息公开条例》的有关规定，公布自然人信用信息。

第四十九条　国家工作人员及执业律师、公证员、经纪人、资产评估师、注册会计师等重点人群的以下信息，可以通过信用荣成网查询：

（一）姓名；

（二）执业证号；

（三）工作单位、工作地点；

（四）信用等级；

（五）其它可以公开的信息。

第五十条　自然人查询本人公共信用信息的，应当出具本人有效身份证件，在市征信管理机构或其公布的征信服务机构按规定程序查询。市征信管理机构应当根据要求，为其提供下列信息的查询服务：

（一）被征信人的信用信息；

（二）信用信息的来源；

（三）获取信用报告或者信用评估报告的用户。

第五十一条　下列用户可以经被查询人书面同意或依照法律法规规定查询自然人的信用信息：

（一）金融机构提供信贷、保险等服务的；

（二）单位和自然人提供赊销、租赁、担保等服务的；

（三）公共事业单位提供服务的；

（四）司法机关和行政机关依法履行职务的。

第五十二条　除上述条款和法律、法规、规章规定的特别情形外，市征信管理机构或信息提供者不得提供信用信息查询。

第五十三条　除向社会公开的自然人信用信息外，用户获取的自然人的信用信息不得披露，不得用作约定以外的用途，不得未经同意向其它任何单位和自然人提供，不得利用信用信息牟利。

第五十四条　查询涉及自然人公共信用信息的，按照《荣成市社会信用信息查询管理试行办法》的有关规定进行。

第五十五条　对需经授权或者批准方可查询的公共信用信息，市征信管理机构或公布的征信服务机构应当建立日常查询登记制度，如实记录查询情况，包括查询人名称、查询时间、查询原因、查询内容以及累计查询次数等。

第五十六条　有关机关和组织在人员录用、干部使用、发展党员、职称评定、资格审查、政府资金补贴等领域和表彰评优等工作中，应当查询自然人公共信用信息或要求出具信用报告，将其作为行政决策的重要依据。

第五十七条　自然人信用信息的异议和投诉，按《荣成市社会信用信息异议处理管理办法》相关规定处理。

第七章　教育与修复

第五十八条　市征信管理机构以及有关职能部门，在实施信用惩戒的同时，应当督促自然人建立完善信用管理制度，通过教育培训、强化指导等手段，帮助自然人重塑信用记录。

对轻微失信行为，应当以教育引导为主，减轻或者不予惩戒。

第五十九条　市征信管理机构应当制定信息主体黑名单和黄名单管理办法，明确黑名单、黄名单审查、解除的条件和程序，并根据信息主体信用情况对黑名单、黄名单进行调整。

第六十条　自然人非因主观故意发生失信行为的，可以按照一定条件和程序实施信用修复。

信用修复由自然人向有关职能部门提出信用修复申请，该部门认为该人已经整改到位，符合管理要求的，可以决定允许信用修复，并将信用修复信息纳入本行业、部门信息系统，同时提交到市公共信用信息管理系统。

对经信用修复的信息主体，减轻或免予相关惩戒，并在黑名单、黄名单上予以注明。

第八章　监督管理

第六十一条　市征信管理机构负责对公共信用信息征集、披露和使用活动进行监督检查，对检查出的问题及时提出整改、处理意见，并进行整改监督。

第六十二条　信息提供者违反本办法规定，拒绝或者无故拖延向市征信管理机构提供有关信用信息的、拒不协助市征信管理机构进行异议信息处理的，由市征信管理机构书面催促提供；逾期不改正的，由纪检监察机关对相关负责人和直接负责人给予党纪政纪处分。

第六十三条　信息提供者以不正当手段采集、故意或者因重大过失向市征信管理机构提供虚假信息，以及擅自对自然人信用状况评级或者作出主观性评价的，由市征信管理机构责令其改正，纪检监察机关对直接负责的主管人员和其他直接责任人员给予党纪政纪处分；提供虚假信息给有关自然人造成损失的，应当依法承担民事责任。

第六十四条　信息使用者违规公开披露获取的信息或者提供给其它单位或自然人，以及利用信用信息牟利的，对直接责任人员给予党纪政纪处分；给有关自然人造成损失的，应当依法承担民事责任；构成犯罪的，依法追究刑事责任。

第六十五条　市征信管理机构及其工作人员违反本办法规定，有下列行为之一的，由纪检监察机关责令其限期改正，对直接负责的主管人员和其他直接责任人员根据情节轻重给予党纪政纪处分；给自然人造成损失的，依法承担民事责任；构成犯罪的，依法追究刑事责任。

（一）违反规定归集禁止归集的自然人信息；

（二）违反规定对自然人进行信用评级的；

（三）擅自披露或者泄露自然人信用信息的；

（四）捏造或擅自更改自然人信用信息的；

（五）未按规定处理异议信息造成损失的；

（六）违反国家有关计算机信息系统安全保护工作有关规定的；

（七）其他玩忽职守、滥用职权、徇私舞弊的行为。

第九章　附则

第六十六条　本办法由市征信管理机构负责解释。

第六十七条　本办法自印发之日起施行。

荣成市公益性公墓管理办法

（2016 年 6 月 12 日　荣政办发〔2016〕38 号）

第一章　总则

第一条　为加强公益性公墓管理，节约土地资源，促进殡葬改革，根据国务院《殡葬管理条例》《山东省殡葬管理规定》等规定，结合我市实际，制定本办法。

第二条　本市行政区域内从事公益性公墓的建设、设立和管理活动，适用本办法。

第三条　本办法所称公益性公墓是指为公民提供骨灰安葬或安放的非营利性墓地和骨灰存放设施。

第四条　积极推行以楼、廊、堂、塔、墙等形式存放骨灰等不占或少占土地的公益性墓地，倡导树葬、花葬、骨灰撒海、等安葬方式。

第五条　市民政行政主管部门负责全市公益性公墓的管理工作。各区管委、各镇政府、各街道办事处按照属地管辖的原则，协同市民政行政主管部门做好本辖区的公益性公墓的管理工作。

市公安、发改、市场监管、国土、林业、城建、规划、物价、环保等有关部门，应按照各自的职责，共同做好公益性公墓管理工作。

第二章　公墓规划和建设

第六条　公益性公墓建设应当制定规划，实行总量控制。公墓发展规划应当列入土地利用总体规划、城乡规划，保障公墓发展需要，满足公民安葬需求。

市民政部门应当组织发展改革、国土资源、城乡规划、环境保护、林业等部门，制定公益性公墓发展规划，并报市政府批准。

第七条　建设公益性公墓应当按照节约土地、保护耕地和林地、便于管理的原则，严格执行墓葬用地占地面积规定，充分利用历史形成的墓葬点，利用荒山荒地或不宜耕种的瘠地进行规划和建设。

第八条　禁止在下列区域建造公墓：

（一）耕地、防护林、特殊用途林；

（二）距自然保护区、森林公园、湿地公园、城市公园、风景名胜或文物保护区 2000 米以内；

（三）距水库、河流堤坝附近或水源保护区 2000 米以内；

（四）距铁路、公路干线 500 米以内；

（五）距离海岸线 200 米以内；

（六）城市总体规划、镇总体规划、村庄规划确定的规划区范围内。

第九条　公益性公墓原则上应保证使用 20 年以上，力争做到循环使用、可持续运行。公益性公墓应以骨灰入室安放（骨灰堂、骨灰塔、骨灰楼）、树葬、花葬、草坪葬等方式为主，地表不留坟头或立碑。已建成的公益性公墓，要按上述要求逐步改造规范。

第十条　公益性公墓墓穴占地面积和墓碑高度应符合相关要求。立碑安葬的墓碑主要采取卧碑方式，碑长不超过 60 厘米，碑宽不超过 50 厘米，厚度不超过 15 厘米，倾斜度不超过 15 度，每个墓穴不得超过 0.5 平方米，双穴不得超过 0.8 平方米，墓穴间距不得大于 60 厘米。

公益性墓地应尽量减少地面硬化面积，做到墓穴小型化、墓区园林化，确保绿化覆盖率不低于 75%，或绿地不低于 40%。

第十一条　公益性公墓建设在选址、占用土地等方面涉及群众切身利益的，建设前须进行社会稳定风险评估。

第三章　公墓设立和管理

第十二条　设立公益性公墓，由村（居）民委员会提出申请，镇政府（街道办事处）审核后、报市民政部门批准。或者由镇政府（街道办事处）提出申请，报市民政部门批准。

第十三条　申请设立公益性公墓应当提交下列材料：

（一）公墓所在地村（居）民委员员同意在本地建设公益性公墓的意见；

（二）《公益性公墓管理章程》；

（三）《公益性公墓审批表》；

（四）集体土地使用证；

（五）市国土资源（涉及林地的由林业部门）、城乡规划主管部门、环境保护部门审核同意的意见；

（六）其他需要提交的材料。

第十四条　村（居）民委员会、镇政府（街道办事处）建设农村公益性公墓，按照上述有关规定审批。农村公益性公墓由镇政府（街道办事处）或村（居）委会负责具体管理，市民政部门实施监督指导。

市政府建设城市公益性公墓，由政府投资或社会筹集资金建设，市民政部门负责具体管理。

第十五条　公益性公墓应在入口醒目位置和服务场所公开展示下列内容：

（一）《公益性公墓管理章程》；

（二）民政部门批准建设的文件；

（三）收费项目、收费标准、收费依据等价格公示内容；

（四）服务人员职责及照片、编号；

（五）服务电话和监督电话。

第十六条　公益性公墓应按照《公益性公墓管理章程》安葬（安放）和祭扫。

办理人持本人身份证件和被安葬（安放）人的死亡证明或火化证明安葬（安放）。为夫妻健在一方、高龄老年人、危重病人预订墓穴（格位），可以不提供被安葬人的死亡证明或火化证明，但应当提供被安葬人的身份证明。每个被安葬人的死亡证明或火化证明、身份证明只能购置一个墓穴（格位）。

第十七条　公益性公墓的价格及维护管理费收费标准，由市物价部门会同市民政部门核定。所有收取的费用全部用于公墓的管理、维护和建设，严禁挪作他用。

禁止巧立明目乱计价、乱收费，禁止炒买炒卖墓穴。

公益性公墓对低保对象、五保对象、重点优抚对象等群体实行优惠减免政策。

第十八条　公益性公墓应建立墓穴（格位）销售管理档案。档案内容按照民政部、国家档案局《关于印发〈殡葬服务单位业务档案管理办法〉的通知》（民发〔2011〕164 号）规定执行。建立财务账册，加强财务管理与监督，实行年度公开公布。

第十九条　公益性公墓扩大规模，应按照本办法规定对公墓扩大面积部分办理审批手续。

第二十条　公益性公墓更名或公墓单位变更法人代表，应当报市民政部门备案。备案时应当提交下列材料：

（一）公墓单位的变更说明；

（二）镇人民政府（街道办事处）审核同意的意见；

（三）其他需要提交的材料。

第二十一条　公益性公墓改变管理单位的，应当按照规定重新报请市民政部门审批。

第二十二条　公益性公墓申请关闭或改变墓地用途，公墓单位应当向民政部门提交下列材料：

（一）公墓单位关于关闭公墓或改变墓地用途的报告。公墓关闭前已安葬墓穴需要迁墓的，由公墓单位负责，并提交承担相应补偿责任的办法，及与办理人签订的迁墓补偿协议；

（二）公墓单位所在地镇人民政府（街道办事处）审核同意的意见；

（三）国土资源、城乡规划部门、环境保护部门的审查意见，涉及林地的，还应当有林业部门的审查意见；

（四）其他需要提交的材料。

第二十三条　公益性公墓迁址，应按照本办法规定办理公墓新址审批手续，并按上述规定关闭原址公墓或改变墓地用途。

第二十四条　市民政部门应当每年对全市辖区内的公益性公墓进行检查，发现问题，及时查处。

第四章　法律责任

第二十五条　墓穴面积或墓碑高度超过规定标准20%以下的，由市民政部门依据《殡葬管理条例》责令改正，没收违法所得，并处违法所得 1 倍以上 3 倍以下的罚款。

第二十六条　未经批准建设公墓的，由有关部门依据相关法律法规进行处罚。

第二十七条　未经批准乱占土地建设公墓的，由国土行政主管部门责令限期改正，恢复原状。对非法占用土地单位的直接负责的主管人员和其他直接责任人员，依法给予行政处分；构成犯罪的，依法追究刑事责任。

第二十八条　发布违法公墓广告、转销墓穴（格位）的违法行为，由市场监管部门查处；违反价格管理规定出售墓穴（格位）的，由物价部门查处；公墓经营中涉嫌犯罪的行为，由公安机关依法查处。违反其他法律法规规定的，由相关主管部门依法查处。

公益性公墓从事违法经营活动的，由民政部门会同市场监管管理部门依法查处。

进行明火祭奠，违反森林防火有关规定，造成森林火灾的，由公安、林业部门依法共同查处。

第二十九条　依法被取缔的公墓单位应当负责将已经安葬的墓穴迁入合法公墓。因公墓被取缔所发生的费用或赔偿责任由公墓单位承担。

第三十条　公墓单位违反规定建造、销售墓穴（格位），给办理人造成严重后果的，或因管理原因导致办理人安葬（安放）的骨灰等物品遗失、损毁的，由公墓单位承担赔偿责任，并可对直接责任人进行追偿；构成犯罪的，依法追究刑事责任。

第三十一条　阻碍行政机关工作人员依法执行公务，构成违反治安管理行为的，依法予以治安管理处罚；构成犯罪的，依法追究刑事责任。

第三十二条　行政机关工作人员玩忽职守、滥用职权、徇私舞弊，尚不构成犯罪的，由主管机关给予行政处分；构成犯罪的，依法追究刑事责任。

第五章　附　则

第三十三条　本办法由市民政局负责组织实施。

第三十四条　本办法自公布之日起 30 日后施行，有效期 5 年。

荣成市促进电子商务产业发展暂行办法

（2016 年 9 月 8 日　荣政办发〔2016〕49 号）

第一章　总则

第一条　为加快我市电子商务及跨境电子商务产业发展，进一步推进企业电子商务应用，促进外贸转型升级，特制定本办法。

第二条　享受本办法资金扶持的主体需符合以下条件：

（一）在我市依法注册的独立法人或个体工商户；

（二）申报跨境电商扶持资金的企业需在我市开展跨境电商相关业务且纳入荣成海关跨境电子商务统计体系；

（三）近 3 年无违法违纪及违规使用财政资金等行为，且在我市社会征信管理体系中的征信等级达到 B 级及以上。

第三条　市财政整合资金 500 万元设立促进电子商务产业发展专项资金，其中 300 万元用于支持电子商务发展，200 万元用于支持跨境电子商务发展。

第二章　扶持方式

第四条　支持电商产业园区建设。

（一）鼓励电子商务产业园区建设。对园区（基地）内用于电子商务相关产业总体办公使用面积在3000平方米(含)以上,入驻电子商务年销售额50万元以上或主营业务收入20万元以上的电子商务企业10家以上,园区总体电子商务年交易额不低于1000万元,办公、仓储、配送等配套设施完善的,给予园区运营主体一次性奖励15万元。

(二)鼓励跨境电商园区建设。对具备跨境电商、物流、综合服务平台企业及海关报关平台等业态,办公使用面积达到5000平方米以上的跨境电商产业园区,给予入驻园区的跨境电商、物流、平台企业第一年补贴房租80元/平方米、第二年补贴40元/平方米的政策扶持,给予使用监管场所的电商企业每单减免2元监管场所操作费用的政策扶持(园区外的监管场所同样适用于此条款)。该项资金上限为40万元。

第五条 支持电商平台发展。

(一)鼓励本地电子商务平台发展。对社会资本在我市注册成立、入驻企业50家以上、在售商品不低于100种且以荣成海洋产品及特色农产品为主、线上年交易额3000万元以上的电子商务平台,给予一次性奖励20万元。

(二)鼓励跨境电商综合服务平台发展。对年业务量达到2千单且服务跨境电商企业不低于5家或年业务量达到5千单且服务跨境电商企业不低于2家的跨境电商综合服务平台,给予5万元的资金支持;对年业务量达到5千单且服务跨境电商企业不低于10家或年业务量达到1万单且服务跨境电商企业不低于5家的跨境电商综合服务平台,给予10万元的资金支持。该项资金上限为10万元。

对通过我市跨境电商综合服务平台开展业务的企业,在身份证验证、报关、国内快递等综合费用方面给予每单5元的资金扶持。该项资金上限为20万元。

同一平台企业不得重复申请电商平台与跨境电商综合服务平台扶持资金。

(三)鼓励跨境电商商城平台发展。对通过自建网上电商平台,自营或为买卖双方实际提供交易服务、商品信息发布的跨境电商商城平台,年业务量达到100万元且吸引入驻跨境电商企业达到5家的,给予5万元的资金支持;对年业务量达到200万元且吸引入驻跨境电商企业达到10家的平台,给予10万元的资金支持。该项资金上限为10万元。

第六条 支持企业开展电商业务。

(一)鼓励企业开展网络宣传推广。对2016年新开设、以销售荣成海洋产品和特色农产品为主、网店中冠以"中国海洋食品名城——荣成"字样或荣成海洋食品区域品牌标识的电子商务企业(个体工商户),当年的网络宣传推广费用按照实际支出额的20%给予补助,每家企业(个体工商户)补助金额不超过5万元;对符合以上条件且线上年交易额达到10万元以上的网店,给予一次性补助3000元。

(二)鼓励企业开展品牌网络营销。支持企业依托自身品牌在淘宝、天猫、京东商城、1号店开设企业店铺、品牌专卖店、专营店或旗舰店。对2015年以后设立、以销售荣成海洋产品和特色农产品为主、在店铺招牌中冠以"中国海洋食品名城——荣成"字样或荣成海洋食品区域品牌标识、年交易额200万元以上的企业店铺、专卖店、专营店或旗舰店,给予一次性5万元补贴。

(三)鼓励企业开展跨境业务。对本年度进驻B2B网站,通过阿里国际站、大龙网、敦煌网等平台开展跨境电子商务B2B业务企业的入驻服务及推广费用,给予20%的资金扶持,每个企业不超过1万元。该项资金上限为20万元。对开展跨境电子商务B2C业务的企业,年度交易额每达到1万美元,给予500元的一次性奖励。该项资金上限为40万元。

(四)鼓励企业建设O2O体验中心。对线上拥有网上商铺或跨境电商商城、线下拥有通过租赁或购买等方式经营的线上线下结合(O2O)体验展示中心,有跨境电商业务实绩,面积达到200平方米的企业,给予3万元的一次性奖励,面积达到300平方米及以上的企业,给予5万元的一次性奖励。该项资金上限为10万元。

第七条 支持发展农村电子商务。对镇(街)依托区域产业发展特点和优势,打造特色"电商小镇",被阿里巴巴认定为淘宝村、淘宝镇,分别给予镇政府(街道办)10万元、30万元的一次性奖励(淘宝村、淘宝镇不重复奖励)。被认定为荣成市级电商示范村、电商示范镇,分别给予运营主体5万元、20万元的一次性奖励;推进农产品规模化、标准化、品牌化建设,对农产品龙头企业、农民专业合作社以统一标准整合当地特色农产品资源,以统一品牌在阿里、京东、苏宁等电商平台开展本地特色农产品网络销售,当年网络销售额500万元以上,每年给予10万元的奖励。

第八条 支持创建电子商务示范基地、示范企业。对获得国家级电子商务示范基地、示范企业称号的基地、企业,给予一次性20万元奖励;对获得省级电子商务示范基地、示范企业称号的基地、企业,给予一次性10万元奖励。

第九条 支持电商配套服务设施建设。

(一)鼓励开展跨境物流服务。对跨境物流企业开展跨境电子商务进出口服务,年服务单量达到2千票的企业,给予4千元的一次性奖励,单量每增加1千票,奖励增加2千元。该项资金上限为20万元。

(二)鼓励建设公共海外仓储设施。对企业通过自建或租赁(租期不低于1年)方式在境外重点市场建立的海外仓,仓储面积不少于500平方米,为我市跨境电商企业或外贸企业提供仓储配送、分拨分拣等服务,且服务企业不少于10家,年有效周转商品市值不低于100万美元的,给予10万元的一次性奖励。该项资金上限为20万元。

(三)鼓励建设跨境电商出口集货仓库。对企业在荣成市内通过自建或租赁方式建设跨境电商出口集货仓库,自用或为我市跨境电商企业提供贴单、仓储等服务,仓储面积达到500平方米的,给予2万元的一次性奖励;仓储面积达到1000平方米及以上的,给予5万元的一次性奖励。该项资金上限为10万元。

第三章 附则

第十条 本办法由市商务局会同

财政局制定实施细则，共同组织实施，并报市政府审批。对单个申请主体的累计补贴金额不超过50万元（多个企业属同一集团的，其总补贴金额不超过50万元），如超出则按相应比例予以核减。

第十一条　本办法自公布之日起30日后实施，执行期限至2017年12月31日。

荣成市城乡集贸市场管理办法

（2016年1月8日　荣政发〔2016〕2号）

第一章　总　则

第一条　为加强城乡集贸市场的监督管理，规范管理行为和经营行为，维护集贸市场秩序，保护消费者和经营者的合法权益，根据《山东省城乡集贸市场管理条例》等有关法律、法规、规定，结合我市实际情况，制定本办法。

第二条　本市行政区域内集贸市场的规划建设、开办经营和监督管理适用本办法。

第三条　本办法所称集贸市场，是指由市场开办者提供场所、设施、服务并进行经营管理，市场内经营者集中进行农副产品、日用消费品等现货商品交易的固定场所。

本办法所称集贸市场开办者，是指依法设立，利用自有、租用等方式取得固定场所，通过提供场地、设施和服务，从事市场经营管理的企业。

本办法所称市场内经营者，是指在集贸市场内从事农副产品、日用消费品等现货商品交易活动的企业、个体工商户、其他经济组织，以及出售自产农副产品的农民。

第四条　集贸市场管理工作实行统一领导、属地管理、分级负责、分工合作原则。

第五条　市市场监督管理行政主管部门负责我市集贸市场的综合协调管理工作，城建、城管执法、公安、物价、卫计、食品药品监管、农业、渔业、畜牧兽医、环保、国土、规划等行政管理部门按照各自职责，依法对集贸市场实施监督管理。

各区管委、镇政府、街道办事处负责建立集贸市场管理协调机制，协助相关部门做好辖区内集贸市场建设和经营管理等工作。

第六条　集贸市场交易活动应当遵循平等、自愿、公平、诚实信用的原则，遵守商业道德，禁止不正当竞争和损害消费者权益的行为。

第七条　各部门建立集贸市场信用管理制度和信用公示制度，将集贸市场经营主体违法信息录入信用信息公示平台，纳入社会信用管理。

第二章　集贸市场的规划与建设

第八条　集贸市场建设应当纳入城乡建设总体规划，统筹安排，合理布局，突出特点，注重实效。

市规划部门应当根据城市总体规划，按照资源合理配置、方便群众的原则，组织编制和实施集贸市场布局规划。

第九条　新建、改建、扩建和搬迁集贸市场应当符合城市总体规划和土地利用总体规划。

第十条　兴建集贸市场的，应当取得城乡规划和国土资源部门建设用地审批手续。

第十一条　新建、改建和扩建集贸市场，应当配套建设停车场、防火设施、公共卫生设施等配套服务设施项目，并与主体项目同步设计、同步建设、同步验收和同步交付使用。

本办法施行前已开办的集贸市场，应当按照上述标准进行改造和完善。

第十二条　鼓励企业以土地、房屋、资金等形式投资兴建、扩建各类集贸市场。按照“谁投资、谁受益”的原则，市场建设投资者享有收益分配的权利和依法纳税的义务。

第三章　集贸市场的开办

第十三条　开办集贸市场应当符合下列条件：

（一）市场选址符合城市总体建设规划、用地规划；

（二）具备与开办市场规模相适应的固定场地、设施；

（三）有依法建立的集贸市场经营服务机构及相应的专职管理人员、管理措施；

（四）交易的商品符合国家有关规定；

（五）法律、法规规定的其他条件。

第十四条　开办集贸市场，应当依法办理营业执照。法律、法规规定应当取得其他行政许可的，集贸市场开办者应当依法办理。

第十五条　集贸市场开办者应当建立健全市场管理制度，做好集贸市场的日常管理工作。

第十六条　集贸市场开办者应当在集贸市场入口处等显眼位置设置公示栏，公布市场开办者名称、管理人员及其分工、市场管理制度、食品安全管理制度、食用农产品检测结果、健康教育等事项。

第十七条　集贸市场开办者应当履行以下职责：

（一）负责市场内经营、安全、消防和配套基础设施等的建设、维护和更新改造，保证相关设施处于完好状态。

（二）负责市场的日常管理、安全防范、卫生保洁等工作，负责制止市场内违法建设、违章搭建等行为，负责清理市场内的各类小广告，按规定建立和落实治安、消防、食品安全、环境卫生、摆卖秩序、车辆停放等制度，保证市场环境整洁、安全有序。

（三）应当与市场内经营者签订书面合同，就摆卖规范、交易商品种类、租赁费、水电使用、卫生、消防、服务承诺等方面作出约定。

（四）定期对市场内经营者的经营情况进行检查，发现有违反法律法规规定行为的，应当及时制止并立即报告相关部门。

（五）建立食用农产品质量安全检测制度，设立食用农产品检测室，配备与检测工作量相适应的专业检测人员，及时公示检测信息。

（六）指导和督促市场内经营者建立进货检查验收、索证索票、进销货台帐、质量安全承诺等制度；督促食品销售者召回不符合规定的食品；建立市场内经营者档案，记载经营者基本情况、信用状况等；从事牲畜、禽类批发经营的市场，应当加强对牲畜、禽类的入市检查，核对检疫证明，防止不合格牲畜、禽类进入市场。

（七）严格按照市场布局设计图设立档铺，做到划行归市，不得随意摆摊设点，确保市场摆卖秩序井然。

（八）遵守有关市场经营的法律、法规、规章，接受有关行政主管部门的监督。

（九）协助有关行政执法部门查处市场内的违法违规行为，不得以各种借口拒绝或者阻挠行政执法部门的执法检查。

（十）开展有关法律、政策的宣传，组织经营者开展文明经商活动，做好市场商品交易的各项统计工作。

（十一）在市场内设立公平计量器具、宣传栏、公告栏、监督投诉箱及投诉电话，设有专人负责记录和调解处理纠纷，为经营者和消费者提供良好的服务，同时应当在场内的显著位置设立食品安全公示牌，重点对粮食、蔬菜、水果、肉、蛋等食品进行检测并公布检测结果。

（十二）法律、法规规定的其他职责。

第十八条　集贸市场开办者应当实行市场内经营者环境卫生区域责任制，根据经营面积配备足量的专业保洁人员，并配备专职环境卫生监督员。

第十九条　集贸市场开办者应当建立巡查管理制度，组织督促做好市场内经营者责任包干区内的卫生保洁工作，做到摊位（店面）清洁卫生，经营工具摆放整齐，无乱挂乱吊、无乱堆乱放、无积水外溢、无散落垃圾、无摊（店）外经营。

第二十条　集贸市场开办者禁止擅自扩大经营场地范围，禁止擅自改变集贸市场用途和终止集贸市场的经营活动；应当按照集贸市场布局设计图设立档铺，禁止随意摆摊设点。

第二十一条　集贸市场开办者不得对市场内经营者和消费者违法设立收费项目。需要调整场地、设施租金或者其他服务性费用的，应提前与市场内经营者进行协商。

第二十二条　集贸市场合并、迁移、分立、撤销、关闭或者变更重要事项的，集贸市场开办者应当按照合同约定的期限通知市场内经营者，没有约定的，应当在六十日前通知市场内经营者，同时向社会公告，并依法办理注销登记或者变更登记。

第四章　集贸市场的经营管理

第二十三条　除农民按规定在市场内销售自产的农副产品外，市场内经营者应当依法领取许可证及营业执照后，方可从事经营活动。

第二十四条　市场内经营者应当在经营场地明显处悬挂营业执照，实行经营许可证制度的，还应同时悬挂相应的许可证，不得在市场统一划定的经营场地之外摆摊设点，场内经营摊点应当严格落实“门前三包”及环境卫生区域责任制。

第二十五条　市场内经营者不得伪造、涂改、转让、出租、出借营业执照或者许可证，不得擅自改变经营范围或者经营方式。

第二十六条　市场内经营者应当建立并严格执行商品进货查验制度、进销台帐制度，索取商品质量合格证明；购进并销售持许可证件生产商品的，应当向供货方索取查验有效的生产许可证、卫生许可证等证明文件。

市场内经营者应当对消费者提出的修理、更换、退货、补足数量等正当要求，无正当理由不得拖延或者拒绝。

第二十七条　市场内经营者应当履行下列责任：

（一）初次与供货单位交易时，应当查验其主体资格合法证明文件，包括营业执照，食品生产经营许可证等并索取相关的复印件及交易票据。

（二）应当从批准设立的禽畜定点集中屠宰场购进肉类及其制品，并在摊档明显位置悬挂、张贴肉品的检验检疫合格证明。

（三）经营直接入口食品及熟食制品的，应当具备防尘、防蝇设施，生熟食品应当分开存放，从业人员应当持有健康合格证明。

第二十八条　市场内经营者禁止销售下列物品：

（一）假冒他人注册商标、使用虚假产地证明、假冒其他企业名称或代号的商品；伪造或冒用优质商品、认证产品、许可证标志的商品。

（二）应当检疫、检验而未经检疫、检验或者检疫、检验不合格的农副产品和依法应当标识而未标识的农副产品。

（三）病死、毒死或死因不明的畜禽及其产品，有毒、有害、不符合卫生标准的食品。

（四）使用不符合国家有关强制性技术规范保鲜剂、防腐剂、添加剂的食品。

（五）法律、法规规定禁止销售的其他物品。

第二十九条　市场交易活动禁止下列行为：

（一）垄断货源、欺行霸市、哄抬物价、强买强卖、骗买骗卖、扰乱市场的。

（二）短尺少秤、以次充好、经营假冒伪劣商品的。

（三）倒卖有价证券或者以有价证券易物的。

（四）从事不正当竞争活动的。

（五）赌博、算命、测字、看相以及从事伤风败俗、野蛮恐怖卖艺活动的。

（六）法律、法规禁止的其他行为。

第五章　集贸市场的监督管理

第三十条　各区管委、镇政府、街道办事处要加强辖区内集贸市场的日常管理，督导集贸市场开办者加强市场设施建设维护，规范市场环境卫生、乱摆摊设点、乱堆杂物、占道经营等现象。

第三十一条　市市场监督管理局负责依法核准市场经营管理者及市场

内经营者的主体准入,依法查处无照经营行为;对市场经营行为、商品质量(不包括农产品、水产品、食品)等进行监督检查,依法查处违法违规行为,保护消费者合法权益;受理并处理消费者的申诉和举报;依法查处商标侵权及广告违法行为;负责对市场定量包装商品实施的计量进行监督检查,对计量标准器具核准与计量器具检定,查处计量违法行为。

第三十二条　市城管执法局负责强制拆除崖头规划区内集贸市场不符合城市容貌标准、环境卫生标准、违章搭建的建筑物或者设施,负责对崖头规划区内集贸市场内的非法张贴、喷涂、散发小广告行为进行教育和处罚,并对清除非法小广告工作进行督导检查;各区管委、镇政府、街道办事处负责查处辖区内集贸市场不符合城市容貌标准、环境卫生标准、违章搭建的建筑物或者设施,负责对辖区内集贸市场内的非法张贴、喷涂、散发小广告行为进行教育和处罚,并对清除非法小广告工作进行督导检查。

第三十三条　市城建局负责对集贸市场周边的卫生保洁进行督导。

第三十四条　市公安局负责监督检查市场治安管理工作,落实安全保卫措施,查处市场上强占柜台(摊位)、欺行霸市、强买强卖等各种扰乱市场治安秩序的违法犯罪行为;负责对市场防火安全监督管理,对新建、扩建、改建及室内装修的市场,依照国家有关消防技术规范的规定进行审核和验收。

第三十五条　市物价局负责市场收费备案、商品交易价格行为、执行明码标价情况以及执行相关价格法律、法规、政策情况实施监督检查。

第三十六条　市卫计局负责对市场内食品经营者进行健康查体,发放健康证,对市场传染疾病防控实施监督管理。

第三十七条　市食品药品监督管理局负责实施和监督市场食品行政许可和登记备案,组织开展食品安全监督抽样检验,对市场内预包装食品、加工制作食品、餐饮服务活动等进行监督管理。负责食用农产品从种植环节到进入批发、零售市场后的质量安全管理并公示,与农业部门各负其责,共同协调配合查处违反农产品质量安全违法的行为。

第三十八条　市农业局负责市场内农产品质量安全监管,负责食用农产品从种植环节到进入批发、零售市场前的质量安全管理,与食品药品监督管理部门各负其责,共同协调配合查处违反农产品质量安全违法的行为。

第三十九条　市畜牧兽医局负责加强动物疫情监测及重大动物疫情处理。

第四十条　市海洋与渔业局负责对集贸市场内经营的水产品进行监督抽查,对水产品的药物残留进行检测。

第四十一条　市环保局负责对集贸市场的环境保护工作进行监督管理。

第四十二条　市文化执法局负责对市场销售的图书、报纸、期刊、音像制品、电子出版物等实施监督管理,负责查处盗版侵权行为。

第四十三条　法律法规规定由其他行政管理机关监督检查的,从其规定。

第四十四条　有关行政管理部门应当按照各自职责,加强对集贸市场的日常监管。市市场监督管理局应当定期组织相关部门,对市内集贸市场进行巡查监管,对发现的问题应及时责令整改,逾期不整改的,依法进行处罚。市市场监督管理局会同有关部门对集贸市场的日常经营管理情况进行考核,考核结果纳入征信管理。

第六章　法律责任

第四十五条　市场开办者和市场内经营者违反本办法规定的,由相关行政管理部门在各自职责范围内依照有关法律法规进行处罚;给消费者造成损害的,依法承担赔偿责任;构成犯罪的,依法追究刑事责任。

第四十六条　对在集贸市场日常监管工作中执行不力的行政管理部门,以及滥用职权、玩忽职守、徇私舞弊、收受贿赂的执法人员,移交纪检监察机关依纪依法处理;构成犯罪的,依法追究刑事责任。

第七章　附则

第四十七条　本办法自公布之日起30日后施行,有效期3年。

外地传媒中的荣成

·专题报道目录·

2016年有关荣成生态文明的报道一览表

表 99

媒体名称	日期	题　目
新华社	1月2日	坐上高铁看天鹅成山东旅游新名片
新华社	2月10日	山东胶东天鹅村:人与自然的和谐新春
新华社	6月2日	“腾笼换鸟”助产业升级
经济日报	4月5日	荣成目送天鹅归
经济日报	6月4日	山东荣成:让海草房留住乡愁
大众日报	1月26日	荣成:在转型升级中迈向绿色发展
大众日报	1月27日	荣成:打响一场全民参与的环保攻坚战
大众日报	1月27日	荣成:擦亮“自由呼吸·自在荣成”金招牌
大众日报	6月29日	荣成:严管出来的“自由呼吸”
大众日报	12月15日	与大天鹅有个约会
威海日报	5月23日	在山水间自由呼吸
威海日报	6月4日	打造产城融合的休闲旅游城市
威海日报	10月09日	“自在荣成”天朗气清
威海日报	11月1日	让自由渗透进城市的每个角落
威海日报	11月21日	提供新发展理念的“荣成答案”
威海日报	12月19日	守住生态底线 促进绿富共赢
威海日报	12月19日	一座可以深呼吸的城

2016年有关荣成创新发展的报道一览表

表 100

媒体名称	日期	题　目
新华社	1月15日	山东荣成依托对韩外贸新载体开拓国际市场
新华社	3月2日0	全球首座四代核电站反应堆压力容器吊装成功
经济日报	5月26日	海里“长出”千亿产业
中国食品报	2月5日	山东荣成:海产品安全从海上管到桌上

媒体名称	日期	题　　目
大众日报	4月11日	荣成远洋渔业“胃口”越来越大
大众日报	7月9日	荣成服务贸易搭上“试点”首班车
大众日报	7月17日	20名博士镇长当起“科技红娘”
大众日报	8月15日	山东首家海洋商品交易市场上线运行
威海日报	1月13日	帮企业搭上“顺风船”
威海日报	2月26日	荣成海鲜e网打天下
威海日报	2月29日	远洋渔业朋友圈越来越大
威海日报	6月23日	荣成挺进中韩自贸“深水区”
威海日报	8月15日	“互联网+”给力荣成产业转型
威海日报	9月6日	感受创新发展的时代脉搏

2016年有关荣成共建共享的报道一览表

表101

媒体名称	日期	题　　目
新华社	10月17日	山东荣成:贫困居民有了“私人医生”
光明日报	2月13日	一次性补缴:让农村老人老有所养
大众日报	7月11日	“情深巴士”到田间
大众日报	1月20日	荣成老旧小区改造充分尊重民意
大众日报	2月1日	荣成把10万外工当“家人”
大众日报	2月28日	荣成:农村子女为老人入保险成新风
大众日报	4月10日	荣成农村改厕有了“私人订制”
大众日报	5月16日	荣成:村账监管严格不忘高效
大众日报	5月22日	小小“斑马线”做出大文章
大众日报	7月7日	荣成投资9亿元消除大班额
威海日报	7月18日	唯愿百姓俱欢颜
威海日报	8月6日	城乡处处皆风景
威海日报	8月11日	老百姓活得倍儿精神
威海日报	9月7日	信用有价
威海日报	9月27日	好风景长成大产业

2016年有关荣成典型风采的报道一览表

表102

媒体名称	日期	题目
中国青年报	1月5日	非亲非故 他照顾残疾“老弟”20年

媒体名称	日期	题目
新华社	10月17日	“两弹一星功勋”郭永怀事迹陈列馆落户家乡荣成
大众日报	2月22日	大学生网上当起“破烂王”
威海日报	10月20日	大国工匠 不朽丰碑
威海日报	3月14日	于志强:危急关头水中救人
威海日报	3月15日	七年苦寻 完“币”归赵
威海日报	5月10日	连夕庆:三十年如一日照顾瘫痪妻子
威海日报	6月9日	慕桂卿:与婆婆半世情浓的好儿媳
威海日报	6月9日	滕文军:伸援手相救摔倒老人
威海日报	7月1日	以身报国——为民族振兴奋斗终生
威海日报	7月12日	六旬大妈两次冲进火场救人
威海日报	9月14日	宋忠华:无偿捐树价值50万元
威海日报	10月18日	曲波:默默奉献演绎工匠精神
威海日报	12月7日	李成彩:19年如一日照顾截瘫丈夫
威海日报	12月12日	荣成“托举哥”海水中奋力救出两人

·典型报道荟萃·

为打造“好空气”标签,24小时设卡检查扬尘腥水,实现畜禽养殖污染“零排放”

荣成:严管出来的“自由呼吸”

记　者　任松高　彭辉
通讯员　李钟芸

“吹着海风,吸一口沁人心脾的空气,每个来到荣成的游客都恨不得把这新鲜的空气带回家。”从北京来到荣成市拍摄网络大电影的导演田宇说。在外地游客聚集的地方,像这样对荣成空气的赞叹声不绝于耳。好空气已成为荣成的标签,不仅外地游客青睐荣成,连影视圈也来“凑热闹”,仅在6月份,就有4部影视剧在荣成拍摄。

当前,荣成正在全力打造“自由呼吸·自在荣成”的城市名片。记者在荣成采访发现,“自由呼吸”的背后是许多的“不自由”,碧水蓝天好空气,很大程度上靠的是严格管理。

管腥水扬尘　24小时设卡检查

6月份,素有“中国海带之都”美称的荣成进入海带收割、晾晒的黄金季节。海岸线上虽然是一派忙碌的收获景象,但市区道路上却看不到腥水溢洒的痕迹。

去年10月份,荣成成立了扬尘腥水污染整治综合协调办公室,从公安、交通运输、城管等部门抽调专人专车组成联合执法队伍,在重点路段、重点卡口设立10处扬尘腥水检查站,安装了高清探头,24小时设卡检查,设立巡查组对城区主干道路进行地毯式检查,确保巡查区域零死角。整治办公室主任鲍永志说:“市里明文规定,一些重点路段,所有海带运输车辆以及装载水产品和水产品加工下脚料的运输车辆禁止通行;其他路段,行经车辆必须按规定标准进行密闭化改造,对沿途滴漏溢洒的坚决予以处罚。每个镇街也参照市里的整治模式,成立了自己的执法队伍,具体负责辖区内的整治工作,对存在的问题建立督办台账,实行销号管理。”

为治理扬尘源头,荣成督导全市所有商砼生产企业全部完成工厂化改造,同时对全市车辆及物料遮盖、出入口硬化、工地监控设施无盲点覆盖管理,安装视频监控探头,对施工现场作业的实时视频监控,在建筑施工现场设置喷水降尘设施,遇到干旱季节和大风天气时,安排专人喷水降尘。荣成还对黄土露天情况进行了全面排查,目前共完成黄土露天补植面积约410万平方米。

管重点行业　关停256家“小作坊”

来到荣成好运角旅游度假区的那香海国际海滨浴场,空气格外清新。外地游客可能想不到,这里原本集聚着很多低端的小型海带、海参养殖房。仅用短短半年多的时间,好运角旅游度假区投资1亿元把环海路北侧的养殖用房全部拆除,恢复原始沙滩,将腾出的空间用来发展滨海生态旅游业,打造通透、美丽的岸线景观。

为了把最美海滩还给市民游客,荣成下大气力整治海带、石材、水产品加工等重点行业污染,提高环境准入门槛,引进生态环保的新兴产业。

荣成是全国主要的鱼粉产区,很早以前是传统的生产方式,污水、腥臭给当地环境造成伤害。从2012年开始,荣成市启动了全方位、深层次的鱼粉行业整治行动。

"我们投资20多亿元,将186家传统鱼粉加工企业压缩到62家,通过设备更新和技术改造,推动鱼粉加工向海洋蛋白、鱼油等提取物开发转型,实现污染治理与产业升级的双赢。"荣成市环保局局长王洪军说。在石岛管理区与人和镇交界处,原来的鱼粉生产地已变成了一个国家级农业科技园区,已有中海健康产业、国际海洋食品城等27个优质项目落地,一个生产、生活、生态共融的新兴园区初具规模。

荣成还把石材行业的整治作为重点,力争用三年时间,彻底解决区域污染问题。目前,市里已完成279家石材加工企业的摸底排查,启动了石材行业整治行动,引导企业建设密闭式生产车间、更新生产设备,打造绿色环保新厂区。市里将干制海产品加工行业统一规划集中加工区,改进生产加工技术,对海带收割、漂烫、加工、运输等全产业链进行改造提升,促进漂烫废水变废为宝。对不按规定收集的晒场,一律关停取缔。目前,全市已关停256家小养殖场、小鱼粉厂、养貂场等。

管养殖污染　治理3100家养殖场

夏庄镇的民兴生态养殖园从德国引进先进的处理系统,将养殖过程中产生的污染物转化成有机肥,为果树、花木提供优质肥料,每天的排污量达到50立方,能够提供2千亩土地的农业生产用肥,实现粪污无害化零排放处理。民兴生猪养殖专业合作社理事长董连玉说:"以前没有除污设施,养殖场的污水基本是直接排放,那气味没法闻,钱是挣了,但挨了乡亲们不少骂,心里不舒坦。"

荣成在全省率先启动了畜禽养殖污染综合治理工程,目前,全市共治理各类养殖场3100多家。市里根据不同畜禽种类的养殖特点和养殖规模因类制宜,采用"减量化、无害化、资源化、低成本"的治理方法,通过建设雨污分流、干湿分离、建设配套三格式化粪池等污染治理配套设施,对畜禽粪便、污水进行无害化处理,确保畜禽养殖场畜禽粪便综合利用率达到100%,实现粪污"零排放"。

"养殖污染的治理,必须以不反弹为目标,我们实行奖惩结合。"荣成市畜牧兽医局副局长张爱国说。市里实施了"以奖代补""先治后补"等扶持方式,对验收合格的畜禽养殖场根据基础设施的投入和畜禽存栏量给予资金奖励。

市里对畜禽养殖污染监管实行网格化管理,建立了镇街、基层畜牧兽医站和村级防疫员三支监管队伍,各镇街建立了养殖污染巡查监管制度,将污染监管责任落实到具体人员,基层畜牧兽医站将养殖场污染监管责任落实到每位职工,每月至少进行一次巡查;将养殖场污染治理监管工作纳入村级防疫员的职责范围,与防疫员待遇相挂钩,以实现对养殖场的全天候监控。对发现问题的,由畜牧部门下发限期整改告知书。全市下达限期整改告知书96份。对拒绝整改或整改不达标的,移交环保、公安部门依法严厉处罚。目前,荣成市已创建国家级标准化示范场2家,省级标准化示范场22家,65家规模养殖场通过无公害产品认证。

(《大众日报》2016年6月29日)

信用有价

——社会信用体系"荣成模式"路径探析

记　者　连　涛

通讯员　张起帅　丛志超

4月,荣成获批创建国家社会信用体系建设示范城市,成为山东省唯一、全国仅有的3个县级创建示范城市之一。

日前,《荣成社会信用体系建设规划(2016—2020年)》出台,成为指导荣成市社会信用体系建设的重要顶层设计,为未来一个时期荣成社会信用体系建设提供了时间表、路线图和任务书。

为山九仞,非一日之功。自2012年起,经过连续4年诚信建设的探索实践,荣成已建立起覆盖全部信用主体、所有信用信息类别、全市所有区域和信用产品应用最为广泛的社会征信体系,成为国内首个将党政机关、村居组织纳入征信管理的县市,形成了"五个三位一体"的信用建设"荣成模式",在社会征信体系建设和信用应用管理工作上,走在了全国前列。

全面覆盖　政务诚信引领社会诚信

火车跑得快,全靠车头带。荣成市委、市政府带头从自身做起,充分发挥政府诚信建设示范作用,建立政府守信践诺机制,以打造"审批事项最少、时限最短、效率最高"政务环境为目标,完善行政权力运行、机关干部岗位评价和党政诚信制约三大体系,着力提升政府公信力。

着眼提升政务诚信的引领作用,荣成市委书记江山强调:"大力推行'信用+工作'管理模式,构建以信用为核心的工作机制和监管体系。"将信用建设同市委、市政府日常工作和行业管理相结合,形成褒扬诚信、惩戒失信的政策导向。

从加强机关工作人员的诚信管理和教育入手,《荣成市区镇市直部门征信管理试行办法》等征信规范性文件先后出台,将社会信用与岗位信用结合起来,结合机关云平台客户端,详细记录机关干部工作进度、日常纪律、个人荣誉等内容,建立诚信档案,将公务员诚信记录作为干部考核、任用和奖惩的重要依据。

《办法》实施之初,有人认为只是一个形式。后来个别干部因在"两个全覆盖"大走访中没有按照要求对联系户进行"人对人、面对面"的走访,机关岗位征信等级被降为B级,并上报市征信平台,让机关干部意识到这是"动真格的"。机关岗位征信得以在全市100多个市直部门和上级驻荣单位全面推开,机关作风也全面转变。

以政务诚信为突破口,荣成打开了诚信建设的大门。目前,已构建起以政务诚信为先导、企业诚信为重点、社会诚信为基础、司法诚信为保障的"四位一体"诚信体系,征信系统实现所有行业领域、所有社会组织成员和所有经济社会活动全覆盖。

如今,荣成全市60.1万本地居民、14.3万外来人口、2.9万个体工商户、1.2万家企业、140个部门单位、900多个村居已全部纳入征信系统,每个社会组织及其成员都建立起信用信息档案，都有了自己的“诚信名片”和“诚信身份证”。根据《社会信用信息征集目录》，平台已征集基础信息800多万条，各类信用信息41万条，其中守信信息37万条、失信信息4万条。

共建共享　夯实诚信建设根基

如何将诚信荣成建设取得的成果固定住、延续好？如何把诚信的道德软约束变成社会管理的硬杠杠？这成为诚信荣成建设的一个重要课题。

信息征集是社会信用体系建设的基础，也是实施守信联合激励、失信联合惩戒的前提。没有信用信息，联合奖惩就没有依据，诚信建设便没有根基。

为此，荣成制定了自然人、社会法人、区镇部门、村居组织4个征信管理办法和信用信息评价规定，推行“三级征信、双向评级”的征信评价运行机制。

荣成将征信办作为市级征信实施主体，负责社会性信用信息的征集和管理；行业内，在城建、交通、环保、食品药品等42个重点领域开展信用建设，行业主管部门根据日常管理服务需要，建立各自的信用信息数据库；在基层，以村规民约为主要载体，实施农村社区信用体系建设，由部门镇街和村居组织作为实施主体，定期采集记录履行村规民约过程中形成的信用信息。

三个层面的征信，既有单独的评价指标，又能互联互通、信息共享，统一上传到市级社会信用信息数据库，纳入社会性征信管理。

在信用评价上，荣成创新探索出“信用评级”这一符合县域特点的信用管理新机制，推行政府评级、社会评级双向评级制度，实行千分制考核和动态化管理，设定1000分的基础分值，按照赋分标准划分AAA、AA、A、B、C、D六个等级，分别代表诚信模范、诚信优秀、诚信、较诚信、诚信警示和不诚信，对86种严重失信行为直接降级，其中诚信警示级别列入“黄名单”管理，不诚信级别列入“黑名单”管理。

同时，荣成引入两家第三方信用服务机构，对经济活动领域进行社会评级，按照分数高低将企业划分为A、B、C、D4个信用等级，建立企业“黄黑榜”，为企业参与政府采购、招标投标、市场交易等经济活动出具信用报告。

针对近年来村居出现的诚信缺失、信任危机等社会问题，荣成创造性实施了农村信用体系建设专项工程，将征信管理和最接地气的村规民约挂钩，为每名居民建立诚信台账，使村居征信和社会征信有效对接，产生更广泛、更强大的信用约束力。

如今，诚信文明已在荣成乡村蔚然成风，信用加分也不断激发村民道德素质的提升和参与新农村建设的热情。企业“黄黑榜”成了不少企业宣传的利器，越来越多企业将A级征信报告摆在门店显眼处，成了诚信经营的金字招牌。

奖惩并举　征信结果真评真用

“信用联合奖惩机制是社会信用体系建设的核心机制，要通过跨区域、跨部门、跨领域的协同联动，对诚实守信者进行联合激励，重在褒扬，重在提供优先机会，重在减轻社会负担；对违法失信者进行联合惩戒，重在约束，重在限制，重在提高失信成本，营造‘一处失信、处处受制，一时失信、长期受限’的氛围。”8月16日，在荣成信用联合奖惩工作座谈会上，江山如是说。

翻开荣成市征信办的使用(查询)信用报告登记簿，记者看到，每天都有四五人到十几人到此处开具信用证明，用途为贷款、职务晋升等。工作人员说，目前，每个公民可以两次免费开具信用证明。随着社会信用体系的建设，诚信已经渗透到百姓生活和工作之中。

注重信用评价运用，荣成引导社会崇尚“信用有价”理念，政府带头使用信用产品，凡是市里出台的奖励性政策文件，全部注明适用的信用等级；凡企业和个人提交的行政审批事项，都在申请表中增加信用等级栏目，就自身信用情况作出承诺；凡是资金扶持、项目申报、政府采购、工程招投标等公共资源分配活动，优先考虑诚信度高的企业和个人，信用等级达不到B级的不予批准；凡是岗位招考、评定职称、政府资金补助等社会管理活动，都必须进行信用审查，信用等级为C、D级的个人，取消相应资格。

征信管民更管官。荣成专门出台《在党员干部和“两代表一委员”管理中强化信用结果运用的意见》，将信用信息应用与干部选拔、评选表彰、发展党员、“两代表一委员”推荐等挂钩。在2014年荣成农村“两委”换届选举中，就有23人因信用等级不达标，被取消其提名党组织成员候选人资格。党政机关因信用等级不够被取消干部选拔、评先评优、发展党员等资格的有30多人次。

诚信制度建设让奖惩明明白白：在出租客运行业，交通部门根据信用评价结果，对守信出租车授予“星级服务车”称号，对失信出租车给予警告、停运等惩戒措施；在建筑业、房地产业等行业市场，城建部门将信用评价结果作为企业资质晋升、星级评定的依据，对失信企业予以警告，对严重违规企业实施惩戒……

在对失信行为加大惩戒力度的同时，荣成注重对守信行为的激励，使守信者获得更多的机会和实惠，真正让“信用有价”落地生根。近年来，荣成先后评选表彰了各类诚信典型2.5万多个，政府专门设立信用基金用于诚信个人奖励。信用等级在AA级以上的，可享受200元养老保险补贴、100元医疗保险补贴和100元公交乘车补助，从事个体经营的可申请10万元无息担保贷款。在公共服务领域，荣成推出首款守信激励公共服务产品，信用等级达标的市民，可享受公共自行车“免押金、免费骑行时间长”等优惠政策。还有银行推出“个人荣誉贷”业务，对诚信个人放宽授信额度和还款期限，并给予30%的利率优惠，目前已有284名市民申请到“个人荣誉贷”，授信金额达6600万元。

信用的力量正在荣成迸发出越来越大的价值。“开展诚信体系建设以来，荣成社会矛盾纠纷减少了22.8%，金融机构不良贷款率下降了26%，群众满意度始终保持在96%以上，信用已成为体现价值的载体。”荣成市社会管理服务研判中心主任黄春晖说。

(《威海日报》2016年9月7日)

提供新发展理念的“荣成答案”

——荣成打造“自由呼吸·自在荣成”城市形象路径探析

记 者 连 涛
通讯员 李钟芸 丛志超

深秋的荣成，瑰丽如画。穿梭在花园城市，漫步于诗意乡村，“自由呼吸·自在荣成”的城市形象标识随处可见。

作为荣成市委、市政府去年提出着力打造的城市形象，“自由呼吸·自在荣成”不光外化于“形”，更内化于心，内涵不断丰富和持续提升的同时，产生了良好口碑和社会效益。

作为城市形象宣传语，“自由呼吸·自在荣成”不仅是对荣成城市特点的高度凝炼和设计，更是对城市发展战略的重新定位和优化，归根结底是为发展服务的。

“‘自由呼吸·自在荣成’与五大发展理念的逻辑是一致的。不仅体现在城市形象的塑造上，而且也要纳入到区域发展的战略框架中。”中国社科院公共政策研究中心副主任王震说。

蓬勃发展的新兴产业，如火如荼的项目建设，处处彰显着这座城市的生机与活力。

国家生态市、国家环保模范城市、国家园林城市、中国优秀旅游城市……一个个响亮称号，诠释着这座城市的本质内涵。

优美的生态环境已成为荣成人引以为“荣”的骄傲，良好的城市发展战略已成为荣成人事到功“成”的自豪。前三季度，荣成实现国内生产总值796.3亿元，增长8.3%，主要经济指标位居全市前列。

生态优先 筑牢率先发展根基

生态是荣成最大的优势，“自由呼吸·自在荣成”，就是要提升生态文明建设水平，为发展创造自由自在的生态空间

荣成地处山东半岛最东端，三面环海，坐拥千里黄金海岸，四季分明，生态宜居，年空气质量优良天数300天以上。不仅如此，荣成还是全国第一海洋经济大县，水产品产量和渔业总收入连续30多年位居全国首位。

独特优越的地理位置、得天独厚的自然环境、创新发展的产业格局、安定和谐的社会环境，赋予了荣成这座海滨城市独特的魅力，正是在这样的自然生态禀赋和区域发展水平的基础上，荣成市委、市政府审时度势提出了塑造“自由呼吸·自在荣成”的城市形象，引领区域经济社会科学发展。

“希望通过‘自由呼吸·自在荣成’的宣传推介，叫响生态好、环境优的品牌，推动荣成发展优势由自然环境领域向社会人文环境领域拓展，努力争创全国文明城市，同时为各级开展工作提供根本遵循和行动指南，促进经济社会全面发展、科学发展、和谐发展。”荣成市委常委、宣传部长张瑞英说。

好空气、好生态是“自由呼吸”的基础，是城市形象塑造的根基。党的十八大首次把生态文明建设纳入中国特色社会主义事业“五位一体”总体布局，提出建设美丽中国。近年来，荣成市委、市政府立足生态这一最大优势，坚定不移走绿色发展路子。

作为典型的资源型城市，荣成从传统渔业经济起步，躺在行业第一的“家底”上审视后续发展路径，荣成人意识到，资源总有用尽的时候，创新才是可持续发展的动力之源，只有通过创新驱动，才能改变过去的发展模式，走资源节约型和环境友好型的发展道路，为发展拓展空间、积累优势。

为此，荣成人在经济建设上，恪守着生态优先的发展导向：一产鼓励发展休闲农业和远洋渔业，建设国家级远洋渔业基地；二产推动海洋食品产业向产品高端、市场终端“两端”发展，向海洋生物科技产业拓展，修造船业主攻高技术船舶，机械制造逐步向高端装备、职能制造转型；三产积极对接“互联网+”，向平台经济用力，建成全省首家海洋商品国际交易中心、全省食品行业唯一的省级皇朝马汉外贸综合服务平台、全国唯一的日韩食品“同线同标同质”公共服务平台。

民生工作，荣成也将改善生活环境作为用力方向，持续开展生态环保整治行动，着力解决农村面源、扬尘腥水、鱼粉石材、岸线保护等14个领域的环境污染问题，投入7亿多元开展以“三清四化”为重点的农村环境综合整治，全市800多个村实现整治全覆盖，启动农村改厕三年规划、污水处理五年规划，实现改厕、污水处理全覆盖，建立城乡环卫一体化管护机制，保障城乡生活垃圾“户保洁、村收集、镇转运、市处理”，被评为全省生态文明乡村建设工作先进市，保持生态环境建设的领先优势。

改善生态环境，既要靠整治，也要靠法治。荣成抓住新《环保法》出台的机遇，设立镇街综合执法中心，成立扬尘腥水污染整治综合协调办公室，推动环保执法向基层延伸。对污染企业全部按照上限处罚，在电视、报纸等媒体公开曝光，强化舆论震慑。将违法企业列入黑名单，在各个领域严格限制，提高违法成本，杜绝“少数人发财、大多数人受害、全社会买单”的不公平现象。

同时，荣成严把产业项目规划和环评审批关口，明确规定新项目环境指标、投资强度、建筑密度和容积率“五个不能降低”，实行产业性质和环保目的不一致、选址布局与生态分区规

五“城”联建 引领全面发展方向

城市是人们共同的家园，“自由呼吸·自在荣成”，就是要提升城市内涵，让市民体验到自由自在的生活方式

如果说好空气、好生态是“自由呼吸”的基础，人自在、心舒畅则是“自在荣成”的应有之义。只有老百姓办事方便，出行便捷，生活舒心，游客满意，社会和谐，才能称得上是真正的“自由自在”。

为此，荣成坚持从政府做起，加快行政审批制度改革，推进简政放权，提升行政效能，最大限度便利群众办事，打造良好营商环境。在此基础上，荣成将提升城市内涵、塑造城市形象作为重中之重，全面建设智慧城市、文明城市、信用城市、生态城市、旅游城市，提高中心城市首位度和公共服务水平，让群众有更多获得感，实现全方位的“自由呼吸·自在荣成”。

“黄色代表车辆停运；红色为下行线路；紫色为上行线路。三种颜色可以

直观清晰地查询到每条线路公交车辆的具体情况，出现特殊情况时能及时补充车源，避免客源挤压现象发生。”记者在荣成公交车指挥调度中心监控显示屏上看到，全市所有公交线路呈网状分布，黄红紫三种颜色标识显示车辆的运行情况及当前位置等信息。

打造智慧公交是荣成智慧城市建设的重要组成部分。作为“十三五”时期的重大民生工程，荣成将建设智慧城市作为推进创新型城市建设的重要抓手、引领创新发展的总平台，高位切入，整合各类要素资源，搭建总的智慧荣成综合管理平台，下设平安荣成、幸福荣成、繁荣荣成、绿色荣成、高效荣成五个分平台，先期启动实施了平安荣成指挥中心、智慧安全、智慧招商、智慧旅游等11个项目，使城市管理逐步实现智能化、精细化、现代化，使政府管理更高效，市民办事更方便。

去年2月，荣成被列入全国文明城市提名城市。创建之初，荣成就坚持这样的理念：创城不是为了“争牌子”，而是将其打造成一项实打实的民生工程和市民素质提升工程。荣成坚持城市规划建设与教育布局调整、棚户区改造等民生需求相结合，配套设施完善与社区管理服务、文明主题活动相结合，政府投入与群众参与、志愿服务相结合，扎实推动创城各项工作落实。

据荣成住建局副局长李纪威介绍，明年荣成将实现城中村改造、主干道路改造、老旧小区改造“三个全覆盖”，城乡通暖、通气、通水、垃圾处理、污水处理、道路改造绿化“六个一体化”不断扩面延伸，目前22个镇街全部通达天然气、18个实现集中供暖、16个纳入城市供水管网，城乡垃圾处理率、城镇污水处理率分别达到100%和95.8%。

“面子”靓，“里子”更美。荣成通过在全市开展“礼让斑马线”“排队乘车、文明礼让”“不乱扔杂物”“全民公益志愿服务”等主题活动，将文明创建落细、落小、落实，打造文明和谐的城市形象。

人无诚不立，城无信不兴。良好的信用，才能带来自由自在的营商环境。以社会主义核心价值观为引领，荣成在全省率先建立社会信用管理体系，为60万18周岁以上居民、17万外来人口、3万个机关企事业单位建立诚信档案，实现党政机关、重点行业、村居、学校、外来人口等各领域征信全覆盖，在全社会营造激励守信、惩戒失信的浓厚氛围，让讲诚信的人自由自在，让不讲诚信的人受限约束。

荣成着重在强化守信联合激励、失信联合惩戒上下功夫，大力推行“信用+工作”管理模式，将信用嵌入党政管理、行政执法、公共服务、社会治理等领域，诚信等级已经成为干部选拔、职称评定、评选表彰、发展党员、项目申报、工程招标等众多经济社会活动领域的“硬杠杠”，诚信等级不达标的给予“一票否决”，对诚信等级较高的个人，荣成给予医疗、养老保险补贴、公交乘车补助、“个人荣誉贷”等优惠政策。

“自由自在”既是城市品牌，也是旅游形象，既要让本地人感到自由自在，也要让外地游客感到无拘无束。荣成确立打造“产城融合的休闲旅游城市”目标定位，将全市作为一个整体景区，打造以主城区为中心、好运角旅游度假区和石岛管理区为“两翼”、滨海生态旅游廊道和内陆乡村旅游廊道为“两廊”的大旅游格局，推动旅游业与农业渔业、美丽乡村、体育赛事、影视文化等融合发展，重点打造20多处休闲农业精品园区，形成了龙头景区带动、特色项目支撑、全域旅游遍地开发的新局面。同时，搭建“互联网+旅游”服务平台，成立市级旅游调度指挥中心和11个咨询服务中心，完善公共交通、自驾标识、公共厕所、餐饮服务等设施配套，提升荣成旅游服务水平。

共建共享　积蓄持续发展后劲

共享是区域发展的目标，“自由呼吸·自在荣成”，就是要全民共同创造，让社会呈现出自由自在的生动局面

塑造城市形象，需要全民参与。党的十八届五中全会提出了“共享发展”的理念，共享不是坐享其成，共享的前提是共建，是“人人参与、人人尽力、人人享有”，没有共建就没有共享。

从塑造城市形象之初，荣成就注重把共建共享理念贯穿于工作的全过程，引导社会各界广泛参与，把城市形象塑造的过程，转化为打造良好生态环境、加快产业转型升级、提高公共服务水平、增进百姓福祉、加快建设创新型城市的过程。

基于这样的认识，荣成通过开展“树典型、扬正气、传递正能量”活动，大力宣传保护生态环境、优化公共服务、产业转型升级等正面典型，曝光污染环境、产能落后、不文明行为等反面典型，用身边耳闻目见的典型事例引导社会各界广泛参与，不唱政府的“独角戏”，努力做好塑造城市形象的“大合唱”。

具体工作中，荣成重点做好“三个引导”——

对党政机关，引导广大党员干部增强责任意识，强化城市形象不仅仅是旅游环保和自然生态的观念，引导各级各部门将本职工作与城市形象塑造结合起来，通过改进和提高工作服务水平，在全社会营造“自由自在”的良好氛围。

对企业，引导其将企业发展与环境保护、社会责任结合起来，牢牢把握科技创新“生命线”，推动产业转型升级，淘汰落后产能，保护生态环境，严守法纪红线，不当生态环境污染源，争当创新发展排头兵，为打造城市形象承担责任、贡献力量，决不能为一己私利而影响全市的生态环境和发展大局。

对广大市民，引导其提高公德意识，提升社会责任感，发扬“人人为我、我为人人”精神，立足自身岗位，切实做好本职工作，奉献文明生活，传递正能量，真正维护和共享“自由呼吸·自在荣成”成果。

如今在荣成，这样的共识正在日益形成：城市形象的塑造，离不开每个社会成员的参与和支持，良好的城市形象也必然会让每个社会成员为之受益。

自由呼吸，自在荣成，正成为每一名荣成人的梦想。

（《威海日报》2016年11月21日）

与大天鹅有个约会

——生态文明建设的荣成模式

记者 于晓波 任松高

11月22日，荣成今冬第一场雪带来双喜临门：栖息荣成的大天鹅达上万只；青荣城铁全线贯通，青岛到荣成的时间缩短到2个小时之内。荣成市旅游局党组成员、旅游公共服务中心主任杨家骏兴奋地告诉记者："今年到荣成旅游的人数已突破900万，创历年新高！"

在这个画一般的城市，与大天鹅有个约会，成为荣成冬季旅游热最大的卖点。乘动车，到荣成，看大天鹅，呼吸新鲜空气，吃渔家饭，住海草房，已成为京津冀、长三角地区及省内城市居民的新时尚。北方的冬季旅游往往平淡，荣成却迎来新一轮的旅游热。

荣成的水、空气等生态指标多年全优，有着千里黄金海岸线。这座美丽的城市还有着一连串国字号桂冠：全国环保模范城市、国家卫生城市、国家生态市……连续34年水产品产量和渔业经济总收入稳居全国第一，多年位居全国百强县前列。

既有绿水青山，又有金山银山。目前，荣成正在向国家级文明城市发起冲刺。作为全国生态文明建设的典范，荣成正在探索一套可复制、可推广的生态文明发展模式，以生态文明建设统筹经济社会发展。

天边飞来一群吉祥鸟

薄暮初降，迎着落日的余晖，荣成市俚岛镇烟墩角村村民曲荣学走出家门，沿着家门口海岸的护栏走了一趟。

海湾中回响着大天鹅的低鸣，细浪上飘动着一片白色的大天鹅。

这一幕，曲荣学早已习惯。

烟墩角村前的海湾成为大天鹅的越冬栖息地，已快有20年光景。最早，曲荣学发现海湾外的海道上有三只大天鹅，离着人远远的。

看到这些，曲荣学从家里拿玉米来喂养大天鹅。大天鹅越来越多，一个冬季下来，曲荣学喂大天鹅的花费达上万元。

村里的乡亲见状，不再向海岸抛垃圾，并同时向海岸边引入淡水，供大天鹅饮用。大雪封门时，村民们也纷纷拿着玉米、白菜等去喂食大天鹅。村里还成立了大天鹅保护站，自发组成大天鹅巡护队。担心惊扰天鹅，村民春节连鞭炮也不放。

渐渐地，大天鹅把烟墩角当作自己冬天的家，大天鹅和荣成由此结缘。

"大天鹅对栖息环境的选择比较娇气，对生态、空气、水源都有较高要求。"荣成市林业局副局长杨晓辉告诉记者，针对大天鹅集中聚集的天鹅湖，市政府专门下发保护通知。荣成斥巨资整治天鹅湖周边生态环境，切断污染源，清淤、整治河道，构建起大天鹅的食物链。甚至于管理人员割芦苇时，还专门把芦苇茬的斜角整平，以防扎伤大天鹅。

经过治理，大天鹅不仅仅在天鹅湖扎堆，还在海湾、水库、湿地等都有分布，每年有上万只大天鹅在荣成越冬。

荣成对生态的珍视，还真切地体现在对海草房的保护上。

守旧亦如创新，有时甚至比创新还要艰难。荣成市是全国海草房最多的地方，现在的海草房有23000多户、95000多间，年代最长的在300年以上。它们像一颗颗珍珠镶嵌在荣成千里海岸线上。

在有"中国历史文化名村"之称的宁津街道办事处东楮岛村，记者一进村，六间保存完好的海草房进入视野：斑驳的石墙和灰色海草房顶一起，构成一幅巨大的风景油画。在村中的喇叭上，还回响着荣成渔民赶海的号子声。

高亢的渔家号子，让人心潮澎湃。荣成市文化局局长刘玉杰认为，尊重自然规律，传承历史文脉的文化生态，浸润在荣成市民的骨子里。这是荣成市成为全国生态文化保护区的重要原因。

如今，荣成市在新一轮全国文明城市测评中，位列县级城市第一名。

拉起支柱产业发展的红线

依托生态优势，荣成亮出"自由呼吸、自在荣成"的城市品牌。

市委书记江山说："生态环境是荣成的最大优势。宁可发展的脚步慢一点，也不能走丢我们的灵魂！"

顶住各种压力，荣成用史上最严格环保法这把尺子来衡量经济结构、生产方式，乃至生活习惯。一把尺子，两种态度；绿色发展亮绿灯，一路扶持；违规一律亮红灯！

为此，荣成开始全方位、全区域、全要素地整治：提前两年完成全市锅炉超低排放目标，总花费超2.1亿元；按照国家标准设立专门工业园区，将原有282家鱼粉企业整合为61家，作坊式企业被现代化的花园式工厂所取代；制定新的养殖、运输、加工规范，海带企业基本达标排放……

"长痛不如短痛。淘汰落后产能，实现行业的转型升级，短暂的阵痛换来的是一个洁净美好的生存空间，一种良好的生活和生产秩序。"荣成市副市长刘伟对记者说。

有人说，发展经济和保护环境始终是一对矛盾。面对这道看似两难的选择题，荣成给出了自己的答案。荣成水产品产量和渔业经济总收入连续34年居全国之首，海洋近岸生态环境基本保持原来的风貌，这其中的奥妙是什么？

——保护和恢复近海岸线。荣成投资10亿元，恢复海岸线，管控污水处理，保证20条入海河流排放达到国家一级水质。

——向绿色养殖要效益。依靠先进科技，荣成的海带养殖已经发展到第六代碳汇养殖；贝类养殖及鱼类养殖技术实现质的飞跃，大多产品直达标准苛刻的日韩和欧美市场。

——捕捞从近海走向蔚蓝。荣成20家远洋捕捞企业310艘远洋捕捞船占据全国远洋捕捞的大半壁江山。荣成渔民的身影已到达南非和南美大洋，海产品的增值幅度达到惊人的40%。

绿色带来效益，绿水换回金山。

在荣成市海洋食品博览中心展馆众多挂图中，有三幅地图引起记者注意：一幅是世界海参分布图，一幅是世界海带分布图，一幅是荣成渔民远洋捕捞的轨迹图。

这三幅图说明了荣成渔业为何稳居全国第一——因为他们心中装着世界，他们了解这个世界！

立起县域生态建设的四梁八柱

谈起荣成市创建"自由呼吸，自在

荣成”城市品牌的原因，江山说：“我们要构建县域的生态建设标准，立起生态建设的四梁八柱，使全市各个层面的工作都有准则。”

在制订标准方面，荣成人已有颇多建树。

“同线同质同标”，这是荣成泰祥集团打造的皇朝马汉商务电子平台生产准则。如今，已经有 135 家企业加盟。公司财务总监冯乔告诉记者：“让国人享有出口标准的食品，一直是公司的准则。前两年，公司有一批货值 2000 多万元的产品，符合国标但因一项不达日韩标准被退货。不少人建议在国内销售。公司董事长于建洋却当即决定销毁这批货物。他告诫大家：外国人不吃的东西也不能给中国人吃！”

这一事件虽然使公司遭受损失，但树起了泰祥的金字招牌。这也是泰祥建设“三同”标准的起因。

让荣成标准接轨世界标准，荣成市的企业在组团奋斗。海带、海参、鲍鱼等海产品的国标大都由荣成执笔。

此外，荣成市还在打造着别人看不见的标准。

在这个城市的地下，已投入几十亿元的资金，这使得荣成城乡一体化的步伐越来越快：全市 826 个村庄联通了标准公路，开通城郊公交车，统一供水，统一供暖，统一供气，统一布局文体设施……这一切已提前达到 2020 年的省级规划标准。

荣成风景园林局副局长张天翠告诉记者：“我们的园林工每人负责 3 千米的绿化带管理。”一个人如何管护这么长的绿化带？她说，大都让周围的村庄和村民认领了。

如今，走进这个山东半岛最东端的城市，仿佛进入了一个东方版的欧洲小城。洁净的街道，绿色的植被，绵延的海景，游人如织，浪花飞溅……呈现一幅人与自然和谐相融的美丽画面。

城市有灵魂，城市会说话，城市有风格，城市也有品位。一个城市的规划布局，就可以告诉你一个城市管理者的理念和胸怀。一个城市管理的细节，可以让人感悟到这个城市的用心与品位。

在荣成，生态文明已经是人们的一种行为准则，更是这座城市的鲜明品格，融入经济和社会发展的方方面面，成为一种文化价值追求。

（《大众日报》2016 年 12 月 15 日）

交通时刻表

城铁荣成站发车时刻表

表 103

车次	运行区间	到站及发车时间
始发		
D6092	荣成—烟台	荣成 6：05 威海 6：25 威海北 6：35 烟台南 7：00 烟台 7：20
C6552	荣成—青岛北	荣成 6：40 文登东 6：54 威海 7：08 威海北 7：18 烟台南 7：43 莱阳 8：18 莱西北 8：31 即墨北 8：53 青岛北 9：10
D6072	荣成—济南西	荣成 7：15 威海 7：37 烟台南 8：06 莱阳 8：43 潍坊 10：01 淄博 10：40 济南 11：29 济南西 11：45
G476	荣成—北京南	荣成 8：45 文登东 8：58 威海 9：12 牟平 9：34 烟台南 9：47 桃村北 10：05 莱阳 10：27 高密 11：19 潍坊 11：49 昌乐 12：02 淄博 12：32 济南 13：21 济南西 13：39 德州东 14：04 北京南 15：18
C6556	荣成—青岛北	荣成 9：00 威海 9：22 威海北 9：31 牟平 9：48 烟台南 10：01 莱阳 10：37 青岛北 11：17
C6516	荣成—青岛	荣成 9：35 威海 9：57 牟平 10：19 烟台南 10：32 海阳北 10：58 莱阳 11：14 莱西北 11：27 即墨北 11：49 青岛北 12：13 青岛 12：35
D6074	荣成—济南	荣成 9：45 文登东 9：58 威海 10：12 威海北 10：22 牟平 10：39 烟台南 10：52 莱阳 11：27 莱西北 11：40 潍坊 12：50 淄博 13：28 章丘 13：54 济南 14：20

车次	运行区间	到站及发车时间
G1846	荣成—西安北	荣成 10：00 文登东 10：14 威海 10：29 牟平 10：51 烟台南 11：04 莱阳 11：39 莱西北 11：52 潍坊 13：01 淄博 13：39 济南 14：28 曲阜东 15：17 徐州东 16：16 萧县北 16：36 永城北 16：52 商丘 17：17 民权北 17：35 开封北 18：00 郑州东 18：25 洛阳龙门 19：06 渑池南 19：40 华山北 20：22 渭南北 20：43 西安北 21：01
C6560	荣成—青岛北	荣成 11：00 威海 11：22 威海北 11：32 牟平 11：50 烟台南 12：03 桃村北 12：22 莱阳 12：44 莱西北 12：57 青岛北 13：30
C6592(高峰)	荣成—青岛北	荣成 11：30 威海 11：52 威海北 12：02 烟台南 12：27 桃村北 12：46 莱阳 13：08 青岛北 13：48
G4218(高峰)	荣成—北京南	荣成 12：10 文登东 12：24 威海 12：38 牟平 13：00 烟台南 13：13 莱阳 13：48 即墨北 14：17 潍坊 15：10 淄博 15：49 章丘 16：17 济南 16：45 济南西 17：10 德州东 17：59 沧州西 18：37 天津南 19：02 北京南 19：36
C6508	荣成—青岛	荣成 13：00 威海 13：22 威海北 13：32 烟台南 13：57 莱阳 14：32 莱西北 14：44 即墨北 15：06 青岛北 15：26 青岛 15：47
G458	荣成—上海虹桥	荣成 13：20 文登东 13：34 威海 13：49 牟平 14：11 烟台南 14：24 莱阳 14：59 即墨北 15：28 潍坊 16：23 淄博 17：02 济南 17：51 枣庄 18：57 徐州东 19：21 宿州东 19：45 南京南 20：48 常州北 21：22 无锡东 21：41 昆山南 21：58 上海虹桥 22：15
D6076	荣成—济南	荣成 14：00 威海 14：22 威海北 14：32 烟台南 14：57 海阳北 15：22 莱阳 15：37 莱西北 15：49 即墨北 16：11 潍坊 17：05 淄博 17：46 济南 18：33
D6078	荣成—济南西	荣成 14：55 文登东 15：08 威海北 15：26 牟平 15：44 烟台南 15：57 桃村北 16：15 莱阳 16：37 即墨北 17：06 高密 17：38 潍坊 18：10 淄博 18：52 济南 19：41 济南西 19：57
G6988	荣成—枣庄	荣成 15：35 威海 15：57 威海北 16：06 烟台南 16：31 莱阳 17：06 潍坊 18：35 青州市 18：57 淄博 19：18 章丘 19：45 济南 20：14 泰安 20：56 曲阜东 21：18 滕州东 21：45 枣庄 21：58
C6504	荣成—青岛	荣成 15：53 文登东 16：07 威海 16：21 烟台南 16：56 莱西北 17：37 青岛北 18：12 青岛 18：33
D9458(高峰)	荣成—济南西	荣成 17：15 文登东 17：28 威海 17：42 牟平 18：04 烟台南 18：17 海阳北 18：42 莱阳 18：57 潍坊 20：14 淄博 20：54 章丘 21：25 济南 21：55 济南西 22：11
C6512	荣成—青岛	荣成 17：53 威海 18：15 烟台南 18：44 莱阳 19：19 莱西北 19：32 青岛北 20：09 青岛 20：30
C6574	荣成—青岛北	荣成 18：30 文登东 18：44 威海 18：58 威海北 19：08 牟平 19：26 莱阳 20：08 即墨北 20：37 青岛北 20：54
C6576	荣成—青岛北	荣成 19：35 文登东 19：49 威海 20：03 烟台南 20：32 青岛北 21：41

终到

C6551	青岛北—荣成	青岛北 6：00 莱阳 6：41 烟台南 7：16 牟平 7：29 威海 7：51 文登东 8：06 荣成 8：18
D6093	烟台—荣成	烟台 7：40 烟台南 8：01 牟平 8：13 威海北 8：30 威海 8：40 文登东 8：53 荣成 9：05
C6555	青岛北—荣成	青岛北 7：00 莱阳 7：42 烟台南 8：17 威海北 8：42 威海 8：52 荣成 9：13

车次	运行区间	到站及发车时间
C6557	青岛北—荣成	青岛北 7：20 即墨北 7：38 莱西北 8：00 牟平 8：49 威海 9：11 文登东 9：26 荣成 9：38
C6503	青岛—荣成	青岛 8：00 青岛北 8：20 莱阳 9：02 烟台南 9：38 威海北 10：05 荣成 10：30
D9455(高峰)	济南—荣成	济南 5：51 淄博 6：38 潍坊 7：16 即墨北 8：09 莱西北 8：31 莱阳 8：44 海阳北 8：59 烟台南 9：25 威海北 9：50 威海 10：00 文登东 10：24 荣成 10：36
D9457(高峰)	济南—荣成	济南 6：11 淄博 6：55 潍坊 7：33 高密 8：02 即墨北 8：37 莱西北 8：58 莱阳 9：11 海阳北 9：26 烟台南 9：52 牟平 10：05 威海北 10：23 威海 10：34 荣成 10：55
C6563	青岛北—荣成	青岛北 9：40 即墨北 9：59 莱西北 10：22 莱阳 10：37 烟台南 11：13 牟平 11：28 威海 11：51 文登东 12：08 荣成 12：20
G6987	枣庄—荣成	枣庄 7：10 曲阜东 7：35 泰安 7：57 济南 8：23 章丘 8：48 淄博 9：12 青州市 9：32 潍坊 9：54 即墨北 10：47 莱阳 11：16 烟台南 11：51 牟平 12：04 威海北 12：22 威海 12：32 荣成 12：53
D6071	济南—荣成	济南 8：55 淄博 9：43 潍坊 10：23 烟台南 12：09 威海北 12：35 威海 12：47 荣成 13：08
D6083	枣庄—荣成	枣庄 7：45 滕州东 8：00 曲阜东 8：20 济南西 8：45 济南 9：06 淄博 9：50 昌乐 10：20 潍坊 10：34 即墨北 11：27 莱西北 11：49 莱阳 12：02 桃村北 12：24 烟台南 12：43 威海北 13：08 威海 13：18 荣成 13：39
G457	上海虹桥—荣成	上海虹桥 6：12 无锡东 6：42 常州北 7：01 镇江南 7：21 南京南 7：42 蚌埠南 8：28 徐州东 9：09 枣庄 9：35 曲阜东 10：01 济南 10：41 章丘 11：07 淄博 11：31 潍坊 12：09 高密 12：38 即墨北 13：08 莱阳 13：37 烟台南 14：13 牟平 14：26 威海 14：48 文登东 15：03 荣成 15：15
C6507	青岛—荣成	青岛 13：06 青岛北 13：26 莱阳 14：07 烟台南 14：42 威海 15：11 荣成 15：32
C6591(高峰)	青岛北—荣成	青岛北 14：30 莱阳 15：11 桃村北 15：33 烟台南 15：52 威海 16：21 荣成 16：42
C6573	青岛北—荣成	青岛北 14：45 莱西北 15：19 莱阳 15：32 烟台南 16：07 威海北 16：32 威海 16：43 文登东 16：58 荣成 17：10
D6073	济南—荣成	济南 13：09 淄博 13：54 潍坊 14：32 莱阳 15：48 桃村北 16：10 烟台南 16：29 牟平 16：42 威海北 17：00 威海 17：10 文登东 17：25 荣成 17：37
G1845	西安北—荣成	西安北 7：40 渭南北 7：59 华山北 8：31 灵宝西 8：51 三门峡南 9：08 洛阳龙门 9：42 巩义南 9：58 郑州东 10：34 兰考南 11：15 商丘 11：43 徐州东 12：52 曲阜东 13：31 泰安 13：56 济南 14：22 章丘 14：47 淄博 15：11 青州市 15：31 潍坊 15：54 高密 16：23 即墨北 16：56 莱阳 17：26 烟台南 18：01 牟平 18：14 威海 18：37 文登东 18：53 荣成 19：05
C6511	青岛—荣成	青岛 17：05 青岛北 17：28 即墨北 17：46 莱西北 18：08 莱阳 18：21 烟台南 18：56 威海 19：25 荣成 19：46
D6075	济南—荣成	济南 16：36 淄博 17：22 潍坊 18：00 高密 18：30 莱西北 19：15 莱阳 19：28 海阳北 19：43 烟台南 20：09 威海北 20：34 威海 20：44 荣成 21：05
G475	北京南—荣成	北京南 15：36 天津南 16：12 沧州西 16：36 德州东 17：05 济南西 17：31 济南 17：51 淄博 18：35 潍坊 19：13 高密 19：41 莱阳 20：34 桃村北 20：56 烟台南 21：15 牟平 21：28 威海 21：50 文登东 22：05 荣成 22：17

车次	运行区间	到站及发车时间
D6077	济南西—荣成	济南西 17：48 济南 18：10 淄博 18：56 潍坊 19：37 莱阳 20：53 烟台南 21：28 牟平 21：41 威海北 21：59 威海 22：09 文登东 22：24 荣成 22：36

说明：发车时间若有变动，请以票面为准，咨询电话：12306

荣成市石岛船舶客运时间表

表 104

始发地	目的地	发船时间	咨询电话
石岛	仁川	每周二、四、日 20：00	7281666
石岛	群山	每周一、三、六 20：00	7286666

荣成市汽车站长途客车发车时刻表

表 105

线　路	发车时间	途　经　地
石岛—洛阳	10：30	日照、兰考、郑州
石岛—宁海	13：00	连云港、嘉兴、杭州、宁波
荣成—郑州	7：45	济南、菏泽、南阳
荣成—郑州	7：45	济南、菏泽、南阳
荣成—上海	12：00	连云港、江阴、张家港
荣成—周口	8：45	即墨、济宁、商丘
荣成—周口	8：45	即墨、济宁、商丘
荣成—北京	14：00	天津、黄骅、无棣
荣成—郸城	12：00	即墨、徐州、鹿邑
荣成—郸城	12：00	即墨、徐州、鹿邑
荣成—邹城	7：00	海阳、即墨、济宁
石岛—莱芜	7：30	莱阳、潍坊、沂源
荣成—莒县	8：00	即墨、胶州、诸城
石岛—临沂	12：30	即墨、胶州、诸城、莒县
俚岛—日照	7：00	海阳、即墨、胶南
石岛—日照	7：00	海阳、即墨、胶南
石岛—滨州	6：20	莱阳、潍坊、广饶
石岛—枣庄	6：20	海阳、即墨、莒县、临沂
荣成—东营	7：35	莱阳、平度、潍坊
龙须岛—潍坊	6：00	荣成、莱阳、平度
俚岛—淄博	7：45	莱阳、潍坊、青州
烟墩角—莱西	13：00	乳山、海阳、莱阳
荣成—莱州	13：00	初村、牟平、龙口
荣成—黄岛	7：10	海阳、即墨
荣成—青岛	6：00	海阳、即墨

线　路	发车时间	途　经　地
石岛—青岛	8 : 30	荣成、海阳、即墨
荣成—青岛	8 : 00	海阳、即墨
石岛—青岛	9 : 30	荣成、海阳、即墨
石岛—海阳	12 : 15	荣成、小纪
荣成—烟台	6 : 50	北海、牟平
荣成—烟台	8 : 01	荣成、北海、牟平
荣成—烟台	8 : 49	北海、牟平
荣成—烟台	9 : 45	北海、牟平
荣成—烟台	10 : 30	北海、牟平
荣成—烟台	11 : 10	北海、牟平

说明：发车时间若有变动，请以票面为准，荣成市长途汽车站咨询电话：7518511

荣成市汽车站县际班车发车时刻表

表 106

线　路	班次 1	班次 2	班次 3	途　经　地
荣成—文登	6 : 10	10 : 17	13 : 59	荣成汽车站—老邮局—新 309—大水泊—文登汽车站
荣成—文登	6 : 30	10 : 34	14 : 16	
荣成—文登	6 : 48	11 : 07	14 : 33	
定点(新 309)	7 : 07	10 : 50	14 : 50	
荣成—文登	7 : 26	11 : 24	15 : 07	
石岛—荣成—文登	7 : 36	12 : 54		
荣成—乳山	5 : 40	11 : 30		荣成汽车站—老邮局—大水泊—文登汽车站—文登高速—乳山东—乳山检察院—乳山客运站
	7 : 45(309)			
	9 : 20	15 : 10		
	10 : 05	15 : 40		
	10 : 30	16 : 20		
荣成—泊于	6 : 40	6 : 30	14 : 30	荣成汽车站—老邮局—荫子镇—桥头镇—孟家庄—泊于—屯候
	7 : 15	10 : 30	15 : 24	荣成汽车站—老邮局—荫子镇—桥头镇—孟家观里—泊于—海西
	7 : 50	11 : 15	16 : 10	荣成汽车站—老邮局—荫子镇—小涧—桥头镇—白马—泊于—屯候
荣成—威海	5 : 40 一班车开始，每 8 分钟一辆、合班车的时间略有差异，最晚一班车 17 : 25			荣成汽车站—老邮局—荫子镇—-桥头镇—江家寨—威海汽车站

说明：发车时间若有变动，请以票面为准，荣成市社会客运管理站咨询电话：7571192

荣成 RONG CHENG 自由呼吸 自在荣成

索　引

Index

说明：

一、本索引各主题词按汉语拼音字母顺序排列。同音字按声调排列，首字相同者按第二字音序排列，依次类推。

二、索引名称后的数字表示内容所在的页码，数字后面用拉丁字母 a、b、c 分别表示该页的左栏、中栏、右栏。

三、特载、大事记的具体内容及随文图片不做索引。

四、索引词一般采用中心词和简称。

A

B

C

S

T

W

Z